에듀윌과 함께 시작하면,
당신도 합격할 수 있습니다!

대학 졸업을 앞두고 취업준비를 하며
유통관리사 시험을 준비하는 취준생

비전공자이지만 더 많은 기회를 만들기 위해
유통관리사에 도전하는 수험생

유통 관련 업체에서 일하면서 승진을 위해
유통관리사에 도전하는 주경야독 직장인

누구나 합격할 수 있습니다.
시작하겠다는 '다짐' 하나면 충분합니다.

마지막 페이지를 덮으면,

에듀윌과 함께
유통관리사 합격이 시작됩니다.

꿈을 실현하는 에듀윌
Real 합격 스토리

합격생 박O홍

승진을 위한 자격증 도전

저는 유통회사를 근무하는 유통인입니다. 자기 계발과 승진을 위해 유통관리사 시험에 도전했습니다. 에듀윌을 선택하여 2급 시험에 단기합격하였고 덕분에 회사에서 인정받는 직장인이 되었습니다.

합격생 김O수

비전공자도 어렵지 않게 합격

저는 비전공자로 기본 개념이 부족해서 공부를 시작할 때는 걱정을 많이 했었습니다. 하지만 에듀윌 강의와 교재로 공부하니 생각보다 어렵지 않았습니다. 유통관리사를 준비하는 분이 있다면 에듀윌을 강력 추천합니다.

합격생 김O형

군복무 중 자격증 취득

저는 군복무를 하면서 유통관리사 2급 시험을 준비했습니다. 시간이 많지 않았기 때문에 남는 시간 동안 틈틈이 공부했습니다. 기출문제에 자주 나오는 개념 위주로 공부해서 군대를 전역하기 전에 자격증을 취득했습니다.

다음 합격의 주인공은 당신입니다!

더 많은
합격스토리

* 2023 대한민국 브랜드만족도 유통관리사 교육 1위 (한경비즈니스)

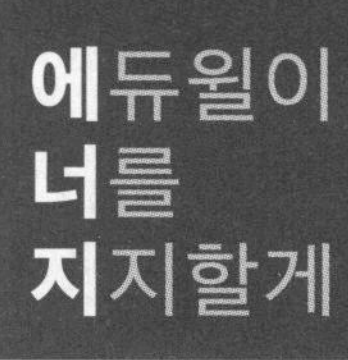

ENERGY

세상을 움직이려면
먼저 나 자신을 움직여야 한다.

– 소크라테스(Socrates)

에듀윌 유통관리사 2급

1주끝장 학습 플래너

DAY	학습내용	완료
DAY 01	001~150(유통·물류일반관리)	☐
	최빈출 핵심이론 - 유통·물류일반관리	☐
DAY 02	151~300(유통·물류일반관리)	☐
	최빈출 핵심이론 - 유통·물류일반관리	☐
DAY 03	301~450(상권분석)	☐
	최빈출 핵심이론 - 상권분석	☐
DAY 04	451~500(상권분석)	☐
	501~600(유통마케팅)	☐
	최빈출 핵심이론 - 상권분석/유통마케팅	☐
DAY 05	601~750(유통마케팅)	☐
	최빈출 핵심이론 - 유통마케팅	☐
DAY 06	751~800(유통마케팅)	☐
	801~900(유통정보)	☐
	최빈출 핵심이론 - 유통마케팅/유통정보	☐
DAY 07	901~1000(유통정보)	☐
	최빈출 핵심이론 - 유통정보	☐

에듀윌 유통관리사 2급

1주끝장 테마별 적중기출 1000제

HOW?

1주 만에 합격할까?

1 중복문제를 제외한 테마별 1,000문제에 집중!

8개년 동안 출제된 기출문제
총 2,160문제

1,000문제, 142개의 테마로 정리
하루에 150문제씩 학습하도록
1주로 구분하여 수록

2 빈출테마의 확실한 이해, 1주 합격의 핵심!

특정 이론 중심으로 반복 출제되는 유통관리사 시험, 빈출테마 위주로 학습하면 1주 합격은 목표가 아닌 현실이 됩니다.

THEME 001 유통의 기능과 효용

001

아래 글상자의 ㉠, ㉡, ㉢에서 설명하는 유통경로의 효용으로 옳게 짝지어진 것은?

최근 3년간 6회 출제

① ㉠ 시간효용, ㉡ 장소효용, ㉢ 소유효용
② ㉠ 장소효용, ㉡ 소유효용, ㉢ 시간효용
③ ㉠ 형태효용, ㉡ 소유효용, ㉢ 장소효용
④ ㉠ 소유효용, ㉡ 장소효용, ㉢ 형태효용
⑤ ㉠ 장소효용, ㉡ 형태효용, ㉢ 시간효용

THEME 052 크리스탈러(Christaller)의 중심지이론

357

중심지이론에 관한 내용으로 가장 옳지 않은 것은?

최근 7년간 14회 출제

① 상권중심지의 최대도달거리가 최소수요충족거리보다 커야 상업시설이 입점할 수 있다.
④ 인접 ... 두 도시의 상권의 규모는 그 도시의 인구에 비례하고 거리의 제곱에 반비례한다.
⑤ 상업중심지로부터 상업서비스 기능을 제공 받는 배후상권의 이상적인 모양은 정육각형이다.

THEME 065 IRS와 MEP

446

소매점은 상권의 매력성을 고려하여 입지를 선정해야 한다. 상권의 매력성을 측정하는 소매포화지수(IRS: Index of Retail Saturation)와 시장성장잠재력지수(MEP: Market Expansion Potential)에 대한 설명으로 ... 것은?

최근 6년간 11회 출제

④ MEP가 클수록 입지의 상권 매력성은 낮아진다.
⑤ MEP보다는 IRS가 더 중요한 상권 매력성지수이다.

3 빠른 합격을 위한 최빈출 핵심이론 제공!

에듀윌 유통관리사 2급
1주끝장 테마별 적중기출 1000제
시험에 꼭 나오는
최빈출
핵심이론
8개년 기출
완벽 분석
eduwill

최신 기출문제를 분석하여 가장 많이 나오는 개념만 선별하여 구성하였습니다.

PDF파일 다운로드 경로

에듀윌 도서몰(book.eduwill.net) → 회원가입/로그인 → 도서자료실 → 부가학습자료 → '유통관리사' 검색

자료실
바로가기

4 최신 출제기준 완벽 반영!

2024년에 유통관리사 시험의 출제기준이 변경되었습니다.
「2025 에듀윌 유통관리사 2급 1주끝장」 교재는 변경된 출제기준에 맞춰 주요 문제를 선별하여 수록하였으며, 최빈출 핵심이론(PDF) 또한 최신 출제기준을 반영하여 개편하였습니다.

출제기준 변경에 따른 개정 완료!

유통관리사 2급 시험의 모든 것

시험 정보, 여기서 확인하세요!

01 시험개요

산업통상자원부에서 주관하고 대한상공회의소가 위탁 시행하는 국가전문자격증으로, 소비자와 생산자 간의 커뮤니케이션, 소비자 동향 파악 등 판매 현장에서 활약할 전문가의 능력을 평가하기 위한 시험입니다.

유통관리사는 전문적 능력을 통해 소비자와 생산자 간의 커뮤니케이션, 소비자 동향 파악 등 다양한 분야에서 활약할 수 있습니다.

02 응시정보

① 시행: 대한상공회의소

② 응시자격(2급): 제한 없음

③ 응시료: 29,700원(VAT 포함)

④ 가점 부여기준(2급)

※ 유통산업분야에서 3년 이상 근무한 자로서 산업통상자원부 지정 연수기관에서 40시간 수료 후 2년 이내에 응시한 자 (10점 가산)

03 25년도 시험일정

구분	등급	접수기간	시험일	합격자 발표일
1회	2, 3급	04.10~04.16	05.03(토)	06.03(화)
2회	1, 2, 3급	08.07~08.13	08.30(토)	09.30(화)
3회	2, 3급	10.30~11.05	11.22(토)	12.23(화)

※ 정확한 시험일정은 대한상공회의소 자격평가시험단 참고

04 시험시간 & 합격기준

시험시간	• 입실시간: 09:00 • 시험시간: 09:15~10:55 (100분)
합격기준	• 100점 만점에 매 과목 40점 이상, 전 과목 평균 60점 이상

05 출제기준

과목명	주요항목	문항 수
유통·물류 일반관리	• 유통의 이해 • 유통경영전략 • 유통경영관리 • 물류경영관리 • 유통기업의 윤리와 법규	25문항
상권분석	• 유통상권조사 • 입지분석 • 개점전략	20문항
유통마케팅	• 유통마케팅 전략기획 • 디지털 마케팅 전략 • 점포관리 • 상품 판매와 고객관리 • 유통마케팅 조사와 평가	25문항
유통정보	• 유통정보의 이해 • 주요 유통정보화기술 및 시스템 • 유통정보의 관리와 활용 • 전자상거래 • 유통혁신을 위한 정보자원관리 • 신융합기술의 유통분야에서의 응용	20문항

“

142개의 **테마와**

1,000개의 **핵심문제**

하루에 150문제씩 **공부해서**

1주 합격 **완성**

CONTENTS

DAY 01

DAY 01 합격 GUIDE

DAY 01에서는 1과목 유통 · 물류일반관리를 학습하게 됩니다. 총 25문제가 출제되는 유통 · 물류일반관리 과목은 유통/물류관리 및 경영학에 대한 전반적인 내용을 다루기 때문에 학습 범위가 매우 넓습니다. 따라서 모든 내용을 꼼꼼히 암기하기보다는 전체적인 흐름을 이해한 뒤 출제 비중이 높은 테마에 포인트를 두고 학습하는 것이 단기 합격의 지름길입니다.

DAY 01의 핵심 테마는 '001 유통의 기능과 효용', '004 도매상의 종류와 특성' 그리고 유통환경과 유통경로를 다루는 '006~013'입니다.

8개년 기출문제를 집중분석하여 정리한 THEME

SUBJECT 01 유통 · 물류일반관리

THEME 001 유통의 기능과 효용

THEME 002 중간상의 기능 및 필요성

THEME 003 소매업태의 종류

THEME 004 도매상의 종류와 특성

THEME 005 소매상의 종류와 기능

THEME 006 유통환경 및 유통환경의 변화

THEME 007 유통시장 및 유통산업 역할

THEME 008 유통경로의 수직적 통합 및 수직적 마케팅시스템(VMS)

THEME 009 유통경로의 특성 및 조직

THEME 010 유통경로구조의 결정이론

THEME 011 유통경로의 경쟁

THEME 012 유통경로 커버리지 정책

THEME 013 유통경로의 파워(권력의 유형)

THEME 014 유통경로의 성과평가

THEME 015 경영전략

THEME 016 유통 성장전략 및 M. 포터의 기업전략

THEME 017 조직의 구성과 유형

THEME 018 인적자원관리

THEME 019 리더십이론과 동기부여이론

THEME 020 조직문화와 갈등관리

SUBJECT 01 유통·물류일반관리

THEME 001 유통의 기능과 효용

001

21년 3회

아래 글상자의 ㉠, ㉡, ㉢에서 설명하는 유통경로의 효용으로 옳게 짝지어진 것은?

> ㉠ 소비자가 제품이나 서비스를 구매하기에 용이한 곳에서 구매할 수 있게 함
> ㉡ 소비자가 제품을 소비할 수 있는 권한을 갖는 것을 도와줌
> ㉢ 소비자가 원하는 시간에 제품과 서비스를 공급받을 수 있게 함

① ㉠ 시간효용, ㉡ 장소효용, ㉢ 소유효용
② ㉠ 장소효용, ㉡ 소유효용, ㉢ 시간효용
③ ㉠ 형태효용, ㉡ 소유효용, ㉢ 장소효용
④ ㉠ 소유효용, ㉡ 장소효용, ㉢ 형태효용
⑤ ㉠ 장소효용, ㉡ 형태효용, ㉢ 시간효용

KEYWORD **효용**

해설

㉠ 장소효용: 소비자가 제품이나 서비스를 구매하기에 용이한 곳에서 구매할 수 있게 함
㉡ 소유효용: 소비자가 제품을 소비할 수 있는 권한을 갖는 것을 도와줌
㉢ 시간효용: 소비자가 원하는 시간에 제품과 서비스를 공급받을 수 있게 함

정답 ②

002

19년 2회

유통경로가 창출하는 효용 가운데 아래 글상자가 설명하는 효용으로 옳은 것은?

> 소비자가 제품이나 서비스를 사용할 수 있는 권한을 갖도록 유통경로가 도와줌으로써 발생하는 효용이다. 중간상들은 제조업체를 대신하여 고객들에게 신용 판매나 할부 판매를 제공함으로써, 제조업자에게서 소비자에게로 사용 권한이 이전되는 것을 돕는다.

① 시간효용
② 장소효용
③ 소유효용
④ 보관효용
⑤ 기술효용

KEYWORD **효용**

관련이론 유통경로가 제공하는 효용

- 장소적 효용: 운송을 통해 적절한 장소에서 구매욕구를 충족시켜 줌
- 시간적 효용: 보관을 통해 적절한 시기에 구매할 수 있도록 기능함
- 형태적 효용: 유통가공행위를 통해 소비자가 원하는 형태 및 수량으로 공급함. 이때의 가공은 원천적인 성질의 변형이 아닌 형태의 변형을 의미함
- 소유적 효용: 제조업체를 대신하여 신용판매나 할부판매를 제공함

정답 ③

DAY 01

003

24년 2회

아래 글상자 괄호 안에 알맞은 유통기관이 창출하는 가치를 순서대로 바르게 나열한 것은?

> – 사과를 산지로 직접 가서 구매하는 것이 아니라 집근처 편의점에서 구매하였다면 (㉠)와 관련이 있다.
> – 1인 가구인 A씨가 묶음이 아닌 낱개로 라면을 구매하였다면 (㉡)와 관련이 있다.

① ㉠ 탐색의 가치 ㉡ 거래횟수의 감소
② ㉠ 형태의 가치 ㉡ 탐색의 가치
③ ㉠ 장소의 가치 ㉡ 형태의 가치
④ ㉠ 형태의 가치 ㉡ 거래횟수의 감소
⑤ ㉠ 장소의 가치 ㉡ 탐색의 가치

KEYWORD 효용

해설

사과를 산지로 직접 가서 구매하는 것이 아니라 집근처 편의점에서 구매하였다면 장소의 가치(장소적 효용)와 관련이 있으며, 1인 가구인 A씨가 묶음이 아닌 낱개로 라면을 구매하였다면 형태의 가치(형태적 효용)와 관련성이 있다.

정답 ③

004

23년 1회

유통경로 기능에 관한 설명으로 옳지 않은 것은?

① 교환과정의 촉진
② 소비자와 제조업체의 연결
③ 제품구색 불일치의 완화
④ 고객서비스 제공
⑤ 경로를 통한 유통기능의 제거

KEYWORD 유통의 기능

해설

유통경로는 생산자와 소비자를 연결하는 기능을 하는 채널을 뜻한다. 따라서 경로를 통한 유통기능의 제거는 유통경로의 기능이 될 수 없다.

정답 ⑤

005

23년 3회

상품을 품질수준에 따라 분류하거나 규격화함으로써 거래 및 물류를 원활하게 하는 유통의 기능으로 가장 옳은 것은?

① 보관기능 ② 운송기능
③ 정보제공기능 ④ 표준화기능
⑤ 위험부담기능

KEYWORD 유통의 기능

해설

상품을 품질수준에 따라 분류하거나 규격화함으로써 거래 및 물류를 원활하게 하는 유통의 기능은 표준화(standardization)에 해당한다.

정답 ④

006

24년 3회

아래 글상자에서 유통구성원의 기능 중 쌍방흐름으로만 바르게 나열한 것은?

> ㉠ 물리적 보유 ㉡ 촉진
> ㉢ 주문 ㉣ 금융
> ㉤ 위험부담 ㉥ 협상
> ㉦ 대금지급

① ㉢, ㉣, ㉤
② ㉣, ㉤, ㉥
③ ㉡, ㉢, ㉣, ㉤
④ ㉡, ㉤, ㉥, ㉦
⑤ ㉠, ㉡, ㉢, ㉣, ㉤, ㉥, ㉦

KEYWORD 유통의 흐름

해설

- 쌍방향 흐름: ㉣ 금융, ㉤ 위험부담, ㉥ 협상
- 상향 흐름: ㉢ 주문, ㉦ 대금지급
- 후방 흐름: ㉠ 물리적 보유, ㉡ 촉진

정답 ②

THEME 002 중간상의 기능 및 필요성

007

20년 3회

아래 글상자 내용은 유통경로의 필요성에 관한 것이다. ㉠~㉤에 들어갈 용어를 순서대로 옳게 나열한 것은?

- 총거래수 (㉠) 원칙: 유통경로에서는 중간상이 개입함으로써 단순화, 통합화됨
- (㉡)의 원리: 유통경로상 수행되는 수급 조절, 수배송, 보관, 위험 부담 등을 생산자와 유통기관이 (㉡)하여 참여함
- (㉢) 우위의 원리: 유통 분야는 (㉣)가 차지하는 비중이 (㉤)보다 크므로 제조와 유통의 역할을 분담하는 것이 비용 측면에서 유리

	㉠	㉡	㉢	㉣	㉤
①	최대	통합	변동비	고정비	변동비
②	최대	분업	변동비	고정비	변동비
③	최대	통합	고정비	변동비	고정비
④	최소	분업	변동비	변동비	고정비
⑤	최소	분업	고정비	변동비	고정비

KEYWORD **중간상의 기능 및 필요성**

해설

㉠ 총거래수 최소화의 원칙: 유통경로에서 중간상이 없다면 생산자와 소비자가 직접 거래하여야 하므로 거래수가 많아지지만 중간상이 개입하면 거래수가 감소하므로 거래비용도 감소한다.

㉡ 분업의 원리: 주문, 촉진, 금융, 정보 수집 등의 기능을 중간상들이 분담하여 수행하면 유통기능의 효율성이 높아져 전체 유통비용은 감소하고 상품의 가격도 낮아질 수 있게 된다.

㉢ 변동비 우위의 원리: 유통업은 제조업에 비해 변동비 비중이 크기 때문에 생산자가 제조와 유통을 통합하는 것보다 분리하여 역할을 분담하는 것이 비용 측면에서 효율적이다.

정답 ④

008

21년 2회

중간상의 사회적 존재 타당성에 대한 설명 중 그 성격이 다른 하나는?

① 제조업은 고정비가 차지하는 비율이 변동비보다 크다.
② 제조업자가 중간상과 거래하여 사회적 총 거래수가 감소한다.
③ 유통업은 고정비보다 변동비의 비율이 높다.
④ 중간상이 배제되고 제조업이 유통의 역할을 통합하는 것이 비용 측면에서 이점이 크지 않다.
⑤ 제조업체가 변동비를 중간상과 분담함으로써 비용면에서 경쟁우위를 차지할 수 있다.

KEYWORD **중간상의 기능 및 필요성**

해설

①, ③, ④, ⑤ 모두 변동비 우위의 원칙에 대한 내용이고, ②는 총거래수 최소화의 원칙에 대한 내용이다.

정답 ②

009

21년 3회

중간상이 있음으로 인해 각 경로구성원에 의해 보관되는 제품의 총량을 감소시킨다는 내용이 의미하는 중간상의 필요성을 나타내는 것으로 가장 옳은 것은?

① 효용창출의 원리 ② 총거래수 최소의 원칙
③ 분업의 원리 ④ 변동비 우위의 원리
⑤ 집중준비의 원리

KEYWORD **중간상의 기능 및 필요성**

해설

집중준비의 원리(집중저장의 원리)는 중간상이 존재함으로써 사회 전체가 원활한 소비를 위해 저장해야 할 제품의 총량을 줄일 수 있다는 것이다. 이는 도매상의 존재 이유를 설명하는 원리이다.

정답 ⑤

010

23년 2회

유통경로와 중간상이 필요한 이유에 대한 설명으로 가장 옳지 않은 것은?

① 거래의 일상화를 통해 제반 비용의 감소와 비효율을 개선할 수 있기 때문이다.
② 중간상의 개입으로 공간적, 시간적 불일치를 해소할 수 있기 때문이다.
③ 생산자의 다품종 소량생산과 소비자의 소품종 대량구매 니즈로 인한 구색 및 수량 불일치를 해소할 수 있기 때문이다.
④ 생산자와 소비자 상호간의 정보의 불일치에 따른 불편을 해소해 줄 수 있기 때문이다.
⑤ 중간상을 통해 탐색과정의 효율성을 높일 수 있기 때문이다.

KEYWORD **중간상의 기능 및 필요성**
생산자가 소품종 소량생산을 하는 경우, 중간상인은 수합, 분류 및 구색맞춤 기능을 통해 소비자의 다품종 소량구매 니즈를 충족시키고 구색 및 수량 불일치를 해소할 수 있다.

정답 ③

011

21년 2회

중간상이 행하는 각종 분류기능 중 ㉠과 ㉡에 들어갈 용어로 옳은 것은?

> • (㉠)은/는 생산자들에 의해 공급된 이질적인 제품들을 크기, 품질, 색깔 등을 기준으로 동질적인 집단으로 나누는 기능을 의미한다.
> • (㉡)은/는 동질적인 제품을 소규모 단위로 나누는 기능을 의미한다.

① ㉠ 수합(accumulation), ㉡ 등급(sort out)
② ㉠ 등급(sort out), ㉡ 분배(allocation)
③ ㉠ 분배(allocation), ㉡ 구색(assortment)
④ ㉠ 구색(assortment), ㉡ 수합(accumulation)
⑤ ㉠ 수합(accumulation), ㉡ 분배(allocation)

KEYWORD **중간상의 기능 및 필요성**

관련이론 **유통경로의 구색 형성**
• 분류 또는 등급 분류(sorting out): 다양한 생산자들로부터 공급된 이질적 제품들의 색, 크기, 용량, 품질 등에 있어 상대적으로 동질적인 집단으로 구분하는 것
• 집적 또는 수합(accumulation): 도매상은 소매상들을 위해, 소매상들은 소비자들을 위해 다양한 생산자들로부터 제공되는 제품들을 대규모 공급이 가능하도록 다량으로 구매하여 모으는 활동
• 분배 또는 배분(allocation): 유통과정상에서 도매상은 소매상이 원하는 단위로 소매상에게, 소매상은 소비자가 원하는 단위로 소비자에게 연속적으로 나누어 제공하는 것
• 구색 갖춤(assorting): 중간상이 다양한 생산자들로부터 제품을 구매하여 소비자가 원하는 제품을 구비하는 것

정답 ②

012

19년 1회

유통과 유통경로에 관련된 설명으로 옳은 것은?

① 유통의 상적기능에는 소유권 이전기능, 매매기능, 장소적 조정기능이 포함된다.
② 수직적 경로 시스템이란 생산자가 제품을 최종 소비자에게 제시하는 유통구조의 통로를 말한다.
③ 유통경로에서 중간상이 생략됨으로써 유통이 단순화, 통합화되어 실질적인 거래비용이 감소되는 것을 총 거래 수 최소 원칙이라고 한다.
④ 제조 분야는 변동비 비중이 고정비보다 커서 생산량이 증가할수록 단위당 생산비용이 감소하지만, 유통은 고정비 비중이 커서 규모의 경제가 작용하는 고정비 우위의 원리가 적용된다.
⑤ 도매상이 대량으로 보관하고 소매상은 적정량만 보관하므로 상품의 사회적 보관 총량을 감소시킬 수 있는 것을 집중준비의 원리라고 한다.

KEYWORD **중간상의 기능 및 필요성**

선지분석
① 장소적 조정기능은 물적 유통에 해당한다.
② 직접 유통경로에 대한 설명이다.
③ 총 거래 수 최소화의 원칙은 유통기관의 존재로 거래의 수가 줄어들어 사회적 비용이 감소한다는 것이다.
④ 제조 분야는 고정비 비중이 큰 반면, 유통은 변동비 비중이 커서 변동비 우위의 원리가 적용된다.

정답 ⑤

013

21년 1회

아래 글상자 ㉠, ㉡, ㉢에 해당하는 중간상이 수행하는 분류 기준으로 옳게 짝지어진 것은?

> ㉠ 구매자가 원하는 소규모 판매 단위로 나누는 활동
> ㉡ 다양한 생산자들로부터 제공되는 제품들을 대규모 공급이 가능하도록 다량으로 구매하여 집적하는 활동
> ㉢ 이질적인 제품들을 색, 크기, 용량, 품질 등에 있어 상대적으로 동질적인 집단으로 구분하는 활동

① ㉠ 분류(sorting out), ㉡ 수합(accumulation), ㉢ 분배(allocation)
② ㉠ 분류(sorting out), ㉡ 구색 갖춤(assorting), ㉢ 수합(accumulation)
③ ㉠ 분배(allocation), ㉡ 구색 갖춤(assorting), ㉢ 분류(sorting out)
④ ㉠ 분배(allocation), ㉡ 수합(accumulation), ㉢ 분류(sorting out)
⑤ ㉠ 구색 갖춤(assorting), ㉡ 분류(sorting out), ㉢ 분배(allocation)

KEYWORD **중간상의 기능 및 필요성**

해설 유통경로의 구색 형성

㉠ 분배 또는 배분(allocation): 유통과정상에서 도매상은 소매상이 원하는 단위로 소매상에게, 소매상은 소비자가 원하는 단위로 소비자에게 연속적으로 나누어 제공하는 것이다.
㉡ 집적 또는 수합(accumulation): 도매상은 소매상들을 위해, 소매상들은 소비자들을 위해 다양한 생산자들로부터 제공되는 제품들을 대규모 공급이 가능하도록 다량으로 구매하여 모으는 활동을 의미한다.
㉢ 분류 또는 등급 분류(sorting out): 다양한 생산자들로부터 공급된 이질적 제품들의 색, 크기, 용량, 품질 등에 있어 상대적으로 동질적인 집단으로 구분하는 것이다.

관련이론 구색 갖춤(assorting)

중간상이 다양한 생산자들로부터 제품을 구매하여 소비자가 원하는 제품을 구비하는 것이다.

정답 ④

THEME 003 소매업태의 종류

014

19년 1회

아래 글상자 내용 중 업종 개념과 업태 개념의 비교 설명으로 옳지 않은 것은?

구분	항목	업종 개념	업태 개념
㉠	시각	생산자	소비자
㉡	주도자	제조업체	소매업체
㉢	분류 기준	제품 성격	소매 전략
㉣	점포 크기	대규모	소규모
㉤	장점	제조업체의 통제 용이	소비자 편리, 소매 효율 증대, 거래 촉진

① ㉠
② ㉡
③ ㉢
④ ㉣
⑤ ㉤

KEYWORD **업종과 업태**

해설

④ 업종과 업태의 비교에서 점포의 크기는 중요한 비교 대상에 해당하지 않지만, 백화점, 전문점, 대형마트 등을 통해 미루어 볼 때 대체로 크다고 볼 수 있다.

항목	업종	업태
시각	생산자	소비자
주도자	제조업체	소매업체
분류 기준	제품 성격	소매 전략
점포 크기	소규모	대규모
장점	제조업체의 통제가 용이	소비자 편의, 매출액 증대, 거래 촉진 등
주요 유형	의류점, 가구점, 식품점 등	백화점, 할인점, 카테고리킬러 등

정답 ④

015

18년 2회

최근 유통업계에서는 모바일 쿠폰을 매장에서 사용하거나 앱(app)을 통해 음식을 배달하는 등의 변화가 일어나고 있다. 이와 같이 온라인과 오프라인을 유기적으로 결합해서 새로운 가치를 창출해내는 서비스를 나타내는 용어로 옳은 것은?

① Brick-and-Mortar　② B2B
③ O2O　④ C2B
⑤ IoT

KEYWORD O2O

해설

문제는 O2O(Online to Offline)에 대한 설명이며, 이와 관련하여, Click and Mortar는 최근의 e-비즈니스 형태로 온·오프라인 통합 기업을 의미한다. 전통적인 기업 활동은 오프라인에서 수행하면서 내·외부 거래 활동을 온라인으로 수행하는 형태를 뜻한다.
반면, Brick and Mortar는 전통적인 비즈니스 기업 조직 형태로 모든 기업 활동이 오프라인에서 수행된다.

정답 ③

016

17년 2회

(　　) 안에 들어갈 수 있는 용어로 옳지 않은 것은?

> 소매 형태의 (㉠)은 소매업계를 주도하고 있는 소매 형태들이 두 가지의 뚜렷한 방향을 갖고 있음을 의미한다. 그 중 한 극단은 제한된 제품계열, 철저한 관리, 고도로 집중화된 형태인 (㉡) 소매업태로 (㉢)을 예로 들 수 있다. 다른 한 극단은 대형점포, 보관 기술, 셀프 서비스 노하우를 바탕으로 한 형태인 (㉣) 소매업태로서 (㉤)를 예로 들 수 있다.

① ㉠ 양극화 현상
② ㉡ 하이터치(High Touch)형
③ ㉢ 편의점
④ ㉣ 하이테크(High Tech)형
⑤ ㉤ 대형할인마트

KEYWORD 소매업태

해설

㉢ 제한된 제품계열, 철저한 관리, 고도로 집중화된 형태인 하이터치형 소매업태로는 전문 프랜차이즈 매장을 예로 들 수 있다.

정답 ③

017

24년 1회

소매업태의 유형에 대한 설명으로 옳지 않은 것은?

① 복합쇼핑몰은 쇼핑을 하면서 여가도 즐길 수 있게 구성된 대규모 상업시설이다.
② 팩토리 아울렛은 제조업체가 직영체제로 운영하는 상설할인 매장이다.
③ 편의점은 고객의 접근성이 높은 지역에 위치하며 고마진, 저회전율을 특징으로 한다.
④ 창고형 할인점은 고객서비스 수준은 최소로 제공하지만 넓은 매장에서 저렴한 가격으로 상품을 제공한다.
⑤ 전문할인점은 특정상품계열에 대해 깊이 있는 상품구색을 갖추고 있다.

KEYWORD 소매업태의 종류

해설

편의점은 고객의 접근성이 높은 지역에 위치하며 고마진, 고회전율을 특징으로 한다. 고마진, 저회전율은 백화점, 전문점 등에 해당한다.

정답 ③

018

18년 2회

동일업종의 소매점들이 중소기업협동조합을 설립하여 공동 구매, 공동 판매, 공동 시설 활용 등 공동사업을 수행하는 체인사업은 무엇인가?

① 조합형 체인사업
② 임의 가맹점형 체인사업
③ 프랜차이즈형 체인사업
④ 직영점형 체인사업
⑤ 자발적 체인(Voluntary Chain)사업

KEYWORD 체인사업

해설

체인사업의 구분(법 제2조 제6호 관련)

- 직영점형 체인사업: 체인본부가 주로 소매점포를 직영하되, 가맹 계약을 체결한 일부 소매점포에 대하여 상품의 공급 및 경영 지도를 계속하는 형태의 체인사업
- 프랜차이즈형 체인사업: 독자적인 상품 또는 판매·경영 기법을 개발한 체인본부가 상호·판매방법·매장 운영 및 광고 방법 등을 결정하고 가맹점으로 하여금 그 결정과 지도에 따라 운영하도록 하는 형태의 체인사업
- 임의 가맹점형 체인사업: 체인본부의 계속적인 경영 지도 및 체인본부와 가맹점 간 협업에 의하여 가맹점의 취급 품목·영업 방식 등의 표준화 사업과 공동 구매·공동 판매·공동 시설 활용 등 공동 사업을 수행하는 형태의 체인사업
- 조합형 체인사업: 동일 업종의 소매점들이 「중소기업협동조합법」 제3조의 규정에 의한 중소기업협동조합을 설립하여 공동 구매·공동 판매·공동 시설 활용 등 사업을 수행하는 형태의 체인사업

정답 ①

019

22년 3회

각 점포가 독립된 회사라는 점에서 프랜차이즈 체인방식과 같지만, 조직의 주체는 가맹점이며 전 가맹점이 경영의 의사결정에 참여한다는 차이점이 있는 연쇄점(chain)의 형태로 가장 옳은 것은?

① 정규연쇄점(regular chain)
② 직영점형 연쇄점(corporate chain)
③ 조합형 연쇄점(cooperative chain)
④ 마스터 프랜차이즈(master franchise)
⑤ 임의형 연쇄점(voluntary chain)

KEYWORD 체인사업

해설

각 점포가 독립된 회사라는 점에서 프랜차이즈 체인방식과 같지만, 조직의 주체는 가맹점이며 전체 가맹점이 경영의 의사결정에 참여하는 형태는 임의형 연쇄점에 해당한다.

관련이론 임의가맹점형 체인사업의 정의

「유통산업발전법」 제2조6호 체인사업의 종류 중 임의가맹점형 체인사업의 정의는 다음과 같다.

체인본부의 계속적인 경영지도 및 체인본부와 가맹점 간의 협업에 의하여 가맹점의 취급품목·영업방식 등의 표준화사업과 공동구매·공동판매·공동시설활용 등 공동사업을 수행하는 형태의 체인사업

정답 ⑤

020

17년 3회

쇼핑을 하면서 여가도 즐길 수 있도록 의류 및 잡화를 판매하는 매장은 물론 영화관, 식당 등을 포함한 대규모 상업시설을 의미하는 소매업태의 형태는?

① 아울렛
② 백화점
③ 대형마트
④ 복합쇼핑몰
⑤ 창고형 할인매장

KEYWORD 복합쇼핑몰

해설

복합쇼핑몰은 용역의 제공 장소를 제외한 매장 면적의 합계가 3,000m² 이상인 점포의 집단으로서 쇼핑, 오락 및 업무기능 등이 한 곳에 집적되고, 문화·관광 시설로서의 역할을 하며, 1개의 업체가 개발·관리 및 운영하는 점포의 집단이다.(「유통산업발전법」 제2조 3호)

정답 ④

THEME 004 도매상의 종류와 특성

021

21년 3회

도매상과 관련된 내용으로 옳지 않은 것은?

① 과일, 야채 등 부패성 식품을 공급하는 트럭도매상은 한정기능 도매상에 속한다.
② 한정상품 도매상은 완전기능 도매상에 속한다.
③ 현금무배달 도매상은 거래대상 소매상이 제한적이기는 하지만 재무적인 위험을 질 염려는 없다는 장점이 있다.
④ 직송도매상은 일반 관리비와 인건비를 줄일 수 있다는 장점이 있다.
⑤ 몇 가지의 전문품 라인만을 취급하는 전문품 도매상은 한정기능 도매상에 속한다.

KEYWORD **도매상의 종류**

해설

⑤ 한정기능 도매상은 유통기능 중 소수의 기능에 전문화되어 있고 소매상 고객에게 제한된 서비스만을 제공하는 도매상이다. 전문품 도매상은 완전기능 도매상에 속한다.

관련이론 완전기능 도매상의 종류

- 일반상품 도매상: 서로 간에 관련성이 없는 다양한 제품을 취급
- 한정상품 도매상: 서로 간에 관련성이 있는 제품들을 몇 가지 동시에 취급
- 전문품 도매상: 불과 몇 가지의 전문품 라인만을 취급
- 산업재 유통업자: 상인 도매상의 한 유형으로 소매상보다는 제조업자에게 제품을 판매

정답 ⑤

022

20년 3회

아래 글상자에서 설명하는 한정기능 도매상으로 옳은 것은?

> • 제조업자로부터 제품을 구매한 도매상이 제조업자로 하여금 제품을 물리적으로 보유하도록 한 상태에서 고객들에게 제품을 판매하여 전달하는 역할을 함
> • 주로 목재나 석탄과 같은 원자재를 취급함

① 현금판매–무배달 도매상(Cash and Carry Wholesaler)
② 트럭 도매상(Truck Wholesaler)
③ 직송 도매상(Drop Shipper)
④ 선반 도매상(Rack Jobber)
⑤ 우편주문 도매상(Mail Order Wholesaler)

KEYWORD **도매상의 종류**

해설

직송 도매상은 주로 목재나 석탄과 같은 원자재를 취급하며, 소매상의 주문을 받으면 해당 상품을 생산자가 직접 그 소매상에게 배송하도록 한다.

정답 ③

023

23년 1회

도매상의 혁신전략과 내용 설명이 옳지 않은 것은?

구분	혁신전략	내용
㉠	도매상의 합병과 매수	기존시장에서의 지위확보, 다각화를 위한 전후방 통합
㉡	자산의 재배치	회사의 핵심사업 강화 목적, 조직의 재설계
㉢	회사의 다각화	유통다각화를 통한 유통라인 개선
㉣	전방과 후방통합	이윤과 시장에서의 지위강화를 위한 통합
㉤	자산가치가 높은 브랜드의 보유	창고 자동화, 향상된 재고관리

① ㉠　② ㉡　③ ㉢　④ ㉣　⑤ ㉤

KEYWORD **도매상의 기능**

해설

창고 자동화, 향상된 재고관리와 관련된 혁신전략은 자산가치가 높은 브랜드의 보유보다는 생산관리의 효율화 측면과 연관성이 높다.

정답 ⑤

024

18년 3회

도매상의 제조업체에 대한 기능으로 옳지 않은 것은?

① 시장확대기능
② 재고유지기능
③ 제품의 소량분할 공급기능
④ 주문처리기능
⑤ 시장정보 제공기능

KEYWORD **도매상의 기능**

해설

제품의 소량 분할 공급(소분 판매) 기능은 도매상의 소매상에 대한 기능이다.

관련이론 도매상의 기능

제조업자를 위한 도매상의 기능	• 시장 커버리지 제공기능 • 판매 접촉점 창출기능 • 재고유지기능 • 주문처리기능 • 시장정보 수집기능
소매상을 위한 도매상의 기능	• 소매상에게 상품을 공급하는 기능 • 구색편의 및 소분판매 기능 • 신용 및 금융편의 제공기능 • 소매상 지원기능(기술 지원, 서비스 제공 등)

정답 ③

025

20년 추가

소매상을 위한 도매상의 역할로 가장 옳지 않은 것은?

① 다양한 상품구색의 제공 ② 신용의 제공
③ 시장의 확대 ④ 컨설팅서비스 제공
⑤ 물류비의 절감

KEYWORD **도매상의 역할**

해설

시장 확대는 제조업자를 위한 도매상의 역할에 해당한다.

관련이론 소매상을 위한 도매상의 기능

• 소매상에게 상품을 공급하는 기능
• 구색 편의 및 소분판매기능
• 신용 및 금융편의 제공기능
• 소매상 지원기능(기술 지원, 서비스 제공 등)

정답 ③

THEME 005 소매상의 종류와 기능

026

20년 2회

프랜차이즈 유통사업 시스템에 대한 내용으로 옳지 않은 것은?

① 본부가 자본을 투입하여 매장을 직접 운영하고, 가맹점은 기술과 노하우를 제공하여 빠른 속도로 사업이 전개될 수 있도록 한다.
② 본부 방침에 변경이 있을 경우 가맹점은 그 의사결정에 참여하기 힘들다.
③ 가맹점과 본부간의 계약이 본부의 의사를 따라야 하는 종속계약이기 때문에 계약내용에 대하여 가맹점 희망자의 요구사항이나 조건 등을 반영하기 힘들다.
④ 불리한 조건의 가맹계약을 체결하여 계약해지 시 가맹점이 손해를 입는 경우가 발생할 수 있다.
⑤ 본부 사세가 약화되는 경우 본부로부터 지도와 지원을 충분히 받기 어려워진다.

KEYWORD **프랜차이즈**

해설

① 가맹점인 프랜차이지가 자본을 투입하여 매장을 직접 운영하고, 가맹본부(본사)인 프랜차이저는 기술과 노하우를 제공하여 빠른 속도로 사업이 전개될 수 있도록 하는 시스템이 프랜차이즈 시스템이다.

정답 ①

027

16년 2회

다음 글상자에서 의미하는 '이들'에 대한 내용으로 옳지 않은 것은?

> 이들은 개인적 혹은 비영리적 목적으로 구매하려는 최종소비자에게 재화나 서비스 관련 판매활동을 수행하는 개인이나 조직을 말한다.

① 최종소비자들의 다양한 욕구를 충족시키기 위해 다양한 형태로 출현하였다.
② 소비자를 위해 수행하는 기능 중에는 상품구색 기능이 있다.
③ 이들 중 하나인 drop shipper는 재고유지를 직접하지 않으며 석탄, 목재, 중장비 등 분야에서 활동한다.
④ 자체의 신용정책을 통해 소비자 금융부담을 덜어주는 금융기능도 수행한다.
⑤ 애프터서비스, 제품의 배달, 설치 등의 서비스도 제공한다.

KEYWORD **소매상의 유형**

해설

글상자에서 말하는 이들은 소매상을 의미한다. ③ drop shipper는 직송도매상으로 한정서비스 도매상(whole saler)의 한 유형이다.

정답 ③

028

23년 2회

아래 글상자에서 설명하는 소매상 유형으로 옳은 것은?

> 일반의약품은 물론 건강기능식품과 화장품, 생활용품, 음료, 다과류까지 함께 판매하는 복합형 전문점

① 상설할인매장　② 재래시장
③ 드럭스토어　④ 대중양판점
⑤ 구멍가게

KEYWORD **소매상의 유형**

해설

소매상유형 중 일반의약품은 물론 건강기능식품과 화장품, 생활용품, 음료, 다과류까지 함께 판매하는 복합형 전문점은 드럭스토어(drug store)이다.

정답 ③

029

20년 2회

아래 글상자 내용 중 소비자를 위한 소매상의 기능으로 옳은 것을 모두 고르면?

> ㉠ 새로운 고객 창출
> ㉡ 상품 선택에 소요되는 비용과 시간을 절감할 수 있게 도와줌
> ㉢ 소매 광고, 판매원 서비스, 점포 디스플레이 등을 통해 상품 관련 정보를 제공
> ㉣ 할부 판매
> ㉤ 재고 유지
> ㉥ 배달, 설치

① ㉠, ㉡　② ㉡, ㉢, ㉤
③ ㉢, ㉤, ㉥　④ ㉡, ㉣, ㉤, ㉥
⑤ ㉡, ㉢, ㉣, ㉥

KEYWORD **소매상의 기능**

해설

㉠, ㉤ 제조업자를 위해 수행하는 소매상의 기능에 해당한다.

정답 ⑤

030

19년 3회

소매상이 소비자에게 제공하는 기능으로 옳지 않은 것은?

① 소매상은 소비자에게 필요한 정보를 제공한다.
② 소매상은 소비자가 원하는 상품구색을 제공한다.
③ 소매상은 자체의 신용 정책을 통하여 소비자의 금융 부담을 덜어주는 금융기능을 수행한다.
④ 소매상은 소비자에게 애프터 서비스의 제공과 제품의 배달, 설치, 사용 방법의 교육 등과 같은 서비스를 제공한다.
⑤ 소매상은 제조업자 제품의 일정 부분을 재고로 보유하여 재무 부담을 덜어주는 기능을 수행한다.

KEYWORD **소매상의 기능**

해설

⑤ 소매상이 제조업자에게 제공하는 기능에 해당한다.

정답 ⑤

031

17년 1회

소매상의 기능으로 가장 옳지 않은 것은?

① 생산자, 도매상들이 소비자 가까이에서 접촉할 수 있게 인력과 점포를 제공한다.
② 소매상은 소비자에게 시장 확대기능을 제공한다.
③ 소매상은 소비자의 요구를 파악하여 공급선에 제공한다.
④ 소매상은 공급선의 상품을 판매하기 위한 광고, 상품진열 등을 제공한다.
⑤ 소매상은 상품구색에 대한 재고를 부담함으로써 공급선의 비용 감소와 소비자의 구매 편의를 돕는다.

KEYWORD 소매상의 기능

해설

② 시장 확대기능은 소매상이 제조업자나 도매상에게 제공하는 기능이다.

정답 ②

032

18년 3회

소매상의 분류로 옳은 것을 모두 고르면?

구분		분류 기준	유형
㉠	점포 유무	일정한 형태의 점포 유무에 따라	점포 소매상, 무점포 소매상
㉡	상품 계열	상품의 다양성 및 구색에 따라	다양성 高/구색 高 다양성 低/구색 高 등
㉢	소유권	소유 및 운영 주체에 따라	독립 소매기관, 체인 등
㉣	사용 전략	마진 및 회전율에 따라	고회전-고마진, 고회전-저마진 등
㉤	서비스 수준	고객에게 제공되는 서비스 수준에 따라	완전 서비스, 한정 서비스, 셀프 서비스 등

① ㉠
② ㉠, ㉡
③ ㉠, ㉡, ㉢
④ ㉠, ㉡, ㉢, ㉣
⑤ ㉠, ㉡, ㉢, ㉣, ㉤

KEYWORD 소매상 분류

해설

소매상은 여러 가지 분류 기준에 따라 다양하게 구분할 수 있으며, 제시된 글상자의 5가지 분류 기준과 유형은 모두 옳다.

정답 ⑤

033

20년 3회

아래 글상자에서 소매상의 분류 기준과 해당 내용으로 옳은 것은?

구분	분류 기준	내용
㉠	일정한 형태의 점포 유무에 따라	점포 소매상, 자판기 등의 무점포 소매상 (온라인 매장 제외)
㉡	마진 및 회전율에 따라	다양성 고-저, 구색 고-저
㉢	상품 다양성, 구색에 따라	독립 소매기관, 체인 등
㉣	소유 및 운영 주체에 따라	회전율 고-저, 마진율 고-저
㉤	고객에게 제공되는 서비스 수준에 따라	완전 서비스, 한정 서비스, 셀프 서비스 등

① ㉠
② ㉡
③ ㉢
④ ㉣
⑤ ㉤

KEYWORD 소매상 분류

관련이론 소매상의 분류 기준

분류 기준	내용
일정 형태의 점포 유무에 따라	점포 소매상, 자판기 등의 무점포 소매상(온라인 매장 포함), 온라인 쇼핑몰 등
마진 및 회전율에 따라	고회전-저마진율, 저회전-고마진율, 고회전-고마진율
상품 다양성, 구색에 따라	다양성 고-저, 구색 고-저 등
소유 및 운영 주체에 따라	독립 소매기관, 체인 등
고객에게 제공되는 서비스 수준에 따라	완전 서비스, 한정 서비스, 셀프 서비스 등

정답 ⑤

THEME 006 유통환경 및 유통환경의 변화

034

24년 1회

아래 글상자의 유통경영환경 내용 중 거시환경에 속하는 것만을 모두 나열한 것은?

㉠ 정부의 규제 및 지원	㉡ 정보기술의 발전
㉢ 브랜드 인지도	㉣ 국민소득증가
㉤ 우수한 직원	

① ㉠, ㉡
② ㉠, ㉡, ㉣
③ ㉠, ㉡, ㉤
④ ㉠, ㉣, ㉤
⑤ ㉠, ㉡, ㉢, ㉣, ㉤

KEYWORD 거시환경

해설

유통경영환경 내용 중 거시환경(Macro Environment)은 STEP이라 불리우는 사회·문화적 환경(S), 기술적 환경(T), 경제적 환경(E), 정치적·법률적·행정적(P) 환경들로 통제할 수 없는 환경을 말한다.

선지분석

㉠ 정치적·법률적 환경(P)
㉡ 기술적 환경(T)
㉣ 경제적 환경(E)

정답 ②

035

20년 추가

유통환경의 변화에 따라 발생하고 있는 현상으로 가장 옳지 않은 것은?

① 소매업체는 온라인과 오프라인 채널을 병행해서 운영하기도 한다.
② 모바일을 이용한 판매 비중이 높아지고 있다.
③ 1인 가구의 증가에 따라 대량구매를 통해 경제적 합리성을 추구하는 고객이 증가하고 있다.
④ 단순 구매를 넘어서는 쇼핑의 레저화, 개성화 추세가 나타나고 있다.
⑤ 패키지 형태의 구매보다 자신의 취향에 맞게 다양한 상품을 구입하는 경향이 나타나고 있다.

KEYWORD 유통환경

해설

③ 최근 1인 가구의 증가에 따라 소포장 소량구매를 하는 소비자가 크게 증가하고 있는 추세이다.

정답 ③

036

21년 3회

유통경영환경에 대한 설명으로 옳지 않은 것은?

① 거시환경은 모든 기업에 공통적으로 영향을 미치는 환경이다.
② 과업환경은 기업의 성장과 생존에 직접적 영향을 미치는 환경으로 기업이 어떤 제품이나 서비스를 생산하는가에 따라 달라진다.
③ 인구분포, 출생률과 사망률, 노년층의 비율 등과 같은 인구통계학적인 특성은 사회적 환경으로 거시환경에 속한다.
④ 제품과 종업원에 관련된 규제 및 환경 규제, 각종 인허가 등과 같은 법과 규범은 정치적, 법률적 환경으로 과업환경에 속한다.
⑤ 경제적 환경은 기업의 거시환경에 해당된다.

KEYWORD 유통환경

해설

④ 제품과 종업원에 관련된 규제 및 환경 규제, 각종 인허가 등과 같은 법과 규범은 정치적, 법률적 환경으로 거시적 환경(STEP)에 속한다. 과업환경은 공급자, 소비자, 경쟁자, 언론매체, 지역사회, 협력업체, 정부 등을 의미한다. 미시적 환경은 내부경영환경과 과업환경을 함께 이야기하며, 기업의 경영활동에 직접적인 영향을 미친다. 소비자, 경쟁자, 공급자 및 종업원 등이 미시적 환경을 구성한다.

관련이론 거시적 환경(STEP 분석)

- 사회·문화적 환경(Social & Cultural environment)
  사회를 구성하고 있는 개인의 행위에 영향을 미치는 집단이나, 문화·가치관·전통 내지 관습 등과 같은 사회제도 및 사회적 태도 등을 말한다.
- 기술적 환경(Technical environment)
  기술은 기업의 다양한 활동에 직·간접적인 변화를 초래하는 여러 종류의 기술적 변혁 및 발명으로 기업 활동에 크게 영향을 미치며, 외부적으로는 시장의 형태에도 영향을 준다.
- 경제적 환경(Economic environment)
  기업의 모든 활동과 간접적으로 연결되어 있는 모든 경제적 시스템으로서, 재화 및 서비스의 생산과 분배에 관한 지역·국가·국제적 상태 또는 여건을 의미한다.
- 정치·법률적 환경(Political environment)
  사기업의 활동은 국가가 규정하는 법적인 범위에서 행해져야 하므로 국가의 제도 및 법적 규범, 그리고 이를 산출하는 정치적 과정은 기업의 지위와 생산활동에 직·간접적인 영향을 미친다.

정답 ④

037

21년 1회

유통환경분석의 범위를 거시환경과 미시환경으로 나누어 볼 때 그 성격이 다른 하나는?

① 경제적 환경　② 정치, 법률적 환경
③ 시장의 경쟁환경　④ 기술적 환경
⑤ 사회문화적 환경

KEYWORD 유통환경

해설

거시환경(STEP)은 개별 기업이 통제할 수 없는 환경으로 사회·문화적 환경(S), 기술적 환경(T), 경제적 환경(E), 정치·법률적 환경(P)을 의미한다.
③ 시장의 경쟁환경은 미시환경에 해당한다.

정답 ③

038

20년 추가

아래 글상자와 같이 소매점경영전략 변화에 지대한 영향을 준 환경요인으로 가장 옳은 것은?

> ㉠ A커피 프랜차이즈 업체는 매장 안에서는 머그잔을 활용하고 있으며 전체 매장의 플라스틱 빨대는 종이빨대로 교체하였음
> ㉡ B대형마트는 일회용 비닐봉투 사용이 금지되어 장바구니 사용을 장려하는 게시물을 부착하고 홍보함
> ㉢ C대형마트는 중소유통업과의 상생 발전을 위해 2주에 한 번 휴점함

① 경제적 환경　② 법률적 환경
③ 사회·문화적 환경　④ 기술적 환경
⑤ 인구통계적 환경

KEYWORD 거시환경

해설

㉠, ㉡ 정부의 행정적인 조치에 관한 내용이며, ㉢ 정부의 방침과 법률(유통산업발전법)에 근거하여 규제되고 있는 내용으로 거시적 환경 중에서 ② 정치·법률적 환경에 해당한다.

정답 ②

039

19년 3회

기업환경분석에서 모든 기업에 공통적으로 영향을 미치는 환경인 거시환경으로 옳지 않은 것은?

① 유통경로에서 발생하는 경쟁자와 협력업자 환경
② 국가의 경제정책과 같은 경제적 환경
③ 디지털, 네트워크와 같은 기술적 환경
④ 문화와 가치관 같은 사회적 환경
⑤ 각종 규제와 같은 법률적 환경

KEYWORD **거시환경**

해설

②, ③, ④, ⑤ 거시적 환경(STEP)에 해당하며, ① 과업환경에 해당한다. 과업환경은 공급자, 소비자, 경쟁자, 언론매체, 지역사회, 협력업체, 정부 등을 의미한다.

관련이론 거시적 환경과 미시적 환경

- 거시적 환경: 기업의 외부 환경을 의미하는 것으로 유통기업에게 기회요인과 위협요인을 동시에 가져다 줄 수 있는 요소이다.
  사회·문화적 환경, 기술적 환경, 경제적 환경, 정치·법률적 환경이 거시적 환경에 해당된다.
- 미시적 환경: 내부 경영 환경과 과업환경을 함께 이야기하며, 기업의 경영활동에 직접적인 영향을 미친다. 소비자, 경쟁자, 공급자 및 종업원 등이 미시적 환경을 구성한다.

정답 ①

040

21년 2회

최근 국내외 유통산업의 발전 상황과 트렌드로 옳지 않은 것은?

① 제품설계, 제조, 판매, 유통 등 일련의 과정을 늘려 거대한 조직을 만들어 복잡한 가치사슬을 유지하고 높은 재고비용을 필요로 하는 가치사슬이 중요해졌다.
② 소비자의 구매 패턴 등을 담은 빅데이터를 기반으로 생산과 유통에 대한 의사결정이 이루어지고 있다.
③ 글로벌 유통기업들은 무인점포를 만들고, 시범적으로 드론 배송서비스를 시작하였다.
④ 디지털 기술 및 다양한 기술이 융합됨에 따라 온라인 플랫폼을 통하여 개인화된 제품으로 변화된 소비자 선호에 대응할 수 있게 되었다.
⑤ VR/AR 등을 이용한 가상 스토어에서 물건을 살 수 있다.

KEYWORD **유통시장의 변화**

해설

① 최근 유통산업의 발전 상황은 제품 설계, 제조, 판매, 유통 등 일련의 가치사슬관리를 통해 조직의 복잡성을 줄이고, 비용절감 및 가치사슬의 효율화를 추구하고 있다.

정답 ①

041

19년 2회

최근에 진행되고 있는 유통환경의 변화에 관한 설명으로 옳지 않은 것은?

① 구매 의사결정 과정에서 온라인과 오프라인 간의 경계가 더욱 견고해졌다.
② 1인 가구의 증가로 인해 기존의 유통 트렌드가 변화하고 있다.
③ 남여 성별 고정 역할의 구분이 약해짐으로 인해 소비시장도 변하고 있다.
④ 시간의 효율적 사용을 원하는 고객의 요구가 증가하고 있다.
⑤ 고객이 직접 해외에서 구매하는 현상이 증가하고 있다.

KEYWORD 유통시장의 변화

해설

① 옴니채널과 O2O의 발전으로 구매 의사결정 과정에서 온라인과 오프라인 간의 경계가 모호해지고 무너지는 있는 현상이 가속화되고 있다.

정답 ①

042

21년 3회

최근 유통시장 변화에 대해 기술한 내용으로 옳지 않은 것은?

① 신선 식품 배송에 대한 수요가 증가하고 있다.
② 외식업체들은 매장에 설치한 키오스크를 통해 주문을 받음으로써 생산성을 높이고 고객의 이용 경험을 완전히 바꾸는 혁신을 시도하고 있다.
③ 온라인 쇼핑 시장의 성장세가 두드러지면서 유통업체의 배송 경쟁이 치열해지고 있다.
④ 가공·즉석 식품의 판매는 편의점 매출에 긍정적인 영향을 주었다.
⑤ 상품이 고객에게 판매되는 단계마다 여러 물류회사들이 역할을 나누어 서비스를 제공하는 풀필먼트 서비스를 통해 유통 단계가 획기적으로 단축되고 있다.

KEYWORD 유통시장의 변화

해설

⑤ 풀필먼트(Fullfillment)는 물류 전문업체가 판매자 대신 주문에 맞춰 제품을 선택하고 포장한 뒤 배송까지 담당하는 서비스이다. 즉, 주문한 상품이 물류 창고를 거쳐 고객에게 배달 완료되기까지의 전 과정을 일괄 처리하는 물류의 전 과정이라 할 수 있다.
e커머스에서 매우 핵심적인 서비스인 풀필먼트 서비스는 1999년 아마존이 최초로 도입했고, 우리나라의 경우 2014년 쿠팡이 로켓배송을 통해 도입하였다.

정답 ⑤

043

24년 3회

디지털기술의 발전으로 인한 유통산업의 환경변화에 대한 설명으로 가장 옳지 않은 것은?

① 소매기술을 통해 온라인과 오프라인을 결합한 쇼핑 경험을 제공할 수 있다.
② 온라인과 오프라인의 경계 구분이 무의미할 정도로 온·오프융합시대로 접어들고 있다.
③ 경쟁도구로서 첨단기술의 중요성이 증가하고 있다.
④ 플랫폼 기반의 유통비즈니스가 주목받고 있다.
⑤ 옴니채널의 등장으로 업태 간 경쟁은 해소되었지만 업태 내 경쟁은 격화되었다.

KEYWORD 유통시장의 변화

해설

디지털기술의 발전으로 인한 유통산업의 환경변화 중 옴니채널의 등장은 업태 간 경쟁뿐만 아니라 동일 업태 내 경쟁 또한 격화시키고 있다.

정답 ⑤

044

23년 1회

모바일 쇼핑의 주요한 특성으로 옳지 않은 것은?

① 스마트폰이 상용화되면서 모바일 쇼핑이 증가하게 되었다.
② 기존의 유통업체들도 진출하는 추세로 경쟁이 치열해졌다.
③ 가격과 함께 쉽고 편리한 구매환경에 대한 중요성도 높아졌다.
④ 스마트폰을 통해 가격을 검색하고 오프라인 매장에서 실물을 보고 구매하는 쇼루밍(showrooming)이 증가하고 있다.
⑤ 정기적인 구매가 이루어지는 생필품은 모바일 쇼핑의 대표적인 판매 품목 중 하나이다.

KEYWORD 유통시장의 변화

해설

스마트폰을 통해 가격을 검색하고 오프라인 매장에서 실물을 보고 구매하는 것을 역쇼루밍 또는 웹루밍이라고 한다.

관련이론 쇼루밍과 웹루밍

- 쇼루밍(Showrooming): 일반적으로 오프라인 매장에서 상품을 보고 온라인에서 더 저렴한 가격으로 상품을 찾는 경우를 지칭한다.
- 웹루밍(webrooming): 쇼루밍의 반대 현상으로, 제품 정보는 온라인에서 얻고 구매는 오프라인 매장에서 하는 것을 말한다. 역쇼루밍(Reverse Showrooming)이라고도 한다.

정답 ④

045

18년 1회

온라인 쇼핑환경에 대한 설명으로 가장 옳지 않은 것은?

① 오프라인과 온라인을 넘나드는 O2O 서비스가 증가하고 있다.
② 고객중심으로 채널을 융합하는 옴니채널로의 전환이 확산되고 있다.
③ 방대한 데이터를 바탕으로 개인이 원하는 서비스를 큐레이션하여 제공한다.
④ 온라인 유통업체들은 신성장 전략으로 NB 상품의 개발과 같은 제품 차별화에 적극적이다.
⑤ e-커머스는 식료품을 포함한 일상소비재 시장으로 확산되어 가는 추세이다.

KEYWORD 유통시장의 변화

해설

④ 온라인 쇼핑환경 변화에 기인하여 온라인 유통업체들은 신성장 전략으로 PB 상품(유통업체 상표)의 개발과 같은 제품 차별화에 적극적이다.

정답 ④

046

22년 2회

풀필먼트(fulfillment)에 대한 설명으로 가장 옳지 않은 것은?

① 판매자 입장에서 번거로운 물류에 신경 쓰지 않고 기획, 마케팅 등 본업에 집중할 수 있도록 도와준다.
② 생산지에서 출발해 물류보관창고에 도착하는 구간인 last mile의 성장과 함께 부각되고 있다.
③ e-commerce 시장의 성장으로 소비자들의 소비패턴이 오프라인에서 온라인으로 이동하며 급격히 발달하고 있다.
④ 다품종 소량 상품, 주문 빈도가 잦은 온라인 쇼핑몰에 적합하다.
⑤ 판매상품의 입고, 분류, 재고관리, 배송 등 고객에게까지 도착하는 전 과정을 일괄처리하는 시스템이다.

KEYWORD **유통시장의 변화**

해설

풀필먼트(fulfillment)란 '주문 이행'을 뜻하는 전자상거래 관련 용어로, 물류센터에서 제품 포장부터 최종 목적지까지 배송하는 일련의 유통 과정을 의미한다.
라스트마일 배송(last mile delivery)이란 고객에게 상품을 전달하기 직전의 마지막 거리 또는 순간으로, 최종배송단계를 의미한다.

정답 ②

THEME 007 유통시장 및 유통산업 역할

047

21년 2회

유통산업의 개념 및 경제적 역할에 대한 설명으로 가장 옳지 않은 것은?

① 유통산업이란 도매상, 소매상, 물적 유통 기관 등과 같이 유통기능을 수행·지원하는 유통기구들의 집합을 의미한다.
② 우리나라의 경우 1960년대 이후 주로 유통산업 부문 중심의 성장을 이루었으나, 1980년대 이후에는 제조업의 육성과 활성화가 중요 과제가 되었다.
③ 유통산업은 국민경제 및 서비스산업 발전에 파급효과가 크고 성장잠재력이 높은 고부가가치 산업으로 평가되고 있다.
④ 유통산업은 경제적으로 일자리 창출에 크게 기여하고 있는 산업이며 서비스산업 발전에도 중요한 역할을 하고 있다.
⑤ 유통산업은 모바일 쇼핑과 같은 신업태의 등장, 유통단계의 축소 등의 유통구조의 개선으로 상품거래비용과 소매가격하락을 통해 물가안정에도 기여하고 있다.

KEYWORD **유통산업의 역할**

해설

② 우리나라의 경우 1960년대 이후 주로 제조업의 육성과 활성화가 중심을 이루었으나, 1980년대 이후에는 유통산업 부문의 중심적 성장이 중요 과제가 되었다.

정답 ②

048
21년 3회

유통산업의 다양한 역할 중 경제적, 사회적 역할로 가장 옳지 않은 것은?

① 생산자와 소비자 간 촉매 역할을 한다.
② 고용을 창출한다.
③ 물가를 조정한다.
④ 경쟁으로 인해 제조업의 발전을 저해한다.
⑤ 소비 문화의 창달에 기여한다.

KEYWORD **유통산업의 역할**

해설

④ 유통은 상적유통기능 및 물적유통기능, 유통조성기능 등을 통해 사회적 효용을 창출하고, 고용을 증가시키는 등 제조업의 발전에도 일조하고 있다.

정답 ④

049
23년 3회

유통산업이 합리화되는 경우에 나타나는 현상으로 가장 옳지 않은 것은?

① 업무 효율화를 통해 유통업체의 규모가 작아진다.
② 유통경로상 제조업의 협상력이 축소된다.
③ 법률이나 정부의 규제가 늘어난다.
④ 생산지의 가격과 소비자의 구매가격의 차이가 줄어든다.
⑤ 유통경로가 단축되어 유통비용이 절감된다.

KEYWORD **유통산업의 역할**

해설

유통산업이 합리화되는 경우 유통의 효율성이 증가하여 경로가 단축되고 거래비용이 낮아지는 등 장점이 극대화 된다. 이에 따라 법률이나 정부의 규제 또한 줄어들게 된다.

정답 ③

050
23년 2회

유통산업의 경제적 의의에 대한 설명으로 가장 옳지 않은 것은?

① 유통산업은 국민 경제적 측면에서 생산과 소비를 연결해주는 기능을 수행한다.
② 유통산업은 국민들로 하여금 상품이나 서비스 소비를 가능하게 함으로써 생활수준을 유지·향상시켜 준다.
③ 유통산업은 국가경제를 순환시키는데 중요한 역할을 담당하고 있다.
④ 우리나라 유통산업은 2010년대 후반 유통시장 개방과 자유화 정책 이후 급속히 발전하여 제조업에 이은 국가 기간산업으로 성장하였다.
⑤ 유통산업은 생산과 소비의 중개를 통해 제조업의 경쟁력을 높이고 소비자 후생의 증진에 큰 기여를 하고 있다.

KEYWORD **유통산업의 역할**

해설

우리나라 유통산업은 1997년 말 IMF 외환위기로 인해 유통시장이 강제 개방되었고, 최근에는 자유화 정책 이후 급속히 발전하여 제조업에 이은 국가 기간산업으로 성장하였다.

정답 ④

051
19년 1회

유통산업의 경제적·사회적 역할로서 옳지 않은 것은?

① 고용 창출
② 물가 조정
③ 제조업 발전의 저해
④ 소비 문화의 창달
⑤ 생산자와 소비자 간 매개 역할

KEYWORD **유통산업의 역할**

해설

유통은 ⑤ 생산자와 소비자 간 매개 역할을 하는 가장 중요한 경제적·사회적 역할을 하고 있으며, 이밖에 ① 고용 창출, ② 물가 조정기능, ④ 소비 문화 창달에 기여하고 있다.

정답 ③

THEME 008 유통경로의 수직적 통합 및 수직적 마케팅시스템(VMS)

052
21년 1회

기업에서 사용할 수 있는 수직적 통합전략의 장점과 단점에 대한 설명으로 가장 옳지 않은 것은?

① 조직의 규모가 지나치게 커질 수 있다.
② 관련된 각종 기능을 통제할 수 있다.
③ 경로를 통합하기 위해 막대한 비용이 필요할 수 있다.
④ 안정적인 원재료 공급 효과를 누릴 수 있다.
⑤ 분업에 의한 전문화라는 경쟁우위 효과를 누릴 수 있다.

KEYWORD 수직적 통합

해설

⑤ 수직적 통합을 하면 분업을 통한 전문성의 장점을 상실할 수 있다.

관련이론 수직적 통합의 장·단점

구분	내용
장점	• 안정적인 원료 공급 및 유통망 확보가 가능함 • 유통경로 전반에 걸친 지배력이 강화되며, 규모의 경제 발생
단점	• 조직 규모의 비대화로 환경 변화에 대한 유연성이 떨어짐 • 초기 투자비용이 많이 발생함 • 분업을 통한 전문성의 장점을 상실할 수도 있음

정답 ⑤

053
16년 1회

수직적 통합의 문제점으로 옳지 않은 것은?

① 분업에 따른 전문화의 이점을 누리기 힘들어질 수도 있다.
② 경우에 따라 비용구조가 증가하기도 한다.
③ 조직의 비대화를 가져와 관료화의 문제를 겪기 쉽다.
④ 유통 경로 구성원에 대한 통제가 어렵다.
⑤ 유연성이 줄어들 수 있다.

KEYWORD 수직적 통합

해설

수직적 통합의 정도가 강할수록 ④ 유통경로 구성원에 대한 통제가 용이한데, 이는 수직적 통합의 장점이다.

정답 ④

054
20년 추가

유통경로 상에서 기업이 현재 차지하고 있는 위치의 다음 단계를 차지하고 있는 경로구성원을 자본적으로 통합하는 경영전략을 설명하는 용어로 옳은 것은?

① 전방통합(Forward Integration)
② 아웃소싱(Outsourcing)
③ 전략적제휴(Strategic Alliance)
④ 합작투자(Joint Venture)
⑤ 후방통합(Backward Integration)

KEYWORD 수직적 통합

해설

① 생산자 위치에서 유통망을 통합하는 것을 전방통합이라 하며 원료 등의 안정적 조달을 도모하는 것을 후방통합이라 한다. 이 둘을 합쳐 수직적 통합이라 한다.

관련이론 전방통합과 후방통합

구분	내용
전방통합	마케팅 경로상의 유통 시스템에 대한 소유나 통제를 강화하는 것 예 제조업자가 소매상을 통합하는 경우
후방통합	마케팅 경로상의 공급 시스템에 대한 소유나 통제를 강화하는 것 예 제조업자가 원료공급자를 통합, 소매상이 제조업자를 통합하는 경우

정답 ①

055

21년 1회

유통경로에서 발생하는 유통의 흐름과 관련된 각종 설명 중 가장 옳지 않은 것은?

① 소비자에 대한 정보인 시장 정보는 후방흐름기능에 해당된다.
② 대금 지급은 소유권의 이전에 대한 반대급부로 볼 수 있다.
③ 소유권이 없는 경우에도 상품에 대한 물리적 보유가 가능한 경우가 있다.
④ 제조업체, 도·소매상은 상품 소유권의 이전을 통해 수익을 창출한다.
⑤ 제조업체가 도매상을 대상으로, 소매상이 소비자를 대상으로 하는 촉진전략은 풀(Pull) 전략이다.

KEYWORD 유통의 흐름

해설

⑤ 제조업체가 도매상을 대상으로, 소매상이 소비자를 대상으로 하는 촉진전략은 푸시(Push)전략이다.

정답 ⑤

056

19년 2회

유통경로구성원의 기능을 크게 전방기능 흐름, 후방기능 흐름, 양방기능 흐름으로 나눌 때, 다음 중 후방기능 흐름만으로 바르게 짝지어진 것은?

① 물적 소유, 소유권
② 협상, 금융
③ 주문, 대금 결제
④ 소유권, 협상
⑤ 물적 소유, 위험부담

KEYWORD 유통의 흐름

해설

③ 후방기능 흐름은 주문이나 판매 대금의 결제와 같이 최종 소비자로부터 소매상 → 도매상 → 생산자로의 흐름을 말한다.
협상과 금융, 위험 부담기능 등은 양방향 흐름에 해당한다. 또한 물리적인 상품과 소유권 및 촉진 등의 흐름은 전방기능 흐름이라 할 수 있다.

정답 ③

057

23년 2회

유통경로 상 여러 경로 기관들의 유통 흐름 유형에 대한 설명으로 옳은 것은?

구분	유형	내용
㉠	물적 흐름	유통 기관으로부터 다른 기관으로의 소유권의 이전
㉡	소유권 흐름	생산자로부터 최종 소비자에 이르기까지의 제품의 이동
㉢	지급 흐름	고객이 대금을 지급하거나, 판매점이 생산자에게 송금
㉣	정보 흐름	광고, 판촉원 등 판매촉진 활동의 흐름
㉤	촉진 흐름	유통 기관 사이의 정보의 흐름

① ㉠
② ㉡
③ ㉢
④ ㉣
⑤ ㉤

KEYWORD 유통의 흐름

해설

구분	내용
물적 흐름(물류)	생산자로부터 최종 소비자에 이르기까지의 제품의 이동
소유권 흐름 (상적 흐름, 상류)	유통 기관으로부터 다른 기관으로의 소유권의 이전
지급 흐름	고객이 대금을 지급하거나, 판매점이 생산자에게 송금
정보 흐름	유통 기관 사이의 정보의 흐름
촉진 흐름	광고, 판촉원 등 판매촉진 활동의 흐름

정답 ③

058

19년 3회

수평적 유통경로에 비해 수직적 유통경로가 갖는 특징만을 모두 고른 것은?

> ㉠ 자원, 원재료를 안정적으로 확보 가능
> ㉡ 낮은 진입장벽으로 새로운 기업의 진입이 쉬움
> ㉢ 막대한 자금의 소요
> ㉣ 시장이나 기술 변화에 민감한 대응 가능
> ㉤ 각 유통단계에서 전문화 실현

① ㉡, ㉣
② ㉠, ㉢
③ ㉢, ㉣
④ ㉠, ㉤
⑤ ㉣, ㉤

KEYWORD **수직적 유통경로(VMS)**

해설

수직적 유통경로(VMS)는 중앙에서 계획된 프로그램에 의해 수직적 유통경로상의 경로구성원들을 전문적으로 관리·통제하는 네트워크 형태의 경로 조직을 가진다.

관련이론 수직적 유통경로의 장·단점

장점	단점
• 총유통비용 절감 가능 • 자원 및 원재료 등을 안정적으로 확보 가능(㉠) • 혁신적인 기술 보유 가능 • 높은 진입장벽으로 새로운 기업이 진입하기 어려움(㉡)	• 막대한 자금 소요(㉢) • 시장이나 기술 변화에 민감한 대응 곤란(㉣) • 각 유통단계에서의 전문화 상실(㉤)

정답 ②

059

20년 2회

수직적 유통경로에 관한 설명 중 가장 옳지 않은 것은?

① 전체 유통비용을 절감할 수 있다.
② 높은 진입장벽을 구축할 수 있어 새로운 기업의 진입을 막을 수 있다.
③ 필요한 자원이나 원재료를 보다 안정적으로 확보할 수 있다.
④ 마케팅 비용을 절감하고 경쟁기업에 효율적으로 대응할 수 있다.
⑤ 동일한 유통경로 상에 있는 기관들이 독자성은 유지하면서 시너지 효과도 얻을 수 있다.

KEYWORD **수직적 유통경로(VMS)**

해설

⑤ 동일한 유통경로상에 있는 기관들이 독자성은 유지하면서 시너지 효과도 얻을 수 있는 것은 수평적 유통경로에 해당된다.

정답 ⑤

060

16년 1회

다음에서 설명하고 있는 수직적 유통시스템(VMS)은?

> 동일자본이거나 공식적이고 명문화된 계약 배경이 없어도, 점유율이 높거나 판매망이 넓은 제조업자나 유통업자가 경로리더가 되거나 경로 구성원을 지원하는 형태

① 기업형 VMS
② 리더형 VMS
③ 자유형 VMS
④ 계약형 VMS
⑤ 관리형 VMS

KEYWORD **VMS의 유형**

해설

관리형 VMS는 경로 구성원들의 마케팅 활동이 소유권이나 계약에 의하지 않고 상호이익을 바탕으로 맺어진 협력 시스템으로, 어느 한 경로 구성원의 규모나 파워, 또는 경영지원에 의해 조정되는 경로유형이다. 명시적인 계약에 의하여 형성된 협력관계라기 보다는 암묵적인 협력관계로 형성된 시스템이므로, 경로리더의 효과적인 머천다이징 프로그램의 제공에 따라 성공여부가 결정된다.

정답 ⑤

061

23년 2회

유통경로의 유형 중 가맹본부로 불리는 경로 구성원이 계약을 통해 생산-유통과정의 여러 단계를 연결시키는 형태의 수직적 마케팅 시스템(Vertical Marketing System)으로 가장 옳은 것은?

① 기업형 VMS
② 위탁판매 마케팅 시스템
③ 복수유통 VMS
④ 프랜차이즈 시스템
⑤ 관리형 VMS

KEYWORD **VMS의 유형**

해설

수직적 유통경로 또는 수직적 마케팅 시스템(VMS; Vertical Marketing System)은 그 지배력의 강도에 따라 기업형, 계약형, 관리형 VMS로 구분된다. 이 중 계약형 VMS의 대표적인 형태가 가맹본부와 가맹점 간 계약형태로 구성되는 프랜차이즈형 조직이다.

정답 ④

062

24년 1회

기업형 수직적 유통경로시스템에 대한 설명으로 옳지 않은 것은?

① 생산에서 판매에 이르는 시간을 단축시켜 시장환경에 신속하게 대응할 수 있다.
② 내부직원이 아웃소싱업체에 비해 경쟁의식이 떨어질 경우 실적이 저조할 수 있다.
③ 외부업체에게 돌아갈 마진을 내부화함으로써 수익성을 제고시킬 수 있다.
④ 수요가 줄어들거나 경쟁에서 뒤처질 경우 유연하게 대응할 수 있다.
⑤ 회사의 정책이나 전략을 일사불란하게 수행할 수 있다.

KEYWORD **수직적 유통경로(VMS)**

해설

기업형 수직적 유통경로시스템은 유통경로상의 전후방 통합을 통해 유통경로 전체의 지배력을 강화하는 것으로, 환경변화에 대하여 유연하게 대응할 수 없다.

정답 ④

THEME 009 유통경로의 특성 및 조직

063

21년 3회

조직문화에 대한 설명으로 옳지 않은 것은?

① 한 조직의 구성원들이 공유하는 가치관, 신념, 이념, 지식 등을 포함하는 종합적인 개념이다.
② 특정 조직 구성원들의 사고 판단과 행동의 기본 전제로 작용하는 비가시적인 지식적, 정서적, 가치적 요소이다.
③ 조직 구성원들이 공통적으로 생각하는 방법, 느끼는 방향, 공통의 행동 패턴의 체계이다.
④ 조직 외부 자극에 대한 조직 전체의 반응과 임직원의 가치 의식 및 행동을 결정하는 요인을 포함한다.
⑤ 다른 기업의 제도나 시스템을 벤치마킹하는 경우 그 조직문화적 가치도 쉽게 이전된다.

KEYWORD **조직문화**

해설

조직문화는 그 조직만의 고유한 가치관과 분위기 등을 담은 사풍(社風)을 의미하는 것으로, ⑤ 타기업의 것을 벤치마킹한다고 해서 타기업의 조직문화가 쉽게 이전될 수 있는 것은 아니다.

정답 ⑤

064

21년 1회

Formal 조직과 Informal 조직의 특징 비교 설명으로 옳지 않은 것은?

구분	Formal 조직	Informal 조직
㉠	의식적 · 이성적 · 합리적 · 논리적으로 편성	자연발생적 · 무의식적 · 비논리적으로 편성
㉡	공통 목적을 가진 명확한 구조	공통 목적이 없는 무형 구조
㉢	외형적 · 제도적 조직	내면적 · 현실적 조직
㉣	불문적 · 자생적 조직	성문적 · 타의적 조직
㉤	위로부터의 조직	밑으로부터의 조직

① ㉠
② ㉡
③ ㉢
④ ㉣
⑤ ㉤

KEYWORD 공식/비공식 조직

해설

㉣ Formal 조직(공식적 조직)은 목표를 달성하기 위해 공식적인 권한으로부터 형성된 집단으로 성문적 · 타의적인 조직이지만, Informal 조직(비공식적 조직)은 불문적 · 자생적 조직이다.

정답 ④

065

21년 1회

유통에 관련된 내용으로 옳지 않은 것은?

① 제품의 물리적 흐름과 법적 소유권은 반드시 동일한 경로를 통해 이루어지고 동시에 이루어져야 한다.
② 유통경로는 물적 유통경로와 상적 유통경로로 분리된다.
③ 물적 유통경로는 제품의 물리적 이전에 관여하는 독립적인 기관이나 개인들로 구성된 네트워크를 의미한다.
④ 물적 유통경로는 유통목표에 부응하여 장소 효용과 시간 효용을 창출한다.
⑤ 상적 유통경로는 소유 효용을 창출한다.

KEYWORD 유통경로

해설

① 제품의 물리적 흐름인 물류와 법적 소유권과 관련된 상류는 반드시 동일한 경로를 통해 이루어지는 것은 아니다.

정답 ①

066

24년 3회

경로목표를 달성하기 위해 경로전략에서 다루는 사항들에 대한 설명으로 옳지 않은 것은?

① 특정 지역 범위 내에 얼마나 많은 중간상을 둘 것인가에 관한 고객커버리지정책을 다룬다.
② 유통경로를 통한 가격과 가격수준 결정을 위한 가격결정정책을 다룬다.
③ 전속거래, 상품 묶음과 같은 상품계열정책을 다룬다.
④ 경로구성원의 능력 평가 등과 같은 경로구성원의 선별과 결정정책을 다룬다.
⑤ 경로기능을 경로구성원 간 배분하는 과정을 다룬 경로소유권 정책이 있다.

KEYWORD **유통경로**

해설
유통경로전략은 경로목표 달성을 위한 시장커버리지를 결정하는 것으로, 특정 지역 내 중간상의 업무를 수행할 점포(소매상)의 수를 결정함을 의미한다. 즉 가능한 한 많은 소매점에서 제품이 취급되게 하는 개방적 유통을 취할 것인지, 일정 기준 이상 달성한 소매점에 유통시키는 선택적 유통을 취할 것인지, 특정 지역 내 하나의 소매점에서만 제품이 취급되게 하는 전속적 유통을 취할 것인지의 문제인 경로커버리지정책을 다루게 된다.

정답 ①

067

19년 1회

아래 글상자 내용은 경로시스템 내 구성원들 간에 이루어지는 거래관계의 유형인 단속형 거래(Discrete Transaction)와 관계형 교환(Relational Exchange)의 비교 설명이다. 가장 옳지 않은 것은?

구분	항목	단속형 거래	관계형 교환
㉠	거래처에 대한 관점	단순 고객으로서의 거래처	동반자로서의 거래처
㉡	지배적 거래 규범	계약	거래 윤리
㉢	거래 경험의 중요성	높음	낮음
㉣	신뢰의 중요성	낮음	높음
㉤	잠재 거래선의 수	다수의 잠재 거래선	소수의 잠재 거래선

① ㉠
② ㉡
③ ㉢
④ ㉣
⑤ ㉤

KEYWORD **단속형 거래/관계형 교환**

해설
㉢ 관계형 거래는 장기적이고 긴밀한 관계형성을 통해 이루어지므로 거래 경험이 중요한 반면, 단속형 거래는 거래 경험의 중요성이 낮다.

정답 ③

THEME 010 유통경로구조의 결정이론

068

21년 2회

'재고를 어느 구성원이 가지는가에 따라 유통경로가 만들어진다'라고 하는 유통경로 결정 이론과 관련한 내용으로 옳지 않은 것은?

① 중간상이 재고의 보유를 연기하여 제조업자가 재고를 가진다.
② 유통경로의 가장 최후 시점까지 제품을 완성품으로 만들거나 소유하는 것을 미룬다.
③ 자전거 제조업자가 완성품 조립을 미루다가 주문이 들어오면 조립하여 중간상에게 유통시킨다.
④ 특수산업용 기계 제조업자는 주문을 받지 않는 한 생산을 미룬다.
⑤ 다른 유통경로구성원이 비용우위를 갖는 기능은 위양하고 자신이 더 비용우위를 갖는 일은 직접 수행한다.

KEYWORD 연기–투기이론

해설
'재고를 어느 구성원이 가지는가에 따라 유통경로가 만들어진다'라고 하는 유통경로 결정 이론은 연기–투기이론에 해당하며, ①~④는 모두 연기–투기이론에 대한 설명이다.
⑤ 기능위양이론을 설명한 것이다.

관련이론 기능위양이론
유통기관은 비용우위를 갖는 마케팅 기능들만을 수행하고, 나머지 마케팅 기능은 다른 경로구성원들에게 위양한다는 이론이다. 예를 들어 자원의 제약을 받는 중소기업이 경쟁이 치열한 제품시장에 진입할 경우 전문적 능력을 지닌 중간상에게 마케팅 기능의 일부를 위임하는 것이 바람직하지만, 기업 규모가 커지게 되면 직접유통기능을 수행하는 것이 더 효과적이다.

정답 ⑤

069

19년 1회

경로상에서 재고 보유에 따른 위험을 어느 경로구성원이 부담하느냐에 따라 적절한 서비스의 제공, 제품 분류 작업의 이행, 경로구성원 사이의 적절한 이윤 배분 등이 이루어진다고 설명하는 이론은?

① 기능위양 이론 ② 연기–투기 이론
③ 거래비용 이론 ④ 커버리지 이론
⑤ 체크리스트 이론

KEYWORD 연기–투기이론

해설
연기–투기 이론은 경로구성원들 중 누가 재고 보유에 따른 위험을 부담하는가에 따라 경로구조가 결정된다는 이론이다. 경로구성원들은 재고의 부담을 가능한 한 연기하거나 또는 투기에 의해 적극적으로 재고를 부담하는 방법 중의 하나를 선택해야 하는데 이에 따라 경로 길이가 달라진다는 것이다.

정답 ②

070

23년 1회

수요의 가격탄력성 크기를 결정하는 요인과 관련된 설명으로 가장 옳지 않은 것은?

① 대체재가 있는 경우의 가격탄력성은 크고, 대체재가 없으면 가격탄력성은 작다.
② 소득에서 재화의 가격이 차지하는 비중과 가격탄력성은 반비례한다.
③ 평균적으로 생활필수품인 경우 가격탄력성은 작다.
④ 평균적으로 사치품인 경우 가격탄력성은 크다.
⑤ 재화의 용도가 다양할수록 가격탄력성은 크다.

KEYWORD 수요의 가격탄력성

해설
소득에서 재화의 가격이 차지하는 비중이 큰 경우 이는 사치재에 해당한다. 통상 사치재는 수요의 가격탄력성이 큰 재화이므로 가격과 수요의 가격탄력성은 비례관계에 있다.

정답 ②

071

21년 3회

유통경로 구조를 결정하기 위해 체크리스트법을 사용할 때 고려해야 할 요인들에 대한 설명으로 옳지 않은 것은?

① 재무적 능력이나 규모 등의 기업요인
② 시장규모와 지역적 집중도 등의 시장요인
③ 제품의 크기와 중량 등의 제품요인
④ 경영전문성이나 구성원 통제 등에 대한 기업요인
⑤ 구매빈도와 평균 주문량 등의 제품요인

KEYWORD **체크리스트법**

해설

⑤ 제품요인에서 고려해야 할 요소는 구매빈도나 평균 주문량 등이 아닌 제품의 크기와 중량, 종류 등이다. 체크리스트법은 경로구조 결정 시 경로구성원들의 마케팅 능력 및 소비자의 유통 서비스에 대한 요구(Needs)를 구체화한 요인들(시장요인, 제품요인, 기업요인, 경로구성원 등)을 고려하여 경로의 길이를 결정한다.

관련이론 체크리스트법 사용 시 고려해야 할 요인

시장요인	시장규모, 지역적 집중도, 구매빈도
기업요인	기업규모, 재무적 능력, 경영전문성, 통제에 대한 욕망
경로구성원요인	마케팅 기능 수행 의지, 수행하는 서비스의 수와 품질, 구성원 이용비용
환경요인	환경적 고려요인의 수
제품요인	기술적 복잡성, 제품의 크기와 중량 등

정답 ⑤

072

24년 2회

아래 글상자에서 거래비용이론상 거래비용이 높아지는 경우만을 모두 고른 것은?

> ㉠ 거래자의 수가 적은 경우
> ㉡ 거래 당사자 간 정보대칭성이 높은 경우
> ㉢ 거래환경의 불확실성이 높은 경우
> ㉣ 거래특유자산이 많고 수요변동이 큰 경우
> ㉤ 수직적 계열화가 일어난 경우

① ㉡, ㉣
② ㉣, ㉤
③ ㉠, ㉢, ㉣
④ ㉡, ㉢, ㉣
⑤ ㉠, ㉡, ㉢, ㉣, ㉤

KEYWORD **거래비용이론**

해설

㉡ 거래 당사자 간 정보대칭성이 높은 경우, ㉤ 수직적 계열화가 일어난 경우는 거래비용이론상 거래비용을 감소시키는 경우에 해당한다.

관련이론 Williamson의 거래비용이론

자산의 전속성(비표준화된 자산)이 높을수록, 불확실성이 클수록, 그리고 거래의 빈도가 낮을수록 시장에서의 거래비용이 증가하므로, 수직적 통합을 통해 조직으로 내부화시키는 것이 거래비용을 감소시키는 데 효과적이다.

정답 ③

073

18년 3회

유통경로구조의 결정 이론과 설명하는 주요 내용의 연결로서 옳지 않은 것은?

① 연기–투기이론: 누가 재고보유에 따른 위험을 감수하는가?
② 기능위양이론: 누가 어떤 기능을 얼마나 효율적으로 수행하는가?
③ 거래비용이론: 기업이 어떻게 유통경로구조의 수평적 통합을 통해 경로구성원들과의 시너지 효과를 창출하는가?
④ 게임이론: 경쟁관계에 있는 구성원들이 어떻게 자신의 이익을 극대화하는가?
⑤ 대리인이론: 의뢰인에게 최선의 성과를 가져다주는 효율적인 계약인가?

KEYWORD **유통경로구조**

해설

거래비용이론은 기업이 어떻게 유통경로 구조의 수평적 통합이 아닌 수직적 계열화를 통해 거래비용을 줄이고 유통망의 안정성을 도모하기 위한 것과 관련된 유통경로결정이론이다.

정답 ③

THEME 011 유통경로의 경쟁

074

21년 2회

서로 다른 제품을 각각 다른 생산설비를 사용하는 것보다 공동의 생산설비를 이용해서 생산한다면 보다 효과적이라는 이론으로 옳은 것은?

① 규모의 경제 ② 분업의 원칙
③ 변동비 우위의 법칙 ④ 범위의 경제
⑤ 집중화 전략

KEYWORD 생산의 효율화

해설

범위의 경제는 2가지 이상의 생산물을 따로따로 독립된 기업에서 생산하는 것보다 한 기업이 동시에 생산하는 것이 더 유리한 경우, 즉 비용이 적게 드는 경우를 가리킨다.

관련이론 범위의 경제가 나타나는 경우

- 버스와 트럭, 냉장고와 에어컨처럼 성격이 유사한 결합 생산물의 경우
- 생산 시설이나 유통망을 공동으로 사용할 수 있는 경우 등

정답 ④

075

22년 1회

범위의 경제와 관련된 설명으로 가장 옳지 않은 것은?

① 한 기업이 다양한 제품을 동시에 생산함으로써 비용상 우위를 누리는 것을 말한다.
② 하나의 생산과정에서 두 개 이상의 생산물이 생산되는 경우에 발생한다.
③ 기업은 생산량을 증대하여 단위당 비용의 하락을 통해 이익을 얻을 수 있다.
④ 한 제품을 생산하는 과정에서 부산물이 생기는 경우에 나타날 수 있다.
⑤ 제조업체에게 비용절감 효과를 가져올 수 있다.

KEYWORD 생산의 효율화

해설

범위의 경제(economies of scope)는 한 기업이 다양한 제품을 동시에 결합하여 생산함으로써 비용을 절감하는 행위를 말한다. 따라서 기업이 생산량을 증대하여 단위당 비용을 감소시키는 규모의 경제(economies of scale)와는 차이가 있다.

정답 ③

076

21년 1회

아래 글상자 ㉠과 ㉡에서 설명하는 유통경로 경쟁으로 옳게 짝지어진 것은?

> ㉠ 동일한 경로 수준 상의 서로 다른 유형을 가지는 기업들 간 경쟁
> ㉡ 하나의 마케팅 경로 안에서 서로 다른 수준의 구성원들 간 경쟁

① ㉠ 수직적 경쟁
　㉡ 수평적 경쟁
② ㉠ 업태 간 경쟁
　㉡ 수직적 경쟁
③ ㉠ 경로 간 경쟁
　㉡ 수평적 경쟁
④ ㉠ 업태 간 경쟁
　㉡ 경로 간 경쟁
⑤ ㉠ 수직적 경쟁
　㉡ 경로 간 경쟁

KEYWORD 유통경로 경쟁

해설

㉠ 업태 간 경쟁: 동일한 경로수준 상의 서로 다른 유형을 가지는 기업들 간 경쟁으로, 수퍼마켓과 편의점 간의 경쟁을 예로 들 수 있다.
㉡ 수직적 경쟁: 하나의 마케팅 경로 안에서 서로 다른 수준의 구성원들 간 경쟁으로, 도매상과 소매상 간의 경쟁 또는 생산자와 소매상 간의 경쟁이 있을 수 있다.

정답 ②

077

20년 3회

기업이 직면하게 되는 경쟁환경의 유형에 대한 설명 중 가장 옳지 않은 것은?

① 할인점과 할인점 간의 경쟁은 수평적 경쟁이다.
② 할인점과 편의점 간의 경쟁은 업태 간 경쟁이다.
③ 제조업자와 도매상 간의 경쟁은 수직적 경쟁이다.
④ [제조업자－도매상－소매상]과 [제조업자－도매상－소매상]의 경쟁은 수직적 마케팅 시스템 경쟁이다.
⑤ 백화점과 백화점 간의 경쟁은 협력업자 경쟁이다.

KEYWORD **유통경로 경쟁**

해설

⑤ 백화점과 백화점 간의 경쟁은 수평적 경쟁에 해당된다.

관련이론 업태 간 경쟁과 수평/수직적 경쟁

업태 간 경쟁	동일한 경로상의 서로 다른 유형을 가진 기업들 간의 경쟁 예) 할인점과 편의점 간의 경쟁
수평적 경쟁	유통경로상 동일한 경로 수준에 있는 유통기관 간의 경쟁 예) 백화점과 백화점 간의 경쟁
수직적 경쟁	하나의 마케팅 경로 안에서 서로 다른 수준의 구성원들 간 경쟁 예) 도매상과 소매상 간의 경쟁 또는 생산자와 소매상 간의 경쟁

정답 ⑤

THEME 012 유통경로 커버리지 정책

078

19년 3회

시장 커버리지 전략 중 하나인 선택적 유통과 관련된 설명으로 가장 옳은 것은?

① 가능한 한 많은 소매점에서 제품이 취급되는 것을 원하는 유통 방법이다.
② 공격적인 유통이 가능하므로 집중적 유통이라고도 한다.
③ 해당 점포는 지역 내의 독점권을 갖게 된다.
④ 집중적 유통과 전속적 유통의 중간 형태를 띠는 경로 커버리지 전략이다.
⑤ 고객이 제품이나 서비스를 탐색하는데 많은 노력을 기꺼이 하는 경우에 적합한 방법이다.

KEYWORD **유통경로 커버리지**

해설

①, ② 개방적 유통경로(집중적 유통경로)에 대한 설명이고, ③, ⑤ 전속적 유통경로에 대한 설명이다.

정답 ④

DAY 01

079

18년 2회

경로커버리지 유형 중 전속적 유통(exclusive channel)에 대한 설명으로 가장 옳지 않은 것은?

① 극히 소수의 소매점포에게만 자사제품을 취급하도록 하는 것이다.
② 브랜드 충성도가 매우 높은 제품을 생산하는 제조업체가 채택하는 경향이 높은 전략이다.
③ 제조업체는 소매점포에 대한 통제력을 강화함으로써 자사 브랜드 이미지를 자사 전략에 맞게 유지할 수 있다.
④ 중소 슈퍼, 식당, 주점 등을 대상으로 하는 주류 제조업체나 약국을 대상으로 하는 제약업체의 영업이 대부분 여기에 해당한다.
⑤ 소비자들은 브랜드 충성도가 높은 브랜드를 구매하기 위해 기꺼이 많은 노력을 기울이기 때문에 적은 점포 수로도 원활한 유통이 가능하다.

KEYWORD **유통경로 커버리지**

해설

④ 제품의 노출을 높여야 하는 업종으로 개방적 유통이 적합한 유통전략에 해당한다. 한편, 전속적 유통경로는 일정한 지역에서 자사의 제품을 한 점포가 배타적·독점적으로 취급하게 하는 것으로 유통경로 계열화의 가장 강력한 형태이다. 주로 고급 자동차·귀금속·명품 등 전문품이나 고관여도 제품 등 경우에 적용이 가능하며, 제조업체가 도매상이나 소매상을 강하게 통제할 수 있다.

정답 ④

080

17년 3회

다음 글상자에서 설명하는 이것에 해당하는 것은?

> 이것은 마케팅 경로의 각 단계에서 가능한 한 많은 점포가 자사의 제품을 취급하도록 하는 대안이다. 이것은 일용품이나 편의품처럼 제품이 소비자에게 충분히 노출될 필요가 있는 제품에 적합한 유통경로이지만, 유통비용이 증가하고 통제가 어렵다는 단점이 있다.

① 집중적 유통경로(intensive channel)
② 선택적 유통경로(selective channel)
③ 전속적 유통경로(exclusive channel)
④ 세분적 유통경로(segmented channel)
⑤ 네트워크 유통경로(network channel)

KEYWORD **유통경로 커버리지**

해설

① 집중적 유통경로
- 가능한 한 많은 점포가 자사제품을 취급하도록 하는 마케팅전략으로 개방적 유통경로라고도 한다.
- 적용 및 문제점: 제품이 소비자에게 충분히 노출되어 있고, 제품 판매의 체인화에 어려움이 있는 편의품 등에 적용할 수 있다. 그러나 유통비용이 증가하고, 특히 경로 통제가 어렵다는 문제점이 있다.

선지분석

② 선택적 유통경로: 경영 능력, 평판, 점포 규모 등의 일정 자격을 갖춘 소수의 중간상에게만 자사의 제품을 취급하게 하는 것이다.
③ 전속적 유통경로: 일정한 지역에서 자사의 제품을 한 점포가 배타적·독점적으로 취급하게 하는 것으로 유통경로 계열화의 가장 강력한 형태이다.

정답 ①

081

17년 1회

경로집약도 중 '선택적 유통'에 대한 설명으로 가장 옳은 것은?

① 제조업자가 한 지역에 제한된 수의 점포들에게 판매권을 주는 형태이다.
② 유통업자에 대한 제조업자의 지배력이 강하다.
③ 모든 제조업자의 상품을 제한 없이 취급하는 것이 특징이다.
④ 브랜드의 가치를 유지하기 때문에 고가품에서 많이 볼 수 있는 유통 형태이다.
⑤ 화장품이나 자동차 유통에서 흔히 볼 수 있는 형태이다.

KEYWORD **유통경로 커버리지**

해설

선택적 유통경로는 경영 능력, 평판, 점포 규모 등의 일정 자격을 갖춘 소수의 중간상에게만 자사의 제품을 취급하게 하는 유통경로 시스템으로, ①이 이에 해당한다.

정답 ①

082

23년 2회

유통경로 구조를 결정하는데 있어서 유통경로 커버리지(channel coverage)에 대한 설명으로 옳은 것은?

① 유통경로에서 제조업자로부터 몇 단계를 거쳐 최종소비자에게 제품이 전달되는가와 관련이 있다.
② 제품의 부피가 크고 무거울수록, 부패 속도가 빠를수록 짧은 경로를 선택하는 것이 바람직하다.
③ 특정한 지역에서 하나의 중간상을 전속해 활용하는 전략을 집약적 유통(intensive distribution)이라고 한다.
④ 유통경로 커버리지란 특정지역에서 자사 제품을 취급하는 점포를 얼마나 많이 활용할 것인가를 결정하는 것이다.
⑤ 유통경로를 통제하고자 하는 통제욕구가 강할수록 유통 경로는 짧아진다.

KEYWORD **유통경로 커버리지**

선지분석

① 유통경로 커버리지는 유통집중도(distribution intensity)라고 하며, 특정지역에서 자사제품을 취급하는 점포의 수가 얼마나 되는지를 의미한다.
② 일반적으로 부패 속도가 빠를수록 짧은 경로를 선택하는 것이 바람직하나, 제품의 부피 또는 무게는 유통경로길이와 무관하다.
③ 특정한 지역에서 하나의 중간상을 전속해 활용하는 전략을 전속적 유통이라고 한다.
⑤ 유통경로의 길이는 제품의 특성, 수요·공급의 특성, 유통비용 등에 따라 결정된다.

정답 ④

THEME 013 유통경로의 파워(권력의 유형)

DAY 01

083

20년 2회

권력의 원천과 그 내용에 대한 설명 중 가장 옳지 않은 것은?

① 강압적 권력은 권력 행사자가 권력 수용자를 처벌할 수 있다고 생각한다.
② 합법적 권력은 일반적으로 비공식적 지위에서 나온다고 볼 수 있다.
③ 보상적 권력은 급여 인상, 승진처럼 조직이 제공하는 보상에 의해 권력을 가지게 된다.
④ 전문적 권력은 특정 분야나 상황에 대한 높은 지식이 있을 때 발생한다.
⑤ 준거적 권력은 다른 사람이 그를 닮으려고 할 때 생기는 권력이다.

KEYWORD **유통권력의 파워**

해설

② 합법적 권력은 일반적으로 개인에게 주어진 공식적 지위에서 나온다.

관련이론 권력의 원천

유통경로의 권력	권력 또는 영향력의 내용
보상적 권력	경로구성원 B에 대하여 공급자 A가 보상을 제공할 수 있는 능력
강압적 권력 (강권적 권력)	경로구성원 B가 A의 영향력 행사에 대해 따르지 않은 경우 B를 처벌할 수 있는 A의 능력 또는 힘
전문적 권력	공급자 A가 지닌 특별한 지식이나 기술, 신뢰 등이 경로구성원 B에게 미치는 영향력
준거적 권력	상대방 A가 매력이 있기 때문에 A가 B에 대하여 갖게 되는 영향력 또는 힘
합법적 권력	경로구성원 B의 행위를 강제할 수 있다고 인식되는 A의 인식된 권리

정답 ②

084

19년 3회

아래 글상자 내용은 리더가 보유하는 권력 중 하나인데, 무슨 권력에 대한 설명인가?

> 리더가 전문적이고 깊이 있는 지식과 재능을 가질 때 발생하는 권력으로서 부하가 그러한 전문성과 능력을 인정할 때 수용되는 권력

① 합법적 권력(legitimate power)
② 보상적 권력(reward power)
③ 강압적 권력(coercive power)
④ 준거적 권력(relevant power)
⑤ 전문적 권력(expert power)

KEYWORD 유통권력의 파워

해설

전문적 권력이란 리더가 특정 분야나 상황에 대해서 높은 지식이나 경험을 가지고 있다고 느낄 때 발생하는 권력이다.

선지분석

① 합법적 권력: 권력 행사자의 정당한 영향력, 행사권(권한)을 추종해야 할 의무가 있다는 사고에 기초한 권력
② 보상적 권력: 권력 행사자가 권력 수용자에게 보상을 줄 수 있다는 인식에 기초한 권력
③ 강압적 권력: 해고나 징계, 작업시간의 단축 등을 지시할 수 있는 능력에서 기인하는 권력
④ 준거적 권력: 리더가 바람직한 특별한 자질을 가지고 있어 다른 사람들이 그를 따르고 일체감을 느끼고자 할 때 생기는 권력

정답 ⑤

085

17년 2회

다음 글 상자의 사례에서 B사와 D사가 가진 유통경로에서의 힘은?

> • A백화점은 명품으로 유명한 B사의 화장품을 입점하여 고객들에게 명성을 유지하고자 한다.
> • 패션 중견기업인 C사는 자사제품을 고급 백화점으로 이름난 D사에 입점하여 판매하고자 한다.

① 보상력(reward power)
② 합법력(legitimate power)
③ 강제력(coercive power)
④ 전문력(expert power)
⑤ 준거력(referent power)

KEYWORD 유통권력의 파워

해설

준거력 또는 준거적 권력은 리더가 바람직한 특별한 자질을 가지고 있어 다른 사람들이 그를 따르고 일체감을 느끼고자 할 때 생기는 권력을 의미한다.

정답 ⑤

THEME 014 유통경로의 성과평가

086
21년 3회

경로성과를 평가하기 위한 척도의 예가 모두 올바르게 연결된 것은?

① 양적 척도 – 단위당 총 유통비용, 선적비용, 경로 과업의 반복화 수준
② 양적 척도 – 신기술의 독특성, 주문 처리에서의 오류 수, 악성 부채 비율
③ 양적 척도 – 기능적 중복 수준, 가격 인하 비율, 선적 오류 비율
④ 질적 척도 – 경로 통제 능력, 경로 내 혁신, 재고 부족 방지비용
⑤ 질적 척도 – 시장 상황 정보의 획득 가능성, 기능적 중복 수준, 경로 과업의 반복화 수준

KEYWORD **정량/정성 척도**

선지분석
① 경로과업의 반복화 수준 – 질적 척도
② 신기술의 독특성 – 질적 척도
③ 기능적 중복 수준 – 질적 척도
④ 재고 부족 방지비용 – 양적 척도

정답 ⑤

087
19년 2회

경로성과의 양적 척도 또는 질적 척도의 예들이 모두 옳게 나열된 것은?

① 양적 척도: 단위당 총 유통비용, 선적비용, 경로 과업의 반복화 수준
② 양적 척도: 고객 불평 수, 주문 처리에서의 오류 수, 기능적 중복 수준
③ 양적 척도: 가격 인하 비율, 선적 오류 비율, 악성 부채 비율
④ 질적 척도: 경로 통제 능력, 경로 내 혁신, 고객 추천 수
⑤ 질적 척도: 신기술의 독특성, 재고 부족 방지비용, 경로 몰입 수준

KEYWORD **정량/정성 척도**

선지분석
① 경로 과업의 반복화 수준은 질적 척도이다.
② 기능적 중복 수준은 질적 척도이다.
④ 고객 추천 수는 양적 척도이다.
⑤ 재고 부족 방지비용은 양적 척도이다.

정답 ③

088
22년 2회

균형성과표(BSC)에 대한 설명으로 가장 옳지 않은 것은?

① 고객 관점은 고객유지율, 반복구매율 등의 지표를 활용한다.
② 각 지표들은 전략과 긴밀하게 연계되어 상호작용을 한다.
③ 조직의 지속적 생존을 위해 핵심 성공요인이 중요하다.
④ 학습과 성장의 경우 미래지향적인 관점을 가진다.
⑤ 비용이 저렴하지만 재무적 지표만을 성과관리에 적용한다는 한계를 가진다.

KEYWORD **균형성과표(BSC)**

해설
균형성과표(BSC; Balanced Score Card)는 캐플란과 노톤에 의해 조직의 목표와 전략을 효율적으로 실행 및 관리하기 위한 경영관리 기법으로 제시되었다. 재무적 관점뿐만 아니라 고객관점, 내부 프로세스 관점, 학습 및 성장 관점 등 4가지 관점의 결합을 통해 균형 있는 성과관리를 추구한다.

정답 ⑤

089

20년 추가

손익계산서 상의 비용항목들이 각 유통경로별 경로 활동에 얼마나 효율적으로 투입되었는지를 측정하여 유통경영전략에 따른 유통경로별 수익성을 측정하는 방법으로 옳은 것은?

① 유통비용분석(Distribution Cost Analysis)
② 전략적 이익모형(Strategic Profit Model)
③ 직접제품수익성(DPP: Direct Product Profit)
④ 경제적 부가가치(EVA: Economic Value Added)
⑤ 중간상 포트폴리오 분석(Dealer Portfolio Analysis)

KEYWORD **유통비용**

해설
유통비용분석은 손익계산서 상의 비용 항목들이 각 유통경로별 경로 활동에 얼마나 효율적으로 투입되었는지를 측정하여 유통경로별 수익성을 측정하는 방법이다.

선지분석
② 전략적 이익모형: 다양한 재무비율들 간의 상호 관련성을 분석. 자기자본이익률(ROE)을 통해 순이익률, 자산회전율, 레버리지 비율 등을 통해 유통경로의 전략적 수익성을 평가하는 모델
③ 직접제품수익성: 재고투자순이익률(GMROI), 판매면적당 순이익률(GMROS)과 더불어 유통기업의 전략적 성과를 평가하는 기법
④ 경제적 부가가치: 기업 전체와 사업부의 성과측정 방식으로, EVA는 세후 영업이익에서 그 이익을 발생시키기 위해 사용된 자금을 형성하는데 들어간 비용(총자본비용)을 뺀 값
⑤ 중간상 포트폴리오 분석: 중간상의 특정 제품군에서의 매출성장률과 그 제품군에 대한 중간상 매출액 중 자사제품의 시장점유율이라는 두 개의 차원 상에서 거래 중간상들의 상대적 위치를 토대로 각 중간상에 대한 투자전략을 결정하는 기법

정답 ①

090

19년 2회

기업의 재무제표에 관련된 설명으로 가장 옳지 않은 것은?

① 재무상태표: 일정 시점 현재 기업의 자산, 부채, 주주지분의 금액을 제시
② 손익계산서: 일정 기간 동안 수행된 기업 활동의 결과로서 주주 지분이 어떻게 증가, 감소하였는지 보여줌
③ 현금흐름표: 일정 기간 동안 수행된 기업의 활동별로 현금 유입과 현금 유출을 측정하고 그 결과 기말의 현금이 기초에 비해 어떻게 변동되었는지 나타냄
④ 이익잉여금처분계산서: 주주총회의 승인을 얻어 확정될 이익잉여금 처분 예정액을 표시함
⑤ 연결재무제표: 한 기업의 현금흐름표, 대차대조표, 손익계산서의 내용을 하나의 표로 작성하여 정리한 재무제표

KEYWORD **재무제표**

해설
⑤ 연결재무제표는 모기업과 관계있는 관계기업들의 현금흐름표, 재무상태표, 손익계산서의 내용을 하나의 표로 작성하여 정리한 재무제표이다.

정답 ⑤

091

18년 3회

재무제표와 관련된 각종 회계 정보에 대한 설명 중 가장 옳지 않은 것은?

① 재무상태표(구 대차대조표)를 통해 자산 중 자기자본이 얼마인지 확인할 수 있다.
② 포괄손익계산서를 통해 세금을 낸 이후의 순이익도 확인할 수 있다.
③ 일정 기간 영업 실적이 얼마인지 포괄손익계산서를 통해 알 수 있다.
④ 자본변동표는 일정 시점에서 기업의 자본의 크기와 일정 기간 동안 자본 변동에 관한 정보를 나타낸다.
⑤ 재무제표는 현금주의에 근거하여 작성하기 때문에 기업의 현금 가용능력을 정확하게 파악할 수 있다.

KEYWORD **재무제표**

해설

재무제표 중 현금흐름표는 현금주의에 근거하여 작성하기 때문에 기업의 현금 가용능력을 정확하게 파악할 수 있다. 그러나 현금흐름표를 제외한 재무상태표, 포괄손익계산서는 현금주의가 아닌 발생주의에 근거하여 작성하는 것을 원칙으로 한다.

정답 ⑤

092

22년 2회

기업이 사용하는 재무제표 중 손익계산서의 계정만으로 옳게 나열된 것은?

① 자산 – 부채 – 소유주 지분
② 자산 – 매출원가 – 소유주 지분
③ 수익 – 매출원가 – 비용
④ 수익 – 부채 – 비용
⑤ 자산 – 부채 – 비용

KEYWORD **재무제표**

해설

포괄손익계산서는 일정 회계기간(유량)의 영업실적인 수익과 비용을 기록하여 당해 기간 동안 경영성과를 보여주는 재무제표를 말한다.

선지분석

①, ②, ④, ⑤ 제시된 자산, 부채, 소유주 지분(자본)은 재무상태표 항목에 해당한다.

정답 ③

093

23년 3회

공급업자 평가방법 중 각 평가 기준의 중요성을 정확하게 판단할 수 없는 경우에 유용한 평가방법은?

① 가중치 평가방법
② 단일기준 평가방법
③ 최소기준 평가방법
④ 주요기준 평가방법
⑤ 평균지수 평가방법

KEYWORD **성과평가**

해설

최소기준 평가방법은 평가 기준에 대한 중요성을 판단하기 어려울 경우 가중치를 사용하지 않고 각 평가 기준별 요구사항을 설정하여 평가하는 방법이다.

정답 ③

094

22년 1회

유통경로 성과를 평가하는 차원을 설명하는 아래 글상자에서 괄호 안에 들어갈 단어를 순서대로 나열한 것으로 가장 옳은 것은?

> • (㉠): 하나의 경로시스템이 표적시장에서 요구하는 서비스 산출을 얼마나 제공하였는가를 측정하는 것에 중점을 두는 목표지향적 성과기준
> • (㉡): 유통시스템에 의해 제공되는 혜택이 여러 세분시장에 어느 정도 골고루 배분되는지를 측정하는 성과기준
> • (㉢): 일정한 비용에 의해 얼마나 많은 산출이 발생하였는가를 측정하는 기준

① ㉠ 형평성, ㉡ 효율성, ㉢ 효과성
② ㉠ 효과성, ㉡ 형평성, ㉢ 효율성
③ ㉠ 형평성, ㉡ 효과성, ㉢ 효율성
④ ㉠ 효과성, ㉡ 효율성, ㉢ 형평성
⑤ ㉠ 효율성, ㉡ 형평성, ㉢ 효과성

KEYWORD **성과평가**

해설

㉠ 효과성(effectiveness): 하나의 경로시스템이 표적시장에서 요구하는 서비스 산출을 얼마나 제공하였는가를 측정하는 것에 중점을 두는 목표지향적 성과기준
㉡ 형평성(equity): 유통시스템에 의해 제공되는 혜택이 여러 세분시장에 어느 정도 골고루 배분되는지를 측정하는 성과기준
㉢ 효율성(efficiency): 일정한 비용에 의해 얼마나 많은 산출이 발생하였는가를 측정하는 기준

정답 ②

THEME 015 경영전략

095

21년 3회

아래 글상자에서 공통적으로 설명하고 있는 유통경영전략 활동으로 가장 옳은 것은?

> • 유통경영전략 실행 과정에서 많은 예상치 않은 일들이 발생하기 때문에 지속적으로 실시되어야 한다.
> • 유통경영 목표가 성취될 수 있도록 성과를 측정하고 성과와 목표 사이의 차이가 발생한 원인을 분석하고 시정 조치를 취한다.
> • 성과에 대한 철저한 분석과 시정조치 없이, 다음번에 더 나은 성과를 기대하기 어렵다.

① 유통마케팅 계획 수립
② 유통마케팅 실행
③ 유통마케팅 위협 · 기회 분석
④ 유통마케팅 통제
⑤ 유통마케팅 포트폴리오 개발

KEYWORD **경영전략**

해설

유통경영 목표 달성을 위해 성과를 측정하고 성과와 목표 사이의 차이가 발생한 원인을 분석해 시정조치하는 것은 ④ 유통마케팅의 통제기능에 해당한다.

정답 ④

096

21년 2회

유통경영전략 계획 수립에 대한 설명으로 가장 옳지 않은 것은?

① 기업수준의 전략 계획 수립은 조직의 목표 및 역량과 변화하는 마케팅 기회 간의 전략적 적합성을 개발·유지하는 과정을 말한다.
② 기업수준의 전략 계획 수립은 기업 내에서 이루어지는 다른 모든 계획 수립의 근간이 된다.
③ 기업수준의 전략 계획 수립 과정은 기업 전반의 목적과 사명을 정의하는 것으로 시작된다.
④ 기업수준의 전략 계획이 실현될 수 있도록 마케팅 및 기타 부서들은 구체적 실행 계획을 수립한다.
⑤ 기업수준의 전략 계획은 기능별 경영전략과 사업수준별 경영전략을 수립한 후 전략적 일관성에 맞게 수립해야 한다.

KEYWORD **경영전략**

해설

⑤ 기업수준의 전략 계획은 절차상 가장 상위의 전략으로 최우선적으로 수립해야 하며, 이후에 순차적으로 사업수준별 경영전략, 기능별 경영전략을 일관성 있게 수립해야 한다.

정답 ⑤

097

23년 1회

최상위 경영전략인 기업 수준의 경영전략으로 옳지 않은 것은?

① 새로운 시장에 기존의 제품으로 진입하여 시장을 확장하는 시장개발전략
② 기존 시장에 새로운 제품으로 진입하기 위한 제품개발전략
③ 경쟁사에 비해 우수한 품질의 제품을 제공하려는 차별화전략
④ 기존 제품의 품질 향상을 통해 시장점유율을 높이려는 시장침투전략
⑤ 기존 사업과 연관된 다른 사업을 인수하여 고객을 확보하려는 다각화전략

KEYWORD **경영전략**

해설

차별화전략, 집중화전략, 원가우위전략 등은 사업부 수준의 전략에 해당한다.
기업 수준의 경영전략에는 앤소프(I. Ansoff)의 제품–시장확장 그리드 전략(시장침투전략, 시장개발, 제품개발, 다각화전략), 수직적 통합, 기업 인수합병 등이 있다.

정답 ③

098

23년 1회

유통경영환경 분석을 위한 SWOT 분석 방법의 활용에 관한 설명으로 옳지 않은 것은?

① 기회를 최대화하고 위협을 최소화한 기업 자원의 효율적 사용이 목표이다.
② SO 상황에서는 강점을 적극적으로 활용한 시장기회 선점 전략을 구사한다.
③ WT 상황에서는 약점을 보완하기 위해 투자를 대폭 강화한 공격적 전략을 구사한다.
④ WO 상황에서는 약점을 보완하여 시장의 기회를 활용할 수 있는 전략적 제휴를 실시한다.
⑤ ST 상황에서는 시장의 위협을 회피하기 위해 제품 확장전략을 사용한다.

KEYWORD **경영전략**

해설

WT 상황은 내부적으로는 약점이 외부적으로는 위협요인이 존재하는 기업환경이므로 위험을 회피하는 보수적인 전략을 취하는 것이 유리하다. 투자를 대폭 강화한 공격적 전략을 구사하는 상황은 SO에 해당한다.

정답 ③

099

21년 3회

기업의 의사결정 기준을 경제적 이익에 근거한 기업가치인 경제적 부가가치를 중심으로 하는 사업 관리기법으로 가장 옳은 것은?

① 상생기업경영 ② 크레비즈
③ 가치창조경영 ④ 펀 경영
⑤ 지식경영

KEYWORD **경영 기법**

해설

③ 가치창조경영(value based management)은 기업의 의사결정 기준을 회계상의 매출과 이익 중심에서 벗어나 경제적 이익에 근거한 기업 가치 중심으로 하는 사업 관리기법을 의미한다.

정답 ③

100

20년 2회

아래 글상자에서 서술된 경영은 무엇에 대한 내용 설명인가?

> 기업의 의사결정 기준을 경제적 이익에 근거한 기업 가치, 즉 경제적 부가가치를 중심으로 하는 사업 관리기법을 말한다. 기업 가치가 강조되기도 하며, 경제적 부가가치를 지표로 하기도 한다.

① 펀경영 ② 크레비즈
③ 지식경영 ④ 가치창조경영
⑤ 전략적 기업 경영

KEYWORD **경영 기법**

해설

④ 가치창조경영이란 기업의 의사결정 기준을 회계적 이익 중심에서 벗어나 경제적 부가가치에 근거하여 사업을 관리하는 기법을 의미한다.

선지분석

① 펀경영: 사내 근무환경을 재미있고 활력 넘치게 만드는 경영 방식
② 크레비즈: 새로운 것을 만들어 내거나 발상을 전환하는 사업
③ 지식경영: 지식을 활용하여 핵심 역량을 강화하고 기업 가치를 증대시키는 경영

정답 ④

101

20년 추가

아래 글상자의 내용은 기사를 발췌한 것이다. (　　) 안에 공통적으로 들어갈 용어로 가장 옳은 것은?

> 제목: (　　　) 환상에서 벗어난 기업들의 생산기지 철수
> (　　　)은 국내에서 얻는 것보다 상당히 낮은 가격에 해외에서 제품, 원재료를 만들거나 구매할 수 있는 기회를 제공하는 것을 말한다. 그러나 낮은 품질, 높은 운송비용이 (　　　)을 통해 얻어지는 비용우위를 저해함에 따라 일부 자국 제조업체들은 생산 기지를 다시 자국으로 옮기는 중이다.

① 리쇼링(Re-Shoring)
② 오프쇼링(Off-Shoring)
③ 지연(Postponement) 전략
④ 기민성(Agility) 생산 방식
⑤ 린(Lean) 생산 방식

KEYWORD **오프쇼링**

해설

오프쇼링은 기업이 생산 기지를 규제가 약하고 임금 수준이 낮은 외국으로 옮기는 것을 의미한다. 반대로 리쇼링은 생산기지를 다시 국내로 옮기는 것을 의미한다.

정답 ②

102

20년 3회

기업의 경쟁전략 중 조직규모의 유지 및 축소 전략으로 옳지 않은 것은?

① 다운사이징 ② 집중화전략
③ 리스트럭처링 ④ 영업양도전략
⑤ 현상유지전략

KEYWORD **경쟁전략**

해설

② 집중화전략은 특정 시장, 지역, 소비자를 집중적으로 공략하는 것으로 조직규모의 유지 및 축소 전략에 해당하지 않는다.

선지분석

① 다운사이징은 조직규모를 축소시키는 기업전략이다.
③ 리스트럭처링은 기업의 구조를 개선하는 전략이다.
④ 영업양도전략은 영업부문을 매도하여 현금을 유보하고 조직을 축소시키는 전략이다.
⑤ 현상유지전략은 조직규모를 기존 상태로 유지하는 전략이다.

정답 ②

103

18년 2회

경쟁 강도를 반영하여 상품 가격을 결정하는 방법으로 보기가 가장 어려운 것은?

① 단수가격 결정법 ② 경쟁대응가격 결정법
③ 상시저가 결정법 ④ High/Low 결정법
⑤ 벤치마킹 결정법

KEYWORD 가격전략

해설

단수가격 전략은 화폐 단위 이하로 가격을 책정함으로써 고객이 인식하는 가격이 상대적으로 저렴하다고 느끼게 하는 전략이다. 이는 소비자 심리에 근거한 가격결정방법이다. 반면, 경쟁가격 결정, 상시저가 결정(EDLP), High-Low 결정 등은 경쟁 강도를 반영한 가격 결정 방법이라 할 수 있다.

정답 ①

104

19년 2회

전략 유형을 시장대응전략과 경쟁우위전략으로 구분할 때 시장대응전략만을 묶은 것으로 옳은 것은?

① 제품/시장믹스 전략, 포트폴리오 전략
② 원가우위 전략, 포트폴리오 전략
③ 차별화 전략, 집중화 전략
④ 제품/시장믹스 전략, 차별화 전략
⑤ 제품수명주기 전략, 집중화 전략

KEYWORD 시장대응전략

해설

① 포터(M. Porter)가 제시하는 시장대응전략으로는 제품/시장믹스 전략, 제품수명주기 전략 및 포트폴리오 전략 등이 있다. 한편 경쟁우위 전략에는 원가우위 전략, 차별화 전략 및 집중화 전략 등이 있다.

관련이론 포터의 본원적 경쟁전략의 유형

- 원가우위 전략: 동일한 제품을 경쟁자보다 싸게 만들어서 판매하는 방법
- 차별화 전략: 상대적으로 고가이더라도 경쟁자에 비해 차별화된 제품을 우수하게 만들고 높은 마진을 통해 목표를 달성하는 프리미엄 전략
- 집중화 전략: 경쟁 영역의 범위가 좁은 경우에 사용할 수 있는 전략으로, 기업의 자원이 제한되어 있고 경쟁영역의 범위가 좁은 경우, 즉 세분시장을 대상으로 하는 전략

정답 ①

105

22년 1회

재무, 생산소요계획, 인적자원, 주문충족 등 기업의 전반적인 업무 프로세스를 통합·관리하여 정보를 공유함으로써 효율적인 업무처리가 가능하게 하는 경영기법으로 가장 옳은 것은?

① 리엔지니어링 ② 식스시그마
③ 아웃소싱 ④ 벤치마킹
⑤ 전사적자원관리

KEYWORD ERP

해설

재무, 생산소요계획, 인적자원, 주문충족 등 기업의 전반적인 업무 프로세스를 통합·관리하여 정보를 공유함으로써 효율적인 업무처리를 가능하게 하는 경영기법은 전사적자원관리(ERP)이다.

선지분석

① 리엔지니어링은 업무의 기초부터 혁신적으로 재설계하는 것을 말한다.
② 식스시그마는 품질경영 측면에서 3.4PPM을 달성하려는 활동을 의미한다.
③ 아웃소싱은 핵심역량 이외의 비핵심역량의 외주를 말한다.
④ 벤치마킹은 선두그룹의 장점을 모방하여 추월하려는 전략을 말한다.

정답 ⑤

106

17년 2회

생산, 판매, 구매, 인사, 재무, 물류 등 기업 업무 전반을 통합 관리하는 경영정보시스템을 의미하는 것으로, 모든 정보가 발생 시점에서 실시간으로 데이터베이스화되고 각 부서가 공유할 수 있도록 하는 것은?

① MIS(Management Information System)
② SCM(Supply Chain Management)
③ ERP(Enterprise Resource Planning)
④ MRP(Material Resource Planning)
⑤ BPR(Business Process Reengineering)

KEYWORD ERP

선지분석

① MIS: 경영 전반에 걸쳐 의사결정을 지원하는 경영정보시스템
② SCM: 공급망 전체의 통합적인 관리를 위한 정보시스템
④ MRP: 주일정 계획에 따른 자재 소요 계획
⑤ BPR: 기업의 프로세스를 제로 베이스로부터 재설계하는 혁신 전략

정답 ③

THEME 016 유통 성장전략 및 M. 포터의 기업전략

107

21년 3회

앤소프(Ansoff, H. I.)의 성장 전략 중 아래 글상자에서 설명하는 전략으로 가장 옳은 것은?

- 기존 제품을 전제로 새로운 시장을 개척함으로써 성장을 도모하려는 전략을 말한다.
- 가격이나 품질면에서 우수한 자사제품을 새로운 세분시장에 배치함으로써 시장 확대가 이루어지도록 하는 전략이다.

① 시장침투 전략 ② 제품개발 전략
③ 시장개발 전략 ④ 코스트 절감 전략
⑤ 철수 전략

KEYWORD **앤소프(I. Ansoff)의 제품/시장확장 그리드**

해설

③ 시장개발 전략: 기존 제품으로 새로운 시장을 탐색, 잠재 소비자 집단 발견이 중요

- 시장침투 전략: 기존고객 구매빈도 증가, 미사용 고객 및 경쟁사 고객 유인 → 시장점유율의 확대, 마케팅 강화
- 제품개발 전략: 현재의 제품을 대체할 신제품개발
- 다각화 전략: 신제품으로 새로운 시장을 공략하는 전략으로 관련, 비관련 다각화가 있음

구분	기존 제품	신규 제품
기존시장	시장침투 전략 (판매 노력, 사용량 증대, 고객 유인)	제품개발 전략 (혁신 제품, 모방적 신제품)
신규시장	시장개발 전략 (새로운 시장, 새로운 수요자층)	다각화 전략 (신규 사업, 신제품)

관련이론 기업 다각화의 목적

- 시너지효과 창출, 범위의 경제 실현(관련 사업)
- 기업 성장의 추구 및 새로운 기회 포착
- 위험의 분산 목적: 경기 상황 및 사업 수명주기의 변화에 따른 위험 분산
- 시장 지배력의 확보: 규모의 경제 또는 범위의 경제 실현에 따른 시장 지배력 강화

정답 ③

108

22년 3회

제품/시장 확장그리드(product/market expansion grid)에서 기존제품을 가지고 새로운 세분시장을 파악해서 진출하는 방식의 기업성장전략으로 가장 옳은 것은?

① 시장침투전략(market penetration strategy)
② 시장개발전략(market development strategy)
③ 제품개발전략(product development strategy)
④ 다각화전략(diversification strategy)
⑤ 수평적 다각화전략(horizontal diversification strategy)

KEYWORD **앤소프(I. Ansoff)의 제품/시장확장 그리드**

해설

I. Ansoff의 제품/시장확장그리드는 아래와 같은 매트릭스를 구성한다.

	현존제품	신제품
현재시장	시장침투전략	제품개발전략
신시장	시장개발전략	다각화전략

정답 ②

109

19년 1회

사업이 성장하면 유통경로의 적절한 관리전략이 필요하다. 유통경로의 성장 전략들에 대한 설명으로 옳지 않은 것은?

① 통제 전략은 유통경로 기관보다 기업(Channel Leader)의 힘이 더 강할 때만 활용할 수 있는데, 통제, 이행, 순응을 지시한다.
② 권한 위임 전략은 유통경로 기관보다 기업(Channel Leader)이 더 잘 알려져 있고 자금력도 있으며 지역에서 영향력이 있을 때 사용된다.
③ 협력 전략은 유통경로 기관과 기업(Channel Leader)의 힘이 비슷할 때 사용되는데, 신뢰와 관계의 중요성을 인정한다.
④ 합작투자는 시장점유율의 성장을 위해 둘 이상의 개별 기업에 의해 형성되는 기업 형태이다.
⑤ 전략적 제휴는 다른 회사의 매입, 매각과 결합을 다루는 기업전략이다.

KEYWORD **유통경로 성장전략**

해설

⑤ 전략적 제휴는 다른 회사와 공생적 마케팅 측면에서 윈-윈하는 전략이고, 매입, 매각과 결합을 다루는 기업전략은 M&A라 할 수 있다.

관련이론 **전략적 제휴(Strategic Alliance)**

특별한 관계를 갖고 있지 않았던 기업들이 각자의 독립성을 유지하면서 특정 분야에 대해 상호보완적이고 지속적인 협력관계를 위한 제휴를 맺음으로써 상호 간 각각의 약점을 서로 보완하고 경쟁우위를 강화하고자 하는 방법

정답 ⑤

110

20년 3회

맥킨지 사업 포트폴리오 분석은 산업 매력도와 사업 경쟁력 차원으로 구분할 수 있는데 이 경우 사업 경쟁력 평가 요소에 포함되지 않는 것은?

① 시장점유율, 관리 능력, 기술 수준
② 제품 품질, 상표 이미지, 생산 능력
③ 시장점유율, 상표 이미지, 원가 구조
④ 산업성장률, 기술적 변화 정도, 시장규모
⑤ 유통망, 원자재 공급원의 확보

KEYWORD **GE-Mckinsey 모형**

해설

④ 산업성장률, 기술적 변화 정도, 시장규모 등은 산업 매력도에 해당한다.

관련이론 **포트폴리오 분석의 평가 요소**

산업 매력도 평가 요소	시장규모, 산업성장률, 산업의 평균 수익률, 경쟁의 정도, 진입장벽 및 철수 장벽, 산업의 전반적 수급 상황, 기술적 변화 정도 등
사업 경쟁력 평가 요소	시장점유율, 관리능력, 기술수준, 제품의 품질, 상표 이미지, 생산 능력, 원가 구조, 유통망, 원자재 공급원의 확보 등

정답 ④

111

20년 추가

아래 글상자에서 특정 산업의 매력도를 평가하는 요인으로 옳게 고른 것은?

> ㉠ 기존 경쟁 기업의 숫자
> ㉡ 고정비용과 관련된 진입장벽 높이 정도
> ㉢ 차별화의 정도
> ㉣ 철수장벽의 유무
> ㉤ 해당 산업의 성장률

① ㉠
② ㉠, ㉡
③ ㉠, ㉡, ㉢
④ ㉠, ㉡, ㉢, ㉣
⑤ ㉠, ㉡, ㉢, ㉣, ㉤

KEYWORD **GE-Mckinsey 모형**

해설

GE-맥킨지 모형에 따르면 산업의 매력도를 평가하는 요인은 다음과 같다.

- 제품 시장의 크기
- 시장성장률
- 수익률
- 경쟁 치열 정도
- 요구되는 기술수준
- 진입장벽과 철수장벽의 유무
- 인플레이션 취약성과 제품 시장에 대한 기술적, 사회적, 정치적, 법·제도적 영향 등

정답 ⑤

112

19년 3회

BCG 매트릭스와 관련된 설명으로 옳지 않은 것은?

① 시장 성장률과 상대적 시장점유율의 높고 낮음을 기준으로 작성한다.

② 개의 영역은 시장은 커지고 있으나 경쟁력이 떨어져 수익을 올리지 못하는 상태다.

③ 현금 젖소는 시장이 더 이상 커지지 않으므로 현상 유지 전략이 필요하다.

④ 물음표의 영역은 경쟁력이 확보될 수 있는 부분에 집중 투자하는 전략이 필요하다.

⑤ 별의 영역은 많은 투자 자금이 필요하다.

KEYWORD BCG 매트릭스

해설

② 개의 영역은 시장이 감소하고 있고 경쟁력이 떨어져 수익을 올리지 못하는 상태이다.

③ 현금 젖소(Cash Cow)의 경우에는 시장성장률이 낮은 것이지 시장이 더 이상 커지지 않는 것은 아니다.

정답 ②, ③

113

21년 2회

마이클 포터(Michael Porter)의 산업구조분석모형(5-forces model)에 대한 설명으로 옳지 않은 것은?

① 공급자의 교섭력이 높아질수록 시장 매력도는 높아진다.

② 대체재의 유용성은 대체재가 기존 제품의 가치를 얼마나 상쇄할 수 있는지에 따라 결정된다.

③ 교섭력이 큰 구매자의 압력으로 인해 자사의 수익성이 낮아질 수 있다.

④ 진입장벽의 강화는 신규 진입자의 진입을 방해하는 요소가 된다.

⑤ 경쟁기업간의 동질성이 높을수록 암묵적인 담합가능성이 높아진다.

KEYWORD 5-force

해설

① 공급자의 교섭력이 높아질수록 시장 매력도는 낮아진다.

관련이론 M. Porter의 5세력의 분석

구분	내용
기존 경쟁자들 간의 경쟁 정도	산업에 참여하고 있는 기업의 수가 적을수록, 즉 산업의 경쟁 정도가 낮을수록 그 산업의 전반적인 수익률은 상대적으로 높아지게 되며, 경쟁 정도가 높을수록 산업의 수익률은 낮아지게 된다.
잠재적 진입자의 위협	진입장벽이 낮아 새로운 기업의 진입이 용이하다면, 그 산업 내에서 높은 가격을 받을 수 없기 때문에 수익률은 낮아지게 된다.
대체재의 위협	대체재의 가능성이 높으며 가격이 낮고 성장성이 클수록 이윤폭이 제한되고 시장침투의 위험이 크므로 산업의 수익률은 낮아진다.
구매자의 협상력	구매자 집단의 교섭 능력이 클수록 기업의 제품에 대한 소비자들의 지속적인 구매력이 낮아지기 때문에 산업의 수익률은 낮아진다.
공급자의 협상력	공급자 집단의 교섭(협상)능력이 클수록 제품 가격과 품질에 영향력을 미침으로써 소비자들의 지속적인 구매력이 낮아지기 때문에 산업의 수익률은 낮아지게 된다.

정답 ①

114

19년 1회

마이클포터(Michael Porter)가 제시한 기업의 경쟁을 결정하는 5가지 요인으로 옳지 않은 것은?

① 공급자의 교섭력
② 구매자의 교섭력
③ 보완재의 유무
④ 잠재적 진입자와의 경쟁
⑤ 기존 기업들 간의 경쟁

KEYWORD 5-force

해설
마이클포터가 제시한 경쟁을 결정하는 5가지 요소로는 ⑤ 기존 경쟁자들 간 경쟁 정도, ④ 잠재적 진입자의 위협, 대체재의 위협, ② 구매자의 협상력, ① 공급자의 협상력이 있다.

정답 ③

115

18년 1회

기업의 외부 환경분석기법으로 활용되는 포터(M. Porter)의 산업구조 분석에서는 산업의 수익률에 영향을 미치는 5대 핵심 요인을 제시하고 있는데, 이에 해당되지 않는 것은?

① 산업 내의 경쟁
② 대체재의 위협
③ 공급자의 힘
④ 구매자의 힘
⑤ 비용구조

KEYWORD 5-force

해설
마이클 포터의 산업구조 분석모형(5-forces 모형)의 5대 핵심 요인은 ① 기존 경쟁자들 간의 경쟁 정도, ② 대체재의 위협, ③ 공급자의 협상력, ④ 구매자의 협상력, 잠재적 진입자의 위협이다.

정답 ⑤

116

20년 3회

유통경영전략을 수립하기 위한 환경분석 중 내부 환경요인 분석에서 활용되는 가치사슬모형(Value Chain Model)에 대한 설명으로 옳은 것은?

① 기업 활동을 여러 세부 활동으로 나누어 활동 목표 수준과 실제 성과를 분석하면서 외부 프로세스의 문제점과 개선 방안을 찾아내는 기법이다.
② 기업의 가치는 보조 활동과 지원 활동의 가치 창출 활동에 의해 결정된다.
③ 핵심프로세스에는 물류 투입, 운영·생산, 물류 산출, 마케팅 및 영업, 인적자원관리 등이 포함된다.
④ 지원 프로세스에는 기업 인프라, 기술 개발, 구매 조달, 서비스 등이 포함된다.
⑤ 기업 내부 단위 활동과 활동들 간 연결고리 문제점 및 개선 방안을 체계적으로 찾는 데 유용한 기법이다.

KEYWORD 가치사슬

관련이론 가치사슬모형
- 기업 활동을 여러 세부 활동으로 나누어 활동 목표 수준과 실제 성과를 분석하면서 내부 프로세스의 문제점과 개선 방안을 찾아내는 기법이다.
- 기업의 가치는 주된 활동의 가치 창출 활동에 의해 결정된다.
- 핵심 프로세스에는 물류 투입, 운영·생산, 물류 산출, 마케팅 및 영업, 서비스 활동 등이 포함된다.
- 지원 프로세스에는 기업 인프라 구조, 기술 개발, 구매 조달, 인적자원관리 등이 포함된다.

정답 ⑤

117

20년 추가

포터(M. Porter)의 가치사슬 분석에 의하면 기업활동을 본원적 활동과 보조적 활동으로 구분할 수 있는데, 이 중 보조적 활동에 속하지 않는 것은?

① 경영혁신 ② 서비스 활동
③ 인적자원관리 ④ 조달 활동
⑤ 기술 개발

KEYWORD 가치사슬

해설

서비스 활동은 본원적 활동이다. 보조적 활동은 조달·기술 개발·인사·기업 하부 구조(재무·기획) 등 현장 활동을 지원하는 제반 업무를 의미한다.

정답 ②

118

17년 3회

경영전략 수립 과정에서 가치사슬(Value Chain)에 의해 차별화우위를 분석할 때 기업의 다양한 활동을 주활동(Primary Activities)과 보조활동(Support Activities)으로 구분한다. 아래에 제시한 항목 중에서 보조활동에만 해당되는 것은?

① 기술 연구, 대리점 지원 ② 재무, 생산
③ MIS, 물류 ④ 기획, 디자인
⑤ 재고 보유, 고객서비스

KEYWORD 가치사슬

해설

보조활동에 해당되는 것은 기술 연구, 재무, MIS, 기획, 디자인이다. 대리점 지원, 생산, 물류, 재고보유, 고객서비스는 주활동에 해당된다.

관련이론 마이클 포터의 가치사슬(Value Chain)

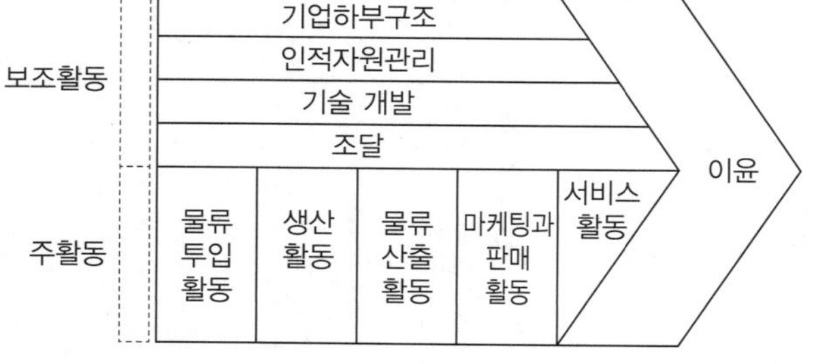

정답 ④

THEME 017 조직의 구성과 유형

119

20년 추가

아래 글상자에서 설명하는 조직구조로 옳은 것은?

> ㉠ 권한과 책임의 소재와 한계가 분명하며 의사결정에 신속을 기할 수 있음
> ㉡ 관리자는 부하 직원에게 강력한 통솔력을 발휘할 수 있음
> ㉢ 업무가 의사결정자의 독단으로 처리될 수 있으며, 조직 바깥의 전문적 지식이나 기술이 활용되기 어려움

① 라인 조직
② 라인–스태프 조직
③ 프로젝트 조직
④ 매트릭스 조직
⑤ 네트워크 조직

KEYWORD 조직구조

해설

라인 조직은 전통적 조직 형태로 권한과 책임이 명확하고, 조직의 목표 달성을 위하여 상급자의 명령 체계가 수직적으로 하급자에게 전달되는 조직 형태로 군대식 조직(하향식 의사결정)에 가깝다.

선지분석

② 라인–스태프 조직: 조직에서 주된 역할을 수행하는 라인과 라인을 지원하고 최고경영자를 보좌하는 스태프를 결합한 조직
③ 프로젝트 조직: 기업환경의 동태적 변화, 기술혁신의 급격한 진행에 맞추어 구체적인 특정 프로젝트 별로 나누어 형성된 조직
④ 매트릭스 조직(행렬조직): 급변하는 새로운 환경 변화에 적극적으로 대처하기 위해 시도된 조직
⑤ 네트워크 조직: 자사가 지닌 핵심역량의 강화에 주력하고, 비핵심역량은 네트워크상의 다른 기업들과 전략적 제휴 또는 아웃소싱을 통해 유지되는 기업 조직

정답 ①

120

18년 2회

아래 글상자 (   ) 안에 들어갈 조직의 유형을 순서대로 옳게 나타낸 것은?

> (가)은 책임과 권한이 병행되고, 모든 사람들이 한 명의 감독자에게 보고하며, 조직의 상부에서 하부로 전달되는 의사소통의 흐름을 가진 조직을 말한다.
> (나)은 한시적 개별 프로젝트에 사람을 임명하는데 유연성이 있다. 조직 내의 협력과 팀 활동을 촉진시킨다는 장점이 있지만, 비용이 많이 들고 복잡하다는 단점도 있다.

① (가) 라인–스태프 조직
  (나) 교차기능 자율경영팀
② (가) 라인 조직
  (나) 교차기능 자율경영팀
③ (가) 라인 조직
  (나) 매트릭스 조직
④ (가) 라인–스태프 조직
  (나) 매트릭스 조직
⑤ (가) 교차기능 자율경영팀
  (나) 라인–스태프 조직

KEYWORD **조직구조**

해설

(가) 라인 조직은 책임과 권한이 병행되고, 모든 사람들이 한 명의 감독자에게 보고하며, 조직의 상부에서 하부로 전달되는 의사소통의 흐름을 가진 조직을 말한다.

(나) 매트릭스 조직은 프로젝트조직과 기능별 조직의 연합 형태로, 조직 내의 협력과 팀 활동을 촉진시킨다는 장점이 있지만, 비용이 많이 들고 복잡하다는 단점도 있다.

정답 ③

121

24년 3회

프로젝트 조직에 대한 내용으로 가장 옳지 않은 것은?

① 과제 진행에 따라 인력 구성의 탄력성이 존재한다.
② 목적달성을 지향하는 조직이므로 구성원들의 과제 해결을 위한 사기를 높일 수 있다.
③ 기업 전체의 목적보다는 사업부만의 목적달성에 더 관심을 기울이게 된다.
④ 해당 조직에 파견된 사람은 선택된 사람이라는 우월감이 조직 단결을 저해하기도 한다.
⑤ 전문가로 구성된 일시적인 조직이므로 그 조직 관리자의 지휘능력이 중요하다.

KEYWORD **거래비용이론**

해설

프로젝트 조직은 급변하는 기업환경에 대응하기 위한 임시적, 동태적, 목표지향적인 조직형태로 기업 전체의 목표를 효율적으로 달성하기 위해 존재한다.

정답 ③

122

17년 3회

다음 글상자의 ㉠~㉣ 중 중앙집권적 소매 조직에 관련된 내용으로 옳은 것을 모두 고르면?

> ㉠ 지역 시장의 취향에 맞게 상품을 조정하기에 유리하다.
> ㉡ 지리적으로 분산되어 있는 점포들 간의 노력을 일원화하여 공급업체로부터 물품을 저가에 공급받을 수 있다.
> ㉢ 기업 전체를 위해 영역별로 가장 우수한 인력이 의사결정을 할 수 있게 하는 기회를 제공한다.
> ㉣ 지역 관리자들이 적합한 판매원을 고용하기 위해 결정하는 데 유리하다.

① ㉠, ㉡ ② ㉠, ㉢
③ ㉠, ㉣ ④ ㉡, ㉢
⑤ ㉢, ㉣

KEYWORD **조직구조**

해설

㉠, ㉣ 지역 관리자들이 적합한 판매원을 고용하기 위해 결정하는 데 유리하다는 것은 분권적 소매 조직의 특징에 해당한다.

정답 ④

123

23년 1회

아래 글상자에서 설명하는 유통경영조직의 원칙으로 옳은 것은?

> 조직의 공통목적을 달성하기 위하여 각 부문이나 각 구성원의 충돌을 해소하고 조직 제 활동의 내적 균형을 꾀하고, 조직의 느슨한 부분을 조절하려는 원칙

① 기능화의 원칙
② 권한위양의 원칙
③ 명령통일의 원칙
④ 관리한계의 원칙
⑤ 조정의 원칙

KEYWORD 조직구조

해설

유통경영조직의 원칙 중 조정의 원칙이란, 조직 공동의 목표 달성을 위해 집단 전체의 노력을 질서 있게 배열하고, 분화된 여러 부서의 활동들을 통합시키는 것이다.

정답 ⑤

124

23년 1회

테일러의 기능식 조직(functional organization)에 대한 단점으로 옳지 않은 것은?

① 명령이 통일되지 않아 전체의 질서적 관리가 문란해지는 경우가 있다.
② 각 관리자가 담당하는 전문적 기능에 대한 합리적 분할이 실제상 용이하지 않다.
③ 일의 성과에 따른 보수를 산정하기 어렵다.
④ 상위자들의 마찰이 일어나기 쉽다.
⑤ 각 직원이 차지하는 직능이 지나치게 전문화되어 그 수가 많아지면 간접적 관리자가 증가된다.

KEYWORD 조직구조

해설

기능식 조직은 부문화의 가장 기본적인 형태로 전체조직을 인사·생산·재무·회계·마케팅 등의 경영기능을 중심으로 부문화한 조직형태이다.

이 조직의 단점은 기업의 규모가 확대됨에 따라 기업 구조가 지나치게 복잡해지면서 기업전체의 의사결정이 지연되는 점, 기업전반의 효율적인 관리/통제가 어려워진다는 점, 최고경영자에게 과다하게 업무가 집중되는 점 등이 있다.

반면 장점으로는 부서별로 분업이 이루어짐에 따라 전문화를 촉진시켜 효율을 향상시키는 점, 관련된 활동을 부서화했기 때문에 개별부서 내의 조정이 용이한 점, 직능별 전문화를 선택하여 성과 측정이 편리하다는 점 등이 있다.

정답 ③

THEME 018 인적자원관리

125

21년 3회

직무분석과 직무평가에 대한 설명으로 옳지 않은 것은?

① 직무분석이란 과업과 직무를 수행하는 데 요구되는 인적 자질에 의해 직무의 내용을 정의하는 공식적 절차를 말한다.
② 직무분석에서 직무요건 중 인적 요건을 중심으로 정리한 문서를 직무기술서라고 한다.
③ 직무분석은 효과적인 인적자원관리를 위해 선행되어야 할 기초적인 작업이다.
④ 직무평가는 직무를 일정한 기준에 의거하여 서로 비교함으로써 상대적 가치를 결정하는 체계적인 활동을 말한다.
⑤ 직무평가는 직무의 가치에 따라 공정한 임금 지급 기준, 합리적인 인력의 확보 및 배치, 인력의 개발 등을 결정할 때 이용된다.

KEYWORD **직무분석/직무평가**

해설

② 직무분석에서 직무요건 중 인적 요건을 중심으로 정리한 문서를 직무명세서라고 한다.

관련이론 직무기술서와 직무명세서 비교

구분	직무기술서	직무명세서
목적	인적자원관리의 일반적인 목적을 위해 작성	인적자원관리의 구체적이고 특정한 목적을 위해 세분화하여 작성
작성 유의사항	직무내용과 직무요건에 동일한 비중을 두고, 직무 자체의 특성을 중심으로 정리	직무 내용보다는 직무요건을, 또한 직무요건 중에서도 인적 요건을 중심으로 정리
포함되는 내용	직무명칭, 직무개요, 직무내용, 장비·환경·작업 활동 등 직무요건	직무명칭, 직무개요, 작업자의 지식·기능·능력 및 기타 특성 등 인적요건
특징	속직적 기준, 직무 행위의 개선점 포함	속인적 기준, 직무 수행자의 자격 요건 명세서

정답 ②

126

21년 2회

인적자원관리에 관련된 능력주의와 연공주의를 비교한 설명으로 옳지 않은 것은?

구분	능력주의	연공주의
㉠ 승진 기준	직무 중심 (직무능력 기준)	사람 중심 (신분 중심)
㉡ 승진 요소	성과, 업적, 직무 수행, 능력 등	연력, 경력, 근속년수, 학력 등
㉢ 승진 제도	직계 승진 제도	연공 승진 제도
㉣ 경영 내적 요인	일반적으로 전문직종의 보편화 (절대적은 아님)	일반적으로 일반직종의 보편화 (절대적은 아님)
㉤ 특성	승진관리의 안정성/ 객관적 기준 확보 가능	승진관리의 불안정/ 능력평가의 객관성 확보가 힘듦

① ㉠
② ㉡
③ ㉢
④ ㉣
⑤ ㉤

KEYWORD **직능급/연공급**

해설

㉤ 능력주의는 승진관리가 불안정하고 능력평가의 객관성 확보가 힘든 반면 연공주의는 승진관리가 안정적이며 객관적 기준 확보가 가능하다.

관련이론 직능급 vs 연공급

직능급 (능력주의)	직능급은 직무수행 능력에 따라 임금의 격차를 만드는 체계이다. 직능급은 능력에 따라 개인의 임금이 결정된다는 점에서 종업원의 불평 해소, 능력 자극으로 유능한 인재 확보 등의 장점이 있다.
연공급 (연공주의)	연공급은 임금이 개인의 근속연수·학력·연령 등 인적요소를 중심으로 변화하는 것으로 생활급적 사고원리에 따른 임금체계로 고용의 안정화 및 노동력의 정착화, 노동자 생활보장으로 기업에 대한 귀속의식 제고의 장점이 있다.

정답 ⑤

127

21년 1회

아래 글상자 ㉠과 ㉡에서 설명하는 직무평가(Job Evaluation) 방법으로 옳은 것은?

> ㉠ 직무 가치나 난이도에 따라 사전에 여러 등급을 정하여 놓고 그에 맞는 등급으로 평가
> ㉡ 직무등급법이라고도 함

① 서열법(Ranking Method)
② 분류법(Classification Method)
③ 점수법(Point Method)
④ 요소비교법(Factor Comparison Method)
⑤ 직무순환법(Job Rotation Method)

KEYWORD **직무평가**

관련이론 직무평가 방법의 구분

비양적 방법	직무수행에 있어서 난이도 등을 기준으로 포괄적 판단에 의하여 직무의 가치를 상대적으로 평가하는 방법
	기법: 서열법, 분류법
양적 방법	직무분석에 따라 직무를 기초적 요소 또는 조건으로 분석하고 이들을 양적으로 계측하는 분석적 판단에 의하여 평가하는 방법
	기법: 점수법, 요소비교법

정답 ②

128

19년 1회

아래 글상자 내용은 소매상의 직무 설계 과정을 구성하는 단계들이다. 올바른 수행 순서에 따라 단계들을 나열한 것은?

> ㉠ 과업규명
> ㉡ 과업도식화
> ㉢ 직무기술과 직무명세의 개발
> ㉣ 직무분석 및 장·단기 평가

① ㉠ – ㉡ – ㉢ – ㉣
② ㉠ – ㉢ – ㉡ – ㉣
③ ㉡ – ㉢ – ㉣ – ㉠
④ ㉢ – ㉣ – ㉠ – ㉡
⑤ ㉣ – ㉠ – ㉡ – ㉢

KEYWORD **직무설계과정**

해설

소매상의 직무 설계 과정은 과업규명 → 과업도식화 → 직무기술과 직무명세의 개발 → 직무분석 및 장·단기 평가이다.

정답 ①

129

20년 3회

아래 글상자에서 인적자원관리 과정에 따른 구성 내용으로 옳지 않은 것은?

구분	과정	구성 내용
㉠	확보관리	계획, 모집, 선발, 배치
㉡	개발관리	경력관리, 이동관리
㉢	평가관리	직무분석, 인사고과
㉣	보상관리	교육훈련, 승진관리
㉤	유지관리	인간관계관리, 근로조건관리, 노사관계관리

① ㉠
② ㉡
③ ㉢
④ ㉣
⑤ ㉤

KEYWORD **인적자원관리 과정**

해설

④ 교육훈련, 승진관리는 개발관리와 관련된다.

관련이론 인적자원관리 활동의 내용

과정	구성 내용
확보관리	계획, 모집, 선발, 배치
개발관리	경력관리, 이동관리, 교육훈련, 승진관리
평가관리	직무분석, 인사고과
보상관리	임금관리와 복지후생관리
유지관리	인간관계관리, 근로조건관리, 노사관계관리

정답 ④

130

24년 3회

인사관리 패러다임의 변화로 가장 옳지 않은 것은?

① 연공중심에서 능력중심으로 변화하고 있다.
② 표준형 인재관에서 이질적 인재관으로 변화하고 있다.
③ 내부노동시장에서 외부노동시장으로 변화하고 있다.
④ 반응적 인사에서 대응적 인사로 변화하고 있다.
⑤ 인건비에 대해 수익관점에서 비용관점으로 변화하고 있다.

KEYWORD **인사관리 패러다임**

해설
인사관리 패러다임의 변화 중 인건비 관련해서는 종전 비용관점에서 수익관점으로 변화하고 있다.

정답 ⑤

131

18년 3회

종업원 훈련과 개발에 관한 내용으로 옳지 않은 것은?

① 훈련·개발 방법은 전문 강사의 지도로 이루어지는 직장 내 훈련(On the Job Training: OJT)과 선임자에 의해 이루어지는 직장 외 훈련(Off the Job Training: Off-JT)으로 구분된다.
② 강의와 세미나 방식은 종업원들로 하여금 필요한 지식을 습득하게 하고 자신의 개념적, 분석적 능력을 개발하는 기회를 제공한다.
③ 도제훈련방식은 특히 숙련공을 필요로 하는 금속, 인쇄, 건축 같은 업종의 기업에서 하는 훈련방식으로 고도의 기술 수준이 필요한 경우에 적합하다.
④ 인턴제도는 수련 훈련 방식에 포함되는 것으로 졸업을 앞둔 대학생이 직무에 배치되어 배우면서 일하는 프로그램이다.
⑤ 가상 훈련장 훈련 방식은 실제 작업 환경과 비슷한 가상의 작업 환경 속에서 직무를 학습하게 하는 훈련을 말한다.

KEYWORD **교육훈련**

해설
① OJT와 Off-JT의 개념이 서로 바뀌었다.
훈련·개발 방법은 전문 강사의 지도로 이루어지는 직장 외 훈련(Off-JT)과 작업현장에서 선임자에 의해 이루어지는 직장 내 훈련(OJT)으로 구분된다.

정답 ①

132

19년 3회

인적자원관리를 위한 직무 확충(Job Enrichment)에 관한 내용으로 옳지 않은 것은?

① 근로자에게 과업을 수행하는 데 필요한 권한을 위임한다.
② 종업원에게 과업 수행 상의 유연성을 허용한다.
③ 직무 내용을 고도화해 직무의 질을 높인다.
④ 종업원이 자신의 성과를 스스로 추적하고 측정하도록 한다.
⑤ 동일한 유형의 더 많은 직무로 직무량을 확대한다.

KEYWORD **직무확충**

해설
⑤ 동일한 유형의 더 많은 직무로 직무량을 확대하는 것은 직무의 수평적 확대에 해당하므로 직무확충(직무충실화)에는 해당하지 않는다.

정답 ⑤

133

22년 2회

임금을 산정하는 방법에 대한 설명으로 가장 옳은 것은?

① 근로자의 성과와 무관하게 근로시간을 기준으로 보상을 지급하는 형태는 성과급제이다.
② 근로자의 성과에 따라 보상을 지급하는 형태는 시간급제이다.
③ 근로자의 입장에서는 시간당 보상액이 일정하고, 사용자 측에서는 임금산정방식이 쉬운 것은 시간급제이다.
④ 작업능률을 자극할 수 있고 근로자에게 소득증대 효과가 있는 것은 시간급제이다.
⑤ 근로자의 노력과 생산량과의 관계가 없을 때 효과적인 것은 성과급제이다.

KEYWORD 보상

선지분석

①, ⑤ 시간급제, ②, ④ 성과급제에 대한 설명이다.

정답 ③

134

23년 3회

직무기술서와 직무명세서를 비교할 때 직무기술서에 해당되는 내용으로 가장 옳은 것은?

① 작업자의 특성을 평가하여 조직 전략을 효율적으로 달성하기 위한 것이다.
② 속직적 기준으로 직무의 내용을 요약하고 수행에 필요한 정보를 포함한다.
③ 직무명칭, 직무개요, 직무내용 등의 인적요건을 포함한다.
④ 직무내용보다는 인적요건을 중심으로 정리한다.
⑤ 작업자의 지식, 기능, 능력 등의 요소를 포함한다.

KEYWORD 직무분석

해설

직무기술서는 직무명칭, 직무개요, 직무내용 등의 직무적 요건을 포함하는 속직적 성질을 지닌다.

선지분석

① 작업자의 특성을 평가하여 조직 전략을 효율적으로 달성하기 위한 것은 직무명세서에 해당한다.
③ 직무명칭, 직무개요, 직무내용 등은 인적요건이 아니라 직무요건에 해당하며, 인적요건은 직무명세서의 내용에 해당한다.
④ 직무내용을 중심으로 정리한다.
⑤ 작업자의 지식, 기능, 능력 등의 요소를 포함하는 것은 직무명세서에 해당한다.

정답 ②

THEME 019 리더십이론과 동기부여이론

135

21년 3회

리더십에 대한 설명으로 가장 옳지 않은 것은?

① 민주적 리더십은 종업원이 더 많은 것을 알고 있는 전문직인 경우에 효과적이다.
② 독재적 리더십은 긴박한 상황에서 절대적인 복종이 필요한 경우에 효과적이다.
③ 독재적 리더십은 숙련되지 않거나 동기부여가 안 된 종업원에게 효과적이다.
④ 독재적 리더십은 자신의 지시를 따르게 하기 위해 경제적 보상책을 사용하기도 한다.
⑤ 자유방임적 리더십은 종업원에게 신뢰와 확신을 보여 동기요인을 제공한다.

KEYWORD 리더십 유형

해설

Kurt Lewin, Lippitt, White는 독재형(전제형), 민주형, 방임형의 3가지 기본적인 리더십 유형을 제시하였다.
이 중 ① 민주적 리더십은 리더가 종업원에게 위양하는 권한 내에서 종업원이 자율적인 활동을 할 수 있도록 종업원의 재량을 인정하는 리더십을 뜻한다.

정답 ①

136

19년 3회

먼저 경청하며 설득과 대화로 업무를 추진하고, 조직에서 가장 가치 있는 자원은 사람이라고 생각하는 특성을 가진 리더십의 유형으로 옳은 것은?

① 카리스마적 리더십
② 서번트 리더십
③ 변혁적 리더십
④ 참여적 리더십
⑤ 성취 지향적 리더십

KEYWORD 리더십 유형

해설

② 그린리프(Greenleaf)의 서번트 리더십은 리더가 구성원들에게 조직의 목표를 공유하고 그들의 의견을 경청, 공감하고 성장 및 발전을 돕고 치유함으로써 조직의 목표를 달성하고자 하는 파트너형 리더십을 의미한다. 이는 리더가 종업원들을 섬기는 자세(Stewardship)로 지원하여 구성원들로 하여금 스스로 조직 목표달성에 기여하도록 하는 리더십 유형이다.

정답 ②

137

24년 2회, 18년 2회

아래 글상자에서 설명하는 현대적 리더십은?

- 리더는 부하들에게 자신의 관심사를 조직 발전 속에서 찾도록 영감을 불러일으킬 수 있게 하고 비전을 제시함
- 리더는 부하들로부터 존경받고 신뢰를 받음
- 이 리더십의 구성요소는 이상적 영향, 영감적 동기부여, 지적 자극, 개별적 배려임

① 카리스마 리더십
② 상호거래적 리더십
③ 변혁적 리더십
④ 민주적 리더십
⑤ 코칭 리더십

KEYWORD 리더십 유형

해설

변혁적 리더십은 조직을 활성화시키고 변혁시키는 일을 성공적으로 해내는 리더십으로 변화에 능동적으로 적응하고 변화를 유도하는 유형이다. 종업원에 대한 지적자극, 영감적 동기, 비전제시, 카리스마를 소유하며 도전을 용납할 수 있는 리더, 조직의 생존을 가능하게 할 리더, 개방된 마인드를 소유한 리더 등을 그 특징으로 한다.

정답 ③

138

23년 3회

아래 글상자가 설명하는 리더십의 유형으로 가장 옳은 것은?

> 대인관계와 활동을 통하여 규범적으로 적합한 리더의 행동이 구성원들에게 모범으로 작용하며, 상호 간 명확한 도덕적 기준과 의사소통, 공정한 평가 등을 통해 부하들로 하여금 규범에 적합한 행동을 지속하도록 촉진하는 것이다.

① 변혁적 리더십(transformational leadership)
② 참여적 리더십(participative leadership)
③ 지원적 리더십(supportive leadership)
④ 지시적 리더십(directive leadership)
⑤ 윤리적 리더십(ethical leadership)

KEYWORD **리더십 유형**

해설

윤리적 리더십(ethical leadership)은 대인관계와 활동을 통하여 규범적으로 적합한 리더의 행동이 구성원들에게 모범으로 작용하며, 상호 간 명확한 도덕적 기준과 의사소통, 공정한 평가 등을 통해 부하들로 하여금 규범에 적합한 행동을 지속하도록 촉진하는 것이다.

정답 ⑤

139

21년 3회

아래 글상자에서 설명하는 동기부여 이론으로 옳은 것은?

> • 봉급, 근무 조건, 작업 안전도와 같은 요인들은 불만을 없앨 수는 있으나 만족을 증대시키지 못한다.
> • 성취욕, 우수한 업적에 대한 인정, 문제 해결 지원 등은 직원들의 만족감을 증대시킬 뿐만 아니라 우수한 실적을 계속 유지하는 데 큰 영향을 준다.

① 매슬로(Maslow)의 욕구단계이론
② 맥그리거(Mcgregor)의 XY이론
③ 앨더퍼(Alderfer)의 ERG이론
④ 허츠버그(Herzberg)의 두 요인이론
⑤ 피들러(Fiedler)의 상황적합성이론

KEYWORD **동기부여이론**

해설

허츠버그는 인간에게는 상호 독립적인 두 종류의 욕구 범주가 존재하고, 이들이 인간의 행동에 각기 다른 방법으로 영향을 미친다고 주장, 이를 2요인이론(두 요인이론)이라고 한다.
직무 불만족과 관련한 요인을 위생요인 또는 환경요인이라고 하고, 직무 만족을 유발시키는 요인을 동기요인이라고 한다.

관련이론 **허츠버그의 2요인이론**

위생요인	동기요인
· 임금, 복리후생(ⓑ) · 지위 · 대인관계(상사, 동료관계)(ⓜ) · 감독(ⓛ) · 회사의 정책(ⓩ) · 작업환경의 개선(ⓒ)	· 책임, 성취감(ⓡ) · 상사 · 동료의 인정 · 성장과 발전 가능성 · 직무 그 자체의 의미(ⓖ) · 도전적 과제의 부여 · 권한의 확대 및 승진(ⓞ)

정답 ④

140

19년 1회

직무의 특성이 직무 수행자의 성장 욕구 수준에 부합할 때, 직무가 그/그녀에게 보다 큰 의미와 책임감을 주게 되므로 동기 유발 측면에서 긍정적인 성과를 낳게 된다고 주장하는 동기부여 이론으로 옳은 것은?

① 해크만과 올담의 직무특성이론
② 매슬로의 욕구단계이론
③ 알더퍼의 ERG이론
④ 맥클리랜드의 성취동기이론
⑤ 허츠버그의 2요인이론

KEYWORD **동기부여이론**

해설

직무설계의 방법으로 고안된 것이 ① 해크만(J. Hackman)과 올담(G. Oldham)의 직무특성 모형이다. 이 모형은 기술다양성, 과업정체성, 과업중요성, 자율성, 결과의 피드백 등의 핵심적인 직무 특성을 파악하여, 특성 간 상호관련성과 그러한 특성들이 조직 구성원의 심리 상태에 영향을 미쳐 생산성과 동기 유발 및 만족에 가져다주는 결과를 설명해 준다.

정답 ①

141

17년 3회

종업원들에 대한 동기부여 이론 중 다음 글상자의 내용과 같은 시사점을 주는 이론은?

> • 능력 보강을 통해 업적을 낼 수 있다는 자신감을 얻도록 해야 한다. 능력이 없으면 아무리 열심히 해도 업적이 오르지 않을 것이며 자신이 바라는 욕구를 채울 수 없을 것이다.
> • 업적이 높은 사람에게는 어떤 방법으로든지 보상을 하여 줌으로써 구성원들에게 노력하면 보상을 받는다는 확신을 줘야 한다.

① 욕구단계설
② 2요인이론
③ 기대이론
④ 공정성이론
⑤ 성취동기이론

KEYWORD **동기부여이론**

해설

지문은 ③ 브룸(vroom)의 기대이론에서 동기부여와 관련된 이론적 시사점에 대한 내용이다.

관련이론 동기부여 가치이론

동기부여 기대이론은 수단성 이론 또는 기대–유의성이론이라고도 불린다. 이론에 따르면 동기부여의 정도는 기대감(행위를 통해 보상을 얻을 수 있는 가능성)과 수단성, 유의성(행위가 가져다주는 보상의 정도)이라는 3가지 요인에 의해서 결정된다.

정답 ③

142

17년 2회

종업원 동기부여 이론에 관한 내용으로 옳은 것은?

① 욕구단계 이론에서는 생리적, 안전, 사회적, 존경, 자아실현의 욕구가 존재한다고 가정했다.
② 욕구단계 이론에서 생리적, 안전 욕구는 고차원적 욕구에 그리고 사회적, 존경, 자아실현 욕구는 저차원적 욕구에 포함된다.
③ XY이론에서 긍정적인 관점을 X, 부정적인 관점을 Y로 구분했다.
④ 2요인이론은 동기부여-위생이론을 말하는 것으로 매슬로우에 의해 제시되었다.
⑤ 2요인이론에서는 동기부여를 하려면 위생요인 즉 승진, 개인 성장의 기회, 인정, 책임, 성취감과 관련된 요인을 강화하도록 주장하였다.

KEYWORD 동기부여이론

선지분석

② 욕구단계 이론에서 생리적, 안전 욕구는 저차원적 욕구에 포함되고 사회적, 존경, 자아실현 욕구는 고차원적 욕구에 포함된다.
③ XY이론에서 긍정적인 관점을 Y, 부정적인 관점을 X로 구분했다.
④ 2요인이론은 동기부여-위생이론을 말하는 것으로 허츠버그에 의해 제시되었다.
⑤ 2요인이론에서는 동기부여를 하려면 동기요인(승진, 개인 성장의 기회, 인정, 책임, 성취감과 관련된 요인)을 강화하도록 주장하였다.

정답 ①

143

18년 1회

매슬로우(A. Maslow)의 욕구단계이론에 따라 하급 욕구에서 고급 욕구로 올바르게 나열한 것은?

① 생리적 욕구 – 소속 욕구 – 안전 욕구 – 자존 욕구 – 자아실현 욕구
② 생리적 욕구 – 소속 욕구 – 자존 욕구 – 안전 욕구 – 자아실현 욕구
③ 생리적 욕구 – 안전 욕구 – 소속 욕구 – 자존 욕구 – 자아실현 욕구
④ 생리적 욕구 – 안전 욕구 – 자존 욕구 – 소속 욕구 – 자아실현 욕구
⑤ 생리적 욕구 – 자존 욕구 – 소속 욕구 – 안전 욕구 – 자아실현 욕구

KEYWORD 매슬로우의 욕구단계이론

해설

매슬로우(A. Maslow)는 인간에게 동기를 유발시킬 수 있는 욕구를 다섯 가지로 구분하였다. 즉 하위 욕구로 생리적 욕구, 안전의 욕구, 소속의 욕구가 있고, 상위 욕구로는 존경의 욕구, 자아실현 욕구가 계층적 구조를 이루고 있다고 주장한다.

정답 ③

THEME 020 조직문화와 갈등관리

144

23년 2회

조직의 구성원들에게 학습되고 공유되는 가치, 아이디어, 태도 및 행동규칙을 의미하는 용어로 옳은 것은?

① 조직문화(organizational culture)
② 핵심가치(core value)
③ 사명(mission)
④ 비전(vision)
⑤ 조직목표(organizational goals)

KEYWORD 조직문화

해설
조직문화(organizational culture)는 사풍(社風)이라고도 하며, 조직의 구성원들에게 지속적으로 학습되고 공유되는 가치, 아이디어, 태도 및 행동규칙을 의미한다.

정답 ①

145

23년 3회

샤인(Schein)이 제시한 조직문화의 세 가지 수준에서 인식적 수준에 해당되는 것으로 가장 옳은 것은?

① 인지가치와 행위가치로 구분할 수 있는 가치관
② 개개인의 행동이나 관습
③ 인간성
④ 인간관계
⑤ 창작물

KEYWORD 조직문화

해설
샤인(Schein)은 조직문화와 관련하여, 조직구성원의 일반적인 인식수준에 대한 구성요소(가공물, 창조물, 가치관, 기본전제)와 이들 간의 상호작용에 의한 조직문화를 설명하였다. 이 중 인지가치와 행위가치로 구분할 수 있는 가치관이 인식적 수준에 가장 부합한다.

정답 ①

146

19년 3회

아래 글상자에서 의미하는 조직 내 집단갈등 해결을 위한 방법으로 옳은 것은?

> 가장 오래되고 흔히 쓰이는 방법이다. 갈등해소를 목적으로 위쪽의 힘의 사용에 복종하므로 갈등 원인 대신 갈등 결과에 초점을 맞춘다. 따라서 갈등의 재발 가능성이 높다.

① 행동변화유도
② 조직구조개편
③ 협상
④ 권력을 이용한 갈등해결
⑤ 갈등의 회피

KEYWORD 조직의 갈등관리

해설
④ 갈등해소를 목적으로 위쪽의 힘의 사용에 복종하므로 갈등원인 대신 갈등결과에 초점을 맞추는 것은 권력을 이용한 갈등해결 방법이다.

관련이론 조직 내 갈등 해소방안
- 리더의 힘에 의한 갈등해소: 합법력, 강권력(강압성), 보상력, 준거력, 전문력을 이용
- 상호 공동의 목표설정
- 협의회 등 의사결정기구 설립
- 중재자(컨설턴트, 전문가, 소속협회)에 의한 분쟁해결
- 교육을 통한 갈등 발생의 예방

정답 ④

147

23년 1회

조직 내에서 일반적으로 발생할 수 있는 갈등의 순기능적 역할에 대한 설명으로 가장 옳지 않은 것은?

① 향후 발생 가능한 갈등을 해결할 수 있는 표준화된 방법을 개발할 수 있다.
② 갈등해결 과정에서 동맹체가 결성되는 경우 어느 정도 경로구성원 간의 힘의 균형을 이룰 수 있다.
③ 경로구성원 간의 의사소통의 기회를 늘림으로써 정보교환을 활발하게 해준다.
④ 고충처리와 갈등 해결의 공식창구와 표준절차를 마련하는데 도움을 준다.
⑤ 유통시스템 내의 자원을 권력 순서대로 재분배하게 해준다.

KEYWORD 조직의 갈등관리

해설

조직에 있어서 갈등은 외부적으로는 부정적인 측면으로 보일 수 있으나, 내부적으로는 부서 간 힘의 균형을 이루고 의사소통을 공식화하고 표준화시켜 조직 전체를 효율화시키는 순기능으로도 작용한다. 하지만 유통시스템 내 자원을 순서대로 재분배하는 기능으로 작용하지는 않는다.

정답 ⑤

148

23년 2회

아래 글상자의 괄호 안에 들어갈 경로구성원 간 갈등 관련 용어를 순서대로 나열한 것으로 옳은 것은?

- (㉠)은(는) 상대방에 대해 적대감이나 긴장을 감정적으로 느끼는 것이다.
- (㉡)은(는) 상대방의 목표달성을 방해할 정도의 갈등으로, 이 단계에서는 상대를 견제하고 해를 끼치기 위해 법적인 수단을 이용하며 경로를 떠나거나 상대를 쫓아내기 위해 힘을 행사하는 것이다.

① ㉠ 잠재적 갈등
  ㉡ 지각된 갈등
② ㉠ 지각된 갈등
  ㉡ 갈등의 결과
③ ㉠ 감정적 갈등
  ㉡ 표출된 갈등
④ ㉠ 표출된 갈등
  ㉡ 감정적 갈등
⑤ ㉠ 갈등의 결과
  ㉡ 지각된 갈등

KEYWORD 조직의 갈등관리

해설

유통경로 구성원 간 갈등은 외부적으로는 부정적 기능을, 내부적으로는 순기능을 하기도 하므로 이를 적정수준으로 관리하는 것이 중요하다.

㉠ 감정적 갈등은 상대방에 대해 적대감이나 긴장을 감정적으로 느끼는 것을 뜻한다.
㉡ 표출된 갈등은 상대방의 목표달성을 방해할 정도의 심각한 갈등상황을 뜻한다.

정답 ③

149

18년 3회

아래 글상자의 A가맹점에 의하여 발생한 유통경로 갈등의 원인은?

> 전국적인 삼겹살 전문 ○○프랜차이즈의 본부는 최근 A가맹점이 매월 매출액을 지속적으로 줄여서 신고하는 것을 발각하였다. 해당 본부는 매출액 기준으로 가맹점에게 로열티를 부과하는 계약을 체결했기 때문에, 심각한 계약 위반을 이유로 해당 가맹점과의 가맹 계약 해지를 고려하고 있다.

① 역할의 불일치
② 인식의 불일치
③ 기회주의적 행동
④ 영역의 불일치
⑤ 목표의 불일치

KEYWORD **유통경로갈등**

해설

지문의 "○○프랜차이즈의 본부는 최근 A가맹점이 매월 매출액을 지속적으로 줄여서 신고하는 것을 발각하였다"는 가맹점의 기회주의적 행동에 해당한다.

정답 ③

150

18년 2회

유통경로상의 갈등에 대한 내용으로 옳지 않은 것은?

① 상호의존적 관계가 높을수록 구성원들 간의 갈등이 발생할 가능성이 높아진다.
② 유통업체의 규모에 따른 힘이 감소하면서 유통경로 내 갈등은 거의 사라진 상태다.
③ 영역(역할) 불일치로 인한 갈등은 상권범위 혹은 각 경로구성원이 수행할 역할에 대한 구성원 간의 견해 차이에 의해 발생할 수 있다.
④ 경로구성원들이 상대방의 목표를 존중하지 않고 간섭할 때는 목표 불일치로 인한 갈등이 나타날 수 있다.
⑤ 프랜차이즈에서 가맹점이 본부에 상권 보장을 요구할 때 나타나는 갈등은 영역 불일치로 인한 경로갈등이다.

KEYWORD **유통경로갈등**

해설

② 최근 유통업체의 리테일 파워가 커지면서 유통경로 내 수직적 갈등이 증폭되고 있으며, 업태 간 경쟁도 증가하고 있다.

관련이론 수직적/수평적 갈등

- 수직적 갈등: 유통경로상 전방흐름 또는 후방흐름 간 유통경로 구성원 사이의 갈등 관계 ⓔ 제조업자와 소매상 간의 갈등
- 수평적 갈등: 동일한 유통경로상에 위치한 구성원 간 갈등 ⓔ 소매상 간의 갈등

정답 ②

DAY 02

DAY 02 합격 GUIDE

DAY 02에서는 전체 25문제 중 약 8문제가 출제되는 물류경영관리가 가장 중요합니다. 물류경영관리 중 가장 출제 빈도가 높은 테마는 '029 제3자물류(3PL)', '031 수요예측기법', '032 재고관리시스템(주문시스템)', '038 물류관리와 공급사슬관리(SCM)'입니다. '040 기업윤리'와 '041 유통산업발전법'에서도 매 회 1~2문제 출제가 되고 있으나 범위가 넓어 학습효율이 떨어지기 때문에 해당 테마만 따로 학습하는 것은 추천하지 않습니다.

8개년 기출문제를 집중분석하여 정리한 THEME

SUBJECT 01 유통 · 물류일반관리

THEME 021 조직의 목표관리(MBO)

151

21년 2회

아래의 글상자에서 설명하고 있는 동기부여전략으로 옳은 것은?

> • 자신의 업무와 관련된 목표를 상사와 협의하여 설정하고 그 과정과 결과를 정기적으로 피드백한다.
> • 구체적인 목표가 동기를 자극하여 성과를 증진시킨다.
> • 목표가 완성되었을 경우 상사와 함께 평가하여 다음 번 목표 설정에 활용한다.

① 목표관리이론 ② 직무충실화이론
③ 직무특성이론 ④ 유연근로제
⑤ 기대이론

KEYWORD 동기부여전략

해설

① 목표에 의한 관리(MBO: Management By Objectives)는 드러커 & 맥그리거가 주장한 이론으로, 측정 가능한 비교적 단기 목표 설정 과정에 평가자인 상급자와 하급자가 협의를 통하여 목표를 설정하고 설정된 목표와 실적을 주기적으로 평가하는 관리기법을 의미한다.

선지분석

② 직무충실화이론: 직무 성과가 경제적 보상보다도 개인의 심리적 만족에 달려 있다는 전제하에 직무수행의 내용과 환경을 재설계하는 방법

③ 직무특성이론: 직무특성이 직무 수행자의 성장욕구 수준에 부합될 때 긍정적인 동기 유발효과를 초래하게 된다는 동기부여 이론

⑤ 기대이론: 기대이론에서의 동기부여의 정도는 유의성(행위가 가져다주는 보상의 정도)과 기대감(행위를 통해 보상을 얻을 수 있는 가능성)에 의해 결정된다고 함

정답 ①

152

22년 2회

종업원들이 자신과 비슷한 위치에 있는 타인과 비교하여 자기가 투입한 노력과 결과물 간의 균형을 유지하려고 하는 이론으로 가장 옳은 것은?

① 강화이론 ② 공정성이론
③ 기대이론 ④ 목표관리론
⑤ 목표설정이론

KEYWORD 동기부여전략

해설

아담스(J. S. Adams)의 공정성이론은 개인의 보상체계와 관련하여 페스팅거의 인지부조화 이론을 동기부여와 연관시켜 설명하는 것으로, 자신의 공헌과 보상의 크기를 다른 사람(비교인물)의 투입·산출 비율과 비교함으로써 동기가 유발된다는 이론이다. 비교 결과 투입·산출 비율이 비교대상과 동일하다고 지각하게 될 때는 적극적이고 최선을 다하려 하지만, 그 비율이 낮거나 커서 불공정을 지각하게 되면 불공정 상태를 수정(비교대상 변경, 지각왜곡)하려고 한다는 것이다.

정답 ②

153

18년 3회

목표에 의한 관리(MBO) 이론에 대한 설명으로 가장 옳은 것은?

① 종업원은 다른 사람과 보상을 비교하여 노력과 보상간에 공정성을 유지하려 한다는 이론이다.
② 긍정적 또는 부정적 강화요인들이 사람들을 특정방식으로 행동하게 한다는 이론이다.
③ 높지만 도달 가능한 목표를 제공하는 것이 종업원을 동기부여할 수 있다는 이론이다.
④ 종업원이 특정 작업에 투여하는 노력의 양은 기대하는 결과물에 따라 달라진다는 이론이다.
⑤ 목표설정 및 수행을 위한 장기계획을 수립할 수 있을 만큼 안정적인 기업에 더 적합한 이론이다.

KEYWORD MBO(목표에 의한 관리)

해설

① 아담스의 공정성 이론, ② 스키너의 강화이론, ③ 로크의 목표설정 이론, ④ 브룸의 기대이론에 대한 설명이다.

정답 ⑤

154

17년 1회

목표에 의한 관리(MBO)에서 목표를 수립할 때 주의할 점으로 가장 옳지 않은 것은?

① 능력범위 이내라면 목표의 난이도는 약간 어려운 것이 좋다.
② 피드백은 업무가 완성된 후에 한꺼번에 하는 것이 효과적이다.
③ 목표설정 과정에서 당사자가 함께 참여할수록 좋다.
④ 목표는 기간, 범위 등이 구체적으로 정해져야 효과적이다.
⑤ 일방적으로 지시한 것보다 업무담당자가 동의한 목표가 좋다.

KEYWORD **MBO(목표에 의한 관리)**

해설

② 피드백은 주기적으로 여러 차례에 걸쳐 이루어져야 효과적이다.

정답 ②

THEME 022 재무비율 분석 및 손익분기점(BEP)

155

21년 2회

ROI에 대한 내용으로 옳지 않은 것은?

① 투자에 대한 이익률이다.
② 순자본(소유주의 자본, 주주의 자본 혹은 수권자본)에 대한 순이익의 비율이다.
③ ROI가 높으면 제품 재고에 대한 투자가 총이익을 잘 달성했다는 의미이다.
④ ROI가 낮으면 자산의 과잉 투자 등으로 인해 사업이 성공적이지 못하다는 의미이다.
⑤ ROI가 높으면 효과적인 레버리지 기회를 활용했다는 의미로도 해석된다.

KEYWORD **ROI**

해설

ROI가 높다라는 것은 투자한 자본에 대비한 총이익이 일정 수준이상 달성했다는 의미이다. 반면 ③ 제품 재고에 대한 투자가 총이익을 잘 달성했다는 의미는 ROI(투자이익률)가 아니라 GMROI(재고투자 총이익률)에 대한 설명이다.

정답 ③

156

19년 1회

여러 재무비율들 간의 상호관계를 이용하여 경로성과를 평가하는 방법을 전략적 이익모형(Strategic Profit Model)이라고 한다. 전략적 이익모형의 시사점으로 옳지 않은 것은?

① 모형에 의하면 기업의 중요한 재무적 목표는 순자본 투자에 대한 충분한 수익률을 올리는 것이다.
② 모형은 목표투자수익률을 달성하기 위해 다른 기업들이 채택한 재무전략들을 평가하는데 유용한 기준이 된다.
③ 모형은 경로성과를 높이는 데 있어 경영의사결정의 주요 영역들 즉 자본관리, 마진관리, 재무관리들을 제시한다.
④ 자본, 마진, 재무계획들 간의 관계를 잘 활용하는 기업은 높은 수익을 올릴 수 있다.
⑤ 모형은 수익성 향상을 위한 3가지 가능한 방법들을 제시하는데, 자산회전율을 낮추거나, 이익마진을 감소시키거나, 레버리지 효과를 낮추는 것 등이다.

KEYWORD **전략적 이익모형(SPM)**

해설

⑤ 전략적 이익모형의 수익성 향상을 위한 3가지 방법으로는 자산회전율을 높이거나, 이익마진을 증가시키거나, 레버리지 효과를 높이는 것이다.

관련이론 전략적 이익모형(SPM: Strategic Profit Model)

미국 Dupont에서 개발한 이익모델로 다양한 재무비율들 간의 상호관련성을 분석하며, 자기자본이익률(ROE)을 통하여 순이익률, 자산회전율, 레버리지 비율을 고찰하였다.

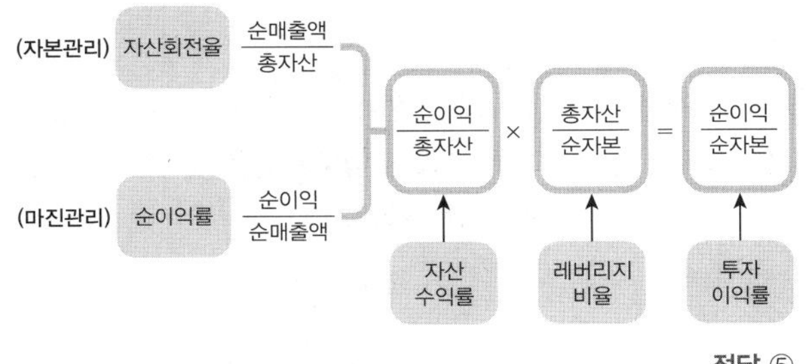

정답 ⑤

157

19년 1회

재고총이익률(GMROI: Gross Margin Return On Inventory Investment)에 대한 내용으로 옳은 것은?

① 매출 총마진을 직접 제품 이익으로 나눈 값이다.
② 이익 관리와 재고관리를 결합한 성과측정치이다.
③ 매출을 일정 수준 이상으로 유지하면서도 판매비와 광고비를 감소시키는 것을 목적으로 한다.
④ 가격경쟁이 치열하다면 총마진 증대가 어려우므로 시설 고정비를 최소화하여 재고투자 총이익을 높일 수 있다.
⑤ 순매출을 총자산으로 나눈 비율을 의미한다.

KEYWORD GMROI

해설

② 소매업의 전반적인 성과를 측정하는 가장 중요한 지표 중의 하나가 재고투자이익률(GMROI)이다. 이는 이익률(이익 관리)과 재고회전률(재고관리)을 모두 고려한 것으로 다음과 같이 계산한다.

$$재고투자이익률(GMROI) = \frac{총이익}{평균재고} = \frac{총이익}{매출액} \times \frac{매출액}{평균재고}$$
$$= 총이익률 \times 재고\ 회전율$$

정답 ②

158

18년 3회

제품의 단위당 가격이 4,000원이고, 제품의 단위당 변동비가 2,000원일 때, 이 회사의 손익분기점은 몇 개일 때 인가? (단, 총 고정비는 200만원이다.)

① 100개　② 500개
③ 1,000개　④ 5,000개
⑤ 10,000개

KEYWORD 손익분기점

해설

$$손익분기점\ 판매량(Q_{BEP}) = \frac{총고정비}{단위당\ 가격-단위당\ 변동비}$$
$$= \frac{2,000,000원}{4,000원-2,000원} = 1,000개$$

정답 ③

159

24년 3회

아래 글상자의 주요 재무지표들 중 기업의 수익성을 측정할 수 있는 비율들만으로 나열된 것은?

㉠ 순이익증가율	㉡ 주가수익비율
㉢ 매출액순이익률	㉣ 총자산순이익률
㉤ 총자산영업이익률	㉥ 유동비율

① ㉡, ㉢
② ㉠, ㉤, ㉥
③ ㉢, ㉣, ㉤
④ ㉣, ㉤, ㉥
⑤ ㉠, ㉡, ㉢, ㉣, ㉤

KEYWORD 재무비율 분석

해설

순이익증가율은 성장성비율에 해당하고, 주가수익비율(PER)는 주가 및 배당비율에 해당한다. 또한, 유동비율은 유동자산을 유동부채로 나눈 값으로 안정성비율에 해당한다.

정답 ③

160

18년 1회

다음 글상자 안의 경영성과를 분석하는 여러 활동성 비율들을 계산할 때, 공통적으로 반영하는 요소는?

재고자산 회전율, 매출채권 회전율, 고정자산 회전율, 총자산 회전율

① 재고자산　② 매출액
③ 영업이익　④ 자기자본
⑤ 고정자산

KEYWORD 활동성 비율

해설

회전율은 활동성 비율에 해당하는 것으로, 모든 회전율 공식의 분자에는 ② 매출액이 반영된다.
예를 들어 재고회전율은 매출액을 평균재고자산으로 나눈 값이다.

정답 ②

THEME 023 재무관리

161
24년 2회

재무통제를 유효하게 하기 위한 필요조건으로 옳지 않은 것은?

① 책임의 소재가 명확할 것
② 시정조치를 유효하게 행할 것
③ 업적의 측정이 정확하게 행해질 것
④ 업적평가에는 적절한 기준을 선택할 것
⑤ 계획목표가 관련자 일부에 의해 지지되고 있을 것

KEYWORD 재무통제 요건

해설

계획목표는 상위 관리자층에서 설정되어 기업 구성원들에게 전사적으로 전달되는바, 관련자 일부에 의해 지지되는 경우 재무통제의 유효성이 떨어진다.

정답 ⑤

162
23년 2회

기업이 자금을 조달하는 각종 원천에 대한 설명으로 옳지 않은 것은?

① 단기자금 조달을 위해 신용대출을 활용하기도 한다.
② 채권발행의 경우 기업 경영진의 지배력은 유지되는 장점이 있다.
③ 주식 매각의 장점은 주주들에게 주식배당을 할 법적 의무가 없어진다는 것이다.
④ 팩토링은 대표적인 담보대출의 한 형태이다.
⑤ 채권발행은 부채의 증가로 인해 기업에 대한 인식에 악영향을 끼칠 수 있다.

KEYWORD 자금조달

해설

팩토링은 판매기업과 구매기업 간에 발생한 매출채권에 대해 판매기업의 단기적인 현금유동성을 위해 금융기관에서 매출채권을 매입하여 현금을 지급하고, 금융기관은 구매기업으로부터 매출채권을 상환하는 금융방식이다. 따라서 담보물을 맡기고 현금을 차용하는 방식인 담보대출과는 개념이 다르다.

정답 ④

163
21년 1회

자본구조에 관련하여 타인자본 중 단기부채로 옳지 않은 것은?

① 지급어음　② 외상매입금
③ 미지급금　④ 예수금
⑤ 재평가적립금

KEYWORD 자본구조

해설

단기부채는 1년 이내에 갚아야 하는 채무로, 유동성 부채를 의미한다. 한편, 재평가적립금은 자본 계정에 해당하는 항목이다.

관련이론 부채의 구분

구분	내용
유동부채	단기금융부채(단기차입금 등), 매입채무(외상매입금, 지급어음), 단기차입금, 미지급금(선수금, 예수금), 기타유동부채 등
비유동부채	장기금융부채(사채, 장기차입금), 장기성매입채무, 장기충당부채, 이연법인세대, 기타비유동부채 등

정답 ⑤

164
22년 3회

아래 글상자의 물류채산분석 회계 내용에 대한 설명으로 가장 옳지 않은 것은?

구분	회계 내용	물류채산분석
㉠	계산목적	물류에 관한 의사결정
㉡	계산대상	특정의 개선안, 대체안
㉢	계산기간	개선안의 전체나 특정 기간
㉣	계산방식	상황에 따라 상이
㉤	계산의 계속성	반복적으로 계산

① ㉠　② ㉡　③ ㉢　④ ㉣　⑤ ㉤

KEYWORD 물류회계

관련이론 물류원가계산과 물류채산분석의 비교

구분	물류원가계산	물류채산분석
목적	물류활동의 업적평가	물류활동에 관한 의사결정
대상	물류업무의 전반	특정의 개선안, 대체안
산정방식	항상 일정	상황에 따라 상이
계속성	반복적	임시적
사용원가	실제원가만 대상	특수원가도 대상

정답 ⑤

THEME 024 기타 경영관리

165
23년 1회

제품이 고객에게 인도되기 전에 품질요건이 충족되지 못함으로써 발생하는 품질관리비용으로 옳은 것은?

① 생산준비비용 ② 평가비용
③ 예방비용 ④ 내부실패비용
⑤ 외부실패비용

KEYWORD **품질관리비용**

해설
실패비용은 품질이 일정 수준에 미달하여 발생하는 비용이다.
내부실패비용은 폐기물이나 등급 외 불량품 등으로 인해 발생하는 재작업비용이나 생산 공정상에서 발생하는 비용이며, 외부실패비용은 클레임이나 반품 등 제품이 출하된 후에 발생하는 비용이다.

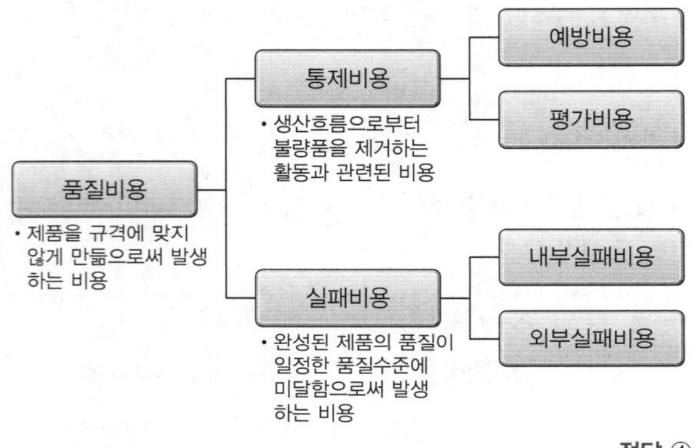

정답 ④

166
21년 1회

아래 글상자 ㉠과 ㉡에서 공통적으로 설명하는 품질관리비용으로 옳은 것은?

> ㉠ 제품이 고객에게 인도되기 전에 품질 요건에 충족하지 못함으로써 발생하는 비용
> ㉡ 재작업비용, 재검사비용, 불량 부품으로 인한 생산 중단 비용

① 예방비용(Prevention Costs)
② 평가비용(Appraisal Costs)
③ 내부실패비용(Internal Failure Costs)
④ 외부실패비용(External Failure Costs)
⑤ 생산준비비용(Setup Costs)

KEYWORD **품질관리비용**

해설
실패비용은 품질이 일정 수준에 미달하여 발생하는 비용으로 ③ 내부실패비용은 폐기물이나 등급 외 불량품 등으로 인해 발생하는 재작업비용이나 생산 공정상에서 발생하는 비용을 뜻한다.
외부실패비용은 클레임이나 반품 등 제품이 출하된 후에 발생하는 비용이다.

정답 ③

167
20년 추가

아래 글상자의 구매 관련 공급자 개발 7단계 접근법이 옳은 순서로 나열된 것은?

> ㉠ 주요 공급원 파악
> ㉡ 주요 제품과 서비스 파악
> ㉢ 기능 간 팀 구성
> ㉣ 공급자와 주요과제 합의
> ㉤ 공급자 CEO와의 대면
> ㉥ 세부적인 합의
> ㉦ 진행상황 점검 및 전략 수정

① ㉣ – ㉤ – ㉥ – ㉦ – ㉠ – ㉡ – ㉢
② ㉤ – ㉥ – ㉦ – ㉠ – ㉡ – ㉢ – ㉣
③ ㉥ – ㉦ – ㉠ – ㉡ – ㉢ – ㉣ – ㉤
④ ㉦ – ㉠ – ㉡ – ㉢ – ㉣ – ㉤ – ㉥
⑤ ㉡ – ㉠ – ㉢ – ㉤ – ㉣ – ㉥ – ㉦

KEYWORD **공급자 개발단계**

해설
구매 관련 공급자 개발 7단계
㉡ 주요 제품과 서비스 파악 → ㉠ 주요 공급원 파악 → ㉢ 기능 간 팀 구성 → ㉤ 공급자 CEO와의 대면 → ㉣ 공급자와 주요과제 합의 → ㉥ 세부적인 합의 → ㉦ 진행상황 점검 및 전략 수정

정답 ⑤

168

16년 2회

제품이나 업무의 불량수준을 측정하고 이를 체계적인 방법론을 통해 무결점 수준으로 줄이자는 전사적 품질혁신 추진방법론은?

① 품질통제(QC) ② 지속적 개선
③ 식스시그마(6 Sigma) ④ ISO9000
⑤ JIT(just-in-time)

KEYWORD 식스시그마

해설

제품이나 업무의 불량수준을 측정하고 이를 무결점 수준으로 줄이자는 전사적 품질혁신 추진방법은 식스시그마(6 Sigma)이다. 이는 품질규격을 벗어날 확률은 1백만 개 중 3.4개(3.4PPM) 수준이 된다.
6시그마 운동을 효과적으로 추진하기 위해 고객만족의 관점에서 프로세스의 문제를 찾아 통계적 사고로 문제를 해결하는 품질개선 작업과정을 DMAIC이라 한다. DMAIC은 정의(Define), 측정(Measurement), 분석(Analysis), 개선(Improvement), 관리(Control) 5단계를 의미한다.

정답 ③

169

20년 2회

식스시그마의 실행 단계를 순서대로 나타낸 것으로 가장 옳은 것은?

① 정의 – 분석 – 개선 – 통제 – 측정
② 정의 – 측정 – 분석 – 개선 – 통제
③ 측정 – 분석 – 정의 – 통제 – 개선
④ 측정 – 정의 – 통제 – 분석 – 개선
⑤ 분석 – 정의 – 측정 – 통제 – 개선

KEYWORD 식스시그마

해설

② 식스시그마의 품질 개선 작업과정인 DMAIC는 정의(Define), 측정(Measurement), 분석(Analysis), 개선(Improvement), 통제(Control) 5단계를 의미한다.

정답 ②

170

23년 1회

아래 글상자의 6시그마 실행 단계를 순서대로 바르게 나열한 것은?

> ㉠ 개선된 상태가 유지될 수 있도록 관리한다.
> ㉡ 핵심품질특성(CTQ)과 그에 영향을 주는 요인의 인과관계를 파악한다.
> ㉢ 현재 CTQ 충족정도를 측정한다.
> ㉣ CTQ를 파악하고 개선 프로젝트를 선정한다.
> ㉤ CTQ의 충족 정도를 높이기 위한 방법과 조건을 찾는다.

① ㉣ – ㉡ – ㉢ – ㉤ – ㉠ ② ㉤ – ㉣ – ㉢ – ㉡ – ㉠
③ ㉢ – ㉠ – ㉡ – ㉣ – ㉤ ④ ㉣ – ㉢ – ㉡ – ㉤ – ㉠
⑤ ㉢ – ㉡ – ㉠ – ㉣ – ㉤

KEYWORD 식스시그마

해설

6시그마란 1986년 모토로라에 의해 정립된 품질관리기법으로, 1990년대 GE의 잭웰치가 이를 도입하여 더욱 중요한 품질관리기법으로 자리 잡았다. 6시그마를 실행하기 위한 단계로는 DMAIC이 있으며 다음과 같이 순차적으로 적용된다.

1. Define(정의): 핵심품질특성(CTQ; Critical To Quality)을 파악하는 단계
2. Measure(측정): 현재 CTQ 충족정도를 측정하는 단계
3. Analyze(분석): CTQ와 그에 영향을 주는 요인의 인과관계를 파악하는 단계
4. Improve(개선): CTQ의 충족 정도를 높이기 위한 개선단계
5. Control(통제): 개선된 상태가 유지될 수 있도록 관리하는 단계

정답 ④

171

23년 2회

아래 글상자에서 설명하는 기업이 글로벌 시장에서 경쟁하기 위한 전략을 괄호 안에 들어갈 순서대로 옳게 나열한 것은?

> • (㉠)는 둘 또는 그 이상의 기업들이 맺은 파트너십으로 기술과 위험을 공유한다. 자국에서 생산된 상품만을 허용하는 국가로 진출하기 위한 전략으로 활용할 수 있다.
> • (㉡)은(는) 자사의 독자적인 브랜드 이름이나 상표를 부착하여 판매하는 방식으로 제품의 생산은 다른 기업에게 의뢰한다.

① ㉠ 전략적 제휴, ㉡ 위탁제조
② ㉠ 합작투자, ㉡ 위탁제조
③ ㉠ 전략적 제휴, ㉡ 라이선싱(licensing)
④ ㉠ 합작투자, ㉡ 라이선싱(licensing)
⑤ ㉠ 해외직접투자, ㉡ 프랜차이징(franchising)

KEYWORD 글로벌화 전략

해설

㉠ 합작투자는 조인트 벤처(joint venture)라고도 하며 해외투자에 있어 독자적인 투자보다는 둘 이상의 기업이 파트너십을 구축하여 리스크를 감소시키는 전략에 해당한다.
㉡ 위탁제조는 주문자 상표 부착방식(OEM)이라고도 한다.

정답 ②

172

23년 3회

아래 글상자가 설명하는 합작투자 유형으로 옳은 것은?

> 공여기업이 자사의 제조공정, 등록상표, 특허권 등을 수여기업에게 제공하고 로열티 혹은 수수료를 받는 형태이다. 이를 통해, 수여기업은 생산의 전문성 혹은 브랜드를 자체 개발 없이 사용할 수 있다는 이점이 있고, 공여기업은 낮은 위험부담으로 해외시장에 진출할 수 있다는 장점이 있다.

① 계약생산(contract manufacturing)
② 관리계약(management contracting)
③ 라이센싱(licensing)
④ 공동소유(joint ownership)
⑤ 간접수출(indirect exporting)

KEYWORD 글로벌화 전략

해설

라이센싱(licensing)은 공여기업이 자사의 제조공정, 등록상표, 특허권 등을 수여기업에게 제공하고 로열티 혹은 수수료를 받는 형태이다. 라이센스 공여기업은 낮은 위험부담으로 해외시장에 진출할 수 있다는 장점이 있으며 라이센스 수여기업은 생산의 전문성이나 브랜드를 자체 개발 없이 사용할 수 있다는 장점이 있다.

정답 ③

173

23년 1회

화인 표시의 종류와 설명의 연결이 옳지 않은 것은?

① 품질 표시(quality mark) 는 내용품의 품질이나 등급을 표시한다.
② 주의 표시(care mark)는 내용물의 취급상 주의 사항을 표시한다.
③ 목적항 표시(destination mark)는 선적·양륙 작업을 용이하게 하고 화물이 잘못 배송되는 일이 없도록 목적항을 표시한다.
④ 수량 표시(case mark)는 포장 화물 안의 내용물의 총 수량을 표시한다.
⑤ 원산지 표시(origin mark)는 관세법규에 따라 표시하는 수출물품의 원산지를 표시한다.

KEYWORD 포장 및 하역

해설

화인(Marking)이란 수출입화물의 식별을 위해 화물의 포장외관에 주화인, 부화인, 목적항, 중량표시, 화물번호, 원산지, 품질마크, 주의사항 등을 표기하는 것을 말한다. 화인에 수량은 표시되지 않는다.

정답 ④

174

19년 3회

자재소요계획(MRP; Material Requirement Planning)시스템에 대한 설명으로 옳지 않은 것은?

① 중간재 및 조립품 생산 공정에 적합한 기법이다.
② 생산 프로세스에서 발생하는 문제점을 파악하는데 도움을 제공한다.
③ 생산관리에 있어 원자재 주문 프로세스를 효율화 할 수 있다.
④ MRP 입력 정보에는 주일정 계획, 자재 명세 파일, 재고 기록 파일 등이 있다.
⑤ 생산라인 중단을 방지하기 위해 재고를 최고 수준으로 유지하는데 도움을 준다.

KEYWORD 자재소요계획(MRP)

해설

⑤ MRP는 일정 정도의 재고 보유를 인정하는 생산관리 및 재고관리 시스템이지만 재고를 최고 수준으로 유지하려는 시스템은 아니다. 재고는 적정 수준을 유지하는 것이 중요하다.

정답 ⑤

175

20년 2회

아래 글상자의 내용과 같은 마케팅 제휴(Marketing Alliance) 전략을 설명하는 용어는?

> ㉠ 햄버거 가게에서 해피밀 세트를 구입하면 디즈니 캐릭터가 그려진 장난감을 제공
> ㉡ 아이스크림 가게에서 아이스크림 세트를 구입 시 스누피 캘린더 북 제공

① 촉진 제휴(Promotional Alliance)
② 로지스틱스 제휴(Logistics Alliance)
③ 가격 제휴(Price Alliance)
④ 유통 제휴(Distributional Alliance)
⑤ 서비스 제휴(Service Alliance)

KEYWORD 촉진

해설

㉠, ㉡ 마케팅 요소 4P 중 ① 촉진(Promotion)과 관련된 것으로, 소비자를 대상으로 하는 비가격형 촉진 제휴 중 프리미엄에 해당한다.

정답 ①

THEME 025 물류의 합리화 및 중요성

176

21년 2회

도·소매 물류를 7R을 활용하여 효과적으로 관리하는 방법에 대한 설명으로 가장 옳지 않은 것은?

① 적절한 품질의 제품을 적시에 제공해야 한다.
② 최고의 제품을 저렴한 가격으로 제공해야 한다.
③ 좋은 인상으로 원하는 장소에 제공해야 한다.
④ 적정한 제품을 적절한 양으로 제공해야 한다.
⑤ 적시에 원하는 장소에 제공해야 한다.

KEYWORD 7R

해설

7R의 Right Price는 ② 저렴한 가격이 아닌 적정한 가격이다.

관련이론 도소매물류의 7R(Right)

- Right Quality(적정한 품질)
- Right Quantity(적정한 수량)
- Right Commodity(적정한 제품)
- Right Time(적정한 납기)
- Right Place(적정한 구매처 = 거래처)
- Right Price(적정한 가격)
- Right Impression(적정한 인상)

정답 ②

177

19년 1회

고객이 요구하는 서비스의 수준에 맞추어 물류활동이 '적절하다(Right)'라는 의미와 관련된 물류의 7R의 내용으로 옳지 않은 것은?

① 적절한 상품(Right Goods)
② 적절한 품질(Right Quality)
③ 적절한 시간(Right Time)
④ 적절한 장소(Right Place)
⑤ 적절한 판촉활동(Right Promotion)

KEYWORD 7R

해설

물류의 7R(Right)은 ① 적절한 상품(Right Goods), 적절한 가격(Right Price), ② 적절한 품질 (Right Quality), 적절한 양(Right Quantity), 적절한 인상(Right Impression), ③ 적절한 시간(Right Time), ④ 적절한 장소(Right Place)를 의미한다.

정답 ⑤

178

23년 2회

물류관리의 3S 1L 원칙에 해당되는 용어로 옳지 않은 것은?

① Speedy ② Surely
③ Low ④ Safely
⑤ Smart

KEYWORD 3S 1L

해설

3S 1L 원칙은 신속하게(Speedy), 확실하게(Surely), 안전하게(Safely), 저렴하게(Low)를 의미한다.

정답 ⑤

179

24년 3회

물류의 중요성이 강조되는 이유에 대한 설명으로 옳지 않은 것은?

① 물류서비스를 개선하고 물류비 절감을 통하여 기업은 고객에 대한 서비스 수준을 높일 수 있으며 이는 높은 수요를 창출할 수 있기 때문이다.
② 소비자의 제품에 대한 다양한 요구는 재고 저장단위 수의 증대를 필요로 하며 재고불균형 등의 문제를 발생시키기 때문이다.
③ 소비자의 상품에 대한 저가 압력은 능률적이며 간접적인 분배경로의 등장을 강요하게 되었기 때문이다.
④ 가격결정에 있어 신축성을 부여하기 위해서는 개별시장까지 운송에 소요되는 실제 분배비용을 산출하기보다 전국적인 평균비용에 의존하게 되었기 때문이다.
⑤ 재고비용 절감을 위해 주문 횟수를 증가시킬 경우, 증가된 주문 횟수를 처리할 새로운 시스템의 도입이 필요하기 때문이다.

KEYWORD 물류의 중요성

해설

물류가 최근 중요시 되는 가장 큰 이유는 비용절감과 서비스개선 간의 조화를 통해 물류효율성을 높이는 것이 국가 경쟁전략에 있어 중요 요소가 되고 있기 때문이다. ④에서처럼 운송비용이 전국적인 평균에 의존하게 되었기 때문은 아니다.

정답 ④

180

16년 2회

물류표준화에 대한 설명으로 옳은 것은?

① 하드웨어 측면에서 수송장비, 보관시설, 포장용기 등을 규격화하여 일관물류시스템을 갖추어야 한다.
② 현재 우리나라의 표준파렛트 사용비율은 국제적으로 선도적인 수준에 있다.
③ 각 수송수단별로 표준화되어야 하는데 이를 위해 포장의 모듈화는 중요하지 않다.
④ 제품의 형상이나 크기가 다양하더라도 포장규격은 한 가지로 표준화하여야 한다.
⑤ 효율적인 물류표준화를 위해 우선 각 기업마다 화물특성에 맞는 표준화를 선도적으로 추구하여야 한다.

KEYWORD 물류표준화

선지분석

② 우리나라의 표준파렛트 사용비율은 유럽국가나 미국에 비해 상당히 낮은 편이다.
③ 각 수송수단별로 표준화되기 위해서는 포장의 모듈화가 필수적이다.
④ 제품의 형상이나 크기가 다양한 점을 감안하여 포장규격은 몇 가지로 표준화하여야 한다.
⑤ 효율적인 물류표준화를 위해 우선 국가적인 차원에서 표준화가 진행되어야 한다.

정답 ①

181

18년 2회

물류 환경의 최근 변화에 대한 설명으로 가장 옳지 않은 것은?

① 적정 물류 서비스에 대한 고객의 욕구가 점점 증가하고 있다.
② 빠른 배송, 짧은 리드타임 요구 등 시간 단축의 중요성이 커지고 있다.
③ 조직들의 통합화보다 개별화의 움직임이 더 커졌다.
④ 아웃소싱을 통한 물류비 절감 효과가 커졌다.
⑤ 물류 기업 및 물류시장의 경쟁 범위가 글로벌화 되었다.

KEYWORD 물류환경변화

해설

최근 국·내외적으로 글로벌 경쟁이 치열해짐에 따라 개별 조직화되었던 유통망들이 정보화를 통해 통합화되는 경향을 보이고 있다.

정답 ③

182

22년 1회

재고, 운송, 고객서비스 등의 상충관계(trade-off)에 대한 설명으로 옳지 않은 것은?

① 재고수준을 낮추게 되면 보관비용이 감소되고 고객서비스 수준도 낮아진다.
② 재고 감소는 주문에 적시 대응하는 조직의 능력을 저하시킨다.
③ 배달을 신속하게 해서 고객서비스 수준을 증가시키는 것은 수송비용 증가를 초래한다.
④ 높은 고객서비스 수준을 지향하는 경우 재고비용과 재고운반비가 증가한다.
⑤ 낮은 배송비용을 지향하는 것은 시간측면에서 고객서비스 수준의 증가를 가져온다.

KEYWORD **상충관계(Trade-Off)**

해설

상충관계(trade-off)란 변수들 간의 상호 이율배반적인 관계를 의미한다. 따라서 낮은 배송비용을 지향하는 것은 시간측면에서 고객서비스 수준의 감소를 가져오게 된다.

정답 ⑤

183

21년 3회

물류의 상충(Trade Off) 관계에 대한 설명으로 가장 옳지 않은 것은?

① 기업의 물류 합리화는 상충관계의 분석이 기본이 된다.
② 기업 내 물류 기능과 타 기능 간의 상충관계 역시 효율적 물류관리를 위해 고려해야 한다.
③ 제조업자와 운송업자 및 창고업자 등 기업 조직과 기업 외 조직 간의 상충관계 또한 고려해야한다.
④ 상충관계에서 발생하는 문제점을 극복하기 위해서는 물류 흐름을 세분화하여 부분 최적화를 달성해야 한다.
⑤ 배송센터에서 수배송 차량의 수를 늘릴 경우 고객에게 도착하는 배송 시간은 짧아지지만 물류비용은 증가하는 경우는 상충관계의 사례에 해당한다.

KEYWORD **상충관계(Trade-Off)**

해설

④ 물류의 상충관계는 부분 최적화가 아닌 물류 합리화 측면에서 접근할 문제에 해당한다.

관련이론 상충관계(Trade-off)

Trade-off는 상충관계 또는 이율배반적 관계라고 한다.
그 예로는 재고 비율을 높이면 재고 관련 비용은 증가하지만 수송비용은 하락하는 관계 또는 JIT 수·배송을 실시하는 경우 운송비는 많이 발생하지만 고객서비스는 상승하는 관계가 있다.

정답 ④

184

17년 3회

물류에 대한 내용으로 옳지 않은 것은?

① 수송비는 제품의 밀도, 가치, 부패가능성, 충격에의 민감도 등에 영향을 받는다.
② 선적되는 제품양이 많을수록 주어진 거리 내의 단위당 운송비는 낮아진다.
③ 수송 거리는 운송비에 영향을 미치는 요인으로 수송 거리가 길수록 단위 거리당 수송비는 낮아진다.
④ 재고의 지리적 분산 정도가 낮기를 원하는 기업은 소수의 대형 배송센터를 건설하고 각 배송센터에서 취급되는 품목들의 수와 양을 확대할 것이다.
⑤ 수송비와 재고비는 비례관계이기 때문에 이들의 비용의 합을 고려한 비용을 최소화하며 고객서비스 향상을 충족하는 것은 중요하다.

KEYWORD **상충관계(Trade-Off)**

해설

⑤ 수송비와 재고비는 상충관계(trade off)이기 때문에 이들의 비용의 합을 고려한 적정 비용을 고려하는 것이 물류 서비스 측면에서 중요하다.

정답 ⑤

DAY 02

185

17년 1회

다음 글 상자 안의 ㄱ~ㅂ은 물류시스템 설계에 대한 전략적 계획 절차를 순서 없이 나열한 것이다. 올바른 순서대로 나열한 것은?

> ㄱ. 물적흐름 및 정보흐름에 기초하는 물류활동 관리시스템과 절차
> ㄴ. 고객서비스 목표 및 전략의 결정
> ㄷ. 물류투자, 재고, 보관, 수송, 주문전략 및 프로그램 도출
> ㄹ. 계획 실행의 구체적 방법과 경로구성원 선택기준 마련
> ㅁ. 조직정비 및 인적자원관리
> ㅂ. 물류시스템의 주기적인 평가 및 성과개선활동

① ㄴ → ㄱ → ㄷ → ㄹ → ㅂ → ㅁ
② ㄴ → ㄷ → ㄱ → ㅁ → ㄹ → ㅂ
③ ㄴ → ㅁ → ㄹ → ㄱ → ㄷ → ㅂ
④ ㄴ → ㄹ → ㄱ → ㄷ → ㅂ → ㅁ
⑤ ㄴ → ㄷ → ㄹ → ㄱ → ㅂ → ㅁ

KEYWORD 물류시스템 설계

해설

물류시스템 설계 절차

ㄴ. 고객서비스 목표 및 전략의 결정 → ㄷ. 물류투자, 재고, 보관, 수송, 주문전략 및 프로그램 도출 → ㄱ. 물적흐름 및 정보흐름에 기초하는 물류활동 관리시스템과 절차 → ㅁ. 조직정비 및 인적자원관리 →

ㄹ. 계획 실행의 구체적 방법과 경로구성원 선택기준 마련 → ㅂ. 물류시스템의 주기적인 평가 및 성과개선활동

정답 ②

186

17년 1회

물류관리 측면의 용어에 대한 설명으로 옳은 것은?

① 물류 합리화: 물류비용과 서비스 수준 사이의 상충관계(Trade-Off)를 고려하여 그 수준을 적정하게 조정하여야 한다.
② 비용 상쇄: 재고유지비용을 줄이기 위해 최저 수준의 재고만 유지한다.
③ 전체 최적화: 재고 수준을 낮추어 재고보관비용을 감소시킨다.
④ 총체적 시스템: 유통경로상의 여러 기능 중 하나의 기능에 집중한다.
⑤ 최적 고객서비스: 주문 편리성, 배송 시간 등 실제 거래 요소에만 집중한다.

KEYWORD 물류관리

선지분석

② 비용 상쇄: 재고유지비의 극단적인 감소가 아니라 결품이 발생하지 않는 범위 내에서의 적정한 수준의 재고를 유지함
③ 전체 최적화: SCM을 통해 물류 시스템 전체의 효율성을 높여 최적화 하는 것
④ 총체적 시스템: 유통경로 전체의 효율성과 상호유기적 관계를 고려해야 함
⑤ 최적 고객서비스: 주문 편리성, 배송 시간 등 실제 거래 요소뿐만 아니라 서비스 전후의 활동도 중요함

정답 ①

187

20년 3회

기업이 물류합리화를 추구하는 이유로 가장 옳지 않은 것은?

① 생산비 절감에는 한계가 있기 때문이다.
② 물류비는 물가상승에 따라 매년 증가하는 경향이 있기 때문이다.
③ 물류차별화를 통해 기업이 경쟁우위를 확보할 수 있기 때문이다.
④ 물류에 대한 고객의 요구들은 동일, 단순하여 고객에게 동일한 서비스를 제공할 수 있기 때문이다.
⑤ 각종 기법과 IT에 의해 운송, 보관, 하역, 포장 기술이 발전할 수 있기 때문이다.

KEYWORD **물류합리화**

해설

물류합리화는 물류비 절감 및 서비스의 질적향상을 도모하기 위한 것이다.

④ 최근 전자상거래 발달 및 소화물 운송시장이 커지면서 물류서비스에 대한 고객들의 요구는 다양화, 복잡화되고 있다.
이에 기업들은 다품종 소량운송 및 다빈도 배송 등의 서비스의 필요성이 더욱 커지고 있다.

정답 ④

188

24년 3회

도소매업체의 물류관리를 위해 필요한 의사결정내용으로 가장 옳지 않은 것은?

① 상품을 어디에 보관해야 하는가?
② 주문을 어떻게 처리해야 하는가?
③ 가격을 어떻게 설정해야 하는가?
④ 어느 정도의 물량을 보관해야 하는가?
⑤ 상품을 어떻게 보관해야 하는가?

KEYWORD **물류관리**

해설

물류관리는 재화가 공급자로부터 조달, 생산되어 소비자에게 전달되거나 소비자로부터 회수되어 폐기될 때까지 이루어지는 운송·보관·하역 등과 이에 부가되어 가치를 창출하는 가공·조립·분류·수리·포장·상표부착·판매·정보통신 등을 말한다. 따라서 운송, 보관, 하역 및 이에 따른 주문활동이 가장 중요한 물류활동에 해당하므로 ③의 가격설정은 이에 해당하지 않는다.

정답 ③

THEME 026 물류의 영역별 분류

189

21년 1회

물류활동에 관련된 내용으로 옳지 않은 것은?

① 반품물류: 애초에 물품 반환, 반품의 소지를 없애기 위한 전사적 차원에서 고객요구를 파악하는 것이 중요하다.
② 생산물류: 작업 교체나 생산 사이클을 단축하고 생산 평준화 등을 고려한다.
③ 조달물류: 수송 루트 최적화, JIT 납품, 공차율 최대화 등을 고려한다.
④ 판매물류: 수배송 효율화, 신선 식품의 경우 콜드체인화, 공동 물류센터 구축 등을 고려한다.
⑤ 폐기물류: 파손, 진부화 등으로 제품, 용기 등이 기능을 수행할 수 없는 상황이거나 기능수행 후 소멸되어야 하는 상황일 때 그것들을 폐기하는데 관련된 물류활동이다.

KEYWORD **물류활동**

해설

③ 조달물류란 원재료 등이 공급자로부터 제조업자의 자재 창고로 운송되어 생산 공정에 투입되기 이전까지의 물류활동을 의미한다.
조달물류에서는 공차율 최소화를 목표로 해야하며 리드타임과 재고관리, 운송체제, 품질과 정확성 유지 등을 고려해야 한다.

선지분석

① 반품물류: 판매된 제품의 반품에 따른 물류활동
② 생산물류: 자재 창고에서의 출고로부터 제품 창고에 입고되기까지의 물류활동
④ 판매물류: 제품 창고에서 지역 거점 및 소비자에게로 전달되기까지의 물류활동
⑤ 폐기물류: 제품 및 포장용 용기나 수송용 용기·자재 등을 폐기하기 위한 물류활동

정답 ③

190

20년 3회

아래 글상자의 ㉠~㉡에 들어갈 용어를 순서대로 나열한 것으로 옳은 것은?

> • (㉠)란 물류활동의 범위 내에서 물류 조업도의 증감과 관계없이 발생하거나 소비되는 비용이 일정한 물류비를 말한다.
> • (㉡)란 생산된 완제품 또는 매입한 상품을 판매 창고에서 보관하는 활동부터 고객에게 인도될 때까지의 물류비를 말한다.

① ㉠ 자가물류비, ㉡ 위탁물류비
② ㉠ 위탁물류비, ㉡ 자가물류비
③ ㉠ 물류고정비, ㉡ 판매물류비
④ ㉠ 물류변동비, ㉡ 사내물류비
⑤ ㉠ 사내물류비, ㉡ 판매물류비

KEYWORD **물류활동**

해설

㉠ 고정비(fixed cost)는 조업도(물동량)의 증감과 관계없이 발생되는 비용으로, 변동비와 반대되는 성격을 지닌다.
㉡ 판매물류비는 아웃바운드 물류(outbound logistics)에 의해 생산 이후부터 판매되는 과정 중에 발생되는 물류비용을 뜻한다.

정답 ③

191

16년 2회

소비자에게 인도된 제품의 전체 또는 일부가 일정시간이 경과한 후 다시 생산자에게 돌아오거나 폐기되는 과정을 관리하는 것은?

① 생산물류 ② 역물류
③ 조달물류 ④ 판매물류
⑤ 사내물류

KEYWORD **물류활동**

해설

조달물류·생산물류·판매물류와 달리 반대 방향으로 이루어지는 물류활동을 역물류(reverse logistics)라고 한다. 역물류에는 반품물류, 회수물류, 폐기물류가 있다.

정답 ②

192

20년 추가

아래 글상자의 ㉠, ㉡에서 설명하는 물류 영역을 순서대로 나열한 것 중 가장 옳은 것은?

> ㉠ 물류의 최종 단계로서 제품을 소비자에게 전달하는 일체의 수·배송 물류활동
> ㉡ 파손 또는 진부화 등으로 제품이나 상품, 또는 포장 용기를 소멸시키는 물류활동

① ㉠ 판매물류
 ㉡ 회수물류
② ㉠ 최종물류
 ㉡ 반품물류
③ ㉠ 판매물류
 ㉡ 폐기물류
④ ㉠ 생산물류
 ㉡ 반품물류
⑤ ㉠ 조달물류
 ㉡ 회수물류

KEYWORD **물류활동**

해설

• 순물류(forward logistics): 조달물류, 생산물류, 사내물류, 판매물류
• 역물류(reverse logistics): 환경친화적 물류가 중시되면서 반품, 회수, 폐기물류도 중요 물류영역임

㉠ 판매물류: 제품 창고에서 지역 거점 및 소비자에게로 전달되기까지의 물류활동
㉡ 폐기물류: 제품 및 포장용 용기나 수송용 용기·자재 등을 폐기하기 위한 물류활동

정답 ③

193

18년 3회

물적 흐름 과정에 따라 분류한 영역별 물류비에 해당하지 않는 것은?

① 조달물류비
② 물류정보관리비
③ 판매물류비
④ 역물류비
⑤ 사내물류비

KEYWORD **물류비**

해설

② 물류정보관리비는 기능별 분류에 해당한다.

관련이론 물류비 분류체계

분류	비목 분류		
영역별	• 조달물류비 • 판매물류비	• 생산물류비 • 역물류비	
기능별	• 운송비 • 포장비	• 보관비 • 하역비	• 유통가공비 • 물류정보비
자가·위탁별	• 자가물류비	• 위탁물류비(2PL~4PL)	
세목별	• 재료비 • 경비	• 노무비 • 이자비용	
관리항목별	• 조직별 • 고객별	• 제품별 • 운송수단별	• 지역별
조업도별	• 고정물류비	• 변동물류비	

정답 ②

194

22년 1회

MRO(Maintenance, Repair, Operation)의 구매 특성에 대한 설명으로 가장 옳지 않은 것은?

① 인력과 비용의 효율성을 위해 구매대행업체를 이용하기도 한다.

② 작업현장에서 임의적인 구매가 많아 이에 대한 통제가 원활하게 이루어지지 않고 있다.

③ 대형장비, 기계 등 기업에서 제품을 생산하는 데 핵심적인 설비를 포함한다.

④ 부정기적인 구매로 인해 수요예측에 따른 전략적 구매계획의 수립이 어렵고, 이에 따라 재고유지비용이 많이 발생한다.

⑤ 적게는 수천 가지에서 많게는 수만 가지 품목을 대상으로 하기 때문에 이를 관리하기 위해 많은 비용이 발생한다.

KEYWORD **구매/조달**

해설

MRO는 Maintenance(유지), Repair(보수), Operation(운영)의 약자로, 생산 활동과는 직접 관련이 없으나 그것을 위한 생산시설의 유지와 보수 등에 필요한 모든 소모성 자재와 간접 재화, 서비스 등을 말한다. 따라서 대형장비, 기계 등 기업에서 제품을 생산하는 데 핵심적인 설비는 MRO에 해당하지 않는다.

정답 ③

195

15년 3회

(㉠), (㉡) 안에 들어갈 단어를 순서대로 가장 옳게 나열한 것은?

> (㉠)(이)란 재화를 취득하기 위해 규격을 결정하고, 공급원을 선정하고, 거래를 교섭하여 계약을 체결하고, 납입을 확보하는 기능을 말하며, (㉡)(이)란 공급자가 제품을 고객에게 보내는 과정으로 재고통제, 구매 및 인수와 창고관리의 기능을 포함하며, 공급망의 이윤을 극대화할 수 있는 전략적인 방식을 구사해야 한다.

① 구매, 재고관리

② 판매, 재고관리

③ 판매, 조달

④ 조달, 재고관리

⑤ 구매, 조달

KEYWORD **구매/조달**

해설

재화를 취득하기 위해 규격을 결정하고, 공급원을 선정하고, 거래를 교섭하여 계약을 체결하고, 납입을 확보하는 기능은 ㉠ 구매(purchase)이다. 공급자가 제품을 고객에게 보내는 과정으로 재고통제, 구매 및 인수와 창고관리의 기능을 포함하는 것은 ㉡ 조달(procurement)이다.

정답 ⑤

DAY 02

THEME 027 물류 수·배송시스템

196

20년 3회

수배송 물류의 기능으로 옳지 않은 것은?

① 분업화를 촉진시킨다.
② 재화와 용역의 교환기능을 촉진시킨다.
③ 대량 생산과 대량 소비를 가능하게 하여 규모의 경제를 실현시킨다.
④ 문명 발달의 전제조건이 되기는 하나 지역 간 국가 간 유대를 강화시키지는 못한다.
⑤ 재화의 생산, 분배 및 소비를 원활하게 하여 재화와 용역의 가격을 안정시켜 주는 기능을 한다.

KEYWORD **수·배송 물류**

해설

수배송 물류의 기능으로 국제물류의 활성화가 있다. 국제물류의 활성화에 따라 지역 간, 국가 간 유대는 더욱 더 강화된다.

정답 ④

197

19년 1회 , 17년 2회

아래 글상자에서 설명하는 수배송 공급모형으로 옳은 것은?

> 이 모형은 수리적인 방법의 적용이 곤란하거나 불가능할 때, 최후의 수단으로 이용되는 기법이다.

① 세이빙(Saving)법 모형
② 수배송선형계획법 모형
③ 시뮬레이션(Simulation) 모형
④ 최적화(Optimization) 모형
⑤ 휴리스틱(Heuristic) 모형

KEYWORD **수·배송 공급모형**

해설

수배송 공급모형 중 시뮬레이션 모형은 수리적인 방법의 적용이 곤란하거나 불가능할 때, 최후의 수단으로 이용되는 기법으로, 모의실험을 통해 컴퓨터 시스템으로 구현되어 실행되는 개념 모델에 해당한다.

정답 ③

198

18년 1회

수송과 배송의 효율적 관리에 대한 설명으로 가장 옳지 않은 것은?

① 소화물 수송과 비교하면 대형 화물로 만들어 수송하는 경우 단위당 고정비가 절감되어 수송비가 적게 든다.
② 공동 수·배송은 일정지역 내에 있는 기업이 협업함으로써 이루어질 수 있다.
③ 효율적인 수·배송을 위해 복화율은 최소로 유지해야 한다.
④ 공동 배송이 실시되기 위해서는 물류에 대한 기존의 통제권을 제3자에게 넘겨 줄 수 있는 제조업체의 인식 전환이 필요하다.
⑤ 배송 계획의 개선에 의해서 배송 시간과 주행 거리를 최소한으로 통제하며 화물량의 평준화를 가능하게 해야 한다.

KEYWORD **물류합리화**

해설

③ 효율적인 수·배송을 위해서는 복화율은 최대화, 공차율은 최소화 해야 한다.
복화율이란 왕복 운송에 있어 모두 영차 상태로 운행하는 비율을 뜻하는 것으로 편도 운송을 한 후 귀로에 복화운송(연계운송)을 어느 정도나 행했느냐를 나타내는 지표다.

정답 ③

199

18년 3회

물류관리에서 배송 합리화의 방안으로 공동 배송을 실시하려고 할 때 유의해야 할 사항과 가장 거리가 먼 것은?

① 제품이나 보관 특성상의 유사성이 있을 때 효과적이다.
② 거리가 인접하여 화물 수집이 용이해야 한다.
③ 대상 화물이 공동화에 적합한 특성을 가지고 있어야 한다.
④ 일정 지역 내에 배송하는 화주가 독점적으로 존재해야 한다.
⑤ 참여 기업의 배송 조건이 유사해야 한다.

KEYWORD **물류합리화**

관련이론 공동 수·배송의 전제조건

- 일정 지역 안에 공동 수·배송에 참여하는 다수의 업체가 존재하여야 함
- 수·배송 지역이 일정 구역 안에 분포
- 대상 지역의 수·배송 조건의 유사성
- 대상 화물의 특성의 유사
- 공동 수·배송을 주도하는 중심 업체나 주도자의 존재

정답 ④

200

23년 2회

유통기업들이 물류에 대한 높은 관심을 가지고 이에 대한 합리화를 적극적으로 검토·실행하고 있는 원인으로 옳지 않은 것은?

① 물류비가 증가하는 경향이 있기 때문이다.
② 생산 부문의 합리화 즉 생산비의 절감에는 한계가 있기 때문이다.
③ 기업 간 경쟁에서 승리하기 위해 물류면에서 우위를 확보하여야 하기 때문이다.
④ 고객의 요구는 다양화, 전문화, 고도화되어 고객서비스 향상이 특히 중요시되기 때문이다.
⑤ 기술혁신에 의하여 운송, 보관, 하역, 포장기술이 발전되었고 정보면에서는 그 발전 속도가 현저하게 낮아졌기 때문이다.

KEYWORD **물류합리화**

해설
기술혁신에 의하여 운송, 보관, 하역, 포장기술이 발전되고 있으며, IT 혁명에 의해 정보기술이 비약적으로 발전되고 있다.

정답 ⑤

201

17년 3회

수·배송계획 중 가장 장기 계획의 범주에 속하는 것은?

① 운임 변경
② 혼재계획
③ 수·배송 일정 계획
④ 수·배송 노선선정
⑤ 수·배송망의 구축

KEYWORD **수·배송계획**

해설
장기적 계획과 관련된 의사결정은 전략 수준의 의사결정으로, CEO에 의해서 이루어지는 것으로 ⑤ 수·배송망의 구축이 이에 해당한다. 한편, 운임의 변경, 혼재(Consolidation) 계획, 수·배송 일정 계획 및 수·배송 노선 선정 등은 중·단기적인 의사결정사항으로 일선관리자에 의해 이루어진다.

정답 ⑤

202

17년 1회

화물 거점 시설까지 각 화주 또는 각 운송업자가 화물을 운반해 오고 배송 면에서 공동화하는 유형의 공동 수·배송 시스템은?

① 화주 중심의 집하배송 공동형
② 운송업자 중심의 집하배송 공동형
③ 노선집하 공동형
④ 납품 대행업
⑤ 배송 공동형

KEYWORD **공동 수·배송시스템 유형**

해설
배송 공동형이란 화물거점시설까지 각 화주가 운반하고 배송만 공동화하는 것을 의미한다.

정답 ⑤

THEME 028 아웃소싱 전략

203

21년 3회

아웃소싱과 인소싱을 비교해 볼 때 아웃소싱의 단점을 설명한 것으로 옳지 않은 것은?

① 부적절한 공급업자를 선정할 수 있는 위험에 노출된다.
② 과다 투자나 과다 물량 생산의 위험이 높다.
③ 핵심 지원 활동을 잃을 수도 있다.
④ 프로세스 통제권을 잃을 수도 있다.
⑤ 리드타임이 장기화될 수도 있다.

KEYWORD 물류아웃소싱

해설

과다 투자나 과다 물량 생산의 위험이 높은 것은 비핵심 부분에 직접 투자하는 인소싱의 단점이다.

관련이론 아웃소싱의 장·단점

장점	단점
• 상호 간 제휴를 통한 상호 win-win 효과 • 비용절감 및 핵심역량에 대한 집중 가능 • 인력 채용 및 노동조합의 문제해결 가능	• 부적절한 공급업자를 선정할 가능성 • 핵심 지원 활동을 잃을 우려 • 프로세스 통제권의 상실 • 리드타임의 장기화 • 근로자의 고용불안 및 근로조건 악화 우려 • 이직률 상승 및 서비스의 질적 저하 • 소속감 결여 및 충성도 하락

정답 ②

204

21년 2회

기업이 외부 조달을 하거나 외주를 주는 이유로 옳지 않은 것은?

① 비용 상의 이점
② 불충분한 생산 능력 보유
③ 리드타임, 수송, 창고비 등에 대한 높은 통제 가능성
④ 전문성 결여로 인한 생산 불가능
⑤ 구매 부품의 품질 측면의 우수성

KEYWORD 물류아웃소싱

해설

기업이 외부 조달을 하면 리드타임, 수송, 창고비 등에 대한 통제 가능성이 줄어든다.

정답 ③

205

23년 3회

아웃소싱을 실시하는 기업이 얻을 수 있는 장점으로 가장 옳지 않은 것은?

① 다른 채널의 파트너로부터 규모의 경제 효과를 얻을 수 있다.
② 분업의 원리를 통해 이익을 얻을 수 있다.
③ 고정비용은 늘어나지만 변동비용을 줄여서 비용 절감 효과를 얻을 수 있다.
④ 아웃소싱 파트너의 혁신적인 혜택을 누릴 수 있다.
⑤ 자사의 기술보다 우월한 기술을 누릴 수 있다.

KEYWORD 물류아웃소싱

해설

아웃소싱을 실시하는 경우 위탁기업은 직접 아웃소싱 대상이 되는 작업을 수행하지 않으므로 직접적인 고정비용이 감소하는 반면, 위탁물량이 증가하는 경우 변동비용이 증가할 수 있다.

관련이론 물류아웃소싱의 장점 및 단점

구분	내용
장점	• 고정비용 절감 및 환경 대응의 유연성을 획득 가능 • 규모의 경제 효과를 향유(비용 절감 및 서비스 수준 상승) • 분업의 원리를 통한 이득
단점	• 아웃소싱 업체에 대한 통제력이 없어 리드타임 조절이 곤란 • 자사 물류보다 컴플레인에 대한 대처가 미흡

정답 ③

206

21년 1회

팬먼(Penman)과 와이즈(Weisz)의 물류아웃소싱 성공전략에 관한 설명으로 옳지 않은 것은?

① 아웃소싱이 성공하려면 반드시 최고경영자의 관심과 지원이 필요하다.
② 아웃소싱의 궁극적인 목표는 현재와 미래의 고객 만족에 있음을 잊지 말아야 한다.
③ 지출되는 물류비용을 정확히 파악하여 아웃소싱 시 비용절감효과를 측정해야 한다.
④ 아웃소싱의 가장 큰 장애는 인원감축 등에 대한 저항이므로 적절한 인력관리로 사기 저하를 방지해야 한다.
⑤ 아웃소싱의 목적이 기업 전체의 전략과 일치할 필요는 없으므로 기업의 전사적 목적이 차별화에 있다면 아웃소싱의 목적은 비용절감에 두는 효율적 전략을 추진해야 한다.

KEYWORD **물류아웃소싱**

해설

⑤ 물류아웃소싱을 하는 경우 아웃소싱의 목적은 기업 전체의 전략과 일치해야 한다.

관련이론 팬먼과 와이즈의 물류아웃소싱의 성공요건

- 물류아웃소싱은 기업전략과 일치해야 한다.
- 물류아웃소싱의 성공은 CEO의 관심과 지원이 필요하다.
- 물류아웃소싱의 목표는 비용절감 및 고객만족에 있다.
- 인원 감축에 대한 저항이 있으므로 적절한 인력관리전략으로 구성원들의 사기 저하를 방지해야 한다.

정답 ⑤

207

19년 3회

아래 글상자 내용 중 아웃소싱(Outsourcing)의 성공 조건을 모두 고른 것은?

> ㉠ 장기 발전 전략에 따라 추진해야 한다.
> ㉡ 아웃소싱은 경쟁력 강화 차원이 아니라 고용 조정 측면에서 접근해야 한다.
> ㉢ 핵심 역량이 무엇이며 어떤 부문에 주력해야 하는지 등의 전략적 분석이 선행되어야 한다.
> ㉣ 분사형 아웃소싱은 유능한 분사장 선발과 충분한 육성 기간을 거쳐 추진해야 한다.

① ㉠, ㉡
② ㉠, ㉢
③ ㉠, ㉡, ㉢
④ ㉠, ㉢, ㉣
⑤ ㉠, ㉡, ㉢, ㉣

KEYWORD **아웃소싱**

해설

㉡ 아웃소싱은 경쟁력 강화 차원에서 접근해야 한다.

관련이론 아웃소싱

아웃소싱은 한 기업이 자사가 수행하는 다양한 경영활동 중 핵심역량을 지닌 분야에 기업의 인적·물적 자원을 집중시키고, 이외의 분야에 대해서는 기획에서부터 운영까지 일체를 해당 분야의 전문업체에 위탁함으로써 기업의 경쟁력을 높이려는 전략을 의미한다.

정답 ④

208

19년 2회

글로벌 소싱의 발전 단계를 옳게 나열한 것은?

> ㉠ 사업단위의 글로벌 소싱
> ㉡ 필요 시 일시적인 국제 구매
> ㉢ 기능별 집단의 글로벌소싱 전략의 통합 및 조정
> ㉣ 국내에 한정된 구매
> ㉤ 부분적 전략적 소싱을 위한 국제구매

① ㉣ – ㉡ – ㉤ – ㉠ – ㉢
② ㉡ – ㉣ – ㉢ – ㉠ – ㉤
③ ㉣ – ㉤ – ㉡ – ㉢ – ㉠
④ ㉡ – ㉣ – ㉤ – ㉢ – ㉠
⑤ ㉤ – ㉡ – ㉣ – ㉢ – ㉠

KEYWORD **글로벌소싱**

해설

글로벌 소싱의 발전단계는 다음과 같다.
㉣ 국내에 한정된 구매 → ㉡ 필요 시 일시적인 국제 구매 → ㉤ 부분적 전략적 소싱을 위한 국제구매 → ㉠ 사업단위의 글로벌 소싱 → ㉢ 기능별 집단의 글로벌소싱 전략의 통합 및 조정

정답 ①

209

24년 3회

아웃소싱과 관련된 설명으로 가장 옳지 않은 것은?

① 해외아웃소싱의 경우 국가에 따라 부정적인 원산지 효과를 얻기도 한다.
② 투자비용이 증가하기에 재무적 위험이 늘어나지만 전체 수익관점에서는 이익이 증가한다.
③ 다른 채널 파트너의 규모의 경제로부터 이익을 얻을 수 있다.
④ 분업의 원리에 의해 파트너가 특정기능을 더 효율적으로 실행하면 그만큼의 이익을 얻을 수 있다.
⑤ 핵심기능까지 과감하게 아웃소싱하는 기업들이 등장하고 있는 추세이다.

KEYWORD **아웃소싱**

해설

아웃소싱을 통해 위탁기업은 핵심역량에 집중하게 되고, 비핵심역량 부분은 아웃소싱을 통해 투자비용 절감 및 효율성을 높이는 효과를 얻게 된다.

정답 ②

THEME 029 제3자물류(3PL)

210

21년 3회

제3자물류에 대한 설명으로 가장 옳은 것은?

① 거래 기반의 수발주 관계
② 운송, 보관 등 물류 기능별 서비스 지향
③ 일회성 거래 관계
④ 종합물류서비스 지향
⑤ 정보 공유 불필요

KEYWORD 제3자물류

해설

제3자물류란 화주가 그와 대통령령으로 정하는 특수 관계에 있지 아니한 물류 기업에 물류활동의 일부 또는 전부를 위탁하는 것을 의미한다. ①, ②, ③, ⑤ 물류아웃소싱에 대한 설명이다.

관련이론 제3자물류 vs 물류아웃소싱

구분	제3자물류	물류아웃소싱
화주와의 관계	전략적 제휴, 계약 기반	수·발주 관계, 거래 기반
관계의 특징	협력적 관계	일시적 관계
서비스의 범위	종합물류서비스 지향	운송, 보관 등 기능별 서비스 지향
정보 공유	필수적	불필요
도입 결정 권한	최고 경영자	중간 관리자
관리 형태	통합 관리형	분산 관리형
운영 기간	중장기	단기, 일시

정답 ④

211

21년 1회

제3자물류가 제공하는 혜택으로 옳지 않은 것은?

① 여러 기업들의 독자적인 물류 업무 수행으로 인한 중복투자 등 사회적 낭비를 방지할 뿐만 아니라 수탁업체들의 경쟁을 통해 물류 효율을 향상시킬 수 있다.
② 유통 등 물류를 아웃소싱함으로써 리드타임의 증가와 비용의 절감을 통해 고객 만족을 높여 기업의 가치를 높일 수 있다.
③ 기업들은 핵심 부문에 집중하고 물류를 전문업체에 아웃소싱하여 규모의 경제 등 전문화 및 분업화 효과를 극대화할 수 있다.
④ 아웃소싱을 통해 제조·유통업체는 자본비용 및 인건비 등이 절감되고, 물류업체는 규모의 경제를 통해 화주기업의 비용을 절감해 준다.
⑤ 경쟁력 강화를 위해 IT 및 수송 등 전문업체의 네트워크를 활용하여 비용절감 및 고객서비스를 향상시킬 수 있다.

KEYWORD 제3자물류

해설

제3자물류는 화주 기업은 핵심기능인 제조에 전념하고 비핵심부분인 물류 파트는 물류 전문 기업에 위탁하는 것으로, ② 제3자물류를 통해 아웃소싱하는 경우 리드타임 감소와 비용절감을 동반하지만 고객만족도는 화주 기업이 직접하는 경우보다 높지 못한 경우가 발생할 수도 있다.

정답 ②

212

17년 1회, 16년 1회

부품이나 완제품의 조달에서 시작하여 완제품의 판매에 이르기까지의 모든 과정에서 발생하는 물류기능의 전체 혹은 일부를 전문 물류업체가 화주업체로부터 위탁을 받아 수행하는 물류활동을 무엇이라고 하는가?

① 회수 물류 ② 통합적 로지스틱스
③ 상적 물류 ④ 제3자물류
⑤ 조달 물류

KEYWORD **제3자물류**

해설

제3자 물류란 생산자와 판매자의 물류를 제3자를 통해 처리하는 것을 말한다.

관련이론 제3자 물류의 장점

- 물류시설에 대한 고정비 감소로 규모의 경제효과를 얻을 수 있어 물류산업의 합리화 및 고도화를 실현할 수 있다.
- 물류비 절감과 동시에 물류서비스의 향상으로 제조기업의 경쟁력을 강화할 수 있다.
- 정보를 공유하여 업무를 효율적으로 개선할 수 있다.
- 공급사슬관리(SCM) 도입 및 확산을 촉진하는 매개역할을 한다.

정답 ④

213

19년 1회

화주 기업과 제3자물류업체 사이의 관계 개선의 방안으로 옳지 않은 것은?

① 물류 업무에 관한 협력(Collaboration)
② 전략적 제휴에 의한 파트너십 구축
③ 정보의 비공개에 의한 효율적인 업무 개선
④ 주력 부문에 특화된 차별화를 통한 경쟁우위 확보
⑤ 물류아웃소싱을 탄력적으로 선별할 수 있는 화주 기업의 능력 배양

KEYWORD **제3자물류**

해설

화주 기업과 제3자물류업체 사이의 관계 개선을 위해서는 ③ 정보를 통합하고 실시간으로 정보를 공유하여 효율적인 업무 개선을 도모할 수 있다.

정답 ③

214

20년 3회

화주기업과 3자물류업체와의 관계에 대한 설명으로 옳지 않은 것은?

① 물류 업무에 관한 의식 개혁 공유
② 전략적 제휴에 의한 물류 업무 파트너십 구축
③ 정보의 비공개를 통한 효율적인 물류 업무 개선 노력
④ 주력 부문에 특화한 물류 차별화를 통해 경쟁우위 확보 의지 공유
⑤ 화주기업의 물류 니즈에 기반한 물류 업체의 서비스 범위 협의

KEYWORD **제3자물류**

해설

제3자물류를 이용하는 경우 화주와 제3자물류업체 간에는 필수적으로 ③ 영업 관련 정보를 공유하므로 자연스럽게 효율적인 물류 업무 개선 노력이 이루어진다.

정답 ③

DAY 02

THEME 030 고객서비스 원칙과 요소

215

17년 2회

물류 서비스를 거래 전, 거래 중, 거래 후 요소로 구분할 때 거래 전 요소에 해당하는 것은?

① 정시 배달 ② 주문충족률
③ 제품의 대체 ④ 재고가용성
⑤ 선적 지연 여부

KEYWORD **물류고객서비스**

해설

거래 전 요소는 고객서비스에 관한 기업의 정책과 연관되어 있으며, 기업에 대한 고객 인식과 고객의 총체적인 만족에 상당한 영향을 미칠 수 있다.

정답 ④

거래 전 요소	거래 시 요소	거래 후 요소
• 명문화된 고객서비스 정책 • 고객의 접근 용이성 • 고객서비스의 조직 구조 • 시스템의 유연성 • 재고의 가용성 • 기술적 서비스	• 재고 품절 수준 • 주문 주기의 일관성(신뢰성) • 주문 정보의 입수 가능성 • 주문의 용이성(편리성) • 미납 주문의 처리 능력 • 제품 교환 선적, 특별 취급 선적	• 설치, 보증, 수리, 서비스 부품 • 고객 불만의 처리 • 제품 추적 및 보증 • 수리 기간 동안의 제품대체

216

20년 3회

물류와 관련된 고객서비스 항목들에 대한 설명 중 가장 옳지 않은 것은?

① 주문 인도 시간은 고객이 주문한 시점부터 상품이 고객에게 인도되는 시점까지 시간을 의미한다.
② 정시주문충족률을 높이면 재고 유지비, 배송비가 감소하여 전체적인 물류비는 감소하게 된다.
③ 최소 주문량을 낮출수록 고객의 만족도는 높아지지만 다빈도 운송으로 인해 운송비용은 증가한다.
④ 주문의 편의성을 높이기 위해서 주문처리시스템, 고객정보시스템의 구축이 필요하다.
⑤ 판매 이후의 신속하고 효과적인 고객 응대는 사후 서비스 수준과 관련이 있다.

KEYWORD **물류고객서비스**

해설

② 정시주문충족률을 높이면 재고 보유를 많이 해야 하므로 재고 유지비용이 증가하고, 주문 시마다 배송이 이루어져야 하므로 배송비 또한 증가하여 전체 물류비는 증가하게 된다.

정답 ②

217

18년 3회

물류와 고객서비스에 대한 내용으로 가장 옳지 않은 것은?

① 재고 수준이 낮아지면 고객서비스가 좋아지므로 서비스 수준의 향상과 추가 재고 보유비용의 관계가 적절한지 고려해야 한다.
② 주문을 받아 물품을 인도할 때까지의 시간을 리드타임이라고 한다면 리드타임은 수주, 주문 처리, 물품 준비, 발송, 인도 시간으로 구성된다.
③ 리드타임이 길면 구매자는 그 동안의 수요에 대비하기 위해 보유 재고를 늘리게 되므로 구매자의 재고비용이 증가한다.
④ 효율적 물류관리를 위해 비용과 서비스의 상충(Trade−Off)관계를 분석하고 최상의 물류 서비스를 선택할 수 있어야 한다.
⑤ 동등 수준의 서비스를 제공할 수 있는 대안이 여럿 있을 때 그 중 비용이 최저인 것을 선택하는 것이 물류관리의 과제 중 하나이다.

KEYWORD **물류고객서비스**

해설

① 재고 수준이 낮아지면 재고관리비용은 감소하지만 고객 주문에 대응하는 서비스는 낮아지게 된다. 따라서 서비스 수준의 향상과 추가 재고 보유비용의 관계가 적절한지 고려해야 한다.

정답 ①

THEME 031 수요예측기법

218

19년 1회

신제품의 경우 기존 자료가 없어서 보완 제품이나 대체 제품, 경쟁 제품 등의 자료를 사용하여 수요를 예측하기도 한다. 이러한 수요예측 방법에 관한 용어로서 가장 옳은 것은?

① 패널 동의법(Panel Discussion)
② 델파이법(Delphi Method)
③ 역사적 유추법(Historical Analog)
④ 시나리오 기법(Scenario Technique)
⑤ 회귀분석법(Regression Method)

KEYWORD **수요예측기법**

해설

신제품의 경우 기존 자료가 없어서 보완 제품이나 대체 제품, 경쟁 제품 등의 자료를 사용하여 수요를 예측하는 것을 ③ 역사적 유추법이라 한다.
정성적인 수요 예측 방법으로는 델파이법, 시장조사법, 패널 동의법, 역사적 유추법 등이 있다.

정답 ③

219

23년 2회

단순 이동평균법을 이용하여 아래 표의 ( ) 안에 들어갈 판매예측치를 계산한 것으로 옳은 것은?(단, 이동평균 기간은 2개월로 함)

구분	1월	2월	3월	4월
판매량	17	19	21	( )

① 17
② 18
③ 19
④ 20
⑤ 23

KEYWORD **수요예측기법**

해설

최근 2개월치인 2월분과 3월분 판매량을 산술평균하면, $\frac{(19+21)}{2}$ =20개

정답 ④

220

17년 3회

수요예측방법 중에서 정성적 분석법에 해당하는 것은?

① 델파이분석
② 시계열분석
③ 이동평균법
④ 다중회귀분석
⑤ 지수평활법

KEYWORD **수요예측기법**

해설

① 정성적 분석법에는 델파이법, 시장조사법, 패널 조사법 등이 있으며 중·장기 예측에 활용된다.

선지분석

②~⑤ 정량적 분석법에 해당한다. ②, ③, ⑤ 정량적 분석법 중 시계열 모형에 해당하며, ④ 다중회귀분석은 인과모형에 해당한다.

정답 ①

221

16년 3회

수요예측에 사용하는 지수평활법(Exponential Smoothing)에 대한 설명으로 옳지 않은 것은?

① 지수평활법은 지수평활상수를 활용하여 수요예측을 한다.
② 예측오차에 대해 예측치가 조정되는 순발력은 지수평활상수 α에 의해 결정된다.
③ 일부 컴퓨터 패키지 프로그램은 예측오차가 허용할 수 없을 정도로 큰 경우에는 지수평활상수를 자동으로 조정하는 기능을 갖고 있다.
④ 지수평활법은 계산이 복잡하고 가중치 체계인 지수평활상수의 변경이 어렵다.
⑤ 다음기 예측치 = 전기의 예측치 + α(전기의 실제치 − 전기의 예측치)

KEYWORD **수요예측기법**

해설

④ 지수평활법은 계산이 간편하고 가중치 체계인 지수평활상수(α)를 쉽게 변경할 수 있다.

정답 ④

DAY 02

THEME 032 재고관리시스템(주문시스템)

222

21년 1회

재고관리 관련 정량주문법과 정기주문법의 비교 설명으로 옳지 않은 것은?

구분	정량주문법	정기주문법
㉠ 표준화	표준 부품을 주문할 경우	전용 부품을 주문할 경우
㉡ 품목수	많아도 된다	적을수록 좋다
㉢ 주문량	고정되어야 좋다	변경 가능하다
㉣ 주문 시기	일정하지 않다	일정하다
㉤ 구매 금액	상대적으로 고가 물품에 사용	상대적으로 값싼 물품에 사용

① ㉠
② ㉡
③ ㉢
④ ㉣
⑤ ㉤

KEYWORD **정량/정기주문**

해설

정량주문법(정량발주법, Q시스템)은 현재의 재고량을 파악해 재고수준이 ROP(재주문시점)에 도달하면 미리 일정량을 주문하는 시스템으로 가격이 낮은 B급 제품에 적합한 시스템이다.
정기주문법(P시스템)은 재고량이 특정 수준을 유지하도록 적정량을 재주문하는 방법으로 상대적으로 고가인 A급 제품에 적합한 시스템이다.

정답 ⑤

223

22년 3회

정량주문법과 정기주문법을 적용하기 유리한 경우에 대한 상대적인 비교로 가장 옳은 것은?

구분	항목	정량주문법	정기주문법
㉠	표준화	전용부품	표준부품
㉡	품목수	적음	많음
㉢	주문량	변경가능	고정
㉣	리드타임	짧다	길다
㉤	주문시기	일정	일정하지 않음

① ㉠
② ㉡
③ ㉢
④ ㉣
⑤ ㉤

KEYWORD **정량/정기주문**

해설

정량주문법(정량발주법)은 수요가 일정하나 품목수(item)가 많은 표준품을 대상으로 하며, 주문량은 일정하나 주문주기는 부정기적인 특징을 갖는다. 반면 정기주문법은 정량발주법의 특징과 반대의 성격을 갖는다.

정답 ④

224

20년 추가

다음 표를 토대로 한 보기 내용 중 옳지 않은 것은?

재고 품목	연간 수량 가치 비율	누적 비율	분류
a	52.62	52.62	A
b	26.86	79.48	A
c	8.22	87.71	B
d	5.48	93.19	B
e	2.47	95.65	B
f	2.03	97.68	C
g	1.05	98.73	C
h	0.92	99.65	C
i	0.28	99.93	C
j	0.07	100.00	C

① 롱테일 법칙을 재고관리에 활용한 것이다.
② 재고를 중요한 소수의 재고 품목과 덜 중요한 다수의 재고 품목을 구분하여 차별적으로 관리하는 기법이다.
③ 연간 수량 가치를 구하여 연간 수량 가치가 높은 순서대로 배열, 연간 수량 가치의 70~80%를 차지하는 품목을 A로 분류하였다.
④ A품목의 경우 긴밀한 관리가 필요하고 제품 가용성이 중요하다.
⑤ C품목의 경우 주문 주기가 긴 편이다.

KEYWORD ABC 재고관리

해설

① 문제의 표는 ABC분석에 기초한 재고관리 자료로 파레토 법칙, 즉 20:80 법칙에 기초하고 있다.
롱테일 법칙은 파레토 법칙의 반대 개념으로 80%의 사소한 다수가 20%의 핵심 소수보다 뛰어난 가치를 창출한다는 이론이다. 위의 내용은 A그룹이 70~80%의 가치를 보이므로 롱테일 법칙이 아닌 ABC 분석을 활용했다고 볼 수 있다.

정답 ①

225

18년 3회

ABC 재고관리방법에 대해 옳게 기술한 것은?

① 정성적 예측기법을 활용한 재고관리방법이다.
② 마케팅 비용에 따른 수요예측을 근거로 경제적 주문량을 결정한다.
③ A그룹에 포함되는 품목은 대체로 수익성이 낮은 품목이다.
④ C그룹에 포함되는 품목은 단가가 낮아 재고관리가 소홀한 경우가 발생하기도 한다.
⑤ 파레토 법칙과는 상반되는 재고관리 방법이다.

KEYWORD ABC 재고관리

선지분석

① 정량발주시스템과 정기발주시스템을 활용한 재고관리 방법이다.
② 재고의 품목별 수익 기여도를 판단해 경제적 주문량을 결정한다.
③ A그룹에 포함되는 품목은 대체로 수익성이 높은 품목이다.
⑤ 파레토 법칙에 근거한 재고관리 방법이다.

관련이론 ABC 재고관리

파레토 법칙(20 : 80 법칙)에 근거한 것으로 가치 비율에 따라 차별화된 재고관리 노력을 한다.

• ABC 그룹 분류

구분	내용	가치 비율	사용량 비율	재고통제 방법
A	고가치 저사용량	70~80%	10~20%	고정주문기간 모형 (P 시스템)이 적절
B	가치와 사용량 중급	15~20%	20~40%	고정주문량 모형 (Q 시스템)이 적절
C	저가치 고사용량	5~10%	40~60%	투빈법 (수요변동이 적은 경우)

정답 ④

226

24년 1회

아래 글상자의 재고관리비용 중 '재고유지비용'에 해당되는 것만을 나열한 것으로 옳은 것은?

㉠ 기회비용	㉡ 서류작성비
㉢ 통관비	㉣ 창고사용료
㉤ 이자비용	㉥ 재고감손비용

① ㉠, ㉡
② ㉠, ㉢, ㉤
③ ㉡, ㉢, ㉥
④ ㉢, ㉣, ㉤
⑤ ㉣, ㉤, ㉥

KEYWORD 재고관리비용

해설

재고관리비용에는 주문비용, 재고유지비용, 기회비용으로 구분할 수 있다. 이중 재고유지비용은 재고의 유지관리를 위해 발생하는 창고사용료, 이자비용, 재고감손비용, 감가상각비 등이 있다.
보기 중 ㉡ 서류작성비, ㉢ 통관비는 주문비용에 해당한다.

정답 ⑤

227

22년 1회

다양한 재고와 관련된 설명으로 가장 옳지 않은 것은?

① 성수기와 비수기의 수요공급차이에 대응하기 위한 재고는 예상재고이다.
② 총재고 중에서 로트의 크기에 따라 직접적으로 변하는 부분은 리드타임재고이다.
③ 안전재고는 각종 불확실성에 대처하기 위해 보유하는 여분의 재고이다.
④ 주기재고의 경우 주문 사이의 시간이 길수록 재고량이 증가한다.
⑤ 수송재고는 자재흐름체계 내의 한 지점에서 다른 지점으로 이동 중인 재고를 말한다.

KEYWORD 재고의 종류

해설

총재고 중에서 로트의 크기에 따라 직접적으로 변하는 부분은 주기재고에 해당한다.

관련이론

- 주기재고: 총재고 중 로트의 크기에 따라 변하는 부분을 말한다.
- 안전재고: 수요, 리드타임, 부품공급 등의 불확실성으로 인한 고객서비스 차질과 결품으로 발생하는 기회비용을 예방하기 위한 재고를 말한다.
- 예상재고: 수요와 공급의 불규칙성에 대응하기 위한 재고를 말한다. 부품의 공급이 고르지 않거나 예측 가능한 계절적 수요의 패턴이 있다면 예상재고를 비축하게 된다.
- 수송재고: 자재흐름상 한 거점에서 다른 거점으로 이동 중인 재고를 말한다.

정답 ②

228

19년 3회

생산자 및 판매자들이 당장 사용하지 않거나 팔리지 않는 원자재 및 완제품의 재고를 보유하는 이유로 옳지 않은 것은?

① 규모의 경제를 추구하기 위한 것이다.
② 운송비를 절감하기 위한 것이다.
③ 안전재고(safety stocks)를 유지하기 위한 것이다.
④ 헷징(hedging)을 방지하기 위한 것이다.
⑤ 계절적 수요에 대응하기 위한 것이다.

KEYWORD 재고보유

해설

기업이 재고관리비용이 발생함에도 불구하고 원자재 및 완제품의 재고를 보유하는 이유는 ④ 결품에 기인하여 발생하는 판매 기회의 손실을 헷징(hedging)하는 동시에 이로 인해 파생되는 신뢰성을 하락을 방지하기 위한 것이다.

정답 ④

229

18년 3회

재고관리에 대해서 옳게 기술한 것을 모두 고르면?

> ㉠ 재고에 관한 비용은 재고 유지비용, 주문비용, 재고 부족비용 등 3가지가 있다.
> ㉡ 재고 품절로 인하여 발생하는 손실을 비용화한 것이 재고 유지비용이다.
> ㉢ 주문비용은 구매나 생산 주문을 하는데 직접 소요되는 비용으로 수송비, 하역비, 검사료 등을 포함한다.
> ㉣ 파이프라인 재고는 운반 중인 제품이나 공장에서 가공하기 위하여 이동 중에 있는 재공품 성격의 재고를 의미한다.
> ㉤ 이자비용, 창고 사용료, 창고 유지관리비는 주문비용에 속하지만, 재고 감손비용은 재고 유지비용에 포함된다.

① ㉡, ㉢
② ㉢, ㉣
③ ㉠, ㉡, ㉤
④ ㉠, ㉢, ㉣
⑤ ㉠, ㉢, ㉤

KEYWORD **재고관리비용**

해설

㉡ 재고 품절로 인하여 발생하는 손실을 기회비용 개념으로 비용화한 것은 재고 부족비용이다.
㉤ 이자비용, 창고사용료, 창고 유지관리비 및 재고 감손비용 모두 재고 유지비용에 포함된다.

정답 ④

THEME 033 경제적주문량(EOQ)과 재주문점(ROP)

230

21년 3회

제품의 연간수요량은 4,500개이고 단위당 원가는 100원이다. 또한 1회 주문비용은 40원이며 평균 재고 유지비는 원가의 25%를 차지한다. 이 경우 경제적 주문량(EOQ)으로 가장 옳은 것은?

① 100단위　② 110단위
③ 120단위　④ 1,000단위
⑤ 1,200단위

KEYWORD **경제적주문량(EOQ) 계산**

해설

$$EOQ=\sqrt{\frac{2\times \text{연간수요량}\times \text{주문당 소요비용}}{\text{연간단위 재고비용}}}=\sqrt{\frac{2\times 4{,}500\times 40}{100\times 0.25}}=120$$

정답 ③

231

21년 1회

아래 글상자에 제시된 내용을 활용하여 경제적 주문량을 고려한 연간 총재고비용을 구하라. (기준: 총재고비용=주문비+재고유지비)

> • 연간 부품 수요량 1,000개　• 1회 주문비: 200원
> • 단위당 재고 유지비: 40원

① 500원　② 1,000원
③ 2,000원　④ 3,000원
⑤ 4,000원

KEYWORD **경제적주문량(EOQ) 계산**

해설

EOQ(경제적 주문량)

$$=\sqrt{\frac{2\times \text{연간수요량}(D)\times 1\text{회주문비용}(O)}{\text{단위당재고유지비용}(C_h)}}=\sqrt{\frac{2\times 1{,}000\text{개}\times 200\text{원}}{40\text{원}}}$$

=100개

- 연간 주문횟수 = 1,000개/100개 = 10회,
  ∴ 주문비용 = 200원×10회 = 2,000원
- 평균재고 = EOQ/2 = 100개/2 = 50개,
  ∴ 재고유지비 = 40원×50개 = 2,000원

∴ 총재고비용 = 주문비용 + 재고유지비용 = 2,000원 + 2,000원
= 4,000원

정답 ⑤

232

20년 2회

한 유통업체에서는 A상품을 연간 19,200개 정도 판매할 수 있을 것으로 예상하고 있다. A상품의 1회 주문비가 150원, 연간 재고유지비는 상품 당 16원이라고 할 때 경제적주문량(EOQ)은?

① 600개　② 650개
③ 700개　④ 750개
⑤ 800개

KEYWORD 경제적주문량(EOQ) 계산

해설

$$EOQ=\sqrt{\frac{2\times\text{연간수요량}\times\text{1회당 재고 주문비용}}{\text{1단위당 연간 재고 유지비용}}}$$

$$=\sqrt{\frac{2\times19{,}200\times150}{16}}=600\text{개}$$

정답 ①

233

17년 2회

다음 글상자 안의 A기업에서 주문 당 발생하는 주문비용은?

> 가방을 생산하는 A기업의 연간 수요량이 4,500개일 때 재고품 단위당 원가가 100원이고, 평균 재고유지비가 재고품 원가의 25%를 차지한다. 이 때 경제적주문량(EOQ)은 120단위로 산출되었다.

① 40원　② 112원
③ 136원　④ 967원
⑤ 3,870원

KEYWORD 경제적주문량(EOQ) 계산

해설

$$\text{경제적주문량(EOQ)}=\sqrt{\frac{2\times\text{연간수요량}\times\text{1회당 재고 주문비}}{\text{단위당 연간 재고유지비}}}$$

$$120=\sqrt{\frac{2\times4{,}500\text{개}\times a\text{원}}{100\text{원}\times0.25}}=\sqrt{360a}$$

$360a = 14{,}400$

$\therefore a = 40$원

정답 ①

234

20년 3회

한 품목의 연간 수요가 12,480개이고, 주문비용이 5천원, 제품 가격이 1,500원, 연간 보유비용이 제품 단가의 20%이다. 주문한 시점으로부터 주문이 도착하는 데에는 2주가 소요된다. 이때 ROP(재주문점)는? (1년을 52주, 1주 기준으로 재주문하는 것으로 가정)

① 240개　② 480개
③ 456개　④ 644개
⑤ 748개

KEYWORD 재주문점(ROP)

해설

주어진 자료를 통해서는 일반적인 재주문점으로 풀기가 어렵다.
따라서 주어진 자료를 통해, 1주 기준으로 재주문한다는 가정에 따라 주간 수요량은 $\frac{12{,}480}{52\text{주}}=240$개가 된다.

∴ 재주문점(ROP)=주간 수요×리드타임=240개×2주=480개

정답 ②

235

19년 3회

아래 글상자에서 주어진 정보를 활용하여 ㉠ 재발주점 방법을 적용할 경우의 안전재고와 ㉡ 정기적 발주 방법을 적용할 경우(발주 Cycle은 1개월)의 안전재고로 가장 옳은 것은?

> 월평균 수요량은 55개, 조달 소요 기간은 3주일, 안전계수는 0.7이다.(단, 1개월은 4주로 한다.)

① ㉠ 약 29개, ㉡ 약 67개
② ㉠ 약 115개, ㉡ 약 115개
③ ㉠ 약 12개, ㉡ 약 28개
④ ㉠ 약 41개, ㉡ 약 220개
⑤ ㉠ 약 165개, ㉡ 약 385개

KEYWORD 안전재고

해설

㉠ 재발주점을 적용할 경우의 안전재고: 55개×0.75개월×0.7≒29개
㉡ 정기적 발주 방식을 적용할 경우의 안전재고(발주 사이클 1개월 고려): 55개×1.75개월×0.7≒67개

정답 ①

236

24년 3회

경제적주문량과 관련한 설명으로 가장 옳지 않은 것은?

① 재고의 보유비용과 주문비용을 최소화하는 주문량이다.
② 주문비용은 주문을 처리하는 비용으로 주문량에 비례한다.
③ 품절이 발생하지 않는 것으로 가정한다.
④ 수요는 변동이 없고 예측 가능하다고 가정한다.
⑤ 수량할인은 없는 것으로 가정한다.

KEYWORD **경제적주문량(EOQ)**

해설

주문비용(발주비용)이란 적정재고를 보충하기 위해 주문할 경우 발생하는 비용으로서 하역비, 수송비, 검사비용 등에 따른 제비용 등을 의미한다.

정답 ②

237

23년 3회

다음의 자료를 토대로 계산한 경제적주문량(EOQ)이 200이라면 연간 단위당 재고유지 비용으로 옳은 것은?

> • 연간제품수요량: 10,000개
> • 1회당 주문비용: 200원

① 100　② 200
③ 300　④ 400
⑤ 500

KEYWORD **경제적주문량(EOQ) 계산**

해설

$$EOQ = \sqrt{\frac{2 \times D \times C_0}{C_h}}$$

• C_h: 연간 단위재고비용
• C_0: 주문당 소요비용
• D: 연간 수요량

$$200 = \sqrt{\frac{(2 \times 10{,}000 \times 200)}{C_h}}$$

$\therefore C_h = 100$

정답 ①

THEME 034 물류 운송수단

238

21년 2회

운송수단을 결정하기 전에 검토해야 할 사항에 대한 설명으로 가장 거리가 먼 것은?

① 운송할 화물이 일반화물인지 냉동화물인지 등의 화물의 종류
② 운송할 화물의 중량과 용적
③ 화물의 출발지, 도착지와 운송거리
④ 운송할 화물의 가격
⑤ 운송할 화물이 보관된 물류센터의 면적

KEYWORD **운송수단**

해설

주요 운송수단으로는 철도, 트럭, 해상운송, 파이프라인, 항공 등이 있으며 이러한 운송수단을 결정하는 요소로는 ① 화물의 종류, ② 운송 대상 화물의 중량과 용적(부피), ③ 화물의 운송거리, ④ 대상 화물의 가격(가치), 운송의 신속성, 복합운송 여부 등이 있다.

정답 ⑤

239

20년 추가

주요 운송수단의 상대적 특성에 대한 설명으로 가장 옳지 않은 것은?

① 해상운송은 원유, 광물과 같이 부패성이 없는 제품을 운송하는데 유리하다.
② 철도운송은 부피가 크거나 많은 양의 화물을 운송하는데 경제적이다.
③ 항공운송은 신속하지만 단위 거리당 비용이 가장 높다.
④ 파이프라인 운송은 석유나 화학물질을 생산지에서 시장으로 운반해주는 특수운송수단이다.
⑤ 육상운송은 전체 국내운송에서 차지하는 비율이 크지 않다.

KEYWORD **운송수단**

해설

⑤ 우리나라에서는 전체 국내운송 중 육상운송이 차지하는 비율이 90% 정도로 가장 크다. 그 중 도로운송(공로운송) 비중이 절대적이다.

정답 ⑤

240

18년 1회

기업이 선택할 수 있는 주요 수송수단인 철도, 육로(트럭), 해상운송, 항공, 파이프라인을 상대적으로 비교했을 때 가장 옳지 않은 것은?

① 해상수송은 광물이나 곡물을 수송하는 데 경제적이다.
② 철도수송은 전체 수송에서 차지하는 비중이 감소하는 추세이나 육로의 정체 현상으로 재활성화 될 가능성이 있다.
③ 파이프라인 수송은 단위당 비용, 속도, 이용 편리성 측면에서 상대적으로 우수하다.
④ 항공수송은 신속하지만 단위 거리당 비용이 가장 높다는 단점이 있다.
⑤ 육상수송은 자체적인 운송뿐만 아니라 선박이나 항공과 결합해서 널리 활용된다.

KEYWORD **운송수단**

해설

③ 파이프라인 수송은 단위당 비용은 상대적으로 다른 운송수단에 비하여 유리하지만 속도, 이용 편리성 측면에서 상대적으로 불리하다.

정답 ③

241

24년 2회

제품에 적합한 운송방식을 선택할 때 고려해야 할 요인들 중 직접적인 특징에 해당되는 것이 아닌 것은?

① 제품의 경제적 진부화
② 제품의 가격
③ 중량, 용적비
④ 고객의 규모
⑤ 제품의 수명

KEYWORD **운송수단**

해설

제품에 적합한 운송방식을 선택할 때는 제품의 경제적 진부화, 제품의 가격, 중량, 용적비, 제품의 수명 등을 고려해야 한다.
제품의 운송방식과 고객의 규모와는 거리가 멀다.

정답 ④

242

24년 1회

해상운송 방식 중 부정기선 운송의 특징과 관련된 설명으로 옳지 않은 것은?

① 수요와 공급에 따라 운임이 결정된다.
② 항로 선택이 용이하다.
③ 컨테이너선을 이용하며 제한적으로 여객도 운송한다.
④ 선복의 공급이 물동량 변화에 탄력적이다.
⑤ 용선계약서를 사용한다.

KEYWORD **부정기선**

해설

부정기선(Tramper) 운송은 정기적인 노선과 주기를 지니는 컨테이너 정기 선(Liner)과 달리, 선박의 수요가 있으면 운송수요가 발생하는 것으로 주로 철광석, 석탄 등 분립체 벌크(Bulk)화물을 대상으로 한다.

정답 ③

243

24년 3회

풀필먼트센터에 대한 설명으로 가장 옳지 않은 것은?

① 복잡한 유출수송(Outbound) 경로 관리를 위해 최신 기술을 활용한 시스템을 구축한다.
② UPC라벨이나 RFID를 통해 상품 수령과 검수가 이루어진다.
③ 유행에 민감한 패션상품이나 부패가능성이 높은 경우는 저장보다 크로스도킹을 이용한다.
④ 플로어 레디(Floor−ready)상품은 바로 판매될 수 있는 상태로 배송하는 것을 말한다.
⑤ 티케팅(Ticketing)과 마킹(Marking)은 시간과 장소를 많이 필요로 하므로 점포에서 수행하는 것이 효과적이다.

KEYWORD **풀필먼트**

해설

'풀필먼트(Fulfillment)'는 유통업계에서 단순 배송(Delivery)의 의미를 넘어, 물류 전문업체가 판매자의 위탁을 받아 제품이 고객에게 배달 완료되기까지의 고객의 전체 주문처리 과정을 대행해주는 서비스를 의미한다. 즉, 상품의 입고부터 보관, 제품 선별, 포장, 배송, 교환·환불 서비스 제공까지 통합적으로 관리하여 제공하는 '일괄 물류서비스'로 티케팅과 마킹도 소매점포가 아닌 풀필먼트에서 곧바로 이루어진다.

관련이론 **풀필먼트(Fullfillment)**

주문 이행을 뜻하는 전자상거래 관련 용어로, 온라인 유통에서 고객의 주문에 맞춰 물류센터에서 제품 포장부터 최종 목적지까지 배송(라스트마일 배송, Last Mile Delivery)하는 일련의 유통과정을 의미한다.

정답 ⑤

244

21년 1회

두 가지 이상의 운송 수단을 활용하는 복합 운송의 결합 형태 중 화물 차량과 철도를 이용하는 시스템으로 옳은 것은?

① 버디백 시스템(Birdy Back System)
② 피기백 시스템(Piggy Back System)
③ 피시백 시스템(Fishy Back System)
④ 스카이쉽 시스템(Sky−Ship System)
⑤ 트레인쉽 시스템(Train−Ship System)

KEYWORD **복합운송**

해설

피기백(Piggy Back) 시스템: 화물이 적재된 트레일러나 화물트럭을 평판 화차 위에 실어 운송하는 복합운송 방식으로 TOFC(Trailer On Flat Car) 방식이다.

선지분석

① 버디백 시스템: 트럭과 항공기 간의 복합운송 방식
③ 피시백 시스템: 트럭과 선박 간의 복합운송 방식
④ 스카이쉽 시스템: 항공기와 선박 간의 복합운송 방식
⑤ 트레인쉽 시스템: 철도 화차와 선박 간의 복합운송 방식

정답 ②

DAY 02

245

18년 1회

다음 글 상자에서 설명하는 용어는?

> • 컨테이너를 적재한 트레일러를 철도의 무개화차에 실어 수송하는 방식
> • 정식 명칭은 Trailer on Flat Car임
> • 화주의 문전에서 기차역까지는 트레일러에 실은 컨테이너를 트랙터로 견인함

① 버디백(Birdy Back)
② 피기백(Piggy Back)
③ 피쉬백(Fishy Back)
④ 도기백(Doggy Back)
⑤ 호스백(Horse Back)

KEYWORD 복합운송

관련이론 복합운송의 종류

• 피기백 방식(Piggy Back System): 트럭과 철도가 결합되는 경우
• 피시백 방식(Fishy Back System): 트럭과 선박이 결합되는 경우
• 버디백 방식(Birdy Back System): 트럭과 항공기가 결합되는 경우

정답 ②

246

23년 3회

운송에 관한 다음의 설명 중 가장 옳지 않은 것은?

① 해상운송의 경우 최종목적지까지의 운송에는 한계가 있으므로 피시백(Fishy Back) 복합운송서비스를 제공한다.
② 트럭운송은 혼적화물운송(LTL; Less Than Truckload) 상태의 화물도 긴급 수송이 가능하고 단거리 운송에도 경제적이다.
③ 다른 운송형태에 비해 철도운송은 상대적으로 도착시간을 보증할 수 있다.
④ 항공운송은 고객이 원하는 지점까지의 운송을 위해 피기백(Piggy Back) 복합운송서비스를 활용한다.
⑤ COFC는 철도의 무개화차 위에 컨테이너를 싣고 운송하는 방식이다.

KEYWORD 복합운송

해설

철도운송은 고객이 원하는 지점까지의 운송을 위해 피기백(Piggy Back) 복합운송서비스를 활용하며, 항공운송의 경우에는 버디백(Birdy Back) 방식을 활용한다.

정답 ④

THEME 035 보관활동

247

23년 1회

아래 글상자 괄호 안에 들어갈 보관 원칙 정의가 순서대로 바르게 나열된 것은?

- 출입구가 동일한 경우 입출하 빈도가 높은 상품을 출입구에서 가까운 장소에 보관하는 것은 (㉠)의 원칙이다.
- 표준품은 랙에 보관하고 비표준품은 특수한 보관기기 및 설비를 사용하여 보관하는 것은 (㉡)의 원칙이다.

① ㉠ 유사성
㉡ 명료성
② ㉠ 위치표시
㉡ 네트워크 보관
③ ㉠ 회전대응 보관
㉡ 형상 특성
④ ㉠ 명료성
㉡ 중량 특성
⑤ ㉠ 동일성
㉡ 유사성

KEYWORD **보관의 원칙**

해설

㉠ 보관의 원칙 중 회전대응 보관의 원칙은 회전률이 높은 상품 즉, 입출하 빈도가 높은 상품을 출입구에서 가까운 장소에 보관하는 것이 유리하다는 원칙이다.

㉡ 형상 특성의 원칙은 보관품의 형상이 박스나 파렛트형태 등 규격이 표준화된 경우 랙(rack)을 이용하고, 형상이 불규칙한 비표준품은 포대나 특수 용기를 이용하여 보관한다는 것이다.

정답 ③

248

24년 3회

아래 글상자의 괄호 안에 들어갈 보관의 원칙을 순서대로 바르게 나열한 것은?

- (㉠)에 따르면 출입구가 동일한 창고의 경우 입출하는 빈도가 높은 경우에는 출입구에 가까운 장소에 보관하고, 낮은 경우에는 출입구에서 먼 장소에 보관한다.
- (㉡)은 식품과 같이 제품의 부패 및 노후화를 회피하기 위해 적용한다.

① ㉠ 통로대면보관의 원칙
㉡ 선입선출의 법칙
② ㉠ 통로대면보관의 원칙
㉡ 형상특성의 원칙
③ ㉠ 동일성, 유사성의 원칙
㉡ 중량특성의 원칙
④ ㉠ 회전대응보관의 원칙
㉡ 선입선출의 원칙
⑤ ㉠ 네트워크보관의 원칙
㉡ 명료성의 원칙

KEYWORD **보관의 원칙**

해설

회전대응보관의 원칙은 보관할 물품의 장소를 입·출하 빈도의 정도에 따라 보관 장소를 결정하는 보관원칙을 뜻하며, 선입선출의 원칙은 먼저 입고된 제품을 먼저 출고한다는 보관원칙으로, 재고회전율이 낮은 경우와 제품의 수명주기가 짧은 경우에 주로 적용된다.
통로대면보관의 원칙은 통로를 마주 보게 보관함으로써 창고 내의 흐름을 원활하게 하는 것을 말한다.

정답 ④

DAY 02

249

21년 3회

보관 효율화를 위한 기본적인 원칙과 관련된 설명으로 가장 옳지 않은 것은?

① 위치 표시의 원칙 – 물품이 보관된 장소와 랙 번호 등을 표시함으로써 보관 업무의 효율을 기한다.
② 중량 특성의 원칙 – 물품의 중량에 따라 보관 장소의 높낮이를 결정한다.
③ 명료성의 원칙 – 보관된 물품을 시각적으로 용이하게 식별할 수 있도록 보관한다.
④ 회전 대응 보관의 원칙 – 물품의 입출고 빈도에 따라 장소를 달리해서 보관한다.
⑤ 통로 대면 보관의 원칙 – 유사한 물품끼리 인접해서 보관한다.

KEYWORD **보관의 원칙**

해설

⑤ 동일성 및 유사성의 원칙에 대한 설명이다.
통로 대면 보관의 원칙은 창고 내에서 제품의 입고와 출고를 용이하게 하고 효율적으로 보관하기 위해 통로를 마주보게 보관함으로써 창고 내의 흐름을 원활하게하기 위한 원칙이다.

정답 ⑤

250

18년 2회, 17년 2회

보관 효율화를 위한 기본 원칙으로 옳지 않은 것은?

① 유사성의 원칙: 유사품을 인접하여 보관하는 원칙이다.
② 중량 특성의 원칙: 물품의 중량에 따라 장소의 높고 낮음을 결정하는 원칙이다.
③ 명료성의 원칙: 시각적으로 보관 물품을 용이하게 식별할 수 있도록 보관하는 원칙이다.
④ 통로 대면 보관의 원칙: 보관할 물품을 입출고 빈도에 따라 장소를 달리하여 보관하는 원칙이다.
⑤ 위치 표시의 원칙: 보관 물품의 장소와 랙 번호 등을 표시함으로써 보관 업무 효율화를 기하는 원칙이다.

KEYWORD **보관의 원칙**

해설

④ 회전대응 보관의 원칙에 대한 설명이다.

정답 ④

251

18년 1회

창고관리의 기능 중 이동(movement)의 하부 활동에 속하지 않는 것은?

① 주문과 선적 기록에 대한 상거래 확인하기
② 상품을 보관하기 위해 창고로 이동시키기
③ 안전재고 유지하기
④ 고객의 요구에 맞게 포장하여 출고 준비하기
⑤ 상품 선적하기

KEYWORD **창고**

해설

안전재고 유지하기는 재고관리와 관련성 있는 물류 행위인 보관 활동에 해당한다.

정답 ③

252

17년 1회

보관창고의 기능을 크게 이동, 보관, 정보로 구분할 때, 이동과 관련된 하부 활동과 가장 거리가 먼 것은?

① 상품 분할(Break Bulk)
② 주문 선택(Order Selection)
③ 이송(Transfer)
④ 수주(Receiving)
⑤ 선적(Shipping)

KEYWORD **창고**

해설

① 상품 분할은 보관과 관련성이 높다.
보관창고의 기능 중 이동 활동과 직접적인 관련성이 있는 것은 ② 주문, ③ 이송, ④ 수주, ⑤ 선적 활동이다.

정답 ①

253

21년 1회

자사가 소유한 자가 창고와 도, 소매상이나 제조업자가 임대한 영업 창고를 비교한 설명으로 가장 옳지 않은 것은?

① 충분한 물량이 아니라면 자가 창고 이용비용이 저렴하지 않은 경우도 있다.

② 자가 창고의 경우 기술적 진부화에 따른 위험이 있다.

③ 영업 창고를 이용하면 특정지역의 경우 세금 혜택을 받는 경우도 있다.

④ 영업 창고를 이용하는 경우 초기 투자비용이 높은 것이 단점이다.

⑤ 영업 창고의 경우 여러 고객을 상대로 하므로 규모의 경제가 가능하다.

KEYWORD **창고**

해설

④ 영업 창고는 초기에 창고를 자비로 마련하지 않아도 되기에 초기 투자비용이 적다는 장점이 있다.

관련이론 자가 창고와 영업 창고

• 자가 창고: 기업이(장기간) 직접 소유 및 운영하며, 자사상품을 보관하는 창고

장점	• 자사상품의 보관 특징에 맞는 보관이 가능, 입·출고 시간 등의 제약이 적음 • 높은 전문성, 낮은 변동비가 장점에 해당
단점	높은 초기 투자비용(고정비), 입지 변경의 유동성이 작고, 수요 변동에 대한 보관 공간의 탄력적 대응이 곤란함

• 영업 창고: 원하는 기간 동안 보관료를 받고 공간과 설비, 운영을 임차하는 창고

장점	낮은 투자비, 입지 변경의 용이성, 수요 변동에 대한 보관 공간의 탄력적 대응 가능
단점	자사상품의 보관 특징에 맞추기 곤란, 입·출고 시간과 요일의 제약, 낮은 전문성, 높은 비용

정답 ④

254

24년 2회

자가창고와 영업창고의 상대적 비교 설명으로 가장 옳은 것은?

구분		자가창고	영업창고
㉠	세금 혜택	특정지역 세금 혜택	감가상각 허용
㉡	위험	기술적 진부화에 따른 위험 낮음	기술적 진부화에 따른 위험 높음
㉢	통제	종업원 및 절차에 대한 직접 책임 통제가 유리	종업원 및 절차에 대해 직접 책임
㉣	초기투자	설비, 창업, 장비, 교육에 대한 투자 없음	설비, 창업, 장비, 교육에 투자
㉤	영업비용	충분한 물량이면 저렴	고비용

① ㉠

② ㉡

③ ㉢

④ ㉣

⑤ ㉤

KEYWORD **창고**

해설

• 자가창고: 기업의 자산으로 매년 감가상각 통해 비용처리, 창고의 기술적 진부화에 따른 리스크 부담, 종업원/절차에 창고 소유기업이 직접 책임, 설비·장비 등에 직접 투자 필요하다.

• 영업창고: 세금혜택, 기술적 진부화 리스크 낮음, 기업의 직접적 책임이나 투자비용 낮다.

정답 ⑤

DAY 02

255

23년 3회

보관을 위한 각종 창고의 유형에 대한 설명으로 가장 옳지 않은 것은?

① 자가 창고의 경우 기업이 자신의 목적에 맞게 맞춤형 창고 설계가 가능하다.
② 영업 창고 요금은 창고 이용에 따른 보관료를 기본으로 하며 하역료를 제외한다.
③ 임대 창고는 영업창고업자가 아닌 개인이나 법인 등이 소유하고 있는 창고를 임대료를 받고 제공하는 것이다.
④ 공공 창고는 공익을 목적으로 건설한 창고로 공립 창고가 한 예이다.
⑤ 관설상옥은 정부나 지방자치단체가 해상과 육상 연결용 화물 판매용도로 제공하는 창고이다.

KEYWORD **창고**

해설

영업 창고 요금은 창고 이용에 따른 보관료를 기본으로 하며 보관을 위해 수행되는 하역료를 포함한다.

정답 ②

256

24년 1회

아래 글상자 내용은 공공창고 3가지 유형에 대한 설명이다. 옳은 것을 모두 고르면?

> ㉠ 공립창고: 창고 부족 문제를 해결하기 위해 정부와 지방자치단체가 항만 지역 등에 설립하여 민간에게 그 운영을 위탁한 창고이다.
> ㉡ 관설상옥: 정부나 지방자치단체가 부두 등에 설치하고 민간업자나 일반에 제공하는 창고이다.
> ㉢ 관설보세창고: 「관세법」에 따라서 세관장의 허가를 받아 세관의 감독 하에 수출입세를 미납한 상태의 화물을 보관하는 창고이다

① ㉠
② ㉠, ㉡
③ ㉠, ㉡, ㉢
④ ㉠, ㉢
⑤ ㉡, ㉢

KEYWORD **창고**

해설

공공창고는 창고 유형의 하나로 관공서 또는 공공단체가 공익을 목적으로 소유, 운영하는 창고로 공립창고, 관설(官設)상옥, 관설보세창고가 있다.

- 공립창고: 정부 및 지방자치단체가 항만지대에 건설하고 민간에게 운용을 위탁
- 관설상옥: 정부 및 지방자치단체가 해(海), 육(陸) 연결 화물 판매 용도로서 부두 또는 안벽에 상층을 설치하고 민간업체 또는 일반에 제공
- 관설보세창고: 관세법에 의거, 창고업자가 세관의 허가를 받아 세관의 감독하에 관세 미납 화물을 보관하는 창고

정답 ③

THEME 036 하역활동 및 포장활동

257

20년 2회

물적 유통 관리에 대한 설명으로 옳지 않은 것은?

① 상품을 적절한 시기에 맞추어 운반해야 하므로 어떤 운송수단을 이용하느냐가 비용과 상품의 상태, 기업의 이익에도 영향을 준다.
② 물적 유통 관리를 합리화하게 되면 고객서비스 수준을 증가시킬 수 있다.
③ 인건비 상승 때문에 나타나는 인플레 환경 하에서도 물적 유통 관리를 통해 원가 절감을 할 수 있다.
④ 소비자 욕구가 다양화됨에 따라, 보다 많은 종류의 상품을 재고로 보유하기 위한 경우 효율적인 물적 유통 관리가 필요하다.
⑤ 상품의 운송이나 보관에는 하역 작업이 따르게 되는데, 물류비용 중 가장 큰 비율을 차지하는 활동이 하역이다.

KEYWORD **하역**

해설

물류비용 중 가장 적은 비율을 차지하는 활동이 하역이다. 물류비의 비중은 운송비(60%)>보관비(20%)>포장비(7%)>하역비(5%)>기타비용 순이다.

정답 ⑤

258

19년 2회

하역에 대한 내용으로 옳은 것은?

① 물류 과정에서 하역이 자체적으로 창출하는 효용은 없다.
② 생산품의 이동, 운반을 말하며, 제조공정 및 검사공정을 포함한다.
③ 사내 하역(Material Handling)을 포함하나, 선적, 양하를 위한 항만 하역은 포함하지 않는다.
④ 기계화, 자동화가 진행되면서 비성력화가 급속히 진행되고 있다.
⑤ 컨테이너에 물품을 넣는 것을 디배닝(Devanning), 빼는 것을 배닝(Vanning)이라고 한다.

KEYWORD **하역**

해설

물류의 3대 기능 중 운송은 장소적 효용을, 보관은 시간적 효용을 창출하지만, 하역은 자체적인 효용을 창출하지는 않는다.

선지분석

② 제조공정 및 검사 공정은 하역 활동에 포함되지 않는다.
③ 항만 하역도 하역 활동에 포함된다.
④ 산업의 기계화·자동화·무인화로 물류의 생력화가 급속히 진행되고 있다.
* 생력화(laborsaving): 작업활동의 기계화를 통해 노동력을 줄이는 것
* 성력화(elimination of labor): 작업 과정을 최대한 자동화하여 수작업을 생략하는 것
⑤ 컨테이너에 물품을 넣는 것을 배닝, 빼는 것을 디배닝이라고 한다.

정답 ①

DAY 02

259
17년 2회

개개 하역활동을 유기체 활동으로 보아 종합적으로 시스템화하여 그 시너지 효과까지 고려하는 원칙을 무엇이라 하는가?

① 활성화의 원칙　② 정보화의 원칙
③ 시스템의 원칙　④ 중력이용의 원칙
⑤ 공간활용의 원칙

KEYWORD **하역**

해설

시스템의 원칙은 개개의 하역활동을 유기체로서의 활동으로 간주하는 원칙이다. 시스템 전체의 균형을 염두에 두고, 시너지 효과를 올리는 것이 시스템화의 기본원칙이다.

선지분석

① 활성화의 원칙: 운반활성지수를 최대화하는 원칙으로 지표와 접점이 작을수록 활성지수는 높아지며 하역작업의 효율이 증가한다.
④ 중력이용의 원칙: 화물은 중력의 법칙에 따라 위에서 아래로 움직이는 것이 쉬우며 운반비용도 절감할 수 있다.

정답 ③

260
23년 1회

물류합리화 방안의 하나인 포장 표준화에 관한 내용으로 옳지 않은 것은?

① 재료표준화 – 환경대응형 포장 재료의 개발
② 강도표준화 – 품목별 적정 강도 설정
③ 치수표준화 – 표준 팰릿(pallet)의 선정
④ 관리표준화 – 포장재 구매 기준 및 사후 관리 기준 제정
⑤ 가격표준화 – 물류여건에 대응하는 원가 절감형 포장법 개발

KEYWORD **포장물류**

해설

물류합리화 방안의 하나인 포장 표준화의 3요소는 규격(치수), 강도, 재료(재질)이다. 최근에는 표장 표준화 3요소에 관리를 포함하여 포장 표준화의 4요소로 구분하고 있다.

정답 ⑤

261
16년 3회

단위적재시스템(Unit Load System)의 단점에 해당하는 것은?

① 하역인력이 늘어난다.
② 넓은 통로를 갖춘 큰 창고가 필요하다.
③ 작업의 표준화, 규격화가 어렵다.
④ 검수가 용이하지 않다.
⑤ 하역시간이 길어진다.

KEYWORD **포장물류**

해설

② 단위적재시스템을 활용하기 위해서는 화물을 집합포장하여 단위화하여야 하는데, 이를 위해서는 넓은 통로를 갖춘 큰 창고가 필요하다는 것이 문제점으로 지적된다.
단위적재시스템, 즉 유닛로드 시스템(Unit Load System)은 화물을 일정한 중량 또는 용적으로 단위화하여 기계를 이용해서 하역하는 시스템으로, 하역합리화를 도모하기 위한 것이다.

정답 ②

262
18년 3회

포장물류의 사회성에 따른 문제점과 고려할 사항으로 옳지 않은 것은?

① 소비자의 요구에 부합하여 과대 포장이 되지 않도록 포장의 적정화를 기하여야 한다.
② 적절한 회수 및 폐기 시 환경 문제를 고려하여 포장재를 선택하여야 한다.
③ 포장재에 대한 특징, 사용상의 주의, 포장 해체에 대한 절차를 정확하게 표기하여야 한다.
④ 포장 재료나 용기의 유해성과 위생성 등은 일차적으로 고려하지 않아도 된다.
⑤ 포장 재료의 주를 이루는 판지, 플라스틱, 금속 및 목재 등 상당수의 포장재는 자원 절약과 효율적인 활용 차원에서의 재활용을 고려하여야 한다.

KEYWORD **포장물류**

해설

최근 친환경 물류가 사회적인 이슈가 되면서 포장 물류와 관련하여서도 친환경을 고려한 포장 재료나 용기의 유해성과 위생성 등은 물류에서 일차적으로 고려해야 할 중요한 사항에 해당한다.

정답 ④

263

18년 1회

포장물류의 모듈화가 지체되고 있는 이유로 옳지 않은 것은?

① 물품 형태가 모듈화에 적합하지 않은 것이 많기 때문이다.
② 포장물류 모듈화의 필요성에 대한 인식이 아직은 다른 물류 분야에 비하여 낮기 때문이다.
③ 포장의 모듈화를 위해서는 기존의 생산설비 및 물류설비를 변경하여야 하는 문제가 있기 때문이다.
④ 수·배송, 보관, 하역 등에 있어서는 물품의 거래단위가 한 포장 단위가 안 되는 소화물인 경우가 많기 때문이다.
⑤ 다품종 대량 생산과 경쟁 격화로 인하여 공업 포장 중심의 생산 지향형 포장으로 가는 경향이 강하기 때문이다.

KEYWORD **포장물류**

해설

다품종 대량 생산 및 경쟁 격화는 물류 모듈화를 촉진시키는 요소이다.

정답 ⑤

THEME 037 물류비 분류체계

264

20년 3회

물류의 원가를 배분하는 기준에 대한 설명으로 옳지 않은 것은?

① 많은 수익을 올리는 부문에 더 많은 원가를 배분한다.
② 공평성을 기준으로 배분한다.
③ 원가대상 산출물의 수혜 기준으로 배분한다.
④ 자원 사용의 원인이 되는 변수를 찾아 인과관계를 기준으로 배분한다.
⑤ 대상의 효율성을 기준으로 배분한다.

KEYWORD **물류비 분류체계**

해설

⑤ 공평성은 원가 배분 기준에 포함되지만 대상의 효율성은 원가 배분 기준에 포함되지 않는다.

정답 ⑤

265

19년 2회

아래 글상자에서 물류예산안 편성과정의 단계들이 옳게 나열된 것은?

㉠ 물류관리 목표의 확인	㉡ 현황 파악 및 분석
㉢ 물동량 파악	㉣ 개별 물류계획의 검토
㉤ 물류예산의 편성	

① ㉠ – ㉡ – ㉢ – ㉣ – ㉤
② ㉡ – ㉢ – ㉣ – ㉤ – ㉠
③ ㉢ – ㉣ – ㉤ – ㉠ – ㉡
④ ㉣ – ㉤ – ㉠ – ㉡ – ㉢
⑤ ㉤ – ㉠ – ㉡ – ㉢ – ㉣

KEYWORD **물류비 분류체계**

해설

물류예산안의 편성과정의 단계는 다음과 같다.
㉠ 물류관리 목표의 확인 → ㉡ 현황 파악 및 분석 → ㉢ 물동량 파악 → ㉣ 개별 물류계획의 검토 → ㉤ 물류예산의 편성

정답 ①

266

23년 1회

물류비를 분류하는 다양한 기준 중에서 지급형태별 물류비로만 옳게 나열된 것은?

① 조달물류비, 사내물류비, 역물류비
② 수송비, 보관비, 포장비
③ 자가 물류비, 위탁 물류비
④ 재료비, 노무비, 경비
⑤ 조업도별 물류비, 기타 물류비

KEYWORD 물류비 분류체계

해설

「기업물류비산정지침」 제7조에 따라 지급형태별 물류비는 다음과 같이 분류한다.

- 자가물류비는 자사의 설비나 인력을 사용하여 물류활동을 수행함으로써 소비된 비용을 말하며, 다시 재료비, 노무비, 경비, 이자의 항목으로 구분한다.
- 위탁물류비는 물류활동의 일부 또는 전부를 타사에 위탁하여 수행함으로써 소비된 비용을 말하며, 물류자회사 지급분과 물류전문업체 지급분으로 구분한다.

정답 ③

267

19년 3회

물류비를 산정하는 목적에 대한 설명으로 가장 옳지 않은 것은?

① 물류활동의 계획, 통제 및 평가를 위한 정보제공
② 하역 활동의 표준화 실현
③ 물류활동에 관한 문제점 파악
④ 물류활동의 규모 파악
⑤ 원가 관리를 위한 자료 제공

KEYWORD 물류비 분류체계

해설

물류비 산정은 물류 효율화를 위해 필요한 것으로 ② 하역의 표준화 실현과는 거리가 멀다.

정답 ②

268

24년 1회

기능별 물류비에 대한 설명으로 가장 옳지 않은 것은?

① 운송비는 필요에 따라서 수송비와 배송비로 분류된다.
② 영업소나 지점에서 일어나는 부품의 조립과 관련된 비용은 유통가공비다.
③ 주문처리비 중 수주에 있어서 영업이나 판매상의 계약 과정에서 발생하는 비용은 제외한다.
④ 포장비의 경우 물류포장활동에 사용된 비용으로 일반적으로 생산과정에서 발생한 제품의 포장비를 포함한다.
⑤ 하역비를 별도로 구분하지 않을 경우, 물류센터에 부설된 하역설비를 이용한 상·하차비는 보관 및 재고관리비에 포함한다.

KEYWORD 물류비 분류체계

해설

「기업물류비 산정지침」 제7조 2항에 따르면 '포장비는 물자 이동과 보관을 용이하게 하기 위하여 실시하는 상자, 골판지, 파렛트 등의 물류포장(최종소비자를 위한 판매포장은 제외)활동에 따른 물류비를 말한다.'라고 규정되어 있다.

일반적으로 생산과정에서 발생한 제품의 포장비는 제품제조원가에 포함된다.

정답 ④

269

24년 2회

아래 글상자에서 제조원가 요소를 부과하거나 배부해서 산출하는 원가가산기준법(Cost Plus Basis Method)의 계산 구조 설명으로 옳은 것을 모두 고르면?

> ㉠ 직접재료비+직접노무비+직접경비=직접원가
> ㉡ 직접원가+제조간접비=제조원가
> ㉢ 제조원가+판매간접비 및 일반관리비=총원가
> ㉣ 총원가+희망(예정)이익=판매가격

① ㉠
② ㉠, ㉡
③ ㉡, ㉢
④ ㉠, ㉡, ㉢
⑤ ㉠, ㉡, ㉢, ㉣

KEYWORD **원가가산기분법**

해설

원가가산기준법(Cost Plus Basis Method)의 계산구조는 다음과 같다.

ⓐ 직접원가=직접재료비+직접노무비+직접경비
ⓑ 제품제조원가=직접원가(ⓐ)+제조간접원가
ⓒ 총원가=제품제조원가(ⓑ)+판매비 및 일반관리비(판관비)
ⓓ 제품가격=총원가(ⓒ)+희망(예정)이익

정답 ⑤

THEME 038 물류관리와 공급사슬관리(SCM)

270

21년 2회

SCM 관리기법 중 JIT(Just In Time)에 대한 내용으로 옳은 것은?

① JIT는 생산, 운송 시스템의 전반에서 재고 부족으로 인한 위험요소를 제거하기 위해 안전 재고 수준을 최대화한다.
② JIT에서 완성품은 생산과정품(Work In Process)에 포함시키지만 부품과 재료는 포함시키지 않는다.
③ 구매 측면에서는 공급자의 수를 최대로 선정하여 호혜적인 작업 관계를 구축한다.
④ 수송 단위가 소형화되고 수송 빈도가 증가하므로 수송 과정을 효과적으로 점검, 통제하는 능력이 중요하다.
⑤ 창고 설계 시 최대 재고의 저장에 초점을 맞추는 것이지 재고 이동에 초점을 맞추는 것은 아니다.

KEYWORD **JIT**

해설

SCM 관리기법 중 JIT(적시재고시스템)는 생산관리시스템으로 고객의 주문이 들어오면 생산이 시작되는 Pull 시스템이다.
JIT는 소량 주문에 의한 다빈도 운송이 특징이다. 따라서 ④ 수송 과정을 효과적으로 통제할 수 있는 능력이 필요하다.

선지분석

① JIT는 무재고 시스템을 지향하므로 안전 재고 수준을 최소화한다.
② JIT에서는 완성품뿐만 아니라 생산 과정에 원료와 부품도 포함시킨다.
③ JIT는 공급자 수를 최소화하여 그들과 장기적이고 긴밀한 협조 체제를 구축한다.
⑤ JIT는 무재고 시스템을 지향하므로 창고 설계 시 최대 재고는 고려하지 않는다.

정답 ④

271

20년 추가

JIT와 JIT II의 차이점에 대한 설명으로 옳지 않은 것은?

① JIT는 부품과 원자재를 원활히 공급받는데 초점을 두고, JIT Ⅱ는 부품, 원부자재, 설비공구, 일반자재 등 모든 분야를 대상으로 한다.

② JIT는 개별적인 생산현장(Plant Floor)을 연결한 것이라면, JIT Ⅱ는 공급체인(Supply Chain)상의 파트너의 연결과 그 프로세스를 변화시키는 시스템이다.

③ JIT는 기업 간의 중복업무와 가치없는 활동을 감소·제거하는데 주력하는 반면, JIT Ⅱ는 자사 공장 내의 가치없는 활동을 감소·제거하는데 주력한다.

④ JIT는 푸시(Push)형인 MRP와 대비되는 풀(Pull)형의 생산방식인데 비해, JIT Ⅱ는 JIT와 MRP를 동시에 수용할 수 있는 기업 간의 운영체제를 의미한다.

⑤ JIT가 물동량의 흐름을 주된 개선대상으로 삼는데 비해, JIT Ⅱ는 기술, 영업, 개발을 동시화(Synchronization)하여 물동량의 흐름을 강력히 통제한다.

KEYWORD JIT

해설

③ JIT Ⅱ는 기업 간의 중복 업무와 가치없는 활동을 감소·제거하는데 주력한다.

관련이론 JIT와 JIT II와의 비교

JIT	• 원·부자재 공급받는데 중점 • 개별적인 생산 현장의 연결 • 공장 내 무가치한 활동 제거 • Pull 방식 • 물동량의 흐름이 주된 개선 대상
JIT Ⅱ	• 원·부자재, 설비 공구 등 모든 분야 공급에 중점 • SCM 상의 파트너들과 연결, 프로세스 변화시킴 • 기업 간의 중복 업무, 무가치한 활동 제거 • Pull 방식과 MRP의 Push 방식을 동시 수용 • 기술, 영업, 개발을 동시화하여 물동량을 강력히 통제함

정답 ③

272

19년 3회

JIT(Just-In-Time)와 JIT(Just-In-Time) II와의 차이점에 대한 설명으로 옳지 않은 것은?

① JIT는 부품과 원자재를 원활히 공급받는데 초점을 두고, JIT Ⅱ는 부품, 원부자재, 설비공구, 일반자재 등 모든 분야를 공급받는데 초점을 둔다.

② JIT가 개별적인 생산현장(Plant Floor)을 연결한 것이라면, JIT Ⅱ는 공급체인 상의 파트너의 연결과 그 프로세스를 변화시키는 시스템이다.

③ JIT는 자사 공장 내의 무가치한 활동을 감소·제거하는데 주력하고, JIT Ⅱ는 기업 간의 중복업무와 무가치한 활동을 감소·제거하는데 주력한다.

④ JIT가 푸시(Push)형인 MRP와 대비되는 풀(Pull)형의 생산방식인데 비해, JIT Ⅱ는 JIT와 MRP를 동시에 수용할 수 있는 기업 간의 운영체제를 의미한다.

⑤ JIT가 기술, 영업, 개발을 동시화(Synchronization)하여 물동량의 흐름을 강력히 통제하는데 비해, JIT Ⅱ는 물동량의 흐름을 주된 개선대상으로 삼는다.

KEYWORD JIT

해설

JIT(적시공급 시스템)가 물동량의 흐름을 주된 개선대상으로 삼는 반면, JIT Ⅱ는 전 분야에 걸쳐 기술, 영업, 개발을 동시화(Synchronization)하여 물동량의 흐름을 강력히 통제하는데 중점을 둔다.

정답 ⑤

273

17년 2회

기업의 물류관리와 공급사슬관리에 대한 설명으로 옳지 않은 것은?

	물류관리	공급사슬관리
㉠ 총비용 접근 방식	기업비용의 최소화	경로 전체의 비용 효율
㉡ 정보 공유	현 거래 유지에 필요한 만큼	기획과 점검 과정에 필요한 만큼
㉢ 공급원의 수	소수: 조정의 용이함 증대	다수: 경쟁 유발
㉣ 경로 리더십	불필요	조정 차원에서 필요
㉤ 위험 및 보상	구성원 개별	장기적으로 전체 공유

① ㉠

② ㉡

③ ㉢

④ ㉣

⑤ ㉤

KEYWORD **물류관리/SCM**

해설

공급원의 수는 공급자의 수를 의미한다. 공급사슬관리(SCM)는 경로 전체를 통합적으로 관리해야 하므로 공급원의 수가 소수인 반면 물류관리는 다수이며 경쟁 유발을 통해 비용을 절감한다.

정답 ③

THEME 039 물류 기타

274

20년 2회

물류관리를 위한 정보기술에 대한 내용으로 옳지 않은 것은?

① 기업 내 부서 간 정보 전달을 통한 전사적정보관리를 위해 EDI 기술이 보편적으로 사용된다.

② 바코드 기술의 상품에 대한 표현 능력의 한계, 일괄 인식의 어려움, 물류량 급증 시 대처 능력의 저하 등 문제점을 해결할 수 있는 기술이 RFID이다.

③ DPS는 표시 장치와 응답을 일체화시킨 시스템으로, 창고, 배송 센터, 공장 등의 현장에서 작업지원 시스템으로 활용되고 있다.

④ OCR은 광학 문자 인식으로 팩스를 통해 정보를 보낸 경우 이를 컴퓨터의 스캐닝이 문자를 인식하여 이것을 컴퓨터에 입력하는 기술로 활용될 수 있다.

⑤ 사전에 가격표찰에 상품의 종류, 가격 등을 기호로 표시해두고, 리더 등으로 그것을 읽어 판매정보를 집계하는데 사용되는 기술은 POS이다.

KEYWORD **정보기술**

해설

① 전사적자원관리(ERP)에 대한 설명이다. EDI는 기업 간 정보 교환에 사용되는 유통 정보기술에 해당한다.

정답 ①

275

18년 2회

최근 국내 유통의 변화와 그에 따른 시사점으로 옳지 않은 것은?

① 유통업의 국제화와 정보화가 진전되었고 무점포 판매가 증가하고 있다.
② 제조업체, 도매업체, 소매업체, 소비자의 관계와 역할이 변화됨에 따라 전통적 유통 채널이 약화되고 있다.
③ 유통업체의 대형화로 유통업체 영향력이 증가하였다.
④ 소비자들의 다양한 구매 패턴에 따라 '어느 점포, 어떤 매장을 이용할 것인가'의 선택이 중요하게 부각되고 있다.
⑤ 제조업자, 도매업자, 소매업자 각각의 역할이 점점 뚜렷하게 구분되고 있다.

KEYWORD **정보기술**

해설
최근 유통업계는 SCM 도입으로 제조업자와 도매업자, 소매업자 간 정보 공유 및 협업에 의해 각각의 경계가 모호해지고 있다.

정답 ⑤

276

22년 3회

국제물류주선업에 관련된 설명으로 가장 옳지 않은 것은?

① 화주에게 운송에 관련된 최적의 정보를 제공하고 물류비, 인력 등을 절감하는 데 도움을 줄 수 있다.
② 일반적으로 선사는 소량화물을 직접 취급하지 않기 때문에 소량화물의 화주들에게는 무역화물운송업무의 간소화와 운송비용 절감의 혜택을 제공할 수 있다.
③ 국제물류주선인은 다수의 화주로부터 위탁받은 화물로 선사에 보다 효과적인 교섭권을 행사하여 유리한 운임률 유도를 통해 규모의 경제 효과를 창출할 수 있다.
④ 안정적 물량 확보를 위해 선사는 국제물류주선인과 계약하는 것보다 일반화주와 직접 계약하는 것이 유리하다.
⑤ NVOCC(Non-Vessel Operating Common Carrier)는 실제운송인형 복합운송인에 속하지 않는다.

KEYWORD **국제물류**

해설
국제물류주선업은 화주와 선사와의 거래를 주선하거나 중개·대리하는 사업으로, 당사자 간 직접 거래하는 경우보다 비용절감 및 전문적인 거래를 통해 서비스의 질을 제고할 수 있다.

정답 ④

THEME 040 기업윤리

277

21년 3회

기업 내에서 일어날 수 있는 각종 윤리상의 문제들에 대한 설명으로 가장 옳지 않은 것은?

① 다른 이해당사자들을 희생하여 회사의 이익을 도모하는 행위는 지양해야 한다.
② 업무 시간에 SNS를 통해 개인 활동을 하는 것은 업무 시간 남용에 해당되므로 지양해야 한다.
③ 고객을 위한 무료 음료나 기념품을 개인적으로 사용하는 것은 지양해야 한다.
④ 회사에 손해를 끼칠 수 있는 사안이라면, 중대한 문제라 해도 공익 제보를 하는 것은 지양해야 한다.
⑤ 다른 구성원들에게 위협적인 행위나 무례한 행동을 하는 것은 지양해야 한다.

KEYWORD **기업윤리**

해설

④ 회사에 중대한 손해를 끼칠 수 있는 사안이라도 공익을 위한 일이라면 제보를 하는 것이 바람직하다.

정답 ④

278

21년 2회

기업의 이해관계자별 주요 관심사에 관한 설명으로 옳지 않은 것은?

구분	이해관계자	이해관계자의 관심사
㉠	기업주/경영자	기업평판, 경쟁력
㉡	종업원	임금과 근무조건, 복리후생 제도, 채용 관행과 승진제도
㉢	노동조합	허위정보, 과대광고, 폭리, 유해상품
㉣	소비자/고객	제품의 안전성, 적정가격, 서비스 수준과 품질 보장
㉤	유통업체/거래처	입찰과 납품 시 합법적 행위, 대금 결제의 합법성

① ㉠ ② ㉡ ③ ㉢ ④ ㉣ ⑤ ㉤

KEYWORD **기업윤리**

해설

㉢ 노동조합은 종업원의 권익 증진을 대변하는 역할을 하는 조직이다. 허위정보, 과대광고, 폭리 등은 노동조합의 주 관심사가 아니다.

정답 ③

279

22년 3회

기업윤리의 중요성을 강조하기 위해 취할 수 있는 방법으로 가장 옳지 않은 것은?

① 기업윤리와 관련된 헌장이나 강령을 만들어 발표한다.
② 기업의 모든 의사결정 프로세스에서 반영될 수 있게 모니터링한다.
③ 윤리경영의 지표로서 정성적인 지표는 적용하기 힘들므로 계량적인 윤리경영지표만을 활용한다.
④ 조직 내의 문제점을 제기할 수 있는 제도를 활성화한다.
⑤ 윤리기준을 적용한 감사 결과를 조직원과 공유한다.

KEYWORD **기업윤리**

해설

윤리경영의 지표로 최근에는 정량적인 지표뿐만 아니라 질적인 지표인 정성적 윤리경영지표들을 함께 활용한다.

정답 ③

280

19년 3회

기업 경영진이 각 이해관계자들에게 지켜야 할 윤리에 대한 설명으로 가장 옳지 않은 것은?

① 주주에 대해서는 자금 횡령, 부당한 배당 금지
② 사원에 대해서는 사원 차별대우, 위험한 노동의 강요금지
③ 고객에 대해서는 줄서는 곳에서 새치기, 공공 물건의 독점 사용, 품절 가능 품목의 사재기 금지
④ 타사에 대해서는 부당한 인재 스카우트, 기술노하우 절도 금지
⑤ 사회일반에 대해서는 공해발생과 오염물질 투기, 분식회계 금지

KEYWORD **기업윤리**

해설

③ 새치기, 공공 물건의 독점 사용, 품절 가능 품목의 사재기 금지는 고객들이 지켜야할 윤리 행위에 해당한다.

정답 ③

281

23년 1회

소매점에서 발생할 수 있는 각종 비윤리적 행동에 대한 대처방안으로 옳지 않은 것은?

① 소매점의 경우 공적비용과 사적비용의 구분이 모호할 수 있기에 공금의 사적 이용을 방지하기 위해 엄격한 규정이 필요하다.
② 과다 재고, 재고로스 발생을 허위로 보고하지 않도록 철저하게 확인해야 한다.
③ 협력업체와의 관계에서 우월적 지위 남용을 하지 않아야 한다.
④ 회사명의의 카드를 개인적으로 사용하는 행위를 사전에 방지해야 한다.
⑤ 큰 피해가 없다면 근무시간은 개인적으로 조정하여 활용한다.

KEYWORD **기업의 사회적 책임(CSR)**

해설

최근 기업에서 발생하는 비윤리적 행동에 대한 사회적 공감대가 커지고 있다. 공금 또는 회사카드의 사적 유용(도덕적 해이), 허위보고, 우월적 지위의 남용(갑질) 등이 대표적이다. 반면 타당한 범위 내 근무시간의 개인적 조정은 근로자의 권리에 해당한다.

정답 ⑤

282

23년 3회

윤리경영에서 이해관계자가 추구하는 가치이념과 취급해야 할 문제들이 옳게 나열되지 않은 것은?

구분	이해 관계자	추구하는 가치이념	윤리경영에서 취급해야 할 문제들
㉠	지역사회	기업시민	산업재해, 산업공해, 산업폐기물 불법처리 등
㉡	종업원	인간의 존엄성	고용차별, 성차별, 프라이버시 침해, 작업장의 안전성 등
㉢	투자자	공평, 형평	내부자 거래, 인위적 시장조작, 시세조작, 분식결산 등
㉣	고객	성실, 신의	유해상품, 결합상품, 허위 과대광고, 정보은폐, 가짜 상표 등
㉤	경쟁자	기업가치	환경오염, 자연파괴, 산업폐기물 수출입, 지구환경관련 규정위반 등

① ㉠　② ㉡
③ ㉢　④ ㉣
⑤ ㉤

KEYWORD **기업윤리**

해설

기업의 사회적 책임(CSR)은 경제적 책임, 법적 책임, 윤리적 책임, 자선적 책임의 4가지 책임뿐만 아니라 기업이 만들어 낸 이익 중 일부를 사회에 환원하는 기능을 하며, 공유가치창출(CSV)은 처음부터 경제적 가치와 사회적 가치를 동시에 창출하는 방법을 고민하는 방식이라 할 수 있다. 따라서 CSR은 기업이 당연히 지켜야 할 의무뿐만 아니라 자선적 책임을 통해 기업의 이익을 사회에 공유, 환원하는 것을 포함하고 있다.

정답 ⑤

283

22년 1회

기업윤리와 관련된 설명으로 옳지 않은 것은?

① 기업은 종업원에게 단순히 돈의 대가로 노동력을 요구하는 것이 아니라, 떳떳한 구성원으로서 헌신과 열정을 이끌어 낼 수 있도록 그들에게 자긍심과 비전을 심어 주어야 한다.

② 협력사는 물품을 사오는 대상 이상의 의미를 지니는 장기적으로 협조해야 할 상생의 대상이다.

③ 거래비용의 발생 원인은 기회주의, 제한된 합리성, 불확실성 등이며 교환당사자 간에 신뢰가 부족할 때 거래비용은 작아진다.

④ 도덕적 해이는 도덕적 긴장감이 흐려져서 다른 사람의 이익을 희생한 대가로 자신의 이익을 추구하는 행위이다.

⑤ 대리인비용은 주인이 대리인에게 자신을 대신하도록 할 때 발생하는 비용으로, 주인과 대리인의 이해불일치와 정보 비대칭상황 등의 요인 때문에 발생한다.

KEYWORD 기업윤리

해설

거래비용의 발생 원인은 기회주의, 제한된 합리성, 불확실성 등이며 교환당사자 간에 신뢰가 부족할 때 거래비용은 커지게 되고, 거래비용의 합이 수직적 통합비용보다 클 경우 유통경로상 수직적 계열화(통합)가 발생하게 된다.

정답 ③

284

17년 1회

상품 매입과 관련된 법적, 윤리적 문제의 하나로써, 사고자 하는 상품을 구입하기 위해서 사고 싶지 않은 상품까지도 소매업체가 구입하도록 하는 공급업체와 소매업체 간에 맺는 협정을 무엇이라고 하는가?

① 독점거래협정(Exclusive Dealing Agreement)
② 역청구(Chargebacks)
③ 회색시장(Gray-Market)
④ 역매입(Buybacks)
⑤ 구속적 계약(Tying Contract)

KEYWORD 기업윤리

해설

⑤ 특정 상품을 구입하기 위해서는 희망하지 않은 상품까지도 구입하도록 하는 공급업체와 소매업체 간 맺는 협정은 구속적 계약이다.

선지분석

① 독점거래협정: 불공정거래 행위로 배타적거래협정을 뜻함
② 역청구: 소매상이 공급업체로부터 발생한 상품수량의 차이에 대해 대금을 공제하는 것
③ 회색시장: 유통업자가 외국에서 제조된 물품을 직접 구매해서 국내에 저가로 판매하는 병행수입 시장으로 합법적 시장과 암시장의 중간 형태를 띤다
④ 역매입: 소매 유통기업이 공급업체에게 경쟁자의 상품을 역매입하게 하여 경쟁자의 상품을 제거하고 그 공간에 공급업체 상품을 진열하게 하는 것

정답 ⑤

285

20년 추가

아래 글상자의 비윤리적인 행위와 관련된 내용으로 옳지 않은 것은?

> 정보 비대칭이 있는 상황에서 한 경제 주체가 다른 경제 주체에 대해 이익을 가로채거나 비용을 전가시키는 행위를 말한다.

① 보험 가입자가 보험에 가입한 후 고의 또는 부주의로 사고 가능성을 높여 보험금을 많이 받아내서 보험 회사에게 피해를 줌

② 자신이 소속된 공기업이 고객만족도 내부 조작을 하였다는 사실을 감사원에 제보함

③ 대리인인 경영자가 주주의 이익보다는 자신의 이익을 도모하는 방향으로 내린 의사결정

④ 채권자에게 기업의 재정 상태나 경영 실적을 실제보다 좋게 보이게 할 목적으로 기업이 분식회계를 진행함

⑤ 재무회계팀 팀장이 기업의 결산 보고서를 확인하고 공식적으로 발표되기 전에 자사 주식을 대량 매수함

KEYWORD 기업윤리

해설

② 자신이 소속된 공기업이 고객만족도 내부 조작을 하였다는 사실을 감사원에 제보하는 것은 내부 고발에 해당하는 것으로 내부 고발자는 법에 의해 보호를 받는다.

정답 ②

286

20년 2회

아래 글상자 내용은 기업의 사회적 책임이 요구되는 이유를 설명한 것이다. (　　)에 들어갈 용어로 가장 옳은 것은?

> 경제 활동에는 근본적으로 대가가 수반된다. 소비자는 상품을 구입할 때 판매자에게 대금을 지불한다. 그러나 가끔씩 이러한 경제활동이 아무런 대가 없이 제3자에게 이익을 주거나 손해를 끼치는 경우를 (　　　)(이)라 한다.

① 시장실패
② 외부효과
③ 감시비용
④ 잔여손실
⑤ 대리인문제

KEYWORD 기업의 사회적 책임(CSR)

해설

외부효과란 경제주체의 행위가 다른 경제주체들에게 기대되지 않는 혜택이나 손해를 발생시키는 효과를 뜻한다.

선지분석

① 시장실패: 시장이 자원을 최적으로 분배하지 못함으로써 발생하는 시장의 결함
③ 감시비용: 주주 측면에서 경영자를 감시함에 따라 발생하는 비용
④ 잔여손실: 감시비용과 확증비용의 지출에도 불구하고 대리인의 의사결정이 주주의 최적 의사결정과 일치하지 않아 발생하는 주주의 재산적 손실
⑤ 대리인 문제: 기업의 주인인 주주와 수탁자인 전문경영자 간의 관계에 있어 대리인이 정보의 비대칭을 이용하여 개인적인 이익 또는 단기적인 결과에만 집착한 결과 기업 전체에 손실을 입히는 현상

정답 ②

287

19년 1회

기업의 사회적 책임과 그 내용의 연결이 옳은 것은?

① 경제적 책임 – 도덕적 가치의 수호
② 윤리적 책임 – 이윤 극대화
③ 재량적 책임 – 기업의 자발적인 윤리적 행위
④ 법적 책임 – 기업윤리의 준수
⑤ 본질적 책임 – 기부 활동

KEYWORD 기업의 사회적 책임(CSR)

선지분석

①, ④ 도덕적 가치의 수호, 기업윤리의 준수는 윤리적 책임
② 이윤 극대화는 경제적 책임
⑤ 기부 활동은 자선적 책임과 서로 연관된다.

정답 ③

288

22년 2회

기업의 사회적 책임의 중요성에 대한 내용으로 가장 옳지 않은 것은?

① 기업의 사회적 책임의 중요성은 자주성의 요구에 있다.
② 기업의 사회적 책임의 중요성은 자유주의 발전에 근거를 두고 있다.
③ 기업의 사회적 책임의 중요성은 기업 자체의 노력에 있다.
④ 사회적 책임의 중요성 내지 필요성은 권력–책임–균형의 법칙에 있다.
⑤ 기업의 사회적 책임은 기업이 당연히 지켜야 할 의무는 포함하지만 이익을 사회에 공유, 환원하는 것은 포함하지 않는다.

KEYWORD 기업의 사회적 책임(CSR)

해설

기업의 사회적 책임(CSR)은 경제적 책임, 법적 책임, 윤리적 책임, 자선적 책임의 4가지 책임뿐만 아니라 기업이 만들어 낸 이익 중 일부를 사회에 환원하는 기능을 하며, 공유가치창출(CSV)은 처음부터 경제적 가치와 사회적 가치를 동시에 창출하는 방법을 고민하는 방식이라 할 수 있다. 따라서 CSR은 기업이 당연히 지켜야 할 의무뿐만 아니라 자선적 책임을 통해 기업의 이익을 사회에 공유, 환원하는 것을 포함하고 있다.

정답 ⑤

THEME 041 **유통산업발전법**

289

20년 추가

아래 글상자에서 설명하는 연쇄점(Chain)의 형태로 옳은 것은?

> ㉠ 같은 업종의 소매점들이 공동 매입을 도모하려고 결성한 체인 조직
> ㉡ 일부 기능을 체인 본사에 위탁하여 프랜차이즈시스템을 갖추고 영업하기도 함
> ㉢ 경영의 독립성과 연쇄점화로 얻는 이득을 동시에 획득

① 정규 연쇄점(Regular Chain)
② 직영점형 연쇄점(Corporate Chain)
③ 임의형 연쇄점(Voluntary Chain)
④ 마스터 프랜차이즈(Master Franchise)
⑤ 조합형 체인(Cooperative Chain)

KEYWORD **체인사업의 유형**

해설

임의형 연쇄점(임의 가맹점형 체인사업)은 체인본부의 계속적인 경영 지도 및 체인본부와 가맹점 간 협업에 의하여 가맹점의 취급 품목·영업 방식 등의 표준화 사업과 공동 구매·공동 판매·공동 시설 활용 등의 공동 사업을 수행하는 체인사업을 뜻한다.

정답 ③

290

20년 2회

독자적인 상품 또는 판매·경영 기법을 개발한 체인본부가 상호·판매방법·매장 운영 및 광고 방법 등을 결정하고, 가맹점으로 하여금 그 결정과 지도에 따라 운영하도록 하는 형태의 체인사업으로 옳은 것은?

① 직영점형 체인사업
② 프랜차이즈형 체인사업
③ 임의 가맹점형 체인사업
④ 조합형 체인사업
⑤ 유통업상생발전협의회 체인사업

KEYWORD **체인사업의 유형**

해설

「유통산업발전법」 제2조 6호

- 직영점형 체인사업: 체인본부가 주로 소매점포를 직영하되, 가맹계약을 체결한 일부 소매점포에 대하여 상품의 공급 및 경영 지도를 계속하는 형태의 체인사업
- 프랜차이즈형 체인사업: 독자적인 상품 또는 판매·경영 기법을 개발한 체인본부가 상호·판매방법·매장운영 및 광고 방법 등을 결정하고 가맹점으로 하여금 그 결정과 지도에 따라 운영하도록 하는 형태의 체인사업
- 임의 가맹점형 체인사업: 체인본부의 계속적인 경영 지도 및 체인본부와 가맹점 간 협업에 의하여 가맹점의 취급 품목·영업 방식 등의 표준화사업과 공동구매·공동판매·공동시설활용 등 공동사업을 수행하는 형태의 체인사업
- 조합형 체인사업: 동일 업종의 소매점들이 「중소기업협동조합법」 제3조의 규정에 의한 중소기업협동조합을 설립하여 공동구매·공동판매·공동시설 활용 등 사업을 수행하는 형태의 체인사업

정답 ②

DAY 02

291

18년 1회

다음은 유통산업발전법에서 정의한 체인사업의 한 유형이다. 이에 해당하는 체인사업의 유형은?

> 독자적인 상품 또는 판매·경영 기법을 개발한 체인본부가 상호·판매방법·매장운영 및 광고방법 등을 결정하고, 가맹점으로 하여금 그 결정과 지도에 따라 운영하도록 하는 형태

① 프랜차이즈형 체인사업
② 임의 가맹형 체인사업
③ 직영점형 체인사업
④ 조합형 체인사업
⑤ 카르텔형 체인사업

KEYWORD 체인사업의 유형

해설

① 프랜차이즈형 체인사업: 독자적인 상품 또는 판매·경영기법을 개발한 체인본부가 상호·판매방법·매장운영 및 광고방법 등을 결정하고 가맹점으로 하여금 그 결정과 지도에 따라 운영하도록 하는 형태의 체인사업

선지분석 유통산업발전법에 규정된 체인사업의 종류

② 임의 가맹점형 체인사업: 체인본부의 계속적인 경영지도 및 체인본부와 가맹점 간 협업에 의하여 가맹점의 취급품목·영업방식 등의 표준화 사업과 공동구매·공동판매·공동시설활용 등 공동사업을 수행하는 형태의 체인사업
③ 직영점형 체인사업: 체인본부가 주로 소매점포를 직영하되, 가맹계약을 체결한 일부 소매점포에 대하여 상품의 공급 및 경영지도를 계속하는 형태의 체인사업
④ 조합형 체인사업: 동일 업종의 소매점들이 「중소기업협동조합법」 제3조의 규정에 의한 중소기업협동조합을 설립하여 공동구매·공동판매·공동시설 활용 등 사업을 수행하는 형태의 체인사업

정답 ①

292

19년 2회

유통산업발전법(시행 2018.5.1.)(법률 제14977호, 2017.10.31., 일부 개정)의 적용에서 배제되는 유통기관이 아닌 것은?

① 농수산물도매시장 ② 농수산물공판장
③ 민영농수산물도매시장 ④ 가축시장
⑤ 중소유통공동도매물류센터

KEYWORD 유통산업발전법 적용배제

해설

「유통산업발전법」 제4조(적용 배제)

> 다음의 시장·사업장 및 매장에 대하여는 이 법을 적용하지 아니한다.
> - 「농수산물유통 및 가격 안정에 관한 법률」 제2조제2호·제5호·제6호 및 제12호의 규정에 의한 농수산물도매시장·농수산물공판장·민영농수산물도매시장 및 농수산물종합유통센터
> - 「축산법」 제34조의 규정에 의한 가축시장

정답 ⑤

293

18년 1회

유통산업발전법 제24조 1항 유통관리사의 직무에 해당하지 않는 것은?

① 유통경영·관리기법의 향상
② 유통경영·관리와 관련한 계획·조사·연구
③ 유통경영·관리와 관련한 허가·승인
④ 유통경영·관리와 관련한 진단·평가
⑤ 유통경영·관리와 관련한 상담·자문

KEYWORD 유통관리사 직무

해설

「유통산업발전법」 제24조 유통관리사의 직무
- 유통경영·관리기법의 향상
- 유통경영·관리와 관련한 계획·조사·연구
- 유통경영·관리와 관련한 진단·평가
- 유통경영·관리와 관련한 상담·자문
- 그 밖에 유통경영·관리에 필요한 사항

정답 ③

294

17년 1회

「유통산업발전법」 제3조 유통산업시책의 기본 방향으로 옳지 않은 것은?

① 유통산업의 지역별 균형 발전의 도모
② 유통산업의 국제 경쟁력 제고
③ 유통산업에서의 건전한 상거래 질서의 확립 및 공정한 경쟁 여건의 조성
④ 유통산업에서의 구성원 편익의 증진
⑤ 유통산업의 종류별 균형 발전의 도모

KEYWORD **유통산업시책**

해설

「유통산업발전법」 제3조(유통산업시책의 기본 방향)
정부는 제1조의 목적을 달성하기 위하여 다음 각 호의 시책을 마련하여야 한다.

- 유통구조의 선진화 및 유통기능의 효율화 촉진
- 유통산업에서의 소비자 편익의 증진
- 유통산업의 지역별 균형 발전의 도모
- 유통산업의 종류별 균형 발전의 도모
- 중소유통기업의 구조 개선 및 경쟁력 강화
- 유통산업의 국제 경쟁력 제고
- 유통산업에서의 건전한 상거래 질서의 확립 및 공정한 경쟁 여건의 조성
- 그 밖에 유통산업의 발전을 촉진하기 위하여 필요한 사항

정답 ④

THEME 042 기타 유통법규

295

23년 3회

소비자기본법(법률 제17799호, 2020.12.29.)에 따라 국가가 광고의 내용이나 방법에 대한 기준을 제한할 수 있는 항목으로 옳지 않은 것은?

① 용도, 성분, 성능
② 소비자가 오해할 우려가 있는 특정용어나 특정 표현
③ 광고의 매체
④ 광고 시간대
⑤ 광고 비용

KEYWORD **소비자기본법**

해설

광고 비용은 광고의 기준에 해당하지 않는다.

관련이론 「소비자기본법」 제11조(광고의 기준)

국가는 물품등의 잘못된 소비 또는 과다한 소비로 인하여 발생할 수 있는 소비자의 생명·신 또는 재산에 대한 위해를 방지하기 위하여 다음의 어느 하나에 해당하는 경우에는 광고의 내용 및 방법에 관한 기준을 정하여야 한다.

1. 용도·성분·성능·규격 또는 원산지 등을 광고하는 때에 허가 또는 공인된 내용만으로 광고를 제한할 필요가 있거나 특정내용을 소비자에게 반드시 알릴 필요가 있는 경우
2. 소비자가 오해할 우려가 있는 특정용어 또는 특정표현의 사용을 제한할 필요가 있는 경우
3. 광고의 매체 또는 시간대에 대하여 제한이 필요한 경우

정답 ⑤

296

22년 3회

소비자기본법(법률 제17799호, 2020.12.29., 타법개정)에 의한 소비자의 기본적 권리로만 바르게 짝지어진 것은?

> ㉠ 물품 또는 용역을 선택함에 있어서 필요한 지식 및 정보를 제공받을 권리
> ㉡ 합리적인 소비생활을 위하여 필요한 교육을 받을 권리
> ㉢ 사업자 등과 더불어 자유시장경제를 구성하는 주체일 권리
> ㉣ 안전하고 쾌적한 소비생활 환경에서 소비할 권리
> ㉤ 환경친화적인 자원재활용에 대해 지원받을 권리

① ㉠, ㉡, ㉢, ㉣, ㉤
② ㉠, ㉡, ㉢
③ ㉠, ㉡, ㉣
④ ㉡, ㉢, ㉤
⑤ ㉡, ㉣, ㉤

KEYWORD 소비자기본법

관련이론 「소비자보호법」 제4조

소비자는 다음의 기본적 권리를 가진다.

1. 물품 또는 용역(이하 "물품등"이라 한다)으로 인한 생명·신체 또는 재산에 대한 위해로부터 보호받을 권리
2. 물품등을 선택함에 있어서 필요한 지식 및 정보를 제공받을 권리
3. 물품등을 사용함에 있어서 거래상대방·구입장소·가격 및 거래조건 등을 자유로이 선택할 권리
4. 소비생활에 영향을 주는 국가 및 지방자치단체의 정책과 사업자의 사업활동 등에 대하여 의견을 반영시킬 권리
5. 물품등의 사용으로 인하여 입은 피해에 대하여 신속·공정한 절차에 따라 적절한 보상을 받을 권리
6. 합리적인 소비생활을 위하여 필요한 교육을 받을 권리
7. 소비자 스스로의 권익을 증진하기 위하여 단체를 조직하고 이를 통하여 활동할 수 있는 권리
8. 안전하고 쾌적한 소비생활 환경에서 소비할 권리

정답 ③

297

22년 2회

소비자기본법(시행 2021.12.30., 법률 제17799호, 2020. 12. 29., 타법개정)상 제8조에서 사업자가 소비자에게 제공하는 물품등으로 인한 소비자의 생명·신체 또는 재산에 대한 위해를 방지하기 위해 지켜야 할 기준을 정해야 할 주체로 옳은 것은?

① 지방자치단체 ② 사업자
③ 공정거래위원회 ④ 대통령
⑤ 국가

KEYWORD 소비자기본법

해설

국가는 사업자가 소비자에게 제공하는 물품등으로 인한 소비자의 생명·신체 또는 재산에 대한 위해를 방지하기 위하여 물품등의 성분·함량·구조 등 안전에 관한 중요한 사항, 물품등을 사용할 때의 지시사항이나 경고 등 표시할 내용과 방법, 그 밖에 위해방지를 위하여 필요하다고 인정되는 사항에 관하여 사업자가 지켜야 할 기준을 정하여야 한다.(「소비자기본법」 제8조)

정답 ⑤

298

18년 2회

소비자기본법[시행 2017.10.31] [법률 제15015호, 2017.10.31.,일부개정]에서는 조정위원회가 분쟁 조정을 신청 받은 때에는 신청을 받은 날부터 며칠 이내에 분쟁 조정을 마치도록 정하고 있는가?

① 10일 ② 14일
③ 15일 ④ 21일
⑤ 30일

KEYWORD 소비자기본법

해설

「소비자기본법」 제66조

조정위원회는 분쟁 조정을 신청 받은 때에는 그 신청을 받은 날부터 30일 이내에 그 분쟁 조정을 마쳐야 한다.

정답 ⑤

299

21년 2회

소비자기본법(법률 제17290호, 2020.5.19., 타법개정) 상, 소비자중심경영의 인증 내용으로 옳지 않은 것은?

① 소비자중심경영인증의 유효기간은 그 인증을 받은 날부터 1년으로 한다.
② 소비자중심경영인증을 받은 사업자는 대통령령으로 정하는 바에 따라 그 인증의 표시를 할 수 있다.
③ 소비자중심경영인증을 받으려는 사업자는 대통령령으로 정하는 바에 따라 공정거래위원회에 신청하여야 한다.
④ 공정거래위원회는 소비자중심경영인증을 신청하는 사업자에 대하여 대통령령으로 정하는 바에 따라 그 인증의 심사에 소요되는 비용을 부담하게 할 수 있다.
⑤ 공정거래위원회는 소비자중심경영을 활성화하기 위하여 대통령령으로 정하는 바에 따라 소비자중심경영 인증을 받은 기업에 대하여 포상 또는 지원 등을 할 수 있다.

KEYWORD 소비자기본법

해설

① 「소비자기본법」 제20조의 2에 따르면 소비자중심경영인증의 유효기간은 그 인증을 받은 날부터 2년으로 한다.

정답 ①

300

19년 3회

"전자문서 및 전자거래기본법" (법률 제14907호, 2017. 10. 24., 일부개정)에서 정한 전자거래사업자의 일반적 준수사항으로 옳지 않은 것은?

① 소비자가 자신의 주문을 취소 또는 변경할 수 있는 절차의 마련
② 소비자의 불만과 요구사항을 신속하고 공정하게 처리하기 위한 절차의 마련
③ 거래의 증명 등에 필요한 거래기록의 일정기간 보존
④ 소비자가 쉽게 접근할 수 있는 물리적 공간의 마련
⑤ 상호(법인인 경우 대표자의 성명 포함)와 그 밖에 자신에 관한 정보와 재화, 용역, 계약조건 등에 관한 정확한 정보의 제공

KEYWORD 전자상거래법

해설

「전자문서 및 전자거래기본법」 제17조(전자거래사업자의 일반적 준수사항)

> 전자거래사업자는 전자 거래와 관련되는 소비자를 보호하고 전자 거래의 안전성과 신뢰성을 확보하기 위하여 다음 각 호의 사항을 준수하여야 한다.
> 1. 상호(법인인 경우에는 대표자의 성명을 포함)와 그 밖에 자신에 관한 정보와 재화, 용역, 계약조건 등에 관한 정확한 정보의 제공
> 2. 소비자가 쉽게 접근·인지할 수 있도록 약관의 제공 및 보존
> 3. 소비자가 자신의 주문을 취소 또는 변경할 수 있는 절차의 마련
> 4. 청약의 철회, 계약의 해제 또는 해지, 교환, 반품 및 대금환급 등을 쉽게 할 수 있는 절차의 마련
> 5. 소비자의 불만과 요구사항을 신속하고 공정하게 처리하기 위한 절차의 마련
> 6. 거래의 증명 등에 필요한 거래 기록의 일정 기간 보존

정답 ④

DAY 03

DAY 03 합격 GUIDE

상권분석 과목에서는 상권의 개념, 상권조사, 입지의 유형 및 소매전략에 대한 내용을 주로 다룹니다. 다른 과목에 비해 시험범위가 협소하고 특정 유형의 문제가 반복출제되는 만큼 출제 방식만 잘 확인하면 고득점에 쉽게 다가갈 수 있습니다.

DAY 03의 핵심 테마는 '043 상권의 개념과 특성', '046 상권설정과 상권분석의 의의', '050 유추법', 그리고 '052~057'로 이어지는 상권분석 이론들입니다.

053~057 테마의 계산문제는 복잡해보이지만 간단한 공식만 외우고 한 번만 정확하게 풀어보면 그 다음부터는 어렵지 않게 풀어나갈 수 있습니다.

8개년 기출문제를 집중분석하여 정리한 THEME

SUBJECT 02 상권분석

SUBJECT 02 상권분석

THEME 043 상권의 개념과 특성

301

21년 2회, 20년 추가

업종형태와 상권과의 관계에 대한 아래의 내용 중에서 옳지 않은 것은?

① 동일 업종이라 하더라도 점포의 규모나 품목의 구성에 따라 상권의 범위가 달라진다.

② 선매품을 취급하는 소매점포는 보다 상위의 소매 중심지나 상점가에 입지하여 넓은 범위의 상권을 가져야 한다.

③ 전문품을 취급하는 점포의 경우 고객이 지역적으로 밀집되어 있으므로 상권의 밀도는 높고 범위는 좁은 특성을 갖고 있다.

④ 상권의 범위가 넓을 때는, 상품품목 구성의 폭과 깊이를 크게 하고 다목적구매와 비교구매가 용이하게 하는 업종·업태의 선택이 필요하다.

⑤ 생필품의 경우 소비자의 구매거리가 짧고 편리한 장소에서 구매하려 함으로 이런 상품을 취급하는 업태는 주택지에 근접한 입지를 취하는 것이 좋다.

KEYWORD **상권**

해설

③ 고객이 지역적으로 밀집되어 있어 그 상권의 밀도가 높고 범위는 좁은 특성을 가지는 것은 편의품을 취급하는 점포의 경우이다. 전문품을 취급하는 점포의 경우 고객이 지역적으로 분산되어 있으므로 상권의 밀도는 낮고 범위는 넓은 특성을 갖고 있다.

정답 ③

302

21년 1회

상권에 대한 설명으로 가장 옳지 않은 것은?

① 재화의 이동에서 사람을 매개로 하는 소매상권은 재화의 종류에 따라 그 사람의 비용이나 시간사용이 달라지므로 상권의 크기가 달라진다.

② 고가품, 고급품일수록 소비자들은 구매활동에 보다 많은 시간과 비용을 부담하려 하므로 상권범위가 확대된다.

③ 도매상권은 사람을 매개로 하지 않기에 시간인자의 제약이 커져서 상권의 범위가 제한된다.

④ 보존성이 강한 제품은 그렇지 않은 제품에 비해 상권이 넓어진다.

⑤ 상권범위를 결정하는 비용인자에는 생산비, 운송비, 판매비용 등이 포함되며 그 비용이 상대적으로 저렴할수록 상권은 확대된다.

KEYWORD **상권**

해설

③ 도매상은 소매상을 상대로 영업을 하므로 상권의 범위는 소매상에 비해 훨씬 넓은 것이 일반적이다.

정답 ③

303

20년 2회

소매업태들은 주력상품에 따라 서로 다른 크기의 상권을 확보할 수 있는 입지를 선정한다. 필요로 하는 상권 크기가 커지는 순서에 따라 소매업태들을 가장 옳게 배열한 것은?

① 대형마트 < 백화점 < 명품전문점
② 대형마트 < 명품전문점 < 백화점
③ 백화점 < 대형마트 < 명품전문점
④ 명품전문점 < 대형마트 < 백화점
⑤ 명품전문점 < 백화점 < 대형마트

KEYWORD 상권

해설

상권의 크기와 범위는 편의품점, 선매품점, 전문품점의 순서로 커진다. 따라서 상권의 크기는 ① 대형마트 < 백화점 < 명품전문점의 순서로 커진다. 상권의 크기는 이외에도 경쟁점포와의 거리, 취급상품의 종류, 점포에 대한 접근성 및 점포의 입지에 따라 달라진다.

정답 ①

304

15년 2회

상권과 혼용되는 다양한 유사개념 중 하나로 상가나 시장과 같은 복수의 점포로 구성되는 상업집단이 영향을 미치는 지리적 범위를 뜻하는 것은?

① 판매권 ② 상세권
③ 생활권 ④ 거래권
⑤ 지지권

KEYWORD 상권

해설

② 복수의 점포 또는 상업집단(시장 혹은 상점가)이 고객을 끌어들일 수 있는 범위는 상세권이라고 하는데, 이는 상권에 포함되는 개념이다.

선지분석

① 판매권은 소매점이 판매대상으로 삼고 있는 지역을 의미한다.
④ 거래권은 소매업 등에서 사용하는 개념으로 거래 상대방이 되는 고객의 소재지 범위를 의미한다.

정답 ②

305

21년 3회

소매점포의 상권범위나 상권형태를 설명한 내용 중에서 가장 옳지 않은 것은?

① 현실에서 관찰되는 상권의 형태는 점포를 중심으로 일정거리 이내를 포함하는 원형으로 나타난다.
② 상품구색이 유사하더라도 판촉활동이나 광고활동의 차이에 따라 점포들 간의 상권범위가 달라진다.
③ 입지조건과 점포의 전략에 변화가 없어도 상권의 범위는 다양한 영향요인에 의해 유동적으로 변화하기 마련이다.
④ 동일한 지역시장에 입지한 경우에도 점포의 규모에 따라 개별 점포의 상권범위는 차이를 보인다.
⑤ 점포의 규모가 비슷하더라도 업종이나 업태에 따라 점포들의 상권범위는 차이를 보인다.

KEYWORD 상권

해설

① 상권은 어떤 특정한 형태를 갖지 않기 때문에 흔히 아메바형이라고 불린다.
현실에서 상권의 형태는 하천이나 산과 같은 자연 조건, 도로나 대중교통 수단과 같은 교통체계, 점포 규모와 유통업의 형태(업태) 등 여러 요인에 의해 영향을 받는다.

정답 ①

306

23년 3회

소매점포의 상권범위나 상권형태는 소매점포를 이용하는 소비자의 공간적 분포를 나타낸다. 이에 대한 설명으로 가장 옳지 않은 것은?

① 소매점포의 면적이 비슷하더라도 업종이나 업태에 따라 개별점포의 상권범위는 차이가 날 수 있다.
② 동일 점포라도 소매전략에 따른 판촉활동 등의 차이에 따라 시기별로 점포의 상권범위는 변화한다.
③ 상권의 형태는 점포를 중심으로 일정한 거리 간격의 동심원 형태로 나타난다.
④ 동일한 지역에 인접하여 입지한 경우에도 점포 규모에 따라 개별점포의 상권범위는 차이가 날 수 있다.
⑤ 동일한 위치에서 입지조건의 변화가 없고 점포의 전략적 변화가 없어도 상권의 범위는 유동적으로 변화하기 마련이다.

KEYWORD **상권**

해설

상권의 형태는 하천이나 산과 같은 자연 조건, 도로나 대중교통 수단과 같은 교통체계, 점포 규모와 유통업의 형태(업태) 등의 영향을 받기 때문에 동심원 형태가 될 수 없다. 상권은 다양한 형태를 지니므로 흔히 아메바형이라고 불린다.

정답 ③

307

23년 3회

구조적 특성에 의해 상권을 분류할 때 포켓상권에 해당하는 것으로 옳은 것은?

① 상가의 입구를 중심으로 형성된 상권
② 고속도로나 간선도로에 인접한 상권
③ 대형소매점과 인접한 상권
④ 소형소매점들로 구성된 상권
⑤ 도로나 산, 강 등에 둘러싸인 상권

KEYWORD **상권**

해설

도로, 산, 강에 둘러싸인 상권은 전형적인 포켓상권이다.
포켓상권(독립상권 또는 항아리상권)은 상권 내 고객이 외부로 유출되지 않아 외부상권의 영향을 거의 받지 않고 자체상권의 이익을 누릴 수 있는 상권이다.

정답 ⑤

THEME 044 상권의 계층성

308

21년 3회

상권을 구분하거나 상권별 대응전략을 수립할 때 필수적으로 이해하고 있어야 할 상권의 개념과 일반적 특성을 설명한 내용 중에서 가장 옳지 않은 것은?

① 1차 상권이 전략적으로 중요한 이유는 소비자의 밀도가 가장 높은 곳이고 상대적으로 소비자의 충성도가 높으며 1인당 판매액이 가장 큰 핵심적인 지역이기 때문이다.
② 1차 상권은 전체 상권 중에서 점포에 가장 가까운 지역을 의미하는데 매출액이나 소비자의 수를 기준으로 일반적으로 약 60% 정도까지를 차지하지만 그 비율은 절대적이지 않다.
③ 2차 상권은 1차 상권을 둘러싸는 형태로 주변에 위치하여 매출이나 소비자의 일정비율을 추가로 흡인하는 지역이다.
④ 3차 상권은 상권으로 인정하는 한계(fringe)가 되는 지역범위로, 많은 경우 지역적으로 넓게 분산되어 위치하여 소비자의 밀도가 가장 낮다.
⑤ 3차 상권은 상권 내 소비자의 내점빈도가 1차 상권에 비해 높으며 경쟁점포들과 상권중복 또는 상권잠식의 가능성이 높은 지역이다.

KEYWORD **개별점포상권의 분류**

해설

⑤ 3차 상권의 점포이용고객은 점포로부터 상당히 먼 거리에 위치하며, 고객들이 광범위하게 분산되어 있어 경쟁점포들과 상권중복 또는 상권잠식의 가능성은 매우 낮다.
3차 상권(fringe trading area)은 한계상권이라고도 하며, 2차 상권 외곽을 둘러싼 지역범위로 2차 상권에 포함되지 않은 나머지 고객들을 흡인한다.

정답 ⑤

309

18년 3회, 16년 1회

점포와의 거리를 기준으로 상권 구성을 구분할 때 1차 상권, 2차 상권, 3차 상권으로 구분한다. 이에 대한 내용으로 옳지 않은 것은?

① 1차 상권은 경쟁점포들과의 상권 중복도가 낮다.
② 1차 상권은 2, 3차 상권이 비해 상대적으로 내점 고객의 밀도가 높다.
③ 2차 상권은 1차 상권에 비해 소비자의 내점 빈도가 낮다.
④ 3차 상권은 소비 수요의 흡인 비율이 가장 높은 지역이다.
⑤ 3차 상권은 한계 상권이라고 부르기도 한다.

KEYWORD **개별점포상권의 분류**

해설

④ 3차 상권은 1차 상권과 2차 상권의 외곽에 위치하는 상권으로 점포 고객의 약 10%가 거주하는 지역이므로 다른 경쟁점포의 상권에도 함께 포함되므로 소비 수요의 흡인 비율이 가장 낮은 지역이다.

정답 ④

310

16년 2회

상권의 계층적 분류에 대한 설명으로 옳지 않은 것은?

① 계층적 구조로 상권을 분류하면 지역상권, 지구상권, 개별상권 등으로 구분할 수 있다.
② 지역상권은 한 도시 내에 형성된 모든 유통기관들의 총체적 경쟁구조로 형성되어 있다.
③ 지구상권이란 한 지구 내에서 핵이 될 수 있는 하나의 점포가 직접적으로 형성하는 개별상권을 말한다.
④ 한 점포가 형성하는 개별상권은 그 점포의 크기나 특성에 따라 상권의 크기가 변화할 수 있다.
⑤ 큰 행정구역은 복수의 지역상권을 포함할 수 있고, 한 지역상권에는 다수의 지구상권이 포함될 수 있다.

KEYWORD **상권의 계층**

해설

③ 한 지구 내에서 핵이 될 수 있는 하나의 점포가 직접적으로 형성하는 개별상권은 개별점포 상권 또는 지점상권이라고 한다.

정답 ③

311

21년 2회

한 도시 내 상권들의 계층성에 대한 설명으로 가장 옳지 않은 것은?

① 지역상권은 보통 복수의 지구상권을 포함한다.
② 지역상권은 대체로 도시의 행정구역과 일치하기도 한다.
③ 일반적으로 점포상권은 점포가 입지한 지구의 상권보다 크지 않다.
④ 같은 지구 안의 점포들은 특성이 달라도 상권은 거의 일치한다.
⑤ 지방 중소도시의 지역상권은 도시 중심부의 지구상권과 거의 일치한다.

KEYWORD **상권의 계층**

해설

④ 동일한 상업지구에 입지하더라도 점포의 규모 및 취급상품의 구색에 따라 개별점포의 상권의 범위는 달라질 수 있다.

정답 ④

312

20년 2회

상권 및 입지에 대한 아래의 내용 중에서 옳지 않은 것은?

① 상권의 성격과 업종의 성격이 맞으면 좋지 않은 상권에서도 좋은 성과를 올릴 수 있다.
② 상권이 좋아야 좋은 점포가 많이 모여들고 좋은 점포들이 많이 모여들면 상권은 더욱 강화된다.
③ 소매점을 개점하기 위해서는 점포 자체의 영업능력도 중요하지만 상권의 크기나 세력도 매우 중요하다.
④ 동일한 상업지구에 입지하더라도 규모 및 취급상품의 구색에 따라 개별점포의 상권의 범위는 달라질 수 있다.
⑤ 지구상권을 먼저 정하고 지역상권을 정하는 것이 일반적인 순서이다.

KEYWORD **상권의 계층**

해설

⑤ 상권을 선정할 때는 가장 넓은 범위의 지역상권을 먼저 정하고 지역상권의 범위 내에서 지구상권을 정한 후 개별점포상권을 결정하는 것이 일반적인 순서이다.

정답 ⑤

313

17년 1회

도시의 공간구조는 도심, 부도심, 주거지, 산업지구, 교외 등으로 계층을 이루며 이에 따라 도시의 상권도 계층 구조를 갖는다. 상업입지들 가운데 공간구조의 특징 때문에 쇼핑센터를 계획적으로 개발하기 가장 어려운 것은?

① 도심 쇼핑센터
② 부도심 쇼핑센터
③ 주거지 인근 상점가
④ 교외 광역 쇼핑센터
⑤ 교외 파워 쇼핑센터

KEYWORD 상권의 계층

해설

③ 주거지 인근 상점가에는 이미 다양한 형태의 건물이 존재하므로 규모가 큰 쇼핑센터를 계획적으로 개발하기가 어렵다. 쇼핑센터는 하나의 개발업자가 도시 근교에 대규모 토지를 확보하여 의도적인 개발 계획 하에 대규모 커뮤니티 시설로 만들어지는 것이 일반적이다.

정답 ③

THEME 045 상권의 분류

314

24년 2·3회, 23년 3회, 22년 1·3회

상권은 유형에 따라 서로 다른 특성을 갖는다. 상권유형별 일반적 특성을 비교하여 설명한 내용 중에서 가장 옳지 않은 것은?

① 도심상권은 중심업무지구(CBD)를 포함하는데 부도심 또는 근린상권보다 상대적으로 상권의 범위가 넓고 소비자들의 체류시간이 길다.
② 부도심상권은 도시 내 주요 간선도로의 결절점이나 역세권을 중심으로 형성되는 경우가 많으며 도시 전체의 소비자를 유인하지는 못한다.
③ 근린상권은 점포인근 거주자들을 주요 소비자로 볼 수 있으며 생활필수품을 취급하는 업종의 점포들이 입지하는 경향이 있다.
④ 역세권상권은 지하철역이나 철도역을 중심으로 형성되며 지상의 도로 교통망과 연결되어 지상과 지하의 입체적 상권으로 고밀도 개발이 이루어지는 경우가 많다.
⑤ 아파트상권은 단지 내 거주하는 고정고객 비중이 높아 안정적인 수요확보가 가능하고 보통 외부고객 유치가 쉬워서 상대적으로 상권확대 가능성이 높다.

KEYWORD 상권유형별 특성

해설

⑤ 아파트상권은 단지 내 거주하는 고정고객 비중이 높아 안정적인 수요확보가 가능하지만, 외부고객의 유치가 어려우므로 상대적으로 상권확대 가능성이 낮다.

정답 ⑤

315

20년 3회

공동주택인 아파트 단지내 상가의 일반적 상권특성과 거리가 먼 것은?

① 상가의 수요층이 단지 내 입주민들로 제한되어 매출 성장에 한계가 있는 경우가 많다.
② 관련법규에서는 단지 내 상가를 근린생활시설로 분류하여 관련내용을 규정하고 있다.
③ 상가의 연면적과 단지의 세대수를 비교한 세대당 상가면적을 고려해야 한다.
④ 일반적으로 중소형 평형 보다는 높은 대형평형 위주로 구성된 단지가 유리하다.
⑤ 기존 상가에서 업종을 제한하여 신규점포의 업종선택이 자유롭지 못한 경우가 있다.

KEYWORD **상권의 특성**

해설

④ 아파트 단지 상권에서 대형 평형 위주로 구성된 단지의 경우 단지 내 상가보다는 외부에서 구매하는 성향이 매우 높으므로 불리하다.

정답 ④

316

20년 2회

주변 환경에 따라 분류한 상권유형별로 설명한 상대적 특징으로 가장 옳지 않은 것은?

① 대학가 상권의 경우 가격에 민감하며 방학 동안 매출이 급감한다.
② 역세권 상권의 경우 주부 및 가족단위 중심의 소비행동이 이루어진다.
③ 백화점이나 대형마트는 쾌적한 쇼핑환경이 중요하다.
④ 오피스 상권은 점심시간이나 퇴근시간에 유동인구가 많다.
⑤ 번화가 상권은 요일과 시간대에 관계없이 높은 매출을 보인다.

KEYWORD **상권의 특성**

해설

② 주부 및 가족단위 중심의 소비행동이 이루어지는 것은 주택가 상권이다. 역세권 상권은 많은 유동인구가 있고, 신속한 서비스에 대한 높은 요구에 부응할 수 있다.

관련이론 역세권

- 역세권은 철도역과 그 주변지역을 말하며, 보통 철도(지하철)를 중심으로 500m 반경 내외의 지역을 말한다.
- 역세권 상권은 지하철이나 철도역을 중심으로 형성되어 교통의 결절점 역할을 수행하는 경우가 많고, 지상과 지하 부지를 입체적으로 연계하여 고밀도 개발이 이루어지는 경우가 많다.

정답 ②

DAY 03

317

19년 3회

입지유형에 따른 일반적 상권특성에 대한 설명으로 옳지 않은 것은?

① 중심지체계에서 도심상권은 상대적으로 소비자들의 평균 체류시간이 길다.
② 중심업무지구(CBD)는 주간과 야간의 인구차이가 뚜렷하다.
③ 아파트단지 상권의 경우, 개별점포의 면적을 아파트 세대수로 나누어 점포 입지의 적정성을 판단할 수 있다.
④ 아파트단지 상권의 외부에서 구매하는 소비성향은 소형평형단지 보다 대형평형단지의 경우가 더 높다.
⑤ 역세권상권은 대중교통이 집중되는 연결점이기 때문에 입체적 고밀도 개발이 이루어지는 경우가 많다.

KEYWORD **상권의 특성**

해설

③ 아파트단지 상권의 경우, 단지 외부에서 구매하는 성향이 강하므로 개별점포의 면적을 아파트 세대수로 나누어 점포 입지의 적정성을 판단하는 것은 의미가 없다.

정답 ③

318

20년 2회

소매상권에 대한 아래의 내용 중에서 옳지 않은 것은?

① 신호등의 위치, 좌회전로의 존재, 접근로의 경사도 등도 점포에 대한 접근성에 영향을 미칠 수 있다.
② 경관이 좋고 깨끗하다든지, 도로 주변이 불결하다든지 하는 심리적 요소도 상권범위에 영향을 미친다.
③ 특정상권 내 고객들의 소득수준이 증가할수록 고객들의 해당 상권이용 빈도는 높아진다.
④ 상권의 구매력은 상권 내의 가계소득수준과 가계숫자의 함수로 볼 수 있다.
⑤ 상권분석을 통해서 촉진활동 등 기본적 마케팅활동의 방향을 파악할 수 있다.

KEYWORD **상권의 특성**

해설

③ 특정상권 내 고객들의 소득수준이 증가할수록 해당 상권을 벗어나 소비하는 경향이 있으므로 고객들의 해당 상권이용 빈도는 낮아진다.

정답 ③

THEME 046 상권설정과 상권분석의 의의

319

21년 2회

상권설정이 필요한 이유로 가장 옳지 않은 것은?

① 지역 내 고객의 특성을 파악하여 상품구색과 촉진의 방향을 설정하기 위해
② 잠재수요를 파악하기 위해
③ 구체적인 입지계획을 수립하기 위해
④ 점포의 접근성과 가시성을 높이기 위해
⑤ 업종선택 및 업태개발의 기본 방향을 확인하기 위해

KEYWORD **상권설정**

해설

④ 점포의 접근성과 가시성은 상권설정이 아니라 입지선정과 관련이 있다.

관련이론 상권설정

상권설정은 그 지역에 거주하는 고객의 구매력을 추정하고, 점포에서 판매하는 상품에 대한 예상매출액(잠재수요)을 구하는데 필요한 기본적인 데이터를 제공하며, 판촉활동의 범위를 결정하는 데 있어서도 필수적인 데이터를 제공한다.

정답 ④

320

21년 2회

상권분석은 지역분석과 부지분석으로 나누어진다. 다음 중 지역분석의 분석항목만으로 구성된 것은?

① 기후·지형·경관, 용도지역·용적률, 기존 건물의 적합성, 금융 및 조세 여건
② 인구변화 추세, 기후·지형·경관, 도로망·철도망, 금융 및 조세 여건
③ 용도지역·용적률, 기존 건물의 적합성, 인구변화 추세, 도로망·철도망
④ 인구변화 추세, 민원발생의 소지, 토지의 지형·지질·배수, 금융 및 조세 여건
⑤ 민원발생의 소지, 용도지역·용적률, 도로망·철도망, 공익설비 및 상하수도

KEYWORD **상권분석**

해설

지역분석(regional analysis)은 가장 넓은 범위를 대상으로 하므로 ②의 항목 등이 포함된다.
부지분석(site analysis)은 ③의 용도지역·용적률, 기존 건물의 적합성, 토지의 지형·지질·배수 등의 항목이 해당된다.
점포의 개설을 위한 입지분석은 넓은 범위에서 시작하여 범위를 좁혀 나가는 것이 바람직하다. 따라서 지역분석을 한 후 지구분석, 그리고 점포의 부지에 대해 부지분석을 해야 한다.

정답 ②

321

21년 2회

빅데이터의 유용성이 가장 높은 상권분석의 영역으로 가장 옳은 것은?

① 경쟁점포의 파악
② 상권범위의 설정
③ 상권규모의 추정
④ 고객맞춤형 전략의 수립
⑤ 점포입지의 적합성 평가

KEYWORD **상권분석**

해설

④ 고객맞춤형 전략을 수립하기 위해서는 개별고객에 대한 다양한 정보가 필요하므로 빅데이터의 유용성이 가장 높은 영역으로 볼 수 있다.

정답 ④

322

21년 3회

한 지역의 소매시장의 상권구조에 영향을 미치는 다양한 요인들에 대한 설명으로 가장 옳지 않은 것은?

① 인구의 교외화 현상은 소비자와 도심 상업집적과의 거리를 멀게 만들어 상업집적의 교외 분산화를 촉진한다.
② 대중교통의 개발은 소비자의 거리저항을 줄여 소비자의 이동거리를 증가시킨다.
③ 자가용차 보급은 소비자를 전방위적으로 자유롭게 이동할 수 있게 하여 상권 간 경쟁영역을 축소시킨다.
④ 교외형 쇼핑센터의 건설은 자가용차를 이용한 쇼핑의 보급과 함께 소비자의 쇼핑패턴과 상권구조를 변화시킨다.
⑤ 소비자와 점포 사이의 거리는 물리적거리, 시간거리, 심리적거리를 포함하는데, 교통수단의 쾌적함은 심리적거리에 영향을 미친다.

KEYWORD **상권분석**

해설

③ 자가용차 이용으로 소비자가 여러 도시를 자유롭게 이동할 수 있어 소매상의 시장범위가 비약적으로 확대된다. 따라서 상권 간 경쟁영역은 확대된다.

정답 ③

323

20년 3회

아래 글상자의 내용 가운데 상권 내 경쟁관계를 분석할 때 포함해야 할 내용만을 모두 고른 것으로 옳은 것은?

> ㉠ 주변 동종점포와의 경쟁관계 분석
> ㉡ 주변 이종점포와의 경쟁구조 분석
> ㉢ 잠재적 경쟁구조의 분석
> ㉣ 상권 위계별 경쟁구조 분석
> ㉤ 주변 동종점포와의 보완관계 분석

① ㉠
② ㉠, ㉡
③ ㉠, ㉡, ㉢
④ ㉠, ㉡, ㉢, ㉣
⑤ ㉠, ㉡, ㉢, ㉣, ㉤

KEYWORD **상권분석**

해설

상권 내 경쟁관계의 분석에는 위에 제시된 5가지 모두 포함된다.
경쟁분석에는 위계별 경쟁구조 분석, 업태별, 업태 내 경쟁구조 분석, 경쟁 및 보완관계 분석, 잠재경쟁구조 분석 등이 포함된다.
특히 잠재경쟁구조 분석을 위해서는 업태 내 경쟁분석과 업태별 경쟁분석, 위계별 경쟁구조 분석, 경쟁·보완관계 분석이 모두 시행되어야 한다.
또한 경쟁분석에는 경쟁점포에 대한 방문조사 외에도 상권 내 경쟁점포의 수와 분포 등 다양한 방법이 활용된다.

정답 ⑤

324

20년 추가

아래 글상자는 체크리스트(Checklist)법을 활용하여 특정 입지에 입점할 점포의 상권경쟁구조의 분석 내용을 제시하고 있다. 분석 내용과 사례의 연결이 옳은 것은?

> ㉠ 업태간 경쟁구조 분석 ㉡ 보완 및 경쟁관계 분석
> ㉢ 위계별 경쟁구조 분석 ㉣ 잠재적 경쟁구조 분석
> ㉤ 업태내 경쟁구조 분석

① ㉠ – 동일 상권내 편의점들 간의 경쟁관계
② ㉡ – 상권 내 진입 가능한 잠재경쟁자와의 경쟁관계
③ ㉢ – 도시의 도심, 부도심, 지역중심, 지구중심 간의 경쟁관계
④ ㉣ – 근접한 동종점포간 보완 및 경쟁관계
⑤ ㉤ – 백화점, 할인점, SSM, 재래시장 상호 간의 경쟁관계

KEYWORD **상권분석**

해설

① 동일 상권내 편의점들 간의 경쟁관계는 ㉤ 업태내 경쟁구조 분석
② 상권내 진입 가능한 잠재경쟁자와의 경쟁관계는 ㉣ 잠재적 경쟁구조 분석
④ 근접한 동종점포간 보완 및 경쟁관계는 ㉡ 보완 및 경쟁관계 분석
⑤ 백화점, 할인점, SSM, 재래시장 상호 간의 경쟁관계는 ㉠ 업태간 경쟁구조 분석에 해당한다.

관련이론 경쟁구조 분석

1. 경쟁분석은 경쟁점포에 대한 방문조사 외에도 상권내 경쟁점포의 수와 분포 등 다양한 방법이 활용된다.
2. 경쟁분석은 위계별 경쟁구조 분석, 업태별, 업태내 경쟁구조 분석, 경쟁 및 보완관계 분석, 잠재경쟁구조 분석 등이 포함된다.
3. 특히 잠재경쟁구조 분석을 위해서는 업태내 경쟁분석과 업태별 경쟁분석, 위계별 경쟁구조 분석, 경쟁·보완관계 분석이 모두 시행되어야 한다.

정답 ③

325

19년 3회

해당 지역의 지역형 백화점 뿐만 아니라 부도심 및 도심 백화점까지 포함하여 특정지역에 위치한 백화점의 상권 경쟁구조를 분석하는 방법으로 옳은 것은?

① 업태별 경쟁구조 분석
② 업종 내 경쟁구조 분석
③ 잠재경쟁구조 분석
④ 경쟁 보완관계 분석
⑤ 위계별 경쟁구조 분석

KEYWORD **상권분석**

해설

문제는 ⑤ 위계별 경쟁구조 분석에 대한 내용이다.
위계별 경쟁구조 분석은 대도시의 상권을 도심, 부도심, 지역중심, 지구중심 등으로 분류하고 각 수준별 및 수준간 경쟁 관계의 영향을 함께 고려하는 것을 말한다.

정답 ⑤

326

21년 1회

소매점 상권의 크기에 영향을 미치는 주요 요인을 모두 나열한 것으로 가장 옳은 것은?

㉠ 소매점의 이미지 ㉡ 기생점포(parasite store)의 입지 ㉢ 소매점의 규모 ㉣ 소매점의 접근성 ㉤ 경쟁점포의 입지

① ㉠, ㉡, ㉢, ㉣, ㉤
② ㉡, ㉢, ㉣, ㉤
③ ㉠, ㉡, ㉢
④ ㉡, ㉣, ㉤
⑤ ㉠, ㉢, ㉣, ㉤

KEYWORD **상권분석**

선지분석

㉡ 기생점포(parasite store)는 목적점포를 방문한 후 찾는 점포이므로 기생점포의 입지는 소매상권의 크기에 아무런 영향을 미치지 않는다.

정답 ⑤

327

21년 1회

상권측정을 위한 '상권실사'에 관한 설명으로서 가장 옳지 않은 것은?

① 항상 지도를 휴대하여 고객이 유입되는 지역을 정확하게 파악하는 것이 바람직하다.
② 요일별, 시간대별로 내점고객의 숫자나 특성이 달라질 수 있으므로, 상권실사에 이를 반영해야 한다.
③ 내점하는 고객의 범위를 파악하는 것이 목적이므로 상권범위가 인접 도시의 경계보다 넓은 대형 교외점포에서는 도보고객을 조사할 필요가 없는 경우도 있다.
④ 주로 자동차를 이용하는 고객이 증가하고 있는바, 도보보다는 자동차주행을 하면서 조사를 실시하는 것이 더 바람직하다.
⑤ 기존 점포의 고객을 잘 관찰하여 교통수단별 내점비율을 파악하는 것이 중요하다.

KEYWORD **상권분석**

해설

④ 자동차를 이용하는 고객이 증가하고 있다고 해도 도보고객이 더 큰 비중을 차지하므로 도보고객을 대상으로 조사를 실시하는 것이 더 바람직하다.

정답 ④

328

18년 1회, 16년 3회

상권분석의 직접적 필요성에 대한 설명으로 옳지 않은 것은?

① 구체적인 입지계획을 수립하기 위해
② 잠재수요를 파악하기 위해
③ 고객에 대한 이해를 바탕으로 보다 표적화된 구색과 판매촉진전략을 수립하기 위해
④ 점포의 접근성과 가시성을 높이기 위해
⑤ 기존 점포들과의 차별화 포인트를 찾아내기 위해

KEYWORD **상권분석**

해설

④ 특정 점포의 가시성과 접근성 평가는 입지분석의 목적이다.
상권분석의 일반적인 목적은 점포를 개설할 상권을 선정하거나 기존점포의 활성화를 위한 마케팅 전략을 수립하기 위함이다. 또한 상권의 특성과 가치를 파악하여 업종을 선택하고 매출액을 추정하기 위함이다.

정답 ④

329

24년 1회

상권의 개념이나 일반적 특성에 대한 설명으로서 가장 옳지 않은 것은?

① 현재 기존점포를 이용하는 소비자들이 거주하는 지역인 현재상권과 신규점포를 개설할 경우 그 점포를 이용할 가능성이 있는 소비자들의 분포 지역인 잠재상권으로 구분할 수 있다.
② 점포의 소비자들이 거주하는 지역인 거주상권과 점포를 이용하는 점포 주변 직장인과 학생 등 비거주 소비자의 생활공간 분포 범위인 생활상권으로 구분할 수 있다.
③ 상권의 공간적 범위는 일정하지 않고, 요일이나 계절과 같은 시간의 흐름, 교통상황, 경제상황 등 다양한 변수의 영향을 받아 유동적으로 변화한다.
④ 소비자가 점포를 선택할 때 행정구역은 중요한 고려요소가 아니기 때문에 점포의 상권범위와 행정구역이 일치하지 않는 경우가 많다.
⑤ 현실에서 특정 점포의 상권은 그 점포를 중심으로 일정한 거리를 한계로 하는 동심원의 형태로 형성되는 것이 일반적이다.

KEYWORD **상권의 개념 및 특성**

해설

상권의 형태는 하천이나 산과 같은 자연조건, 도로나 대중교통 수단과 같은 교통체계, 점포 규모와 유통업의 형태(업태) 등의 영향을 받기 때문에 동심원 형태가 될 수는 없다. 따라서 상권은 다양한 형태를 지니므로 흔히 '아메바형'이라고 불리고 있다.

정답 ⑤

330

20년 2회

상권 내 관련 점포들이 제공하는 서비스에 대한 고객들의 구체적인 만족 또는 불만족 요인들을 파악하는 조사방법으로 가장 옳은 것은?

① 상권에 대한 관찰조사
② 심층면접을 통한 정성조사
③ 설문조사를 통한 정량조사
④ 상권에 대한 일반정보의 수집
⑤ 조사 자료에 근거한 상권지도의 작성

KEYWORD **고객 만족도 조사**

해설

서비스에 대한 고객들의 구체적인 만족 또는 불만족 요인들을 파악하기 위해서는 ② 심층면접을 통한 정성조사가 가장 바람직하다.

정답 ②

THEME 047 상권분석의 방법

331

20년 3회, 20년 추가

점포입지나 상권에 관한 회귀분석에 관한 설명으로 가장 옳지 않은 것은?

① 점포의 성과에 대한 여러 변수들의 상대적인 영향력 분석이 가능하다.
② 상권분석에 점포의 성과와 관련된 많은 변수들을 고려할 수 있다.
③ 독립변수들이 상호 관련성이 없다는 가정은 현실성이 없는 경우가 많다.
④ 분석 대상과 유사한 상권특성을 가진 점포들의 표본을 충분히 확보하기 어렵다.
⑤ 시간의 흐름에 따라 회귀 모델을 개선해 나갈 수 없어 확장성과 융통성이 부족하다.

KEYWORD **회귀분석 모형**

해설

⑤ 회귀분석은 시간의 흐름에 따라 새로운 데이터가 주어지면 이를 바탕으로 독립변수의 변경 등 회귀 모델의 개선이 가능하다. 따라서 확장성과 융통성이 매우 뛰어난 분석이다.

관련이론 회귀분석(Regression Analysis)

회귀분석은 종속변수에 영향을 미치는 하나 또는 그 이상의 독립변수를 파악하여 종속변수와 독립변수의 상관 관계를 선형관계식(최소 자승선)으로 나타내는 방법이다. 이를 통하여 독립변수가 변화할 때 종속변수에 미치는 영향을 파악할 수 있다.

정답 ⑤

DAY 03

332

18년 1회, 16년 1회, 15년 2회, 15년 1회

상권분석에 이용할 수 있는 회귀분석 모형에 관한 설명으로 가장 옳지 않은 것은?

① 소매점포의 성과에 영향을 미치는 요소들을 파악하는데 도움이 된다.

② 모형에 포함되는 독립변수들은 서로 관련성이 높을수록 좋다.

③ 점포성과에 영향을 미치는 영향변수에는 상권내 경쟁수준이 포함될 수 있다.

④ 점포성과에 영향을 미치는 영향변수에는 상권내 소비자들의 특성이 포함될 수 있다.

⑤ 회귀분석에서는 표본의 수가 충분하게 확보되어야 한다.

KEYWORD 회귀분석 모형

해설

② 독립변수가 2개 이상인 다중회귀분석에서 모형에 포함되는 독립변수들이 서로 관련성이 높은 경우 다중공선성(multicollinearity) 문제를 발생시키므로 바람직하지 않다.

정답 ②

THEME 048 신규점포에 대한 상권분석 방법과 종류

333

20년 추가

소매상권을 분석하는 기법을 규범적 분석과 기술적 분석으로 구분할 때, 나머지 4가지와 성격이 다른 하나는?

① Applebaum의 유추법

② Christaller의 중심지이론

③ Reilly의 소매중력법칙

④ Converse의 무차별점 공식

⑤ Huff의 확률적 공간상호작용이론

KEYWORD 상권분석 방법

해설

① Applebaum의 유추법(analog method)은 체크리스트법, 현지조사법, 비율법 등과 함께 기술적 방법(descriptive method)에 해당한다.

선지분석

② 중심지이론, ③ 소매중력법칙 및 ④ 컨버스의 무차별점 공식은 규범적 모형(normative methods)에 해당한다.

⑤ Huff의 확률적 공간상호작용이론은 확률적 모형(probabilistic methods)이다.

정답 ①

334

19년 2회

상권분석방법은 규범적 모형(normative methods)과 기술적 방법(descriptive methods)으로 구분될 수 있다. 이 중 기술적 방법에 포함될 수 있는 하나는?

① 공간적 상호작용모델
② 중심지 이론
③ 유추법
④ 레일리(Reilly)의 소매인력이론
⑤ 컨버스(Converse)의 소매분기점

KEYWORD **상권분석 방법**

해설

유추법(analog method)은 상권분석 방법 중 기술적 방법(서술적 방법)의 하나로 유사점포법 또는 아날로그법이라고도 한다.

관련이론 상권분석 방법

상권분석 방법 중 서술적 방법은 체크리스트법, 유추법, 현지조사법, 비율법 등이 있고, 규범적 모형은 중심지 이론, 소매중력법칙 등이 있다. 확률적 모형은 허프 모형, 루스 모형, MNL 모형, MCI 모형 등이 있다.

정답 ③

335

17년 1회, 14년 3회

상권분석 방법들 중에서 특정 입지의 매력도를 점수로 평가할 수는 있지만 매출액을 추정하기 어려운 방법은?

① 체크리스트법
② 유추법
③ 허프 모델
④ 수정 허프 모델
⑤ 회귀분석법

KEYWORD **상권분석 방법**

해설

체크리스트법(checklist)은 상권의 규모에 영향을 미치는 요인들을 수집하여 이들에 대한 평가결과를 점수화하여 시장잠재력을 측정하는 방법이다.
즉, 특정 상권의 제반특성을 여러 항목으로 구분하여 조사하고, 이를 바탕으로 신규점포의 개설가능성 여부를 평가하는 방법이다. 상권의 범위에 영향을 미치는 요인을 크게 상권내의 제반입지의 특성, 상권의 고객 특성, 상권의 경쟁구조로 구분하여 분석하므로 매출액을 추정할 수는 없다.

정답 ①

THEME 049 GIS를 이용한 상권분석

336

20년 2회, 18년 3회

지리정보시스템(GIS)의 활용으로 과학적 상권분석의 가능성이 높아지고 있는데 이와 관련한 설명으로 적합하지 않은 것은?

① 컴퓨터를 이용한 지도작성(mapping)체계와 데이터베이스관리체계(DBMS)의 결합이라고 볼 수 있다.
② GIS는 공간데이터의 수집, 생성, 저장, 검색, 분석, 표현 등 상권분석과 연관된 다양한 기능을 기반으로 한다.
③ 대개 GIS는 하나의 데이터베이스와 결합된 하나의 지도 레이어(map layer)만을 활용하므로 강력한 공간정보 표현이 가능하다.
④ 지도레이어는 점, 선, 면을 포함하는 개별 지도형상(map features)으로 주제도를 표현할 수 있다.
⑤ gCRM이란 GIS와 CRM의 결합으로 지리정보시스템(GIS) 기술을 활용한 고객관계관리(CRM) 기술을 가리킨다.

KEYWORD **지리정보시스템(GIS)**

해설

③ GIS는 여러 겹의 지도 레이어를 활용하여 상권의 중첩(overlay)을 표현할 수 있다.

관련이론 지리정보시스템(GIS)

GIS는 컴퓨터를 이용한 지도작성체계와 데이터베이스 관리체계(DBMS)의 결합이다. 지리정보시스템(GIS: Geographical Information System)은 각종 지리적 자료를 수집·저장·분석·출력할 수 있는 컴퓨터 응용시스템이다.
즉 GIS는 지리정보를 컴퓨터를 이용해 작성·관리하고, 여기서 얻은 지리정보를 기초로 데이터를 수집·분석·가공하여 지형과 관련되는 모든 분야에 적용하기 위해 설계된 종합정보시스템을 말한다.
GIS를 기반으로 운영되는 상권정보 및 상권분석 시스템으로는 중소벤처기업부의 소상공인 상권정보시스템(sg.smba.go.kr), 서울시 우리마을가게 상권분석 서비스(golmok.seoul.go.kr) 등이 있다.

정답 ③

337

21년 1회

상권분석 및 입지선정에 활용하는 지리정보시스템(GIS)에 대한 설명으로서 가장 옳지 않은 것은?

① 개별 상점이나 상점가의 위치정보를 점(點)데이터로, 토지 이용 등의 정보는 면(面)데이터로 지도에 수록한다.
② 지하철 노선이나 도로 등은 선(線)데이터로 지도에 수록하고 데이터베이스를 구축한다.
③ 상점 또는 상점가를 방문한 고객을 대상으로 인터뷰조사를 하거나 설문조사를 하여 지도데이터베이스 구축에 활용한다.
④ 레일리, 컨버스 등이 제안한 소매인력모델을 적용하는 경우에도 정확한 위치정보를 얻을 수 있는 지리정보시스템의 지원이 필요하다.
⑤ 백화점, 대형마트 등의 대규모 점포의 입지선정 등에 활용될 수 있으나, 편의점 등 소규모 연쇄점의 입지선정이나 잠재고객 추정 등에는 활용가능성이 높지 않다.

KEYWORD **지리정보시스템(GIS)**

해설

⑤ 지리정보시스템(GIS)은 대규모 점포의 입지선정은 물론 소규모 점포의 입지선정에도 활용되고, 잠재고객 추정에도 활용할 수 있다.

정답 ⑤

338

24년 3회, 21년 1회

지리정보시스템(GIS)을 활용하여 보다 깊이 있는 상권분석이 가능해졌다. 지리정보시스템의 대표적 기능 중 아래의 글 상자 내용에 해당하는 것은?

① 위상(topology)　② 중첩(overlay)
③ 버퍼(buffer)　④ 주제도 작성
⑤ 데이터 및 공간조회

KEYWORD **GIS의 기능**

해설

어떤 지도형상, 즉 점이나 선 혹은 면으로부터 특정한 거리 이내에 포함되는 영역을 의미하는 것은 버퍼(buffer)이다.

선지분석

① 위상(topology)은 지도지능(map intelligence)의 일종이며, 이는 개별 지도형상에 대해 경도와 위도 좌표체계를 기반으로 다른 지도형상과 비교하여 상대적인 위치를 알 수 있는 기능을 부여하는 역할을 한다.
② 중첩(overlay)은 공간적으로 동일한 경계선을 가진 두 지도 레이어에 대해 하나의 레이어에 다른 레이어를 겹쳐 놓고 지도 형상과 속성들을 비교하는 기능이다.
③ 주제도(thematic map) 작성은 속성정보를 요약하여 표현한 지도를 작성하는 것이며, 면, 선, 점의 형상으로 구성된다.

정답 ⑤

339

21년 3회

상권분석을 위해 활용하는 지리정보시스템(GIS)의 기능 중 공간적으로 동일한 경계선을 가진 두 지도 레이어들에 대해 하나의 레이어에 다른 레이어를 겹쳐 놓고 지도형상과 속성들을 비교하는 기능으로 옳은 것은?

① 버퍼(buffer)　② 위상
③ 주제도 작성　④ 중첩(overlay)
⑤ 프레젠테이션 지도작업

KEYWORD **지리정보시스템(GIS)**

해설

중첩(overlay)은 공간적으로 동일한 경계선을 가진 두 지도 레이어들에 대해 하나의 레이어에 다른 레이어를 겹쳐 놓고 지도형상과 속성들을 비교하는 기능이다.

정답 ④

340

21년 2회

지도작성체계와 데이터베이스관리체계의 결합으로 상권분석의 유용한 도구가 되고 있는 지리정보시스템(GIS)의 기능에 대한 설명으로 옳은 것은?

① 버퍼(buffer) – 지도상에서 데이터를 조회하여 표현하고, 특정 공간기준을 만족시키는 지도를 얻기 위해 조회도구로써 지도를 사용하는 것이다.
② 주제도(thematic map) 작성 – 속성정보를 요약하여 표현한 지도를 작성하는 것이며, 면, 선, 점의 형상으로 구성된다.
③ 위상 – 지리적인 형상을 표현한 지도상에 데이터의 값과 범위를 할당하여 지도를 확대·축소하는 등의 기능이다.
④ 데이터 및 공간조회 – 어떤 지도형상, 즉 점이나 선 혹은 면으로부터 특정한 거리 이내에 포함되는 영역을 의미하며, 면의 형태로 나타나 상권 혹은 영향권을 표현하는 데 사용될 수 있다.
⑤ 프레젠테이션 지도작업 – 공간적으로 동일한 경계선을 가진 두 지도 레이어들에 대해 하나의 레이어에 다른 레이어를 겹쳐 놓고 지도 형상과 속성들을 비교하는 기능이다.

KEYWORD **지리정보시스템(GIS)**

해설

② 주제도는 GIS 소프트웨어를 사용하여 데이터베이스를 조회하고 속성정보를 요약하여 표현한 지도다.

선지분석

① 버퍼(buffer)는 지도에서 관심대상을 지정한 범위만큼 경계 짓는 것으로, 면으로 표시된다.
③ 위상은 지도지능(map intelligence)의 일종이며, 이는 개별 지도형상에 대해 경도와 위도 좌표체계를 기반으로 다른 지도형상과 비교하여 상대적인 위치를 알 수 있는 기능을 부여하는 역할을 한다.
④ 지도레이어(map layer), ⑤는 중첩(overlay)에 대한 설명이다.

정답 ②

341

20년 3회

정보기술의 발달과 각종 데이터의 이용가능성이 확대되면서 지도작성체계와 데이터베이스관리체계의 결합체인 지리정보시스템(GIS)을 상권분석에 적극 활용할 수 있는 환경이 조성되고 있다. 아래 글상자의 괄호 안에 적합한 GIS 관련 용어로 가장 옳은 것은?

- GIS를 이용한 상권분석에서 각 점포에 대한 속성값 자료는 점포 명칭, 점포 유형, 매장면적, 월매출액, 종업원수 등을 포함할 수 있다.
- 이 때 면, 선, 점의 형상들을 구성하는 각 점의 x–y 좌표값들은 통상적으로 경도와 위도 좌표체계를 기반으로 작성되는데 우수한 GIS 소프트웨어는 대체로 (　　　)을/를 포함하고 있다.
- (　　　)은/는 지도지능(map intelligence)의 일종이며, 이는 개별 지도형상에 대해 경도와 위도 좌표체계를 기반으로 다른 지도형상과 비교하여 상대적인 위치를 알 수 있는 기능을 부여하는 역할을 한다.

① 버퍼(buffer)
② 레이어(layer)
③ 중첩(overlay)
④ 기재단위(entry)
⑤ 위상(topology)

KEYWORD **지리정보시스템(GIS)**

해설

⑤ 지도지능(map intelligence)의 일종이며, 이는 개별 지도형상에 대해 경도와 위도 좌표체계를 기반으로 다른 지도형상과 비교하여 상대적인 위치를 알 수 있는 기능을 부여하는 역할을 하는 것은 위상(topology)이다.

선지분석

① 버퍼(buffer)는 지도에서 관심대상을 지정한 범위만큼 경계짓는 것으로, 면으로 표시된다.
② 지도 레이어(map layer)는 어떤 지도형상, 즉 점이나 선 혹은 면으로부터 특정한 거리 이내에 포함 되는 영역을 의미하며, 선의 형태로 표현되는 것이다.
③ 중첩(overlay)은 공간적으로 동일한 경계선을 가진 레이어를 겹쳐 놓고 지도형상과 속성들을 비교하는 기능이다.

정답 ⑤

342

19년 1회

상권분석 및 입지분석 과정에 점차로 이용가능성이 확대되고 있는 지리정보시스템(GIS)에 관한 설명으로 옳지 않은 것은?

① GIS 소프트웨어를 사용하여 데이터베이스를 조회하고 속성정보를 요약하여 표현한 지도를 주제도(thematic map)라고 한다.
② 상권분석에서 특정 기준을 만족시키는 공간을 파악하기 위한 조회도구로 지도를 사용하기도 한다.
③ GIS는 컴퓨터를 이용한 지도작성체계와 데이터베이스 관리체계의 결합으로 프리젠테이션 지도작업, 공간분석 등이 가능하다.
④ 버퍼(buffer)란 어떤 지도형상, 즉 점이나 선 혹은 면으로부터 특정한 거리 이내에 포함 되는 영역을 의미하며, 선의 형태로 표현된다.
⑤ 중첩(overlay)은 공간적으로 동일한 경계선을 가진 레이어를 겹쳐 놓고 지도형상과 속성들을 비교하는 기능이다.

KEYWORD 지리정보시스템(GIS)

해설

④ 어떤 지도형상, 즉 점이나 선 혹은 면으로부터 특정한 거리 이내에 포함 되는 영역을 의미하며, 선의 형태로 표현되는 것은 지도 레이어(map layer)이다. 버퍼(buffer)는 지도에서 관심대상을 지정한 범위만큼 경계짓는 것으로, 면으로 표시된다.

정답 ④

THEME 050 유추법

343

18년 2회

하버드 비즈니스 스쿨의 애플바움(W. Applebaum) 교수가 제시한 유추법에 대한 설명으로 가장 옳지 않은 것은?

① 자사의 신규점포와 특성이 비슷한 기존의 유사점포를 선정하여 매출액, 통행량, 구매력 비율, 객단가 등을 조사하여 정확한 수요를 찾는 방법이다.
② 각 지역에서의 1인당 매출액을 구하고, 예상상권 내의 각 지역의 인구수에 유사점포의 1인당 매출액을 곱하여 신규점포의 예상매출액을 구한다.
③ 유통업자가 기존의 점포 근처에 신규점포를 개점하려고 한다면, 신규점포가 기존점포의 고객을 어느 정도 잠식할 것인지를 고려해야 한다.
④ 유사점포가 가지고 있는 흡인력을 조사한 후 대체입지의 예상매출과 상권을 추정하여 기대효과가 가장 높은 곳을 선정한다.
⑤ 신규점포의 상권분석 뿐만 아니라 기존점포의 상권분석에도 적용될 수 있으며, 쇼핑패턴을 반영하여 적용하기 쉽다는 특징이 있다.

KEYWORD 애플바움의 유추법

해설

애플바움(W. Applebaum)의 유추법(analog method) 또는 유사점포법은 ① 자사의 신규점포와 특성이 비슷한 유사점포를 선정하여, 그 점포의 상권범위를 추정한 결과를 자사의 신규점포에 적용하여 신규입지에서의 매출액(상권규모)을 측정하는데 이용하는 방법이다. 유추법은 매출액을 기준으로 상권규모를 파악한다.

정답 ①

344

21년 3회

상권분석 방법 중 애플바움(W. Applebaum)이 제안한 유추법에 대한 설명으로 가장 옳지 않은 것은?

① 유사한 점포의 상권정보를 활용하여 신규점포의 상권규모를 분석한다.
② 유사점포는 점포 특성, 고객 특성, 경쟁 특성 등을 고려하여 선정한다.
③ 고객스포팅기법(CST)을 활용하여 유사점포의 상권을 파악한다.
④ 유사점포의 상권을 구역화하고, 회귀분석을 통해 구역별 매출액을 추정한다.
⑤ 유사점포의 상권 구역별 매출액을 적용하여 신규점포의 매출액을 추정한다.

KEYWORD **애플바움의 유추법**

해설

④ 유추법에 의한 상권분석 절차는 자사(신규)점포의 입지조건 파악 → 유사점포 선정 → 출점예상 상권을 소규모지역(zone)으로 구분 → 신규점포의 각 지역(zone)별 예상매출액 분석 → 신규점포의 예상총매출액 추정 순이다. 회귀분석을 통해 구역별 매출액을 추정하는 것이 아니다.

정답 ④

345

20년 3회

상권분석기법 중 유추법(analog method)에 대한 설명으로 가장 옳지 않은 것은?

① 신규점포의 판매예측에 활용되는 기술적 방법이다.
② 유사점포의 판매실적을 활용하여 신규점포의 판매를 예측한다.
③ 기존점포의 판매예측에도 활용할 수 있다.
④ 유사점포는 신규점포와 동일한 상권 안에서 영업하고 있는 점포 중에서만 선택해야 한다.
⑤ CST(Customer Spotting Technique)지도를 활용하여 신규점포의 상권규모를 예측한다.

KEYWORD **애플바움의 유추법**

해설

④ 유사점포를 선정하는 것은 예상매출액을 추정하려는 것이므로, 신규점포와 동일한 상권이 아니라도 비슷한 규모의 상권이라면 유사점포를 선정할 수 있다.

정답 ④

346

24년 1회

CST(Customer Spotting Technique) Map을 통해 알 수 있는 정보로 가장 옳지 않은 것은?

① 점포별 상권의 중복상태를 파악하여 점포들 간의 경쟁 정도를 측정할 수 있다.
② 상권의 규모를 파악하여 1차 상권, 2차 상권 및 3차 상권을 파악할 수 있다.
③ 신규점포가 기존점포 고객을 어느 정도 잠식할 것인지를 파악하여 점포 확장계획을 수립할 수 있다.
④ 상권 내 소비자의 점포선택확률을 계산할 수 있고 각 점포의 예상매출액과 적절한 점포규모를 제공한다.
⑤ 개별 고객을 나타내는 각 점(spot)에 인구통계적 특성을 속성정보로 부여하여 추가적인 분석을 할 수 있다.

KEYWORD **CST Map을 통해 알 수 있는 정보**

선지분석

④ 상권 내 소비자의 점포 선택확률을 계산할 수 있고 각 점포의 예상매출액과 적절한 점포 규모를 제공하는 것은 허프(D. Huff)의 확률모형에 대한 설명이다.

관련이론 CST(Customer Spotting Technique) Map 기법

CST(Customer Spotting Technique) map 기법은 애플바움(W. Applebaum)이 개발한 유추법(Analog Method)에서 상권규모를 측정할 때 사용하는 기법이다. CST map 기법은 상권의 규모 측정은 물론 고객 특성 조사, 광고 및 판촉전략 수립, 경쟁 정도의 측정, 점포의 확장계획 등 소매정책의 수립에 유용하게 이용할 수 있다.

정답 ④

347

19년 1회

상권분석기법 중 유추법(analog method)과 관련된 내용으로 가장 옳지 않은 것은?

① CST map ② 유사점포
③ 상권범위 추정 ④ 규범적 모형
⑤ 상권내 소규모지역(zone)

KEYWORD **애플바움의 유추법**

해설

애플바움(W. Applebaum)이 개발한 유추법(analog method)은 자사의 신규점포와 특성이 비슷한 ② 유사점포를 선정한 뒤 그 점포의 ③ 상권범위를 추정하여 자사의 매출액(상권규모)를 파악하는 방법이다. 상권규모는 ① CST(customer spotting technique) map 기법을 이용하여 시각적으로 파악한다.
유추법에 의한 상권분석 절차는 자사(신규)점포의 입지조건 파악 → ② 유사점포 선정 → ⑤ 출점예상 상권을 소규모지역(zone)으로 구분 → 신규점포의 각 지역(zone)별 예상매출액 분석 → 신규점포의 예상총매출액 추정이다.

정답 ④

348

18년 2회

상권분석에서 기술적 조사방법인 유추법(analog method)의 진행과정을 설명한 것이다. 일반적인 진행순서로 보아 세 번째 단계에 해당되는 것은?

가. 각 지역(zone)에서의 1인당 매출액 추정
나. 유사점포(analog store)의 선정
다. 출점예상 상권을 소규모지역(zone)으로 구분
라. 신규점포의 예상총매출액 추정
마. 자사(신규)점포의 입지조건 파악

① 가 ② 나 ③ 다 ④ 라 ⑤ 마

KEYWORD **애플바움의 유추법**

해설

유추법에 의한 상권분석 절차는 마. 자사(신규)점포의 입지조건 파악 → 나. 유사점포 선정 → 다. 출점예상 상권을 소규모지역(zone)으로 구분 → 가. 신규점포의 각 지역(zone)별 예상매출액 분석 → 라. 신규점포의 예상총매출액 추정한다.
따라서 세 번째 단계에 오는 것은 ③ '다'이다.

정답 ③

349

19년 2회

다음의 여러 상권분석 방법 가운데서 기존 점포를 이용하는 소비자의 공간적 분포 분석에 주로 활용되는 방법은?

① 레일리(Reilly)의 소매인력모형법
② 허프(Huff)의 소매인력법
③ 고객점표법(customer spotting technique)
④ 아날로그(analog) 방법
⑤ 컨버스(Converse)의 소매인력이론

KEYWORD **CST map 기법**

해설

③ 기존 점포를 이용하는 소비자의 공간적 분포 분석에 주로 활용되는 방법은 고객점표법(customer spotting technique)이다.

관련이론 **CST map 기법**

CST map 기법은 애플바움(W. Applebaum)이 개발한 유추법(analog method)에서 상권규모를 측정할 때 사용하는 기법으로 고객점표법이라고 번역한다.

고객점표법은 상권의 규모 측정은 물론 고객특성 조사, 광고 및 판촉전략 수립, 경쟁정도의 측정, 점포의 확장계획 등 소매정책의 수립에 유용하게 이용할 수 있다.

정답 ③

350

18년 2회

점포의 입지결정이나 소매마케팅 전략의 수립에 필요한 상권분석 과정에서 다양하게 활용되고 있는 CST(Customer Spotting Technique) map과 상대적으로 관련성이 낮은 것은?

① 점포의 물리적 조건 파악
② 고객점표법
③ 고객특성 조사
④ 유추법
⑤ 상권잠식 파악

KEYWORD **CST map 기법**

해설

① CST map을 통해 점포의 물리적 조건은 파악할 수 없다.
CST(Customer Spotting Technique) map 기법은 애플바움(W. Applebaum)이 개발한 유추법(analog method)에서 상권규모를 측정할 때 사용하는 기법이다.
CST map 기법은 상권의 규모 측정은 물론 고객특성 조사, 광고 및 판촉전략 수립, 경쟁정도의 측정, 점포의 확장계획 등 소매정책의 수립에 유용하게 이용할 수 있다.

정답 ①

351

18년 3회

구체적 상권분석 기법 중 하나로 유추법 등에서 활용되는 CST map은 유통기업의 CRM에서 소비자를 공간적으로 분석하는데 이용되기도 하는데 다음 중 이와 관련한 설명으로 적합하지 않은 것은?

① 최근 점점 더 활용도가 높아지고 있는 GIS의 다양한 분석기능들을 활용하면 2차원 또는 3차원의 공간데이터를 가공하여 상권과 관련한 의사결정에 도움을 줄 수 있다.
② 새롭게 개발하는 신규점포가 기존점포의 상권을 얼마나 잠식할 가능성이 있는가를 분석하여 점포 개설, 점포 이동, 점포 확장계획을 만들 수 있다.
③ 2차 자료인 공공데이터를 활용해 점포 이용자 중 특정 속성을 가진 표적소비자들을 추출하고 그들만을 대상으로 하는 차별적 판촉전략을 수행할 수 있다.
④ 자사 점포 및 경쟁사의 점포 위치와 각 점포별 상권 범위 분석을 통해 점포들 간의 상권잠식 상태와 경쟁 정도를 측정할 수 있다.
⑤ 점포를 이용하고 있는 현재의 소비자나 잠재적 소비자들의 공간적 위치를 분석하여 상권의 범위를 파악할 수 있으며, 1차 상권, 2차 상권 및 한계 상권을 구획할 수 있다.

KEYWORD **CST map 기법**

해설

③ 유추법에서 2차 자료인 공공데이터에 의해서는 경쟁점포들의 마케팅전략을 파악할 수 없다.
CST map에서는 별도로 수집한 1차 자료를 활용하여 점포 이용자 중 특정 속성을 가진 표적소비자들을 추출하고 그들만을 대상으로 하는 차별적 판촉전략을 수행할 수 있다.

정답 ③

DAY 03

352

17년 2회

점포의 입지결정을 내리기 위한 상권분석 기법 중에서 (㉠)과 (㉡)에 가장 옳은 것은?

> (㉠)은 점포입지의 특성이 비슷한 analog store의 자료를 구할 수 있을 만큼 충분한 점포가 있어야 하며, (㉡)도 유사한 상권을 가진 점포들의 표본을 충분히 구할 수 있어야 분석이 가능하다. 즉, (㉠)과 (㉡)은 점포수가 많지 않아 필요한 만큼의 점포관련 자료를 수집하기 어려운 개인점포에서는 현실적으로 적용가능성이 매우 낮다.

① ㉠ Huff모델
㉡ MNL모델
② ㉠ 체크리스트법
㉡ 소매중력모형
③ ㉠ 유사점포법
㉡ Huff모델
④ ㉠ 유사점포법
㉡ 회귀분석법
⑤ ㉠ MNL모델
㉡ 소매중력모형

KEYWORD **상권분석 기법**

해설

㉠ 애플바움(W. Applebaum)이 개발한 유추법(analog method)에 대한 내용이다. 유사점포법 또는 아날로그법이라고도 번역한다.
㉡ 회귀분석법(regression method)에 대한 내용이다. 두 가지 방법 모두 표본의 수가 충분하게 확보되어야 활용할 수 있다.

정답 ④

THEME 051 비율법

353

21년 3회

글상자 안의 내용이 설명하는 상권 및 입지분석방법으로 가장 옳은 것은?

> 소매점포의 매출액을 예측하는데 사용되는 간단한 방법의 하나이다. 어떤 지역에 입지한 한 소매점의 매출액 점유율은 그 지역의 전체 소매매장면적에 대한 해당 점포의 매장면적의 비율에 비례할 것이라는 가정하에서 예측한다.

① 체크리스트법
② 유사점포법
③ 점포공간매출액비율법
④ 확률적상권분석법
⑤ 근접구역법

KEYWORD **소매점포 매출 추정법**

해설

글상자의 내용은 ③ 점포공간매출액비율법 또는 매장면적비율법에 대한 설명이다.
점포공간매출액비율법 또는 매장면적비율법은 상권 내 동일업종의 총 매장면적에서 점포의 매장면적이 차지하는 비율을 이용하여 해당 점포의 매출액을 추정한다.

정답 ③

354

19년 2회

아래 글상자에 기술된 소매점포의 매출 추정 방법의 유형으로 가장 옳은 것은?

> 취급하는 상품에 대한 상권의 총 시장규모를 파악하고, 경쟁점포들과의 상대적 경쟁력을 고려하여 자사 매출을 추정한다. 상대적 경쟁력은 매장면적을 활용해 판단한다.

① 비율법
② 유추법
③ 회귀분석법
④ 체크리스트법
⑤ 확률모형적용법

KEYWORD **소매점포 매출 추정법**

해설

① 취급하는 상품에 대한 상권의 총 시장규모를 파악하고, 경쟁점포들과의 상대적 경쟁력을 고려하여 자사 매출을 추정하는 방법은 비율법이다.

관련이론 비율법

상권분석의 서술적 방법의 하나인 비율법은 몇 가지 비율을 사용하여 적정 부지를 선정하거나 주어진 부지를 평가하는 방법이다. 상권분석에 흔히 사용되는 비율로는 지역비율과 상권비율이 있다. 지역비율은 입지가능성이 큰 지역이나 도시를 선정하는 데 사용되며, 상권비율은 주어진 점포에 대한 가능매상고를 산정하는 데 주로 사용된다.

정답 ①

THEME 052 크리스탈러(Christaller)의 중심지이론

355

21년 2회, 17년 3회

크리스탈러(Christaller)의 중심지이론과 관련된 설명으로 가장 옳지 않은 것은?

① 중심지란 배후지의 거주자들에게 재화와 서비스를 제공하는 상업기능이 밀집된 장소를 말한다.
② 배후지란 중심지에 의해 서비스를 제공받는 주변지역으로서 구매력이 균등하게 분포하고 끝이 없이 동질적인 평지라고 가정한다.
③ 중심지기능의 최대도달거리(도달범위)는 중심지에서 제공되는 상품의 가격과 소비자가 그것을 구입하는 데 드는 교통비에 의해 결정된다.
④ 도달범위란 중심지 활동이 제공되는 공간적 한계를 말하는데 중심지로부터 어느 재화에 대한 수요가 0이 되는 곳까지의 거리를 의미한다.
⑤ 상업중심지의 정상이윤 확보에 필요한 최소한의 수요를 발생시키는 상권범위를 최대수요 충족거리라고 한다.

KEYWORD **크리스탈러의 중심지이론**

해설

⑤ 상업중심지의 정상이윤 확보에 필요한 최소한의 수요를 발생시키는 상권범위를 최소수요 충족거리(threshold size)라고 한다.

정답 ⑤

DAY 03

356

19년 2회

아래의 내용 중 크리스탈러(Christaller)의 중심지이론과 관련된 설명으로 적절하지 않은 것은?

① 중심지는 배후거주지역에 대해 다양한 상품과 서비스를 제공하고 교환의 편의를 도모하기 위해 상업 및 행정기능이 밀집된 장소를 말한다.
② 중심지 간에 상권의 규모를 확대하기 위한 경쟁이 발생되어 배후지가 부분적으로 중첩되는 불안정한 구조가 형성될 수 있다.
③ 최대도달거리란 중심지가 수행하는 유통서비스기능이 지역거주자들에게 제공될 수 있는 최대(한계)거리를 말한다.
④ 상업중심지의 정상이윤 확보에 필요한 최소한의 수요를 발생시키는 상권범위를 최소수요 충족거리라고 한다.
⑤ 중심지가 한 지역 내에서 단 하나 존재한다면 가장 이상적인 배후상권의 형상은 정육각형으로 형성될 것이다.

KEYWORD **크리스탈러의 중심지이론**

해설

⑤ 크리스탈러(Walter Christaller)의 중심지이론(central place theory)에서 중심지가 한 지역 내에서 단 하나 존재한다면 가장 이상적인 배후상권의 형상은 원형으로 형성된다.
중심지이론은 상업중심지로부터 중심지기능(또는 상업서비스기능)을 제공받을 수 있는 가장 이상적인 배후상권의 모양은 정육각형이며, 정육각형의 형상을 가진 배후상권은 중심지기능의 최대 도달거리(range)와 최소수요 충족거리(threshold size)가 일치하는 공간구조이다.

정답 ⑤

357

20년 추가

중심지이론에 관한 내용으로 가장 옳지 않은 것은?

① 상권중심지의 최대도달거리가 최소수요충족거리보다 커야 상업시설이 입점할 수 있다.
② 소비자는 유사점포 중에서 하나를 선택할 때 가장 가까운 점포를 선택한다고 가정한다.
③ 어떤 중심지들 사이에는 계층적 위계성이 존재한다.
④ 인접하는 두 도시의 상권의 규모는 그 도시의 인구에 비례하고 거리의 제곱에 반비례한다.
⑤ 상업중심지로부터 상업서비스 기능을 제공 받는 배후상권의 이상적인 모양은 정육각형이다.

KEYWORD **크리스탈러의 중심지이론**

해설

④ 중심지이론과는 관련이 없다. 레일리(Reilly)의 소매인력법칙이나 수정 허프(D. Huff)모형 등에서 상권 및 점포 간의 경계를 설명하는 내용과 관련이 있다.

정답 ④

358

19년 1회

다음 중 상권분석을 위한 중심지이론과 관련된 내용으로 가장 옳지 않은 것은?

① 크리스탈러(W. Christaller)
② 최대도달거리(range)
③ 최소수요충족거리(threshold)
④ 체크리스트(checklist)
⑤ 상위계층 중심지와 하위계층 중심지

KEYWORD **크리스탈러의 중심지이론**

해설

① 크리스탈러(Walter Christaller)의 중심지이론(central place theory)은 상업중심지로부터 중심지기능(또는 상업서비스기능)을 제공받을 수 있는 가장 이상적인 배후상권의 모양은 정육각형이며, 정육각형의 형상을 가진 배후상권은 중심지기능의 ② 최대도달거리(range)와 ③ 최소수요충족거리(threshold size)가 일치하는 공간구조이다.
크리스탈러는 중심성의 크고 작음에 따라 도시를 ⑤ 상위계층 중심지와 하위계층 중심지로 나누고, 이들 중심지의 기능 및 중심성의 문제에 대하여 이론적 체계를 세웠다.

정답 ④

359
18년 1회

도시는 도심상권, 부도심상권, 지구상권, 주거지 근린상권 등으로 계층화된 상권구조를 가지며, 이들 상권은 서로 다른 카테고리의 상품을 주로 판매한다는 도시 상권구조의 계층화를 설명하는 것과 가장 관련이 있는 이론은?

① Reilly의 소매인력이론
② Converse의 소매인력법칙
③ Huff의 상권분석모델
④ Huff의 수정된 상권분석모델
⑤ Christaller의 중심지이론

KEYWORD **크리스탈러의 중심지이론**

해설

⑤ 도시 상권구조의 계층화를 설명하는 이론은 크리스탈러(W. Christaller)의 중심지이론이다. 크리스탈러는 중심성의 크고 작음에 따라 도시를 상하 계층으로 나누고, 이들 중심지의 기능 및 중심성의 문제에 대하여 이론적 체계를 세웠다.
중심지는 그 기능이 넓은 지역에 미치는 고차 중심지로부터 그보다 작은 기능만 갖는 저차 중심지까지 여러 가지 계층으로 나뉘는데, 이와 같이 상대적인 의미에 있어서 도시의 기능 정도를 중심성이라 부른다.

정답 ⑤

360
21년 1회

크리스탈러(W. Christaller)의 중심지이론은 판매자와 소비자를 "경제인"으로 가정한다. 그 의미로서 가장 옳은 것은?

① 판매자와 소비자 모두 비용대비 이익의 최대화를 추구한다.
② 소비자는 거리와 상관없이 원하는 제품을 구매하러 이동한다.
③ 판매자는 경쟁을 회피하려고 최선을 다한다.
④ 소비자는 구매여행의 즐거움을 추구한다.
⑤ 소비자는 가능한 한 상위계층 중심지에서 상품을 구매한다.

KEYWORD **크리스탈러의 중심지이론**

해설

① 경제인은 최소의 비용으로 최대의 편익을 추구하는 인간을 의미한다. 따라서 판매자와 소비자 모두는 비용대비 이익의 최대화, 또는 이익대비 비용의 최소화를 추구한다.

정답 ①

361
15년 3회

중심지이론에 대한 설명으로 옳지 않은 것은?

① 평지상의 어떤 곳도 중심지에 의해 서비스를 제공받지 못하는 곳은 없다고 가정한다.
② 최소요구범위는 생산자가 초과이윤을 얻을 만큼 충분한 소비자들을 포함하는 경계까지의 거리이다.
③ 중심지 활동의 도달범위란 중심지 활동이 제공되는 공간적 한계를 의미한다.
④ Christaller의 중심지 이론은 인간의 각종 활동공간이 어떤 핵을 중심으로 배열되어 있다는 인식에서 비롯되었다.
⑤ 조사대상 지역은 구매력이 균등하게 분포하고 있다고 가정한다.

KEYWORD **크리스탈러의 중심지이론**

해설

크리스탈러(Christaller)의 중심지이론(central place theory)에서 중심지가 형성되기 위해서는 최소요구범위(최소수요 충족거리, the threshold)보다 재화의 도달범위(the outer range)가 커야 한다.
여기서 ② 최소수요범위는 상업중심지의 정상이윤 확보에 필요한 최소한의 수요를 발생시키는 상권범위를 의미하는 것으로, 중심지의 존립에 필요한 최소한의 고객이 확보된 배후지의 범위를 말한다.

정답 ②

362
16년 1회

Christaller의 중심지이론에서 그 이론을 전개하기 위해 제시한 전제조건으로 옳지 않은 것은?

① 소비자는 자신의 수요를 충족시키기 위해 최근린(最近隣)의 중심지를 찾는다.
② 모든 방향에서 교통의 편리한 정도가 동일하다.
③ 중심지는 그 배후에 행정, 서비스 기능을 수행하기 위해 고지대에 입지한다.
④ 평야지대에 인구가 균등하게 분포되어 있다.
⑤ 운송비는 거리에 비례하고 운송수단은 동일하다.

KEYWORD **크리스탈러의 중심지이론**

해설

③ 크리스탈러의 중심지이론에서 지표공간은 평야지대처럼 균질적 표면(isotropic surface)으로 되어 있고 중심지는 같은 지표공간에 입지한다고 가정한다.

정답 ③

DAY 03

THEME 053 레일리(W. Reilly)의 소매인력법칙

363

17년 3회, 15년 1회

레일리(Reilly)의 소매인력법칙과 관련한 설명으로 옳지 않은 것은?

① 뉴턴(Newton)의 중력법칙을 상권분석에 활용한 것이다.
② 도시규모가 클수록 주변의 소비자를 흡인하는 매력도가 커진다고 가정한다.
③ 쇼핑 시 주변도시의 매력도는 이동거리의 제곱에 반비례한다고 가정한다.
④ 광역상권의 경쟁상황에서 쇼핑센터의 매출액 추정에도 활용할 수 있다.
⑤ 거리, 인구 뿐만 아니라 매장면적, 가격 등 최소한의 변수를 활용할 수 있다.

KEYWORD **레일리의 소매인력법칙**

해설

⑤ 레일리(Reilly)의 소매인력법칙에서 매장면적이나 가격은 고려하는 변수가 아니다.

관련이론 **레일리의 소매인력법칙**

윌리엄 레일리(W. Reilly)의 소매인력법칙(the law of retail gravitation)은 두 경쟁도시가 그 중간에 위치한 소도시의 거주자들을 끌어들일 수 있는 상권 규모(proportion of retail trade)는 인구에 비례하고, 각 도시와 중간도시 간의 거리에 제곱에 반비례한다는 것으로 거리와 인구라는 두 가지 변수를 이용하여 상권의 경계를 확정하는 모형이다.

정답 ⑤

364

20년 추가

대도시 A, B 사이에 위치하는 중소도시 C가 있을 때 A, B가 C로부터 끌어들일 수 있는 상권규모를 분석하기 위해 레일리(W. Reilly)의 소매인력법칙을 활용할 수 있다. 이 때 꼭 필요한 정보로 옳지 않은 것은?

① 중소도시 C에서 대도시 A까지의 거리
② 중소도시 C에서 대도시 B까지의 거리
③ 중소도시 C의 인구
④ 대도시 A의 인구
⑤ 대도시 A, B 사이의 분기점

KEYWORD **레일리의 소매인력법칙**

해설

대도시 A, B 사이의 상권의 분기점은 소매인력법칙을 통해 구하려는 것이다.

레일리(Reilly)의 소매인력법칙은 두 도시 간 상권의 경계를 분석하려는 이론으로, 상권의 흡인력은 두 도시의 크기(인구 수)에 비례하고 두 도시로부터의 거리의 제곱에 반비례한다는 것이다. 따라서 필요한 정보는 중소도시 C에서 대도시 A, B까지의 거리와 두 도시의 인구이다.

정답 ⑤

365

20년 2회

인구 20만명이 거주하고 있는 a도시와 30만명이 거주하고 있는 b도시 사이에 인구 5만명이 거주하는 c도시가 있다. a와 c도시 사이의 거리는 10km이고 b와 c도시간 거리는 20km이다. c도시 거주자들이 a, b도시에서 쇼핑한다고 할 때 레일리(Reilly)의 소매중력법칙을 활용하여 a도시에서의 구매비율을 계산한 값으로 가장 옳은 것은?

① 약 25%　② 약 43%
③ 약 57%　④ 약 6%
⑤ 약 73%

KEYWORD **레일리의 소매인력법칙**

해설

레일리(Reilly)의 소매인력법칙은 상권의 흡인력은 두 도시의 크기(인구 수)에 비례하고 두 도시로부터의 거리의 제곱에 반비례한다는 것이다.

따라서 $\frac{R_b}{R_a} = \frac{P_b}{P_a} \times \left(\frac{D_a}{D_b}\right)^2 = \frac{30\text{만명}}{20\text{만명}} \times \left(\frac{10\text{km}}{20\text{km}}\right)^2 = \frac{3}{8}$이다. 따라서 a도시와 b도시에 흡인되는 비율은 $\frac{8}{11} : \frac{3}{11}$으로, 약 73% : 27%이다.

정답 ⑤

366

20년 2회

소매상권에 대한 중요한 이론 중의 하나인 소매인력 이론에 대한 설명으로 옳지 않은 것은?

① 소매인력 이론은 고객은 경쟁점포보다 더 가깝고 더 매력적인 점포로 끌려간다는 가정하에 설명을 전개한다.
② 소매인력 이론은 중심지이론에서 말하는 최근 거리가설이 적용되기 어려운 상황이 있을 수 있다고 본다.
③ 도시간의 상권 경계를 밝히는 것을 목적으로 한다.
④ Converse의 무차별점 공식은 두 도시 간의 상대적인 상업적 매력도가 같은 점을 상권 경계로 본다.
⑤ 고객분포도표(Customer Spotting Map)를 작성하는 것이 궁극적인 목표이다.

KEYWORD **레일리의 소매인력법칙**

해설

⑤ 고객분포도표는 유추법과 관련되는 개념이다. 유추법(Analog Method)은 상권분석기법으로 새로운 점포가 위치할 지역에 대한 판매 예측에 많이 활용되는 방법이다. 유추법은 자사의 새로운 점포와 특성이 비슷한 유사 점포를 선정하여, 그 점포의 상권범위를 추정한 결과를 자사의 새로운 점포에 적용하여 신규입지에서의 매출액(상권 규모)을 측정한다. 이때 상권 규모를 측정하기 위해 고객스포팅(CST) 맵 기법을 활용한다.

정답 ⑤

THEME 054 컨버스(P. Converse)의 수정 소매인력법칙

367

20년 3회, 18년 1회, 16년 2회

서로 떨어져 있는 두 도시 A, B의 거리는 30km이다. 이 때 A시의 인구는 8만명이고 B시의 인구는 A시 인구의 4배라고 하면 도시 간의 상권경계는 B시로부터 얼마나 떨어진 곳에 형성되겠는가? (Converse의 상권분기점 분석법을 이용해 계산하라.)

① 6km
② 10km
③ 12km
④ 20km
⑤ 24km

KEYWORD **컨버스의 수정 소매인력법칙**

해설

컨버스(Converse)의 제1법칙에 의하면 규모가 작은 A시의 상권의 한계점 $D(A)=\dfrac{d}{1+\sqrt{\dfrac{P(B)}{P(A)}}}$이다. 여기서 d는 두 도시 간의 거리, P(A)와 P(B)는 각 도시의 인구이다. 주어진 자료를 대입하면 인구가 적은 A시로부터 분기점까지의 거리 $D(A)=\dfrac{30km}{1+\sqrt{\dfrac{320,000}{80,000}}}=10km$이다.

따라서 B시로부터의 거리는 20km이다.

다른 풀이 방법으로는 B도시의 인구가 A도시의 4배이므로 $\sqrt{4}:\sqrt{1}$, 즉, 2 : 1이 된다. 따라서 상권의 경계는 A시로부터 10km, B시로부터 20km 떨어진 곳에 형성된다.

정답 ④

368

16년 1회

명희가 사는 곳은 A와 B 두 도시가 만나는 경계선으로 A도시의 상권중심지까지는 6km, B도시의 상권중심지까지는 3km 떨어져 있다. A도시의 인구가 10만명이고, B도시의 인구가 2만 5천명이라고 할 때 Converse 법칙을 이용하여 올바르게 설명된 것은?

① 명희가 사는 곳을 기준으로 한다면 B도시로 이동하는 것이 좋은 선택이 된다.

② A도시를 기준으로 했을 때 상권분기점은 6km 떨어진 곳에 위치해 있다.

③ 인구보다는 상권규모를 활용하여야 하기 때문에 매출액을 구해서 계산해야 한다.

④ 각 도시의 가계별 구매액이 10만원이면 B도시로 이동해야 구매의 질이 증가한다.

⑤ B도시의 인구가 현재보다 4배 더 증가한다면 상권분기점은 B도시로 이동하게 된다.

KEYWORD 컨버스의 수정 소매인력법칙

해설

컨버스(Converse)의 제1법칙에 의하면 규모가 작은 B도시의 상권의 한계점 $D(B) = \frac{d}{1+\sqrt{\frac{P(A)}{P(B)}}}$이다. 여기서 d는 두 도시 간의 거리, P(A)와 P(B)는 각 도시의 인구이다. 주어진 자료를 대입하면 인구가 적은 B도시로부터 분기점까지의 거리 $D(B) = \frac{9km}{1+\sqrt{\frac{100,000명}{25,000명}}} = 3km$이다. 따라서 A도시로부터 분기점까지의 거리 = 9km − 3km = 6km이다. 따라서 명희는 현재 상권에 분기점에 위치해 있으므로 두 도시 어디로든 이동할 이유가 없다.

정답 ②

369

22년 3회

두 도시 A, B의 거리는 12km, A시의 인구는 20만 명, B시의 인구는 5만 명이다. Converse의 상권분기점 분석법에 따른 도시 간의 상권경계는 B시로부터 얼마나 떨어진 곳에 형성되겠는가?

① 3km

② 4km

③ 6km

④ 8km

⑤ 9km

KEYWORD 컨버스의 수정 소매인력법칙

해설

컨버스(Converse)의 제1법칙에 의하면 A시 상권의 한계점 $D(A) = \frac{d}{1+\sqrt{\frac{P(B)}{P(A)}}}$이다.

여기서 d는 두 도시 간의 거리, P(A)와 P(B)는 각 도시의 인구이다.

주어진 자료를 대입하면 A시로부터 분기점까지의 거리

$D(A) = \frac{12km}{1+\sqrt{\frac{50,000}{200,000}}} = 8km$이다.

따라서 B시로부터 분기점까지의 거리는 12km − 8km = 4km이다.

정답 ②

370

17년 2회

서로 경합하는 초광역쇼핑센터들의 상권을 설정할 때, 수집해야 하는 자료의 양과 투입비용의 측면에서 가장 합리적으로 활용할 수 있는 모델(이론)은?

① 허프(Huff)의 확률모델
② 허프(Huff)의 수정모델
③ 컨버스(Converse)의 제1법칙
④ 넬슨(Nelson)의 입지이론
⑤ 호텔링(Hotelling)의 최소분화원리

KEYWORD **컨버스의 수정 소매인력법칙**

해설

③ 초광역쇼핑센터는 도시 전체는 물론 인접도시의 소비자까지 흡수하는 거대상권을 형성한다. 이런 경우 상권을 설정할 때 가장 널리 이용되는 모델은 컨버스(Converse)의 제1법칙이다.

관련이론 **컨버스의 제1법칙**

컨버스(P.D. Converse)의 법칙은 레일리의 소매인력법칙을 수정한 것으로, 두 도시사이에서 거래가 분기되는 중간지점(breaking point)의 정확한 위치를 결정하기 위한 분기점 공식을 제시한 것이다.

컨버스의 제1법칙은 두 경쟁도시에 대해 어느 도시로 소비자가 상품을 구매하러 갈 것인가에 대한 상권분기점을 찾아내는 것이다. 이것은 주로 선매품과 전문품에 적용되는 모델이다.

정답 ③

THEME 055 티센 다각형(Thiessen Polygon) 모형

371

21년 1회

아래 글상자의 상권분석방법들 모두에 해당되거나 모두를 적용할 수 있는 상황으로서 가장 옳은 것은?

> • 컨버스의 분기점 분석
> • CST(customer spotting technique) map
> • 티센 다각형(thiessen polygon)

① 개별 소비자의 위치 분석
② 소비자를 대상으로 하는 설문조사의 실시
③ 상권의 공간적 경계 파악
④ 경쟁점의 영향력 파악
⑤ 개별점포의 매출액 예측

KEYWORD **상권분석 방법**

해설

컨버스의 분기점 분석, CST map 기법, 티센 다각형(thiessen polygon)은 모두 ③ 상권의 경계를 파악하는데 활용되는 기법이라는 공통점이 있다.

정답 ③

372

20년 추가

소비자들이 유사한 인접점포들 중에서 선택하는 상황을 전제로 상권의 경계를 파악할 때 간단하게 활용하는 티센 다각형(Thiessen polygon) 모형에 대한 설명으로 옳지 않은 것은?

① 근접구역이란 어느 점포가 다른 경쟁점포보다 공간적인 이점을 가진 구역을 의미하며 일반적으로 티센 다각형의 크기는 경쟁수준과 역의 관계를 가진다.

② 두 다각형의 공유 경계선 상에 위치한 부지를 신규점포 부지로 선택할 경우 이곳은 두 곳의 기존 점포들로부터 최대의 거리를 둔 입지가 된다.

③ 소비자들이 가장 가까운 소매시설을 이용한다고 가정하며, 공간독점 접근법에 기반한 상권 구획모형의 일종이다.

④ 소매 점포들이 규모나 매력도에 있어서 유사하다고 가정하며 각각의 티센 다각형에 의해 둘러싸인 면적은 다각형 내에 둘러싸인 점포의 상권을 의미한다.

⑤ 다각형의 꼭짓점에 있는 부지는 기존 점포들로부터 근접한 위치로 신규 점포 부지로 선택 시 피하는 것이 유리하다.

KEYWORD **티센 다각형 모형**

해설

⑤ 다각형의 꼭짓점에 있는 부지는 기존 점포들로부터 멀리 떨어져 있는 위치로 신규 점포 부지로 선택하는 것이 유리하다.

관련이론 티센 다각형(Thiessen polygon) 모형

1. 상권구획(상권분할) 기법으로서 근접구역법은 소비자들이 유사점포 중에서 선택을 할 때 자신들에게 가장 가까운 점포를 선택한다는 가정을 토대로 소매점포의 매출액을 추정하는 기법이다.
2. 여기서 근접구역이란 당해점포가 다른 경쟁점포보다 공간적인 이점을 가진 구역을 의미한다. 이러한 근접구역의 경계를 설정하는 모형이 티센 다각형이다.
3. 티센 다각형 모형은 하나의 상권을 하나의 매장에만 독점적으로 할당하는 공간독점 접근법에 기반한 상권 구획모형의 일종으로 신규점포의 입지가능성을 판단하기 위한 상권범위 예측에 사용될 수 있다.
4. 티센 다각형은 상권에 대한 기술적이고 예측적인 도구로 사용될 수 있다.
5. 소비자들이 유사한 점포들 중에서 점포를 선택할 때는 가장 가까운 점포를 선택한다고 가정한다(최근접상가 선택가설). 소매점포들이 규모나 매력도에 있어서 유사하다고 가정한다.
6. 티센의 다각형으로 경쟁수준을 알 수 있는데 경쟁수준이 높으면 다각형이 작아진다.
7. 티센 다각형은 점으로부터 연산에 의해 생성되는 다각형으로, 이 다각형은 다각형 내의 어떠한 위치에서도 다각형 내부에 위치한 한 점까지의 거리가 다른 다각형 내에 위치한 거리보다 가깝도록 다각형의 경계가 설정된다. 따라서 상권분할 등에 많이 사용된다.

정답 ⑤

373

19년 2회

상권의 경계를 파악하기 위해 간단하게 활용할 수 있는 티센 다각형(Thiessen polygon) 모형에 대한 설명으로 옳지 않은 것은?

① 공간독점접근법에 기반한 상권 구획모형의 일종이다.
② 소비자들이 가장 가까운 소매시설을 이용한다고 가정한다.
③ 소매 점포들이 규모나 매력도에 있어서 유사하다고 가정한다.
④ 일반적으로 티센 다각형의 크기는 경쟁수준과 정의 관계를 가진다.
⑤ 신규점포의 입지가능성을 판단하기 위한 상권범위 예측에 사용될 수 있다.

KEYWORD **티센 다각형 모형**

해설

④ 일반적으로 티센 다각형의 크기는 경쟁수준과 반비례 관계를 가진다.

정답 ④

374

17년 2회, 15년 2회

상권구획모형의 일종인 티센 다각형(Thiessen polygon)에 대한 설명으로 옳지 않은 것은?

① 최근접상가 선택가설에 근거하여 상권을 설정한다.
② 상권에 대한 기술적이고 예측적인 도구로 사용될 수 있다.
③ 시설간 경쟁정도를 쉽게 파악할 수 있다.
④ 티센 다각형의 크기는 경쟁수준과 비례한다.
⑤ 하나의 상권을 하나의 매장에만 독점적으로 할당하는 방법이다.

KEYWORD **티센 다각형 모형**

해설

④ 티센 다각형으로 경쟁수준을 알 수 있는데 경쟁수준이 높으면 다각형이 작아진다.

정답 ④

375

18년 1회

소비자들이 유사한 점포들 중에서 점포를 선택할 때는 가장 가까운 점포를 선택한다는 가정을 토대로 하며, 상권경계를 결정할 때 티센 다각형(Thiessen polygon)을 활용하는 방법은?

① Huff모델
② 입지할당모델
③ 유사점포법
④ 근접구역법
⑤ 점포공간매출액비율법

KEYWORD **티센 다각형 모형**

해설

④ 상권구획(상권분할) 기법으로서 근접구역법은 소비자들이 유사점포 중에서 선택을 할 때 자신들에게 가장 가까운 점포를 선택한다는 가정을 토대로 소매점포의 매출액을 추정하는 기법이다.
여기서 근접구역이란 당해점포가 다른 경쟁점포보다 공간적인 이점을 가진 구역을 의미한다. 이러한 근접구역의 경계를 설정하는 모형이 티센 다각형(Thiessen polygon)이다.

정답 ④

THEME 056 허프(D. Huff)의 확률 모형

376

21년 1회

소매점포 상권의 분석기법 가운데 하나인 Huff 모델의 특징으로서 가장 옳은 것은?

① Huff 모형은 점포이미지 등 다양한 변수를 반영하여 상권분석의 정확도를 높일 수 있다.
② 개별점포의 상권이 공간상에서 단절되어 단속적이며 타점포 상권과 중복되지 않는다고 가정한다.
③ 개별 소비자들의 점포선택행동을 확률적 방법 대신 기술적 방법(descriptive method)으로 분석한다.
④ 상권 내 모든 점포의 매출액 합계를 추정할 수 있지만, 점포별 점유율은 추정하지 못한다.
⑤ 각 소비자의 거주지와 점포까지의 물리적 거리는 이동시간으로 대체하여 분석하기도 한다.

KEYWORD **허프의 확률 모형**

해설
⑤ Huff 모형에서 소비자의 점포까지의 이동거리는 소요시간으로 대체하여 계산하기도 한다.

선지분석
① Huff 모형은 특정 점포의 매력도(attraction)를 점포의 크기만으로 측정하는 데 한계가 있다.
② 허프(D. Huff) 모형은 소매상권이 연속적이고 중복적인 공간이라는 관점에서 고객이 특정 점포를 선택할 확률은 점포 크기에 비례하고 점포까지의 거리에 반비례한다는 것이다.
④ Huff 모형은 점포별 점유율을 추정할 수 있는 모형이다.

정답 ⑤

377

19년 1회, 17년 3회, 15년 3회

Huff 모델과 관련한 설명으로 옳지 않은 것은?

① 소비자의 점포선택행동을 결정적 현상으로 본다.
② 소비자로부터 점포까지의 이동거리는 소요시간으로 대체하여 계산하기도 한다.
③ 소매상권이 연속적이고 중복적인 공간이라는 관점에서 분석한다.
④ 특정 점포의 효용이 다른 선택대안 점포들의 효용보다 클수록 그 점포의 선택가능성이 높아진다.
⑤ 점포크기 및 이동거리에 대한 민감도계수는 상권마다 소비자의 실제구매행동 자료를 통해 추정한다.

KEYWORD **허프의 확률 모형**

해설
① 허프(D. Huff)의 모델은 대표적인 확률적 모형으로, 소비자의 점포선택행동을 확률적 현상으로 본다

관련이론 Huff 모델
데이빗 허프(D. Huff)의 모델은 고객이 특정 점포를 선택할 확률은 점포 크기에 비례하고 점포까지의 거리에 반비례한다는 것이다.
허프의 모델은 소비자들의 점포선택과 소매상권의 크기를 예측하는 데 널리 이용되어 온 확률적 점포선택 모델들 중 대표적인 모델이다.
확률적 모형의 중요한 특징은 상권의 크기를 결정하는데 있어서 소비자 행동을 고려하고 있다는 점이다.

정답 ①

378

20년 3회

아래 글상자는 Huff 모델을 활용하여 어느 지역 신규 슈퍼마켓의 예상매출액을 추정하는 과정을 설명하고 있다. ㉠, ㉡, ㉢에 들어갈 용어로 가장 옳은 것은?

> 신규점포가 각 지역(zone)으로부터 얻을 수 있는 예상매출액은 각 지역(zone) 거주자의 신규점포에 대한 (㉠)에다 각 지역(zone)의 (㉡) 및 (㉢) 슈퍼마켓 지출비(특정기간)를 곱하여 구해진다.

① ㉠ 방문빈도 ㉡ 가구수 ㉢ 일인당
② ㉠ 방문빈도 ㉡ 가구수 ㉢ 가구당
③ ㉠ 쇼핑확률 ㉡ 가구수 ㉢ 일인당
④ ㉠ 쇼핑확률 ㉡ 인구수 ㉢ 가구당
⑤ ㉠ 쇼핑확률 ㉡ 인구수 ㉢ 일인당

KEYWORD **허프의 확률 모형**

해설

⑤ Huff의 확률 모델에서 각 점포의 예상매출액 = 각 점포의 쇼핑확률 ×특정지역의 인구수×일인당 지출액이다.

관련이론 허프 모형 예상매출액 추정

허프의 확률모형은 신규점포의 예상매출액 추정에 널리 활용되는 기법이다. 예상매출액을 추정하는 절차는 아래와 같다.

1. 신규점포를 포함하여 분석대상지역 내의 점포 수와 규모를 파악하고, 분석대상 지역을 몇 개의 구역으로 나눈 다음 각 구역의 중심지에서 개별점포까지의 거리를 구한다.
2. 각 구역별로 허프 모형의 공식을 활용하여 점포별 이용확률을 계산하고, 각 구역별 소매 지출액에 신규점포의 이용 확률을 곱하여 구역별로 신규점포의 예상매출액을 구하고 이를 합산한다.
3. 이 모형에서 신규점포의 예상매출액 = 특정지역의 잠재수요의 총합 ×특정지역으로부터 계획지로의 흡인율이다. 또한 허프의 모형에서 지역별 또는 상품의 잠재수요 = 지역별 인구 또는 세대수×업종별 또는 점포별 지출액으로 구할 수 있다.

정답 ⑤

379

19년 3회

확률적 점포선택모형 중 하나인 Huff 모형을 이용하여 각 점포에 대한 선택확률을 계산할 때 필요한 정보가 아닌 것은?

① 소비자가 고려하는 전체 점포의 수
② 소비자가 방문할 가능성이 있는 각 점포의 매장면적
③ 소비자와 각 점포까지의 이동시간 또는 거리
④ 점포의 매장면적에 대한 소비자의 민감도 계수
⑤ 점포별로 추정한 거리에 대한 소비자의 민감도 계수

KEYWORD **허프의 확률 모형**

해설

Huff 모형에서 점포별로 추정한 거리에 대한 소비자의 민감도 계수는 각 점포에 대한 선택확률을 계산할 때 고려하지 않는다. 허프 모형은 특정 점포의 매력도(attraction)를 점포의 크기만으로 측정하고 있다. 허프(D. Huff)의 모형은 점포의 규모, 점포까지의 거리와 시간이 소비자들의 점포선택에 영향을 미치는 주요 요인이다.

정답 ⑤

380

17년 1회

상권분석에서 점포선택과 소매상권의 크기를 파악하기 위해 사용되는 허프(Huff) 모형에 대한 설명으로 볼 수 없는 것은?

① 허프(Huff) 모형은 확률적 상권분석 모형이다.
② 특정점포에 대한 효용은 점포크기와 점포까지의 거리에 의해 좌우된다.
③ 소비자와 점포와의 물리적 거리는 시간거리로 대체하여 계산하기도 한다.
④ 거리에 대한 민감도계수는 상권이나 소비자 개인을 불문하고 고정되어 적용된다.
⑤ 특정점포의 효용이 경쟁점포보다 클수록 그 점포가 선택될 가능성이 높다고 가정한다.

KEYWORD **허프의 확률 모형**

해설

허프(Huff)모형을 비롯한 공간상호작용(spatial interaction) 모델에서 점포매출에 영향을 미치는 통행거리 등 영향변수의 민감도계수는 상황에 따라 변화할 수 있다고 가정한다.

점포크기 및 이동거리에 대한 민감도계수는 상권마다 소비자의 실제 구매행동 자료를 통해 추정하므로 상황에 따라 달라진다.

정답 ④

381

17년 3회

A, B, C 세 점포의 크기와 소비자의 집으로부터 각 점포까지의 거리는 아래와 같다. 이 경우 Huff 모델을 적용하였을 때 이 소비자가 구매확률이 가장 높은 점포 및 그 점포를 선택할 확률은? (가정: 이 소비자는 A, B, C 세 점포들에서만 상품을 구매할 수 있음. 소비자가 부여하는 점포 크기에 대한 효용은 1, 거리에 대한 효용은 −2임.)

점포	거리(km)	크기(m^2)
A	4	50,000
B	6	70,000
C	3	40,000

① A, 약 12.3%
② B, 약 35.5%
③ B, 약 57.3%
④ C, 약 35.5%
⑤ C, 약 46.7%

KEYWORD **허프의 확률 모형**

해설

거리에 대한 효용(모수)이 −2인 경우

점포 A의 효용 $= \frac{50,000}{4^2} = 3,125$

점포 B의 효용 $= \frac{70,000}{6^2} = 1,944$

점포 C의 효용 $= \frac{40,000}{3^2} = 4,444$

따라서 각 점포를 이용할 확률을 계산하면 아래 표와 같다.

점포	거리(km)	크기(m^2)	모수가 −2인 경우 이용확률
A	4	50,000	$\frac{3125}{3125+1944+4444} ≒ 32.8\%$
B	6	70,000	$\frac{1944}{3125+1944+4444} ≒ 20.4\%$
C	3	40,000	$\frac{4444}{3125+1944+4444} ≒ 46.7\%$

정답 ⑤

THEME 057 수정 허프(D. Huff) 모형

382

21년 3회

수정 Huff 모델의 특성과 관련한 설명 중 가장 옳지 않은 것은?

① 수정 Huff 모델은 실무적 편의를 위해 점포면적과 거리에 대한 민감도를 따로 추정하지 않는다.
② 점포면적과 이동거리에 대한 소비자의 민감도는 '1'과 '−2'로 고정하여 인식한다.
③ Huff 모델과 같이 점포면적과 점포까지의 거리 두 변수만으로 소비자들의 점포 선택확률을 추정할 수 있다.
④ 분석과정에서 상권 내에 거주하는 소비자의 개인별 구매행동 데이터를 활용하여 예측의 정확도를 높인다.
⑤ Huff 모델 보다 정확도는 낮을 수 있지만, 일반화하여 쉽게 적용하고 대략적 추정을 가능하게 한 것이다.

KEYWORD **수정 허프 모형**

해설

④ 수정 Huff 모델은 점포면적과 점포까지의 거리만 고려하므로 소비자의 개인별 구매행동 데이터는 활용할 필요가 없다.

관련이론 **수정 허프 모형**

1. Huff 모델은 특정 점포의 매력도(attraction)를 점포의 크기만으로 측정하는 데 문제가 있다.
2. 이에 따라 Huff 이후의 수정 모델들은 점포 크기 이외에 점포의 이미지 관련 변수, 대중 교통 수단의 이용 가능성 등 점포의 매력도에 영향을 미치는 여러 변수들을 추가하여 예측력을 개선하고 있다.
3. 수정 Huff 모델은 일본의 통산성이 고안하여 상업 조정에 실제로 이용되고 있는데 이는 '소비자가 어느 상업지에서 구매하는 확률은 그 상업 집적의 매장면적에 비례하고 그곳에 도달하는 거리의 제곱에 반비례한다'는 것을 공식화한 것이다.

정답 ④

383

21년 1회

허프(Huff)의 수정모델을 적용해서 추정할 때, 아래 글상자 속의 소비자 K가 A지역에 쇼핑을 하러 갈 확률로서 가장 옳은 것은?

> A지역의 매장면적은 100평, 소비자 K로부터 A지역까지의 거리는 10분 거리, B지역의 매장면적은 400평, 소비자 K로부터의 거리는 20분 거리.

① 0.30
② 0.40
③ 0.50
④ 0.60
⑤ 0.70

KEYWORD 수정 허프 모형

해설

수정 허프(D. Huff)모형은 '소비자가 어느 상업지에서 구매하는 확률은 그 상업 집적의 매장면적에 비례하고 그곳에 도달하는 거리의 제곱에 반비례한다'는 것이다. 이를 기초로 각 지역의 효용을 구하면 다음과 같다.

	A 지역	B 지역
거 리	10분	20분
매장면적	100평	400평
각 매장의 효용	$\frac{100}{10^2}=1$	$\frac{400}{20^2}=1$

A매장의 이용확률 $=\frac{1}{1+1}=50\%$

B매장의 이용확률 $=\frac{1}{1+1}=50\%$이다.

정답 ③

384

19년 3회

소비자 C가 이사를 했다. 아래 글상자는 이사 이전과 이후의 조건을 기술하고 있다. 허프(D. L. Huff)의 수정모형을 적용하였을 때, 이사 이전과 이후의 소비자 C의 소매지출에 대한 소매단지 A의 점유율 변화로 가장 옳은 것은?

> ㉠ 소비자 C는 오직 2개의 소매단지(A와 B)만을 이용하며, 1회 소매지출은 일정하다.
> ㉡ A와 B의 규모는 동일하다.
> ㉢ 이사 이전에는 C의 거주지와 B 사이 거리가 C의 거주지와 A 사이 거리의 2배였다.
> ㉣ 이사 이후에는 C의 거주지와 A 사이 거리가 C의 거주지와 B 사이 거리의 2배가 되었다.

① 4배로 증가
② 5배로 증가
③ 변화 없음
④ 5분의 1로 감소
⑤ 4분의 1로 감소

KEYWORD 수정 허프 모형

해설

수정 허프(Huff) 모형은 '소비자가 어느 상업지에서 구매하는 확률은 그 상업 집적의 매장면적에 비례하고 그곳에 도달하는 거리의 제곱에 반비례한다'는 것이다.

이사 이전 A의 효용을 1이라고 하면 B의 효용이 $\frac{1}{2^2}=\frac{1}{4}$이었으나, 이사 이후에는 B의 효용에 비해 A의 효용은 $\frac{1}{2^2}=\frac{1}{4}$이 되었다.

따라서 소매단지 A의 점유율은 1에서 $\frac{1}{4}$로 감소하였다.

정답 ⑤

THEME 058 기타 상권분석 기법

385
22년 3회

상권 범위 내 소비자들이 특정점포를 선택할 확률을 근거로 예상매출액을 추정할 수 있는 상권분석 기법들로 가장 옳은 것은?

① 유사점포법, Huff모델
② 체크리스트법, 유사점포법
③ 회귀분석법, 체크리스트법
④ Huff모델, MNL모델
⑤ MNL모델, 회귀분석법

KEYWORD **상권분석 기법**

해설

상권 범위 내 소비자들이 특정점포를 선택할 확률을 근거로 예상매출액을 추정할 수 있는 상권분석 기법으로는 Huff모델, MNL모델 등이 있다.

정답 ④

386
16년 2회, 15년 1회 유사

점포의 효용(매력도) 측정과정에서 Huff 모형보다 MNL 모형을 이용할 때 유리한 점을 가장 잘 표현한 것은?

① 비교적 자료를 구하기 쉬운 점포의 면적을 변수로 반영한다.
② 중력이론을 토대로 '거리의 제곱에 반비례한다'는 사실을 반영한다.
③ 점포와의 거리 및 점포의 면적 이외에도 다양한 변수를 반영할 수 있다.
④ 소비자와 점포 사이의 거리를 반영한다.
⑤ 점포까지의 이동시간을 반영할 수 있다.

KEYWORD **상권분석 기법**

해설

MNL 모형의 장점은 ③ 점포와의 거리 및 점포의 면적 이외에도 점포의 이미지 등 다양한 변수를 반영할 수 있다는 것이다.

정답 ③

387
21년 2회

입지후보지에 대한 예상 매출금액을 계량적으로 추정하기 위한 상권분석 기법이 아닌 것으로만 짝지어진 것은?

① 유사점포법(analog method)
허프모델(Huff model)
② 허프모델(Huff model)
체크리스트법(Checklist method)
③ 티센 다각형(Thiessen polygon) 모형
체크리스트법(Checklist method)
④ 회귀분석(regression analysis) 모형
허프모델(Huff model)
⑤ 다항로짓모델(multinomial logit model)
유사점포법(analog method)

KEYWORD **상권분석 기법**

해설

③ 티센 다각형(Thiessen polygon)은 두 도시 간 상권의 경계를 파악하는 데 활용되는 기법이다.
체크리스트법(Checklist method)은 상권의 범위에 영향을 미치는 요인을 크게 상권 내의 제반입지의 특성, 상권의 고객 특성, 상권의 경쟁구조로 구분하여 분석하므로 예상매출액을 추정할 수는 없다.

정답 ③

388

17년 1회

확률적 상권분석 기법들이 이론적 근거로 활용하고 있는 Luce의 선택공리와 관련이 없는 것은?

① 레일리(Reilly)의 소매중력모형
② 허프(Huff) 모형
③ 수정 허프(Huff) 모형
④ MCI 모형
⑤ MNL 모형

KEYWORD **상권분석 기법**

해설

루스(R. D. Luce)의 선택공리(Luce's choice axiom)에 이론적 근거를 두고 개발된 것이 확률적 점포선택 모형이다. 확률적 점포선택 모형에는 루스(Luce) 모형, 허프(Huff) 모형 및 MNL 모형, MCI 모형 등이 있다.

정답 ①

389

24년 3회

상권분석 및 입지선정과 직접적인 관련이 있는 정보기술로서 가장 옳지 않은 것은?

① 빅데이터(Big Data)
② 딥러닝(Deep Learning)
③ 인공지능(AI)
④ 가상현실(VR)
⑤ 지리정보시스템(GIS)

KEYWORD **상권분석 및 입지선정 관련 정보기술**

해설

가상현실(VR: Virtual Reality)은 어떤 특정한 환경이나 상황을 컴퓨터로 만들어서, 그것을 사용하는 사람이 마치 실제 주변 상황·환경과 상호작용을 하고 있는 것처럼 만들어 주는 인간–컴퓨터 사이의 인터페이스를 말하는 것으로 상권분석이나 입지선정과는 전혀 관련이 없는 정보기술이다.

한편, 소상공인시장진흥공단은 소상공인 및 소규모 창업자를 위하여 지리정보시스템(GIS)과 빅데이터(Big Data)를 활용한 상권정보시스템을 광범위하게 운영하고 있다.

정답 ④

THEME 059 상권분석 모형

390

21년 1회

소비자에 대한 직접적 조사를 통해 점포선택행동을 분석하는 확률모델들에 대한 설명으로 가장 옳은 것은?

① 점포에 대한 객관적 변수와 소비자의 주관적 변수를 모두 반영할 수 있는 방법에는 MNL 모델과 수정 Huff 모델이 있다.
② 공간상호작용 모델의 대표적 분석방법에는 Huff 모델, MNL 모델, 회귀분석, 유사점포법 등이 해당된다.
③ Huff 모델과 달리 MNL 모델은 일반적으로 상권을 세부지역(zone)으로 구분하는 절차를 거치지 않는다.
④ Luce의 선택공리를 바탕으로 한 Huff 모델과 달리 MNL 모델은 선택공리와 관련이 없다.
⑤ MNL 모델은 분석과정에서 집단별 구매행동 데이터 대신 각 소비자의 개인별 데이터를 수집하여 활용한다.

KEYWORD **공간상호작용 모델**

선지분석

① MNL 모델과 수정 Huff 모델 모두 점포에 대한 객관적 변수만 반영한다.
② 회귀분석, 유사점포법(유추법)은 공간상호작용 모델에 해당하지 않는다.
③ 두 모델 모두 상권을 소규모의 세부지역(zone)으로 나누는 절차를 거친다.
④ Huff 모델과 MNL 모델 모두 Luce의 선택공리에 바탕을 두고 있는 확률적 모형이다.

정답 ⑤

DAY 03

391

20년 2회

상권을 분석할 때 이용하는 공간상호작용 모형(SIM: Spatial Interaction Model)에 해당하는 내용으로 옳지 않은 것은?

① 레일리(Reilly)의 소매중력법칙과 회귀분석 모델은 대표적인 SIM이다.
② 한 점포의 상권범위는 거리에 반비례하고 점포의 유인력에 비례한다는 원리를 토대로 한다.
③ 접근성과 매력도를 교환하는 방식으로 대안점포들을 비교하고 선택한다고 본다.
④ 소비자의 실제 선택자료를 활용하여 점포 매력도와 통행거리와 관련한 모수(민감도) 값을 추정한다.
⑤ 허프모델과 MNL모델은 상권특성을 세밀하게 반영하는 SIM들이다.

KEYWORD **공간상호작용 모델**

해설

① 공간상호작용 모형(SIM)에 해당하는 대표적인 것은 허프(Huff) 모형과 MNL 모형이다.

관련이론 공간상호작용 모델

공간상호작용 모델은 소비자의 점포선택행동을 확률적 현상으로 인식하여 소비자에게 인지되는 효용이 클수록 그 점포가 선택될 가능성이 커진다는 것이다.

허프(Huff) 모형을 비롯한 공간상호작용(spatial interaction) 모델에서 점포매출에 영향을 미치는 통행거리 등 영향변수의 민감도계수는 상황에 따라 변화할 수 있다고 가정한다.

정답 ①

392

22년 1회

입지 분석에 사용되는 각종 이론들에 대한 설명 중 가장 옳지 않은 것은?

① 공간상호작용모델은 소비자 구매행동의 결정요인에 대한 이해를 통해 입지를 결정한다.
② 다중회귀분석은 점포성과에 영향을 주는 요소의 절대적 중요성을 회귀계수로 나타낸다.
③ 유추법은 유사점포에 대한 분석을 통해 입지후보지의 예상매출을 추정한다.
④ 체크리스트법은 특정입지의 매출규모와 입지비용에 영향을 줄 요인들을 파악하고 유효성을 평가한다.
⑤ 입지분석이론들은 소매점에 대한 소비자 점포선택 행동과 소매상권의 크기를 설명한다.

KEYWORD **입지분석 모델**

해설

다중회귀분석은 종속변수(결과변수)인 '점포성과'에 영향을 주는 요소 즉, 여러 독립변수들의 변화를 통해 종속변수의 결과를 예측하는 기법이다. 다중회귀분석에서는 독립변수가 둘 이상이므로 회귀계수는 상대적 중요성을 나타낸다.

정답 ②

393

21년 3회

아래 글상자의 상황에서 활용할 수 있는 분석 방법으로 가장 옳은 것은?

> • 다수의 점포를 운영하는 경우 소매점포 네트워크 설계
> • 신규점포를 개설할 때 기존 네트워크에 대한 영향 분석
> • 기존점포의 재입지 또는 폐점여부에 관한 의사결정

① 레일리 모형
② 회귀분석 모형
③ 입지배정 모형
④ 시장점유율 모형
⑤ MCI 모형

KEYWORD **입지배정 모델**

해설

두 개 이상의 점포를 운영하는 경우 소매점포 네트워크의 설계, 신규점포 개설시 기존 네트워크에 대한 영향 분석, 기존점포의 재입지 또는 폐점 의사결정 등의 상황에서 유용하게 활용될 수 있는 분석방법은 ③ 입지배정모형이다.

정답 ③

394

16년 1회

이론적 상권분석 모델에 대한 설명으로 옳지 않은 것은?

① Reilly 모델에서는 작은 도시의 구매력이 큰 도시로 흡인된다는 것을 각 도시까지의 거리제곱에 비례하고 도시인구에 반비례한다는 것으로 설명하였다.

② Converse 모델은 소매인력의 제2법칙이라고도 하며 각 도시에 상대적으로 흡입되는 구매력 정도가 동일한 분기점을 구할 수 있다.

③ Huff 모델에서 매장면적과 거리저항에 대한 가중치를 매번 계산하여 부여하는 것은 소비자의 상업시설 선택에 영향을 미치는 정도가 상품과 지역에 따라서 일정치 않기 때문이다.

④ 유추법은 일반적으로 CST 분석을 토대로 이루어지고 있으며 신규점포 뿐만 아니라 기존점포에서도 활용할 수 있다.

⑤ 독일 Christaller의 중심지 이론에서는 상업중심지로부터 가장 이상적인 배후상권의 모양이 육각형이며, 정육각형 형상을 가진 상권은 중심지거리의 최대도달거리와 최소수요충족거리가 일치하는 공간이라고 하였다.

KEYWORD **상권분석 모델**

해설

레일리(J. W. Reilly)의 소매인력(중력)법칙은 뉴튼의 만유인력법칙을 원용하여 두 도시 간 상권의 경계를 확정하는 이론이다. 이 법칙의 요점은 ① 두 도시 간 상거래의 흡인력은 두 도시의 크기(인구 또는 상점 수)에 비례하고, 두 도시간의 거리의 제곱에 반비례한다는 것이다.

정답 ①

THEME 060 도심입지, 중심상업지역(CBD)의 특징

395

23년 3회

도심으로부터 새로운 교통로가 발달하면 교통로를 축으로 도매, 경공업 지구가 부채꼴 모양으로 확대된다는 공간구조 이론으로 가장 옳은 것은?

① 버제스(E.W. Burgess)의 동심원지대이론(concentric zone theory)

② 해리스(C.D. Harris)의 다핵심이론(multiple nuclei theory)

③ 호이트(H. Hoyt)의 선형이론(sector theory)

④ 리카도(D. Ricardo)의 차액지대설(differential rent theory)

⑤ 마르크스(K.H. Marx)의 절대지대설(absolute rent theory)

KEYWORD **도심입지**

해설

도시 내부의 공간구조를 설명하는 이론 중 도심으로부터 새로운 교통로가 발달하면 교통로를 축으로 도매, 경공업 지구가 부채꼴 모양으로 확대된다는 공간구조이론은 호이트(H. Hoyt)의 선형이론(sector theory)이다.

선형이론은 1939년 버제스의 동심원 모델을 수정 및 보완하여 제시된 모델로, 도시 내부구조가 도심으로부터 동심원상으로 분포하는 것이 아니라 도심으로부터 방사상으로 전개되는 교통로에 의해 결정된다고 보는 이론이다.

관련이론 **도시의 공간구조**

- 도시 내부의 공간구조는 도시마다 다르게 나타난다. 그러나 학자들은 도시 내부구조의 유사성을 연구하여 이를 설명하려는 이론이나 모형을 제시하였다. 도시 내부구조를 설명하는 이론에는 버제스(Burgess)의 동심원모델, 호이트(Hoyt)의 선형모델, 해리스(Harris)와 울만(Ullman)의 다핵심모델 등이 대표적이다.
- 호이트의 선형이론은 자동차가 보편화되고 교통이 발달하게 되면서 교통로를 따라 지가 분포 패턴이 달라지고 이것이 다시 도시의 토지이용 패턴에 영향을 준다는 것이다.
  이 때 상류층의 주거지는 교통이 편리한 주요 교통로를 따라서 가까운 지역에 분포하게 되고 가능하면 공업지역과 멀리 떨어지려는 경향을 가지므로 상류층의 주거지역과 공업지역은 떨어져 있고 그 사이를 중산층 주거지역이나 저소득층 주거지역이 배열되는 형태로 전개된다고 설명한다.

정답 ③

396

21년 3회, 17년 3회, 16년 1회

중심상업지역(CBD: Central Business District)의 일반적 입지특성에 대한 설명으로 가장 옳지 않은 것은?

① 대중교통의 중심이며 백화점, 전문점, 은행 등이 밀집되어 있다.
② 주로 차량으로 이동하므로 교통이 매우 복잡하고 도보 통행량이 상대적으로 적다.
③ 일부 중심상업지역은 공동화(空洞化) 되었거나 재개발을 통해 새로운 주택단지가 건설된 경우도 있다.
④ 상업활동으로 많은 사람을 유인하지만 출퇴근을 위해서 통과하는 사람도 많다.
⑤ 소도시나 대도시의 전통적인 도심지역에 해당되는 경우가 많다.

KEYWORD **중심상업지역(CBD)의 특징**

해설

② 중심상업지역(CBD)은 교통이 매우 복잡하고 도보 통행량도 다른 지역에 비해 상대적으로 많다.

정답 ②

397

19년 2회

전통적인 도심 상업지역인 중심상업지역(CBD)의 경쟁우위 요인으로 가장 옳은 것은?

① 대중교통이 편리해 유동인구가 많다.
② 원래 계획적으로 개발되어 쇼핑이 편리하다.
③ 고객용 주차공간이 충분하다.
④ 점포가 산재되어 상권범위가 좁다.
⑤ 주거인구가 지속적으로 증가한다.

KEYWORD **중심상업지역(CBD)의 특징**

해설

① 중심상업지역(CBD)은 상업활동으로 인해 많은 사람을 유인하기 유리하다. 또한 대중교통의 중심지역으로, 유동인구가 많은 지역이다.

선지분석

② CBD는 계획적으로 조성된 것이 아니고 자연발생적으로 형성되어 입지구조가 불규칙적이다.
③ 교통체증이 발생하고, 주차문제가 심각한 것이 문제점이다.
④ 점포가 밀집되어 상권범위가 넓다.
⑤ 주거인구가 지속적으로 감소하여 주말이나 야간에는 도심공동화 현상(도넛현상)이 나타나 유동인구의 감소로 매출이 저조하다.

정답 ①

398

22년 2회

중심지체계에 의한 상권유형 구분에서 전통적인 도심(CBD) 상권의 일반적 특징으로 가장 옳지 않은 것은?

① 고객흡인력이 강해 상권범위가 상대적으로 넓다.
② 교통의 결절점으로 대중교통이 편리하다.
③ 전통적 도시의 경우에는 주차문제가 심각하다.
④ 상대적으로 거주인구는 적고 유동인구는 많다.
⑤ 소비자들의 평균 체류시간이 상대적으로 짧다.

KEYWORD **중심상업지역(CBD)의 특징**

해설

CBD에서는 다양한 유형의 점포들이 입지하므로 소비자들의 평균 체류시간이 다른 지역에 비해 상대적으로 긴 것이 일반적이다.

정답 ⑤

THEME 061 독립입지, 복합용도개발지역

399

16년 2회

소매입지별 유형에 대한 설명으로 옳지 않은 것은?

① 도심입지의 경우 충분한 잠재고객과 동일업종군의 분포, 접근성 등을 감안하여 입지를 선정하는 것이 좋다.
② 산업별 입지의 경우 상업입지, 공업입지, 농업입지 등으로 나누어 입지를 결정하게 된다.
③ 노면 독립입지의 경우 경쟁업체가 많고 가시성도 낮을 뿐만 아니라 영업시간 등의 제한이 있어 고객 편의성을 높이기 어렵다.
④ 복합용도건축물은 다수의 용도를 수용할 수 있고, 물리적, 기능적 규합과 통일성 있는 개발이 필요하다.
⑤ 쇼핑센터는 도심 밖의 커뮤니티 시설로 계획되기도 하며, 우리나라에서는 번화한 상점가를 의미하기도 한다.

KEYWORD **입지유형**

해설

③ 노면 독립입지는 높은 가시성, 낮은 임대료, 직접 경쟁업체의 부재, 고객을 위한 보다 큰 편의성, 넓은 주차공간, 다른 점포와의 시너지 효과 부재를 특징으로 한다.
노면 독립입지(freestanding sites)는 다른 업체들과 지리적으로 떨어져서 교외지역에 독립하여 입지하는 것이다.

정답 ③

400

23년 2회

둥지내몰림 또는 젠트리피케이션(gentrification)에 관한 내용으로 가장 옳지 않은 것은?

① 낙후된 도심 지역의 재건축·재개발·도시재생 등 대규모 도시개발에 연관된 현상
② 도시개발로 인해 지역의 부동산 가격이 급격하게 상승할 때 주로 발생하는 현상
③ 도시개발 후 지역사회의 원주민들의 재정착비율이 매우 낮은 현상을 포함
④ 상업지역의 활성화나 관광명소화로 인한 기존 유통업체의 폐점 증가 현상을 포함
⑤ 임대료 상승으로 인해 대형점포 대신 다양한 소규모 근린상점들이 입점하는 현상

KEYWORD **입지유형**

해설

임대료가 상승하면 기존의 소규모 근린상점들은 밀려나고 높은 임대료를 부담할 수 있는 대형점포나 고급점포들이 들어서게 된다.
젠트리피케이션(gentrification)이란 낙후된 구도심 지역이 활성화되어 중산층 이상의 계층이 유입됨으로써 기존의 저소득층 원주민을 대체하는 현상이다.

정답 ⑤

401

19년 3회, 15년 3회

복합용도개발이 필요한 이유로 가장 옳지 않은 것은?

① 도시공간의 활용 효율성 증대를 위하여
② 신시가지의 팽창을 막고, 신시가지의 행정수요를 경감하기 위해서
③ 도심지의 활력을 키우고 다양한 삶의 기능을 제공하는 장소로 바꾸기 위해서
④ 도심 공동화를 막기 위해서
⑤ 도시 내 상업기능만의 급격한 발전보다는 도시의 균형적 발전을 위하여

KEYWORD **복합용도개발**

해설

② 복합용도개발은 도시의 균형있는 발전, 도심공동화의 방지, 도심지 주변의 전이지역으로의 변화 차단, 도시의 활력 제고, 교통혼잡의 완화, 도시의 공간활용도 제고 등을 위해 시행된다.

관련이론 **복합용도개발**

복합용도개발(MXDs)은 주거·상업·업무활동 등 3가지 이상의 활동이 함께 이루어지도록 계획되어, 편리성과 쾌적성을 높인 복합용도의 건축물로 개발하는 것을 의미한다. 하나의 건물에 쇼핑센터, 오피스타워, 호텔, 주상복합건물, 컨벤션센터 등의 다양한 용도를 결합시키는 것으로 주로 도심에 위치한다.

정답 ②

THEME 062 쇼핑센터 유형별 핵점포, 테넌트 관리, 공간 구성요소

402

22년 1회

가장 다양한 업태의 소매점포를 입주시키는 쇼핑센터 유형으로 옳은 것은?

① 파워 쇼핑센터
② 아웃렛 쇼핑센터
③ 쇼핑몰 지역센터
④ 네이버후드 쇼핑센터
⑤ 패션/전문품 쇼핑센터

KEYWORD **쇼핑센터의 유형**

해설

가장 다양한 업태의 소매점포를 입주시키는 쇼핑센터 유형은 쇼핑몰 지역센터 또는 복합쇼핑몰이다.

관련이론 **복합쇼핑몰**

유통산업발전법상 복합쇼핑몰은 용역의 제공 장소를 제외한 매장면적의 합계가 3천제곱미터 이상인 점포의 집단으로서 쇼핑, 오락 및 업무 기능 등이 한 곳에 집적되고, 문화·관광 시설로서의 역할을 한다. 또한 1개의 업체가 개발·관리 및 운영하는 점포의 집단을 말하며, 가장 다양한 소매점포가 집적된 쇼핑센터 유형에 해당한다.

정답 ③

403

16년 1회

고객을 유인하고 쇼핑센터를 활성화하기 위해 쇼핑센터 개발자는 하나 혹은 복수의 대형소매점을 앵커스토어(anchor store)로 입점시킨다. 쇼핑센터의 유형별로 적합한 앵커스토어의 유형을 연결한 것으로서 가장 옳지 않은 것은?

① 파워센터형 쇼핑센터 – 회원제 창고형 소매점
② 지역센터형 쇼핑몰 – 할인형 백화점
③ 초광역센터형 쇼핑몰 – 완전구색형 백화점
④ 근린형 쇼핑센터 – 의류전문점
⑤ 테마/페스티벌센터형 쇼핑몰 – 유명한 식당

KEYWORD **쇼핑센터의 유형**

해설

핵점포 또는 앵커스토어(anchor store)는 상권이 넓고 다수의 고객을 유인할 수 있는 영업력이 강한 점포, 또는 쇼핑센터의 중심점포를 말한다. 근린형 쇼핑센터의 앵커스토어는 슈퍼마켓이나 드럭 스토어로, 편의품에 중점을 둔다.

정답 ④

404

23년 3회

상품 키오스크(merchandise kiosks)에 대한 설명으로서 가장 옳지 않은 것은?

① 쇼핑몰의 공용구역에 설치되는 판매공간이다.
② 쇼핑몰 내 일반점포보다 단위면적당 임대료가 낮다.
③ 쇼핑몰 내 일반점포에 비해 임대차 계약기간이 길다.
④ 디스플레이 공간이 넓어 점포 면적에 비해 충분한 창의성을 발휘할 수 있다.
⑤ 쇼핑몰 내 다른 키오스크들과 경쟁이 심화될 가능성이 높다.

KEYWORD **쇼핑센터의 공간구성요소**

해설

키오스크(kiosk)는 주로 쇼핑몰의 공용장소에 제품을 진열하고 판매하는 독립매대를 말하며, 빈 공간을 활용할 수 있어 쇼핑몰 운영자에게 선호되는 점포이다. 키오스크는 일반적으로 쇼핑몰 내 일반점포보다 단위면적당 임대료가 낮고, 임대차 계약기간은 짧다.

정답 ③

405

20년 2회

아래의 글상자에서 설명하는 쇼핑센터의 공간구성요소로서 가장 옳은 것은?

> • 하나의 열린 공간으로 상업시설에 도입시킬 수 있으며, 여유공간의 창출로 상가의 가치를 높여줄 수 있다.
> • 지치기 쉬운 쇼핑센터 이용자의 체류시간을 연장하기 위한 휴식공간으로 활용가능하다.
> • 구조에 따라 이벤트 장소로 사용할 수 있어 문화적, 오락적 이벤트를 개최할 수 있다.
> • 보통 동선으로 동시에 사용하기도 하며 보이드(void)와 적절하게 조화될 경우 훨씬 경쟁력을 갖춘 상가가 될 수 있다.

① 통로(path)
② 테넌트(tenant)
③ 지표(landmark)
④ 데크(deck)
⑤ 선큰(sunken)

KEYWORD **쇼핑센터의 공간구성요소**

해설

④ 쇼핑센터 이용자의 휴식공간으로 활용하기도 하고, 이벤트 장소로 사용할 수 있는 쇼핑센터의 공간구성요소는 데크(deck)이다.
글상자의 보이드(void)는 홀이나 계단 등 주변에 동선이 집중하는 공간에 설치하는 오픈 스페이스(open space)를 말한다.

선지분석

⑤ 선큰(Sunken)은 지하 진입부가 외부와 연결돼 있는 곳을 말한다. 일반적으로 지하층은 습기가 차기 마련인데 선큰 설계를 적용하면 바람의 유입이 많아져 한결 쾌적한 공기를 누릴 수 있다. 또한 어두운 공간에 햇빛을 유도해 특별한 조명 없이도 밝은 공간에서 생활할 수 있다는 장점도 있다.

정답 ④

406

21년 2회

쇼핑센터의 공간구성요소들 중에서 교차하는 통로를 연결하며 원형의 광장, 전이공간, 이벤트 장소가 되는 것은?

① 통로(path)
② 결절점(node)
③ 지표(landmark)
④ 구역(district)
⑤ 에지(edge)

KEYWORD **쇼핑센터의 공간구성요소**

해설

② 쇼핑센터에서 교차하는 통로(path)를 연결하며 원형의 내부광장, 교차로, 이벤트 장소가 되는 것은 결절점(node)이다.

선지분석

① 통로(path)는 복도나 수직 동선을 의미한다.
③ 지표(landmark)는 길 찾기를 위한 쇼핑센터의 핵점포나 조각물 또는 장식물 등을 말한다.
④ 구역(district)은 개인이나 집단이 소유하거나 점유한 곳으로 쇼핑센터 내 매장을 말한다.
⑤ 에지(edge) 또는 가장자리는 영역을 안에 에워싸고 그 영역에서 밖으로 향하는 것으로 파사드(facade), 난간(parapet), 벽면 등에 해당한다.

정답 ②

407

19년 3회

아래 글상자의 ㉠, ㉡, ㉢에 들어갈 용어를 그 순서대로 올바르게 나열한 것은?

> • 상업시설의 일정한 공간을 임대하는 계약을 체결하고 해당 상업시설에 입점하여 영업을 하는 임차인을 (㉠)라고 한다.
> • (㉡)는 트래픽 풀러(traffic puller)가 흡인시킨 고객을 수용하기 때문에 트래픽 유저(traffic user)로 불리기도 한다.
> • (㉢)는 백화점과 같은 큰 규모의 임차인으로서 상업시설 전체의 성격이나 경제성에 가장 큰 영향력을 가진다.

① 트래픽 풀러(traffic puller) – 서브키 테넌트(sub-key tenant) – 앵커 스토어(anchor store)
② 테넌트 믹스(tenant mix) – 서브키 테넌트(sub-key tenant) – 핵점포(key tenant)
③ 테넌트(tenant) – 서브키 테넌트(sub-key tenant) – 트래픽 풀러(traffic puller)
④ 테넌트 믹스(tenant mix) – 일반 테넌트(general tenant) – 핵점포(key tenant)
⑤ 테넌트(tenant) – 일반 테넌트(general tenant) – 앵커스토어(anchor store)

KEYWORD **테넌트**

해설

㉠ 상업시설의 일정한 공간을 임대하는 계약을 체결하고 해당 상업시설에 입점하여 영업하는 임차점포를 테넌트(tenant)라고 한다.
㉡ 일반 테넌트(general tenant)는 트래픽 풀러(traffic puller)가 흡인시킨 고객을 수용하기 때문에 트래픽 유저(traffic user)로 불리기도 한다. 트래픽 풀러는 전문점 빌딩 등의 스페셜리티 센터(speciality center)에 배치되어 흡인력이 높은 임차인을 말한다.
㉢ 앵커스토어(anchor store), 즉 정박임차인은 쇼핑센터 가운데서도 매장면적을 최대로 점유하여 간판역할을 하는 점포(백화점과 같은 점포)를 말한다.

정답 ⑤

408

16년 3회, 14년 2회

쇼핑센터와 같은 대형 상업시설의 테넌트(tenant) 관리와 관련된 설명으로 옳지 않은 것은?

① 테넌트(tenant)는 상업시설의 일정한 공간을 임대하는 계약을 체결하고 해당 상업시설에 입점하여 영업을 하는 임차인을 일컫는 말이다.

② 테넌트 믹스(tenant mix)를 통해 상업시설의 머천다이징 정책을 실현하기 위해서는 시설내 테넌트간에 끊임없는 경쟁을 유발해야 한다.

③ 앵커 테넌트(anchor tenant)는 상업시설 전체의 성격을 결정짓는 요소로 작용하며 해당 상업시설로 많은 유동인구를 발생시키기도 한다.

④ 앵커 테넌트(anchor tenant)는 핵점포(key tenant)라고도 하며 백화점, 할인점, 대형서점 등 해당 상업시설의 가치를 높여주는 역할을 한다.

⑤ 마그넷 스토어(magnet store)는 쇼핑센터의 이미지를 높이고 쇼핑센터의 회유성을 높이는 점포를 말한다.

KEYWORD **테넌트**

해설

② 테넌트 믹스(tenant mix)를 통해 상업시설의 머천다이징 정책을 실현하기 위해서는 시설내 테넌트 간에 과도한 경쟁이 되지 않도록 해야 한다.

정답 ②

409

22년 3회

다양한 소매점포 유형들 중에서 광범위한 상권범위를 갖는 대형상업시설인 쇼핑센터의 전략적 특성은 테넌트 믹스(tenant mix)를 통해 결정된다고 한다. 상업시설의 주요 임차인으로서 시설 전체의 성격을 결정하는 앵커점포(anchor store)에 해당하는 것으로 가장 옳은 것은?

① 마그넷 스토어
② 특수테넌트
③ 핵점포
④ 일반테넌트
⑤ 보조핵점포

KEYWORD **테넌트 믹스**

해설

앵커점포(anchor store), 즉 정박임차인은 쇼핑센터 가운데서도 매장면적을 최대로 점유하여 간판역할을 하는 핵점포(백화점 등)를 말한다.

정답 ③

410

24년 3회, 23년 1회

대규모 쇼핑센터에서는 다양한 공간구성요소들이 존재한다. 아래의 글상자에서 설명하는 요소들의 순서로 가장 옳은 것은?

> ㉠ 방향을 제시하여 소비자들이 길 찾기에 참고하는 물리적 대상
> ㉡ 파사드(Fasade), 난간(Parapet), 벽면, 담장 등의 경계선
> ㉢ 교차하는 통로를 연결하며, 원형의 광장이나 전시공간 또는 이벤트 장소로 사용됨

① ㉠ 통로(Path), ㉡ 구역(District), ㉢ 결절점(Node)
② ㉠ 에지(Edge), ㉡ 지표(Landmark), ㉢ 구역(District)
③ ㉠ 지표(Landmark), ㉡ 에지(Edge), ㉢ 결절점(Node)
④ ㉠ 결절점(Node), ㉡ 구역(District), ㉢ 통로(Path)
⑤ ㉠ 지표(Landmark), ㉡ 구역(District), ㉢ 결절점(Node)

KEYWORD **쇼핑센터의 공간구성요소**

선지분석

㉠ 방향을 제시하여 소비자들이 길 찾기에 참고하는 물리적 대상은 지표(Landmark)이고, ㉡ 파사드(Fasade), 난간(Parapet), 벽면, 담장 등의 경계선은 에지(Edge) 또는 가장자리이다. ㉢ 교차하는 통로를 연결하는 것은 결절점(Node)이다.

정답 ③

THEME 063 입지선정, 입지유형, 상업지의 입지조건

411

22년 1회

소매점의 입지와 상권에 대한 설명으로 가장 옳은 것은?

① 입지 평가에는 점포의 층수, 주차장, 교통망, 주변 거주 인구 등을 이용하고, 상권 평가에는 점포의 면적, 주변 유동인구, 경쟁점포의 수 등의 항목을 활용한다.
② 상권을 강화한다는 것은 점포가 더 유리한 조건을 갖출 수 있도록 점포의 속성들을 개선하는 것을 의미한다.
③ 상권은 점포를 경영하기 위해 선택한 장소 또는 그 장소의 부지와 점포 주변의 위치적 조건을 의미한다.
④ 입지는 점포를 이용하는 소비자들이 분포하는 공간적 범위 또는 점포의 매출이 발생하는 지역 범위를 의미한다.
⑤ 상권은 일정한 공간적 범위(boundary)로 표현되고 입지는 일정한 위치를 나타내는 주소나 좌표를 가지는 점(point)으로 표시된다.

KEYWORD **점포 입지분석**

선지분석
① 주변 거주인구는 상권 평가 항목, 점포의 면적은 입지 평가 항목이다.
② 입지를 강화하는 것에 대한 설명이다.
③ 입지에 대한 설명이다.
④ 상권에 대한 설명이다.

정답 ⑤

412

21년 2회

소매점의 입지와 상권에 대한 설명으로 가장 옳은 것은?

① 입지 평가에는 점포의 층수, 주차장, 교통망, 주변 거주 인구 등을 이용하고, 상권 평가에는 점포의 면적, 주변 유동인구, 경쟁점포의 수 등의 항목을 활용한다.
② 입지는 점포를 이용하는 소비자들이 분포하는 공간적 범위 또는 점포의 매출이 발생하는 지역 범위를 의미한다.
③ 상권은 점포를 경영하기 위해 선택한 장소 또는 그 장소의 부지와 점포 주변의 위치적 조건을 의미한다.
④ 입지를 강화한다는 것은 점포가 더 유리한 조건을 갖출 수 있도록 점포의 속성들을 개선하는 것을 의미한다.
⑤ 입지는 일정한 공간적 범위(boundary)로 표현되고 상권은 일정한 위치를 나타내는 주소나 좌표를 가지는 점(point)으로 표시된다.

KEYWORD **점포 입지분석**

선지분석
① 입지 평가와 상권 평가의 설명이 바뀌었다.
② 상권에 대한 설명이다.
③ 입지에 대한 설명이다.
⑤ 일정한 공간적 범위(boundary)로 표현되는 것은 상권이고, 일정한 위치를 나타내는 주소나 좌표를 가지는 점(point)으로 표시되는 것은 입지이다.

정답 ④

413

21년 3회

점포의 매출액에 영향을 미치는 요인은 크게 입지요인과 상권요인으로 구분할 수 있다. 이 구분에서 입지요인으로 가장 옳지 않은 것은?

① 고객유도시설 – 지하철역, 학교, 버스정류장, 간선도로, 영화관, 대형소매점 등
② 교통 – 교통수단, 교통비용, 신호등, 도로 등
③ 시계성 – 자연적 노출성, 고객유도시설, 간판, 승용차의 주행방향 등
④ 동선 – 주동선, 부동선, 복수동선, 접근동선 등
⑤ 규모 – 인구, 공간범위 등

KEYWORD **점포 입지분석**

해설
⑤ 규모 – 인구, 공간범위 등은 상권요인에 해당한다.
상권요인은 자연조건, 교통체계, 점포의 규모와 유통업의 형태(업태) 등과 관련이 있다.

정답 ⑤

414

21년 1회

점포의 입지조건을 평가할 때 핵심적 요소가 되는 시계성은 점포를 자연적으로 인지할 수 있는 상태를 의미한다. 시계성을 평가하는 4가지 요소들을 정리할 때 아래 글상자 ㉠과 ㉡에 해당되는 용어로 가장 옳은 것은?

> ㉠ 보도나 간선도로 또는 고객유도시설 등에 해당되는 것으로 어디에서 보이는가?
> ㉡ 점포가 무슨 점포인가를 한눈에 알 수 있도록 하는 것으로서, 무엇이 보이는가?

① ㉠ 거리 – ㉡ 주제
② ㉠ 거리 – ㉡ 대상
③ ㉠ 거리 – ㉡ 기점
④ ㉠ 기점 – ㉡ 대상
⑤ ㉠ 기점 – ㉡ 주제

KEYWORD **점포 입지분석**

해설
시계성을 평가하는 4가지 요소 중 ㉠ 기점은 어디에서 보이는가를, ㉡ 대상은 무엇이 보이는가를 나타낸다.

정답 ④

415

20년 3회

입지의 분석에 사용되는 주요 기준에 대한 설명으로 가장 옳지 않은 것은?

① 신뢰성 – 입지분석의 결과를 믿을 수 있는 정도를 의미한다.
② 접근성 – 고객이 점포에 쉽게 접근할 수 있는 정도를 의미한다.
③ 인지성 – 고객에게 점포의 위치를 쉽게 설명할 수 있는 정도를 의미한다.
④ 가시성 – 점포를 쉽게 발견할 수 있는 정도를 의미한다.
⑤ 호환성 – 해당점포가 다른 업종으로 쉽게 전환할 수 있는 정도를 의미한다.

KEYWORD **점포 입지분석**

해설
① 신뢰성은 입지조건의 기준에 해당하지 않는다.
점포의 매력도를 평가하는 입지조건의 특성으로는 ② 접근성, ③ 인지성, ④ 가시성, ⑤ 호환성 및 홍보성 등이 제시된다.

정답 ①

416

18년 3회

점포의 매력도를 평가하는 입지조건의 특성과 그에 대한 설명이 올바르게 연결된 것은?

① 가시성 – 얼마나 그 점포를 쉽게 찾아 올 수 있는가 또는 점포 진입이 수월한가를 의미
② 접근성 – 점포를 찾아오는 고객에게 점포의 위치를 쉽게 설명할 수 있는 설명의 용이도
③ 홍보성 – 점포 전면을 오고 가는 고객들이 그 점포를 쉽게 발견할 수 있는지의 척도
④ 인지성 – 사업 시작 후 고객에게 어떻게 유효하게 점포를 알릴 수 있는가를 의미
⑤ 호환성 – 점포에 입점 가능한 업종의 다양성 정도 즉, 다양한 업종의 성공가능성을 의미

KEYWORD **점포 입지분석**

해설
① 접근성, ② 인지성, ③ 가시성, ④ 홍보성에 대한 설명이다.

정답 ⑤

DAY 03

417

20년 2회

소매점포의 부지(site)를 선정할 때 고려해야 할 가장 중요한 기준으로 옳은 것은?

① 부지의 고객접근성
② 부지의 주요 내점객
③ 점포의 가시성
④ 점포의 수익성
⑤ 점포의 임대료

KEYWORD **점포 입지분석**

해설

제시된 내용은 모두 부지를 선정할 때 고려해야 할 요인들이다.
이 중 가장 중요한 요인은 점포의 수익성이고, 나머지는 점포의 수익성에 영향을 미치는 요인들이다.

정답 ④

418

19년 2회

소매점포의 접근성에 관한 아래의 내용 중에서 옳은 것은?

① 점포의 입구는 한 개로 집중하는 것이 좋다.
② 점포를 건축선에서 후퇴하여 위치시키면 시계성, 인지성을 떨어뜨리므로 바람직하지 않다.
③ 보도의 폭이 좁을수록 보행자의 보속이 느려지므로, 소매점에 대한 시계성이나 인지성을 높일 수 있다.
④ 계단이 있거나 장애물이 있는 건물은 목적성이 낮고 경쟁점이 많은 업종에 상대적으로 유리하다.
⑤ 고객의 목적구매 가능성이 높은 업종은 접근성이 시계성에 별 영향을 미치지 않는다.

KEYWORD **점포 입지분석**

선지분석

① 소매점포의 입구는 두 개 이상으로 하되 점포규모에 따라 결정하는 것이 바람직하다.
③ 보도의 폭이 좁을수록 보행자의 보속이 느려지므로, 소매점에 대한 시계성이나 인지성은 낮아진다.
④ 계단이 있거나 장애물이 있는 건물은 목적성이 낮고 경쟁점이 많은 업종에 상대적으로 불리하다.

정답 ②

419

22년 3회

상권의 유형에 대한 설명으로 가장 옳지 않은 것은?

① 도심상권은 중심업무지구(CBD)를 포함하며 상권의 범위가 넓고 소비자들의 평균 체류시간이 길다.
② 근린상권은 점포인근 거주자들이 주요 소비자로 생활밀착형 업종의 점포들이 입지하는 경향이 있다.
③ 부도심상권은 간선도로의 결절점이나 역세권을 중심으로 형성되는 경우가 많으며 도시전체의 소비자를 유인한다.
④ 역세권상권은 지하철이나 철도역을 중심으로 형성되며 지상과 지하의 입체적 상권으로 고밀도 개발이 이루어지는 경우가 많다.
⑤ 아파트상권은 고정고객의 비중이 높아 안정적인 수요확보가 가능하지만 외부와 단절되는 경우가 많아 외부고객을 유치하는 상권확대가능성이 낮은 편이다.

KEYWORD **점포 입지분석**

해설

부도심상권은 간선도로의 결절점이나 역세권을 중심으로 형성되므로 해당 지구의 소비자를 유인하지만 도시전체의 소비자를 유인할 수는 없다.

정답 ③

420

20년 2회

상업지 주변의 도로나 통행상황 등 입지조건과 관련된 설명으로 가장 옳지 않은 것은?

① 유동인구의 이동경로상 보행경로가 분기되는 지점은 교통 통행량의 감소를 보이지만 합류하는 지점은 상업지로 바람직하다.

② 지하철역에서는 승차객수보다 하차객수가 중요하며 일반적으로 출근동선보다는 퇴근동선일 경우가 더 좋은 상업지로 평가된다.

③ 상점가에 있어서는 상점의 가시성이 중요하므로 도로와의 접면너비가 큰 점포가 유리하다고 볼 수 있다.

④ 건축용지를 갈라서 나눌 때 한 단위가 되는 땅을 각지라고 하며 가로(街路)에 접면하는 각의 수에 따라 2면각지, 3면각지 등으로 불린다.

⑤ 2개 이상의 가로(街路)에 접하는 각지는 일조와 통풍이 양호하며 출입이 편리하고 광고선전의 효과가 높으나 소음이 심하며 도난과 재해의 위험이 높을 수 있다.

KEYWORD **입지조건**

해설

④ 각지(corner lot)는 둘 이상의 도로에 접하고 있는 획지를 말하며, 접면하는 각의 수에 따라 2면각지, 3면각지, 4면각지로 나눌 수 있다. 특히 상업용 부동산은 도로와 접면 부분이 넓을수록 그 가치가 높다. 즉 2개 이상의 가로에 접하면 출입의 편리, 뛰어난 접근성, 진열한 상품의 광고 선전 효과가 좋아 유리하다. 또한 일조와 통풍 조건도 양호하다. 그러나 쾌적성이 중요한 주거용 부지의 각지에 많은 보행인과 차량소음, 매연이 있다면 오히려 주거성이 떨어진다.

정답 ④

421

19년 2회

아래 글상자의 내용 가운데 상권분석 및 입지전략 수립의 목적으로 타당한 것만을 나열한 것은?

> ㉠ 매출 추정
> ㉡ 업종 선택
> ㉢ 적정 임차료 추정
> ㉣ 성공적인 점포경영

① ㉠
② ㉠, ㉡
③ ㉠, ㉢
④ ㉠, ㉡, ㉢
⑤ ㉠, ㉡, ㉢, ㉣

KEYWORD **입지조건**

해설

상권분석 및 입지전략 수립의 목적은 상권의 특성과 가치를 파악하여 ㉡ 업종을 선택하고 ㉠ 매출액을 추정하려는 것이다. 그리고 이를 통해 ㉢ 적정 임차료를 추정하고 궁극적으로 ㉣ 성공적인 점포경영을 목표로 한다.

정답 ⑤

422

18년 3회

유동인구 조사를 통해 유리한 입지조건을 찾는 방안으로 옳지 않은 것은?

① 교통시설로부터의 쇼핑동선이나 생활동선을 파악한다.

② 주중 또는 주말 중 조사의 편의성을 감안하여 선택적으로 조사한다.

③ 조사시간은 영업시간대를 고려하여 설정한다.

④ 유동인구의 수보다 인구특성과 이동방향 및 목적 등이 더 중요할 수도 있다.

⑤ 같은 수의 유동인구라면 일반적으로 출근동선보다 퇴근동선에 위치하면 더 유리하다.

KEYWORD **입지조건**

해설

② 조사일정은 주중, 주말, 휴일 등을 구분해서 모두 조사해야 한다.

정답 ②

423

17년 2회

점포의 입지조건 평가과정에서 유동인구 및 교통통행량조사와 관련한 일반적 설명으로 가장 옳지 않은 것은?

① 유동인구의 동선은 일반적으로 출근동선 보다 퇴근동선을 중시해서 조사하는 것이 좋다.
② 유동인구의 조사시간은 특정시간보다 영업시간대를 고려하는 것이 좋다.
③ 승용차, 버스, 화물차 등으로 차량의 유형을 구분하여 교통통행량을 분석하는 것이 좋다.
④ 조사위치는 기본적으로 점포 앞보다는 점포에서 일정범위에 있는 여러 지점에서 하는 것이 더욱 바람직하다.
⑤ 주중, 주말, 휴일 등을 구분해서 조사일정을 편성하는 것이 바람직하다.

KEYWORD **입지조건**

해설

④ 조사는 기본적으로 점포 앞에서 해야 한다. 그리고 점포 앞을 지나는 통행량에 대한 조사는 모든 방향에 대해 각 방향을 기준으로 통행량을 분리하여 조사하여야 한다.

정답 ④

424

17년 3회

일반적으로 소매점포의 입지조건을 유리한 입지와 불리한 입지로 구분할 때 가장 옳지 않은 것은?

① 주도로보다는 보조도로에 접한 내부획지(inside parcels)가 유리한 입지이다.
② 점포와 접한 도로에 중앙분리대가 있는 경우에는 불리한 입지이다.
③ 방사형 도로의 경우 교차점에 가까운 입지가 유리한 입지이다.
④ 곡선형 커브(curve)가 있는 도로에서는 안쪽보다 바깥쪽 입지가 유리한 입지이다.
⑤ T형 교차로의 막다른 길에 있는 입지는 불리한 입지이다.

KEYWORD **입지조건**

해설

① 주도로에서 안쪽으로 떨어져 있는 보조도로에 접한 내부획지는 불리한 입지이다. 주도로보다는 통행인구가 적기 때문이다.

정답 ①

425

22년 3회

입지조건에 대한 일반적인 평가 중에서 가장 옳은 것은?

① 방사(放射)형 도로구조에서 분기점에 위치하는 것은 불리하다.
② 일방통행로에 위치한 점포는 시계성(가시성)과 교통접근성에 있어서 유리하다.
③ 곡선형 도로의 안쪽입지는 바깥쪽입지보다 시계성(가시성) 확보 측면에서 불리하다.
④ 주도로와 연결된 내리막이나 오르막 보조도로에 위치한 점포는 양호한 입지이다.
⑤ 차량 출입구는 교차로 교통정체에 의한 방해를 피하기 위해 모퉁이에 근접할수록 좋다.

KEYWORD **입지조건**

해설

곡선형 커브(curve)가 있는 도로에서는 안쪽보다 바깥쪽 입지가 유리하다. 즉 'C'자와 같이 굽은 곡선형 도로의 안쪽에 입지해 있는 점포는 시계성에 있어서 불리하다.

선지분석

① 방사형 도로는 도심에 위치한 시장이나 기념비적 건물 등을 중심으로 별 모양처럼, 사방에 연결되도록 계획된 도로이다. 방사형 도로는 교통의 흐름에 있어서는 도심집중성이 강하기 때문에 교차점에 가까운 입지가 유리하다.
② 일방통행로에 위치한 점포는 시계성(가시성)과 교통 접근성에 있어서 불리하다.
④ 주도로와 연결된 내리막이나 오르막 보조도로에 위치한 점포는 불리한 입지이다.
⑤ 차량 출입구는 모퉁이에서 먼 곳일수록 좋다.

정답 ③

426

24년 3회, 21년 2회

아래 글상자의 내용 가운데 보편적으로 좋은 점포입지만을 나열한 것으로 가장 옳은 것은?

> ㉠ 반경 2km 내에 대규모 아파트단지나 주택단지가 위치한 입지
> ㉡ 분양 광고가 많고 특수목적을 가진 빌딩 내 상가
> ㉢ 지하철역으로부터 300m 이내에 위치한 입지
> ㉣ 권리금이나 임대료가 일정하게 유지되는 입지
> ㉤ 경쟁업종의 대규모 점포가 입점한 입지

① ㉠, ㉡, ㉢
② ㉠, ㉡, ㉤
③ ㉠, ㉢, ㉣
④ ㉡, ㉢, ㉤
⑤ ㉢, ㉣, ㉤

KEYWORD **좋은 점포입지의 특성**

해설

분양 광고가 많으면 분양이 안 되기 때문이고 특수목적을 가진 상가라면 일반적인 입지로는 바람직하지 않다. 경쟁업종의 대규모 점포가 입점해 있으면 불리한 입지요인이다.

정답 ③

427

18년 1회

점포의 입지조건을 검토할 때 분석해야 할 점포의 건물구조와 관련된 설명으로 옳지 않은 것은?

① 도시형 점포에서는 출입구의 넓이, 층수와 계단, 단차와 장애물 등을 건물구조의 주요요인으로 고려해야 한다.
② 교외형 점포에서는 주차대수, 부지면적, 정면너비, 점포입구, 주차장 입구 수, 장애물 등을 건물구조의 주요요인으로 들 수 있다.
③ 점포의 정면너비는 시계성과 점포 출입의 편의성에 크게 영향을 미친다.
④ 일반적으로 점포부지의 형태는 정사각형이 죽은 공간(dead space) 발생이 적어 가장 좋다고 알려져 있다.
⑤ 점포의 형태로 인해 집기나 진열선반을 효율적으로 배치하기 어려운 경우가 있는데 이때 사용하지 못하는 공간을 죽은 공간(dead space)이라 한다.

KEYWORD **입지조건**

해설

점포 내의 진열장 등이 직사각형인 경우가 많아 점포부지가 정사각형이면 직사각형인 경우에 비해 죽은 공간(dead space)이 많이 발생한다. 바람직한 점포부지의 형태는 부지의 2면 이상이 도로에 접한 직사각형이다.

정답 ④

DAY 03

428

19년 1회

소매점 건물의 너비와 깊이 같은 건물의 구조도 소매 매출에 영향을 미친다. 소매점의 건물 구조에 대한 아래의 내용 중에서 옳은 것은?

① 점포의 너비에 비해 깊이가 깊으면 구매빈도가 높은 일용품이나 식품의 매장으로 적합하다.
② 정면너비가 깊이에 비해 2배 이상이 되면 고객이 편안한 느낌을 느껴 객단가를 향상시키기가 쉽다.
③ 정면너비가 넓으면 외부에서 점포에 대한 가시성이 높아져 고객의 내점률을 높이는 데 도움을 준다.
④ 소매점의 넓은 정면너비는 시계성과 편의성에 악영향을 미친다.
⑤ 깊이가 정면너비보다 2배 이상이 되면 고객이 안쪽 깊숙이 진입하기가 쉽다.

KEYWORD **점포 구조분석**

해설

③ 도로에 접하는 점포의 정면너비가 건물 안쪽으로의 깊이보다 큰 장방형 형태의 점포는 가시성 확보에 유리해 바람직하다.

선지분석

① 구매빈도가 높은 일용품이나 식품의 매장은 점포의 깊이에 비해 너비가 큰 점포가 더 적합하다.
② 정면너비에 비해 깊이가 커야 고객이 편안한 느낌을 느끼게 된다.
④ 점포의 정면너비는 시계성과 점포 출입의 편의성에 크게 영향을 미친다.

정답 ③

429

21년 2회

페터(R. M. Fetter)의 공간균배의 원리에 대한 내용으로 가장 옳지 않은 것은?

① 경쟁점포들 사이의 상권분배 결과를 설명한다.
② 상권 내 소비자의 동질성과 균질분포를 가정한다.
③ 상권이 넓을수록 경쟁점포들은 분산 입지한다.
④ 수요의 교통비 탄력성이 클수록 경쟁점포들은 집중 입지한다.
⑤ 수요의 교통비 탄력성이 0(영)이면 호텔링(H. Hotelling) 모형의 예측결과가 나타난다.

KEYWORD **페터의 공간균배 원리**

해설

④ 공간균배 원리에 따르면 시장이 넓고 수요의 교통비 탄력성이 큰 경우에는 분산 입지(산재성 입지) 현상이 나타난다.
반면 시장이 좁고 수요의 교통비 탄력성이 작은 경우에는 집심적 입지 현상이 나타난다.

관련이론 페터의 공간균배 원리

페터(R. M. Fetter)의 공간균배의 원리는 경쟁관계에 있는 점포 상호간에 공간을 서로 균배(균등하게 나눔)한다는 것이다. 한 점포가 입지한 후 또 다른 점포가 입지하는 경우 어느 곳에 입지하는 것이 유리한가를 설명하는 이론이다.

정답 ④

430

18년 3회

박스 안에서 설명하고 있는 원리에 의해 입지를 올바르게 분류한 것은?

> 상업입지에서 경쟁관계에 있는 점포들끼리 경쟁이 일어난 후 오랜 기간이 지나면 공간을 서로 균등하게 나누어 입지하게 된다는 주장이 있다. 이 주장에 따르면 배후지 시장이 좁고 교통비에 대한 수요의 탄력성이 작은 경우에는 점포가 중심부에 입지하고, 배후지 시장이 넓고 교통비에 대한 수요의 탄력성이 크면 점포가 분산해서 입지하는 경향이 나타나게 된다고 본다.

① 이용목적에 따른 분류 – 적응형 입지, 목적형 입지, 생활형 입지
② 점포유형별 분류 – 고객창출형 입지, 근린고객의존형, 통행량의존형
③ 상권범위에 따른 분류 – 1급지(A급지), 2급지(B급지), 3급지(C급지)
④ 공간균배에 따른 분류 – 집심성 입지, 집재성 입지, 산재성 입지
⑤ 소비자구매습관에 따른 분류 – 편의품점 입지, 선매품점 입지, 전문품점 입지

KEYWORD **페터의 공간균배 원리**

해설

④ 제시된 내용은 페터(R. M. Fetter)의 공간균배의 원리에 대한 설명이다. 이는 한 점포가 입지한 후 또 다른 점포가 입지하는 경우 어느 곳에 입지하는 것이 유리한가를 설명하는 이론이다.
이 원리에 따르면 시장이 좁고 수요의 교통비 탄력성이 작은 경우에는 집심적 입지, 그리고 시장이 넓고 수요의 교통비 탄력성이 큰 경우에는 분산 입지(산재성 입지) 현상이 나타난다.

정답 ④

431

18년 1회

입지의 유형을 공간균배의 원리나 이용목적에 의해 구분할 때 (ㄱ) 적응형 입지와 (ㄴ) 집재성 입지의 대표적인 특징을 순서대로 올바르게 나열한 것은?

> 가. 지역주민들이 주로 이용함
> 나. 동일 업종끼리 모여 있으면 불리함
> 다. 배후지의 중심지에 위치하는 것이 유리함
> 라. 고객이 특정한 목적을 갖고 방문함
> 마. 점포들이 모여 집적효과를 거둠
> 바. 거리에서 통행하는 유동인구에 의해 영업이 좌우됨

① (ㄱ) 가, (ㄴ) 다
② (ㄱ) 바, (ㄴ) 마
③ (ㄱ) 가, (ㄴ) 마
④ (ㄱ) 라, (ㄴ) 나
⑤ (ㄱ) 바, (ㄴ) 다

KEYWORD **입지 유형**

해설

(ㄱ) 적응형 입지는 거리에서 통행하는 유동인구에 의해 영업이 좌우되는 입지이다.
(ㄴ) 집재성 입지는 점포들이 모여 집적효과를 거둘 수 있는 입지이다.

관련이론 입지

입지는 주요 대상고객의 유형에 따라 유동인구 중심의 '적응형', 목적구매고객 중심의 '목적형', 주민 중심의 '생활형' 등으로 분류할 수 있다. 또한 입지를 공간균배의 원리에 따라 구분하면 집심성 입지, 집재성 입지, 산재성 입지 등으로 구분한다.

정답 ②

432

20년 3회

아래 글상자는 입지의 유형을 점포를 이용하는 소비자의 이용목적에 따라 구분하거나 공간균배에 의해 구분할 때의 입지특성들이다. 아래 글상자의 ㉠, ㉡, ㉢에 들어갈 용어를 순서대로 나열한 것으로 옳은 것은?

- (㉠): 고객이 구체적 구매의도와 계획을 가지고 방문하므로 단순히 유동인구에 의존하기 보다는 상권 자체의 고객창출능력에 의해 고객이 유입되는 입지유형
- (㉡): 유사업종 또는 동일업종의 점포들이 한 곳에 집단적으로 모여 집적효과 또는 시너지효과를 거두는 입지유형
- (㉢): 도시의 중심이나 배후지의 중심지 역할을 하는 곳에 점포가 위치하는 것이 유리한 입지유형

① ㉠ 생활형 입지, ㉡ 집심성 입지, ㉢ 집재성 입지
② ㉠ 적응형 입지, ㉡ 산재성 입지, ㉢ 집재성 입지
③ ㉠ 집심성 입지, ㉡ 생활형 입지, ㉢ 목적형 입지
④ ㉠ 목적형 입지, ㉡ 집재성 입지, ㉢ 집심성 입지
⑤ ㉠ 목적형 입지, ㉡ 집재성 입지, ㉢ 국지적 집중성 입지

KEYWORD **입지 유형**

해설

㉠ 도심의 고급 귀금속점처럼 고객이 구체적인 구매의도와 구매계획을 가지고 방문하는 입지유형은 목적형 입지이다.
목적형입지는 단순히 유동인구에 의존하기보다는 상권 자체의 고객창출능력에 의해 고객이 유입되는 입지유형이다.
㉡ 집재성 입지, ㉢ 집심성 입지에 대한 설명이다.

정답 ④

433

20년 추가

입지유형별 점포와 관련한 설명으로 가장 옳은 것은?

① 집심성 점포: 업무의 연계성이 크고 상호대체성이 큰 점포끼리 한 곳에 입지한다.
② 집재성 점포: 배후지의 중심부에 입지하며 재화의 도달범위가 긴 상품을 취급한다.
③ 산재성 점포: 경쟁점포는 상호경쟁을 통하여 공간을 서로 균등히 배분하여 산재한다.
④ 국부적 집중성 점포: 동업종끼리 특정 지역의 국부적 중심지에 입지해야 유리하다.
⑤ 공간균배의 원리: 수요탄력성이 작아 분산입지하며 재화의 도달범위가 일정하다.

KEYWORD **입지 유형**

해설

④ 페터(R.M. Fetter)의 공간균배의 원리에 의하면 국부적 집중성 점포는 같은 업종끼리 어떤 특정지역의 국부적 중심지에 입지해야 유리한 상점이다. 농기구점, 어구점, 비료상점 등이 이에 해당한다.

선지분석

① 집재성, ② 집심성, ③ 공간균배의 원리, ⑤ 산재성 점포에 대한 설명이다.

정답 ④

434

22년 2회

입지적 특성에 따라 소매점포 유형을 집심성, 집재성, 산재성, 국부적집중성 점포로 구분하기도 한다. 업태와 이들 입지유형의 연결로서 가장 옳지 않은 것은?

① 백화점–집심성 점포
② 화훼점–집심성 점포
③ 편의점–산재성 점포
④ 가구점–집재성 점포
⑤ 공구도매점–국부적집중성 점포

KEYWORD **입지 유형**

해설

화훼점은 농촌지역에서 생산되어 도시지역에서 판매되는 경우이므로, 같은 업종끼리 어떤 특정 지역의 국부적 중심지에 입지해야 유리한 상점이다. 즉, 국부적집중성 점포에 해당한다.

정답 ②

435

18년 3회

점포의 입지유형을 집심성(集心性), 집재성(集在性), 산재성(散在性)으로 구분할 때 넬슨의 소매입지 선정원리 중에서 집재성 점포의 기본속성과 연관성이 가장 큰 것은?

① 양립성의 원리 ② 경쟁위험 최소화의 원리
③ 경제성의 원리 ④ 누적적 흡인력의 원리
⑤ 고객 중간유인의 원리

KEYWORD **입지 유형**

해설

집재성 점포처럼 여러 점포가 인접하여 입지하여야 매출을 증대시킬 수 있는데 이를 ④ 누적적 흡인력(cumulative attraction)의 원칙 또는 동반유인의 원칙이라고 한다.

입지를 공간균배의 원리에 따라 구분하면 집심성 입지, 집재성 입지, 산재성 입지 등으로 구분한다. 집재성 입지는 가구점이나 기계기구점처럼 같은 업종의 점포들이 모여 집적효과를 거둘 수 있는 입지이다.

정답 ④

436

24년 1회

단일점포일 때와는 달리 소매점포가 체인화되는 과정에서는 점포망 전체 차원에서 점포를 추가로 개점하거나 기존 점포를 폐점하는 등 점포망 구성이 중요한 과제가 된다. 이러한 경우 사용할 점포망 분석기법으로 가장 옳은 것은?

① 유사점포법 ② 입지할당모델
③ 근접구역법 ④ 체크리스트법
⑤ 점포공간매출액비율법

KEYWORD **입지 유형**

해설

여러 개의 점포를 체인화하여 운영하는 경우 각 점포 간의 거리를 고려한 점포망 구성이 중요한 과제가 되는데 이를 설명하는 기법의 하나가 헤스 등(Hess et al.)의 입지–할당(Location–Allocation) 모델이다.

관련이론 **입지–할당(Location–Allocation) 모델**

입지–할당 모델은 수요균형 제약조건 하에서 각 구역의 수만큼 점포를 선정하고 점포마다 할당된 기본 공간 단위와 점포 사이의 거리의 합이 최소가 되도록 구역을 설정하는 모형이다.

정답 ②

THEME 064 소매입지의 평가, 구매력지수(BPI)

437

21년 1회

매력적인 점포입지를 결정하기 위해서는 구체적인 입지조건을 평가하는 과정을 거친다. 점포의 입지조건에 대한 일반적 평가로서 그 내용이 가장 옳은 것은?

① 점포면적이 커지면 매출도 증가하는 경향이 있어 점포 규모가 클수록 좋다.
② 건축선 후퇴(setback)는 직접적으로 가시성에 긍정적인 영향을 미친다.
③ 점포 출입구 부근에 단차가 없으면 사람과 물품의 출입이 용이하여 좋다.
④ 점포 부지와 점포의 형태는 정사각형에 가까울수록 소비자 흡인에 좋다.
⑤ 평면도로 볼 때 점포의 정면너비에 비해 깊이가 더 클수록 바람직하다.

KEYWORD **소매입지 평가**

해설

③ 점포 출입구에 단차를 없애야 사람과 물품의 출입이 용이해진다. 단차는 고저차 또는 높낮이차를 말한다.

선지분석

① 점포건물은 시장규모에 따라 적정한 크기가 있다. 일정 규모수준을 넘게 되면 규모의 증가에도 불구하고 매출은 증가하지 않을 수 있다.
② 건축선 후퇴는 타 점포에 비하여 눈에 띄기 어렵게 하므로 가시성에 부정적 영향을 미친다.
④ 점포 내의 진열장 등이 직사각형인 경우가 많아 점포부지가 정사각형이면 직사각형인 경우에 비해 죽은 공간(dead space)이 많이 발생한다. 점포부지의 형태는 부지의 2면 이상이 도로에 접한 직사각형이 바람직하다.
⑤ 건물너비와 깊이에서 점포의 정면너비가 깊이보다 넓은 형태(장방형)가 가시성 확보 등에 유리하다.

정답 ③

DAY 03

438

20년 3회

소매점포의 입지조건을 평가할 때 점포의 건물구조 등 물리적 요인과 관련한 일반적 설명으로 옳지 않은 것은?

① 점포 출입구에 단차를 만들어 사람과 물품의 출입을 용이하게 하는 것이 좋다.
② 건축선후퇴는 타 점포에 비하여 눈에 띄기 어렵게 하므로 가시성에 부정적 영향을 미친다.
③ 점포의 형태가 직사각형에 가까우면 집기나 진열선반 등을 효율적으로 배치하기 쉽고 데드스페이스가 발생하지 않는다.
④ 건물너비와 깊이에서 점포의 정면너비가 깊이보다 넓은 형태(장방형)가 가시성 확보 등에 유리하다.
⑤ 점포건물은 시장규모에 따라 적정한 크기가 있다. 일정 규모수준을 넘게 되면 규모의 증가에도 불구하고 매출은 증가하지 않을 수 있다.

KEYWORD 소매입지 평가

해설

① 점포 출입구에 단차를 없애야 사람과 물품의 출입이 용이해진다.

정답 ①

439

20년 3회

아래의 상권분석 및 입지분석의 절차를 진행 순서대로 배열한 것으로 옳은 것은?

> ㉠ 상권분석 및 상권의 선정
> ㉡ 상권후보지의 선정
> ㉢ 입지후보지의 선정
> ㉣ 입지분석 및 입지의 선정
> ㉤ 점포활성화를 위한 전략 수립

① ㉠-㉡-㉣-㉢-㉤
② ㉠-㉡-㉢-㉣-㉤
③ ㉤-㉠-㉡-㉢-㉣
④ ㉡-㉠-㉢-㉣-㉤
⑤ ㉤-㉡-㉢-㉠-㉣

KEYWORD 소매입지분석

해설

상권분석 및 입지분석의 절차는 ㉡ 상권후보지의 선정 – ㉠ 상권분석 및 상권의 선정 – ㉢ 입지후보지의 선정 – ㉣ 입지분석 및 입지의 선정 – ㉤ 점포활성화를 위한 전략 수립의 단계로 진행한다.

정답 ④

440

20년 3회

소매점포의 입지분석에 활용하는 회귀분석에 관한 설명으로 가장 옳지 않은 것은?

① 소매점포의 성과에 영향을 미치는 다양한 요소들의 상대적 중요도를 파악할 수 있다.
② 분석에 포함되는 여러 독립변수들끼리는 서로 관련성이 높을수록 좋다.
③ 점포성과에 영향을 미치는 영향변수에는 상권 내 경쟁수준이 포함될 수 있다.
④ 점포성과에 영향을 미치는 영향변수에는 점포의 입지특성이 포함될 수 있다.
⑤ 표본이 되는 점포의 수가 충분하지 않으면 회귀분석 결과의 신뢰성이 낮아질 수 있다.

KEYWORD 소매입지분석

해설

② 독립변수를 선정할 때는 서로 관련성이 없거나 낮은 변수를 선택해야 한다.
모형에 포함되는 독립변수들이 서로 관련성이 높은 경우 다중공선성(multicollinearity) 문제가 발생하여 분석결과가 의미가 없는 경우가 발생할 수 있다.

정답 ②

441

17년 3회

특정지역 상권의 전반적인 수요를 평가하는데 활용되는 구매력지수(BPI)에 대한 설명으로 옳지 않은 것은?

① 지역상권 수요에 영향을 미치는 핵심변수를 선정하고, 이에 일정한 가중치를 부여하여 지수화한 것이다.
② 전체 인구에서 해당 지역 인구가 차지하는 비율을 반영한다.
③ 전체 매장면적에서 해당 지역의 매장면적이 차지하는 비율을 반영한다.
④ 전체 가처분소득(또는 유효소득)에서 해당 지역의 가처분소득(또는 유효소득)이 차지하는 비율을 반영한다.
⑤ 전체 소매매출에서 해당 지역의 소매매출이 차지하는 비율을 반영한다.

KEYWORD **구매력지수(BPI)**

해설

③ BPI에 매장면적은 반영되지 않는다.

관련이론 구매력지수(BPI)

구매력지수(BPI: buying power index)는 소매점포의 입지를 분석할 때 해당 지역시장의 구매력을 측정하는 기준이다. 구매력지수(BPI) 측정에 이용되는 세 가지 지표는 다음과 같다.

- 유효소득(전체의 가처분 소득 중에서 차지하는 그 지역의 가처분 소득 비율)
- 인구(총인구에서 차지하는 그 지역인구의 비율)
- 소매매출액(전체의 소매매출액에서 차지하는 그 지역의 소매매출액 비율)

정답 ③

442

20년 추가

소매점포의 입지선정과정에서 광역 또는 지역시장의 매력도를 비교분석할 때 특정지역의 개략적인 수요를 측정하기 위해 구매력지수(BPI: Buying Power Index)를 이용하기도 한다. 구매력지수를 산출할 때 가장 높은 가중치를 부여하는 변수로 옳은 것은?

① 인구수
② 소매점면적
③ 지역면적(상권면적)
④ 소매매출액
⑤ 소득(가처분소득)

KEYWORD **구매력지수(BPI)**

해설

⑤ 구매력지수를 산출할 때 가장 높은 가중치를 부여하는 변수는 소득(가처분소득)이다.
가중치는 상황에 따라 다르지만 일반적으로 BPI=0.5X+0.3Y+0.2Z로 계산된다.
여기서 가중치가 가장 높은 X는 소득(유효소득, 가처분소득) 관련 변수이다.

정답 ⑤

443

16년 2회

BPI(Buying Power Index), SAI(Sales Activity Index), RSI(Retail Saturation Index) 등 상권을 평가하는 방법들에 대한 설명으로 가장 옳은 것은?

① BPI는 다른 지역과 비교한 특정지역 내의 1인당 소매매출액을 측정하는 방법이다.
② SAI는 시장의 구매력을 측정하는 지표로 인구, 소매매출액, 유효소득의 세 가지 비율을 이용하여 계산한다.
③ BPI를 계산하는 공식은 (지역의 특정제품 소비자 수×지역의 특정제품 소비자 1인의 평균구매액)/(특정지역 내에서 그 제품에 할당된 총판매면적)이다.
④ RSI를 계산하는 공식은 (총소매매출액 중 그 지역이 차지하는 비율)/(총인구 중 그 지역이 차지하는 비율)로 계산하며, 이 지수의 숫자가 높을수록 시장구매력은 크다.
⑤ RSI는 특정상권 내에서 주어진 제품계열에 대한 점포면적당 잠재수요를 측정하는 방법이다.

KEYWORD 구매력지수(BPI)

해설

⑤ 소매포화지수(IRS 또는 RSI)는 한 시장 내의 특정 소매업태(또는 집적 소매시설)의 단위매장면적당 잠재수요를 표시하는데, 신규점포에 대한 시장 잠재력을 측정할 때 유용하게 사용된다.
이 지수의 값이 클수록 수요가 공급에 비해 크다는 것을 의미(즉 과소점포의 상태)하고, 따라서 잠재적으로 고객을 흡인할 기회가 있으므로 그 지역이 매력적이라는 것을 의미한다.

선지분석

① 다른 지역과 비교한 특정지역의 1인당 소매매출액을 측정하는 방법은 SAI(Sales Activity Index), 즉 판매활동지수이다. SAI는 인구를 기준으로 소매매출액의 비율을 계산한다.
② 시장의 구매력을 측정하는 지표로 인구, 소매매출액, 유효소득의 세 가지 비율을 이용하여 계산하는 것은 구매력지수(BPI)이다.
③ (지역의 특정제품 소비자 수×지역의 특정제품 소비자 1인의 평균구매액)/(특정지역 내에서 그 제품에 할당된 총판매면적) = IRS(RSI)이다.
④ SAI를 계산하는 공식은 (총소매매출액 중 그 지역이 차지하는 비율)/(총인구 중 그 지역이 차지하는 비율)로 계산하며, 이 지수의 숫자가 높을수록 시장구매력은 크다.

정답 ⑤

THEME 065 IRS와 MEP

444

21년 3회

지역시장의 수요잠재력을 총체적으로 측정할 수 있는 지표로 많이 이용되는 소매포화지수(IRS)와 시장성장잠재력지수(MEP)에 대한 설명으로 옳지 않은 것은?

① IRS는 한 지역시장 내에서 특정 소매업태의 단위 매장면적당 잠재수요를 나타낸다.
② IRS가 낮으면 점포가 초과 공급되어 해당 시장에서의 점포간 경쟁이 치열함을 의미한다.
③ IRS의 값이 클수록 공급보다 수요가 상대적으로 많으며 시장의 포화정도가 낮은 것이다.
④ 거주자의 지역외구매(outshopping) 정도가 낮으면 MEP가 크게 나타나고 지역시장의 미래 성장가능성은 높은 것이다.
⑤ MEP와 IRS가 모두 높은 지역시장이 가장 매력적인 시장이다.

KEYWORD IRS, MEP

해설

MEP는 미래의 잠재수요를 총매장면적으로 나눈 값이다.
④ 현재 거주자의 지역외구매(outshopping) 정도가 높으면 장래에는 이 지역에서 쇼핑할 가능성이 높고 따라서 시장성장잠재력이 높으므로 MEP는 크게 나타난다.

정답 ④

445

21년 2회

지역시장의 매력도를 분석할 때 소매포화지수(IRS)와 시장성장잠재력지수(MEP)를 활용할 수 있다. 입지후보가 되는 지역시장의 성장가능성은 낮지만, 시장의 포화정도가 낮아 기존 점포 간의 경쟁이 치열하지 않은 경우로서 가장 옳은 것은?

① 소매포화지수(IRS)와 시장성장잠재력지수(MEP)가 모두 높은 경우

② 소매포화지수(IRS)는 높지만 시장성장잠재력지수(MEP)가 낮은 경우

③ 소매포화지수(IRS)는 낮지만 시장성장잠재력지수(MEP)가 높은 경우

④ 소매포화지수(IRS)와 시장성장잠재력지수(MEP)가 모두 낮은 경우

⑤ 소매포화지수(IRS)와 시장성장잠재력지수(MEP)만으로는 판단할 수 없다.

KEYWORD **IRS, MEP**

해설

② 소매포화지수(IRS)가 높으면 잠재수요가 커서 기존 점포 간의 경쟁이 치열하지 않은 경우이다.
반면 시장성장잠재력지수(MEP)가 낮은 경우 이 지역시장의 성장가능성은 낮은 것으로 평가한다.

관련이론 IRS, MEP

- 소매포화지수(IRS, RSI)는 특정 지역시장의 현재의 잠재수요를 총체적으로 측정할 수 있는 지표이고, 시장성장잠재력지수(MEP)는 미래의 시장성장잠재력을 나타내는 지표이다. 따라서 IRS가 높고 MEP가 클수록 현재와 미래 모두 매우 매력적인 시장이라고 할 수 있다.
- 소매포화지수(IRS)는 한 지역 내 특정 소매업태에 대한 수요를 매장면적의 합으로 나누어 계산한 것으로, 현재상황에서 공급에 대한 수요수준을 나타내며 지수의 값이 클수록 신규점포 개설의 매력도가 높다는 것을 의미한다.
- 지역시장의 수요잠재력을 총체적으로 측정할 수 있는 지표로 많이 이용되는 것이 소매포화지수(Index of Retail Saturation: IRS)이며, 이를 공식으로 나타내면 다음과 같다.

$$IRS = \frac{\text{지역시장의 총 가구수} \times \text{가구당 특정업태에 대한 지출액}}{\text{특정업태의 총매장 면적}}$$

- MEP는 미래의 잠재수요를 총매장면적으로 나눈 값이다. 현재 거주자의 지역외구매(outshopping)가 많은 경우 장래에는 이 지역에서 쇼핑할 가능성이 높고 따라서 시장성장잠재력이 높으므로 MEP는 크게 나타난다.

정답 ②

446

21년 1회

소매점은 상권의 매력성을 고려하여 입지를 선정해야 한다. 상권의 매력성을 측정하는 소매포화지수(IRS: Index of Retail Saturation)와 시장성장잠재력지수(MEP: Market Expansion Potential)에 대한 설명으로 가장 옳은 것은?

① IRS는 현재시점의 상권 내 경쟁 강도를 측정한다.

② MEP는 미래시점의 상권 내 경쟁 강도를 측정한다.

③ 상권 내 경쟁이 심할수록 IRS도 커진다.

④ MEP가 클수록 입지의 상권 매력성은 낮아진다.

⑤ MEP보다는 IRS가 더 중요한 상권 매력성지수이다.

KEYWORD **IRS, MEP**

해설

① 소매포화지수(IRS, RSI)는 특정 지역시장의 현재의 잠재수요와 경쟁의 양적인 측면을 측정할 수 있는 지표이다.
시장확장 잠재력(MEP)은 미래의 시장확장 잠재력을 나타내는 지표이다.
RSI가 높고 MEP가 클수록 현재와 미래 모두 매우 매력적인 시장이라고 할 수 있다.

선지분석

② MEP는 미래시점의 성장잠재력을 측정한다.

③ 상권 내 경쟁이 심할수록 IRS는 작아진다.

④ MEP가 클수록 입지의 상권 매력성은 높아진다.

⑤ MEP와 IRS 모두 중요한 지표로 어느 것이 더 중요하다고 판단할 수 없다.

정답 ①

DAY 03

447

24년 1 · 2 · 3회, 23년 3회

점포 입지 후보지에 대한 매력도 분석과 관련한 내용으로 가장 옳지 않은 것은?

① 소매포화지수(IRS: Index of Retail Saturation)는 지역시장 소매점들의 공급 대비 수요잠재력을 측정할 수 있는 지표이다.
② 시장성장잠재력(MEP: Market Expansion Potential)은 지역시장이 미래에 신규 수요를 창출할 수 있는 잠재력을 반영하는 지표이다.
③ 소매포화지수(IRS)는 특정 지역시장의 현재 상태를 나타내지만, 시장성장잠재력(MEP)을 반영하지 못하는 단점이 있다.
④ 시장성장잠재력(MEP)이 높을수록 소매포화지수(IRS)도 높게 나타난다.
⑤ 신규점포가 입지할 지역시장의 매력도를 평가할 때 기존 점포들에 의한 시장포화 정도뿐만 아니라 시장성장잠재력(MEP)을 함께 고려해야 한다.

KEYWORD 점포입지 후보지의 매력도 분석

해설

시장성장잠재력(MEP)와 소매포화지수(IRS)는 직접적인 관련이 없다. 현재, 이 지역에 거주하면서 다른 지역에서 쇼핑하는 사람들이 많은 경우에는 IRS가 낮다.
MEP는 미래의 잠재수요를 총매장면적으로 나눈 값이다. 현재 거주자의 지역 외 구매(Outshopping)가 많은 경우 장래에는 이 지역에서 쇼핑할 가능성이 높고 따라서 시장성장잠재력이 높으므로 MEP는 크게 나타난다.

정답 ④

448

20년 추가

지역시장의 소매포화지수(Index of Retail Saturation)에 대한 설명으로 가장 옳은 것은?

① 해당 지역시장의 구매력을 나타낸다.
② 다른 지역과 비교한 해당 지역시장의 1인당 소매매출액을 나타낸다.
③ 해당 지역시장의 특정 소매업태에 대한 수요와 공급의 현재 상태를 나타낸다.
④ 해당 지역시장 거주자들이 다른 지역시장에서 구매하는 쇼핑지출액도 평가한다.
⑤ 해당 지역시장의 특정 제품이나 서비스에 대한 가계소비를 전국 평균과 비교한다.

KEYWORD IRS

해설

③ 소매포화지수(IRS)는 현재상황에서 공급에 대한 수요수준을 나타낸다.
소매포화지수(IRS)는 한 지역 내 특정 소매업태에 대한 수요를 매장면적의 합으로 나누어 계산한 것으로 지수의 값이 클수록 신규점포 개설의 매력도가 높다는 것을 의미한다.

정답 ③

449

17년 1회

한 지역의 가구수가 100가구이며 가구당 특정업태에 대한 지출액은 10,000원, 특정업태의 총매장면적은 10,000,000m² 라고 한다. 현재 상황을 토대로 분석할 때 다음 제시되는 설명 중 가장 적합한 것은?

① 시장성장잠재력지수를 계산하면 1의 값이 계산되어 향후 해당 시장의 성장잠재력이 낮다고 볼 수 있다.
② 거주자들이 지역시장 이외의 다른 지역에서 쇼핑하는 경우가 많다고 볼 수 있어 시장잠재력은 크다고 판단할 수 있다.
③ 시장포화지수가 매우 낮은 값으로 계산되므로 특정업태에 대한 해당 지역의 시장은 이미 포화된 것으로 볼 수 있다.
④ 가구당 특정업태에 대한 지출비중이 낮으므로 시장이 포화되었다고는 볼 수 없고 개선의 여지가 있다고 판단할 수 있다.
⑤ 지역의 총가구수를 고려할 때 지역 내 소비자가 이용할 수 있는 특정업태의 매장면적은 현재가 가장 적합한 상황으로 볼 수 있다.

KEYWORD IRS

해설

주어진 자료로 구할 수 있는 것은 소매포화지수(IRS)이다. 여기서

$$IRS = \frac{\text{지역시장의 총 가구수} \times \text{가구당 특정업태에 대한 지출액}}{\text{특정업태의 총매장 면적}}$$

$$= \frac{100\text{가구} \times 10,000\text{원}}{1,000\text{만}m^2} = 0.1\text{이다.}$$

③ IRS의 크기는 다른 지역과 비교하여 크기를 판단하지만 0.1은 매우 낮은 값이고, 따라서 이 지역시장은 이미 포화된 것으로 볼 수 있다.

정답 ③

450

22년 3회

소매입지를 선정하기 위해 활용되는 각종 지수(index)에 대한 설명으로 가장 옳지 않은 것은?

① 시장포화지수(IRS)는 특정 시장 내에서 주어진 제품계열에 대한 점포면적당 잠재매출액의 크기이다.
② 구매력지수(BPI)는 주로 통계자료의 수집단위가 되는 행정구역별로 계산할 수 있다.
③ 시장확장잠재력지수(MEP)는 지역 내 소비자들이 타지역에서 쇼핑하는 비율을 고려하여 계산한다.
④ 판매활동지수(SAI)는 특정 지역의 총면적당 점포면적 총량의 비율을 말한다.
⑤ 구매력지수(BPI)는 주로 인구, 소매 매출액, 유효소득 등의 요인을 이용하여 측정한다.

KEYWORD 입지평가지수

해설

SAI(Sales Activity Index)는 다른 지역과 비교한 특정 지역의 1인당 소매매출액을 측정하는 방법으로, 인구를 기준으로 소매매출액의 비율을 계산한다.

정답 ④

DAY 03

DAY 04

DAY 04 합격 GUIDE

DAY 04에는 2과목 상권분석과 3과목 유통마케팅을 함께 담았습니다.
유통마케팅 과목은 마케팅에 대한 전반적인 내용을 다루는데 일부 문제는 1과목과 구분 없이 출제되기도 합니다.
DAY 04의 핵심 테마는 2과목 테마인 '067 넬슨(R. Nelson)의 점포입지의 원칙', 3과목 테마인 '075 유통환경 변화', '081 서비스의 특징 및 SERVQUAL', '082 마케팅믹스 전략', '085 머천다이징(MD)', '086 상품수명주기별 상품관리전략'입니다.

8개년 기출문제를 집중분석하여 정리한 THEME

SUBJECT 02 상권분석

SUBJECT 03 유통마케팅

THEME 066 중심성지수

451

20년 2회

중심성지수는 전체 상권에서 지역이 차지하는 중심성을 평가하는 한 지표이다. 중심성지수에 대한 설명으로 가장 옳지 않은 것은?

① 한 지역의 거주인구에 대한 소매인구의 비율이다.
② 지역의 소매판매액이 커지면 중심성지수도 커진다.
③ 지역의 소매인구는 소매업에 종사하는 거주자의 숫자이다.
④ 다른 여건이 변하지 않아도 거주인구가 감소하면 중심성지수는 커진다.
⑤ 중심성지수가 클수록 전체 상권 내의 해당지역의 중심성이 강하다고 해석한다.

KEYWORD **중심성지수**

해설

③ 지역의 소매인구는 1인당 평균구매액에 대한 그 지역의 소매판매액의 비중을 의미한다.

관련이론 중심성지수

중심성지수(centrality index)는 소매업의 공간적 분포를 파악하기 위해 이용되는 개념으로 중심성지수 $= \frac{\text{어떤 지역의 소매인구}}{\text{그 지역의 거주인구}}$이다.

여기서 소매인구 $= \frac{\text{그 지역의 소매판매액}}{\text{1인당 평균구매액}}$이다.

소매판매액에 변화가 없어도 그 지역의 거주인구가 감소하면 중심성지수는 상승한다. 중심성지수는 상업인구가 거주인구와 동일할 때 1이 되고, 상업인구가 많으면 많을수록 1 보다 큰 값이 된다.

정답 ③

452

18년 1회

소매업이 불균등하게 분포하는 실태를 반영하여 소매업 중심지와 그곳을 둘러싼 외곽지역으로 구성되는 것을 지수화한 '중심성지수'에 대한 설명으로 옳지 않은 것은?

① 소매업의 공간적 분포를 설명하는데 도움을 주는 지표이다.
② 어느 지역에서 중심이 되는 공간이 어디인지를 지수로 파악할 수 있다.
③ 그 도시의 소매판매액을 그 도시를 포함한 광역지역의 1인당 소매판매액으로 나눈 값이 상업인구이다.
④ 상업인구보다 거주인구가 많으면 1보다 큰 값을 갖게 된다.
⑤ 중심성 지수가 1이면 상업인구와 거주인구가 동일함을 의미한다.

KEYWORD **중심성지수**

해설

④ 중심성지수는 상업인구가 거주인구와 동일할 때 1이 되고, 상업인구가 많으면 많을수록 1보다 큰 값이 된다.

정답 ④

THEME 067 넬슨(R. Nelson)의 점포입지의 원칙

453

22년 2회

아래 글상자의 현상과 이들을 설명하는 넬슨(R. N. Nelson)의 입지원칙의 연결로서 옳은 것은?

> ㉠ 식당이 많이 몰려있는 곳에 술집이나 커피숍들이 있다든지, 극장가 주위에 식당들이 많이 밀접하는 현상
> ㉡ 귀금속 상점들이나 떡볶이 가게들이 한 곳에 몰려서 입지함으로써 더 큰 집객력을 갖는 현상

① ㉠ 동반유인 원칙, ㉡ 보충가능성 원칙
② ㉠ 고객차단 원칙, ㉡ 보충가능성 원칙
③ ㉠ 보충가능성 원칙, ㉡ 점포밀집 원칙
④ ㉠ 보충가능성 원칙, ㉡ 동반유인 원칙
⑤ ㉠ 점포밀집 원칙, ㉡ 보충가능성 원칙

KEYWORD **입지 매력도 평가의 원칙**

해설

넬슨(R. N. Nelson)의 소매입지원칙 중 ㉠은 보충가능성 원칙, ㉡은 동반유인 원칙에 해당한다.

관련이론 넬슨(R. N. Nelson)의 소매입지원칙

넬슨은 점포의 경영주체가 최대의 이익을 얻을 수 있는 매출액을 확보하기 위하여 어떤 점을 고려할 것인가에 대해 8가지 원칙을 제시하였다. 8가지 원칙은 상권의 잠재력, 접근 가능성, 성장 가능성, 중간 저지성, 누적적 흡인력, 양립성, 경쟁 회피성, 용지 경제성이다.

정답 ④

454

17년 1회

우리 점포에서 제공되는 상품 외에도 다른 점포에서 판매되는 상품의 종류에 의해서도 고객의 크기가 결정될 수 있다고 볼 수 있는 원칙이 아닌 것은?

① 접근용이성의 원칙
② 중간저지성의 원칙
③ 동반유인의 원칙
④ 보충가능성의 원칙
⑤ 점포밀집의 원칙

KEYWORD **입지 매력도 평가의 원칙**

해설

접근용이성의 원칙은 우리 점포로의 진입과 퇴출의 용이성을 의미한다.

정답 ①

455

21년 2회

동일하거나 유사한 업종은 서로 멀리 떨어져 있는 것보다 가까이 모여 있는 것이 고객을 유인할 수 있다는 입지 평가의 원칙으로 옳은 것은?

① 보충가능성의 원칙
② 점포밀집의 원칙
③ 동반유인의 원칙
④ 고객차단의 원칙
⑤ 접근가능성의 원칙

KEYWORD **입지 매력도 평가의 원칙**

해설

③ 동반유인의 원칙 또는 누적적 흡인력(cumulative attraction)이란 동일하거나 유사한 업종은 서로 멀리 떨어져 있는 것보다 가까이 모여 있는 것이 고객을 유인할 수 있다는 것이다. 유사하거나 보완적인 소매업체들이 분산되어 있거나 독립되어 있는 경우보다 군집하여 있는 경우에 더 큰 유인잠재력을 가질 수 있다.

관련이론 입지의 매력도를 평가하는 원칙(입지대안 평가의 원칙)

- 고객차단의 원칙(principle of intercept)은 입지가 고객이 특정지역에서 다른 지역으로 이동할 때에 고객으로 하여금 점포를 방문하도록 하는 입지적 특성이 얼마나 되는지를 평가하는 것이다. 이러한 특성을 가지고 있는 지역으로 평가되는 입지는 사무실 밀집지역, 상업지역, 쇼핑센터 등이다(중간 저지성).
- 동반유인의 원칙(principle of cumulative attraction)은 유사하거나 보충적인 소매업들이 군집하고 있는 경우가 분산되어 있거나 독립되어 있는 경우보다 더 큰 유인잠재력을 가질 수 있다는 원칙이다(누적적 흡인력).
- 보충가능성의 원칙(principle of compatibility)은 두 개의 사업이 고객을 서로 교환할 수 있는 정도를 의미하는데, 이 원칙에 의하면 인접한 지역에 위치한 사업들 간에 보충가능성이 높을수록 점포의 매출액이 높아진다(양립성).
- 접근가능성의 원칙(principle of accessibility)은 고객의 입장에서 점포를 방문할 수 있는 심리적, 물리적 특성을 의미하는데, 지리적으로 인접해 있거나, 교통이 편리하거나, 시간의 소요가 적은 경우에 점포의 매출이 증대된다는 원칙이다.
- 점포밀집의 원칙(principle of store congestion)은 동반유인이나 보충가능성과는 반대로 지나치게 유사한 점포나 보충할 수 있는 점포들이 밀집되어 있어서 고객의 유인효과를 감소시키는 현상을 의미한다.
- 이용가능성의 원칙(principle of availability)은 그 장소를 임대 또는 매입할 수 있는가 하는 것이다.
- 적합성의 원칙(principle of suitability)은 장소의 규모 또는 구조 등이 개설하려는 소매점포에 적합한가를 의미한다.
- 수용가능성의 원칙(principle of acceptability)은 그 장소를 임대 또는 매입할 만한 충분한 자원이 있는가의 여부이다.

정답 ③

DAY 04

456

18년 1회, 15년 1회

식당이 많이 몰려있는 곳에 술집이나 커피숍들이 있다든지, 극장가 주위에 식당들이 많이 밀집해 있는 것은 다음 중 어느 입지원칙이 적용된 것이라 할 수 있는가?

① 동반유인원칙(principle of cumulative attraction)
② 접근가능성의 원칙(principle of accessibility)
③ 보충가능성의 원칙(principle of compatibility)
④ 고객차단원칙(principle of interception)
⑤ 점포밀집원칙(principle of store congestion)

KEYWORD 입지 매력도 평가의 원칙

해설

③ 보충가능성의 원칙(principle of compatibility)은 두 개의 사업이 고객을 서로 교환할 수 있는 정도를 의미한다. 이 원칙에 의하면 인접한 지역에 위치한 사업들 간에 양립가능성이 높을수록 점포의 매출액이 높아진다.

정답 ③

457

20년 3회

소매점의 입지 대안을 확인하고 평가할 때 의사결정의 기본이 되는 몇 가지 원칙들이 있다. 아래 글상자의 설명과 관련된 원칙으로 옳은 것은?

> 고객의 입장에서 점포를 방문하기 용이한 심리적, 물리적 특성이 양호하여야 한다는 원칙으로 교통이나 소요시간과 관련된 원칙이다.

① 가용성의 원칙(principle of availability)
② 보충가능성의 원칙(principle of compatibility)
③ 고객차단의 원칙(principle of interception)
④ 동반유인원칙(principle of cumulative attraction)
⑤ 접근가능성의 원칙(principle of accessibility)

KEYWORD 입지 매력도 평가의 원칙

해설

⑤ 접근가능성의 원칙(principle of accessibility)은 고객의 입장에서 점포를 방문하기 용이한 심리적, 물리적 특성이 양호하여야 한다는 원칙으로 교통이나 소요시간과 관련된다.

정답 ⑤

458

20년 추가

소매점의 입지 대안을 확인하고 평가할 때 의사결정의 기본이 되는 몇 가지 원칙들이 있다. 아래 글상자가 설명하는 원칙으로 옳은 것은?

> 유사하거나 관련 있는 소매상들이 군집하고 있는 것이, 분산되어 있거나 독립되어 있는 것보다 더 큰 유인력을 가질 수 있다.

① 접근가능성의 원칙(principle of accessibility)
② 수용가능성의 원칙(principle of acceptability)
③ 가용성의 원칙(principle of availability)
④ 동반유인원칙(principle of cumulative attraction)
⑤ 고객차단의 원칙(principle of interception)

KEYWORD 입지 매력도 평가의 원칙

해설

④ 동반유인원칙은 유사하거나 보완적인 소매업체들이 분산되어 있거나 독립되어 있는 경우보다 군집하여 있는 경우가 더 큰 유인잠재력을 가질 수 있다는 원칙이다.

정답 ④

459

19년 3회

동종 업종의 점포들이 특정 지역에 몰려 있어서 집객력 즉, 고객유인효과가 감소하는 현상을 설명하는 입지원칙으로 옳은 것은?

① 고객차단원칙
② 보충가능성의 원칙
③ 동반유인원칙
④ 점포밀집원칙
⑤ 접근가능성원칙

KEYWORD 입지 매력도 평가의 원칙

해설

④ 동종 업종의 점포들이 특정 지역에 몰려 있어서 집객력 즉, 고객유인효과가 감소하는 현상을 설명하는 입지원칙은 점포밀집원칙이다. 점포밀집의 원칙은 동반유인이나 보충가능성과는 반대로 유사한 점포나 보충할 수 있는 점포들이 밀집되어 있어서 고객의 유인효과를 감소시키는 현상을 의미한다.

정답 ④

460

20년 3회

넬슨(Nelson)은 소매점포가 최대 이익을 확보할 수 있는 입지의 선정과 관련하여 8가지 소매입지 선정원칙을 제시했다. 다음 중 그 연결이 옳지 않은 것은?

① 경합의 최소성 – 해당 점포와 경쟁관계에 있는 점포의 수가 가장 적은 장소를 선택하는 것이 유리함
② 상권의 잠재력 – 판매하려는 상품이 차지할 시장점유율을 예측하고 점포개설 비용을 파악하여 분석한 종합적 수익성이 높은 곳이 유리함
③ 양립성 – 업종이 같은 점포가 인접해서 상호보완관계를 통해 매출을 향상시킬 수 있음
④ 고객의 중간유인 가능성 – 고객이 상업지역에 들어가는 동선의 중간에 위치하여 고객을 중간에서 차단할 수 있는 입지가 유리함
⑤ 집적 흡인력 – 집재성 점포의 경우 유사한 업종이 서로 한 곳에 입지하여 고객흡인력을 공유하는 것이 유리함

KEYWORD 넬슨의 소매입지 이론

해설

양립성(compatibility)은 상호보완 관계에 있는 업종의 점포가 서로 인접하면 고객의 유입(고객흡인력)을 증가시킬 수 있다는 것으로, 보충가능성의 원칙(principle of compatibility)이라고도 한다.
양립성은 인접한 서로 다른 소매점포 간에 고객을 서로 주고받을 수 있는 능력을 의미한다. 예를 들면 보완재(complimentary goods)의 성격이 강한 상품을 판매하는 소매점들이 인근에 자리 잡을 경우 각 소매점들은 고객을 서로 주고받으면서 매상을 높일 수 있게 된다.

관련이론 넬슨의 소매입지 원칙

넬슨(Nelson)은 점포의 경영주체가 최대의 이익을 얻을 수 있는 매출액을 확보하기 위하여 어떤 점을 고려할 것인가에 대해 8가지 원칙을 제시하였다. 8가지는 상권의 잠재력, 접근가능성, 성장가능성, 중간저지성, 누적적 흡인력, 양립성, 경쟁 회피성, 용지 경제성이다.

정답 ③

461

17년 3회

넬슨(Nelson)의 입지선정 8원칙 개념에 대한 설명으로 옳지 않은 것은?

① 상권잠재력 – 영업의 형태가 비슷하거나 동일한 점포가 집중적으로 몰려있어 고객의 흡입력을 극대화할 수 있는지 고려해야 함
② 접근가능성 – 고객이 찾아오기 쉬운 점포로 대중교통과 주차장 등을 고려해야 함
③ 중간저지성 – 잘 알려진 점포로 가는 길목에 있는 입지를 선택하는 것도 좋음
④ 양립성 – 상호보완 관계에 있는 업종의 점포가 서로 인접하면 고객의 유입을 증가시킬 수 있음
⑤ 경쟁회피성 – 가능하다면 주변에 경쟁점포가 없는 입지를 선택하고 경쟁점의 규모 등을 감안해야 함

KEYWORD 넬슨의 소매입지 이론

해설

동종 상품을 취급하는 점포 등 유사한 점포들이 집중적으로 몰려 있는 경우 소비자에 대한 흡인력을 극대화할 수 있는 가능성을 누적적 흡인력(cumulative attraction)이라고 한다.
상권의 잠재력(potential)은 상권이 얼마나 많은 인구를 포함하고 있어 매출액과 수익성에 어느 정도의 영향을 미칠 수 있는가를 의미한다. 즉 상권의 크기와 수익창출 능력을 말하는 것이다.

정답 ①

462

18년 2회

동일업종의 선매품 소매점포들이 서로 인접하여 입지하는 경향을 설명하는 것은?

① 소매중력이론　② 중심지 이론
③ 누적흡인력의 원칙　④ 경쟁회피성의 원칙
⑤ 양립성의 원칙

KEYWORD 넬슨의 소매입지 이론

해설

선매품(shopping goods)은 가구나 의류처럼 상품의 가격과 품질, 디자인 등을 여러 점포를 통해 비교한 후 구매하는 제품이다. 따라서 선매품점은 여러 점포가 인접하여 입지하여야 매출을 증대시킬 수 있는데 이를 ③ 누적적 흡인력(cumulative attraction)의 원칙 또는 동반유인의 원칙이라고 한다.

정답 ③

463

19년 2회

넬슨(R. L. Nelson)은 소매점이 입지를 선정할 때 지켜야 할 여덟가지 원칙 중에서 향후 생길 수 있는 경쟁점포의 입지, 규모, 형태 등을 고려하여 자신의 사업장이 경쟁력을 유지할 수 있을지를 확인해야 한다는 원칙은 무엇인가?

① 경쟁점포 회피의 원칙 ② 상권 잠재력의 원칙
③ 점포 접근가능성의 원칙 ④ 입지 누적흡인력의 원칙
⑤ 입지 양립성의 원칙

KEYWORD 넬슨의 소매입지 이론

해설

경쟁점포의 입지, 규모, 형태 등을 고려하여 자신의 사업장이 경쟁력을 유지할 수 있을지를 확인해야 한다는 원칙은 경쟁 회피성의 원칙이다. 경쟁 회피성은 가능하다면 주변에 경쟁점포가 없는 입지를 선택하고 경쟁점의 규모 등을 감안해야 한다는 원칙이다.

정답 ①

464

17년 1회

소매점이 집적하게 되면 경쟁과 양립의 서로 다른 성격을 갖게 되므로 가능하면 양립(兩立)을 통해 상호이익을 추구하는 것이 좋다. 다음 중 양립의 원인으로 옳지 않은 것은?

① 보충효과 ② 집적효과
③ 상승효과 ④ 차단효과
⑤ 차별화효과

KEYWORD 넬슨의 소매입지 이론

해설

차단효과는 중간저지성에 의해 나타난다.
중간저지성은 경영자가 속한 상권지역 내의 기존점포나 상권지역이 고객과 중간에 위치하여 경쟁점포나 기존의 상권으로 접근하려는 고객을 중간에서 저지할 수 있는 가능성을 말한다.
넬슨(Nelson)의 소매 입지선정 원칙에서 서로 보완관계에 있는 점포가 인접해 고객의 흡인력을 높일 수 있는 가능성을 양립성(compatibility)이라고 한다. 양립성은 보충가능성의 원칙(principle of compatibility)으로도 불리는 것으로 보충효과, 집적효과, 상승효과(시너지효과), 차별화효과 등으로 발생한다.

정답 ④

465

18년 1회

넬슨(R.L.Nelson)의 입지선정 원칙과 그에 관한 설명으로 옳지 않은 것은?

① 누적적 유인력: 동일업종의 집적에 의한 유인효과
② 성장가능성: 상업환경, 주거환경, 소득환경, 교통환경의 변화 가능성
③ 중간저지성: 상호보완되는 점포들이 근접하여 얻게 되는 시너지효과
④ 경제성: 부지비용, 임대료, 권리금 등의 입지비용 정도
⑤ 상권의 잠재력: 시장점유율이 확대될 가능성

KEYWORD 넬슨의 소매입지 이론

해설

상호보완되는 점포들이 근접하여 얻게 되는 시너지효과는 누적적 흡인력(cumulative attraction)이다.
중간저지성(intercept)은 경영자가 속한 상권지역 내의 기존점포나 상권 지역이 고객과 중간에 위치하여 경쟁점포나 기존의 상권으로 접근하려는 고객을 중간에서 저지할 수 있는 가능성을 말한다.

정답 ③

466

17년 2회

넬슨(R. L. Nelson)은 점포입지의 성공적인 선정을 위해 적용할 수 있는 8개의 원칙을 제시했다. 상호보완관계에 있는 점포가 인접함으로써 고객 흡인력을 높이게 될 가능성을 검토해야 한다는 원칙은?

① 상권 잠재력의 원칙 ② 성장가능성의 원칙
③ 누적 흡인력의 원칙 ④ 양립성의 원칙
⑤ 경쟁 회피성의 원칙

KEYWORD 넬슨의 소매입지 이론

해설

상호보완관계에 있는 점포가 인접함으로써 고객 흡인력을 높이게 될 가능성을 검토해야 한다는 원칙은 ④ 양립성(compatibility)의 원칙이다. 양립성은 인접한 서로 다른 소매점포 간에 고객을 서로 주고받을 수 있는 능력을 의미한다.
예를 들면 보완재(complimentary goods)의 성격이 강한 상품을 판매하는 소매점들이 인근에 자리 잡을 경우 각 소매점들은 고객을 서로 주고받으면서 매상을 높일 수 있게 된다.

정답 ④

467

22년 3회

넬슨(R.L. Nelson)의 소매입지 선정원리 중에서 아래 글상자의 괄호 안에 들어갈 내용을 순서대로 나열한 것으로 가장 옳은 것은?

> (㉠)은 동일한 점포 또는 유사업종의 점포가 집중적으로 몰려 있어 집객효과를 높일 수 있는 가능성을 말하며 집재성 점포의 경우에 유리하다.
> (㉡)은 상이한 업종의 점포들이 인접해 있으면서 보완관계를 통해 상호 매출을 상승시키는 효과를 발휘하는 것을 의미한다.

① ㉠ 양립성, ㉡ 누적적 흡인력
② ㉠ 양립성, ㉡ 경합의 최소성
③ ㉠ 누적적 흡인력, ㉡ 양립성
④ ㉠ 상권의 잠재력, ㉡ 경합의 최소성
⑤ ㉠ 누적적 흡인력, ㉡ 경합의 최소성

KEYWORD 넬슨의 소매입지 이론

해설

동일하거나 유사한 업종은 서로 멀리 떨어져 있는 것보다 가까이 모여 있는 것이 고객을 유인할 수 있다는 것은 동반유인의 원칙 또는 누적적 흡인력(cumulative attraction)이라고 한다.
두 개 이상의 사업이 고객을 서로 교환할 수 있는 정도를 의미하는 것으로, 이 원칙에 의하면 인접한 지역에 위치한 사업들 간에 보충가능성이 높을수록 점포의 매출액이 높아진다는 것은 보충가능성의 원칙(principle of compatibility) 또는 양립성이라고 한다.

정답 ③

THEME 068 고객유도시설과 동선

468

18년 3회

고객유도시설을 점포의 유형에 따라 도시형, 교외형, 인스토어형으로 구분할 때 도시형점포의 고객유도시설로 볼 수 없는 것은?

① 지하철역
② 철도역
③ 버스정류장
④ 버스터미널
⑤ 인터체인지

KEYWORD 고객유도시설

해설

고객유도시설은 고객을 모으는 자석과 같은 역할을 한다고 하여 소매자석(CG: Customer Generator)이라고도 한다.
교외형 고객유도시설의 대표적인 것은 대형 레저시설, 대형 소매점, 간선도로, ⑤ 인터체인지 등이다.
도시형 고객유도시설로는 지하철 역(개찰구)이나 대형 소매점 등을 들 수 있다.
인스토어형 고객유도시설은 주 출입구, 주차장 출입구, 계산대, 에스컬레이터 등이다.

정답 ⑤

469

18년 2회

사람들은 눈 앞에 보여도 간선도로를 건너거나 개울을 횡단해야 하는 점포에는 접근하지 않으려는 경향이 있다. 이런 현상에 대한 설명으로 가장 옳은 원칙은?

① 사람이 운집한 곳을 선호하는 인간집합의 원칙
② 득실을 따져 득이 되는 쪽을 선택하는 보증실현의 원칙
③ 위험하거나 잘 모르는 길을 지나지 않으려는 안전추구의 원칙
④ 목적지까지 최단거리로 가려고 하는 최단거리 추구의 원칙
⑤ 자신의 자아이미지에 가장 합당한 공간을 추구하는 자아일치의 원칙

KEYWORD 동선

해설

제시된 현상은 위험하거나 잘 모르는 길을 지나지 않으려는 안전추구(안전중시)의 원칙에 대한 설명이다.

정답 ③

DAY 04

470

21년 3회

일반적으로 인간은 이익을 얻는 쪽을 먼저 선택하고자 하는 심리가 있어서 길을 건널 때 처음 만나는 횡단보도를 이용하려고 한다는 법칙으로 가장 옳은 것은?

① 안전우선의 법칙
② 집합의 법칙
③ 보증실현의 법칙
④ 최단거리 실현의 법칙
⑤ 주동선 우선의 법칙

KEYWORD **동선**

해설

길을 건널 때 처음 만나는 횡단보도를 이용하려고 한다는 것은 보증실현의 법칙이다.

관련이론 인간 심리와 동선과의 관계를 나타내는 법칙

인간심리와 동선과의 관계를 나타내는 법칙으로 최단거리 실현의 법칙, 보증실현의 법칙, 안전중시의 법칙, 집합의 법칙의 네 가지가 제시되고 있다.

- 최단거리 실현의 법칙: 사람들은 최단거리로 목적지에 가려고 한다. 멀리 돌아가거나 쓸데없는 일, 손해는 보지 않으려고 하기 때문에 부동선(후면동선)이 생긴다.
- 보증실현의 법칙: 인간은 득실을 따져 득이 되는 쪽을 선택한다. 목적지를 향하여 최초의 횡단보도를 건너 진행한다. 예컨대 역전 로터리 바로 정면에 점포가 있어도 자신이 지금부터 진행하는 방향에 있지 않는 점포로는 가려 하지 않는다.
- 안전중시의 법칙: 인간은 기본적으로 신체의 안전을 지키기 위해, 알지 못하는 길은 지나가려고 하지 않는다.
- 집합의 법칙: 인간은 자연적으로 사람들이 모여 있는 곳에 모인다.

정답 ③

471

19년 3회

동선(動線)에 대한 설명으로 가장 옳지 않은 것은?

① 경제적 사정으로 많은 자금이 필요한 주동선에 입지하기 어려운 점포는 부동선(副動線)을 중시한다.
② 주동선이란 자석입지(magnet)와 자석입지를 잇는 가장 기본이 되는 선을 말한다.
③ 동선은 주동선, 부동선, 접근동선, 출근동선, 퇴근동선 등 다양한 기준으로 분류할 수 있다.
④ 복수의 자석입지가 있는 경우의 동선을 부동선(副動線)이라 한다.
⑤ 접근동선이란 동선으로의 접근정도를 가리키는 말이다.

KEYWORD **동선**

해설

복수의 자석이 있는 경우의 동선을 복수동선(유희동선)이라고 한다. 고객유도시설은 고객을 모으는 자석과 같은 역할을 한다고 하여 소매자석(CG: Customer Generator)이라고도 한다. 인스토어형 고객유도시설은 주 출입구, 주차장 출입구, 계산대, 에스컬레이터 주 통로 등이다.

정답 ④

472

19년 2회

동선(動線)에 대한 설명 중에서 가장 옳지 않은 것은?

① 고객이 주로 승용차로 내점하는 점포의 경우에는 주 주차장에서 주 출입구까지가 동선이 된다.
② 올라가는 에스컬레이터의 경우에는 올라가기 전, 내려가는 에스컬레이터의 경우에는 내려가기 전이 최적의 입지가 된다.
③ 대규모 소매점은 고객이 각 층별로 돌아보기 때문에 각 층이 자석이 되고 이를 연결하는 에스컬레이터가 동선이 된다.
④ 인스토어형의 동선의 경우, 주 출입구에서 에스컬레이터까지가 주동선이 된다.
⑤ 고객의 내점 수단이 도보인 경우 주 출입구에서 에스컬레이터까지가 주동선이 된다.

KEYWORD **동선**

해설

② 올라가는 에스컬레이터의 경우에는 올라간 후, 내려가는 에스컬레이터의 경우에는 내려간 후가 최적의 입지가 된다.

정답 ②

THEME 069 업태별 입지선정 요인

473

16년 1회

박스 안의 내용은 어떤 소매업태의 입지요건에 가장 합당하다고 할 수 있는가?

> 주로 도심 및 교통망의 결절점에 입지하며, 유동인구, 인근지역 소비자의 소비형태 등을 고려하여야 한다. 입지의 지리적, 환경적 요인을 분석하여 소비자의 흡인률을 높일 뿐만 아니라 강한 집객력을 배경으로 제품구색의 폭이 넓으며 점포건물의 층별 제품구색 차별화를 구현하는 MD 구성 및 문화레저산업과의 연계 등을 통한 차별화된 전략이 요구된다.

① 백화점
② 할인점
③ 패션 전문점
④ 아울렛몰
⑤ 카테고리킬러

KEYWORD **소매업태 입지**

해설

제품구색의 폭이 넓으며 점포건물의 층별 제품구색 차별화를 구현하는 MD 구성 및 문화레저산업과의 연계 등을 통한 차별화된 전략이 요구되는 소매업태는 백화점이다.

정답 ①

474

21년 2회

일반적인 백화점의 입지와 소매전략에 관한 설명으로 가장 옳지 않은 것은?

① 입지조건에 따라 도심백화점, 터미널백화점, 쇼핑센터 등으로 구분할 수 있다.
② 대상 지역의 주요산업, 인근지역 소비자의 소비행태 등을 분석해야 한다.
③ 선호하는 브랜드를 찾아다니면서 이용하는 소비자가 존재함을 인지해야 한다.
④ 상품 구색의 종합화를 통한 원스톱 쇼핑보다 한 품목에 집중해야 한다.
⑤ 집객력이 높은 층을 고려한 매장 배치나 차별화가 중요하다.

KEYWORD **백화점 입지**

해설

한 품목에 집중해야 하는 것은 전문점이다.
백화점은 다양한 유형의 상품과 깊이 있는 구색을 갖추어 놓고, 세심한 고객서비스를 제공하는 소매점포이다. 따라서 상품 구색의 종합화를 통해 고객들이 원스톱 쇼핑을 할 수 있도록 해야 한다.

정답 ④

475

21년 1회

여러 층으로 구성된 백화점의 매장 내 입지에 관한 설명으로 가장 옳은 것은?

① 고객이 출입하는 층에서 멀리 떨어진 층일수록 매장공간의 가치가 올라간다.
② 대부분의 고객들이 왼쪽으로 돌기 때문에, 각 층 입구의 왼편이 좋은 입지이다.
③ 점포 입구, 주 통로, 에스컬레이터, 승강기 등에서 가까울수록 유리한 입지이다.
④ 층별 매장의 안쪽으로 고객을 유인하는데 최적인 매장배치 유형은 자유형 배치이다.
⑤ 백화점 매장 내 입지들의 공간적 가치는 층별 매장구성 변경의 영향은 받지 않는다.

KEYWORD **백화점 입지**

선지분석

① 고객이 출입하는 층에서 멀리 떨어지면 매장공간의 가치는 낮아진다.
② 대부분의 고객들이 오른쪽으로 돌기 때문에, 각 층 입구의 오른편이 좋은 입지이다.
④ 층별 매장의 안쪽으로 고객을 유인하는데 최적인 매장배치 유형은 경주로(racetrack)형 배치이다.
⑤ 백화점 매장 내 입지들의 공간적 가치는 층별 매장구성 변경의 영향을 크게 받는다.

정답 ③

THEME 070 상가건물 임대차보호법 등 관련 법률

476

20년 3회

임차한 건물에 점포를 개점하거나 폐점할 때는 임차권의 확보가 매우 중요하다. "상가건물 임대차보호법"(법률 제17490호, 2020. 9. 29., 일부개정)과 관련된 내용으로 옳지 않은 것은?

① "상법"(법률 제17362호, 2020. 6. 9., 일부개정)의 특별법이다.
② 기간을 정하지 않은 임대차는 그 기간을 1년으로 본다.
③ 임차인이 신규임차인으로부터 권리금을 회수할 수 있는 권한을 일부 인정한다.
④ 법 규정에 위반한 약정으로 임차인에게 불리한 것은 그 효력이 없는 강행규정이다.
⑤ 상가건물 외에 임대차 목적물의 주된 부분을 영업용으로 사용하는 경우에도 적용된다.

KEYWORD **상가건물 임대차보호법**

해설

① 상가건물 임대차보호법은 민사법이다.
「상가건물 임대차보호법」 제1조 법의 목적에 "이 법은 상가건물 임대차에 관하여 「민법」에 대한 특례를 규정하여 국민 경제생활의 안정을 보장함을 목적으로 한다"고 하였으므로 민법의 특별법이다.

정답 ①

477

24년 1회

상가건물 임대차보호법(법률 제18675호, 2022.1.4., 일부개정)과 동법 시행령에서는 법의 보호를 받을 수 있는 보증금액의 수준을 규정하고 있다. 이러한 환산보증금을 구하는 계산식으로 옳은 것은?

① 보증금+(월임차료×10)
② 보증금+(월임차료×24)
③ 보증금+(월임차료×60)
④ 보증금+(월임차료×100)
⑤ 보증금+(월임차료×120)

KEYWORD **환산보증금의 계산**

해설

환산보증금은 「상가건물 임대차보호법」에서 보증금과 월세 환산액을 합한 금액을 말한다.

보증금액을 정할 때에는 해당 지역의 경제 여건 및 임대차 목적물의 규모 등을 고려하여 지역별로 구분하여 규정하되, 보증금 외에 차임이 있는 경우에는 그 차임액에 「은행법」에 따른 은행의 대출금리 등을 고려하여 대통령령으로 정하는 비율(100분의 1)을 곱하여 환산한 금액을 포함하여야 한다. (법 제2조 제2항, 시행령 제2조 제3항)

정답 ④

478

23년 2회, 21년 3회

상가건물 임대차보호법(약칭: 상가임대차법)(법률 제17471호, 2020. 7. 31, 일부개정)에서 규정하는 임차인의 계약갱신 요구에 대한 정당한 거절사유에 해당하지 않는 것은?

① 임차인이 3기의 차임액에 해당하는 금액에 이르도록 차임을 연체한 사실이 있는 경우
② 임차인이 임대인의 동의 없이 목적 건물의 전부 또는 일부를 전대(轉貸)한 경우
③ 임차인이 임차한 건물의 전부 또는 일부를 고의나 중대한 과실로 파손한 경우
④ 서로 합의하여 임대인이 임차인에게 상당한 보상을 제공한 경우
⑤ 최초의 임대차기간을 포함한 전체 임대차기간이 5년을 초과한 경우

KEYWORD **상가건물 임대차보호법**

해설

「상가건물임대차보호법」 제10조1항은 '임대인은 임차인이 임대차기간이 만료되기 6개월 전부터 1개월 전까지 사이에 계약갱신을 요구할 경우 정당한 사유 없이 거절하지 못한다'라고 규정하고 있다. 이 규정 적용의 예외로 ⑤는 해당되지 않는다.

정답 ⑤

479

23년 3회, 21년 2회

현재 "상가건물 임대차보호법"(법률 제17471호, 2020. 7. 31.) 등 관련 법규에서 규정하고 있는 상가임대료의 인상률 상한(청구당시의 차임 또는 보증금 기준)으로 옳은 것은?

① 3%
② 4%
③ 5%
④ 7%
⑤ 9%

KEYWORD **상가건물 임대차보호법**

해설

③ 차임 또는 보증금의 증액청구는 청구당시의 차임 또는 보증금의 100분의 5의 금액을 초과하지 못한다. (법 제11조, 시행령 제4조)

정답 ③

DAY 04

480

21년 1회

권리금에 대한 설명 중에서 옳지 않은 것은?

① 해당 상권의 강점 등이 반영된 영업권의 일종으로, 점포의 소유자에게 임차인이 제공하는 추가적인 비용으로 보증금의 일부이다.

② 상가의 위치, 영업상의 노하우, 시설 및 비품 등과 같은 다양한 유무형의 재산적 가치에 대한 양도 또는 이용에 대한 대가로 지급하는 금전이다.

③ 권리금을 일정 기간 안에 회복할 수 있는 수익성이 확보될 수 있는지를 검토하여야 한다.

④ 신축건물에도 바닥권리금이라는 것이 있는데, 이는 주변 상권의 강점을 반영하는 것이라고 볼 수 있다.

⑤ 권리금이 보증금보다 많은 경우가 발생하기도 한다.

KEYWORD 상가건물 임대차보호법

해설

① 권리금은 임차인이 임대인(점포의 소유자), 직전 임차인에게 보증금과 차임 이외에 별도로 지급하는 금전 등의 대가로, 보증금과는 별개이다.

관련이론 상가건물임대차보호법의 정의

- 법에서는 "권리금이란 임대차 목적물인 상가건물에서 영업을 하는 자 또는 영업을 하려는 자가 영업시설·비품, 거래처, 신용, 영업상의 노하우, 상가건물의 위치에 따른 영업상의 이점 등 유형·무형의 재산적 가치의 양도 또는 이용대가로서 임대인, 임차인에게 보증금과 차임 이외에 지급하는 금전 등의 대가를 말한다"고 정의하고 있다.(법 제10조의3)
- 권리금(premium)은 기존 점포의 영업시설·비품 등 유형물이나 거래처, 신용, 영업상의 노하우 또는 점포 위치에 따른 영업상의 이점 등 무형의 재산적 가치에 대한 대가이다.
- 권리금은 그동안 관행적으로만 인정되어 왔으나 2015년 「상가건물 임대차보호법」이 개정되면서 법률규정으로 포함되었다.

정답 ①

481

19년 3회 , 16년 3회

유통산업발전법에 의거한 소매점포의 개설 및 입지에 관한 내용으로 옳지 않은 것은?

① 대규모점포를 개설하려는 자는 영업을 시작하기 전에 특별자치시장 · 시장 · 군수 · 구청장에게 등록하여야 한다.

② 준대규모점포를 개설하려는 자는 영업을 시작하기 전에 특별자치시장 · 시장 · 군수 · 구청장에게 등록하여야 한다.

③ 전통상업보존구역에 준대규모점포를 개설하려는 자는 영업을 시작하기 전에 상권영향평가서 및 지역협력계획서를 첨부하여 등록하여야 한다.

④ 대규모점포등의 위치가 전통상업보존구역에 있을 때에는 등록을 제한할 수 있다.

⑤ 대규모점포등의 위치가 전통상업보존구역에 있을 때에는 등록에 조건을 붙일 수 있다.

KEYWORD 유통산업발전법

해설

② 준대규모점포는 전통상업보존구역에 개설하려는 경우에만 영업을 시작하기 전에 특별자치시장 · 시장 · 군수 · 구청장에게 등록하여야 한다.

관련이론 「유통산업발전법」 제8조 제1항

대규모점포를 개설하거나 제13조의3에 따른 전통상업보존구역에 준대규모점포를 개설하려는 자는 영업을 시작하기 전에 산업통상자원부령으로 정하는 바에 따라 상권영향평가서 및 지역협력계획서를 첨부하여 특별자치시장 · 시장 · 군수 · 구청장에게 등록하여야 한다. 등록한 내용을 변경하려는 경우에도 또한 같다.

정답 ②

482

18년 1회

「유통산업발전법」에서는 대규모점포 등과 중소유통업의 상생발전을 위하여 필요하다고 인정하는 경우 대형마트 등에 대한 영업시간 제한이나 의무휴업일 지정을 규정하고 있다. 이에 대한 내용으로 옳지 않은 것은?

① 특별자치시장·시장·군수·구청장 등은 오전 0시부터 오전 10시까지의 범위에서 영업시간을 제한할 수 있다.
② 특별자치시장·시장·군수·구청장 등은 매월 이틀을 의무휴업일로 지정하여야 한다.
③ 동일 상권 내에 전통시장이 존재하지 않는 경우에는 위의 내용이 적용되지 아니한다.
④ 영업시간 제한 및 의무휴업일 지정에 필요한 사항은 해당 지방자치단체의 조례로 정한다.
⑤ 의무휴업일은 공휴일 중에서 지정하되, 이해당사자와 합의를 거쳐 공휴일이 아닌 날을 의무휴업일로 지정할 수 있다.

KEYWORD **유통산업발전법**

해설

대형마트에 대해서는 동일 상권 내에 전통시장의 존재여부와 관계없이 영업시간 제한이나 의무휴업일 지정이 적용된다. (법 제12조의2)

정답 ③

THEME 071 건축법의 건폐율, 용적률

483

20년 3회

점포 신축을 위한 부지매입 또는 점포 확장을 위한 증축 등의 상황에서 반영해야 할 공간적 규제와 관련된 내용들 중 틀린 것은?

① 건폐율은 대지면적에 대한 건축연면적의 비율을 말한다.
② 대지에 건축물이 둘 이상 있는 경우에는 이들 건축면적의 합계로 건폐율을 계산한다.
③ 대지내 건축물의 바닥면적을 모두 합친 면적을 건축연면적이라 한다.
④ 용적률 산정에서 지하층·부속용도에 한하는 지상 주차용 면적은 제외된다.
⑤ 건폐율은 각 건축물의 대지에 여유 공지를 확보하여 도시의 평면적인 과밀화를 억제하려는 것이다.

KEYWORD **건축법**

해설

건폐율(building coverage)은 대지면적에 대한 건축면적의 비율을 말한다.

관련이론 **건폐율과 용적률**

건폐율을 산정할 때 대지면적은 1층만의 면적을 말하므로 지상층의 주차용으로 쓰는 건축면적은 포함되지만 지하층의 면적, 초고층 건축물의 피난안전구역의 면적은 제외한다.

한편 부지 대비 건물 전체의 층별 면적합의 비율은 용적률(floor area ratio)이다. 용적률을 계산할 때 지하층의 바닥면적은 포함시키지 않으며, 또 지상 층의 면적 중에서 주차용으로 쓰는 것은 포함시키지 않는다.

정답 ①

484

20년 2회

점포 개점에 있어 고려해야 할 법적 요소와 관련된 설명 중 가장 옳지 않은 것은?

① 용도지역이 건축 가능한 지역인지 여부를 관련 기관을 통해 확인한다.
② 학교시설보호지구 여부와 거리를 확인한다.
③ 건폐율이란 부지 대비 건물 전체의 층별 면적합의 비율을 말한다.
④ 용적률이란 부지면적에 대한 건축물의 연면적의 비율로 부지 대비 총건축 가능평수를 말한다.
⑤ 용도지역에 따라 건폐율과 용적률은 차이가 발생하기도 한다.

KEYWORD **건축법**

해설

건폐율(building coverage)이란 대지면적 대비 건축면적의 비율을 말한다.

정답 ③

485

21년 1회

대형소매점을 개설하기 위해 대지면적이 1,000m^{2}인 5층 상가건물을 매입하는 상황이다. 해당 건물의 지상 1층과 2층의 면적은 각각 600m^{2}이고 3~5층 면적은 각각 400m^{2}이다. 단, 주차장이 지하1층에 500m^2, 1층 내부에 200m^2, 건물외부(건물부속)에 300m^2 설치되어 있다. 건물 5층에는 100m^{2}의 주민공동시설이 설치되어 있다. 이 건물의 용적률로 가장 옳은 것은?

① 210%　② 220%
③ 240%　④ 260%
⑤ 300%

KEYWORD **건축법**

해설

부지 대비 건물 전체의 층별 면적합의 비율은 용적률(floor area ratio)이다. 용적률을 계산할 때 지하층의 바닥면적은 포함시키지 않으며, 또 지상층의 면적 중에서 주차용으로 쓰는 것은 포함시키지 않는다. 따라서 계산식은 아래와 같다.

$$\text{용적률} = \frac{(600\times2+400\times3-200-100)\text{m}^2}{1{,}000}\times100\% = 210\%$$

정답 ①

486

19년 1회

입지결정과정에서 고려하는 다양한 요소 중 용적률과 건폐율에 대한 설명으로 옳지 않은 것은?

① 용적률과 건폐율은 입지결정시 해당 지역의 개발밀도를 가늠하는 척도로 활용한다.
② 건폐율은 대지면적에 대한 건축면적의 비율을 말한다.
③ 용적률은 부지면적에 대한 건축물 연면적의 비율로 산출한다.
④ 용적률과 건폐율의 최대한도는 관할 구역의 면적과 인구 규모, 용도지역의 특성 등을 고려하여 「국토의 계획 및 이용에 관한 법률」에서 정한다.
⑤ 건폐율을 산정할 때는 지하층의 면적, 지상층의 주차용으로 쓰는 면적, 초고층 건축물의 피난안전구역의 면적은 제외한다.

KEYWORD **건축법**

해설

⑤ 건폐율을 산정할 때 대지면적은 1층만의 면적을 말하므로 지상층의 주차용으로 쓰는 건축면적은 포함되지만 지하층의 면적, 초고층 건축물의 피난안전구역의 면적은 제외한다.

정답 ⑤

THEME 072 국토계획법의 용도지역 · 지구, 토지의 구분

487
19년 3회

토지의 이용 및 건축물의 용도, 건폐율, 용적률, 높이 등에 대한 국토계획법과 관련한 설명으로 옳지 않은 것은?

① 도시지역과 취락지역은 용도지역의 종류들이다.
② 도시지역은 주거지역, 상업지역, 공업지역, 녹지지역으로 구분한다.
③ 용도지구는 용도지역의 제한을 강화하거나 완화하여 적용함으로써 용도지역의 기능 증진을 도모하는 것이다.
④ 경관지구, 미관지구, 고도지구 등은 용도지구의 종류들이다.
⑤ 용도구역은 용도지역 및 용도지구의 제한을 강화하거나 완화하여 이들을 보완하는 역할을 한다.

KEYWORD **국토계획법**

해설

① 「국토의 계획 및 이용에 관한 법률」에서는 용도지역을 도시지역, 관리지역, 농림지역 및 자연환경보존지역으로 구분하고 있다.

정답 ①

488
19년 1회

토지의 이용 및 건축물의 용도 등을 제한하는 용도지역 중 "국토의 계획 및 이용에 관한 법률 시행령"(대통령령 제29284호, 2018. 11. 13., 일부개정)에 따라 정한 상업지역에 해당하지 않는 것은?

① 중심상업지역 ② 일반상업지역
③ 전용상업지역 ④ 근린상업지역
⑤ 유통상업지역

KEYWORD **국토계획법**

해설

「국토의 계획 및 이용에 관한 법률」 시행령에서 상업지역은 ① 중심상업지역, ② 일반상업지역, ④ 근린상업지역, ⑤ 유통상업지역으로 세분하고 있다. (시행령 제30조)

정답 ③

489
20년 3회

점포가 위치하게 될 건축용지를 나눌 때 한 단위가 되는 땅의 형상이나 가로(街路)와의 관계를 설명한 내용 중 옳은 것은?

① 각지 – 3개 이상의 가로각(街路角)에 해당하는 부분에 접하는 토지로 3면 각지, 4면 각지 등으로 설명함
② 획지 – 여러 가로에 접해 일조와 통풍이 양호하며 출입이 편리하고 광고홍보효과가 높음
③ 순획지 – 획지에서도 계통이 서로 다른 도로에 면한 것이 아니라 같은 계통의 도로에 면한 각지
④ 삼면가로 각지 – 획지의 삼면에 계통이 다른 가로에 접하여 있는 토지
⑤ 각지 – 건축용으로 구획정리를 할 때 단위가 되는 땅으로 인위적, 행정적 조건에 의해 다른 토지와 구별되는 토지

KEYWORD **토지의 구분**

해설

삼면가로 각지 또는 3면 각지는 획지의 삼면에 계통이 다른 가로에 접하여 있는 토지를 말한다.

선지분석

① 각지(corner lot)는 둘 이상의 도로에 접하고 있는 획지를 말하며, 접면하는 각의 수에 따라 2면 각지, 3면 각지, 4면 각지로 나눌 수 있다.
② 획지는 인위적(인위적인 경계) · 자연적(산 · 하천 등) · 행정적(지목 · 지번 등) 조건에 의해 다른 토지와 구별되는 가격 수준이 비슷한 토지를 말한다. 여러 가로에 접해 일조와 통풍이 양호하며 출입이 편리하고 광고홍보효과가 높은 것은 각지이다.
⑤ 획지는 건축용으로 구획정리를 할 때 한 단위가 되는 땅을 말한다.

정답 ④

490

19년 3회

점포를 건축하기 위해 필요한 토지와 관련된 설명으로서 옳지 않은 것은?

① 획지란 인위적·자연적·행정적 조건에 따라 다른 토지와 구별되는 일단의 토지이다.

② 획지는 필지나 부지와 동의어이며 획지의 형상에는 직각형, 정형, 부정형 등이 있다.

③ 각지는 일조와 통풍이 양호하지만 소음이 심하며 도난이나 교통피해를 받기 쉽다.

④ 각지는 출입이 편리하며 시계성이 우수하여 광고선전의 효과가 높다.

⑤ 각지는 획지 중에서도 2개 이상의 가로각(街路角)에 해당하는 부분에 접하는 토지이다.

KEYWORD **토지의 구분**

해설

획지는 필지나 부지와 다른 개념이다. 획지는 인위적(인위적인 경계)·자연적(산·하천 등)·행정적(지목·지번 등) 조건에 의해 다른 토지와 구별되는 가격 수준이 비슷한 토지를 말한다.
반면 필지란 하나의 지번이 붙는 토지의 등록 단위를 말하며(지적법 제2조 3호) 토지 소유자의 권리를 구분하기 위한 표시이다. 부지는 구조물의 지반이 되는(또는 될 예정인) 토지를 말한다.

정답 ②

491

21년 3회

점포의 위치인 부지 특성에 대한 일반적인 설명으로 가장 옳지 않은 것은?

① 건축용으로 구획정리를 할 때 한 단위가 되는 땅을 획지라고 한다.

② 획지 중 두 개 이상의 도로가 교차하는 곳에 있는 경우를 각지라고 한다.

③ 각지는 상대적으로 소음, 도난, 교통 등의 피해를 받을 가능성이 높다는 단점이 있다.

④ 각지는 출입이 편리하여 광고 효과가 높다.

⑤ 각지에는 1면각지, 2면각지, 3면각지, 4면각지 등이 있다.

KEYWORD **토지의 구분**

해설

각지(corner lot)는 둘 이상의 도로에 접하고 있는 획지를 말하며, 접면하는 각의 수에 따라 2면 각지, 3면 각지, 4면 각지로 나눌 수 있다.

정답 ⑤

492

23년 1회, 19년 3회

아래의 글상자는 점포의 매매와 임대차 시에 반드시 확인해야 하는 공적서류 즉, 부동산 공부서류(公簿書類)에 대한 내용이다. ㉠~㉤에 해당하는 부동산 공부서류를 그 순서대로 올바르게 나열한 것은?

> ㉠ 현 소유주의 취득일과 매매과정, 압류, 저당권 등의 설정, 해당 건물의 특징 등
> ㉡ 건축물의 위치, 면적, 구조, 용도, 층수 등
> ㉢ 토지의 소재, 지번, 지목, 면적, 소유자의 주소, 주민등록번호, 성명 등
> ㉣ 지역·지구 등의 지정여부, 지역·지구 등에서의 행위제한 내용, 확인도면 등
> ㉤ 토지의 소재, 지번, 옆 토지와의 경계, 토지의 모양 등

① 등기사항전부증명서 – 토지이용계획확인원 – 지적도 – 건축물대장 – 토지대장
② 건축물대장 – 등기사항전부증명서 – 지적도 – 토지이용계획확인원 – 토지대장
③ 등기사항전부증명서 – 건축물대장 – 토지이용계획확인원 – 지적도 – 토지대장
④ 건축물대장 – 등기사항전부증명서 – 토지이용계획확인원 – 토지대장 – 지적도
⑤ 등기사항전부증명서 – 건축물대장 – 토지대장 – 토지이용계획확인원 – 지적도

KEYWORD **부동산 공부서류**

해설

㉠ 등기사항전부증명서, ㉡ 건축물대장, ㉢ 토지대장, ㉣ 토지이용계획확인원, ㉤ 지적도에 대한 내용이다.

정답 ⑤

THEME 073 점포의 출점전략

493

21년 3회

소규모 소매점포의 일반적인 상권단절요인으로 가장 옳지 않은 것은?

① 강이나 하천과 같은 자연지형물
② 왕복 2차선 도로
③ 쓰레기 처리장
④ 공장과 같은 C급지 업종시설
⑤ 철도

KEYWORD **상권단절요인**

해설

② 도로의 경우 상권단절이 이루어지는 경우는 보통 왕복 6차선 이상인 경우이다.
4차선 도로인 경우만 해도 횡단보도를 이용하는데 별 거리낌이 없지만 6차선 도로인 경우에는 횡단보도가 있어도 건너가기를 꺼려하기 때문이다.

정답 ②

494

21년 2회

점포를 개점할 때 고려해야 할 전략적 사항에 대한 설명으로 옳지 않은 것은?

① 점포는 단순히 하나의 물리적 시설이 아니고 소비자들의 생활과 직결되며, 라이프스타일에도 영향을 미친다.
② 상권의 범위가 넓어져서 규모의 경제를 유발할 수 있기 때문에, 점포의 규모는 클수록 유리하다.
③ 점포개설로 인해 인접 주민 또는 소비자단체의 민원제기나 저항이 일어나지 않도록 사전에 대비하여야 한다.
④ 취급하는 상품의 종류에 따라 소비자의 이동거리에 대한 저항감이 다르기 때문에 상권의 범위가 달라진다.
⑤ 경쟁관계에 있는 다른 점포의 규모나 위치를 충분히 검토하여야 한다.

KEYWORD **점포 출점전략**

해설

② 점포의 규모가 커지면 상권의 범위는 넓어진다. 그러나 상권의 범위가 넓어지면 경쟁점포가 진입할 수 있으므로 점포가 크다고 해서 반드시 유리한 것은 아니다.
점포의 규모는 상권전략에 맞추어 최적규모를 전제로 하여 설정되어야 한다.

정답 ②

495

20년 3회

특정 지역에 다수의 점포를 동시에 출점시켜 매장관리 등의 효율을 높이고 시장점유율을 확대하는 전략으로 가장 옳은 것은?

① 다각화 전략 ② 브랜드 전략
③ 프랜차이즈 전략 ④ 도미넌트 출점전략
⑤ 프로모션 전략

KEYWORD **점포 출점전략**

해설

특정 지역에 다수의 점포를 동시에 출점시켜 매장관리 등의 효율을 높이고 시장점유율을 확대하는 전략은 ④ 도미넌트(dominant) 출점전략이다.

정답 ④

496

18년 3회

상권들에 대한 점포의 출점 여부와 출점 순서를 결정할 때는 상권의 시장 매력성과 자사 경쟁력을 고려해야 한다. 시장 매력성은 시장의 규모와 성장성, 자사 경쟁력은 경쟁 강도 및 자사 예상매출액 등을 결합하여 추정한다. 점포 출점에 대한 다음의 원칙들 가운데 가장 옳지 않은 것은?

① 경우에 따라 자사 경쟁력보다 시장 매력성을 우선적으로 고려할 수도 있다.
② 경쟁 강도가 낮아도 자사 예상매출액 또한 낮으면 출점하지 않는 것이 바람직하다.
③ 무조건 큰 규모로 개점하여 경쟁력을 강화하기보다 적정규모로 출점한다.
④ 시장 매력성은 큰 데 예상매출액이 작으면 경쟁력을 개선할 수 있을 때만 출점하는 것이 바람직하다.
⑤ 더 큰 시너지를 얻을 수 있으므로 자사점포 간 상권 잠식은 오히려 유리한 현상이다.

KEYWORD **점포 출점전략**

해설

도미넌트(dominant) 상권전략은 하나의 특정상권에 여러 개의 점포를 개설하여 시장점유율을 확대하려는 전략이다. 이 경우 ⑤ 시너지 효과가 아니라 자기잠식, 즉 제살 깎아먹기와 같은 문제가 발생할 수 있고, 단위점포의 매장면적을 키우기 어렵다.
반면 도미넌트 출점전략의 장점으로는 물류 및 점포관리의 효율성 증대, 상권 내 시장점유율의 확대, 경쟁점의 진입 차단, 브랜드 인지도 개선 및 마케팅 효과 개선 등을 들 수 있다.

정답 ⑤

497

24년 3회, 20년 3회

다음 글상자에서 설명하고 있는 출점전략으로 가장 옳은 것은?

> 일정지역에 다수의 점포를 동시에 출점시켜 경쟁자의 진입을 억제하는 다점포 전략으로서, 물류비 절감 및 매장구성 표준화를 통해 경쟁력을 유지하는 전략

① 인지도 확대전략
② 시장력 우선전략
③ 시장력 흡수전략
④ 지역 집중전략
⑤ 임대차계약 조건부 출점전략

KEYWORD **점포의 출점전략**

해설

일정 지역에 다수의 점포를 동시에 출점시켜 경쟁자의 진입을 억제하는 다점포 전략은 도미넌트(Dominant) 전략으로 지역 집중이라고도 한다. 도미넌트 전략은 지배적인 전략이라는 뜻을 지닌 비즈니스 용어로, 어느 한 지역에 신속하게 집중적으로 출점하여 경쟁점포의 개설을 막고 시장을 지배하려는 전략을 의미한다.

정답 ④

498

22년 1회

아동용 장난감 소매업체가 출점할 입지를 선정하기 위해 새로운 지역의 수요를 분석할 때 고려해야 할 요인으로 가장 옳지 않은 것은?

① 인구 증감
② 인구 구성
③ 가구 규모
④ 가구 소득
⑤ 가족 생애주기

KEYWORD **점포 출점전략**

해설

아동용 장난감 소매업체는 목적점포(Destination Stores)로, 점포 위치가 상업 중심지 밖에 있더라도 소비자가 그 점포만을 위하여 이동할 용의가 있는, 즉, 매장 자체가 목적지가 되는 점포이며 고객이 스스로 찾아올 수 있는 점포이다. 따라서 아동용 장난감 소매업체가 출점 입지를 선정할 때 해당 지역의 가구 규모는 크게 중요하지 않다.

정답 ③

THEME 074 내점객조사와 점두조사

499

21년 3회

상권분석을 위한 데이터를 소비자를 대상으로 직접 수집하는 방법의 하나로서, 내점객조사법과 조사대상의 특성이 가장 유사한 것은?

① 그룹인터뷰조사법
② 편의추출조사법
③ 점두조사법
④ 지역할당조사법
⑤ 가정방문조사법

KEYWORD **내점객조사**

해설

③ 점두조사법(instore survey)은 점포를 방문한 고객의 주소와 방문 횟수 등을 직접 질문을 통해 조사하는 방법으로, 내점객조사와 가장 유사한 방법이다.

정답 ③

500

22년 3회

상권분석에서 활용하는 소비자 대상 조사기법 중 조사대상의 선정이 내점객조사법과 가장 유사한 것은?

① 고객점표법
② 점두조사법
③ 가정방문조사법
④ 지역할당조사법
⑤ 편의추출조사법

KEYWORD **내점객조사**

해설

점두조사법(instore survey)은 점포를 방문한 고객의 주소와 방문횟수 등을 직접 질문을 통해 조사하는 방법으로, 내점객조사와 가장 유사한 방법이다.

정답 ②

DAY 04

SUBJECT 03 유통마케팅

THEME 075 유통환경 변화

501

21년 2회

최근 우리나라에서 찾아볼 수 있는 소매경영환경의 변화로 가장 옳지 않은 것은?

① 소비자의 편의성(Convenience) 추구 증대
② 중간상 상표의 매출 증대
③ 온라인채널의 비약적 성장
④ 하이테크(Hi-Tech)형 저가 소매업으로의 시장통합
⑤ 파워 리테일러(Power Retailer)의 영향력 증대

KEYWORD **유통환경 변화**

해설

④ 최근 우리나라 유통환경은 하이테크에서 하이터치형으로 변화하고 있다.

관련이론 **하이터치/하이테크형**

- 하이터치(Hi-Touch)형: 제한된 제품 계열에 대한 철저한 관리를 특징으로 하며 고도로 집중화되고 전문화된 소매업태이다.
- 하이테크(Hi-Tech)형: 대형점포와 진열·보관 기술 및 셀프서비스 노하우를 바탕으로 한 소매업태이다.

정답 ④

502

17년 3회

유통마케팅의 패러다임이 거래지향적 마케팅에서 관계지향적 마케팅으로 전환되면서 나타난 변화에 대한 설명으로 옳지 않은 것은?

① 범위의 경제에서 규모의 경제로 경제 패러다임이 변화되었다.
② 시장점유율보다 고객점유율에 초점을 맞춘다.
③ 단기적 매출 증가보다 장기적 고객자산 증가를 중요시한다.
④ 단품보다는 수명이 더 긴 상표에 대한 경험의 개선을 강조한다.
⑤ 세분화 및 표적시장 선정보다는 바람직한 고객 포트폴리오 구축에 힘쓴다.

KEYWORD **유통환경 변화**

해설

① 범위의 경제, 규모의 경제는 결합생산 및 대량생산을 통한 비용절감을 목표로 하는 '거래지향적 마케팅'을 설명한 것이다.

관련이론 **관계지향적 마케팅**

관계지향적 마케팅은 생산자 중심에서 벗어나 생산자와 소비자의 지속적인 관계를 통해 서로 Win-Win할 수 있도록 하는 관점의 마케팅 전략이다. 이는 고객관계를 강화하고 고객 니즈를 정확히 파악해 고객만족도를 높이려는 것이 전략의 핵심이 된다.

정답 ①

503

20년 3회

아래 글상자는 유통구조에 변화를 일으키고 있는 현상에 대한 설명이다. ( ) 안에 들어갈 단어로 옳은 것은?

> ( ) 증가로 인해 대형마트의 방문 횟수가 줄어들고 근거리에서 소량의 필요한 물품만 간단히 구입하는 경향이 늘어나고 있다. 그 결과 근처 편의점이나 기업형 슈퍼마켓 방문 횟수를 증가시킬 수 있다.

① 웰빙(well-being) 추구
② 1인 가구
③ 소비 양극화
④ 소비자 파워(consumer power)
⑤ 소비 트레이딩 업(trading up)

KEYWORD **유통환경 변화**

해설
1인 가구의 증가로 소량 물품을 구매하는 편의점 또는 SSM(기업형 수퍼마켓)의 방문이 증가하는 것은 사회·문화적 환경의 변화이다.

정답 ②

504

20년 2회

아래 글상자의 사례에서 설명하고 있는 유통업체 마케팅의 환경요인으로 가장 옳은 것은?

> 월마트(Walmart)와 같은 할인점들뿐만 아니라 아마존(Amazon)과 같은 온라인 업체들도 가전제품을 취급하자, 가전제품 전문점이었던 베스트바이(Best buy)는 배달 및 제품설치(On-Home Installation) 같은 신규 서비스를 실시하며 고객의 가치를 높이기 위해 노력하고 있다.

① 사회·문화 환경
② 경쟁 환경
③ 기술 환경
④ 경제 환경
⑤ 법 환경

KEYWORD **유통환경요인**

해설
② 문제에서는 오프라인 소매업체인 월마트와 온라인 소매업체인 아마존, 전문할인점 등 경쟁자들에 대한 경쟁 환경을 설명하고 있다. 유통기업의 거시적 마케팅 환경은 모든 기업에 공통적으로 영향을 미치며, 스스로 통제할 수 없는 환경인 사회·문화적 환경, 기술적 환경, 경제적 환경, 법·정치적 환경, 외부 경쟁 환경 등을 말한다.

정답 ②

DAY 04

THEME 076 마케팅 발전 및 마케팅 용어

505

19년 1회

아래 글상자의 사례와 관련된 기업의 마케팅관리 철학으로 옳은 것은?

> 코카콜라는 비만과의 전쟁에 적극 동참하겠다고 발표했다. 코카콜라가 비만과의 전쟁에 동참하게 된 이유는 탄산음료가 비만의 주원인이고 건강에 나쁘다는 인식이 전 세계적으로 확산됨에 따라 매출이 지속적으로 감소해 왔기 때문인데, 코카콜라의 전체 매출 중 60%가 탄산음료에서 나온다. 이에 따라 코카콜라는 모든 자사제품에 칼로리 정보를 표시하고 12세 미만 어린이를 대상으로 한 광고를 중단하기로 결정했다. 그리고 저칼로리제품 개발에 집중하고 지역주민이 참여할 수 있는 다양한 운동 프로그램을 개발 운영하기로 했다.

① 생산개념(production concept)
② 제품개념(product concept)
③ 판매개념(selling concept)
④ 마케팅개념(marketing concept)
⑤ 사회지향적 마케팅개념(societal marketing concept)

KEYWORD **사회지향적 마케팅**

해설

⑤ 사회지향적 마케팅개념은 기존 마케팅개념에 소비자 및 사회의 복지 향상이 이루어지는 방식으로 기업이 적응해 가야만 된다고 하는 사고를 말한다.

선지분석

① 생산개념: 가장 오래된 마케팅 철학으로 공급보다 수요가 많은 시장 상황의 경우, 기업이 대량생산을 통한 규모의 경제를 실현함에 따라 생산의 효율성을 극대화한다는 마케팅 철학
② 제품개념: 소비자는 차별화된 품질 및 특성을 지닌 제품에 관심을 가지므로, 제품혁신이 중요하다는 인식. 자칫 소비자의 욕구를 제대로 파악하지 못하는 경우 마케팅 근시안이 발생
③ 판매개념: 경쟁이 치열해지는 상황의 경우, 기업은 제품의 차별화뿐만 아니라 충분한 정도의 판매 및 촉진활동이 중요하다는 인식
④ 마케팅개념: 기업의 목표달성이 고객들의 필요와 욕구를 파악하여 경쟁자에 비해 우월한 제품을 제공함으로써 기업의 이익과 고객의 만족을 추구한다는 인식. 마케팅개념에는 시장세분화 및 목표시장 선정 등을 위한 DB 마케팅이 가능해짐에 따라서 실시되고 있는 개념

정답 ⑤

506

19년 1회

마케팅에 대한 설명으로 옳지 않은 것은?

① 마케팅은 소비자의 필요와 욕구를 충족시키기 위해 시장에서 교환이 일어나도록 하는 일련의 활동들을 말한다.
② 마케팅관리란 표적시장을 선택하고 뛰어난 고객가치의 창출, 전달 및 알림을 통해 고객을 획득, 유지, 확대하는 기술과 과학을 의미한다.
③ 생산개념의 마케팅철학에서는 기술적으로는 뛰어나지만 시장에서는 외면당하는 제품들이 출시되는 경우를 흔히 볼 수 있다.
④ 판매개념은 공격적인 영업 및 촉진활동을 펼쳐야만 고객이 제품이나 서비스를 충분히 구입할 것이라고 가정한다.
⑤ 마케팅개념을 경영철학으로 채택하고 있는 기업에서는 고객이 상품과 관련하여 갖고 있는 문제들을 완전히 해결하여 만족을 얻을 수 있도록 하는 것을 목표로 한다.

KEYWORD **마케팅관리 철학**

해설

③ 같은 경우를 마케팅 근시안이라고 하며, 마케팅 근시안은 제품 개념의 마케팅철학 단계에서 발생하게 된다.

정답 ③

507

21년 3회

옴니채널(Omni Channel) 소매업에 대한 설명으로서 가장 옳은 것은?

① 세분시장별로 서로 다른 경로를 통해 쇼핑할 수 있게 한다.
② 동일한 소비자가 점포, 온라인, 모바일 등 다양한 경로를 통해 쇼핑할 수 있게 한다.
③ 인터넷만을 활용하여 영업한다.
④ 고객에게 미리 배포한 카달로그를 통해 직접 주문을 받는 소매업이다.
⑤ 인포머셜이나 홈쇼핑채널 등 주로 TV를 활용하여 영업하는 소매업이다.

KEYWORD **옴니채널**

해설

② 옴니채널전략은 인터넷, 모바일, 카탈로그, 오프라인 매장 등 다양한 유통채널을 유기적으로 결합해 고객 경험을 극대화하는 판매촉진전략을 뜻한다.
옴니채널은 라틴어의 모든 것을 뜻하는 옴니(Omni)와 상품의 유통경로인 채널(Channel)이 합성된 단어이다.

정답 ②

508

21년 2회

다음 중 온·오프라인(O2O) 유통전략을 실행한 결과의 사례로서 가장 옳지 않은 것은?

① 온라인 몰을 통해서 구매한 식품을 근처 오프라인 매장에서 원하는 시간에 집으로 배송 받음
② 모바일 앱을 통해 영화·TV프로그램 등의 콘텐츠를 구매하고 TV를 통해 시청함
③ PC나 모바일 앱으로 상품을 주문한 후 원하는 날짜 및 시간에 점포에 방문하여 픽업함
④ 온라인을 통해 구매한 제품에 대해 환불을 신청한 후 편의점을 통해 제품 반품함
⑤ 모바일 지갑 서비스를 통해 쿠폰을 다운받아 매장에서 결제할 때 사용함

KEYWORD **O2O**

해설

② 온라인을 통해 콘텐츠를 구입하고 온라인으로 서비스를 이용하는 것으로 O2O에 해당하지 않는다.

관련이론 O2O(Online to Offline)

O2O는 온라인으로 상품이나 서비스 주문을 받아 오프라인으로 해결해주는 서비스 행위를 의미한다. 마케팅 관점에서는 온라인 쇼핑몰 마케팅을 오프라인으로 돕는 모든 활동이며 온라인에서 소비자의 구매를 유도하고, 오프라인 상점으로 불러내는 것을 의미한다.

정답 ②

509

19년 2회

소셜 커머스(social commerce)에 대한 설명으로 옳지 않은 것은?

① 소셜 미디어와 온라인 미디어를 활용한 전자상거래의 일종이다.
② 초기에는 음식점, 커피숍, 공연 등 지역기반 서비스 상품에 대한 공동구매로 시작하였다.
③ 일정 수의 소비자들이 모여서 공동구매를 통해 가격하락을 유도하기도 한다.
④ 스마트폰을 이용한 모바일 소셜 커머스 판매량은 점점 낮아지는 추세이다.
⑤ 상품 카테고리별로 좋은 상품을 공급할 수 있는 판매자를 발굴하고, 이들과 가격조건 등에 대해 협상하는 상품기획자의 역할이 중요하다.

KEYWORD **소셜 커머스**

해설

④ 스마트폰을 이용한 모바일 커머스 시장은 해마다 커지고 있고 이에 대한 판매량 또한 증가 추세에 있다.

정답 ④

510

17년 3회

판매를 원하는 모든 사업자들에게 개방되어 있는 온라인 시장 혹은 마켓 플레이스(market place)를 무엇이라 하는가?

① 소셜 커머스　② 오픈마켓
③ 모바일 쇼핑　④ 카탈로그 쇼핑
⑤ 포털

KEYWORD **오픈마켓**

해설

오픈마켓은 기존의 온라인 쇼핑몰과는 달리 판매를 원하는 모든 사업자들에게 개방되어 있는 온라인시장 또는 마켓 플레이스이다. 온라인 쇼핑몰의 중간 유통 마진을 없애고, 판매자와 구매자를 직접 연결함으로써 기존시장보다 저렴한 가격으로 판매가 가능한 장점을 갖는다.

정답 ②

THEME 077 성장전략과 유통경쟁의 형태 및 갈등

511

21년 2회

아래 ㉠과 ㉡에 들어갈 성장전략으로 알맞게 짝지어진 것은?

	기존제품	신제품
기존시장	㉠	
신시장		㉡

① ㉠ 시장침투전략
　㉡ 제품개발전략
② ㉠ 시장침투전략
　㉡ 다각화전략
③ ㉠ 시장개발전략
　㉡ 제품개발전략
④ ㉠ 시장개발전략
　㉡ 다각화전략
⑤ ㉠ 수직적 통합전략
　㉡ 신제품전략

KEYWORD **앤소프(I. Ansoff) 성장전략**

관련이론 앤소프(I. Ansoff)의 제품·시장확장 그리드

	기존제품(업태)	신제품(업태)
기존시장	㉠ 시장침투	제품개발(업태개발)
신시장	시장개발	㉡ 다각화

정답 ②

512

22년 2회

기업의 성장전략 대안들 가운데 기존시장에서 기존제품으로 점유율을 높여서 성장하려는 전략의 명칭으로 가장 옳은 것은?

① 제품개발전략 ② 시장개척전략
③ 시장침투전략 ④ 전방통합전략
⑤ 다각화전략

KEYWORD **앤소프(I. Ansoff) 성장전략**

해설

시장침투전략은 기존시장에서 기존제품의 시장점유율을 증가시키는 전략으로, 기존고객의 구매빈도를 증가시키고, 경쟁기업의 고객을 유인하며, 미사용 고객층을 설득하는 방법을 사용한다.

정답 ③

513

20년 추가

기업이 활용할 수 있는 차별화전략의 유형별로 요구되는 역량에 대한 설명으로 가장 옳지 않은 것은?

① 기술위주 차별화: 고객이 선호하는 유용한 기술을 개발할 수 있는 능력
② 규모위주 차별화: 규모의 경제를 활용할 수 있는 사업 규모를 가질 수 있는 능력
③ 유통위주 차별화: 경쟁사보다 우월하게 좋은 제품을 다양하게 만들어 낼 수 있는 능력
④ 시장위주 차별화: 고객들의 요구와 선호도를 파악하여 만족시킬 수 있는 능력
⑤ 의사소통위주 차별화: 고객들에게 제품과 서비스를 효과적으로 알릴 수 있는 능력

KEYWORD **차별화전략**

해설

경쟁사보다 우월하게 좋은 제품을 다양하게 만들어 낼 수 있는 능력은 제품위주 차별화에 해당한다.

정답 ③

514

21년 2회

아래 글상자에서 수직적 경쟁과 관련하여 옳은 내용만을 모두 나열한 것은?

> ㉠ 유통경로상의 서로 다른 경로 수준에 위치한 경로구성원 간의 경쟁을 의미한다.
> ㉡ 유사한 상품을 판매하는 서로 상이한 형태의 소매업체 간 경쟁을 뜻한다.
> ㉢ 자체 상표(PB) 확산으로 발생하는 유통업체와 제조업체와의 경쟁도 수직적 경쟁에 포함된다.
> ㉣ 체인 간의 경쟁, 협동조합과 프랜차이즈 간의 경쟁도 수직적 경쟁에 포함된다.
> ㉤ 수직적 경쟁이 치열해질수록 횡적/수평적 관계로 경쟁을 완화하려는 욕구가 커진다.

① ㉠, ㉡, ㉢
② ㉡, ㉢, ㉤
③ ㉠, ㉢, ㉤
④ ㉡, ㉢, ㉣
⑤ ㉢, ㉣, ㉤

KEYWORD **유통경쟁의 형태**

해설

㉡ 업태별 경쟁에 대한 설명에 해당한다.
㉣ 수평적 경쟁 형태에 포함된다.

관련이론 유통경쟁의 형태

- 수직적 경쟁: 유통경로 상의 다른 경로 위치에 있는 경로구성원들 간의 경쟁 및 갈등을 말한다.
- 수평적 경쟁: 유통경로 단계가 같은 기업 간의 경쟁을 말한다. 예를 들면, 같은 대형마트 간의 경쟁 또는 백화점 간의 경쟁을 들 수 있다.
- 업태 간 경쟁: 최근 유통환경의 변화에 따른 경쟁양상이라고 할 수 있다. 예를 들면, 같은 소매 유통라인에 있는 대형마트와 재래시장 또는 대형마트와 백화점과의 경쟁관계가 대표적이라 할 수 있다.
- 경로시스템 간 경쟁(VMS 또는 HMS): 경로시스템 간 경쟁은 수직적 마케팅시스템(VMS) 또는 수평적 마케팅시스템(HMS)과 같은 시스템 간의 경쟁을 의미한다. 프랜차이즈시스템과 조합형시스템 간의 경쟁을 예로 들 수 있다.

정답 ③

515

16년 1회

소매경쟁의 유형 중 소매상과 도매상 혹은 소매상과 제조업자 간의 경쟁을 뜻하는 것은?

① 업태 내 경쟁(intratype competition)
② 업태 간 경쟁(intertype competition)
③ 수직적 경쟁(vertical competition)
④ 수평적 경쟁(horizontal competition)
⑤ 시스템 경쟁(system competition)

KEYWORD **유통경쟁의 형태**

해설

수직적 경쟁이란 유통경로상의 다른 경로에 위치한 경로구성원 간의 갈등관계이다. 유통경로상 제조업자와 소매상 간의 경쟁이 대표적이며 그 예로 NB제품과 PB제품 간의 경쟁이 있다.

정답 ③

516

21년 1회

유통경로상의 수평적 갈등의 사례로서 가장 옳은 것은?

① 도매상의 불량상품 공급에 대한 소매상의 불평
② 납품업체의 납품기일 위반에 대한 제조업체의 불평
③ 소매상이 무리한 배송을 요구했다는 택배업체의 불평
④ 제조업체가 재고를 제때 보충하지 않았다는 유통업체의 불평
⑤ 다른 딜러가 차량 가격을 너무 낮게 책정했다는 동일 차량회사 딜러의 불평

KEYWORD **유통경쟁의 형태**

해설

수평적 갈등은 동일 수준의 경로에 있는 구성원간의 갈등을 의미한다. 따라서 딜러들 간의 갈등인 ⑤가 수평적 갈등에 해당한다.

일반적으로 유통경로 갈등의 원인은 경로구성원들 간의 목표 불일치, 영역에 대한 의견 불일치 및 현실 인식의 차이(지각의 불일치) 등에 의해 발생한다. 문제에서 ①~④ 모두 유통경로 상 수직적 갈등에 대한 사례에 해당한다.

관련이론 수직적 갈등

유통경로 상의 다른 경로 위치에 있는 경로구성원들 간의 경쟁 및 갈등을 말한다.

정답 ⑤

517

21년 1회

유통업체의 업태 간 경쟁(intertype competition)을 유발시키는 요인으로 가장 옳지 않은 것은?

① 소비자 수요의 질적 다양화
② 생활 필수품의 범위 확대
③ 정보기술의 발달
④ 품목별 전문 유통기업의 등장
⑤ 혼합 상품화(Scrambled Merchandising) 현상의 증가

KEYWORD **유통경쟁의 형태**

해설

업태 간 경쟁은 동일한 경로 수준에서 다른 형태의 기업 간 경쟁을 의미한다.

④ 품목별 전문 유통기업의 등장은 판매하는 제품의 종류에 관한 문제로 업태 내에서 발생하는 업종별 경쟁에 해당한다고 할 수 있다.

정답 ④

518

18년 2회, 16년 3회

점포의 경쟁상황을 분석할 때는 경쟁의 다양한 측면을 다루어야 한다. 대도시의 상권을 도심, 부도심, 지역중심, 지구중심 등으로 분류하고 각 수준별 및 수준 간 경쟁관계의 영향을 함께 고려하는 것은?

① 업태 간 · 업태 내 경쟁구조 분석
② 위계별 경쟁구조 분석
③ 절대 위치별 경쟁구조 분석
④ 잠재 경쟁구조 분석
⑤ 경쟁 · 보완관계 분석

KEYWORD **유통경쟁의 형태**

해설

위계별 경쟁구조 분석은 대도시의 상권을 도심, 부도심, 지역중심, 지구중심 등으로 분류하고 각 수준별 및 수준 간 경쟁관계의 영향을 함께 고려하는 것을 말한다.

정답 ②

519

19년 1회

아래 글상자 (㉠)과 (㉡)에 들어갈 용어를 순서대로 옳게 나열한 것은?

> (㉠)은 유통경로의 동일한 단계에 있는 경로구성원들 간의 경쟁을 의미하며, 주로 도·소매상들보다는 생산자나 제조업자들과 관련된다. 한편, (㉡)은 서로 다른 경로 수준에 위치한 경로구성원 간의 경쟁을 뜻하며, 이와 관련된 사례로는 세계적 브랜드의 제조업자와 소매업체의 자체 상표간의 경쟁이 있다.

① ㉠ 업태 내 경쟁
　㉡ 업태 간 경쟁
② ㉠ 업태 간 경쟁
　㉡ 업태 내 경쟁
③ ㉠ 수평적 경쟁
　㉡ 수직적 경쟁
④ ㉠ 수직적 경쟁
　㉡ 수평적 경쟁
⑤ ㉠ 업태 내 경쟁
　㉡ 수직적 경쟁

KEYWORD **유통경쟁의 형태**

해설

㉠ 수평적 경쟁은 유통경로상에 있어서 동일한 경로 수준에 있는 업체 간의 경쟁을 의미하며, ㉡ 수직적 경쟁은 유통경로상 전·후방 관계에 있는 업체 간의 경쟁을 말한다.

예를 들면, 전통시장과 인근 대형마트는 최종 소비자에게 상품을 제공하는 소매상들로 수평적 경쟁관계에 해당하고, 제조업자와 도매상, 제조업자와 소매상, 제조업자와 원료 공급업자 간의 관계는 수직적 관계에 해당한다.

정답 ③

520

18년 3회

경쟁의 유형에 대한 설명으로 옳게 짝지어진 것을 모두 고르면?

> 가. 수평적 경쟁의 예로 자동차 제조사 간, 배관 공급업자 간, 혹은 슈퍼마켓 간의 경쟁을 들 수 있다.
> 나. 업태 간 경쟁은 동일한 경로 수준에서 다른 형태의 기업 간 경쟁을 의미한다.
> 다. 최근 업태 간 경쟁은 전통적인 매장 위주의 판매점들 사이에서만 발생한다.
> 라. 수직적 경쟁은 소매상과 도매상 간, 도매상과 제조업자 간, 혹은 제조업자와 소매상 간의 경쟁을 의미한다.
> 마. 경로 간 경쟁이란 불완전한 경로 간의 경쟁을 의미한다.

① 가, 나, 다
② 가, 나, 라
③ 나, 다, 라
④ 나, 다, 마
⑤ 다, 라, 마

KEYWORD **유통경쟁의 형태**

해설

다. 최근 업태 간 경쟁은 전통적인 매장뿐만 아니라 온·오프라인 간에도 발생하고 있다.

마. 경로 간 경쟁이란 기존 오프라인과 온라인 간 전통적 경로의 경쟁뿐만 아니라, 최근 멀티채널, O2O를 포함하는 옴니채널과의 경쟁까지 의미한다.

정답 ②

DAY 04

521

19년 2회

경로갈등에 대한 내용으로 옳지 않은 것은?

① 경로구성원 간의 갈등은 여러 가지 다른 상황과 요인 때문에 발생하며, 넓은 맥락에서 갈등이 항상 나쁜 것은 아니다.

② 수평적 갈등은 동일한 경로단계 상의 구성원들 사이에서 발생하는 갈등을 의미한다.

③ 수직적 갈등은 제조업자와 도매상 같이 서로 다른 경로단계를 차지하는 구성원들 사이에서 발생하는 갈등이다.

④ 분배적 공정성은 분쟁을 해결하거나 자원을 할당하는 과정에서 다른 경로구성원들과 비교했을 때 동등하고 공평한 대우를 받는 것과 관련된다.

⑤ 상호작용적 공정성이란 경로구성원에게 실질적인 자원 할당이 적정하게 이루어졌는지에 대한 지각을 뜻한다.

KEYWORD **유통경로 갈등**

해설

⑤ 분배적 공정성에 대한 내용이다.
상호작용적 공정성은 구성원들이 받는 대인관계적 처우의 질에 대한 것으로 수용자가 공정한 대우를 받는가에 대한 인지 정도를 의미한다.

정답 ⑤

522

22년 1회

아래 글상자는 유통경로상 갈등을 초래하는 원인을 설명한 것이다. 이러한 갈등의 원인으로 가장 옳은 것은?

> 프랜차이즈 가맹본부가 가맹점 매출의 일정비율을 로열티로 받고 있는 경우에 가맹본부의 목표는 가맹점 매출의 극대화가 되지만, 가맹점의 목표는 매출이 아닌 수익이기 때문에 갈등이 발생할 가능성이 커진다.

① 추구하는 목표의 불일치

② 역할에 대한 인식 불일치

③ 현실에 대한 인식 불일치

④ 품질요구의 불일치

⑤ 경로파워 불일치

KEYWORD **경로갈등**

해설

유통경로의 갈등은 경로구성원들 간 추구하는 목표의 불일치, 영역에 대한 의견 불일치, 지각의 불일치 등에 의해 발생한다. 글상자에서 가맹본부의 목표는 가맹점 매출의 극대화가 되지만, 가맹점의 목표는 매출이 아닌 수익이기 때문에 발생하는 갈등은 경로구성원들 간 추구하는 목표의 불일치에 의한 것이라 할 수 있다.

정답 ①

THEME 078 소매업태 발전이론

523

21년 3회

다음 중에서 새로운 소매업태가 나타나게 되는 이유를 설명하는 이론으로 가장 옳지 않은 것은?

① 소매수명주기 이론
② 수레바퀴 이론
③ 소매아코디언 이론
④ 소매인력 이론
⑤ 변증법적 이론

KEYWORD **소매업 변천이론**

해설

④ 레일리의 소매인력 이론은 상권의 범위설정과 관련된 이론이다.

선지분석

소매업태 발전이론에는 소매수명주기 이론, 소매수레바퀴 이론, 소매아코디언 이론, 변증법적 이론 등이 있다.

① 소매수명주기 이론: 한 소매기관이 출현하여 사라지기까지 일반적으로 도입기, 성장기, 성숙기, 그리고 쇠퇴기를 거친다는 생애주기 이론이다.
② 수레바퀴 이론: 소매업태의 변화 과정을 '진입단계 → 성장단계 → 쇠퇴단계'로 구분하여 설명한 이론이다.
③ 소매아코디언 이론: 소매점 업태의 진화 과정을 소매점에서 취급하는 상품계열의 수로 설명한다. 발전 과정상의 상품 계열의 구색 수의 확대 → 수축 → 확대되어 가는 과정의 양태가 아코디언 모양과 같다고 하여 붙여진 이론이다.
⑤ 변증법적 이론: 두 개의 서로 다른 경쟁적인 소매업태가 출현하여 하나의 새로운 소매업태로 합해진다는 이론이다.

정답 ④

524

21년 1회

아래의 글상자 안 ㉠과 ㉡에 해당하는 소매업 변천 이론으로 옳은 것은?

> ㉠은(는) 소매업체가 도입기, 초기 성장기, 가속 성장기, 성숙기, 쇠퇴기 단계를 거쳐 진화한다는 이론이다.
> ㉡은(는) 제품구색이 넓은 소매업태에서 전문화된 좁은 제품구색의 소매업태로 변화되었다가 다시 넓은 제품구색의 소매업태로 변화되어간다는 이론이다.

① ㉠ 자연도태설(진화론)
㉡ 소매아코디언 이론
② ㉠ 소매아코디언 이론
㉡ 변증법적 과정
③ ㉠ 소매수명주기 이론
㉡ 소매아코디언 이론
④ ㉠ 소매아코디언 이론
㉡ 소매업수레바퀴 이론
⑤ ㉠ 소매업수레바퀴 이론
㉡ 변증법적 과정

KEYWORD **소매업 변천이론**

해설

㉠ 소매수명주기 이론은 한 소매기관이 출현하여 사라지기까지 일반적으로 도입기, 성장기, 성숙기, 그리고 쇠퇴기를 거친다는 생애주기 이론이다.
㉡ 소매아코디언 이론은 소매점 업태가 다양한 상품구색을 갖춘 점포로 시작하여 시간이 경과함에 따라 점차 전문화되고 한정된 상품계열을 취급하는 소매점 형태로 변화되었다가 다시 다양하고 전문적인 제품 계열을 취급하는 소매점으로 진화해 가는 것을 가정하는 이론이다.

정답 ③

525

20년 2회

소매업태 발전에 관한 이론 및 가설에 대한 옳은 설명들 만을 모두 묶은 것은?

> ㉠ 아코디언 이론: 소매기관들이 처음에는 혁신적인 형태에서 출발하여 성장하다가 새로운 개념을 가진 신업태에게 그 자리를 양보하고 사라진다는 이론
> ㉡ 수레바퀴(소매차륜) 이론: 소매업태는 다양한 제품계열을 취급하다가 전문적·한정적 제품계열을 취급하는 방향으로 변화했다가 다시 다양한 제품계열을 취급하는 형태로 변화하는 과정을 반복한다는 이론
> ㉢ 변증법적과정 이론: 두 개의 서로 다른 경쟁적인 소매업태가 하나의 새로운 소매업태로 합성된다는 소매업태의 혁신과정이론
> ㉣ 소매수명주기 이론: 한 소매기관이 출현하여 초기 성장단계, 발전단계, 성숙단계, 쇠퇴단계의 4단계 과정을 거쳐 사라지는 소매수명주기를 따라 변화한다는 이론

① ㉠, ㉡
② ㉡, ㉢
③ ㉢, ㉣
④ ㉠, ㉡, ㉢
⑤ ㉠, ㉡, ㉢, ㉣

KEYWORD **소매업 변천이론**

해설

㉠ 소매아코디언 이론: 소매점 업태는 다양한 상품구색을 갖춘 점포로 시작하여 시간이 경과함에 따라 점차 전문화되고 한정된 상품계열을 취급하는 소매점 형태로 변화하고, 이는 다시 다양하고 전문적인 제품계열을 취급하는 소매점으로 진화해 간다는 이론
㉡ 소매수레바퀴(차륜) 이론: 소매업태들이 처음에는 혁신적인 형태의 저비용, 저가격, 저마진 업태로 출발하여 성장하다가 시간이 지나면서 고비용, 고가격 업태로 변화되어 새로운 개념을 가진 신업태에게 그 자리를 양보하고 사라진다는 이론

정답 ③

526

20년 3회

아래 글상자에서 설명하고 있는 소매상의 변천과정과 경쟁을 설명하는 가설이나 이론으로 옳은 것은?

> 기존 업태에 비해 경쟁우위를 갖는 새로운 업태가 시장에 진입하면, 치열한 경쟁과정에서 이들은 각자의 경쟁우위 요인을 상호 수용하게 된다. 이에 따라 결국 서로의 특성이 화합된 새로운 소매업태가 생성된다.

① 소매수명주기 이론
② 소매수레바퀴 이론
③ 소매아코디언 이론
④ 자연도태 이론
⑤ 변증법적 이론

KEYWORD **소매업 변천이론**

해설

변증법적 이론은 두 개의 서로 다른 형태의 경쟁 업태가 출현하여 하나의 새로운 소매업태로 합해진다는 소매업태 발전이론이다.

선지분석

① 소매수명주기 이론: 한 소매기관이 출현하여 사라지기까지 일반적으로 도입기, 성장기, 성숙기, 그리고 쇠퇴기를 거친다는 생애주기 이론
② 소매수레바퀴 이론: 소매업태의 변화 과정을 진입단계 → 성장단계 → 쇠퇴단계로 구분하여 설명한 이론
③ 소매아코디언 이론: 소매점 업태의 상품구색 수가 확대 → 수축 → 확대되어 가는 과정의 양태가 아코디언 모양과 같다고 하여 붙여진 이론

정답 ⑤

527

19년 2회

아래 글상자에 기술된 소매상의 변천과정과 경쟁에 대한 이론으로 옳은 것은?

> 새로운 형태의 소매상은 시장 진입 초기에 저가격, 저마진, 저서비스의 가격 소구 방식으로 소매시장에 진입하여 기존의 고가격, 고마진, 높은 서비스로 다른 소매업태와 경쟁하게 된다. 성공적인 진입 후, 경쟁우위를 확보하기 위해 세련된 설비와 서비스를 더해 가면서 고비용, 고가격, 고서비스의 소매점으로 전환된다. 이러한 소매 환경의 변화는 새로운 유형의 혁신적인 소매점이 저가격, 저마진, 저서비스로 시장에 진입할 수 있는 여지를 제공하게 되어 동일한 패턴의 변화가 반복된다.

① 소매수레바퀴 가설
② 적응 행동 이론
③ 소매아코디언 이론
④ 변증법적 과정
⑤ 자연도태설

KEYWORD **소매업 변천이론**

해설

소매수레바퀴이론은 소매업태의 변화 과정을 진입단계 → 성장단계 → 쇠퇴단계로 구분하여 설명한 이론이다.

선지분석

② 적응 행동 이론: 기업환경 변화에 가장 효율적으로 적응할 수 있는 소매상만 살아남아 번창한다는 이론
③ 소매아코디언 이론: 소매점 업태의 진화과정을 소매점에서 취급하는 상품계열의 수로 설명하는 이론
④ 변증법적 과정: 정반합의 원리로 소매점의 진화를 설명하는 이론
⑤ 자연도태설: 진화론에서 주장한 자연도태설과 같이 환경에 적응하는 소매상은 생존, 발전하고 그렇지 못한 소매상은 도태된다는 이론

정답 ①

528

23년 2회

아래 글상자가 공통적으로 설명하는 소매상의 변천과정 가설 및 이론으로 가장 옳은 것은?

> - 소매업태가 환경변화에 따라 일정한 주기를 두고 순환적으로 변화한다는 가설
> - 저가격, 저비용, 저서비스의 점포 운영방식으로 시장에 진입
> - 성공적인 시장진입 이후 동일 유형의 소매점 간에 경쟁이 격화됨에 따라 경쟁우위 확보를 위해 점점 고비용, 고가격, 고서비스의 소매점으로 전환
> - 모든 유형의 소매업태 등장과 발전과정을 설명할 수 없다는 한계를 지님

① 자연도태설 ② 소매수명주기 이론
③ 소매아코디언 이론 ④ 변증법적 이론
⑤ 소매업 수레바퀴가설

KEYWORD **소매업 변천이론**

해설

소매업 수레바퀴가설은 Malcolm 교수가 1957년 주장한 이론으로, 소매업태들이 처음에는 혁신적인 형태의 저비용, 저가격, 저마진 업태로 출발하여 성장하다가 시간이 지나면서 고비용, 고가격 업태로 변화되어 새로운 개념을 가진 신업태에게 그 자리를 넘기고 시장에서 사라진다는 이론이다.

정답 ⑤

529

21년 2회

제품구색의 변화에 초점을 맞춘 소매업태 이론으로서, 소매상은 제품구색이 넓은 소매업태에서 전문화된 좁은 구색의 소매업태로 변화되었다가 다시 넓은 구색의 소매업태로 변화되어 간다고 설명하는 이론으로 가장 옳은 것은?

① 소매수명주기 이론 ② 소매변증법 이론
③ 소매아코디언 이론 ④ 소매차륜 이론
⑤ 소매진공 이론

KEYWORD **소매업 변천이론**

해설

소매아코디언 이론은 소매점 업태의 진화 과정을 소매점에서 취급하는 상품계열의 수로 설명하는 이론이다.
그 발전 과정에서 상품 계열의 구색 수의 확대 – 수축 – 확대되어 가는 양태가 아코디언 모양과 같다고 하여 붙여진 이론이다.

정답 ③

THEME 079 소비자 구매행동

530

21년 2회

아래 글상자는 로열티(고객충성도)의 유형을 설명하고 있다. ㉠, ㉡, ㉢에 들어갈 용어를 순서대로 나열한 것으로 옳은 것은?

> • (㉠): 그냥 예전부터 하던 대로 습관화되어 반복적으로 특정 제품을 구매하는 경우
> • (㉡): 반복구매 정도는 낮지만 호감의 정도는 높아 다소의 노력을 기울여서라도 특정 제품이나 브랜드를 구입하는 경우
> • (㉢): 특정 제품에 대한 애착과 호감의 수준이 높고 반복 구매가 빈번하게 발생하며 때로 긍정적 구전을 하는 경우
> • 비로열티(No Loyalty): 어떤 차선책을 찾을 수 없어 특정 제품을 반복적으로 선택하는 경우

① ㉠ 잠재적 로열티, ㉡ 초우량 로열티, ㉢ 타성적 로열티
② ㉠ 초우량 로열티, ㉡ 타성적 로열티, ㉢ 잠재적 로열티
③ ㉠ 타성적 로열티, ㉡ 잠재적 로열티, ㉢ 초우량 로열티
④ ㉠ 잠재적 로열티, ㉡ 타성적 로열티, ㉢ 초우량 로열티
⑤ ㉠ 초우량 로열티, ㉡ 잠재적 로열티, ㉢ 타성적 로열티

KEYWORD **로열티(충성도)**

해설

㉠ 타성적 로열티, ㉡ 잠재적 로열티, ㉢ 초우량 로열티에 대한 내용이다.

관련이론 로얄티의 종류(애착·반복구매의 정도)

• 타성적 로열티: 잠재적 로얄티와는 반대로 브랜드에 대한 심리적 애착의 정도는 낮으나 반복구매의 정도는 높은 경우의 충성도
• 잠재적 로열티: 브랜드에 대한 소비자의 애착의 정도는 높으나 지속적인 반복구매는 이루어지지 않는 충성도
• 초우량 로얄티: 자사의 제품 브랜드나 서비스에 대해 높은 심리적인 애착과 지속적인 반복구매가 이루어지는 고객에게 보이는 강한 충성도
• 비로열티: 브랜드에 대한 심리적 애착의 정도와 지속적 반복구매 정도가 낮은 유형으로, 상표전환이 빠른 고객층이 가지는 충성도

정답 ③

531

22년 3회

고객충성도와 관련된 설명으로 가장 옳지 않은 것은?

① 충성도는 상호성과 다중성이라는 두 가지 속성을 가지고 있다.
② 충성도는 기업이 고객에게 물질적, 정신적 혜택을 제공하고, 고객이 긍정적인 반응을 해야 발생한다.
③ 고객 만족도가 높아지면 재구매 비율이 높아지고, 이에 따라 충성도도 높아진다.
④ 타성적 충성도(inertial loyalty)는 특정 상품에 대해 습관에 따라 반복적으로 나타나는 충성도이다.
⑤ 잠재적 충성도(latent loyalty)는 호감도는 낮지만 반복구매가 높은 경우에 발생하는 충성도이다.

KEYWORD **로열티(충성도)**

해설

Dick & Basu는 고객충성도의 유형을 진성 충성도, 잠재적 충성도, 타성적 충성도, 비충성도의 4가지로 구분하였다. 이 중 잠재적 충성도는 호감도는 높지만 반복구매가 낮은 경우에 발생하는 충성도이다.

정답 ⑤

532

23년 1회

로열티 프로그램으로 가장 옳지 않은 것은?

① 구매액에 따라 보너스 점수를 부여하거나 방문 수에 따라 스탬프를 모으게 하는 스탬프 제도
② 상품구매자를 대상으로 여러 혜택을 얻을 수 있는 프로그램에 가입하게 하는 회원제도
③ 20%의 우량고객에 집중해 핵심고객에게 많은 혜택이 부여되는 마케팅 프로그램 기획 및 운영
④ 동일 기업 내 다수의 브랜드의 통합 또는 이종기업 간의 제휴를 통한 통합 포인트 적립 프로그램
⑤ 기업의 자선활동 및 공익프로그램과의 연계를 통한 사회문제해결 및 공유가치 창출 프로그램

KEYWORD **로열티(충성도)**

해설

⑤ 기업의 사회적 책임(CSR)에서 한 단계 더 발전한 개념인 기업의 공유가치(CSV; Creativity Shared Value)에 대한 설명이다.

정답 ⑤

533

24년 1회

상품구매와 관련하여 고관여 상황에서 제품들 사이에 차이가 거의 없다고 판단할 경우 주로 나타나는 고객 구매행동으로 옳은 것은?

① 맥락적 구매행동
② 다양성 추구 구매행동
③ 습관적 구매행동
④ 인지부조화 감소 구매행동
⑤ 체계적 구매행동

KEYWORD **소비자 구매행동**

해설

구분	고관여 수준	저관여 수준
제품 간 큰 차이가 있는 경우	복잡한 구매 행동	다양성 추구 구매 행동
제품 간 차이가 별로 없는 경우	부조화 감소 구매 행동	습관적 구매 행동

정답 ④

534

19년 3회

개방형 유통경로에 적합한 소비자 구매행동으로 가장 옳은 설명은?

① 가장 가까운 상점에서 가장 손쉽게 구할 수 있는 상품 중에서 선택한다.
② 고객이 원하는 특정 상품을 판매하는 가장 가까운 상점에서 특정 상표를 구매한다.
③ 특정 상표에 대해서 상표선호도를 가지고 있으나 서비스와 가격면에서 보다 유리한 상점에서 구매한다.
④ 특정 상점에서 구매하겠다는 결정은 이미 내리고 있으나 상표에 대해서는 무관심하다.
⑤ 특정 상점에서 구매하기를 원하지만 아직 어떤 상품을 구입할지 확정하지 않아, 그 상점에 진열된 것 중에서 선택하고자 한다.

KEYWORD **소비자 구매행동**

해설

가장 가까운 상점에서 손쉽게 구매할 수 있는 상품은 편의품으로 개방적 유통경로(=집약적 유통경로)에 가장 적합한 유통경로 정책이다.

정답 ①

THEME 080 마케팅전략(STP전략)

535

21년 2회

유통시장을 세분화할 때 세분화된 시장이 갖추어야 할 요건으로 가장 옳지 않은 것은?

① 세분화된 시장의 크기나 규모, 구매력의 정도가 측정 가능해야 함
② 세분시장별 수익성을 보장하기 위한 시장성이 충분해야 함
③ 마케팅 활동을 통해 세분화된 시장의 소비자에게 효과적으로 접근할 수 있어야 함
④ 자사가 세분화된 시장에서 높은 경쟁우위를 갖고 있어야 함
⑤ 세분시장별 효과적인 마케팅믹스가 개발될 수 있어야 함

KEYWORD **시장세분화**

해설

④ 시장세분화와 무관한 내용이다.

선지분석

① 측정가능성: 세분화된 시장의 규모와 구매력 및 세분화 특성이 관리자에 의해 측정 가능해야 한다.
② 충분한 규모의 시장: 마케팅전략에 있어서 효과적인 세분화를 정립하는 이유는, 매출액 증대를 위한 이윤극대화이므로 세분시장 자체의 충분한 시장성이 전제되어야 의미 있는 세분화 작업이 될 수 있다.
③ 접근가능성: 상품을 구매하는 대상인 소비자가 세분시장에 효과적으로 도달해 이들에 대한 서비스가 가능해야 한다.
⑤ 내부적으로 동질적, 외부적으로 이질적: 개개 세분시장은 마케팅 변수에 대하여 상이한 반응을 보일 만큼 이질적이어야 하지만, 세분시장 내의 소비자들은 마케팅 변수에 대하여 동일한 반응을 보여야 한다.

정답 ④

536
22년 2회

시장세분화 유형과 사용하는 변수들의 연결로서 가장 옳지 않은 것은?

① 행동분석적 세분화: 라이프스타일, 연령
② 지리적 세분화: 인구밀도, 기후
③ 인구통계적 세분화: 성별, 가족규모
④ 심리적 세분화: 개성, 성격
⑤ 인구통계적 세분화: 소득, 직업

KEYWORD **시장세분화**

해설

시장세분화 변수 중 라이프스타일은 심리적 세분화에 해당하며, 연령은 인구통계적 세분화에 속한다. 행동분석적 세분화에는 추구하는 편익, 사용량, 제품에 대한 태도, 브랜드애호도 등이 있다.

정답 ①

537
24년 3회

아래 글상자에서 효과적인 시장세분화 조건으로 옳은 것만을 모두 나열한 것은?

> ㉠ 측정 가능성
> ㉡ 충분한 시장 규모
> ㉢ 접근 가능성
> ㉣ 세분시장 내 동질성과 세분시장 간 이질성

① ㉠, ㉡　② ㉡, ㉢
③ ㉠, ㉡, ㉢　④ ㉡, ㉢, ㉣
⑤ ㉠, ㉡, ㉢, ㉣

KEYWORD **시장세분화**

해설

효과적인 시장세분화 요건에는 측정 가능성(Measurability), 충분한 규모의 시장(Size), 접근가능성(Accessibility), 세분시장 간 차별화 가능성(외부적 이질적, 내부적 동질적), 실행가능성(Feasibility), 기타 신뢰성 및 유효타당성 등이 있다.

정답 ⑤

538
17년 1회

소비재 시장에서 주로 사용하는 세분화 변수 중 행동적 변수(behavioral variables)에 해당하지 않는 것은?

① 가족생애주기　② 사용률
③ 충성도 수준　④ 사용 상황
⑤ 추구 편익

KEYWORD **구매행동적 변수**

해설

① 가족생애주기는 인구통계학적 변수에 해당한다.
시장세분화 기준에는 지리적 변수, 인구통계학적 변수, 구매행동적 변수, 심리적인 변수 등이 있다.

정답 ①

539
19년 3회

표적시장 선정에 대한 설명으로 가장 옳지 않은 것은?

① 세분시장들에 대한 평가가 수행된 뒤 기업은 어떤 시장을 공략할지, 몇 개의 세분시장을 공략할 것인가의 문제를 해결하는데, 이를 표적시장 선택이라고 한다.
② 비차별적 마케팅은 세분시장 간의 차이를 무시하고 하나의 제품으로 전체 시장을 공략하는 전략이다.
③ 비차별적 마케팅전략을 구사하는 기업은 소비자들 간의 차이보다는 공통점에 중점을 두며, 다수의 구매자에게 소구(訴求)하기 위해 다양한 마케팅 프로그램으로 시장을 공략한다.
④ 차별적 마케팅은 여러 개의 표적시장을 선정하고 각각의 표적시장에 적합한 마케팅전략을 개발하여 적용하는 전략이다.
⑤ 집중 마케팅전략은 기업의 자원이 한정되어 있는 경우에 주로 사용된다.

KEYWORD **표적시장 선정**

해설

비차별적 마케팅전략은 하나의 표적시장을 설정하고 여기에 하나의 마케팅믹스를 적용하는 전략이다. ③ 다양한 마케팅 프로그램으로 공략한다는 표현은 옳지 않다.

정답 ③

540

24년 2회

아래 글상자에서 설명하는 시장표적화 전략으로 가장 옳은 것은?

> 이 전략을 사용하는 기업은 여러 세분시장을 표적시장으로 공략하기를 결정하고, 각 세그먼트별로 서로 다른 제품들을 설계한다. 실제로 P사는 6개의 다른 세탁세제 브랜드를 판매하여 슈퍼마켓 매대에서 서로 경쟁하고 있다.

① 대량마케팅(Mass-Marketing)
② 차별적 마케팅(Differentiated Marketing)
③ 집중적 마케팅(Concentrated Marketing)
④ 미시마케팅(Micro Marketing)
⑤ 지역마케팅(Local Marketing)

KEYWORD **마케팅전략**

해설

차별적 마케팅(Differentiated Marketing)은 전체 시장 중에서 여러 개의 표적시장을 선정하고 각각의 표적시장에 적합하고 차별화된 제품 및 마케팅믹스를 개발하는 형태의 마케팅전략이다.

정답 ②

541

24년 1회

아래 글상자에서 설명하는 용어로 옳은 것은?

> 경쟁제품과 비교하여 소비자들의 마음속에서 차지하고 있는 자사 제품의 기존 위치를 변화시키는 것을 의미한다.

① 시장세분화
② 목표시장선정
③ 포지셔닝
④ 리포지셔닝
⑤ 지각도

KEYWORD **서비스 포지셔닝**

해설

리포지셔닝(Repositioning) 또는 재포지셔닝이란 마케팅환경의 변화로 제품의 포지션이 소비자의 욕구와 경쟁 제품에 비추어 보아 적절하지 않은 경우, 자사 제품의 목표 포지션을 재설정하고 적절한 포지션으로 이동시키는 것을 말한다.

정답 ④

542

18년 3회

서비스업체의 각 포지셔닝 전략 대안에 대한 예시가 옳지 않은 것은?

① 서비스 등급: 우리는 신속하게 고객을 도울 준비가 되어 있습니다.
② 서비스 이용자: 우리는 비즈니스 여행자를 위한 호텔입니다.
③ 서비스 용도: 우리 헬스클럽은 다이어트 전문입니다.
④ 경쟁자: 우리는 2위 편의점입니다. 1위가 되기 위해 최선을 다합니다.
⑤ 공감성: 고객 한분 한분을 가족처럼 모시겠습니다.

KEYWORD **서비스 포지셔닝**

해설

① '우리는 신속하게 고객을 도울 준비가 되어있습니다.'라는 문구는 확신성 포지셔닝에 해당한다.
포지셔닝 전략은 목표고객에게 가격, 서비스, 품질, 편리성 등을 맞추는 전략으로, 소비자의 마음 속에 경쟁업자와 차별되는 자기 점포의 이미지를 어떻게 창조할 것인가에 관한 것이다.

관련이론 **서비스 포지셔닝의 유형**

구분	내용
서비스 용도	서비스를 제공하는 궁극적인 용도가 무엇인지를 강조하여 포지셔닝 하는 방법
신뢰성 및 확신성	고객에게 제공하는 정책적인 서비스의 신뢰성 및 확신성을 토대로 포지셔닝 하는 전략
서비스 등급	서비스 등급이 높기 때문에 높은 가격을 매길 수 있다는 측면을 강조
서비스 속성	차별화된 특정 서비스 속성이나 분야로 포지셔닝 하는 방법
경쟁자	경쟁자의 서비스와 직접 비교해 자사의 서비스가 더 나은 점이나 특출난 점을 부각시켜 포지셔닝 하는 방법으로, 동종업계 1위임을 부각시킴
서비스 이용자	비즈니스 전용 호텔 또는 백화점의 여성 전용 주차장 등 서비스 이용자를 기준으로 한 포지셔닝

정답 ①

543

17년 2회

서비스 업체들의 포지셔닝 전략과 그에 따른 내용으로 옳지 않은 것은?

① 서비스 용도: A헬스클럽은 다이어트 여성 고객을 대상으로 '여성 전용 다이어트 전문 클럽'으로 포지셔닝함
② 신뢰성: B택배업체는 '반드시 24시간 이내 배달'로 포지셔닝함
③ 확신성: C대학병원은 '우리 병원에 여러분의 건강을 맡기십시오'라고 포지셔닝함
④ 서비스 속성: D커피는 '이탈리안 커피하면 D커피'라고 포지셔닝함
⑤ 서비스 경쟁자: E피자는 '정통 수제 화덕 피자 레스토랑'이라고 포지셔닝함

KEYWORD **서비스 포지셔닝**

해설

⑤ E피자는 정통 수제 화덕 피자로 경쟁 제품과 비교 시 E피자만이 지니는 차별적인 속성이나 특징을 나타내는 서비스 속성에 의한 포지셔닝 전략에 해당한다.

정답 ⑤

544

19년 1회

포지셔닝과 차별화 전략에 대한 설명으로 옳지 않은 것은?

① 포셔닝은 표적시장 고객들의 인식 속에서 차별적인 위치를 차지하기 위해 자사제품이나 기업의 이미지를 설계하는 행위를 말한다.
② 성능, 디자인과 같이 제품의 물리적 특성을 통한 차별화를 제품 차별화(product differentiation)라고 한다.
③ 기업들은 제품의 물리적 특성 이외에 제품의 서비스에 대해서도 차별화가 가능하며, 이를 서비스차별화(services differentiation)라고 한다.
④ 포지셔닝 전략의 핵심은 고객에게 품질이나 디자인에서 어떤 결정적 차이점(decisive difference)을 제시하느냐에 있다.
⑤ 기업 이미지나 브랜드 이미지로 인해 동일한 제품을 제공하더라도, 소비자들은 그 제품을 다르게 인식할 수 있는데, 이를 이미지 차별화(image differentiation)라고 한다.

KEYWORD **포지셔닝/차별화**

해설

④ 차별화 전략에 대한 설명이다.
포지셔닝 전략은 소비자의 마음속에 경쟁 상표와 비교하여 경쟁우위를 제공하는 위치에 자사 상표를 구축하려는 노력이다.

관련이론 차별적 마케팅

여러 개의 표적시장을 선정하고 각각의 표적시장에 적합하고 차별화된 제품 및 마케팅믹스 전략을 개발하는 형태의 마케팅전략이다. 주로 성숙기에 적용하는 전략에 해당한다.
마케팅믹스의 다양성을 통해 각 세분시장 안에서 높은 매출액과 시장점유율 구축이 가능한 반면, 여러 세분시장의 고객을 표적으로 하므로 비용이 많이 지출되는 단점이 있다.

정답 ④

545

19년 3회

아래 글상자의 사례 기업들이 실행한 소매점 포지셔닝 전략의 유형으로 가장 적합한 것은?

> • W사는 최상의 품질, 최소로 가공된, 풍미가 가득한, 그리고 천연 그대로 보존된 음식을 제공한다는 철학으로 자사를 포지셔닝했다.
> • T사는 맛과 품질이 좋은 오가닉 식품을 합리적인 가격에 제시하는 전문 식품 소매점이라는 가치 제안을 기반으로 자사를 포지셔닝했다.

① 사용 상황에 의한 포지셔닝
② 제품군에 의한 포지셔닝
③ 제품 속성에 의한 포지셔닝
④ 제품 사용자에 의한 포지셔닝
⑤ 경쟁적 포지셔닝

KEYWORD **포지셔닝**

해설

③ 제품 속성에 의한 포지셔닝은 가장 흔히 사용되는 포지셔닝 방법으로 자사제품이 경쟁 제품과 다른 편익이나 속성을 지녔다고 소비자에게 인식 시키는 것이다. 이는 기능적 편익뿐만 아니라 상징적 편익이나 감각적 차별성을 강조한 것도 이 유형에 속한다.

정답 ③

546

20년 2회

다음 중 포지셔닝 전략에 대한 설명으로 가장 옳지 않은 것은?

① 경쟁자와 차별화된 서비스 속성으로 포지셔닝 하는 방법은 서비스 속성 포지셔닝이다.
② 최고의 품질 또는 가장 저렴한 가격으로 서비스를 포지셔닝 하는 것을 가격 대 품질 포지셔닝이라 한다.
③ 여성 전용 사우나, 비즈니스 전용 호텔 등의 서비스는 서비스 이용자를 기준으로 포지셔닝 한 예이다.
④ 타깃 고객 스스로 자신의 사용용도에 맞출 수 있도록 서비스를 표준화·시스템화한 것은 표준화에 의한 포지셔닝이다.
⑤ 경쟁자와 비교해 자사의 서비스가 더 나은 점이나 특이한 점을 부각시키는 것은 경쟁자 포지셔닝 전략이다.

KEYWORD **포지셔닝**

해설

④ 서비스 용도에 의한 포지셔닝 전략에 해당한다.

관련이론 | 서비스 포지셔닝의 유형

서비스 용도	서비스를 제공하는 궁극적인 용도가 무엇인지를 강조하여 포지셔닝 하는 방법
신뢰성 및 확신성	고객에게 제공하는 정책적인 서비스의 신뢰성 및 확신성을 토대로 포지셔닝 하는 전략
서비스 등급	서비스 등급이 높기 때문에 높은 가격을 매길 수 있다는 측면을 강조
서비스 속성	차별화된 특정 서비스 속성이나 분야로 포지셔닝 하는 방법
경쟁자	경쟁자의 서비스와 직접 비교해 자사의 서비스가 더 나은 점이나 특출난 점을 부각시켜 포지셔닝 하는 방법으로, 동종업계 1위임을 부각시킴
서비스 이용자	비즈니스 전용 호텔 또는 백화점의 여성 전용 주차장 등 서비스 이용자를 기준으로 한 포지셔닝

정답 ④

DAY 04

THEME 081 서비스의 특징 및 SERVQUAL

547

20년 3회

아래 글상자의 서비스 마케팅 사례의 원인이 되는 서비스 특징으로 가장 옳은 것은?

> 호텔이나 리조트는 비수기 동안 고객을 유인하기 위해 저가격 상품 및 다양한 부가 서비스를 제공한다.

① 서비스 무형성
② 서비스 이질성
③ 서비스 비분리성
④ 서비스 소멸성
⑤ 서비스 유연성

KEYWORD **서비스 마케팅**

해설

④ 서비스는 제공 즉시 사용되지 않으면 사라지므로 재고 형태로 저장할 수 없는 성질을 서비스 소멸성이라고 한다.
비수기 동안 수요 발생이 없으므로 저가격전략 및 다양한 부가적인 서비스 제공으로 수요를 자극해야 한다.

관련이론 **서비스의 특징**

- 무형성: 서비스를 제공받기 전에는 서비스의 형태나 가치를 파악하거나 평가하기가 어렵다는 것으로 서비스 품질 평가를 어렵게 하는 요인이다.
- 비분리성: 서비스는 생산과 소비가 동시에 일어나므로 유형 제품과 달리 누리거나 즐길 뿐 가질 수는 없다는 것이다(생산과 소비의 동시성).
- 소멸성: 서비스는 제공 시 즉시 사용되지 않으면 소멸하므로, 재고 형태로 저장할 수 없는 성질을 가진다는 것이다(비저장성).
- 이질성: 서비스는 제공 주체마다 상이하고 비표준적이며 가변적이므로 고객에게 제공하는 서비스의 표준화가 어렵다.

정답 ④

548

24년 3회

아래 글상자에서 설명하는 서비스 품질 접근법으로 옳은 것은?

> 양질의 서비스 품질은 소비자가 수용 가능한 만족스러운 가격에 적합한 수준의 서비스를 제공하는 것이라 할 수 있다.

① 선험적 접근
② 상품 중심적 접근
③ 사용자 중심적 접근
④ 제조 중심적 접근
⑤ 가치 중심적 접근

KEYWORD **서비스 마케팅**

선지분석

① 선험적 접근: 품질은 정신도 물질도 아닌 제3의 독립된 실체로 명확하게 정의할 수는 없으나 사람들은 이미 이것이 무엇인지 아는 상태
② 상품 중심적 접근: 품질은 측정 가능한 요소로 제품이 포함하고 있는 내용물이나 바람직한 속성의 총합이 큰 경우 양품으로 인정
③ 사용자 중심적 접근: 품질은 소비자의 욕구를 충족할 수 있는 제품이나 서비스의 정도로 측정
④ 제조 중심적 접근: 제조 요구사항(규격, 디자인)에 대한 적합성의 정도로, 품질은 일정 기준을 중심으로 한 편차의 정도로 가정

정답 ⑤

549
23년 1회

소매업체들의 서비스 마케팅 관리를 위한 서비스 마케팅믹스(7P)로 옳지 않은 것은?

① 장소(place)
② 가능 시간(possible time)
③ 사람(people)
④ 물리적 환경(physical evidence)
⑤ 과정(process)

KEYWORD **서비스 마케팅**

해설

서비스 마케팅믹스(7P)는 마케팅믹스 4P(Product, Price, Place, Promotion)에 서비스와 관련된 3P(People, Process, Physical evidence)를 더한 것을 말한다.

정답 ②

550
19년 3회

패러슈라만(Parasuraman) 등이 제시한 서비스 품질(SERVQUAL)의 5가지 차원에 해당하지 않는 것은?

① 유형성(tangibles)
② 편의성(convenience)
③ 반응성(responsiveness)
④ 확신성(assurance)
⑤ 공감성(empathy)

KEYWORD **서비스 마케팅**

해설

SERVQUAL의 5가지 차원은 반응성(응답성, Responsiveness), 확신성(Assurance), 유형성(Tangibles), 공감성(Empathy), 신뢰성(Reliability)으로, 영문 앞글자만 따서 RATER이라고 부르기도 한다.

정답 ②

551
21년 3회

서비스스케이프(Servicescape)에 대한 설명으로 가장 옳지 않은 것은?

① 서비스스케이프의 품질수준을 측정하기 위해 서브퀄(SERVQUAL)모델이 개발되었다.
② 서비스스케이프를 구성하는 요인 중 디자인 요소는 내부 인테리어와 외부시설(건물 디자인, 주차장 등)을 포함한다.
③ 서비스스케이프를 구성하는 요인 중 주변적 요소는 매장(점포)의 분위기로서 음악, 조명, 온도, 색상 등을 포함한다.
④ 서비스스케이프를 구성하는 요인 중 사회적 요소는 종업원들의 이미지, 고객과 종업원 간의 상호 교류를 포함한다.
⑤ 서비스스케이프가 소비자 행동에 미치는 영향을 설명하는 포괄적인 모형들은 일반적으로 자극–유기체–반응(stimulus–organism–response)의 프레임워크를 기초로 한다.

KEYWORD **서비스 마케팅**

해설

① 서비스스케이프는 서비스기업이 인위적으로 조성한 서비스 환경으로 SERVQUAL과는 관계가 없다.
자연적 또는 사회적 환경 요소를 제외한 의도적으로 조성한 물리적 환경만이 서비스스케이프로 정의되고 있으며, 서비스스케이프의 구성요소로는 내·외부의 주변요소, 공간배치 및 기능성, 표지판 및 상징물 등이 있다.

관련이론 SERVQUAL 모형

서비스 품질의 측정방법으로 가장 일반화된 모형이다. 서비스 품질 측정도구로서 서비스기업이 고객의 기대와 평가를 이해하는 데 활용된다. 서비스 품질평가 영역을 총 5가지 차원(RATER)으로 구분하였고 각 차원별로 문항을 구성하여 고객만족도 평가 설문지를 활용하면 그 결과값이 척도화되어 비교가 간편하다.

정답 ①

552

22년 2회

고객서비스는 사전적 고객서비스, 현장에서의 고객서비스, 사후적 고객서비스로 구분해볼 수 있다. 다음 중 사전적 고객서비스 요소로 가장 옳은 것은?

① 자사의 경영철학에 따라 서비스에 관한 표준을 정하고 조직을 편성하여 교육 및 훈련한다.
② 구매계획이나 공급 여력 등에 따라 발생할지 모르는 재고품절을 방지하기 위해 적정 재고수준을 유지한다.
③ 고객의 주문 상황이나 기호에 맞는 상품의 주문을 위한 정보시스템을 효율적으로 관리·운영한다.
④ 고객의 상품 주문에서부터 상품 인도에 이르기까지 적절한 물류서비스를 공급한다.
⑤ 폭넓은 소비자 선택을 보장하기 위해 가능한 범위 내에서 다양한 상품을 진열하고 판매한다.

KEYWORD 고객서비스

관련이론 고객서비스의 구성요소

거래 전 요소	거래 중 요소	거래 후 요소
• 문서화된 기업의 제품정책 • 정책에 대한 고객의 이해 • 조직구조 • 시스템 유연성 • 관리자의 서비스	• 제품의 결품률 • 주문정보 • 주문주기의 요인들 • 물품대체, 교환 • 주문의 편의성 • 선적 지연	• A/S, 설치, 보증, 수리, 변경 • 물품추적 • 클레임 및 고충처리, 반품 • 물품의 일시대체

정답 ①

553

20년 추가

아래의 설명과 관련된 서비스 수요관리전략으로 가장 옳은 것은?

> • 스키 리조트는 여름을 대비하여 물보라 썰매장이나 골프장 같은 다양한 부대 시설을 갖추어 놓는다.
> • 호텔은 비수기에 대비하여 기업 단위의 연수 고객을 유치하기 위해 노력한다.
> • 업무 지구에 있는 호프집은 점심 시간에 직장인들을 위한 점심 식사를 제공한다.

① 수요재고화 전략
② 수요조절 전략
③ 가용능력변화 전략
④ 가용능력고정 전략
⑤ 목표시장 다변화 전략

KEYWORD 서비스 수요관리전략

해설

수요조절 전략은 수요관리전략 중 하나로 수요예측이 가능하고 기업의 고객수요 이동능력이 높은 경우에 적용할 수 있는 전략에 해당한다.

관련이론 수요조절전략

수요의 예측가능성 / 기업의 고객수요 이동능력	예측불능	예측가능
높음	수요재고화 전략	수요조절 전략
낮음	가용능력변화 전략	가용능력고정 전략

정답 ②

THEME 082 마케팅믹스 전략

554
23년 3회, 20년 2회

다음 중 마케팅믹스 요소인 4P 중 유통(Place)을 구매자의 관점인 4C로 표현한 것으로 옳은 것은?

① 고객비용(customer cost)
② 편의성(convenience)
③ 고객문제해결(customer solution)
④ 커뮤니케이션(communication)
⑤ 고객맞춤화(customization)

KEYWORD **4P와 4C**

관련이론 기업 중심적 마케팅믹스(4P)와 고객 중심적 마케팅믹스(4C)
4P: 제품(Product), 가격(Price), 장소(Place), 촉진(Promotion)
4C: 고객(Customer value), 비용(Cost), 편의(Convenience), 소통(Communication)

정답 ②

555
18년 3회

마케팅믹스 전략에 대한 설명으로 가장 옳지 않은 것은?

① 소매상의 상품 전략은 표적 시장의 욕구를 충족시키기 위해 상품믹스를 개발하고 관리하는 것이다.
② 대형 유통업체의 PB(Private Brand)출시는 상품 전략 중에서 상표 전략에 속한다.
③ 가격전략에서 특정 소매상이 시장점유율을 증대시키고자 한다면 고가격전략을, 이익 증대가 목표라면 저가격전략을 수립한다.
④ 촉진이란 소비자가 특정 소매상이나 상품을 인지하고 구매하도록 유도하는 활동을 말한다.
⑤ 광고와 인적판매, 판촉, 홍보는 대표적인 촉진 방법이다.

KEYWORD **마케팅믹스**

해설
③ 가격전략에서 특정 소매상이 시장점유율을 증대시키고자 한다면 경쟁사보다 저가격전략을, 이익 증대가 목표라면 스키밍 가격전략(skimming price, 초기 고가격전략)을 수립하는 것이 좋다.

정답 ③

THEME 083 상품의 분류

556
20년 3회

소매점에서 사용하는 일반적인 상품 분류 기준으로 옳지 않은 것은?

① 소비패턴을 중심으로 한 분류
② TPO(Time, Place, Occasion)를 중심으로 한 분류
③ 한국표준상품분류표를 중심으로 한 분류
④ 대상 고객을 중심으로 한 분류
⑤ 상품의 용도를 중심으로 한 분류

KEYWORD **상품분류기준**

해설
③ 한국표준상품분류표를 중심으로 한 분류는 정부, 통계청 등 산업별 생산 품목을 통계 조사할 목적으로 활용할 때 적용하는 분류법에 해당한다.

정답 ③

557

19년 2회

아래 글상자에서 설명하는 소비용품의 유형으로 가장 옳은 것은?

- 구매빈도: 비교적 가끔 구매됨
- 고객구매행동: 상당한 구매계획 및 쇼핑 노력을 기울임
- 유통: 비교적 소수의 소매점을 통한 선별적 유통
- 촉진: 제조업체와 유통업체에 의한 광고를 주로 이용함
- 예: 주요 내구재, TV, 가구, 의류

① 편의품
② 선매품
③ 전문품
④ 미탐색품
⑤ 산업용품

KEYWORD **선매품**

해설

② 선매품은 구매빈도는 낮고 가격과 관여도가 대체로 높아 소비자가 여러 매장을 통해 가격, 품질, 스타일 등에 대한 정보를 수집한 후에 최종 비교하여 구매하는 제품이다.

선지분석

① 편의품: 일상적으로 구매와 소비를 반복하는 상품으로 관여 수준이 낮다.
③ 전문품: 상표 또는 점포의 신용과 명성에 따라 구매하는 상품으로 강한 브랜드 선호도와 충성도를 갖는다.
④ 미(비)탐색품: 제품에 대한 인지도와 지식이 별로 없는 제품이다.
⑤ 산업용품: 산업재 시장에서 통용되는 제품이다.

정답 ②

558

19년 3회

상품의 유형에 관한 설명으로 옳지 않은 것은?

① 편의품은 소비자들이 구매욕구를 느낄 때 별다른 노력을 기울이지 않고도 구매할 수 있어야 한다.
② 선매품의 경우 구매 전 제품 간 비교를 통해 최적의 구매가 발생한다.
③ 고급 향수, 스포츠카 및 디자이너 의류는 전문품에 해당한다.
④ 선매품에는 가구나 냉장고 등이 포함되며, 편의품에 비해 구매빈도가 그다지 높지 않다.
⑤ 전문품은 상대적으로 고가격이기 때문에 지역별로 소수의 판매점을 통해 유통하는 선택적 유통경로 전략이 유리하다.

KEYWORD **상품의 유형**

해설

⑤ 선택적 유통경로 전략에 유리한 상품군은 선매품이다. 전문품은 전속적 유통경로 전략을 이용한다.

정답 ⑤

559

21년 3회

병행수입 상품에 대한 설명으로 가장 옳지 않은 것은?

① 상표 등 지적재산권의 보호를 받는 상품이다.
② 미국에서는 회색시장(grey market) 상품이라고 부른다.
③ 제조업자나 독점 수입업자의 동의 없이 수입한 상품이다.
④ 외국에서 적법하게 생산되었기 때문에 위조 상품이 아니다.
⑤ 수입업자들은 동일한 병행 상품에 대해 서로 다른 상표를 사용해야 한다.

KEYWORD **병행수입**

해설

⑤ 수입업자들은 동일한 병행수입 상품에 대해 서로 다른 상표를 사용해야 할 의무나 책임이 없다.

관련이론 **회색시장**

- 유통업자가 제조업자 또는 수입국의 공식 수입업자의 동의 없이 외국에서 적법하게 제조된 물품을 직접 구매해서 국내에 저가로 판매하는 시장을 의미한다.
- 합법적 시장과 암시장의 중간에 있는 시장 형태로 병행상품(parallel goods)이 거래되는 병행수입시장을 총칭해서 회색시장이라 칭한다.
- 대형마트 등에 의한 병행수입 확대는 공식 수입업체가 가격을 인하하는 긍정적 효과도 있다.
- 공식 수입업체와는 달리 A/S 및 보증 등 서비스 품질에 문제가 있다.
- 제조업체와 유통업자, 소비자 간의 신뢰관계에 문제가 발생할 수 있다.

정답 ⑤

THEME 084 상품믹스전략

560

21년 3회

상품믹스를 결정할 때는 상품믹스의 다양성, 전문성, 가용성 등을 따져보아야 한다. 이에 대한 설명으로 옳지 않은 것은?

① 다양성이란 한 점포 내에서 취급하는 상품 카테고리 종류의 수를 말한다.
② 가용성을 높이기 위해서는 특정 단품에 대해 품절이 발생하지 않도록 재고를 보유하고 있어야 한다.
③ 전문성은 특정 카테고리 내에서의 단품의 수를 의미한다.
④ 상품믹스를 전문성 위주로 할지, 다양성 위주로 할지에 따라 소매업태가 달라진다.
⑤ 다양성이 높을수록 점포 전체의 수익성은 높아진다.

KEYWORD **상품믹스**

해설

⑤ 다양성이 높다는 것은 제품믹스의 폭이 넓다는 것으로 업태 전략상 박리다매형 저가전략을 쓰는 대형마트나 슈퍼마켓의 전략에 해당한다. 이는 다양한 구색을 통해 소비자의 다양한 구매 기호를 만족시키려는 것으로 다양성이 높아질수록 관리비용이 더 커져 수익성에는 오히려 마이너스가 될 수 있다.

정답 ⑤

DAY 04

561

21년 1회

상품믹스에 대한 설명으로 가장 옳지 않은 것은?

① 상품믹스(product mix)란 기업이 판매하는 모든 상품의 집합을 말한다.
② 상품믹스는 상품계열(product line)의 수에 따라 폭(width)이 정해진다.
③ 상품믹스는 평균 상품 품목(product item)의 수에 따라 그 깊이(depth)가 정해진다.
④ 상품믹스의 상품계열이 추가되면 상품 다양화 또는 경영 다각화가 이루어진다.
⑤ 상품믹스의 상품 품목이 증가하면 상품 차별화의 정도가 약해지게 된다.

KEYWORD **상품믹스**

해설

⑤ 상품믹스의 상품 품목이 증가하면 상품 차별화의 정도가 약화되는 것이 아니라 상품믹스의 깊이가 깊어져 전문성이 강화되고 차별성이 높아진다.

정답 ⑤

562

20년 2회

소매상은 점포 특성에 맞게 상품구색의 폭(좁음, 넓음)과 깊이(얕음, 깊음)를 결정해야 한다. 아래 글상자에서 소매점 유형과 상품구색을 타당하게 연결한 항목만을 모두 옳게 고른 것은?

> ㉠ 편의점 – 좁고 얕은 구색
> ㉡ 전문점 – 좁으나 깊은 구색
> ㉢ 소규모 종합점 – 넓으나 얕은 구색
> ㉣ 백화점 – 넓고 깊은 구색

① ㉠, ㉡
② ㉢, ㉣
③ ㉠, ㉡, ㉢
④ ㉡, ㉢, ㉣
⑤ ㉠, ㉡, ㉢, ㉣

KEYWORD **상품구색**

해설

상품구색의 폭(넓이)은 제품계열의 다양성을 나타내고, 깊이는 제품계열의 전문성을 나타내는 용어이다. 편의점이 가장 좁고 얕은 구색을 보이며 백화점이 가장 넓고 깊은 구색을 보인다.

정답 ⑤

563

20년 3회

소매업체의 상품구색에 관한 설명으로 가장 옳지 않은 것은?

① 다양성은 상품구색의 넓이를 의미한다.
② 다양성은 취급하는 상품 카테고리의 숫자가 많을수록 커진다.
③ 전문성은 상품구색의 깊이를 의미한다.
④ 전문성은 각 상품 카테고리에 포함된 품목의 숫자가 많을수록 커진다.
⑤ 상품 가용성은 다양성에 반비례하고 전문성에 비례한다.

KEYWORD **상품구색**

해설

⑤ 상품 가용성은 다양성에 비례하고 전문성에 반비례한다.
상품 가용성은 고객의 수요인 주문에 대응할 수 있는 기업의 상품 대응 능력으로 주문 내용 품목과 재고 수량의 충족 정도를 의미한다.

관련이론 제품 믹스의 차원

- 제품믹스의 넓이(Width): 기업이 보유한 제품라인의 수
- 제품믹스의 길이(Length): 각 제품라인을 구성하는 품목의 총수
- 제품믹스의 깊이(Depth): 제품라인 내의 각 제품이 제공하는 품목수
- 제품믹스의 일관성(Consistency): 다양한 제품라인의 최종 용도, 생산요건, 유통경로 등과 얼마나 밀접하게 관련되어 있는지 정도

정답 ⑤

564

23년 1회

제품믹스(product mix) 또는 제품포트폴리오(product portfolio)의 특성 중에서 "제품라인 내 제품품목(product item)의 수"를 일컫는 말로 옳은 것은?

① 제품믹스의 깊이(product mix depth)
② 제품믹스의 폭(product mix width)
③ 제품믹스의 일관성(product mix consistency)
④ 제품믹스의 길이(product mix length)
⑤ 제품믹스의 구성(product mix composition)

KEYWORD **상품구색**

해설

제품라인 내 제품품목(product item)의 수는 제품믹스의 깊이를 의미한다.
제품믹스의 폭은 제품라인의 다양성을 뜻하며, 제품믹스의 길이는 제품믹스의 길이와 깊이의 총합을 말한다.

정답 ①

565

20년 3회

상품관리의 기본적 개념에 대한 설명으로 옳지 않은 것은?

① 거의 모든 상품들은 유형적인 요소와 무형적인 요소를 함께 가지고 있으며, 흔히 유형적인 상품을 제품이라 부르고 무형적 상품을 서비스라고 한다.

② 대부분의 상품들은 단 한가지의 편익만 제공하는 것이 아니라 여러 가지 편익을 동시에 제공하기 때문에 상품을 편익의 묶음이라고 볼 수 있다.

③ 고객 개개인이 느끼는 편익의 크기는 유형적 상품에 집중되어 객관적으로 결정된다.

④ 일반적으로 회사는 단 하나의 상품을 내놓기보다는 여러 유형의 상품들로 상품 라인을 구성하는 것이 고객 확보에 유리하다.

⑤ 상품 라인 내 어떤 상품을, 언제, 어떤 상황 하에서 개발할 것인지 계획하고, 실행하고, 통제하는 것이 상품관리의 핵심이다.

KEYWORD **상품관리**

해설

③ 고객 개개인이 느끼는 제품에 대한 편익의 크기는 핵심적 상품에 집중되고 주관적으로 결정된다.

정답 ③

566

18년 1회, 16년 1회

다음 글상자에서 설명하고 있는 것은?

> 동일한 성능·용도를 가지거나 동일한 고객층이나 가격대를 가진 상품군

① 상품구색(product assortment)

② 상품품목(product item)

③ 상품계열(product line)

④ 상품믹스(product mix)

⑤ 상품카테고리(product category)

KEYWORD **상품계열**

해설

상품계열은 기업이 생산하는 모든 제품 중에서 물리적 특성, 용도, 구매 집단, 가격 범위, 유통 채널 등이 비슷한 제품의 집단이다.

선지분석

① 상품구색: 여러 가지 물건을 한 곳에 갖춘 것

② 상품품목: 각각의 특성을 가진 제품계열 내의 단위

④ 상품믹스: 특정기업이 생산, 판매하는 제품계열과 품목의 조합

⑤ 상품카테고리: 고객들이 서로 대체할 수 있다고 생각하는 품목들을 모아 놓은 것

정답 ③

567

17년 1회

다음 사례의 내용 중 상품라인의 확장에 따른 문제점을 진단한 것으로 옳지 않은 것은?

> 밥솥 생산업체 A사는 상품라인확장을 고민하며 이에 따른 문제점을 예상해 보았다. ㉠ 라인별 생산량이 낮아져서 비용이 높아질 수 있다. ㉡ 소매점이 진열 면적 확보가 어려워질 수 있다. ㉢ 선택 폭이 넓어져 고객들이 정보 탐색에 어려움을 겪지만 구매를 연기하거나 포기할 확률은 낮아진다. ㉣ 품절 가능성이 높아져서 재고관리가 어려워질 수 있다. ㉤ 자기잠식의 문제가 발생할 수 있다.

① ㉠
② ㉡
③ ㉢
④ ㉣
⑤ ㉤

KEYWORD **라인확장**

해설

상품라인확장 전략은 동일·유사제품 카테고리에서 제품의 구색과 가격 수준을 다르게 해서 새로운 제품을 시장에 출시하는 것이다. 이 전략의 단점은 자기잠식현상과 더불어 소비자들이 세분화된 제품 카테고리에 대한 신뢰성이 낮아져 ㉢ 구매를 연기하거나 포기할 수도 있다.

정답 ③

THEME 085 머천다이징(MD)

568

21년 3회

아래 글상자에서 설명하는 머천다이징 전략으로 가장 옳은 것은?

> - 식료품 종류만 취급하던 슈퍼마켓에서 가정용품을 함께 취급함
> - 약국에서 의약품과 함께 아기 기저귀 등의 위생용품과 기능성 화장품을 동시에 판매함
> - 책을 판매하는 서점에서 오디오, 가습기 등의 가전제품을 함께 판매함

① 크로스 머천다이징(cross merchandising)
② 탈상품화 머천다이징
(decommodification merchandising)
③ 스크램블드 머천다이징(scrambled merchandising)
④ 선택적 머천다이징(selective merchandising)
⑤ 집중적 머천다이징(intensive merchandising)

KEYWORD **머천다이징 전략**

해설

③ 스크램블드 머천다이징은 소매상이 소비자 입장에서 상품 품목을 고려하여 취급 상품을 조합하여 재편성하는 것을 말한다.
글상자에서 식료품점에서 가정용품을 함께 취급하거나 약국에서 의약품과 위생용품을 함께 판매하는 것은 소비자 입장을 고려한 판매전략인 스크램블드 머천다이징에 해당한다.

관련이론 **머천다이징 전략**

- 가격중심 머천다이징: 적정가격으로 유통함에 있어서 전략적으로 저가격을 수단으로 표적고객을 공략하는 전략이다. 대형마트, 카테고리킬러 등에서 저가 공급에 중점을 두는 방식으로 상품계획, 구매, 재고관리에 이르기까지 집중적인 관리가 요구된다.
- 크로스 머천다이징: 상품의 분류에 구애받지 아니하고 관련성이 있는 상품들을 한데 모아 진열함으로써 판매액을 향상시키는 방법을 의미한다.
- 인스토어 머천다이징: 소매점포가 자신의 독자적인 콘셉트를 토대로 하여 상품을 구색하고 판매하는 것을 의미한다.
- 리스크 머천다이징: 제조업체와 체결한 반품 불가라는 특정 조건에 따라 상품 전체를 구매하는 것을 의미한다.

정답 ③

569
21년 3회

아래 글상자에서 설명하고 있는 ㉠ 소매상에 대한 소비자 기대와 ㉡ 소매점의 마케팅믹스를 모두 옳게 나타낸 것은?

> ㉠ 소비자는 소매점에서 구매 이외의 제품 지식 또는 친교 욕구를 충족하고 싶어함
> ㉡ 목표고객의 라이프 스타일을 연구하여 이에 부응하는 상품을 개발하고 확보하며 관리하는 활동

① ㉠ 서비스 ㉡ 정보와 상호작용
② ㉠ 촉진 ㉡ 상품
③ ㉠ 정보와 상호작용 ㉡ 머천다이징
④ ㉠ 입지 ㉡ 서비스
⑤ ㉠ 점포 분위기 ㉡ 공급업자 관리

KEYWORD **머천다이징**

해설

㉠ 정보와 상호작용, ㉡ 머천다이징(상품화계획)에 해당한다.

정답 ③

570
20년 추가

머천다이징(Merchandising)은 좁은 의미(협의) 또는 넓은 의미(광의)로 정의할 수 있다. 협의의 머천다이징의 의미로서 가장 옳은 것은?

① 상품화계획 수립
② 판매활동계획 수립
③ 재고관리계획 수립
④ 상품확보계획 수립
⑤ 상품구매계획 수립

KEYWORD **머천다이징**

해설

① 미국 머천다이징협회(AMA)의 정의에 따르면 머천다이징이란 수요에 적합한 상품 또는 서비스를 알맞은 시기와 장소에서 적정가격으로 유통시키기 위한 일련의 방법 또는 상품화계획이다.

정답 ①

571
20년 2회

다양화되고 개성화된 소비자들의 기본 욕구에 대처하기 위해 도입된 것으로서, 제조업체의 입장 대신 소비자의 입장에서 상품을 다시 분류하는 머천다이징으로 가장 옳은 것은?

① 크로스 머천다이징
② 인스토어 머천다이징
③ 스크램블드 머천다이징
④ 리스크 머천다이징
⑤ 카테고리 머천다이징

KEYWORD **머천다이징**

해설

③ 스크램블드 머천다이징은 소매상에서 상품 품목을 소비자 입장에서 고려하여 취급 상품을 조합하고 재편성하는 것을 의미한다.

정답 ③

572
21년 2회

아래 글상자 보기 중 머천다이저(MD)가 상품을 싸게 구매할 수 있는 일반적인 상황을 모두 고른 것은?

> ㉠ 주문을 많이 하는 경우
> ㉡ 반품 없이 모두 직매입하는 경우
> ㉢ 현찰로 물품 대금을 지불하는 경우
> ㉣ 경쟁업체들이 취급하지 못하는 제조업체 제품(NB)들을 매입하는 경우

① ㉠, ㉡
② ㉠, ㉢
③ ㉠, ㉣
④ ㉠, ㉡, ㉢
⑤ ㉠, ㉡, ㉢, ㉣

KEYWORD **머천다이징**

해설

㉣은 희소성이 있는 제품들이기 때문에 높은 가격에 매입하는 경우가 일반적이다.

정답 ④

573

20년 3회

아래 글상자에서 설명하는 머천다이징(merchandising) 유형으로 옳은 것은?

> • 소매상 자신의 책임 하에 상품을 매입하고 이에 대한 판매까지 완결짓는 머천다이징 정책을 의미
> • 판매 후 남은 상품을 제조업체에 반품하지 않는다는 전제로 상품 전체를 사들임
> • 제조업체와 특정한 조건 하에서의 매입이 이루어질 수 있기 때문에 제조업체로부터 가격적인 프리미엄(가격 할인)도 제공받을 수 있음

① 크로스 머천다이징(cross merchandising)
② 코디네이트 머천다이징(coordinate merchandising)
③ 날씨 머천다이징(weather merchandising)
④ 리스크 머천다이징(risk merchandising)
⑤ 스크램블드 머천다이징(scrambled merchandising)

KEYWORD **머천다이징**

해설

④ 반품 불가라는 위험요인을 전제하는 머천다이징 기법을 리스크 머천다이징이라고 한다.
한편, ① 크로스 머천다이징은 연관 상품을 진열하여 판매하는 기법이고, ⑤ 스크램블드 머천다이징은 소비자의 기호에 적합하게 제품을 재조합 또는 재진열하는 머천다이징 기법을 의미한다.

정답 ④

574

19년 1회

머천다이징(Merchandising)에 대한 설명으로 옳지 않은 것은?

① 머천다이징은 우리말로 상품기획, 상품화계획 등으로 불린다.
② 머천다이저(Merchandiser)는 소매점의 특정 카테고리의 상품을 담당하고 있다. 그렇기 때문에 머천다이저를 카테고리 매니저라 부르기도 한다.
③ 머천다이징은 유통업체만의 고유 업무로 고객의 니즈에 부합하는 상품을 기획하여 판매하며 제조업체, 서비스 업체에는 해당되지 않는다.
④ 머천다이징은 구매, 진열, 재고, 가격, 프로모션 등 광범위한 활동을 포함한다.
⑤ 머천다이징의 성과를 평가하는 대표적인 지표 중 하나는 재고총이익률(GMROI)이다.

KEYWORD **머천다이징**

해설

③ 머천다이징은 유통업체뿐만 아니라 제조업체, 서비스업체 등 다양한 분야에서 활용된다.
머천다이징은 관점에 따라 여러 가지로 해석되고 있는데 제조업체에서는 상품기획과 상품개발이라는 의미로 주로 통용되고 있으나, 유통업체에서는 상품의 구매나 판매활동이라는 의미로 통용되고 있다.

정답 ③

575

23년 2회

아래 글상자의 설명으로 가장 옳은 것은?

> 동일한 고객층을 대상으로 하되 경쟁업체와 다르게 그들 고객이 가장 원하는 제품과 서비스에 중점을 두거나 고객에게 제시되는 가격대에 대응하는 상품이나 품질을 차별화하는 방향을 전개하는 머천다이징 유형의 하나이다.

① 혼합식 머천다이징(scrambled merchandising)
② 선별적 머천다이징(selective merchandising)
③ 세그먼트 머천다이징(segment merchandising)
④ 계획적 머천다이징(programed merchandising)
⑤ 상징적 머천다이징(symbol merchandising)

KEYWORD **머천다이징**

선지분석

① 혼합식 머천다이징: 소매점이 상품의 구색, 즉 구성을 확대하여 가는 유형의 상품화를 의미하며 이는 업태간 경쟁 심화에 의해 강조되고 있다.
② 선별적 머천다이징: 소매업, 2차 상품 제조업자, 가공업자 및 소재 메이커가 수직적으로 연합하여 상품계획을 수립하는 머천다이징 방식으로, 패션 머천다이징에 주로 활용된다.
④ 계획적 머천다이징: 대규모 소매업과 선정된 주요 상품 납품회사 간에 계획을 조정 통합화시켜 머천다이징을 수행하는 것으로, 특히 대규모 소매점의 경우에 일반화되고 있다.
⑤ 상징적 머천다이징: 대형 슈퍼마켓이나 지방의 백화점이 전문점 또는 대형 도시 백화점과의 차별화를 위해 양판품목군 중심의 종합적인 구색을 갖추되 그 중 일부를 자사 점포의 상징으로 구색을 정하여 중점을 두는 형태의 머천다이징을 말한다.

정답 ③

576

19년 1회

다음 중 유통업체가 고객에게 적정 수량의 적정 상품구색을 적시에 제공하는 동시에 자사의 재무적 목표를 달성하려고 노력하는 과정을 나타내는 용어로 가장 옳은 것은?

① 카테고리관리(category management)
② 고객관계관리(customer relationship management)
③ 상품관리(merchandise management)
④ 점포관리(store management)
⑤ 전략적 이익관리(strategic profit management)

KEYWORD **머천다이징**

해설

상품관리는 적절한 시간, 적절한 장소에 고객들이 원하는 적절한 상품을 그에 대한 수요에 맞게 제공하여 기업의 재무적 목표를 달성하기 위한 것이다.

정답 ③

577

19년 3회

크로스 머천다이징(Cross Merchandising)에 대한 설명으로 옳지 않은 것은?

① 소비자가 함께 구매할 것으로 예상되는 상품들을 가까이 진열한다.
② 사재기하는 비중이 높은 상품이나 용량이 큰 상품에 적합하다.
③ 동시구매를 노리는 방법으로 객단가를 높일 수 있으며 라이프스타일 제안이 가능하다.
④ 백화점 신사복 코너에서 넥타이와 와이셔츠를 함께 구성하여 진열하는 경우가 해당된다.
⑤ 의류업계의 코디네이트 진열과 동일한 개념이다.

KEYWORD **머천다이징**

해설

② 크로스 머천다이징은 맥주와 땅콩, 우유와 시리얼 등 관련성 있는 상품을 함께 진열하여 매출액을 극대화시키는 머천다이징 기법을 의미한다.

정답 ②

578

19년 2회

아래 글상자에서 설명하는 용어로 옳은 것은?

> • 연관된 상품을 함께 진열하거나 연관된 상품을 취급하는 점포들을 인접시키는 것을 의미함
> • 이를 통해 고객들이 연관된 상품들을 동시에 구매하도록 유도할 수 있음
> • 대표적인 예로 샴푸, 린스, 정장, 넥타이, 구두, 셔츠 등에 사용할 수 있음

① mix merchandising
② cross merchandising
③ double merchandising
④ visual merchandising
⑤ triple merchandising

KEYWORD **머천다이징**

해설

② 보통 대형마트에서 많이 이용하는 크로스 머천다이징은 보완적 상품의 전시를 구사하는 것으로 관련 품목 접근법이라고도 한다. 대인적인 접근인 크로스 셀링에 비해 크로스 머천다이징은 진열을 통한 매출 증대 기법이라 할 수 있다.

정답 ②

579

18년 1회

다음 글 상자에서 공통으로 설명하는 용어는?

> • 매장의 개별상품 및 상품구성을 가장 효과적이고 효율적인 방법으로 소비자에게 제시함으로써 자본과 노동의 생산성을 최대화하려는 활동
> • 적절한 상품준비와 연출을 통해 소비자의 상기구매, 연관구매, 충동구매를 유도하기 위한 활동
> • 소비자의 구매의욕을 불러일으키기 위한 활동

① 윈도우 디스플레이
② 인스토어 머천다이징
③ 상품화 활동
④ 상품 구성 전략
⑤ 판매촉진 진열

KEYWORD **머천다이징**

해설

② 인스토어 머천다이징은 단순한 상품구색이 아니라 하나의 컨셉트에 근거한 상품 구성과 그에 의한 스토리 전개를 목표로 한다. 이는 진열만 강조해서는 안되고 매장 그 자체에 스토리를 부여하여 매력 있는 매장으로 만드는 것으로 비주얼 머천다이징은 인스토어 머천다이징의 한 종류에 해당한다.

정답 ②

580

17년 3회

가격중심의 머천다이징에 대한 설명으로 가장 옳지 않은 것은?

① 비용을 최대한 줄여 소비자에게 상품을 저렴하게 제공하는 것에 중점을 둔다.
② 고객 니즈에 대한 부응과 서비스 향상을 통해 매출을 증가시키는 것을 주목적으로 한다.
③ 대형할인점 및 카테고리 킬러 등 가격 파괴 유통업태가 주로 실행한다.
④ 판촉 등의 판매활동보다는 상품계획, 구매, 재고분야에 대한 집중적인 관리가 요구된다.
⑤ 상품 공급과 관련된 관계회사 연결 머천다이징이 이익 증가의 수단이 된다.

KEYWORD **머천다이징**

해설

가격중심 머천다이징의 특징은 비용절감을 통해 제공하는 제품의 가격을 최소화하는데 있다. 이에 ② 서비스 향상을 통해 매출액 증가를 추구한다는 부분과는 상충관계(trade–off)에 있게 된다. 또한 매출액 증가를 주목적으로 하는 것은 비가격 중심의 머천다이징에 해당한다.

관련이론 **가격중심 머천다이징**

전략적으로 가격을 낮춰 표적고객을 공략하는 전략이다. 대형마트, 카테고리 킬러 등에서 중점을 두는 방식으로 상품계획, 구매, 재고관리에 이르기까지 집중적인 관리가 요구된다.

정답 ②

THEME 086 상품수명주기별 상품관리전략

581

21년 3회

아래 글상자의 내용은 상품수명주기에 따른 경로관리 방법을 기술한 것이다. 세부적으로 어떤 수명주기 단계에 대한 설명인가?

> ㉠ 충분한 제품공급을 위해 시장범위 역량을 지닌 경로구성원을 확보
> ㉡ 통제가 성장을 방해하는 것이 아니라는 점을 경로구성원에게 확신시킴
> ㉢ 경쟁 제품들의 경로구성원 지원 현황 조사 및 감시

① 도입기
② 성장기
③ 성숙기
④ 쇠퇴기
⑤ 재도약기

KEYWORD **상품수명주기**

해설

② 글상자의 내용은 개방적 유통전략이 필요한 성장기에 해당한다.

관련이론 **상품수명주기의 각 단계별 특징**

- 도입기: 제품이 시장에 소개되어 소비자들이 처음 접하는 시기로, 수요가 적어 모든 마케팅활동의 목표는 제품에 대한 인지도를 높이는데 있다.
- 성장기: 급속한 제품수요의 증가와 매출액 증대 등으로 시장 성장이 가속화되지만 이에 따라 경쟁자들의 등장으로 경쟁이 치열해진다.
- 성숙기: 판매량이 급속하게 증가하다가 정체를 보이는 단계로서 시장성장률이 둔화된다.
- 쇠퇴기: 새로운 기술 개발로 기존 제품에 대한 소비자의 욕구가 변하게 되고 매출액이 감소하는 단계로, 소비자의 대부분은 최후 수용층이다.

정답 ②

582

17년 3회

성장기에 속한 제품의 마케팅믹스 전략에 대한 설명으로 옳은 것은?

> ㉠ 선택적 유통
> ㉡ 제품 확장, 서비스와 품질 강화
> ㉢ 시장점유율 최대화
> ㉣ 판매촉진 최소화

① ㉠, ㉡　　② ㉡, ㉢
③ ㉢, ㉣　　④ ㉡, ㉣
⑤ ㉠, ㉣

KEYWORD **상품수명주기**

해설

성장기에는 기업의 매출액을 극대화하는 것을 가장 큰 목표로 한다. 이를 위해서는 집약적 유통(개방적 유통)이 필요하고, ㉡ 제품 확장과 서비스, 품질 강화, 그리고 저가의 가격과 판매촉진전략을 통해 ㉢ 시장점유율을 높여 경쟁에서 생존하는 것이 중요하다.

정답 ②

583

19년 2회

소매수명주기이론에서 단계별 소매상의 전략으로 옳지 않은 것은?

① 도입기에는 이익수준이 낮아 위험부담이 높기 때문에 투자를 최소화한다.
② 도약기에는 시장을 확장하고 수익을 확보하기 위한 공격적인 침투전략을 수행한다.
③ 성장기에는 성장유지를 위해 투자수준을 높이며 시장위치를 선점하는 전략을 수행한다.
④ 성숙기에는 소매개념을 수정하여 성숙기를 지속시키기 위한 전략을 수행한다.
⑤ 쇠퇴기에는 자본의 지출을 최소화하며 시장에서의 탈출을 모색한다.

KEYWORD **상품수명주기**

해설

소매수명주기이론은 도입기 – 성장기 – 성숙기 – 쇠퇴기로 구성된다.
② 시장 확보를 위한 공격적인 침투전략은 성장기의 특징이라 할 수 있다.

정답 ②

584

20년 2회

아래 글상자는 제품수명주기 중 어느 단계에 대한 설명이다. 이 단계에 해당하는 상품관리전략으로 가장 옳지 않은 것은?

> 최근 기술발전의 속도가 매우 빠르고 소비자들의 욕구와 취향도 급변하는 관계로 많은 제품들이 이 시기에 도달하는 시간이 짧아지는 반면 이 기간은 길어지고 있다. 이 단계에서는 매출액 증가가 둔화되면서 시장 전체의 매출액이 정체되는 시기이다. 다수의 소비자들의 구매가 종료되어 가는 시점이어서 신규 수요의 발생이 미미하거나 신규 수요와 이탈 수요의 규모가 비슷해져서 전체 시장의 매출규모가 변하지 않는 상태이다. 또한 경쟁 강도가 심해지면서 마케팅 비용은 매우 많이 소요되는 시기이기도 하다.

① 기존제품으로써 새로운 소비자의 구매 유도
② 기존소비자들의 소비량 증대
③ 기존제품의 새로운 용도 개발
④ 기존제품 품질 향상과 신규 시장개발
⑤ 제품확장 및 품질보증 도입

KEYWORD **상품수명주기**

해설

지문에 제시된 수명주기는 매출액이 정체되는 시기인 성숙기에 대한 설명이다.
⑤ 성장기에 해당하는 내용이다.

정답 ⑤

585
18년 1회

카테고리 수명주기 단계 중 소매점들이 취급하는 상품 카테고리에 포함되는 품목의 다양성이 가장 높은 단계는?

① 도입기　② 성숙기
③ 성장기　④ 쇠퇴기
⑤ 소멸기

KEYWORD **상품수명주기**

해설

성숙기는 더 이상 시장성장률이 높아지지 않는 상태로, 시장에서의 점유율을 유지하는 것이 중요하다. 이를 위해서는 시장세분화를 통해 시장에 차별화된, 다양한 제품을 공급하여 이윤을 극대화시키는 전략이 중요하다.

정답 ②

586
18년 3회

아래 글상자 (가)와 (나)에 들어갈 용어가 순서대로 바르게 나열된 것은?

> 상품수명주기 이론의 (가) 단계에서는 시장 수요가 증가함에 따라 시장 커버리지를 확대하고 이용 가능성을 높이기 위해 개방 경로 정책을 수립해야 하며, (나) 단계에서는 판매가 안정되고 경쟁이 심화되기 때문에 새로운 시장을 찾거나, 그 상품에 대한 새로운 용도를 개발하거나 사용빈도를 제고하기 위한 다양한 노력을 기울여야 한다.

① (가) 도입기, (나) 쇠퇴기
② (가) 도입기, (나) 성숙기
③ (가) 성장기, (나) 성숙기
④ (가) 성장기, (나) 쇠퇴기
⑤ (가) 성숙기, (나) 쇠퇴기

KEYWORD **상품수명주기**

해설

(가) 성장기에는 경쟁이 심화되므로 시장점유율을 극대화하는 것이 목표이다. 이를 위해 집중적(=개방적, 집약적) 유통경로정책을 취하고, 저가격전략을 취하는 것이 합리적이다.
(나) 성숙기의 경우 시장이 안정된 상태이나 경쟁이 심화된 상황이므로 기존시장보다 다양한 상품 카테고리를 제공하거나 신시장을 개척하는 것이 중요한 전략이 된다.

정답 ③

587
21년 2회

다음 중 각 상품수명주기에 따른 관리전략을 연결한 것으로 옳지 않은 것은?

① 도입기 – 기본 형태의 상품 출시
② 성장기 – 상품 확대, 서비스 향상
③ 성숙기 – 브랜드 및 모델의 통합, 품질보증의 도입
④ 쇠퇴기 – 경쟁력 없는 취약상품의 철수
⑤ 쇠퇴기 – 재활성화(Reactivation)

KEYWORD **상품수명주기**

해설

③ 성숙기에는 브랜드와 모델을 다양화하고 깊이를 추구해야 하는 전략이 중요하다. 한편, 품질보증의 도입은 성장기에 유용한 전략에 해당한다.

정답 ③

DAY 04

588
17년 2회

제품관리 및 서비스관리에 관한 설명으로 가장 옳지 않은 것은?

① 쇠퇴기에는 이익극대화를 위해 브랜드를 리뉴얼하고 취약상품의 보완에 힘쓴다.
② 핵심제품(core product/benefit)으로서의 화장품의 편익은 아름다움, 노화방지, 아토피 개선 등을 들 수 있다.
③ 예약시스템 도입은 서비스의 소멸성 특성과 관련이 있다.
④ 신제품 브랜드 전략에서 다른 종류의 신제품에 기존 브랜드를 이용하는 것은 카테고리확장(category extension)에 속한다.
⑤ 성장기에는 브랜드를 강화하고 집약적 유통으로 확대한다.

KEYWORD **상품수명주기**

해설

① 성숙기의 제품관리정책에 해당한다.
쇠퇴기에는 철수를 위한 회수 및 리마케팅전략을 구사하며, 취약제품의 보완보다는 포기를 선택하는 것이 바람직하다.

정답 ①

THEME 087 단품관리(SKU)

589

21년 3회

단품관리(Unit Control)의 효과로서 가장 옳지 않은 것은?

① 매장 효율성 향상
② 결품 감소
③ 과잉재고의 감소
④ 명확한 매출 기여도 파악
⑤ 취급상품의 수 확대

KEYWORD **단품관리효과**

해설
단품은 상품의 최소 관리 단위로 고객이 구입하게 되는 단위 또는 묶음을 말한다.
단품관리의 기대효과는 다음과 같다.

- 매장 효율성 향상: 상품 하나하나가 관리되므로 인기 상품이나 재고비용이 발생하는 비인기상품들을 자연스럽게 구분하여 제거해 나갈 수 있다.(①, ③)
- 품절(결품) 방지: 상품이 팔리는 것에 따라 매대 할당이 이루어지므로 자연적으로 품절로 인한 손실 방지가 가능하다.(②)
- 매장 면적관리에 따른 생산성 증가: 품목별로 진열 면적이 어느 정도인지 계산이 가능해짐에 따라 부문별 진열 면적 할당이 가능해지고, 매장 면적관리와 매장 활용의 생산성이 증가한다.
- 책임소재의 명확성: 개별 단품관리가 가능해짐에 따라 단품별 매출액 기여도 증감에 따른 책임소재가 명확해진다.(④)

정답 ⑤

590

19년 2회

단품관리전략의 기대효과로 옳지 않은 것은?

① 품절이 줄어든다.
② 상품구색이 증가한다.
③ 과잉 재고가 줄어든다.
④ 매대 생산성이 증가한다.
⑤ 무리한 가격 인하가 줄어든다.

KEYWORD **단품관리효과**

해설
단품관리전략은 단품관리를 통해 잘 팔리는 제품을 중심으로 ② 상품구색을 줄여 매출을 높이기 위한 전략이다.

정답 ②

591

19년 1회

단품관리에 대한 설명으로 옳지 않은 것은?

① 제품을 더 이상 분류할 수 없는 최소 단위로 분류해서 관리하는 방식이다.
② 인기상품과 재고비용이 발생하는 비인기상품을 구분해 나갈 수 있다.
③ 실적 향상 및 생산성 증가를 위해 상품판매에 따라 매대 할당이 이루어진다.
④ 인기 있는 상품이 품절된 경우 대체상품을 구매하도록 소비자를 유인할 수 있다.
⑤ 단품별 매출액 기여도 등과 같은 책임소재가 명확해진다.

KEYWORD **단품관리**

해설
④ 단품관리의 주요 목적은 품절을 방지함에 있다. 제품은 단품관리를 통해 자연스럽게 매대 할당이 이루어지기 때문에 자연적으로 제품 품절로 인한 로스 방지가 가능하다.

정답 ④

592

16년 2회

단품관리를 통해 기대할 수 있는 직접적인 효과로 거리가 먼 것은?

① 인기상품 발견 및 결품 최소화
② 비인기 상품의 판촉 방안 확보
③ 작업 및 매대 생산성 증가
④ 책임소재의 명확성
⑤ 교차판매비율의 증가

KEYWORD **단품관리**

해설
단품관리를 통해 얻을 수 있는 장점은 상품 하나 하나가 관리되므로 ① 품절로 인한 loss발생을 방지할 수 있으며 ② 불필요한 재고/비인기 품목의 파악이 가능해진다. ③ 부분별 진열면적 관리/조절이 가능하여 매출생산성이 높아지며 ④ 책임소재가 명확해지므로 매장관리의 효율성이 증가된다.

정답 ⑤

593

17년 2회, 15년 2회

제품의 수요예측을 위한 방법으로 가장 옳지 않은 것은?

① 델파이 조사법　　② 사례 유추법
③ 시계열 분석 방법　　④ 확산 모형 방법
⑤ 레일리(Reilly) 법칙 분석

KEYWORD **수요예측**

해설
레일리 법칙은 이웃하는 두 도시의 상권의 경계를 결정하는 중력 모형으로 제품의 수요예측과는 거리가 멀다.

정답 ⑤

594

17년 3회

소매점에서 카테고리 캡틴(Category Captain)을 활용하는 이유로서 가장 옳지 않은 것은?

① 가격설정, 촉진활동 등의 위임을 통한 해당 카테고리관리의 부담 감소
② 고객에 대한 이해 증진에 협력함으로써 해당 카테고리 전반의 수익 증진
③ 재고품절의 방지를 통한 관련된 손해의 회피 및 서비스 수준의 향상
④ 해당 카테고리 품목의 여타 납품업체들과의 구매협상 노력을 생략하여 비용절감
⑤ 해당 카테고리를 구성하는 전체 브랜드들의 균형적 성장을 통한 벤더 관계 개선

KEYWORD **카테고리 캡틴**

해설
카테고리 캡틴은 리테일러가 특정 카테고리 내에서 선호하는 특정 공급업체인 벤더(Vendor)를 의미한다. 이들과의 특정 거래를 통하여 소매점은 구매협상의 노력이 절감되고, 고객에 대한 이해 증대로 해당 카테고리 전반의 수익이 증진된다. 따라서 ⑤ 전체 벤더들과의 관계를 개선한다는 표현은 틀린 표현이 된다.

정답 ⑤

THEME 088 브랜드관리

595

21년 3회

편의점이 PB상품을 기획하는 이유로 가장 옳지 않은 것은?

① 편의점은 대형마트나 수퍼마켓보다 비싸다는 점포 이미지를 개선시킬 수 있다.
② PB상품이 NB상품에 비해 점포차별화에 유리하다.
③ 소량구매 생필품 중심으로 PB상품을 개발하여 매출을 높일 수 있다.
④ PB상품이 중소 제조업체를 통해 납품될 경우, NB상품을 공급하는 대형 제조업체에 비해 계약조건이 상대적으로 유리할 수도 있다.
⑤ NB상품 보다 수익률은 낮지만 가격에 민감한 소비자 욕구에 부응할 수 있다.

KEYWORD **PB**

해설
⑤ PB상품은 NB상품보다 원가가 낮고 상대적으로 마진율은 높게 책정되며, NB상품보다 다소 낮은 가격에 제공되므로 충성도가 높고 가격에 민감한 소비자 욕구에 부응할 수 있다.

관련이론 **NB상품과 PB상품**

NB상품	PB상품
제조업자브랜드	유통업체 자체제작브랜드
PB상품 대비 고가	NB상품 대비 저가
판매경로 개척이 필요	판매경로 확보

관련이론 **유통업체 브랜드(PB)**
유통업체 브랜드(PB)는 대형마트, 편의점 등 유통업체 자체 제작 상품에 부착된 상표이다. 품질은 제조업체 브랜드(NB)에 비해 다소 떨어지나 광고를 하지 않기 때문에 가격경쟁력이 높고 매장 내 유리한 위치에 배열이 가능하다. 이에 최근 유통업체의 이익 상승에 기여하는 비중이 높아지고 있다.

정답 ⑤

596

20년 2회, 17년 2회

유통업체 브랜드(PB)에 대한 설명으로 가장 옳지 않은 것은?

① PB는 유통업체의 독자적인 브랜드명, 로고, 포장을 갖는다.
② PB는 대규모 생산과 대중매체를 통한 광범위한 광고를 수행하는 것이 일반적이다.
③ 대형마트, 편의점, 온라인 소매상 등에서 PB의 비중을 증가시키고 있다.
④ PB를 통해 해당 유통업체에 대한 고객충성도를 증가시킬 수 있다.
⑤ 유통업체는 PB 도입을 통해 중간상마진을 제거하고 추가이윤을 남길 수 있다.

KEYWORD PB

해설

② 대규모 생산과 대중매체를 통한 광범위한 광고를 수행하는 것은 NB(제조업체 상표)라고 할 수 있다.

정답 ②

597

17년 1회

유통업체가 PB를 활용한 예로 가장 적절하지 않는 것은?

① 편의점이 점포명을 생수 상표명으로 사용
② 백화점이 새로운 상표명을 개발
③ TV홈쇼핑이 독점계약 하에 디자이너명을 속옷 브랜드로 사용
④ 대형마트가 라이센스 하에 유명인 이름을 사용한 의류 브랜드 출시
⑤ 인터넷 쇼핑몰이 해외 제조업체 브랜드 직수입, 판매

KEYWORD PB

해설

⑤ 인터넷 쇼핑몰이 해외 제조업체 브랜드인 NB(National Brand)를 직수입해 판매하는 것은 유통업자 브랜드인 PB(Private Brand)를 활용한 예가 될 수 없다.
백화점이 자기 점포에서만 독점적으로 판매하기 위해 새로운 상표명을 개발하거나, 대형 소매업체가 자신의 점포명을 상표로 사용하여 개발한 제품을 자기 점포에서만 판매하는 경우가 PB의 대표적인 사례이다.

정답 ⑤

598

19년 2회

아래 글상자에서 설명하는 용어로 옳은 것은?

> 유통업체에 의해 개발이 이루어지고, 유통업체로부터 위탁을 받은 제조업체에 의해 생산된 후, 유통업체의 이름이나 유통업체가 개발한 브랜드 명으로 해당 유통업체의 매장에서 판매되는 상품

① National Brand
② Private Brand
③ Private National Brand
④ Family Brand
⑤ Corporate Brand

KEYWORD PB

해설

글상자는 PB(유통업자 브랜드)에 대한 설명이다.

선지분석

① National Brand: 제조업자 브랜드로 제조업체가 생산 및 판매를 관리하는 상품
③ Private National Brand: 대형 제조업체 브랜드를 유통업체 PB에 포함시켜 두 개의 브랜드를 사용하는 상품
④ Family Brand: 여러 가지 종류의 상품에 부착되는 브랜드
⑤ Corporate Brand: 기업명이 브랜드 역할을 하는 것을 의미

정답 ②

599

21년 2회

다음 중 자체 상표(Private Brand) 상품의 장점으로 가장 옳지 않은 것은?

① 다른 곳에서는 구매할 수 없는 상품이기 때문에 차별화된 상품화 가능
② 유통기업이 누릴 수 있는 마진폭을 상대적으로 높게 책정 가능
③ 유통 단계를 축소시킴으로써 비교적 저렴한 가격으로 판매 가능
④ 유통기업이 전적으로 권한을 갖기 때문에 재고소요량, 상품회전율 등의 불확실성 제거 가능
⑤ 유사한 전국 상표 상품 옆에 저렴한 자체 상표 상품을 나란히 진열함으로써 판매촉진 효과 획득 가능

KEYWORD PB

해설

④ 유통기업이 전적으로 권한을 갖고는 있으나, 재고소요량, 상품회전율 등은 통제 불가능한 요소이므로 그에 따르는 불확실성은 제거가 곤란하다.

정답 ④

600

19년 3회

유통업체가 자체 브랜드(Private Brand: PB)를 통해 얻을 수 있는 이점으로 옳지 않은 것은?

① 소매업체는 PB를 통해 상대적으로 낮은 가격에 높은 마진을 얻을 수 있다.
② PB를 통해 다른 유통업체와의 직접적인 가격경쟁을 피할 수 있다.
③ PB가 소비자로부터 사랑받을 경우 점포충성도를 증가시킬 수 있다.
④ 인기 있는 PB제품 뿐만 아니라 다른 제품들도 함께 구매하도록 유도하여 매출액을 증진시킬 수 있다.
⑤ 대형마트는 대개 PB를 유명 제조업체 브랜드와 유사한 브랜드명을 사용함으로써 적은 비용으로 소비자에게 PB를 인식시키려 한다.

KEYWORD PB

해설

⑤ PB는 유통업체 상표로, 저가격을 전략으로 하며, NB를 유사하게 추종하는 전략을 활용하지 않는다.

정답 ⑤

DAY 05

DAY 05 합격 GUIDE

DAY 05에서는 DAY 04에 이어 유통마케팅 과목을 학습합니다. 3과목의 빈출 테마들이 DAY 05에 밀집되어 있어 조금 더 꼼꼼하게 공부할 필요가 있습니다.

핵심 테마는 '090 가격설정 정책', '091 촉진관리(광고, PR, 인적판매)', '092 촉진관리(판매촉진)', '093 레이아웃', '095 상품진열(display)', '097 POP 광고', '099 고객관계관리(CRM)', '101 1차 자료와 2차 자료'입니다.

8개년 기출문제를 집중분석하여 정리한 THEME

SUBJECT 03 유통마케팅

THEME 089 가격결정 방법

THEME 090 가격설정 정책

THEME 091 촉진관리(광고, PR, 인적판매)

THEME 092 촉진관리(판매촉진)

THEME 093 레이아웃

THEME 094 점포관리

THEME 095 상품진열(display)

THEME 096 비주얼 머천다이징(VMD)

THEME 097 POP 광고

THEME 098 상품판매관리

THEME 099 고객관계관리(CRM)

THEME 100 CRM 분석

THEME 101 1차 자료와 2차 자료

THEME 102 마케팅 조사의 척도

THEME 089 가격결정 방법

601

20년 3회

가격에 관한 설명으로 가장 옳지 않은 것은?

① 마케팅 관점에서 가격은 특정 제품이나 서비스의 소유 또는 사용을 위한 대가로 교환되는 돈이나 기타 보상을 의미한다.
② 대부분의 제품이나 서비스는 돈으로 교환되고, 지불 가격은 항상 정가나 견적 가치와 일치한다.
③ 기업 관점에서 가격은 총수익을 변화시키므로 가격 결정은 경영자가 직면한 중요하고 어려운 결정 중의 하나이다.
④ 소비자 관점에서 가격은 품질, 내구성 등의 지각된 혜택과 비교되어 순가치를 평가하는 기준으로 사용된다.
⑤ 가격결정 방법에는 크게 수요지향적 접근방법, 원가지향적 접근방법, 경쟁지향적 접근방법 등이 있다.

KEYWORD 가격결정

해설

② 대부분의 제품이나 서비스는 그 지불 가격이 항상 정가나 견적 가치와 일치할 수는 없다. 가격은 마케팅믹스 4P 중 가장 탄력적인 요인으로 기업의 정책 및 경제적 상황 등을 반영하여 유동적으로 결정되기 때문이다.

정답 ②

602

20년 2회

가격결정 방법 및 가격전략과 그 내용의 연결로 옳지 않은 것은?

① 원가기반 가격결정 – 제품원가에 표준이익을 가산하는 방식
② 경쟁중심 가격결정 – 경쟁사 가격과 비슷하거나 차이를 갖도록 결정
③ 목표수익률 가격결정 – 초기 투자자본에 목표수익을 더하여 가격을 결정하는 방식
④ 가치기반 가격결정 – 구매자가 지각하는 가치를 가격결정의 중심 요인으로 인식
⑤ 스키밍 가격결정 – 후발주자가 시장침투를 위해 선두기업보다 낮은가격으로 결정

KEYWORD 가격결정

해설

스키밍 가격은 초기 고가격전략을 의미하며, 시장침투가격은 초기 저가격전략을 말한다.

정답 ⑤

603

19년 3회

가격결정 방식에 대한 설명으로 옳지 않은 것은?

① 가격결정을 위해서는 마케팅 수익목표, 원가, 경영전략과 같은 내부요인을 고려해야 한다.
② 가격결정을 위해서는 시장의 수요 및 경쟁과 같은 외부요인을 고려해야 한다.
③ 구매가격에 일정 이익률을 반영하여 판매가격을 결정하는 방식은 원가기준 가격결정이다.
④ 상품에 대한 소비자의 지각가치에 따라 가격을 결정하는 방식은 수요기준 가격결정이다.
⑤ 시장의 경쟁강도 및 독과점과 같은 경쟁구조에 따라 가격을 결정하는 방식은 가격차별 가격결정이다.

KEYWORD 가격결정

해설

⑤ 가격차별전략은 독점 기업에 있어서 더 많은 이익을 얻기 위해 동일한 제품에 대해 다른 가격을 설정하는 전략을 말한다.

정답 ⑤

604
20년 추가

아래의 글상자는 원가가산 가격결정을 위한 원가구조와 예상 판매량이다. 원가가산 가격결정 방법에 의해 책정한 가격으로 옳은 것은?

> 고정비: 1,000,000원
> 단위당 변동비: 500원
> 예상 판매량: 1,000개
> 판매가 대비 마진율: 20%

① 875원
② 3,000원
③ 1,875원
④ 7,500원
⑤ 1,125원

KEYWORD 원가가산 가격결정

해설

원가가산 가격결정은 총비용에 사전에 결정된 목표이익을 가산함으로써 가격을 결정하는 것이다. 먼저 총생산량을 추정한 후 고정비용과 변동비용을 산출하여, 여기에 목표이익을 합산한 다음 이 값을 총생산량으로 나누어 가격을 결정한다.

- 단위당 원가 $= \frac{\text{총변동비} + \text{총고정비}}{\text{예상 생산량}} =$ 단위당 변동비 + 단위당 고정비
- 적정가격 $= \frac{\text{단위당 원가}}{1-\text{마진율}} = \frac{\text{단위당 변동비} + \text{단위당 고정비}}{1-\text{마진율}}$

$$= \frac{500 + \frac{1{,}000{,}000}{1{,}000\text{개}}}{1-0.2} = 1{,}875\text{원}$$

정답 ③

605
17년 1회

원가가산 가격결정법을 사용하여 상품 가격을 결정하는 소매점이 있다. 어떤 상품의 매출상품원가가 120,000원, 순매출액 150,000원이었다. 단위당 매출상품원가가 100원인 상품에 대해 이 소매점이 책정할 가격은 얼마인가?

① 110원　② 115원
③ 120원　④ 125원
⑤ 130원

KEYWORD 원가가산 가격결정

해설

상품의 매출원가 대비 매출액이 125%(=150,000/120,000×100%)이므로 소매점이 책정할 단위당 가격은 단위당 상품원가인 100원×125%=125원이 된다.

관련이론 원가가산 가격결정

총비용에 사전에 결정된 목표 이익을 가산함으로써 가격을 결정하는 것이다. 먼저 총생산량을 추정한 후 고정비용과 변동비용을 산출하여, 여기에 목표 이익을 합산한 다음 이 값을 총생산량으로 나누어 가격을 결정한다.

정답 ④

606
20년 3회

소매점이 사용하는 원가지향 가격설정정책(Cost-Oriented Pricing)의 장점으로 가장 옳은 것은?

① 마케팅 콘셉트에 가장 잘 부합한다.
② 이익을 극대화하는 가격을 설정한다.
③ 가격 책정이 단순하고 소요시간이 짧다.
④ 시장 상황을 확인할 수 있는 근거 자료를 활용한다.
⑤ 재고유지단위(SKU)마다 별도의 가격설정정책을 마련한다.

KEYWORD 원기기준 가격결정

해설

③ 가격결정 방법은 원가를 기준한 방식과 소비자들의 지각된 가치를 기준하는 방식, 경쟁자를 고려한 방식 등이 있다. 이 중 원가기준 가격결정방식(=원가+적정 이윤)이 가장 간편한 방식에 해당한다.

정답 ③

DAY 05

607

19년 2회

소비자가 지각한 가치를 기준으로 한 가격결정법에 대한 설명으로 옳지 않은 것은?

① 제품 가격이 소비자들의 유보가격보다 높으면 소비자들은 비싸다고 인식한다.
② 최저수용가격보다 낮으면 가격은 싸다고 인식하지만 품질에 의심을 가진다.
③ 소비자들이 해당 제품에 대해 지각하는 가치수준에 맞추어 가격을 결정하는 방법이다.
④ 준거가격이란 소비자가 적정하다고 판단하는 수준의 가격이다.
⑤ 구매를 유도하려면 유보가격과 준거가격 사이에서 가격을 설정해야 한다.

KEYWORD 소비자 지각가치 가격결정

해설

⑤ 구매를 유도하려면 일반적으로 최저수용가격과 유보가격 사이에서 가격을 설정해야 한다.

- 유보가격: 구매자가 어떤 상품에 대하여 지불할 용의가 있는 최고 가격
- 준거가격: 구매자가 가격이 저가인지 고가인지를 판단하는 데 기준으로 삼는 가격

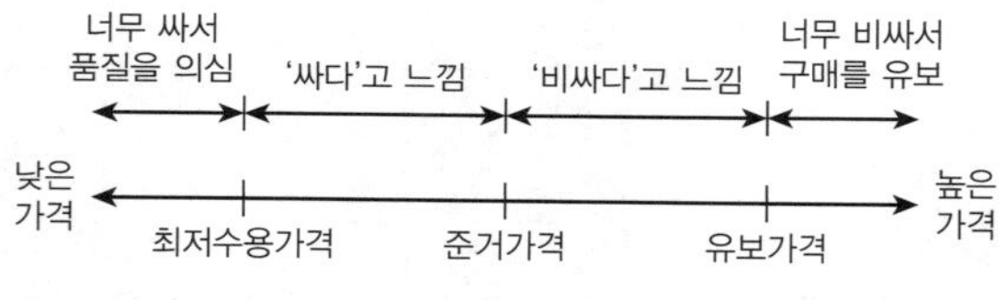

정답 ⑤

THEME 090 가격설정 정책

608

21년 3회

다음 중 모든 구매자들에게 단일의 가격을 책정하는 것이 아닌 개별 고객의 특징과 욕구 및 상황에 맞추어 계속 가격을 조정하는 가격전략은?

① 초기 고가격전략
② 시장침투 가격전략
③ 세분시장별 가격전략
④ 동태적 가격전략
⑤ 제품라인 가격전략

KEYWORD 가격전략

해설

모든 구매자들에게 단일의 가격을 책정하는 것이 아닌 개별 고객의 특징과 욕구 및 상황에 맞추어 계속 가격을 조정하는 가격전략은 ④ 동태적 가격전략이다.

정답 ④

609

22년 3회

아래 글상자에서 설명하는 가격전략으로 가장 옳은 것은?

- 동일 상품군에 속하는 상품들에 다양한 가격대를 설정하는 가격전략
- 소비자가 디자인, 색상, 사이즈 등을 다양하게 비교하는 선매품, 특히 의류품의 경우 자주 활용
- 몇 개의 구체적인 가격만이 제시되므로 복잡한 가격비교를 하지 않아도 되어 소비자의 상품선택과정이 단순화된다는 장점을 가짐

① 가격계열화전략(price lining strategy)
② 가격품목화전략(price itemizing strategy)
③ 가격단위화전략(price unitizing strategy)
④ 가격구색화전략(price assortment strategy)
⑤ 가격믹스전략(price mix strategy)

KEYWORD 가격전략

해설

가격계열화전략(가격라인결정)은 특정 상품계열 내에서는 사전에 결정된 극소수의 가격대에 해당하는 품목들만을 취급하는 소매전략이다.

정답 ①

610

21년 2회

아래 글상자 ㉠, ㉡, ㉢에 들어갈 용어로 옳은 것은?

> 일반적으로 소비자는 어떤 상품을 살 때, 과거 경험이나 기억, 외부에서 들어온 정보 등에 의해 특정 가격을 떠올리게 되는데 이를 (㉠)이라 한다. 또한, 소비자마다 최하 얼마 이상 최고 얼마 미만의 가격이라면 사겠다고 생각하는 범위가 존재하는데 이를 (㉡)이라 한다. 그러나 항상 이렇게 합리적인 방식으로 가격에 반응하지는 않는다. 소비자는 디자이너 명품 의류나 주류, 시계와 같은 제품에 대해서는 가격을 품질이나 지위의 상징으로 여기는 경우가 있다. 따라서 소비자가 지불 가능한 가장 높은 가격을 유지하는 전략을 (㉢) 전략이라 한다.

① ㉠ 준거가격, ㉡ 할증가격, ㉢ 수요점화 가격수준
② ㉠ 준거가격, ㉡ 명성가격, ㉢ 할증가격
③ ㉠ 준거가격, ㉡ 명성가격, ㉢ 수요점화 가격수준
④ ㉠ 준거가격, ㉡ 수요점화 가격수준, ㉢ 명성가격
⑤ ㉠ 할증가격, ㉡ 준거가격, ㉢ 수요점화 가격수준

KEYWORD **가격전략**

해설

㉠ 구매자가 가격이 저가인지 고가인지를 판단하는 기준으로 삼는 가격을 준거가격이라 한다.
㉡ 소비자의 소득 수준에 따라 최하 얼마 이상 최고 얼마 미만의 가격이라면 사겠다고 생각하는 범위가 존재하는데 이를 수요점화 가격수준이라 한다.
㉢ 명성가격은 고가의 제품은 고품질을 지닐 것이라는 소비자 인식을 이용하는 고가격전략으로 가격-품질연상효과를 이용한 전략에 해당한다.

정답 ④

611

21년 2회

아래 글상자에서 공통적으로 설명하는 가격전략은?

> ㉠ A대형마트에서는 비누와 로션 등을 3개씩 묶어서 판매함
> ㉡ 초고속 인터넷과 IPTV를 따로 가입할 때보다 함께 가입하면 할인된 가격으로 제공

① 종속제품 가격전략(Captive Product Pricing)
② 부산물 가격전략(By-Product Pricing)
③ 시장침투 가격전략(Market-Penetration Pricing)
④ 묶음제품 가격전략(Product-Bundle Pricing)
⑤ 제품라인 가격전략(Product Line Pricing)

KEYWORD **가격전략**

해설

묶음제품 가격전략은 기본적인 제품과 선택사양, 서비스 등 보완관계에 있는 제품들을 묶어서 하나의 할인된 가격으로 제시하는 것을 의미한다.

선지분석

① 종속제품 가격전략: 본체와 함께 사용해야 하는 보완재의 가격을 책정하는 가격전략으로, 주제품을 저렴하게 판매하고, 반복 구매하는 종속 제품을 비싸게 판매하는 전략이다.

정답 ④

612

17년 1회

묶음가격에 대한 설명으로 옳지 않은 것은?

① 개별상품에 대하여 단독으로는 판매되지 않는 순수묶음제와 단독판매와 묶음판매 모두 가능한 혼합묶음제로 나눌 수 있다.

② 주로 대체재끼리 묶어서 저렴한 가격으로 책정하여 판매함으로써 판매량을 늘린다.

③ 두 가지 이상의 제품-제품, 제품-서비스, 서비스-서비스 등을 패키지로 묶어서 가격을 책정하는 것을 말한다.

④ 묶음가격을 책정할 때는 각 상품의 준거가격 수준을 충분히 고려하여야 한다.

⑤ 소비자는 보다 저렴한 가격으로 다양한 제품이나 서비스를 구매할 수 있다.

KEYWORD 가격전략

해설

② 묶음가격제도는 유사 또는 연관성 있는 상품(보완재)을 묶음형식(패키지)으로 판매함으로써 매출액을 높이는 가격정책을 말한다.

정답 ②

613

21년 1회

아래 글상자에서 설명하는 가격정책으로 옳은 것은?

> ㉠ 제조업체가 가격을 표시하지 않고 최종 판매자인 유통업체가 가격을 책정하게 하여 유통업체 간 경쟁을 통해 상품 가격을 전반적으로 낮추기 위한 가격정책
> ㉡ 실제 판매가보다 부풀려서 가격을 표시한 뒤 할인해주는 기존의 할인 판매 폐단을 근절하기 위한 가격정책

① 오픈 프라이스(Open Price)

② 클로즈 프라이스(Close Price)

③ 하이로우 프라이스(High-Low Price)

④ EDLP(EveryDay Low Price)

⑤ 단위가격표시제도(Unit Price System)

KEYWORD 가격전략

해설

글상자는 ① 오픈 프라이스에 대한 설명이다.

선지분석

② 클로즈 프라이스: 주식시장이 마칠 때의 종가를 의미한다.

③ 하이로우 프라이스: 고저가격전략은 촉진용 상품을 대량구매하여 일부는 가격 인하용으로 판매하여 저가격 이미지를 구축하고, 일부는 정상 가격으로 판매하여 높은 이윤을 달성하고자 하는 가격정책으로 백화점 등에서 활용되고 있는 가격전략이다.

④ EDLP: 연중 상시 저가로 판매하는 전략으로 규모의 경제, 전략적인 물류비의 감소 및 상품의 빠른 회전율을 통해서 사용이 가능한 가격전략이다.

⑤ 단위가격표시제도: 물가 안정 대책의 하나로 제조회사별로 각 제품의 용기 크기와 가격이 다른 모든 공산품에 대하여 g, ml, cc당 단위 가격을 표시하도록 하는 제도이다.

정답 ①

614

16년 2회

오픈 가격제(open pricing)에 대한 설명으로 옳지 않은 것은?

① 제조업자는 출하가격만을 제시하고 소매업체가 자율적으로 가격을 결정한다.

② 실제 판매가보다 부풀려 소비자가격을 표시한 뒤 할인해 주는 할인판매의 폐단을 근절시키기 위해 도입된 것이다.

③ 유통업체간의 경쟁을 촉진시켜 상품가격을 전반적으로 낮추는 효과를 달성하고자 하는 것이다.

④ 가격파괴 유통업태의 등장으로 인해 판매가격을 상승시키는 요인이 되었다.

⑤ 과자, 라면, 아이스크림 등과 같은 편의품 또한 오픈 가격제 품목에 해당된다.

KEYWORD 가격전략

해설

오픈 프라이스 또는 오픈 가격제의 장점은 제조업자가 소매점의 가격결정에 개입할 여지가 사라지고, ④ 소매업체 간의 가격경쟁으로 소비자 판매가격이 전반적으로 하락한다는 것이다.

관련이론 오픈 프라이스

오픈 프라이스(open price)란 제품에 제조업체가 권장소비자가격 혹은 희망소비자가격 같은 기준가격을 표시하지 않고, 대신 최종 판매업자가 가격을 결정하는 방식을 말한다.

정답 ④

615

21년 1회

유명 브랜드 상품 등을 중심으로 가격을 대폭 인하하여 고객을 유인한 다음, 방문한 고객에 대한 판매를 증진시키고자 하는 가격결정 방식은?

① 묶음가격결정(Price Bundling)
② 이분가격결정(Two-Part Pricing)
③ 로스리더가격결정(Loss Leader Pricing)
④ 포획가격결정(Captive Pricing)
⑤ 단수가격결정(Odd Pricing)

KEYWORD 가격전략

해설

로스리더가격결정은 일반 판매가보다 훨씬 저렴한 가격으로 판매하여 고객들을 매장 안으로 유도한 뒤 그 고객들에게 다른 상품을 판매하여 이득을 얻으려는 소매가격전략을 말한다.

선지분석

① 묶음가격: 기본적인 제품과 선택 사양, 서비스 등 보완관계에 있는 제품들을 묶어서 하나의 가격으로 제시하는 것을 의미한다.
② 이분가격: 소비자가 재화를 구매하는 경우 1차적으로 기본비용을 지불하고 추가적인 사용량에 따라 2차적인 가격을 지불하도록 하는 가격결정법이다.
④ 포획가격: 본체와 함께 사용해야 하는 보완재의 가격을 책정하는 가격전략으로, 주제품을 저렴하게 판매하고, 반복 구매하는 종속 제품을 비싸게 판매하는 전략이다.
⑤ 단수가격: 화폐 단위 이하로 가격을 책정함으로써 상대적으로 가격을 저렴하게 지각시키는 방법이다. 예컨대, 100,000원보다는 99,900원으로 표기하는 것을 말한다.

정답 ③

616

20년 추가

어떤 표준적 상품을 비교적 염가로 판매하여 고객들을 매장 안으로 유도하고, 그 고객들에게 다른 상품을 판매함으로서 이익을 얻으려는 가격정책으로 옳은 것은?

① 가격선도제(Price Leadership)
② 로스리더(Loss Leader)
③ 묶음가격(Price Bundling)
④ 특별할인가정책(Special discount)
⑤ 차별가격(Price Discrimination)

KEYWORD 가격전략

해설

로스리더정책은 일반적으로 미끼상품, 특매품, 유인상품 등을 통한 소매가격전략을 의미한다. 소매기업에서 기회비용을 고려하여 특정 제품의 가격을 낮춰 염가 판매하는데, 이를 통해 재고를 감소시키고 점포에 고객을 불러들여 호객행위를 도모한다. 후에 주력상품을 팔기 위한 일종의 우회전략에 해당한다.

정답 ②

DAY 05

617

20년 2회

아래 글상자에서 설명하는 가격전략으로 가장 옳은 것은?

> 소매점 고객들의 내점 빈도를 높이고, 소비자들이 소매점포 전체의 가격이 저렴하다는 인상을 가지도록, 브랜드 인지도가 있는 인기 제품을 위주로 파격적으로 저렴한 가격에 판매하는 가격전략이다.

① 상품묶음(Bundling) 가격전략
② EDLP(EveryDay Low Price) 가격전략
③ 노세일(No Sale) 가격전략
④ 로스리더(Loss Leader) 가격전략
⑤ 단수가격(Odd-Pricing) 전략

KEYWORD 가격전략

해설

로스리더 또는 손실유도 가격전략은 일반 판매가보다 훨씬 저렴한 가격으로 판매하여 고객들을 매장 안으로 유도하고 그 고객들에게 다른 상품을 판매하여 이득을 얻으려는 전략이다.
일반적으로 미끼상품, 특매상품, 유인상품 등을 활용하는 소매가격전략을 의미한다.

정답 ④

618
18년 1회

항시최저가격(EveryDay Lowest Price)전략에 대한 설명으로 가장 적절한 것은?

① 제품라인 가격결정전략이다.
② 소매가격 유지정책이다.
③ 고객가치기반 가격결정전략이다.
④ 원가기반 가격결정전략이다.
⑤ 경쟁기반 가격결정전략이다.

KEYWORD **가격전략**

해설

⑤ EDLP는 우수가치 상응 가격전략으로 경쟁자들과 비교해서 우수한 가격 요인으로 차별화하는 전략이다.

정답 ⑤

619
19년 2회

EDLP(EveryDay Low Price) 가격전략의 특징으로 옳지 않은 것은?

① 경쟁 소매업체와 동일하거나 더 낮은 가격을 설정한다.
② 규모의 경제, 효율적 물류 시스템, 경영 개선 등을 통한 저비용화가 이루어져야 실행 가능하다.
③ 언제나 저가격으로 소비자가 구입 시점을 지연시키지 않기 때문에 판매 예측이 가능하다.
④ 경쟁자와의 지나친 가격 전쟁 압박 때문에 세일 광고에 많은 노력을 기울여야 한다.
⑤ 경쟁사보다 저렴하지 않은 경우 가격 차액을 환불해 주기도 한다.

KEYWORD **가격전략**

해설

④ 매일 낮은 가격으로 판매한다는 것을 소비자들이 인지하고 있기 때문에 세일 광고에 많은 노력을 기울이지 않아도 된다.
EDLP 가격전략은 항상 예측할 수 있는 낮은 가격을 설정하여 소비자들에게 가격과 물건을 고르는 데 걸리는 시간에 대한 불확실성을 줄여준다.

정답 ④

620
20년 3회

상시저가전략(EDLP: EveryDay Low Price)과 비교했을 때 고저가격전략(High-Low Pricing)이 가진 장점으로 옳지 않은 것은?

① 고객의 지각 가치를 높이는 효과가 있다.
② 일부 품목을 저가 미끼 상품으로 활용할 수 있어 고객을 매장으로 유인할 수 있다.
③ 광고 및 운영비를 절감하는 효과가 있다.
④ 고객의 가격 민감도 차이를 이용하여 차별 가격을 통한 수익 증대를 추구할 수 있다.
⑤ 다양한 고객층을 표적으로 할 수 있다.

KEYWORD **가격전략**

해설

③ EDLP의 장점이다.

관련이론 상시저가전략(EDLP: EveryDay Low Price)

규모의 경제, 전략적인 물류비의 감소 및 상품의 빠른 회전율을 통해서 사용이 가능한 가격전략이다. 특징은 다음과 같다.

- 경쟁자들과의 지나친 가격경쟁에서 다소 자유로울 수 있다.
- 가격 변동이 적고 예측 가능성이 있어 카탈로그의 변경이 적게 들고 이로 인해 촉진비용이 감소한다.
- 안정적인 수요 예측으로 평균 재고가 감소하고 회전율이 향상되어 이익이 커진다.
- 광고비용이 감소되고 회전율이 높아 이익이 증가한다.

관련이론 고저가격전략(High-Low pricing)

고저가격전략은 같은 상품을 다른 이미지로 구축하기 위해서 광고 및 운영비가 추가로 들 수 있다. 고저가격전략의 특징은 다음과 같다.

- 동일한 상품으로 다양한 특성의 고객층에게 소구(appeal)할 수 있다.
- 기대하지 않았던 가격 인하는 고객을 유인하는 요인이 된다.
- 초기의 고가격은 고객들에게 고품질과 서비스를 전달할 수 있다.
- 고가격 및 저가격 제품 각각의 판매촉진을 위한 촉진비용 및 재고관리비용이 커진다.

정답 ③

621
20년 추가

"100만원대"라고 광고한 컴퓨터를 199만원에 판매하는 가격정책으로서 가장 옳은 것은?

① 가격라인결정 ② 다중가격결정
③ 단수가격결정 ④ 리베이트결정
⑤ 선도가격결정

KEYWORD 가격전략

해설

단수가격결정은 화폐 단위 이하로 가격을 책정함으로써 상대적으로 가격을 저렴하게 지각시키는 방법이다. 예컨대, 100,000원보다는 99,900원으로 표기하는 것을 말한다.

정답 ③

622

23년 2회

아래 글상자의 괄호 안에 들어갈 용어로 가장 옳은 것은?

> (㉠)은 상품흐름이나 판매를 증진시키기 위해 정상가보다 낮은 가격으로 결정하는 것을 말하며, (㉡)은 특정제품의 가격에 대해 천단위, 백단위로 끝나는 것보다 특정의 홀수로 끝나는 가격을 책정함으로서 소비자로 하여금 더 저렴하다는 느낌을 주기 위한 가격전략이다.

① ㉠ 선도가격(leader pricing)
　㉡ 수량가격(quantity based pricing)
② ㉠ 단수가격(odd pricing)
　㉡ 변동가격(dynamic pricing)
③ ㉠ 선도가격(leader pricing)
　㉡ 단수가격(odd pricing)
④ ㉠ 변동가격(dynamic pricing)
　㉡ 묶음가격(price bundling)
⑤ ㉠ 묶음가격(price bundling)
　㉡ 단수가격(odd pricing)

KEYWORD 가격전략

해설

선도가격(leader pricing)은 상품흐름이나 판매를 증진시키기 위해 정상가보다 낮은 가격으로 결정하는 것을 뜻한다.

단수가격(odd pricing)은 대표적인 심리가격 중 하나로, 특정제품의 가격을 9,999원, 19,999원 등으로 책정하여 소비자로 하여금 더 저렴하다는 느낌을 주기 위한 가격전략이다.

정답 ③

623

20년 추가

종속가격(Captive Pricing)결정에 적합한 제품의 묶음으로 옳지 않은 것은?

① 면도기와 면도날
② 프린터와 토너
③ 폴라로이드 카메라와 필름
④ 케이블TV와 인터넷
⑤ 캡슐커피기계와 커피캡슐

KEYWORD 판매전략

해설

④ 케이블TV와 인터넷은 종속가격이 아닌 묶음가격에 해당한다.
종속제품가격 또는 노획가격은 본체와 함께 사용해야 하는 보완재의 가격을 책정하는 전략이다. 최근에는 제품 시장이 성숙단계에 접어 들어감에 따라 주제품을 저렴하게 판매하고, 반복 구매하는 종속제품을 비싸게 판매하는 전략이 활용된다.

정답 ④

624

20년 3회

가격탄력성은 가격 변화에 따른 수요 변화의 탄력적인 정도를 나타낸다. 가격탄력성에 대한 설명으로 가장 옳지 않은 것은?

① 고려할 수 있는 대안의 수가 많을수록 가격탄력성이 높다.
② 대체재의 이용이 쉬울수록 가격탄력성이 높다.
③ 더 많은 보완적인 재화, 서비스가 존재할수록 가격탄력성이 높다.
④ 가격 변화에 적응하는데 시간이 적게 드는 재화가 가격탄력성이 높다.
⑤ 필수재보다 사치품의 성격을 갖는 경우가 가격탄력성이 높다.

KEYWORD 가격탄력성

해설

③ 보완재가 아닌 대체재가 더 많이 존재할수록 수요의 가격탄력성은 높아진다. 이밖에도 사치재에 해당할수록, 기간의 장단과 관련해서는 장기일수록 가격탄력성은 높아진다.

정답 ③

625

18년 1회

판매자가 가격을 2% 인상했을 때 수요가 10% 감소한다고 가정할 때, 수요의 가격탄력성은?

① −1.8　　② −5

③ 0.2　　④ 5

⑤ −0.2

KEYWORD 가격탄력성

해설

수요의 가격탄력도(E)=$\left|\frac{\text{수요의 변화율}}{\text{가격의 변화율}}\right|$이다.

따라서, E=$\left|\frac{-10\%}{2\%}\right|$=5

(수요의 가격탄력성은 절댓값으로 측정한다.)

정답 ②, ④

KEYWORD 가격전략

해설

① 시장침투가격은 도입 초기에 매출 및 시장점유율 극대화를 위해서 신제품의 가격을 낮게 책정하여 신속히 시장에 침투하고자 하는 저가 전략으로, 경쟁자에 비해 저가격으로 시장 공략이 가능하고 가격의 수요탄력성이 큰 경우 또는 기존시장에 침입 시에 활용된다.

선지분석

② 스키밍가격: 신제품에 대하여 시장도입 초기 높은 가격을 책정한 후 시간이 지남에 따라 점차적으로 가격을 낮추는 전략

④ 종속제품가격: 종속제품 가격결정 방식은 본체와 함께 사용해야 하는 보완재의 가격을 책정하는 전략

⑤ 묶음가격: 기본적인 제품과 선택사양, 서비스 등 보완관계에 있는 제품들을 묶어서 하나의 가격으로 판매하는 전략

정답 ①

626

19년 1회

아래 글상자의 사례를 통해 해당 기업이 사용한 신제품 가격전략으로 옳은 것은?

> IKEA가 2002년 중국에 처음으로 점포를 열었을 때 사람들은 가구제품을 구매하는 것 이외의 여러 목적으로 몰려들었다. 그들은 무료로 제공되는 여러 서비스를 누리기 위해 점포를 방문했는데, 에어컨디셔닝, 청결한 화장실, 실내 장식 아이디어 등이 그 예이다. 중국 소비자는 근검절약하는 것으로 유명하다. 실제로 구매해야 하는 시점이 되면, 그들은 IKEA의 디자인을 불법으로 복제한 저가제품을 취급하는 인근 점포에서 쇼핑을 했다. 까다로운 중국 고객을 끌어들이기 위해 IKEA는 세계에서 가장 저렴한 가격을 책정했는데, 이는 중국 시장에 진출한 많은 서구 소매업체들과는 상반되는 접근 방식이었다. 중국 내 점포에서 취급하는 상품 중에서 중국산 제품의 비중을 높임으로써 IKEA는 일부 품목에 대해 중국 밖의 IKEA 점포에서 판매되는 가격보다 70%나 저렴하게 책정했다.

① 시장침투가격(market penetration pricing)

② 스키밍가격(skimming pricing)

③ 경쟁가격(competitive pricing)

④ 종속제품가격(captive product pricing)

⑤ 묶음가격(bundle pricing)

627

16년 3회

시장침투가격전략에 대한 설명으로 가장 옳지 않은 것은?

① 규모는 작지만 수익성이 높은 세분시장에서 최대한의 수익을 올리기 위한 전략이다.

② 가격에 매우 민감하여 저가격이 더 높은 시장성장을 발생시키는 시장에 유효한 전략이다.

③ 판매량이 증가할수록 단위당 생산원가와 유통비용이 하락하는 제품에 적용 가능한 전략이다.

④ 시장침투가격을 선택한 기업이 저가격포지션을 계속 유지할 수 있어야 성공 가능한 전략이다.

⑤ 단기간에 많은 수의 구매자들을 신속하게 끌어들여 높은 시장점유율을 확보하고자 하는 전략이다.

KEYWORD 가격전략

해설

① 규모는 작지만 수익성이 높은 세분시장은 규모의 경제 실현이 어려우므로 시장침투가격전략에 적절하지 않다.
시장침투가격(penetration pricing)전략은 초기의 저가격전략을 의미하는데 초기에 저가격을 적용하기 위해서는 규모의 경제(economies of scale)가 실현되어야 한다.

정답 ①

628

19년 1회

소매가격전략에 대한 설명으로 옳지 않은 것은?

① EDLP는 EveryDay Low Price의 준말로, 상품의 일시적인 가격 할인이 아닌 항상 저렴한 가격으로 판매하는 전략을 의미한다.
② EDLP는 경쟁자와의 지나친 가격 전쟁의 압박을 덜어주며 가격이 자주 변하지 않는다는 장점이 있다.
③ High-Low 가격전략은 일반적으로 저가격을 지향하기보다는 품질이나 서비스를 강조하는 가격정책이다.
④ High-Low 가격전략은 소비자들을 유인하기 위해 필요한 시기에 적극적으로 할인된 낮은 가격을 제공한다.
⑤ High-Low 가격전략의 경우 EDLP에 비해 수요 변동성이 낮고 상품의 재고관리가 용이하다는 장점이 있다.

KEYWORD **가격전략**

해설

⑤ High-Low 가격전략은 고가격 및 저가격 제품 판매촉진을 위한 프로모션 비용 및 재고관리 비용이 커진다는 단점이 있다.

정답 ⑤

629

19년 1회

가격전략에 대한 설명으로 옳지 않은 것은?

① 수요탄력성이 낮은 경우 고가전략을 사용한다.
② 진입장벽이 낮은 경우 저가전략을 사용한다.
③ 성장률 및 시장점유율 극대화를 위해서는 고가전략을 사용한다.
④ 원가우위를 통한 생존 전략을 목표로 하기 위해서는 저가전략을 사용한다.
⑤ 가격-품질 연상효과를 극대화하기 위해서 고가전략을 사용한다.

KEYWORD **가격전략**

해설

③ 성장률 및 시장점유율을 극대화하기 위해서는 저가격전략인 시장침투가격전략을 구사하여야 한다.

정답 ③

630

19년 2회

아래 글상자에 설명된 가격조정전략으로 옳은 것은?

> 제조업자가 일반적으로 수행해야 할 업무(마케팅 기능)의 일부를 중간상이 수행할 경우, 발생한 경비의 일부를 제조업자가 부담하는 것이다.

① 현금할인
② 거래할인
③ 판매촉진지원금
④ 수량할인
⑤ 계절할인

KEYWORD **가격전략**

해설

글상자는 ② 거래할인에 대한 설명이다.

선지분석

① 현금할인: 제품을 현금으로 구매하거나 대금을 만기일 전에 지불하는 경우 판매대금의 일부를 할인해주는 것
③ 판매촉진지원금: 중간상의 판매촉진활동을 보조해 주는 지원금(중간상이 제조업체에게 물품 대금을 지불할 때 그 금액만큼을 공제하는 것이 보통임)
④ 수량할인: 대량 구매 시 현금할인을 해주는 것
⑤ 계절할인: 비성수기에 구매 시 가격할인을 해주는 것

정답 ②

DAY 05

631

19년 3회

아래 글상자의 ㉠과 ㉡에 들어갈 용어를 순서대로 올바르게 나열한 것은?

- (㉠)은(는) 신제품개발을 위해 투자된 자금의 조기 회수를 꾀하는 가격정책으로, 대량 생산으로 인한 원가 절감 효과가 크지 않은 조건에서 유리하다.
- (㉡)은(는) 신제품을 시장에 도입하는 초기에 저가격을 책정하여 빠른 속도로 시장에 진입해 많은 구매자를 신속하게 끌어들여 높은 시장점유율을 확보하는 전략이다.

① ㉠ Skimming Pricing Policy
㉡ Penetration Pricing Policy
② ㉠ Skimming Pricing Policy
㉡ Two–Party Price Policy
③ ㉠ Penetration Pricing Policy
㉡ Bundling Price Policy
④ ㉠ Penetration Pricing Policy
㉡ Two–Party Price Policy
⑤ ㉠ Two–Party Price Policy
㉡ Captive Pricing

KEYWORD 가격전략

해설

㉠ 스키밍 가격(Skimming Price): 초기 고가격전략으로 독점력을 바탕으로 높은 가격을 매긴 다음 시간이 흐름에 따라 점차 가격을 낮추는 가격정책
㉡ 시장침투 가격(Penetration Price): 처음에는 매우 낮은 가격을 설정한 다음 시간이 흐름에 따라 점차 높은 가격을 책정하는 가격정책

정답 ①

632

18년 2회

고가격전략을 수립할 수 있는 경우로서 옳지 않은 것은?

① 최신의 특정 상품을 세심한 고객 응대를 통해 판매하는 전문점
② 고객의 요구에 맞춘 1:1 고객서비스에 중점을 두는 소매점
③ 품위 있는 점포 분위기와 명성을 중요시하는 고객을 타겟으로 하는 소매점
④ 고객 맞춤형 점포입지를 확보하고 맞춤형 영업시간을 운영하는 소매점
⑤ 물적 유통비용의 절감을 통해 규모의 경제를 실현하고자 하는 소매점

KEYWORD 가격전략

해설

⑤ 고가격전략은 수요 독점력이 있거나, 수요의 가격탄력도가 낮은 경우 활용하는 가격전략으로 규모의 경제가 실현되는 분야에는 부적합하다.

정답 ⑤

633

18년 3회

가격 전술과 내용이 가장 옳지 않은 것은?

① 유인가격전술: 보다 많은 소비자를 자사 점포로 유인하기 위한 가격전술
② 변동가격전술: 가격을 동일하게 제시하는 것이 아니라 소비자와의 흥정을 통해 최종가격을 설정하는 가격전술
③ 명성가격전술: 상품의 고품질과 높은 명성을 상징적으로 나타내기 위해 고가격을 설정하는 가격전술
④ 묶음가격전술: 상품 단위당 이익을 높이기 위해 상품을 큰 묶음 단위로 제공하는 가격전술
⑤ 가격대전술: 상품계열별로 취급 상품들을 몇 종류의 가격대로 묶어 가격을 설정하는 전술

KEYWORD **가격전략**

해설

묶음가격전술은 상품 단위당 이익을 높이기 위해 상품을 큰 묶음 단위로 제공하는 가격전술이 아니라, 묶음을 통해 연관제품을 패키지로 판매하는 방식을 의미한다.

정답 ④

THEME 091 촉진관리(광고, PR, 인적판매)

634

21년 3회

마케팅 커뮤니케이션 수단들에 대한 설명으로 가장 옳지 않은 것은?

① 신뢰성이 높은 매체를 통한 홍보(Publicity)는 고객의 우호적 태도를 형성하기 위한 좋은 수단이다.
② 인적판매는 대면 접촉을 통하기 때문에 고객에게 구매를 유도하기에 적절한 도구이다.
③ 판매촉진은 시험적 구매를 유발하는 데 효과적인 도구이다.
④ 광고의 목적은 판매를 촉진하기 위한 것이라면, 홍보는 이미지와 대중 관계를 향상시키는 데 목적이 있다.
⑤ 광고는 시간과 공간의 제약은 없으나 다른 커뮤니케이션 수단들에 비해 노출당 비용이 많이 소요된다는 단점이 있다.

KEYWORD **프로모션**

해설

⑤ 광고는 시간적, 공간적 제약이 있으나 다른 매체와 비교해 고객 1인당 비용이 높지 않다.

관련이론 프로모션 방법 간 비교

구분	소구 방법	비용	장점	단점
광고	감성적	보통	• 신속한 메시지 전달 • 도달범위 넓고, 효과가 지속적	• 광고효과 측정이 곤란 • 정보의 양이 제한
PR (홍보)	감성적	무료	• 신뢰성이 높음 • 비용적인 부담 없음	• 통제가 어려움 • 효과가 간접적
판매 촉진	이성적	비교적 고가	• 즉각적 매출 효과 • 충동구매 유발 가능	• 효과의 지속성 짧음 • 장기적으로 부정적 효과
인적 판매	이성적	고가	• 고객 대면으로 피드백 높음 • 탄력적인 대응 가능 • 정보 수집	• 높은 비용 부담 • 촉진의 속도가 다소 느림

정답 ⑤

DAY 05

635

21년 2회

촉진믹스에 대한 설명으로 옳지 않은 것은?

① 광고는 커뮤니케이션을 위한 직접적인 비용을 지불한다는 점에서 홍보(Publicity)와 구분된다.
② 인적판매는 소비자 유형별로 개별화된 정보를 전달할 수 있다.
③ 인적판매의 경우 대체로 타 촉진믹스에 비해 고비용이 발생한다.
④ 판매촉진의 주된 목적은 제품에 대한 체계적이고 설득력 있는 정보를 제공하는 것이다.
⑤ 광고는 제품 또는 서비스 정보의 비대면적 전달 방식이다.

KEYWORD **프로모션**

해설

④ 판매촉진의 주된 목적은 감성적 소구를 통해 충동구매를 발생시키기 위한 것이다. 제품에 대한 체계적이고 설득력 있는 정보제공은 인적판매의 방법에 해당한다.

정답 ④

636

20년 3회

광고의 효과를 측정하는 중요한 기준의 하나가 도달(Reach)이다. 인터넷 광고의 도달을 측정하는 기준으로 가장 옳은 것은?

① 해당 광고를 통해 이루어진 주문의 숫자
② 사람들이 해당 웹사이트에 접속한 총 횟수
③ 해당 웹사이트에 접속한 서로 다른 사람들의 숫자
④ 해당 웹사이트에 접속할 가능성이 있는 사람들의 숫자
⑤ 해당 웹사이트에 접속한 사람들이 해당 광고를 본 평균 횟수

KEYWORD **도달범위**

해설

광고의 도달범위(reach)는 1회 이상 광고에 접촉한 개인이나 세대의 수를 의미한다.

정답 ③

637

18년 2회

광고 매체를 선정할 때는 도달범위(Reach)와 도달빈도(Frequency)의 상대적 중요성을 고려해야 한다. 도달빈도보다 도달범위가 더 중요한 상황으로 옳은 것은?

① 강력한 경쟁자가 있는 경우
② 표적 청중을 명확히 정의하기 어려운 경우
③ 광고 메시지가 복잡한 경우
④ 표적청중이 자사에 대해서 부정적 태도를 갖고 있는 경우
⑤ 구매주기가 짧은 상품을 광고하는 경우

KEYWORD **도달범위**

해설

② 도달범위(Reach)는 광고의 효과와 관련된 개념으로 잠재고객 가운데서 적어도 1회 이상 광고에 접촉한 세대나 개인의 비율로서 표적집단을 특정하기 어려운 경우에 유용한 개념이다. 예컨대, 광고에 노출된 불특정 다수 1,000명 중 600명이 자사 광고를 접했다면 도달률은 60%이다.

정답 ②

638

20년 3회

아래 글상자에서 설명하는 촉진수단에 해당하는 것으로 옳은 것은?

- 뉴스기사, 스폰서십, 이벤트 등을 활용한다.
- 다른 촉진수단보다 현실감이 있고 믿을 수 있다는 특징이 있다.
- 판매 지향적인 커뮤니케이션이 아니기 때문에 판매원을 기피하는 가망고객에게도 메시지 전달이 용이하다.

① 광고　② 판매촉진
③ 인적판매　④ PR(Public Relations)
⑤ SNS 마케팅

KEYWORD **PR**

해설

④ 뉴스기사, 스폰서십, 이벤트 등을 활용하고, 다른 촉진수단(특히, 광고와 비교)보다 현실감이 있고 믿을 수 있다는 특징을 가진 촉진 방법은 PR(홍보 포함)을 뜻한다.

정답 ④

639

19년 2회

PR(Public Relations)에 대한 설명으로 옳지 않은 것은?

① 소비자뿐만 아니라 기업과 관련된 이해관계자들을 대상으로 한다.
② 제품 및 서비스에 대한 호의적 태도와 기업에 대한 신뢰도 구축을 병행한다.
③ 기업을 알리는 보도나 캠페인을 통해 전반적인 여론의 지지를 얻고자 한다.
④ 제품과 서비스에 대한 정보제공 및 교육 등의 쌍방향 커뮤니케이션 활동이다.
⑤ 기업 활동에 영향을 미치는 주요 공중과의 관계 구축을 통해 호의를 얻어내고자 하는 것이다.

KEYWORD PR

해설

④ 기업이 수행하는 인적판매 활동에 대한 설명이다.
PR은 기업, 개인, 정부 등의 마케팅 주체가 대중과의 호의적인 관계를 위해 하는 모든 활동을 말한다. 홍보는 PR의 수단이지만 광고는 PR과는 다르다.

관련이론 광고와 PR(공중 관계)의 비교

구분	광고	PR(공중 관계)
비용 여부	유료	무료
신뢰성	낮음	높음
통제성	통제 가능	통제 곤란
장점	신속하고 강력한 효과	신뢰성이 높음
단점	• 효과 측정의 어려움 • 정보제공의 양이 제한	• 통제가 어려움 • 효과가 간접적

정답 ④

640

23년 1회

광고 매체를 선정할 때 고려해야 할 여러 가지 요인에 대한 설명으로 옳지 않은 것은?

① 도달범위(reach)란 일정기간 동안 특정 광고에 적어도 한 번 이상 노출된 청중의 수 또는 비율을 말한다.
② GRP(Gross Rating Points)란 광고효과를 계량화하여 측정하기 위한 기준으로 보통 시청자들의 광고인지도를 중심으로 측정한다.
③ 광고스케줄링이란 일정기간 동안 광고예산을 어떻게 배분하여 집행할 것인가에 대한 결정이다.
④ 도달빈도(frequency)란 일정기간 동안 특정 광고가 한 사람에게 노출된 평균 횟수를 말한다.
⑤ CPRP(Cost Per Rating Points)란 매체비용을 시청률로 나눈 비용이라 할 수 있다.

KEYWORD 촉진전략

해설

GRP(Gross Rating Points)는 광고의 총접촉률로, 특정 광고 스케줄에 노출된 총접촉률 또는 중복된 시청자 수를 의미한다.
GRP는 통상적으로 접촉비율$\left(\frac{\text{광고접촉자}}{\text{전체대상}}\right)$에 접촉빈도를 곱하여 계산한다.

정답 ②

DAY 05

641

23년 3회

온라인 광고의 유형에 대한 설명으로 가장 옳지 않은 것은?

① 배너 광고(banner advertising)는 웹페이지의 상하좌우 또는 중간에서도 볼 수 있다.

② 삽입 광고(insertional advertising)는 웹사이트 화면이 바뀌고 있는 동안에 출현하는 온라인 전시 광고이다.

③ 검색 관련 광고(search-based advertising)는 포털사이트에 검색엔진 결과와 함께 나타나는 링크와 텍스트를 기반으로 하는 광고이다.

④ 리치미디어 광고(rich media advertising)는 현재 보고 있는 창 앞에 나타나는 새로운 창에 구현되는 온라인 광고이다.

⑤ 바이럴 광고(viral advertising)는 인터넷 상에서 소비자가 직접 입소문을 퍼트리도록 유도하는 광고이다.

KEYWORD 촉진전략

해설

리치미디어 광고(rich media advertising)는 배너 광고에 비해 풍부한 내용을 담을 수 있는 멀티미디어형 광고를 말한다. 리치미디어를 표현하는 방법은 배너, 인터액티브 멀티미디어 등이 있다.

정답 ④

642

17년 2회

다음의 사례에 적용된 광고예산 결정방법은?

> ㈜○○라면은 향후 3개월 동안 신제품 라면에 대한 표적시장 인지도를 50% 달성하겠다는 광고 목표를 책정하였다. 이를 위해 표적 가구별로 매주 평균 세 번씩 3개월 동안 광고를 내보기로 했다. 표적시장을 500만 가구로 설정하고 가구당 광고비용을 300원으로 책정하였다.

① 실험법
② 경쟁자 기준법
③ 목표과업법
④ 가용예산 할당법
⑤ 매출액 비율법

KEYWORD 광고예산 결정방법

해설

목표과업법은 커뮤니케이션 광고 목표를 설정하고 이를 달성하기 위해 목표에 따른 광고계획을 세우고 특별한 업무수행에 요구되는 예산을 결정짓는 방법으로 가장 합리적인 방법에 해당한다.

정답 ③

643

21년 1회

영업사원의 역할 및 관리에 대한 설명으로 가장 옳지 않은 것은?

① 영업사원은 제품과 서비스의 판매를 위해 구매 가능성이 높은 고객을 개발, 확보하고 접촉하는 역할을 수행한다.

② 영업사원에 대한 보상 체계는 성과에 따른 커미션을 중심으로 구성되는 경우가 많다.

③ 다른 직종의 업무에 비해 독립적으로 업무를 수행하는 경향이 있다.

④ 영업사원이 확보한 고객정보는 회사의 소유이므로 동료 영업사원들과의 협업을 위해 자주 공유한다.

⑤ 영업 분야 전문인으로서의 역할과 조직 구성원으로서의 역할 간 갈등이 발생할 수 있다.

KEYWORD 인적판매

해설

④ 영업사원이 확보한 고객정보는 기업의 데이터로 영업사원과 회사가 공유 가능하지만 최근 개인정보보호법의 강화로 고객정보를 동료 영업사원들과 공유하는 것은 불법적인 행위가 되었다.

정답 ④

644

18년 2회

인적판매에 대한 설명으로 옳지 않은 것은?

① 소비자와 대화를 나누며 상품 관련 정보를 제공하고 설득하여 판매활동을 종결한다.
② 소비자의 질문이나 요구에 대하여 즉각적인 피드백이 가능하다.
③ 소비자마다 다르게 요구하는 사항들을 충족시키기 위해 필요한 방법을 신속하게 제시할 수 있다.
④ 다른 촉진활동에 비해 더 효과적으로 소비자반응을 유도해 낼 수 있다.
⑤ 백화점의 판매원과 같은 주문 창출자와 보험판매원과 같은 주문 수주자의 두 가지 유형으로 구분된다.

KEYWORD **인적판매**

해설

⑤ 백화점 판매원은 주문 수주자형, 보험판매원은 주문 창출자형 판매원에 해당한다.

관련이론 업무별 판매원의 유형

- 제품 배달자형: 고객에게 제품을 배달하여 주는 업무를 수행
- 주문 수주자형: 점포 내에서 고객의 제품선택을 도와주고 대금의 계산, 포장 등의 고객서비스를 수행, 기존의 고객들을 주기적으로 방문하여 수동적으로 그들의 주문을 수령
- 주문 창출자형: 적극적인 판매활동을 전개하여 기존의 고객으로부터 보다 많은 제품의 주문을 유도, 새로운 고객들을 찾아내어 제품의 주문을 수령
- 판매 지원자형: 제품의 기술적인 설명이나, 기술 지도를 제공 주문을 받거나 창출하지 않고, 고객 및 중간상과의 좋은 관계를 유지하기 위하여 그들에게 경영 자문, 교육 등의 서비스를 제공

정답 ⑤

645

20년 추가

다른 판촉 수단과 달리 고객과 직접적인 접촉을 통하여 상품과 서비스를 판매하는 인적판매의 장점으로 가장 옳지 않은 것은?

① 고객의 판단과 선택을 실시간으로 유도할 수 있다.
② 정해진 시간 내에 많은 사람들에게 접근할 수 있다.
③ 고객의 요구에 즉각적으로 대응할 수 있다.
④ 고객이 될 만한 사람에게만 초점을 맞추어 접근할 수 있다.
⑤ 고객에게 융통성 있게 대처할 수 있다.

KEYWORD **인적판매**

해설

② 인적판매는 직접 대면을 통해 1:1로 이루어진다. 따라서 정해진 시간 내에 다수를 상대로 수행하기는 어렵다는 단점이 있다.

정답 ②

DAY 05

646

17년 2회

촉진믹스의 한 종류인 인적판매의 단점으로 가장 옳은 것은?

① 감성적인 판매가 어렵다.
② 고객별 전달정보의 차별화가 곤란하다.
③ 경쟁사의 모방이 용이하여 촉진 효과가 짧다.
④ 촉진의 속도가 느리며 비용이 과다하게 소요될 수 있다.
⑤ 통제가 곤란하며 촉진의 효과를 측정하기 어렵다.

KEYWORD **인적판매**

해설

④ 인적판매의 장점은 대면을 통해 보다 직접적이고 신뢰성 있는 고객 정보 수집 및 전달에 있다. 다만, 그 과정에서 비용과 촉진의 효과가 더디다는 단점이 지적된다.

정답 ④

THEME 092 촉진관리(판매촉진)

647
17년 1회

촉진믹스를 개발할 때 고려해야 할 요인에 대한 설명으로 옳지 않은 것은?

① 산업재를 판매하는 기업은 일반적으로 다른 촉진방법보다 인적판매에 더 많은 촉진비용을 지출하는 경향이 높다.
② 소비재를 판매하는 기업은 일반적으로 광고, 판매촉진, 인적판매, PR 순으로 촉진비용을 지출하는 경향이 높다.
③ 푸시(Push)전략은 유통업자가 최종 소비자에게 촉진활동을 하는 것이고, 풀(Pull)전략은 제조업자가 유통업자에게 인적판매 등을 수행하는 것을 말한다.
④ 구매자가 인지와 지식단계일 경우 광고가 중요하고, 선호나 확신단계로 가면 인적판매가 더 중요해진다.
⑤ 제품수명주기가 도입기 단계일 경우 광고와 PR이 인지도 향상에 효과적이고, 샘플과 같은 판매촉진은 초기 시험구매 단계에 유용하다.

KEYWORD 판매촉진

해설

③ 푸시전략은 제조업자가 유통업자에게 또는 제조업자와 유통업자가 소비자를 향하여 수행하는 촉진전략을 의미한다.
풀전략은 소비자를 상대로 광고와 같은 적극적인 프로모션 활동을 통하여 소비자들이 제품을 직접 찾게 만드는 촉진 전략이다.

정답 ③

648
20년 3회

유통경로상에서 판촉(Sales Promotion) 활동이 가지는 특성에 대한 설명으로 가장 옳지 않은 것은?

① 판촉활동은 경쟁기업에 의해 쉽게 모방되기에 지속적 경쟁우위를 가져오기는 어렵다.
② 판촉활동은 단기적으로 소비자에게는 편익을 가져다주지만, 기업에게는 시장 유지비용을 증가시켜 이익을 감소시키기도 한다.
③ 판촉활동은 장기적으로 기업의 이미지를 개선하는데 큰 도움이 된다.
④ 경쟁 기업의 촉진활동을 유발하여 시장에서 소모적 가격경쟁이 발생할 수 있다.
⑤ 단기적으로는 매출액 증대가 가능하나 장기적으로는 매출에 부정적인 영향을 미칠 수 있다.

KEYWORD 판매촉진

해설

③ 판촉활동은 단기적이고 즉각적인 매출 효과를 가져오는 촉진기법에 해당한다.

정답 ③

649
19년 3회

판매촉진전략에 대한 설명으로 옳지 않은 것은?

① 판매촉진은 제품이나 서비스의 판매를 촉진하기 위한 단기적 활동을 말한다.
② 판매촉진은 기업이 설정하는 목표에 따라 소비자, 중간상, 판매원 등을 대상으로 실시한다.
③ 소비자 판촉에는 가격 할인, 무료 샘플, 쿠폰 제공 등이 포함된다.
④ 대개 중간상 판촉은 소비자 판촉에 비해 비교적 적은 비용이 든다.
⑤ 영업사원 판촉은 보너스와 판매경쟁 등을 포함한다.

KEYWORD 판매촉진

해설

④ 도매상 또는 소매상인들에 대한 판촉은 광고 지원 등 소비자에 대한 판촉에 비해 큰 부분을 차지한다.

정답 ④

650

23년 2회

다음 중 판매촉진에 대한 설명으로 가장 옳지 않은 것은?

① 판매촉진은 고객들로 하여금 즉각적인 반응을 일으킬 수 있고 반응을 쉽게 알아낼 수 있다.

② 판매촉진은 단기적으로 고객에게 대량 또는 즉시 구매를 유도하기 때문에 다른 촉진활동보다 매출 증대를 기대할 수 있다.

③ 판매촉진 예산을 결정할 때 활용하는 가용예산법(affordable method)은 과거의 매출액이나 예측된 미래의 매출액을 근거로 예산을 결정하는 방법을 말한다.

④ 소비자를 대상으로 하는 판매촉진의 유형 중 쿠폰(coupon)은 가격할인을 보장하는 일종의 증서로 지면에 표시된 가격만큼 제품가격에서 할인해 주는 방법이다.

⑤ 중간상의 판매촉진의 유형으로 협동광고는 제조업자가 협동하여 지역의 소매상들이 공동으로 시행하는 광고를 말한다.

KEYWORD **판매촉진**

해설

판매촉진 예산을 결정할 때 활용하는 방법 중 과거의 매출액이나 예측된 미래의 매출액을 근거로 예산을 결정하는 방법은 매출액 기준법이다. 가용예산법은 운영비용과 이익을 산출한 후에 사용 가능한 금액이 얼마인지에 따라 고객 커뮤니케이션 예산을 설정하는 방법이다.

정답 ③

651

19년 1회

아래 글상자의 사례에서 사용된 소비자 판촉 도구로 옳은 것은?

> 제품의 구매를 유도하기 위해 무료 혹은 낮은 비용으로 제공되는 상품이다. 이것은 패키지 안에 포함되거나 패키지 밖에 따로 준비되거나, 또는 우편으로 전달될 수도 있다. 예를 들어, 맥도널드(McDonald)는 해피밀 구매자에게 영화 〈아바타〉, 〈My Little Pony〉, 〈쿵푸 팬더〉 등에 등장하는 캐릭터 장난감 같은 다양한 상품을 제공했다.

① 쿠폰(Coupon)　② 샘플(Sample)
③ 현금 환불(Cash Refunds)　④ 프리미엄(Premiums)
⑤ 가격할인 패키지(Price Packs)

KEYWORD **판매촉진**

해설

프리미엄이란 소비자에게 혜택을 주는 판매촉진활동의 하나로서, 말 그대로 무엇인가 가치 있는 것을 추가적으로 소비자들에게 제공하는 활동으로, 커피믹스 묶음을 구매하는 경우 머그컵이 추가로 지급되는 경우를 예로 들 수 있다.

정답 ④

652

18년 2회

아래 글상자 내용이 설명하는 판매촉진 기법은?

> • 비가격 판매촉진 방법 중 하나
> • 상품의 이미지를 향상시키고 호감을 심어주기 위해 사용
> • 판촉물로 자사의 로고가 새겨진 무료 선물이나 상품을 제공

① 견본품
② 컨테스트
③ 프리미엄
④ 시연회
⑤ 쿠폰

KEYWORD **판매촉진**

해설

프리미엄은 소비자에게 어떠한 혜택을 추가적으로 제공하는 활동이다.

선지분석

① 견본품: 상품에 대한 대가를 지불하지 않고 제공되는 시제품
② 컨테스트: 소비자가 추첨이나 추가적인 노력을 통해 상품이나 현금 등을 취득할 수 있는 기회를 제공하는 것
④ 시연회: 고객에게 상가나 쇼핑몰 같은 장소에서 제품을 직접 작동해 보게 하거나 경험할 수 있게 해줌으로써 고객의 소비욕구를 높이는 판촉 방법
⑤ 쿠폰: 소비자들이 어떤 특정상품을 구매할 때 절약할 수 있도록 해 주는 하나의 징표로 소비자에게 가격 혜택을 제공하기 위한 수단

정답 ③

653
17년 1회

다음 사례에서 소비자를 대상으로 하는 비가격형 판촉에 해당하지 않는 것은?

> A할인점은 2017년 2월 한달 동안 다양한 판촉 프로그램을 운영할 계획을 수립하였다. ㉠ 커피류 상품에 관심있는 고객 1인당 2개 샘플 제공, ㉡ 건강식품류 구매고객에 대해 구매액의 10% 상환, ㉢ 5만원 이상 양주류 구매고객에 대해서 50ml 신제품 양주 미니어처 제공, ㉣ 단골고객을 대상으로 한 경품 추첨, ㉤ 10대 고객을 대상으로 하는 댄스경연대회를 계획하였다.

① ㉠　　② ㉡
③ ㉢　　④ ㉣
⑤ ㉤

KEYWORD **판매촉진**

해설

㉡ 구매고객에 대해 구매액의 10%를 상환하는 방법은 가격형 촉진전략에 해당한다.

관련이론 판매촉진의 유형

- 비가격 판매촉진수단: 프리미엄, 샘플링, 콘테스트, 시연회, 경품제공 등
- 가격 판매촉진방법: 쿠폰, 현금할인, 리베이트, 수량할인 등
- 중간상 대상 판매촉진: 공제(allowance), 후원금, 협동광고, 박람회, 교육훈련지원 등

정답 ②

654
21년 2회

중간상을 비롯한 유통경로구성원들에게 제공하는 판매촉진 방법으로 옳지 않은 것은?

① 중간상 가격 할인　　② 협력 광고
③ 판매원 교육　　④ 지원금
⑤ 충성도 프로그램

KEYWORD **판매촉진**

해설

중간상 가격 할인, 협력 광고, 판매원 교육, 지원금 제도 등은 중간상에 대한 제조기업의 판매촉진 방법에 해당하지만, ⑤ 충성도 프로그램은 소비자에 대한 판매촉진 방법에 해당한다.

정답 ⑤

655
21년 3회

아래 글상자의 내용 중 협동광고(Cooperative Advertising)가 상대적으로 중요한 촉진수단으로 작용하는 상품들을 나열한 것으로 가장 옳은 것은?

> ㉠ 구매빈도가 높지 않은 상품
> ㉡ 상대적으로 고가의 상품
> ㉢ 인적서비스가 중요한 상품
> ㉣ 상표 선호도가 높은 상품
> ㉤ 충동구매가 높은 상품
> ㉥ 개방적 경로를 채택하는 상품

① ㉠, ㉡, ㉢　　② ㉡, ㉢, ㉥
③ ㉢, ㉣, ㉤　　④ ㉣, ㉤, ㉥
⑤ ㉢, ㉣, ㉥

KEYWORD **판매촉진**

해설

협동광고란 상품을 제공하는 제조기업과 유통업자가 공동으로 비용을 부담하여 하는 광고를 의미한다. 이는 상대적으로 고가의 상품에 적합하고 구매빈도수가 적은 전문품에 알맞은 촉진수단이다.

정답 ①

656
18년 1회

중간상의 협조를 얻기 위한 제조업자의 촉진수단에 해당하지 않는 것은?

① 거래 할인　　② 판촉 지원금
③ 쿠폰　　④ 기본 계약 할인
⑤ 상품 지원금

KEYWORD **판매촉진**

해설

중간상에 대한 촉진수단의 대표적인 방법이 판촉 지원금, 인센티브, 공제, 거래 할인 등이며, ③ 쿠폰 제공은 기업에서 소비자에게 제공하는 가격형 촉진수단에 해당한다.

정답 ③

657
22년 3회

소매업체 대상 판촉프로그램에 대한 설명으로 옳지 않은 것은?

① 가격할인이란 일정 기간의 구매량에 대해 가격을 할인해주는 방법을 말한다.
② 리베이트란 진열위치, 판촉행사, 매출실적 등 소매상의 협력 정도에 따라 판매금액의 일정률에 해당하는 금액을 반환해 주는 것을 말한다.
③ 인적지원이란 월 매출이 일정수준 이상인 점포에는 판촉사원을 고정적으로 배치하고 그 외 관리대상이 될 만한 점포에는 판촉사원을 순회시키는 것을 말한다.
④ 소매점 경영지도란 소매상에게 매장연출방법, 상권분석 등의 경영지도를 통해 매출증대를 돕는 것을 말한다.
⑤ 할증판촉이란 소매점이 진행하고 있는 특정 제품 및 세일 관련 광고비용 일부를 부담하는 것을 말한다.

KEYWORD **판매촉진**

해설

소매점이 진행하고 있는 특정 제품 및 세일 관련 광고비용 일부를 부담하는 것은 협력광고에 해당한다.

정답 ⑤

658
20년 3회

소매점의 판매촉진의 긍정적 효과로 옳지 않은 것은?

① 즉시적인 구매를 촉진한다.
② 흥미와 구경거리를 제공한다.
③ 준거가격을 변화시킬 수 있다.
④ 소비자의 상표 전환 또는 이용 점포 전환이 가능하다.
⑤ 고객의 데이터베이스를 구축할 수 있다.

KEYWORD **판매촉진**

해설

준거가격은 구매자가 가격이 저가인지 고가인지를 판단하는 데 기준으로 삼는 가격이다. 기업은 판매촉진활동으로 구매자 개별의 준거가격을 변화시키기는 쉽지 않다.

정답 ③

659
20년 추가

아래 글상자에서 제조업자의 중간상을 대상으로 한 푸쉬 전략의 예로 옳은 것을 모두 고르면?

㉠ 협동광고	㉡ 수량할인
㉢ 프리미엄	㉣ 판매원 훈련 프로그램

① ㉠, ㉡, ㉢
② ㉠, ㉡, ㉣
③ ㉠, ㉢, ㉣
④ ㉡, ㉢, ㉣
⑤ ㉠, ㉡, ㉢, ㉣

KEYWORD **판매촉진**

관련이론 판매촉진의 유형

- 소비자 대상 비가격 판매촉진 방법: 프리미엄, 샘플링, 콘테스트, 시연회, 경품제공 등
- 소비자 대상 가격 판매촉진 방법: 쿠폰, 현금할인(리펀드), 리베이트, 수량할인 등
- 중간상 대상 판매촉진 방법: 공제(allowance), 수량할인, 후원금, 협동광고, 박람회, 판매원 교육훈련 지원 등

정답 ②

660
20년 3회, 19년 1회

제조업체의 촉진전략 중 푸시(Push)전략에 대한 설명으로 옳지 않은 것은?

① 최종소비자 대신 중간상들을 대상으로 하여 판매촉진 활동을 하는 것이다.
② 소비자를 대상으로 촉진할 만큼 충분한 자원이 없는 소규모 제조업체들이 활용할 수 있는 촉진전략이다.
③ 제조업체가 중간상들의 자발적인 주문을 받기 위해 수행하는 촉진전략을 말한다.
④ 가격할인, 수량할인, 협동광고, 점포 판매원 훈련 프로그램 등을 활용한다.
⑤ 판매원의 영향이 큰 전문품의 경우에 효과적이다.

KEYWORD **Push전략**

해설

푸시전략은 생산자가 인적판매 또는 장려금 지원 등의 방법을 통해 유통 상인들을 밀어내는 강제성이 포함된 촉진 방식에 해당한다.
또한 푸시전략은 제조업체가 유통업체의 마진을 올리거나 판매원에게 인센티브를 높게 책정함으로써 유통업체 판매를 독려하는 전략이다.

정답 ③

661

19년 2회

아래 글상자에서 풀전략(Pull Strategy)에 대한 설명으로 옳은 것은?

> ㉠ 최종 소비자를 상대로 판매촉진활동을 한다.
> ㉡ 중간상을 대상으로 판매촉진활동을 한다.
> ㉢ 소비자의 상표 인지도와 충성도를 높이기 위한 방법이다.
> ㉣ 수량 할인, 인적판매, 구매 시점 디스플레이, 협동 광고 등에 치중한다.

① ㉡, ㉢
② ㉡, ㉣
③ ㉢, ㉣
④ ㉠, ㉢
⑤ ㉠, ㉣

KEYWORD Pull전략

해설

풀전략은 제조업체가 ㉠ 최종 소비자를 대상으로 광고나 기타 마케팅 수단을 통해 ㉢ 브랜드 이미지를 높이거나 제품의 가치를 매력적으로 만들어 소비자의 구매를 유도하는 전략이다.

정답 ④

662

23년 2회

아래 글상자의 괄호 안에 들어갈 용어로 가장 옳은 것은?

> 제조업체가 최종소비자들을 상대로 촉진활동을 하여 이 소비자들로 하여금 중간상(특히 소매상)에게 자사제품을 요구하도록 하는 전략을 (㉠)이라고 한다. 반면에 어떤 제조업체들은 중간상들을 대상으로 판매촉진활동을 하고 그들이 최종 소비자에게 적극적인 판매를 하도록 유도하는 유통전략을 사용하는데, 이를 (㉡) 전략이라고 한다.

① ㉠ 풀전략, ㉡ 푸시전략
② ㉠ 푸시전략, ㉡ 풀전략
③ ㉠ 집중적 마케팅전략, ㉡ 차별적 마케팅전략
④ ㉠ 풀전략, ㉡ 차별적 마케팅전략
⑤ ㉠ 푸시전략, ㉡ 집중적 마케팅전략

KEYWORD Pull/Push전략

관련이론 Pull전략과 Push전략의 비교

구분	Pull전략	Push전략
전략의 대상	최종소비자	중간상인(도·소매상)
전략의 진행 방향	소비자 → 중간상 → 생산자	생산자 → 중간상 → 소비자
프로모션 방법	광고, 이벤트 행사	인적판매, 인센티브
관여도 및 브랜드충성도	높음	낮음
적용 시장	소비재	산업재

정답 ①

663

20년 2회

촉진믹스 전략 가운데 푸시(Push)전략에 대한 설명으로 옳지 않은 것은?

① 제조업체가 최종 소비자들을 대상으로 촉진믹스를 사용하여 이들이 소매상에게 제품을 요구하도록 하는 전략이다.
② 푸시전략 방법에서 인적판매와 판매촉진은 중요한 역할을 한다.
③ 판매원은 도매상이 제품을 주문하도록 요청하고 판매 지원책을 제공한다.
④ 푸시전략은 유통경로구성원들이 고객에게까지 제품을 밀어내도록 하는 것이다.
⑤ 수요를 자극하기 위해서 제조업체가 중간상에게 판매 촉진 프로그램을 제공한다.

KEYWORD Pull/Push전략

해설

① 푸시전략은 제조업자가 유통상인들을 대상으로 하는 촉진전략을 의미하며, 주로 인적판매와 판매장려금 지원 등의 방법을 활용한다.

정답 ①

664

19년 3회

풀전략(Pull Strategy)과 푸시전략(Push Strategy)에 대한 설명으로 옳지 않은 것은?

① 제조업자가 자신의 표적시장을 대상으로 직접 촉진하는 것은 풀전략이다.

② 풀전략은 제조업자 제품에 대한 소비자의 수요를 확보함으로써, 유통업자들이 자신의 이익을 위해 제조업자의 제품을 스스로 찾게 만드는 전략이다.

③ 푸시전략은 제조업자가 유통업자들에게 직접 촉진하는 전략이다.

④ 제조업체가 중간상을 상대로 인적판매, 구매시점 디스플레이를 제공하는 것은 푸시전략이다.

⑤ 일반적으로 푸시전략의 경우 인적판매보다 TV 광고가 효과적이다.

KEYWORD **Pull/Push전략**

해설

⑤ 푸시전략의 경우 생산자가 유통업자를 밀어내는 방식으로 촉진이 이루어지며, 대표적인 방법으로는 인적판매, 판매촉진이 있다.

정답 ⑤

THEME 093 레이아웃

665

21년 1회

아래 글상자에서 설명하는 점포 레이아웃 형태로 옳은 것은?

> ㉠ 기둥이 많고 기둥 간격이 좁은 상황에서도 점포 설비비용을 절감할 수 있음
> ㉡ 통로 폭이 동일해서 건물 전체 필요 면적이 최소화된다는 장점이 있으며 슈퍼마켓 점포 레이아웃에 많이 사용됨

① 격자형 레이아웃

② 자유형 레이아웃

③ 루프형 레이아웃

④ 복합형 레이아웃

⑤ 부띠끄형 레이아웃

KEYWORD **점포 레이아웃**

해설

격자형(그리드형) 레이아웃은 동일하게 규격화된 내부 비품들을 사용하기 때문에 비용을 절감할 수 있는 반복적인 직사각 형태의 배치를 하여 공간의 효율성을 극대화할 수 있다. ㉠ 기둥이 많고 기둥 간격이 좁은 상황에서도 설비비용을 절감할 수 있으며, ㉡ 통로 폭이 동일하므로 건물 전체에서의 필요 면적이 최소화된다.

선지분석

② 자유형 레이아웃: 원형, 타원형, U자형 등으로 비품과 통로를 비대칭하게 배치하여 흥미롭고도 자유로운 쇼핑 분위기로 고객의 충동구매를 유도하고 고객의 시선을 끄는 배치 형태이다. 규모가 작은 전문 매장이나 여러 개의 작은 매장들이 있는 대형점포에 주로 사용한다.

③ 루프형 레이아웃: 경주로형이라고도 하며, 주된 통로를 중심으로 여러 매장 입구가 연결되어 있어 고객들이 여러 매장들을 손쉽게 둘러 볼 수 있도록 배치된 형태를 말한다.

⑤ 부띠끄형 레이아웃: 자유형 레이아웃에서 파생된 것으로 백화점 등에서 주로 사용한다.

정답 ①

666
21년 2회

레이아웃의 유형 중 격자형 점포배치(Grid Layout)가 갖는 상대적 특성으로 가장 옳지 않은 것은?

① 비용 대비 효율성이 매우 높다.
② 공간의 낭비를 크게 줄일 수 있다.
③ 심미적으로 가장 우수한 배열은 아니다.
④ 고객의 충동구매를 효과적으로 자극한다.
⑤ 같은 면적에 상대적으로 더 많은 상품을 진열할 수 있다.

KEYWORD **점포 레이아웃**

해설
④ 고객의 충동구매를 효과적으로 자극하는 것은 자유형 레이아웃에 해당한다.

정답 ④

667
21년 3회

점포배치 및 디자인과 관련된 설명으로 옳지 않은 것은?

① 자유형 점포배치는 특정 쇼핑 경로를 유도하지 않는다.
② 경주로형 점포배치는 고객들이 다양한 매장의 상품을 볼 수 있게 하여 충동구매를 유발하려는 목적으로 활용된다.
③ 격자형 점포배치는 소비자들의 제품 탐색을 용이하게 하고 동선을 길게 만드는 장점이 있다.
④ 매장의 입구는 고객들이 새로운 환경을 둘러보고 적응하는 곳이므로 세심하게 디자인해야 한다.
⑤ 매장 내 사인물(Signage)과 그래픽은 고객들의 매장 탐색을 돕고 정보를 제공한다.

KEYWORD **점포 레이아웃**

해설
③ 소비자들의 제품 탐색을 용이하게 하고 동선을 길게 만드는 장점이 있는 점포의 레이아웃 방법은 경주로형(루프형)이다.

정답 ③

668
23년 1회

매장 레이아웃(layout)에 대한 설명으로 가장 옳지 않은 것은?

① 격자형 배치는 고객이 매장 전체를 둘러보고 자신이 원하는 상품을 쉽게 찾을 수 있게 한다.
② 격자형 배치는 다른 진열방식에 비해 공간효율성이 높고 비용면에서 효과적이다.
③ 경주로형 배치는 고객들이 다양한 매장의 상품을 볼 수 있게 하여 충동구매를 유발할 수 있다.
④ 자유형 배치는 규모가 작은 전문매장이나 여러 개의 소규모 전문매장이 있는 대형점포의 배치 방식이다.
⑤ 자유형 배치는 고객들이 주 통로를 지나다니면서 다양한 각도의 시선으로 상품을 살펴볼 수 있다.

KEYWORD **점포 레이아웃**

해설
자유형 배치는 통로를 따라 원형, 타원형, U자형 등 불규칙한 비대칭 배열을 구성함으로써 쇼핑의 즐거움과 충동구매를 유발한다.

정답 ⑤

669
21년 1회

점포 내 레이아웃 관리를 위한 의사결정의 순서로 가장 잘 나열된 것은?

① 판매방법 결정 – 상품배치 결정 – 진열용 기구배치 – 고객동선 결정
② 판매방법 결정 – 진열용 기구배치 – 고객동선 결정 – 상품배치 결정
③ 상품배치 결정 – 고객동선 결정 – 진열용 기구배치 – 판매방법 결정
④ 상품배치 결정 – 진열용 기구배치 – 고객동선 결정 – 판매방법 결정
⑤ 상품배치 결정 – 고객동선 결정 – 판매방법 결정 – 진열용 기구배치

KEYWORD **점포 레이아웃**

해설

레이아웃 관리를 위한 의사결정은 상품배치 결정 – 고객동선 결정 – 판매방법 결정 – 진열용 기구배치 순으로 결정된다.
점포 레이아웃은 고객이 매장을 자유롭고 효율적으로 이동할 수 있고, 판매되는 제품의 노출을 효율적으로 하여 점포의 생산성을 높이는 점포의 설계를 의미한다.

정답 ⑤

670

19년 1회

아래 글상자의 (㉠)과 (㉡)에 들어갈 용어를 순서대로 옳게 나열한 것은?

> (㉠)은 진열 쇼케이스, 진열대, 계산대 등이 직각 상태로 배치된 것으로 소비자가 원하는 상품을 찾기가 쉽다는 장점이 있다. (㉡)은 백화점, 의류점, 컴퓨터 판매점 등에서 많이 이용되는 형태로 소비자가 쇼핑하기에 편하고 점포 내 이동이 자연스럽다.

① ㉠ 수직형, ㉡ 자유형
② ㉠ 수직형, ㉡ 수평형
③ ㉠ 격자형, ㉡ 자유형
④ ㉠ 격자형, ㉡ 수평형
⑤ ㉠ 표준형, ㉡ 자유형

KEYWORD **점포 레이아웃**

해설

㉠ 격자형 진열은 동일하게 규격화된 내부 비품들을 사용하기 때문에 비용을 절감할 수 있는 반복적인 직사각 형태의 배치를 하여 공간의 효율성을 극대화할 수 있다.
㉡ 자유형 진열은 원형, 타원형, U자형 등으로 비품과 통로를 비대칭하게 배치하여 흥미롭고도 자유로운 쇼핑 분위기로 고객의 충동구매를 유도하고 고객의 시선을 끄는 배치 형태이다.

정답 ③

671

17년 3회

점포 레이아웃에 대한 설명으로 가장 옳지 않은 것은?

① 구석구석까지 고객의 흐름을 원활하게 유도하도록 설계한다.
② 상품운반이 용이하고 고객의 이동은 방해받지 않도록 통로를 구성한다.
③ 구매를 촉진시키기 위해 연관성 있는 상품을 한 곳에 모은다.
④ 고객의 라이프스타일에 따라 상품을 결합하여 고객의 불필요한 동선을 줄인다.
⑤ 고객 동선은 가능한 한 짧게, 작업 동선은 가능한 한 길게 한다.

KEYWORD **점포 레이아웃**

해설

⑤ 고객 동선은 매장에 머무르는 시간을 극대화하기 위해 가능한 한 길게 하고, 직원의 작업 동선은 고객 동선과 겹치지 않고 최대한 짧게 구성해야 한다.

관련이론 점포 레이아웃의 기본원칙

- 고객이 점포에 머무르는 시간이 길어지도록 고객의 평균 동선을 최대화해야 한다.
- 고객이 편안하고 자유롭게 쇼핑할 수 있도록 하고 혼잡도를 줄이기 위해서, 고객 동선과 종업원의 동선은 교차하지 않도록 구성해야 한다.
- 종업원의 동선은 가급적 보행 거리가 짧도록 구성해야 한다.
- 상품 이동 동선은 고객 동선과 교차하지 않도록 구성해야 한다.
- 동선은 상품 탐색을 용이하게 해 주어야 할 뿐만 아니라, 각 통로에 단절이 없도록 해야 한다.
- 매장을 연결하여 공간의 생산성이 높도록 설계해야 한다.

정답 ⑤

672

19년 3회

점포의 레이아웃 및 진열에 대한 설명으로 가장 옳지 않은 것은?

① 주 통로 주변에는 점포의 개성을 나타내는 주력상품을 위주로 진열한다.
② 격자형 레이아웃은 통로에 반복적으로 상품을 배치해야 더 효율적이다.
③ 프리 플로(Free Flow)형 레이아웃은 집기를 추가하거나 제거하는 방법으로 동선을 구성한다.
④ 루프(Loop)형 레이아웃은 주요 통로를 통해 동선을 유도하여 진열제품을 최대한 노출시킨다.
⑤ 직선형으로 병렬배치하는 부티크(Boutique) 레이아웃은 지하상가나 아케이드매장에 주로 사용한다.

KEYWORD 점포 레이아웃

해설

⑤ 직선형 병렬배치는 격자형을 의미하며, 부티크형 점포배치는 자유형 점포배치 형태에서 탄생된 형태로 이후 루프형에 가깝게 변형되어 백화점, 선물점 등에서 널리 이용되고 있다.

정답 ⑤

673

18년 3회

아래 글상자에서 설명하는 이것은?

> 이것은 점포의 판매 공간에서 고객의 시선으로 확인할 수 있는 상품의 가로 진열 수량과 진열 위치를 정하는 것을 의미하며, 각 부문 안에서 어떻게 품목별로 진열 스페이스를 할당할 것인가를 정하는 것을 뜻한다.

① 조닝(zoning) ② 페이싱(facing)
③ 브레이크업(break up) ④ 블랙룸(black room)
⑤ 랙(rack)

KEYWORD 상품 진열

해설

페이싱은 상품이 진열을 통해 소비자에게 보여지는 부분인 페이스의 수와 진열 위치를 결정하는 것이다.

관련이론 상품진열의 품목 구성 순서

상품진열의 품목 구성 순서는 레이아웃 → 그룹핑 → 조닝 → 페이싱이다.

정답 ②

674

20년 2회

아래 ㉠과 ㉡을 설명하는 용어들의 짝으로 옳은 것은?

> ㉠ 특정 상품을 가로로 몇 개 진열하는가를 의미하는 것으로, 소비자 정면으로 향하도록 진열된 특정 상품의 진열량
> ㉡ 점포 레이아웃이 완료된 후 각 코너별 상품군을 계획하고 진열 면적을 배분하는 것

① ㉠ 조닝 ㉡ 페이싱
② ㉠ 페이싱 ㉡ 조닝
③ ㉠ 레이아웃 ㉡ 조닝
④ ㉠ 진열량 ㉡ 블록계획
⑤ ㉠ 진열량 ㉡ 페이싱

KEYWORD 상품 진열

해설

- 페이싱(facing): 상품이 소비자에게 노출되는 페이스의 수를 페이싱이라고 부르며 페이스(face)는 상품이 진열을 통해 소비자에게 정면으로 보여지는 것을 의미한다.
- 조닝(zoning): 그룹핑한 품목을 어느 위치에 배치할 것인가를 결정하고, 그룹핑한 제품군을 ABC분석에 따른 매출액과 연관성 등에 따라 공간적인 할당을 정하는 절차이다.
- 그룹핑(grouping): 개별상품 중에서 공통점이 있는 품목이나 관련 상품끼리 묶는 과정으로서, 고객의 쇼핑관점에서 상품의 탐색과 선택 시 의사결정 기준을 생각해서 구성한다. 그 후에 상품의 배치를 결정한다.
- 레이아웃(layout): 고객과 종업원의 동선, 공간의 효율성과 생산성 등을 고려하여 공간적으로 알맞은 장소에 배치하는 일이다.

정답 ②

675

17년 3회

점포의 판매 공간에서 활용하는 용어에 대한 설명으로 옳지 않은 것은?

① 랙(rack) – 상품진열 혹은 보관을 위해 사용되는 기둥과 선반으로 구성된 구조물
② 블랙룸(black room) – 점포에서 고객이 들어갈 수 없는 시설 또는 공간
③ 일배식품 – 일일배송 상품으로 매일 일정한 시간대에 점포로 배송하는 상품
④ 페이싱(facing) – 그룹화된 상품의 배치로서 관련 상품을 한 곳에 모아두는 것
⑤ 샌드위치 진열 – 진열대 내에서 잘 팔리는 상품 곁에 이익은 높으나 잘 팔리지 않는 상품을 진열하는 것

KEYWORD 점포공간

해설

④ 그룹화된 상품의 배치로서 관련 상품을 한 곳에 모아두는 것은 그룹핑(grouping)에 해당한다.
페이싱(facing)은 페이스의 수와 진열 위치를 결정하는 절차로 페이스는 상품이 진열을 통해 소비자에게 보여지는 정면 부분을 의미한다.

정답 ④

676

15년 3회

점포 내 고객동선을 결정할 때 고려할 사항과 거리가 먼 것은?

① 주 통로와 부 통로를 구분한다.
② 고객 1인당 평균동선은 가급적 짧게 설정한다.
③ 시선집중을 위한 포인트를 설정한다.
④ 사각이 없도록 한다.
⑤ 상품탐색이 용이하도록 한다.

KEYWORD 동선

해설

② 고객 1인당 평균동선은 가급적 길게 설정하여 점포의 노출을 극대화 시켜야 한다.

정답 ②

677

20년 3회

소비자가 점포 내에서 걸어다니는 길 또는 궤적을 동선(動線)이라고 한다. 이러한 동선은 점포의 판매전략 수립에 매우 중요한 고려 요소이다. 동선에 대한 일반적 설명으로 옳지 않은 것은?

① 소매점포는 고객동선을 가능한 한 길게 유지하여 상품의 노출기회를 확보하고자 한다.
② 고객의 동선은 점포의 레이아웃에 크게 영향받는다.
③ 동선은 직선적 동선과 곡선적 동선으로 구분되는데, 백화점은 주로 직선적 동선을 추구하는 레이아웃을 하고 있다.
④ 동선은 상품탐색에 용이해야 하고 각 통로에 단절이 없어야 한다.
⑤ 동선은 상품을 보기 쉽고 사기 쉽게 해야하고 시선과 행동에 막힘이 없게 해야 한다.

KEYWORD 동선

해설

③ 백화점의 동선 또는 레이아웃은 직선적인 것보다는 자유롭고 비대칭적인 자유형 레이아웃을 선호한다.

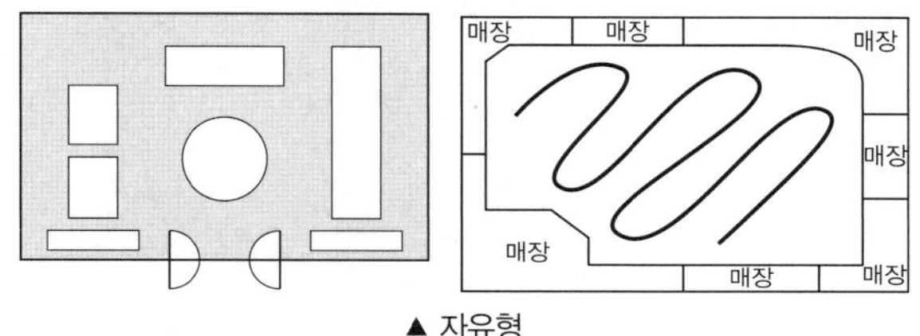

▲ 자유형

정답 ③

THEME 094 점포관리

678

21년 3회

매장 외관인 쇼윈도(Show Window)에 대한 설명 중 가장 옳지 않은 것은?

① 매장 외관을 결정짓는 요소 중 하나로 볼 수 있다.
② 돌출된 형태의 쇼윈도의 경우 소비자를 입구 쪽으로 유도하는 효과가 있다.
③ 지나가는 사람들의 시선을 끌어 구매욕구를 자극하는 효과가 있다.
④ 설치형태에 따라 폐쇄형, 반개방형, 개방형, 섀도박스(shadow box)형이 있다.
⑤ 제품을 진열하는 효과는 있으나 점포의 이미지를 표현할 수는 없다.

KEYWORD **점포구성**

해설

⑤ 쇼윈도는 제품을 진열하는 효과가 있으며, 점포의 이미지 또한 연출할 수 있다.

정답 ⑤

679

19년 2회

매장 외관 중 쇼윈도(Show Window)에 관한 설명으로 옳지 않은 것은?

① 매장의 외관을 결정짓는 요소이며, 주된 연출 공간이다.
② 수평 라인보다 돌출하거나 들어가는 각진형은 소비자를 입구쪽으로 유도한다.
③ 윈도우가 없으면 궁금해진 소비자가 매장으로 들어오는 효과가 발생하기도 한다.
④ 매장의 제품을 진열하는 효과는 있으나 점포의 이미지를 표현할 수는 없다.
⑤ 윈도우 설치형태에 따라 폐쇄형, 반개방형, 개방형, 섀도박스(Shadow Box)형이 있다.

KEYWORD **점포구성**

해설

④ 쇼윈도는 매장 앞을 지나는 고객들의 시선을 자극해 매장 안으로 이끄는 상품진열창을 말한다. 쇼윈도 마케팅은 점포 외관을 통해 점포 이미지를 적극 활용하는 방식이다.

정답 ④

680

21년 2회

점포구성에 대한 설명으로 가장 옳지 않은 것은?

① 점포는 상품을 판매하는 매장과 작업장, 창고 등의 후방으로 구성된다.
② 점포를 구성하는 방법, 배치 방법을 레이아웃이라 한다.
③ 점포구성 시 고객의 주동선, 보조 동선, 순환 동선 모두를 고려해야 한다.
④ 점포 레이아웃 안에서 상품을 그룹핑하여 진열 순서를 결정하는 것을 조닝(zoning)이라 한다.
⑤ 명확한 조닝 구성을 위해 외장 출입구 및 점두 간판의 설치 위치를 신중하게 결정해야 한다.

KEYWORD **점포구성**

해설

⑤ 조닝은 그룹핑한 품목을 어느 위치에 배치할 것인가를 결정하고, 그룹핑한 제품군을 ABC분석에 따른 매출액과 연관성 등에 따라 공간적인 할당을 정하는 절차로, 외장 출입구 및 점두 간판의 설치 위치와는 관련성이 없다.

정답 ⑤

681

21년 1회

아래 글상자에서 설명하는 소매점의 포지셔닝 전략으로 옳은 것은?

> ㉠ 더 높은 비용에 더 많은 가치를 제공하는 전략으로 시장 크기는 작으나 수익률은 매우 높음
> ㉡ 미국의 Nieman Marcus, Sax Fifth Avenue, 영국의 Harrods 백화점의 포지셔닝 전략

① More for More 전략
② More for the Same 전략
③ Same for Less 전략
④ Same for the Same 전략
⑤ More for Less 전략

KEYWORD **소매점포 포지셔닝**

해설

① 최상의 제품을 만들고 그에 상응하는 높은 가격을 매기는 전략은 More for More 전략이다.

선지분석

② More for the Same 전략: 좋은 품질의 제품을 상대적으로 매력적인 가격대로 판매하는 전략
③ Same for Less 전략: 같은 품질의 제품을 더 낮은 가격으로 제공하는 전략
⑤ More for Less 전략: 더 좋은 품질과 혜택의 제품을 더 저렴한 가격으로 판매하는 전략

정답 ①

682

21년 1회

점포설계의 목적과 관련된 설명으로 가장 옳지 않은 것은?

① 점포는 다양하고 복잡한 모든 소비자들의 욕구와 니즈를 충족할 수 있도록 설계해야 한다.
② 점포는 상황에 따라 상품구색 변경을 수용하고 각 매장에 할당된 공간과 점포 배치의 수정이 용이하도록 설계하는 것이 좋다.
③ 점포는 설계를 시행하고 외관을 유지하는데 드는 비용을 적정 수준으로 통제할 수 있도록 설계해야 한다.
④ 점포는 고객 구매 행동을 자극하는 방식으로 설계해야 한다.
⑤ 점포는 사전에 정의된 포지셔닝을 달성할 수 있도록 설계해야 한다.

KEYWORD **점포설계**

해설

① 점포는 다양하고 복잡한 모든 소비자들의 욕구와 니즈를 충족할 수 있도록 설계하기는 어렵기 때문에 일반적인 고객들이 공통적으로 요구하는 수준에서 이루어진다.

정답 ①

683

20년 2회

소매점의 공간, 조명, 색채에 대한 설명으로 가장 옳지 않은 것은?

① 레일조명은 고객 쪽을 향하는 것보다는 상품을 향하는 것이 좋다.
② 조명의 색온도가 너무 높으면 고객이 쉽게 피로를 느낄 수 있다.
③ 벽면에 거울을 달거나 점포 일부를 계단식으로 높이면 실제 점포보다 넓어 보일 수 있다.
④ 푸른색 조명보다 붉은색 조명 위에 생선을 진열할 때 더 싱싱해 보인다.
⑤ 소매점 입구에 밝고 저항감이 없는 색을 사용하면 사람들을 자연스럽게 안으로 끌어들일 수 있다.

KEYWORD **점포설계**

해설

④ 신선함을 보이기 위해 생선 진열은 푸른색 조명을 이용하며, 육류는 붉은색 조명을 이용한다.

정답 ④

684

23년 1회

시각적 머천다이징에 대한 아래의 설명 중에서 가장 옳지 않은 것은?

① 점포 내·외부 디자인도 포함하는 개념이지만 핵심개념은 매장 내 전시(display)를 중심으로 한다.
② 상품과 판매환경을 시각적으로 연출하고 관리하는 일련의 활동을 말한다.
③ 상품과 점포 이미지가 일관성을 유지할 수 있게 진열하는 것이 중요하다.
④ 시각적 머천다이징의 요소로는 색채, 재질, 선, 형태, 공간 등을 들 수 있다.
⑤ 상품의 잠재적 이윤보다는 인테리어 컨셉 및 전체적 조화 등을 고려하여 이루어진다.

KEYWORD **점포설계**

선지분석

시각적 머천다이징(Visual Merchandising)은 점포 내·외부 디자인과 디스플레이(display)를 포함하여 상품과 판매환경을 시각적으로 연출하고 관리하는 개념이다. 상품의 잠재적 이윤뿐만 아니라 인테리어 컨셉 및 전체적 조화 등을 고려하여 이루어진다.

정답 ⑤

685

20년 추가

점포설계 구성요소에 대한 설명으로 옳지 않은 것은?

① 점포 외장: 점두, 출입구 결정, 건물 외벽 등
② 점포 내부 인테리어: 벽면, 바닥, 조명, 통로, 집기, 비품 등
③ 진열: 구색, 카트, 포스터, 게시판, POP 등
④ 레이아웃: 상품배치, 고객 동선, 휴게 공간, 사무실 및 지원 시설 등
⑤ 조닝: 매장의 집기, 쇼케이스, 계산대 등의 매장 내 배치

KEYWORD **점포설계**

해설

조닝(zoning)은 그룹핑한 품목을 어느 위치에 배치할 것인가를 결정하고, 그룹핑한 제품군을 ABC분석에 따른 매출액과 연관성 등에 따라 공간적인 할당을 정하는 절차를 말한다.

정답 ⑤

686

20년 추가

점포를 설계하기 위해서 점검해야 할 사항으로 가장 옳지 않은 것은?

① 많은 고객을 점포로 들어오게 할 수 있는가?
② 매장의 객단가를 높일 수 있는가?
③ 적은 인원으로 매장 환경을 유지할 수 있는가?
④ 검수 및 상품 보충과 같은 작업이 원활하게 이루어질 수 있는가?
⑤ 고객 동선과 판매원 동선을 교차시켜 상품 노출을 극대화할 수 있는가?

KEYWORD **점포설계**

해설

⑤ 레이아웃의 원칙으로 고객이 편안하고 자유스럽게 쇼핑할 수 있도록 하고 혼잡도를 줄이기 위해서 고객 동선과 종업원의 동선은 교차하는 지점이 가능한 한 발생하지 않도록 구성해야 한다.

정답 ⑤

687

19년 1회

점포 내부 환경관리에 대한 설명으로 옳지 않은 것은?

① 점포의 주체적 기능은 판촉이므로 조명은 진열에 대해 상품을 부각시켜 고객을 유인하는 효과적인 역할을 한다.
② 점포 안의 조명은 항상 밝게 하여 화사한 분위기를 조성해야 한다.
③ 소매상에서는 색채 배색과 조절을 통해 고객의 주의를 끌어들이면서 구매의욕을 환기시킨다.
④ 여성을 상대로 하는 사업은 흰색과 파스텔 톤을, 어린이가 주 고객인 유치원이나 장난감 가게 등은 노랑, 빨강과 같은 원색을 사용하는 것이 좋다.
⑤ 벽면에 거울을 달거나 점포 일부를 계단식으로 높이면 실제 점포보다 넓어 보일 수 있다.

KEYWORD **점포 환경**

해설

② 점포 내부의 조명은 소비자의 구매심리 및 구매 환경을 고려하여 시간대별, 요일별 등으로 다르게 조성하는 것이 일반적이다.

정답 ②

688
19년 2회

점포 디자인의 요소로 옳지 않은 것은?

① 외장 디자인 ② 내부 디자인
③ 진열 부분 ④ 레이아웃
⑤ 점포 면적

KEYWORD 점포 디자인

해설

점포 면적은 점포 디자인의 요소에 해당되지 않는다. 점포 면적이 작더라도 점포 이미지를 표현함에는 무리가 없다.

관련이론 점포 디자인의 4대 구성요소

점포 디자인의 4대 구성요소는 아래와 같다.

① 외장 디자인(Exterior): 점두(店頭), 윈도(Window), 간판 시설, 출입구의 숫자와 크기 등
② 내부 디자인(Interior): 벽, 천장, 바닥, 파이프, 빔, 진열장, 창고 등의 매장 설비물
③ 진열 부분: 디스플레이, VMD, POP광고물, 선반, 쇼케이스 등
④ 레이아웃: 고객 동선, 종업원 동선, 공간의 효율성과 생산성 등을 고려한 배치

정답 ⑤

689
19년 1회

점포에서의 활동 역할에 따른 공간구성에 대한 설명으로 옳지 않은 것은?

① 판매 예비 공간은 소비자에게 정보를 전달하거나 결제를 도와주는 공간이다.
② 인적판매 공간은 판매원이 상품을 보여주고 상담을 하기 위한 공간이다.
③ 서비스 공간은 휴게실, 탈의실과 같이 소비자의 편익을 위하여 설치되는 공간이다.
④ 판촉 공간은 판촉 상품을 전시하거나 보호하는 공간이다.
⑤ 진열 판매 공간은 상품을 진열하여 셀프 판매를 유도하는 곳이다.

KEYWORD 점포구성

해설

① 판매 예비 공간은 소비자에게 정보를 전달하거나 결제를 도와주는 공간이 아니라 판매를 지원하기 위해 마련한 공간을 의미한다.

정답 ①

690
23년 1회

매장의 내부 환경요소로 가장 옳지 않은 것은?

① 매장의 입출구와 주차시설
② 매장의 색채와 조명
③ 매장의 평면배치
④ 매장의 상품진열
⑤ 매장의 배경음악 및 분위기

KEYWORD 점포구성

해설

매장의 입출구와 주차시설은 대표적인 매장의 외부 환경요소에 해당한다.

정답 ①

691
18년 1회

소매점포의 구성과 배치에 관한 원칙으로 가장 옳지 않은 것은?

① 점포분위기는 표적고객층과 걸맞아야 하고, 그들의 욕구와 조화를 이룰 수 있도록 설계해야 한다.
② 점포의 구성과 배치는 고객의 충동구매를 자극하지 않도록 설계해야 한다.
③ 점포의 내부 디자인은 고객의 구매결정에 도움을 줄 수 있어야 한다.
④ 점포의 물리적 환경은 고급스러움보다 상품과 가격대와의 일관성이 더 중요하다.
⑤ 판매수익이 높고 점포의 분위기를 개선할 수 있는 품목을 점포의 좋은 위치에 배치한다.

KEYWORD 점포구성

해설

② 소매점포의 구성 및 배치와 관련하여 고객의 동선을 극대화하고, 고객의 충동구매를 발생시킬 수 있는 배치가 되도록 설계되어야 한다.

정답 ②

692

18년 1회

점포의 관리에 대한 설명으로 옳지 않은 것은?

① 점포의 상호는 짧은 시간 내에 점포 특성을 전달할 수 있어야 하고, 고객의 눈길을 끌면서도 너무 길지 않아야 한다.
② 간판 중에서 돌출간판은 허가를 받아야 하고 기타 부착용 간판은 신고를 해야 한다.
③ 점포의 조명이 전체적으로 너무 밝으면 주의가 산만해져 구매의욕이 상실될 수 있으므로 적절한 스포트라이트의 활용이 필요하다.
④ 상품진열·저장을 위한 진열장, 캐비넷, 선반 등은 집기에 포함되며, 판매를 보조하는 금전등록기, 손수레 등은 장비에 포함된다.
⑤ 쇼윈도우의 형태를 완전 개방형, 반개방형, 완전 폐쇄형으로 구분할 때, 고급스러운 분위기에 유리한 것은 완전 개방형이다.

KEYWORD **점포관리 종합**

해설

⑤ 쇼윈도우의 종류에 있어 고급스러운 분위기를 연출할 수 있는 것은 반개방형 내지는 폐쇄형이라 할 수 있다.

정답 ⑤

693

24년 2회

매장환경 구성 및 관리에 대한 설명으로 가장 옳지 않은 것은?

① 잠재고객이 무리한 노력을 기울이지 않더라도 상품을 쉽게 찾을 수 있도록 구성해야 한다.
② 누구를 위한 매장이며 무엇을 판매하고 있는지 명확하게 표현하여야 한다.
③ 다층점포의 경우 수직 이동시설과 인접한 공간을 고객편의공간으로 구성하여 고객편의성을 강화해야 한다.
④ 사고에 대한 사전 예방 시설을 갖추고 사고 조치나 대책이 포함된 작업환경을 마련해야 한다.
⑤ 후방시설의 창고는 판매영역과 구분하여 구역화하고 상품 정리 시 낱개 상품이 보관되지 않도록 한다.

KEYWORD **점포구성 및 관리**

해설

다층점포의 경우 수직 이동시설과 인접한 공간은 접근성으로 인하여 많은 고객의 진출입이 빈번하므로 고객 편의공간으로 적합한 장소라 할 수 없다. 고객 편의시설은 쾌적성이 높은 곳에 배치하는 것이 좋다.

정답 ③

694

24년 3회

점포를 구성하는 물리적 환경의 역할에 대한 설명으로 옳지 않은 것은?

① 패키지: 제품의 패키지가 소비자의 감각적 반응에 호소하도록 고안된 것처럼 물리적 환경은 점포의 첫인상을 만들거나 고객의 기대를 설정하는 역할을 한다.
② 편의제공: 환경 내에서 활동하는 사람들의 성과를 돕는 역할을 한다.
③ 사회화: 잘 갖춰진 물리적 환경은 고객과 직원으로 하여금 기대된 역할과 행동을 하도록 돕는다.
④ 차별화: 물리적 환경을 통해서 기업은 경쟁자와 차별화할 수 있고, 이를 통해 의도된 고객 세분화가 가능하다.
⑤ 지표화: 이용 가능한 공간의 크기, 공간 내 사람의 수 등에 대한 객관적 평가를 제공한다.

KEYWORD **점포구성**

해설

서비스기업의 물리적 환경의 역할은 패키지 역할, 편의제공, 사회화 역할, 차별화 역할로 구분할 수 있다(이유재, 서비스마케팅 2004). 따라서 지표화는 점포를 구성하는 물리적 환경의 역할에 해당하지 않는다.

정답 ⑤

695

18년 2회

유통산업발전법[2018. 1. 18시행] 상의 대규모점포 등에 대한 영업시간 제한에 관한 내용으로 옳지 않은 것은?

① 특별자치시장, 시장, 군수, 구청장은 건전한 유통 질서 확립과 근로자의 건강권 및 대규모 점포 등과 중·소유통업의 상생 발전을 위해 필요한 경우 영업시간 제한을 명할 수 있다.
② 여기서 대형마트는 대규모 점포에 개설된 점포로서 대형마트의 요건을 갖춘 점포를 포함한다.
③ 대형마트와 준대규모 점포에 대하여 오전 0시부터 오전 10시까지의 범위에서 영업시간을 제한할 수 있다.
④ 영업시간 제한과 의무 휴업일 지정에 필요한 사항은 해당 지방자치단체의 조례로 정한다.
⑤ 매월 이틀을 의무 휴업일로 지정하여야 하는데 이 경우 의무 휴업일은 공휴일 중에서만 지정한다.

KEYWORD **유통산업발전법**

해설

「유통산업발전법」 제12조의2(대규모점포 등에 대한 영업시간의 제한 등)

- 특별자치시장·시장·군수·구청장은 건전한 유통질서 확립, 근로자의 건강권 및 대규모 점포 등과 중소유통업의 상생 발전을 위하여 필요하다고 인정하는 경우 대형마트(대규모 점포에 개설된 점포로서 대형마트의 요건을 갖춘 점포를 포함)와 준대규모 점포에 대하여 다음의 영업시간 제한을 명하거나 의무 휴업일을 지정하여 의무 휴업을 명할 수 있다. 다만, 연간 총매출액 중 「농수산물 유통 및 가격안정에 관한 법률」에 따른 농수산물의 매출액 비중이 55% 이상인 대규모 점포 등으로 해당 지방자치단체의 조례로 정하는 대규모 점포 등에 대하여는 그러하지 아니하다.
  - 영업시간 제한
  - 의무 휴업일 지정
- 특별자치시장·시장·군수·구청장은 제1항 제1호에 따라 오전 0시부터 오전 10시까지의 범위에서 영업시간을 제한할 수 있다.
- 특별자치시장·시장·군수·구청장은 제1항 제2호에 따라 매월 이틀을 의무 휴업일로 지정하여야 한다. 이 경우 의무 휴업일은 공휴일 중에서 지정하되, 이해당사자와 합의를 거쳐 공휴일이 아닌 날을 의무 휴업일로 지정할 수 있다.(⑤)
- 제1항부터 제3항까지의 규정에 따른 영업시간 제한 및 의무 휴업일 지정에 필요한 사항은 해당 지방자치단체의 조례로 정한다.

정답 ⑤

THEME 095 상품진열(display)

696

21년 1회

매장 내 상품진열의 방법을 결정할 때 고려해야 할 요인으로서 가장 옳지 않은 것은?

① 상품들 간의 조화
② 점포 이미지와의 일관성
③ 개별상품의 물리적 특성
④ 개별상품의 잠재적 이윤
⑤ 보유한 진열 비품의 활용가능성

KEYWORD **상품진열방식**

해설

⑤ 보유한 진열 비품의 활용가능성은 고려사항에 해당하지 않는다.
매장 내 상품진열과 관련해서 상품의 기획의도, 상품의 잠재적 이윤뿐만 아니라, 상품과 인테리어와의 전체적 조화 등을 중점적으로 고려하여야 한다. 특히 일관성과 전체적인 조화가 가장 중요하다 할 수 있다.

정답 ⑤

697

21년 3회

상품의 진열방식 중 상품들의 가격이 저렴할 것이라는 기대를 갖게 하는데 가장 효과적인 진열방식은?

① 스타일, 품목별 진열
② 색상별 진열
③ 가격대별 진열
④ 적재진열
⑤ 아이디어 지향적 진열

KEYWORD **상품진열방식**

해설

적재진열은 창고형 마트와 같은 곳에서 통조림, 라면 등을 높이 쌓아놓고 파는 방식으로 가격이 저렴할 것이라는 기대심리를 자극한다.

선지분석

⑤ 아이디어 지향적 진열: 시범적으로 실제 사용처와 유사하게 배치했을 때 어떻게 보일지를 상호 보완되는 품목들과 함께 진열하여 고객들의 구매욕구를 높이는 진열방식

정답 ④

698

20년 추가

상품진열 방법과 관련된 설명 중 가장 옳지 않은 것은?

① 서점에서 고객의 주의를 끌기 위해 게시판에 책의 표지를 따로 떼어 붙이는 것은 전면진열이다.

② 의류를 사이즈별로 진열하는 것은 아이디어 지향적 진열이다.

③ 벽과 곤돌라를 이용해 고객의 시선을 효과적으로 사로잡을 수 있는 방법은 수직적 진열이다.

④ 많은 양의 상품을 한꺼번에 쌓아 놓는 것은 적재진열이다.

⑤ 여름을 맞아 바다의 파란색, 녹음의 초록색, 열정의 빨간색 등으로 제품들을 구분하여 진열하는 것은 색상별 진열이다.

KEYWORD **상품진열방식**

해설

② 의류를 사이즈 별로 진열하는 것은 품목별 진열에 해당한다. 아이디어 지향적 진열은 시범적으로 실제 사용처와 유사하게 배치했을 때 어떻게 보일지를 고려하여 상호 보완되는 품목들과 함께 진열해 고객들의 구매욕구를 높이는 상품진열방식이다.

정답 ②

699

17년 3회

다음 글상자 안의 진열에 대한 설명으로 옳은 것을 모두 고르면?

> ㉠ 스타일·품목별 진열: 할인점, 식품점, 드럭스토어, 의류 소매점이 흔히 사용하는 방법으로서 스타일이나 품목별로 진열하는 방법
> ㉡ 수직적 진열: 벽과 높은 곤돌라를 사용해서 상품을 수직으로 진열하는 방법
> ㉢ 적재진열: 고객의 눈을 끌기 위해 상품 전체를 노출하여 진열하는 방법
> ㉣ 전면진열: 대량의 상품을 한꺼번에 쌓아 진열하는 방법으로, 계절 상품을 진열해서 고객의 이목을 집중시켜 구매 충동을 유발시키는 진열 방법

① ㉠, ㉡

② ㉠, ㉢

③ ㉡, ㉢

④ ㉢, ㉣

⑤ ㉡, ㉣

KEYWORD **상품진열방식**

해설

㉢ 적재진열: 창고형 마트와 같은 곳에서 많이 활용되며, 통조림, 라면처럼 높이 쌓아 놓고 판매하는 방식으로 높게 적재한 상태의 상품 그 자체가 하나의 진열방식이다.

㉣ 전면진열: 상품의 브랜드가 보이게 똑같은 모습으로 진열하는 것으로, 점포의 상품이 좀더 볼륨감 있게 하는 역할을 하는 중요한 진열 형태이다.

정답 ①

700

21년 2회

엔드진열(end cap display)에 대한 설명으로 가장 옳지 않은 것은?

① 진열된 상품의 소비자들에 대한 노출도가 높다.
② 소비자들을 점내로 회유시키는 동시에 일반 매대로 유인하는 역할을 한다.
③ 생활 제안 및 계절 행사 등을 통해 매력적인 점포라는 인식을 심어줄 수 있다.
④ 상품 정돈을 하지 않으므로 작업 시간이 절감되고 저렴한 특가품이라는 인상을 준다.
⑤ 고마진 상품진열대로서 활용하여 이익 및 매출을 높일 수 있다.

KEYWORD **상품진열방식**

해설

④ 상품 정돈을 하지 않아 특가품이라는 인상을 준다는 표현은 엔드매대 진열과 관계가 없다.

관련이론 엔드진열

엔드진열은 고객들이 이동하는 통로에 직접 매대를 노출시켜 충동구매를 유도하는 전략이다. 테마상품 또는 소비자들에게 인지도가 있는 상품을 진열하여 매출액을 극대화시키는 진열 방법이다.

정답 ④

701

18년 3회

아래 글상자 (가)와 (나)에 들어갈 용어가 순서대로 옳게 나열된 것은?

> • 마트에서도 (가) 매대의 매출이 다른 매대에 비해 3~4배 정도 더 높다.
> • 고객이 점원의 도움 없이 스스로 물건을 고르는 매장이라면 매대는 입구의 (나)에 두는 것이 좋다.

① (가) 중앙(center), (나) 왼쪽
② (가) 중앙(center), (나) 오른쪽
③ (가) 엔드(end), (나) 양쪽
④ (가) 엔드(end), (나) 오른쪽
⑤ (가) 엔드(end), (나) 왼쪽

KEYWORD **상품진열방식**

해설

(가) 엔드매대는 매대의 양쪽 끝부분으로 접근성과 노출이 좋아 매출이 다른 매대에 비해 3~4배 정도 더 높다.
(나) 라이트업(right up) 진열방식을 의미하는 것으로, 고객이 점원의 도움 없이 스스로 물건을 고르는 매장이라면 매대는 입구의 오른쪽에 두는 것이 좋다.

정답 ④

702

20년 2회

아래 글상자의 ㉠과 ㉡에서 설명하는 진열 방식으로 옳은 것은?

> ㉠ 주통로와 인접한 곳 또는 통로 사이에 징검다리처럼 쌓아 두는 진열 방식으로 주로 정책 상품을 판매하기 위해 활용됨
> ㉡ 3면에서 고객이 상품을 볼 수 있기 때문에 가장 눈에 잘 띄는 진열 방식으로 가장 많이 팔리는 상품들을 진열할 때 많이 사용됨

① ㉠ 곤도라진열 ㉡ 엔드진열
② ㉠ 섬진열 ㉡ 벌크진열
③ ㉠ 측면진열 ㉡ 곤도라진열
④ ㉠ 섬진열 ㉡ 엔드진열
⑤ ㉠ 곤도라진열 ㉡ 벌크진열

KEYWORD **상품진열방식**

해설

㉠ 섬진열(island display): 사방이 고객을 향하게 배치하는 진열법으로, 매장 내에 하나의 진열대만을 독립되게 진열하는 방법
㉡ 엔드진열(end cap): 고객들이 이동하는 통로에 직접 매대를 3면으로 노출시켜 충동구매를 유도하는 전략으로, 테마상품 또는 소비자들에게 인지도가 있는 상품을 진열하여 매출액을 극대화시키는 진열방법

정답 ④

703

19년 1회

아래 글상자는 진열유형 중 하나에 대한 설명이다. 관련 진열 유형으로 옳은 것은?

> 진열대 내에서 잘 팔리는 상품 곁에 이익은 높으나 잘 팔리지 않는 상품을 진열해서 고객 눈에 잘 띄게하여 판매를 촉진하는 진열이다. 이 진열은 무형의 광고효과가 있기 때문에 진열대 내에서 사각 공간을 무력화시키는 효율 좋은 진열 방법이다.

① 수직진열
② 수평진열
③ 샌드위치진열
④ 라이트업(Right up)진열
⑤ 전진입체진열

KEYWORD 상품진열방식

해설

샌드위치진열은 진열대 내에서 잘 팔리는 상품 곁에 이익은 높으나 잘 팔리지 않는 상품을 진열해서 판매를 촉진하는 진열이다.

선지분석

① 수직진열: 점포의 벽이나 곤돌라를 이용하여 상품을 진열한다.
② 수평진열: 파노라마식 진열이라고도 하며, 수직진열이 세로방향으로 진열함에 반해, 수평진열은 가로방향으로 진열한다.
④ 라이트업진열: 좌측보다 우측에 진열되어 있는 상품에 시선이 머물기 쉬우므로 우측에 고가격, 고마진, 대용량의 상품을 진열한다.
⑤ 전진입체진열: 상품인지가 가장 빠른 페이스 부분을 가능한 한 고객에게 정면으로 향하게 진열한다.

정답 ③

704

17년 1회

과일이나 야채와 같은 상품들을 매대나 바구니 등에 쌓아 놓는 방법으로 고객에게 저렴하다는 인식을 줄 수 있고 충동구매를 유발하며 저가격과 저마진 상품에 어울리는 진열 방법은?

① 전진입체진열
② 박스커트진열
③ 벌크진열
④ 돌출진열
⑤ 후크진열

KEYWORD 상품진열방식

해설

③ 상품들을 더미채로 쌓아 놓고 판매하는 진열방식을 점블진열(jumble display) 또는 벌크진열(bulk display)이라고 한다.

정답 ③

705

22년 2회

과자나 라면 같은 상품들을 정돈하지 않고 뒤죽박죽으로 진열하여 소비자들에게 저렴한 특가품이라는 인상을 주려는 진열방식의 명칭으로 가장 옳은 것은?

① 돌출진열(extended display)
② 섬진열(island display)
③ 점블진열(jumble display)
④ 후크진열(hook display)
⑤ 골든라인진열(golden line display)

KEYWORD 상품진열방식

해설

점블(jumble)이란 상품 따위들을 아무렇게나 너저분하게 뒤섞는다는 뜻으로, 할인점이나 슈퍼의 한 편에 상품들을 아무렇게나 쌓아 놓아 특가품이라는 인식을 주어 충동구매를 조장하는 진열방법이다. 저가격, 저마진 상품에 적용하는 경우가 많다.

정답 ③

706

20년 3회

상품들을 상품계열에 따라 분류하여 진열하는 방식으로 특히 슈퍼마켓이나 대형할인점에서 주로 채택하는 진열방식은?

① 분류진열(classification display)
② 라이프스타일별 진열(lifestyle display)
③ 조정형 진열(coordinated display)
④ 주제별 진열(theme display)
⑤ 개방형 진열(open display)

KEYWORD 상품진열방식

해설

분류진열(classification display)은 고객들의 쇼핑 편의성을 높이기 위해 상품계열에 따라 분류하여 진열하는 방식으로 특히 슈퍼마켓이나 대형할인점에서 주로 채택하는 진열방식에 해당한다.

정답 ①

THEME 096 비주얼 머천다이징(VMD)

707

20년 추가

아래 글상자에서 ㉠이 설명하는 비주얼 머천다이징(Visual Merchandising) 요소로 옳은 것은?

> (㉠)은(는) 판매 포인트를 연출하기 위해 벽면이나 집기류의 상단 등 고객의 시선이 자연스럽게 닿는 곳에 상품의 포인트를 알기 쉽게 강조하여 보여주는 것을 말한다.

① VMP(Visual Merchandising Presentation)
② VP(Visual Presentation)
③ PP(Point of sale Presentation)
④ IP(Item Presentation)
⑤ SI(Store Identity)

KEYWORD **VMD**

해설

PP(Point of sale Presentation)는 고객의 시선이 많이 머무르는 곳에 보기 좋게 구색, 분류 된 상품의 판매 포인트를 보여주는 것으로서 판매를 유도하는 기능을 한다.

선지분석

② VP(Visual Presentation): 상점 포털의 이미지화 작업으로 점포의 분위기 연출과 테마의 종합 표현으로 고객에게 점포와 상품 이미지를 높이는 역할을 한다.
④ IP(Item Presentation): 개별 상품을 분류, 정리하여 고객으로 하여금 보기 쉽고 선택이 용이하도록 신선한 정보를 제공하여 진열하는 기법을 의미한다.

정답 ③

708

19년 2회

비주얼 프레젠테이션에 대한 설명으로 옳지 않은 것은?

① 테마에 따른 시각적 전시 공간을 말한다.
② 흔히 쇼 스테이지나 쇼윈도 등에서 전개된다.
③ 고객들의 눈에 띄기 쉬운 공간에 잡화 등을 활용하여 사용법이나 용도 등을 제시한다.
④ 강조하고 싶은 상품만을 진열하며 POP 등에 상품의 기능을 담아 소개한다.
⑤ AIDMA 법칙의 A(주의)나 I(흥미)를 유도하는 데 효과적인 방법이다.

KEYWORD **VP**

해설

④ 진열의 내용이다.
비주얼 프레젠테이션(VP)은 고객들의 감성에 소구하는 방법으로 상품의 가치와 장점을 표현하는 것에 관심을 둔 연출 기법이다. 즉 오감을 자극하는 비주얼 프레젠테이션은 고객 방문을 유도하고 구매를 유도하는데 유리하다.

정답 ④

709

19년 3회

VMD(Visual Merchandising)와 VP(Visual Presentation)에 대한 설명으로 가장 옳지 않은 것은?

① VMD는 고객들의 구매욕구를 자극할 수 있도록 시각적인 요소를 연출하고 관리하는 활동이다.
② VMD는 레이아웃이나 진열은 물론 건물 외관, 쇼윈도우, 조명 등 모든 시각적인 요소들을 관리의 대상으로 하는 포괄적인 개념이다.
③ VP는 점포의 쇼윈도나 매장 입구에서 유행, 인기, 계절상품 등을 제안하여 고객이 매장으로 접근하게 한다.
④ VP를 통해 중점 상품과 중점 테마에 따른 매장 전체 이미지를 보여주기 때문에 상품보다는 진열 기술이 중요하다.
⑤ VP는 벽면 및 테이블 상단에서 보여주는 PP(Point of Sales Presentation) 또는 행거, 선반 등에 상품이 진열된 IP(Item Presentation)와는 다르게 매장과 상품의 이미지를 높이는데 주력한다.

KEYWORD **VMD/VP**

해설

④ 진열기술은 상품을 연출하기 위한 것으로 상품보다 중요할 수는 없다.
VP의 목적은 고객들의 시선이 가장 먼저 닿는 쇼윈도나 스테이지 공간에 패션 트렌드 상품, 시즌 판촉을 기초로 한 상품 연출을 통해 매장 전체의 브랜드 이미지를 제고함에 있다.

정답 ④

DAY 05

710

18년 1회

(㉠)과 (㉡)에 들어갈 용어를 올바르게 나열한 것은?

> (㉠)은/는 머천다이징을 시각적으로 표현하는 것으로 개별 상품이 아니라 상품기획 단계의 콘셉트가 표현되는 것을 말하며, (㉡)은/는 마케팅의 목적을 효율적으로 달성할 수 있도록 특정 타겟에 적합한 특정 상품이나 서비스를 조합해 계획·조정·판매하는 모든 활동을 의미한다.

① ㉠ VP(Visual Presentation)
  ㉡ VMD(Visual Merchandising)
② ㉠ PP(Point of sale Presentation)
  ㉡ BI(Brand Identity)
③ ㉠ IP(Item Presentation)
  ㉡ VMD(Visual Merchandising)
④ ㉠ VMD(Visual Merchandising)
  ㉡ IP(Item Presentation)
⑤ ㉠ BI(Brand Identity)
  ㉡ VP(Visual Presentation)

KEYWORD VMD/VP

해설

㉠ VP(비주얼 프레젠테이션)는 상점 포털의 이미지화 작업으로 점포의 분위기 연출과 테마의 종합 표현으로 고객에게 점포와 상품 이미지를 높이는 역할을 한다.

㉡ VMD(비주얼 머천다이징)는 머천다이징의 한 종류로 시각적인 표현을 통한 상품화계획이며, 이를 포함하는 머천다이징은 광의의 마케팅으로 제품을 계획, 조정, 판매하는 일련의 과정으로, 상품화계획이라고 한다.

정답 ①

711

17년 2회

매장에서 고객에게 상품을 효과적으로 진열하는 방식을 IP(Item Presentation), PP(Point of Presentation), VP(Visual Presentation)로 구분하였다. ㉠, ㉡, ㉢을 순서대로 올바르게 나열한 것은?

㉠	• 점포의 쇼윈도나 매장 입구에서 유행, 인기, 계절 상품 등을 제안하며 고객이 매장으로 접근하게 하기 위한 진열 • 중점 상품과 중점 테마에 따른 매장 전체 이미지 표현
㉡	• 매장 내 고객의 시선이 자연스럽게 닿는 벽면, 쇼케이스 그리고 테이블 상단 등을 활용하여 어디에 어떤 상품이 있는가를 알려주는 진열 • 상품을 정면으로 진열하여 주력 상품의 특징을 시각적으로 표현하고 상품의 이미지를 효과적으로 표현
㉢	• 상품을 분류, 정리하여 보기 쉽게 진열하여 하나하나 상품에 대해 고객이 구입 의지를 결정하도록 하는 진열 • 각각 상품들을 보고 만지고 고르기 쉽도록 지원

① ㉠ IP, ㉡ PP, ㉢ VP
② ㉠ IP, ㉡ VP, ㉢ PP
③ ㉠ PP, ㉡ IP, ㉢ VP
④ ㉠ VP, ㉡ IP, ㉢ PP
⑤ ㉠ VP, ㉡ PP, ㉢ IP

KEYWORD VP/PP/IP

해설

시각적 머천다이징(VMD, Visual Merchandising)은 고객에 알맞은 상품구색 결정 및 구색이 갖추어진 상품에 대해서 최적의 매장 이미지를 결정하고 전략적인 판촉을 통해서 소매점포의 이윤을 극대화시키는 데 있다.

이를 실현하기 위해서는 머천다이징 프레젠테이션의 구성요소인 VP(Visual Presentation), PP(Point of sale Presentation), IP(Item Presentation)를 갖추어야 한다.

정답 ⑤

712

22년 3회

효과적인 진열을 위해 활용하는 IP(Item Presentation), PP(Point of Presentation), VP(Visual Presentation)에 대한 설명으로 가장 옳지 않은 것은?

① IP의 목적은 판매포인트 전달과 판매유도이다.
② IP는 고객이 하나의 상품에 대한 구입의사를 결정할 수 있도록 돕기 위한 진열이다.
③ VP의 목적은 중점상품과 테마에 따른 매장 전체 이미지 표현이다.
④ VP는 점포나 매장 입구에서 유행, 인기, 계절상품 등을 제안하기 위한 진열이다.
⑤ PP는 어디에 어떤 상품이 있는가를 알려주는 진열이다.

KEYWORD VP/PP/IP

해설

IP는 상품개발을 기초로 매장의 기본품목별로 분류, 정리하여 보기 쉽고 고르기 쉽게 연출하는 것이다.
판매포인트 전달과 판매유도가 목적인 것은 PP(Point of sale Presentation)이다.

정답 ①

THEME 097 POP 광고

713

21년 3회

구매시점광고(POP)에 대한 설명으로 가장 옳지 않은 것은?

① 구매하는 장소에서 이루어지는 광고로서 판매촉진활동에 대한 효과 측정이 용이하다.
② 스토어 트래픽을 창출하여 소비자의 관심을 끄는 역할을 한다.
③ 저렴한 편의품을 계산대 주변에 진열해 놓는 활동을 포함한다.
④ 판매원을 돕고 판매점에 장식 효과를 가져다주는 역할을 한다.
⑤ 충동적인 구매가 이루어지는 제품의 경우에는 더욱 강력한 소구 수단이 된다.

KEYWORD 구매시점(POP)광고

해설

① POP광고는 구매하는 장소에서 이루어지는 광고로서 판매촉진활동에 대한 효과 측정이 곤란하다는 단점이 있다.

정답 ①

714

20년 2회

POP광고에 대한 설명으로 옳지 않은 것은?

① POP광고는 판매원 대신 상품의 정보(가격, 용도, 소재, 규격, 사용법, 관리법 등)를 알려 주기도 한다.
② POP광고는 매장의 행사 분위기를 살려 상품판매의 최종 단계까지 연결시키는 역할을 수행해야 한다.
③ POP광고는 청중을 정확히 타겟팅하기 좋기 때문에 길고 자세한 메시지 전달에 적합하다.
④ POP광고는 판매원의 도움을 대신하여 셀프 판매를 가능하게 한다.
⑤ POP광고는 찾고자 하는 매장 및 제품을 안내하여 고객이 빠르고 편리하게 쇼핑을 할 수 있도록 도와 주어야 한다.

KEYWORD 구매시점(POP)광고

해설

③ POP광고(구매시점 광고)는 소비자의 이성적인 구매가 아닌 충동적이고 비이성적인 구매를 조장하는 방법으로 길고, 자세한 메시지가 아닌 자극적이고 현란한 광고 방법이 적합하다.

정답 ③

715

19년 1회

아래 글상자가 나타내는 구매시점(POP: Point Of Purchase) 촉진의 유형으로 옳은 것은?

- 사용 목적은 행사 분위기와 시즌감의 연출이다.
- 높이 조절을 통해 고객에게 심리적 부담이 없도록 유의한다.
- 주로 주동선에 부착한다.
- 위치를 설정하고 걸고리를 점검한다.

① 현수막 ② 포스터
③ 배너 ④ 정보 안내지
⑤ 가격표 쇼카드

KEYWORD 구매시점(POP)광고

해설

③ 배너광고는 제품 캠페인을 위해 주동선에 깃발을 설치한 것을 뜻한다. POP광고는 구매시점광고라고 하며, 소비자가 구매하고자 하는 점포의 내·외부에 배너, 진열대 등 여러 형태로 전시되는 광고 메시지로 소비자의 구매욕구를 유발시키는 마케팅 광고를 의미한다.

정답 ③

716

19년 2회

아래 글상자의 사례에서 사용된 소비자 판촉도구로 옳은 것은?

> 오레오(OREO)과자로 잘 알려진 미국의 식품회사 나비스코(Nabisco)는 매년 학생들의 개학에 맞추어 이 판촉도구를 적극 활용한다. 점심 도시락과 방과 후 간식 용도에 대한 소비자 주목을 극대화할 수 있도록 디자인한다. 이 판촉도구는 광고 안내판 형식을 취하며, 종종 실제 제품을 전시하기도 한다. 일반적으로 계산대 근처나 통로 끝과 같이 통행량이 많은 장소에 위치한다.

① 샘플(Sample)
② PPL(Product Placement)
③ 쿠폰(Coupon)
④ POP(Point Of Purchase)
⑤ 가격 할인 패키지(Price Packs)

KEYWORD 판촉

해설

구매시점광고인 POP광고는 짧은 시간 내에 소비자에게 제품에 대한 강렬한 인상을 주기위해 어필하는 광고활동으로 소비자의 충동구매를 유발한다.

선지분석

① 샘플: 무료로 제품을 제공하는 것으로 시용 유발에 효과적인 판촉 수단
② PPL: 제품 간접 광고로 CF 등 직접 광고와는 달리 프로그램 내에서 특정업체나 상품에 대한 홍보성 내용이 소개되는 경우
③ 쿠폰: 표시된 금액만큼 인하된 가격으로 구매하도록 보장하는 일종의 증서
⑤ 가격 할인 패키지: 소매가격을 직접적으로 인하하는 것으로 통상적으로 패키지 위에 직접 할인율을 표시

정답 ④

717

17년 2회

소매점의 상품진열에 대한 설명으로 옳지 않은 것은?

① 고객이 상품에 대한 호기심을 갖고 구매 의욕을 불러일으킬 수 있도록 진열한다.
② 상품이 갖고 있는 색채와 소재 등을 올바르게 보여주기 위해 채광과 조명에 신경쓴다.
③ 충동적 구매 대신 이성적인 구매를 유도하기 위해 다양한 POP광고물을 이용한다.
④ 대부분의 소비자는 부담감이 없고 상품구색이 풍부한 점포에 관심을 기울인다.
⑤ 점두에 진열된 상품은 그 자체가 큰 소구력을 가지므로 점두에 중점 상품을 진열하여 고객을 유인한다.

KEYWORD **상품진열**

해설

③ POP(Point Of Purchase)광고는 구매시점광고라 하며, 이는 소비자가 구매하는 시점에 음향, 시각적인 정보 등을 제공함으로써 충동적인 구매를 유발시킴에 그 목적이 있는 광고 기법이다.

정답 ③

THEME 098 상품판매관리

718

21년 1회

소매점에 대한 소비자 기대관리에 대한 설명으로 옳지 않은 것은?

① 입지 편리성을 판단할 때 소비자의 여행 시간보다 물리적인 거리가 훨씬 더 중요하다.
② 점포 분위기는 상품구색, 조명, 장식, 점포구조, 음악의 종류 등에 영향을 받는다.
③ 소비자는 상품구매 이외에도 소매점을 통해 친교나 정보 획득과 같은 욕구를 충족하고 싶어한다.
④ 소비재는 소비자의 구매노력에 따라 편의품, 선매품, 전문품으로 구분할 수 있다
⑤ 신용정책, 배달, 설치, 보증, 수리 등의 서비스는 소비자의 점포선택에 영향을 준다.

KEYWORD **소비자 기대관리**

해설

① 소비자가 입지 편리성 또는 접근성을 판단할 때 물리적인 거리도 중요하지만 소비자의 여행 시간이 훨씬 더 중요한 요소에 해당한다.

정답 ①

719

20년 3회

고객에 대한 원활한 판매서비스를 위해 판매원이 보유해야 할 필수적 정보들로 옳지 않은 것은?

① 기업에 대한 정보
② 제품에 대한 정보
③ 판매 조직구조에 대한 정보
④ 고객에 대한 정보
⑤ 시장과 판매 기회에 대한 정보

KEYWORD **판매서비스**

해설

③ 기업, 제품, 고객, 시장 및 판매 기회에 대한 정보는 판매원 수준에서 보유해야 할 정보이고, 판매 조직구조에 대한 정보는 마케팅관리자 수준에서 보유해야 할 정보이다.

정답 ③

720

23년 2회

다음 중 소매업이 상품 판매를 효과적으로 전개하기 위해 제공하는 물적·기능적 서비스에 해당하지 않는 것은?

① 포장지, 선물상자의 제공 등과 같은 상품부대물품의 제공 서비스
② 할부판매, 외상 판매 등과 같은 금융적 서비스
③ 전달 카탈로그, 광고 선전 등과 같은 정보 제공 서비스
④ 고객의 선택 편의 및 구매 효율을 높이는 셀프서비스와 같은 시스템적 서비스
⑤ 상품 설명, 쇼핑 상담, 배달 등과 같은 노역 기술 제공 서비스

KEYWORD 판매서비스

해설

서비스는 물적/기능적 서비스와 인적서비스로 분류할 수 있다.
물적/기능적 서비스에는 설비/부대물품 이용 편익제공, 셀프 서비스, 자판기 서비스, 정보제공 서비스, 금융적 서비스 등이 있다.
인적 서비스에는 사람의 지식, 기술, 노동제공 관련 서비스 등이 있다.

정답 ⑤

721

23년 1회

다단계 판매에 대한 설명으로 옳지 않은 것은?

① 고객과 대면접촉을 통해 상품을 판매하는 인적판매의 일종이다.
② 유통마진을 절감시킬 수 있다.
③ 고정 인건비가 발생하지 않는다.
④ 매출 증가에 따라 조직이 비대해지는 단점이 있다.
⑤ 점포 판매에 비해 훨씬 더 적극적으로 시장을 개척해 나갈 수 있다.

KEYWORD 상품판매

해설

다단계 판매법은 소비자가 제품 구매 이후 판매원이 되는 영업방식으로 광고비, 유통마진을 줄여 상품가격이 인하되는 효과를 갖는다. 또한 개인단위의 네트워크조직으로 구성되므로 조직이 비대해지는 단점은 발생하지 않는다.

정답 ④

722

21년 2회

판매원의 고객서비스와 판매업무활동에 대한 설명으로 가장 옳지 않은 것은?

① 판매원의 판매업무활동은 고객에게 상품에 대한 효용을 설명함으로써 구매 결정을 내리도록 설득하는 것을 의미한다.
② 개별 소비자의 구매 성향에 맞게 고객서비스를 조정하는 고객화 접근법(customization)은 최소화된 비용으로 고객을 설득시킬 수 있는 직접적 판매활동이다.
③ 전체 고객 집단에 대하여 동일한 고객서비스를 제공하는 것을 표준화 접근법(standardization)이라 한다.
④ 판매업무활동의 마지막 단계는 고객의 니즈에 부합하면서 판매가 만족스럽게 이루어지도록 하는 판매 종결(closing)기능이다.
⑤ 고객으로부터 얻은 정보를 기업에게 전달하는 역할도 판매업무활동의 하나이다.

KEYWORD 상품판매

해설

② 최소화된 비용으로 고객을 설득시킬 수 있는 직접적 판매활동은 표준화 접근법에 해당한다.
고객화 접근법은 개별 소비자 각각의 구매 성향에 맞게 서비스를 조정하는 전략으로 비용이 많이 든다.

정답 ②

723

21년 2회

다음 중 판매를 시도하기 위해 고객에게 다가가는 고객접근기술로 가장 옳지 않은 것은?

① 고객에게 명함을 전달하며 공식적으로 접근하는 상품 혜택 접근법
② 판매하고자 하는 상품을 고객에게 제시하며 주의와 관심을 환기시키는 상품 접근법
③ 고객의 관심과 흥미를 유발시켜 접근해 나가는 환기 접근법
④ 고객에게 가치 있는 무언가를 무료로 제공하면서 접근하는 프리미엄 접근법
⑤ 이전에 구매한 상품에 대한 정보제공이나 조언을 해주며 접근하는 서비스 접근법

KEYWORD 상품판매

해설

① 고객에게 명함을 전달하며 공식적으로 접근하는 방법은 자칫 고객에게 부담을 느끼게 하여 판매에 실패할 수 있다.

정답 ①

724

21년 1회

상품판매에 대한 설명으로 옳지 않은 것은?

① 판매는 고객과의 커뮤니케이션을 통해 상품을 판매하고, 고객과의 관계를 구축하고자 하는 활동이다.
② 판매활동은 크게 신규고객을 확보하기 위한 활동과 기존고객을 관리하는 활동으로 나누어진다.
③ 인적판매는 다른 커뮤니케이션 수단에 비해 고객 1인당 접촉비용은 높은 편이지만, 개별적이고 심도 있는 쌍방향 커뮤니케이션이 가능하다는 장점을 가지고 있다.
④ 과거에는 전략적 관점에서 고객과 관계를 형성하는 영업을 중요시 하였으나, 판매 기술이 고도화되면서 이제는 판매를 빠르게 달성하는 기술적 판매 방식이 더욱 부각되고 있다.
⑤ 판매는 회사의 궁극적 목적인 수익 창출을 실제로 구현하는 기능이다.

KEYWORD 상품판매

해설

④ 과거에는 판매를 빠르게 달성하는 기술적 판매 방식을 더욱 중요시 하였으나 최근에는 전략적 관점에서 고객과 관계를 형성하는 영업을 중요시하고 있다.

정답 ④

725

24년 3회

관계지향적 판매방식에 관한 내용으로 가장 옳지 않은 것은?

① 판매보다는 고객 요구를 이해하는 데 초점을 맞춘다.
② 설득, 화술, 가격 조건 등을 통해 신규고객을 확보하고 매출을 늘리고자 노력한다.
③ 제품에 대해 설명하는 데 치중하기보다는 고객의 욕구를 이해하고 문제를 해결하는 데 중점을 둔다.
④ 상호 신뢰와 신속한 반응을 통해 고객과 장기적인 관계를 형성하고자 한다.
⑤ 단기적인 매출은 낮아질 수 있으나, 장기적인 매출은 높아지는 것이 일반적이다.

KEYWORD 상품판매

해설

설득, 화술, 가격 조건 등을 통해 신규고객을 확보하고 매출을 늘리고자 노력하는 것은 판매지향적 판매방식에 해당한다.

정답 ②

726

21년 3회

고객에 대한 판매자의 바람직한 이해로서 가장 옳지 않은 것은?

① 고객별로 기업에 기여하는 가치 수준이 다르다.
② 고객은 기업에게 다른 고객을 추가로 유인해주는 주체이기도 하다.
③ 고객은 제품과 서비스의 개선을 위한 제언을 제공한다.
④ 고객은 제품 또는 서비스로부터 더 많은 가치를 얻기 위해 기업과 경쟁한다.
⑤ 고객의 범주에는 잠재적으로 고객이 될 가능성이 있는 가망고객들도 포함될 수 있다.

KEYWORD **상품판매**

해설

④ 고객은 제품 또는 서비스로부터 더 많은 가치를 얻기 위해 기업과 경쟁하는 주체라기보다는 기업의 매출에 기여하는 주체이다. 최근에는 프로슈머 기능을 통해 기업의 생산에 조언하는 역할도 하고 있다.

관련이론 프로슈머(Prosumer)

생산자(Producer)와 소비자(Consumer)의 합성어로 제품개발에 직·간접적으로 참여하는 소비자를 말한다.

정답 ④

THEME 099 고객관계관리(CRM)

727

18년 1회, 16년 3회

CRM의 도입배경에 대한 설명으로 가장 옳은 것은?

① 고객 데이터를 통해서 계산원의 부정을 방지하기 위한 것이다.
② 고객과의 지속적 관계를 발전시켜 고객생애가치를 극대화하려는 것이다.
③ 상품계획 시 철수 상품과 신규 취급 상품을 결정하는 데 도움을 주려는 것이다.
④ 매장의 판촉활동을 평가하는 정보를 제공하여 효율적인 판매촉진을 하려는 것이다.
⑤ 각종 판매정보를 체계적으로 관리하여 상품회전율을 높이고자 하는 것이다.

KEYWORD **CRM 도입배경**

해설

② CRM은 고객과의 관계를 장기적인 관계로 구축하려는 마케팅 노력으로, 고객생애가치(CLV)를 극대화시키는 동시에 기업의 이윤을 극대화하는 것이다.

정답 ②

728

18년 3회

고객관계관리(CRM: Customer Relationship Management)에 대한 설명으로 가장 옳지 않은 것은?

① 기업의 입장에서 신규고객을 확보하기보다는 기존고객을 유지하고 관리하는 것이 더 효율적이다.
② 고객 1인으로부터 창출될 수 있는 이익규모는 오래된 고객일수록 높다.
③ CRM의 주된 목적은 고객에 대한 상세한 지식을 토대로 그들과의 장기적 관계를 구축하는 것이다.
④ 고객생애가치(CLV: Customer Lifetime Value)란 한 고객이 고객으로 존재하는 전체 기간 동안 기업에게 제공하는 이익의 합을 의미한다.
⑤ 고객이탈률이 낮을수록 고객생애가치는 감소한다.

KEYWORD CRM 의의

해설

CRM의 주된 목적은 고객 데이터베이스를 토대로 그들과의 장기적 관계를 구축하여 고객의 생애가치(CLV)를 극대화하는 것이다. 이 때 CRM의 목표가 달성되면 고객이탈률이 감소하고 고객의 생애가치는 증가하게 된다.

정답 ⑤

729

19년 2회

고객관계관리에 대한 설명으로 옳지 않은 것은?

① 시장점유율보다는 고객점유율에 비중을 둔다.
② 고객 획득보다는 고객 유지에 중점을 두는 것이 바람직하다.
③ 상품판매보다는 고객관계에 중점을 둔다.
④ 획일적 메시지보다는 고객 요구에 부합하는 맞춤 메시지를 전달한다.
⑤ 고객맞춤전략은 고객관계관리에 부정적인 영향을 미친다.

KEYWORD CRM 의의

해설

⑤ 고객맞춤전략은 목표고객을 세분화함으로써 특정 고객층만을 공략하는 고객관계관리(CRM) 기법을 말한다. 이는 기업이 고객생애가치를 관리하는 차원에서 기업에게 장기적으로 긍정적인 영향을 미칠 수 있다.

정답 ⑤

730

23년 2회

고객생애가치 이론에 관한 설명으로 가장 옳은 것은?

① 고객생애가치는 특정 고객으로부터 얻게 되는 이익 흐름의 미래가치를 의미한다.
② 고객 애호도가 높다는 것은 곧 고객생애가치가 높다는 것을 가리킨다.
③ 기업은 고객생애가치를 높이기 위하여 경쟁자보다 더 높은 가치를 제공해 주어야 한다.
④ 올바른 고객생애가치를 산출하기 위해서는 기업의 수입 흐름만 고려하면 된다.
⑤ 고객생애가치는 고객과의 한번의 거래에서 나오는 이익을 의미한다.

KEYWORD CLV

선지분석

① 고객생애가치는 특정 고객으로부터 얻게 되는 미래 이익 흐름의 현재가치를 의미한다.
② 고객 애호도가 높다고 해서 고객생애가치가 높은 것은 아니다.
④ 고객생애가치를 산출하기 위해서는 기업의 수입과 비용 흐름을 모두 고려해야 한다.
⑤ 고객생애가치는 고객과의 장기적인 거래에서 나오는 이익을 의미한다.

정답 ③

731

22년 3회

고객생애가치(CLV: Customer Lifetime Value)에 대한 설명으로 가장 옳은 것은?

① 업태에 따라 고객생애가치는 다르게 추정될 수 있다.
② 고객생애가치는 고객과 기업 간의 정성적 관계 가치이므로 수치화하여 측정하기 어렵다.
③ 고객생애가치는 고객이 일생동안 구매를 통해 기업에게 기여하는 수익을 미래가치로 환산한 금액이다.
④ 고객생애가치는 고객점유율(customer share)에 기반하여 추정할 수 있다.
⑤ 고객의 생애가치는 고객의 이용실적, 고객당 비용, 고객 이탈가능성 및 거래기간 등을 통해 추정할 수 있다.

KEYWORD CLV

해설

고객 한 사람이 평생 자사의 상품을 구매한다고 가정했을 때의 매출액 혹은 이익을 고객생애가치라고 하며, 고객이 한 기업의 고객으로 존재하는 전체 기간 동안 기업에게 제공할 것으로 추정되는 재무적인 공헌도의 총합계를 말한다. 이는 고객의 이용실적, 고객당 비용, 고객 이탈가능성 및 거래기간 등을 통해 추정할 수 있다.

정답 ⑤

732

22년 2회

세분화된 시장들 중에서 매력적인 표적시장을 선정하기 위한 고려사항으로 가장 옳지 않은 것은?

① 경쟁의 측면에서 개별 세분시장 내의 경쟁강도를 살펴보아야 한다.
② 해당 세분시장이 자사의 역량과 자원에 적합한지를 살펴보아야 한다.
③ 선택할 시장들의 절대적 규모를 고려하여 살펴보아야 한다.
④ 자사가 기존에 가지고 있는 마케팅 믹스체계와 일치하는지를 살펴보아야 한다.
⑤ 선택할 시장이 자사가 가지고 있는 목표 및 이미지와 일치하는지 살펴보아야 한다.

KEYWORD CLV

해설

세분된 시장들의 절대적 규모를 고려하는 단계는 시장세분화 단계로, 효율적인 세분화를 위해서는 충분한 규모의 시장이 있어야 하나 표적시장선정 단계에서는 상대적인 규모 및 자사의 경쟁력, 내부역량 등을 함께 검토해야 한다.

정답 ③

733

21년 2회

고객관계관리(CRM)에 기반한 마케팅 활동으로 가장 옳지 않은 것은?

① 비용을 최소화할 수 있는 고객확보 활동
② 고객과의 신뢰를 쌓아가는 전략적 마케팅 활동
③ 수익성 높은 고객의 분류 및 표적화 마케팅
④ 중간상을 배제한 고객과의 직접적·개별적 커뮤니케이션
⑤ 교차판매와 상향판매의 기회 증대 및 활용

KEYWORD CRM 마케팅

해설

CRM에 기반한 마케팅 활동의 종류에는 다음과 같은 활동들이 있다.

- 비용을 최소화할 수 있는 고객확보활동
- 고객과의 신뢰를 쌓아가는 전략적 마케팅 활동
- 수익성 높은 고객의 분류 및 표적 마케팅
- 고객충성도를 통한 교차판매와 상향판매의 기회 증대
- 데이터마이닝을 통한 고객분석

정답 ④

734

20년 2회

CRM(Customer Relationship Management)과 대중마케팅(mass marketing)의 차별적 특성으로 옳지 않은 것은?

① 목표고객 측면에서 대중마케팅이 불특정 다수를 대상으로 한다면 CRM은 고객 개개인을 대상으로 하는 일대일 마케팅을 지향한다.
② 커뮤니케이션 방식 측면에서 대중마케팅이 일방향 커뮤니케이션을 지향한다면 CRM은 쌍방향적이면서도 개인적인 커뮤니케이션이 필요하다.
③ 생산방식 측면에서 대중마케팅은 대량생산, 대량판매를 지향했다면 CRM은 다품종 소량생산 방식을 지향한다.
④ CRM은 개별고객에 대한 상세한 데이터베이스를 구축해야만 가능하다는 점에서 대중마케팅과 두드러진 차이를 보인다.
⑤ 소비자 욕구 측면에서 대중마케팅은 목표고객의 특화된 구매욕구의 만족을 지향하는 반면 CRM은 목표고객들의 동질적 욕구를 만족시키려고 한다.

KEYWORD **CRM/매스마케팅**

해설

⑤ 대중마케팅(매스마케팅)은 목표 고객들의 동질적 욕구를 만족시키는 표준화된 서비스를 지향하며, CRM은 목표 고객의 특화된 구매욕구를 만족시키는 1:1마케팅(개별 고객맞춤형)을 지향한다.

관련이론 CRM과 매스 마케팅의 비교

구분	매스마케팅	CRM
추구하는 목적	단기적 기업 이익극대화	장기적인 고객생애가치극대화
의사소통 방향	일방적 의사소통	상호간 Feed-Back
마케팅 대상	불특정 다수	개별 고객 (1:1)
마케팅 특징	대량 마케팅	고객지향적 마케팅
성과평가 지표	시장점유율	고객점유율
촉진수단	푸시(Push) 마케팅	풀(Pull) 마케팅
욕구충족	동질적 욕구 충족 (표준화 마케팅)	개인별 욕구 충족 (개인화 마케팅)

정답 ⑤

735

20년 3회

고객관계관리(CRM) 프로그램에서 사용하는 고객유지방법에 대한 설명으로 가장 옳지 않은 것은?

① 다빈도 구매자 프로그램: 마일리지 카드 등을 활용하여 반복 구매 행위를 자극하고 소매업체에 대한 충성도를 제고할 목적으로 사용하는 방법
② 특별 고객서비스: 수익성과 충성도가 높은 고객을 개발하고 유지하기 위해서 높은 품질의 고객서비스를 제공하는 방법
③ 개인화: 개별고객수준의 정보확보와 분석을 통해 맞춤형 편익을 제공하는 방법
④ 커뮤니티: 인터넷상에서 고객들이 게시판을 통해 의사소통하고 소매업체와 깊은 관계를 형성하는 커뮤니티를 운영하는 방법
⑤ 쿠폰 제공 이벤트: 신제품을 소개하거나 기존 제품에 대한 새로운 자극을 만들기 위해 시험적으로 사용할 수 있는 양만큼의 제품을 제공하는 방법

KEYWORD **CRM 고객유지방법**

해설

⑤ 신제품을 소개하거나 기존 제품에 대한 새로운 자극을 만들기 위해 시험적으로 사용할 수 있는 양만큼의 제품을 제공하는 방법은 샘플(sample) 제공이다.

정답 ⑤

736

19년 2회

신규고객 창출을 위한 CRM 활동에 대한 설명으로 옳지 않은 것은?

① 마일리지 프로그램을 통해 구매액에 따른 포인트 적립 및 적립 포인트에 따른 혜택을 제공한다.
② 제휴 마케팅을 통해 타 기업과의 공식적인 제휴를 맺음으로 타사 고객을 자사고객으로 유치한다.
③ 정기적 혹은 비정기적 이벤트를 전개하여 잠재고객을 확보한다.
④ 고객센터, 홈페이지 등을 통해 잠재고객을 대상으로 프로모션 활동을 전개한다.
⑤ 이탈고객의 리스트를 작성하고 이들 중 수익창출 가능성이 있는 고객들을 대상으로 프로모션 활동을 전개하여 재활성화한다.

KEYWORD CRM 신규고객

해설

① 마일리지 제도는 미국의 항공사에서 기존고객 유지를 위한 마케팅 도구로 처음 사용되었다. 즉 마일리지는 신규고객 유치에도 사용되기도 하지만 기존고객을 유지하는데 좀 더 중점을 둔 제도라고 할 수 있다.

정답 ①

737

19년 3회

고객관계관리(CRM)에서 고객가치를 평가하는 척도에 해당하지 않는 것은?

① 지갑점유율 ② 고객활동척도
③ RFM분석 ④ 고객생애가치
⑤ 경쟁사고객 확보율

KEYWORD CRM 고객가치 평가척도

해설

⑤ 신규고객(경쟁사고객) 확보 보다는 기존고객이 이탈하지 않도록 유지관리에 중점을 둔다.
CRM은 불특정 소비자들을 고객으로 만들고, 이들을 이탈 없이 장기간 유지하여 ④ 고객의 생애가치(CLV)를 극대화하는 기법으로, 기업들이 고객 확보, 고객 유지, 판매자, 협력자와 내부 관계 정보를 분석하는 방식을 의미한다. CRM의 특징은 고객과의 관계를 장기적으로 유지하기 위해서 ③ RFM분석을 통한 고객 데이터 관리가 중요하며, 시장점유율보다는 ① 고객의 지갑점유율이 중요 요소가 된다.

정답 ⑤

738

21년 1회

고객가치를 극대화하기 위한 고객관계관리(CRM)의 중심활동으로 가장 옳지 않은 것은?

① 신규고객 확보 및 시장점유율 증대
② 고객수명주기 관리
③ 데이터마이닝을 통한 고객분석
④ 고객가치의 분석과 계량화
⑤ 고객 획득/유지 및 추가 판매의 믹스 최적화

KEYWORD CRM 중심활동

해설

① 신규고객 확보 및 시장점유율 증대보다는 기존고객 유지 및 이탈방지, 그리고 고객점유율이 더 중요한 요소이다.

정답 ①

THEME 100 CRM 분석

739

20년 추가

개별고객의 관계가치에 대한 RFM 분석의 설명으로 가장 옳지 않은 것은?

① R은 Recency의 약자로서 고객이 가장 최근에 기업과 거래한 시점을 말한다.
② F는 Friendly의 약자로서 고객이 기업을 친근해하고 선호하는 정도를 말한다.
③ M은 Monetary의 약자로서 고객이 기업에서 구매하는 평균 금액을 말한다.
④ 분석을 위해서 표본고객에게 R, F, M의 척도에 따라 등급을 부여한다.
⑤ 일반적으로 일정한 기간 내에 한번 이상 거래한 고객을 대상으로 분석한다.

KEYWORD RFM 분석

해설

② F는 Frequency의 약자로 고객의 매장방문 빈도수를 말한다.
개별고객의 관계가치에서 RFM 분석은 최근에 방문했는지(Recency), 매장방문 빈도수(Frequency), 평균구매금액(Monetary)을 분석하는 것이다.

정답 ②

740

20년 2회

아래 글상자는 마케팅과 고객관리를 위해 필요한 고객정보들이다. 다음 중 RFM(Recency, Frequency, Monetary) 분석법을 사용하기 위해 수집해야 할 고객정보로 옳은 것은?

> ㉠ 얼마나 최근에 구매했는가?
> ㉡ 고객과의 지속적인 관계를 유지하는 동안 얻을 수 있는 총수익은 얼마인가?
> ㉢ 일정 기간 동안 얼마나 자주 자사제품을 구매했는가?
> ㉣ 일정 기간 동안 고객이 자사제품을 얼마나 정확하게 상기하는가?
> ㉤ 일정 기간 동안 얼마나 많은 액수의 자사제품을 구매했는가?

① ㉠, ㉡, ㉢
② ㉡, ㉣, ㉤
③ ㉡, ㉢, ㉤
④ ㉢, ㉣, ㉤
⑤ ㉠, ㉢, ㉤

KEYWORD RFM 분석

해설

RFM 분석은 ㉠ 최근성, ㉢ 구매빈도 및 ㉤ 구매금액을 이용하여 고객의 로열티를 측정하는 방법이다.

정답 ⑤

DAY 05

741

20년 추가

고정고객을 확보하는 방안과 관련된 내용으로 가장 옳지 않은 것은?

① 신규고객 10%의 창출보다 기존고객 10%의 이탈을 막는 것이 더 중요하다.
② 고정고객을 확보하면 불특정 다수의 고객과 거래하는 것보다 수익성이 높다.
③ 고객고정화는 결국 시장점유율을 높여 기업의 시장 내 위치를 강화한다.
④ 고객고정화를 통해 업셀(up-sell), 다운셀(down-sell), 크로스셀(cross-sell) 등의 시스템 판매(system selling)를 추구할 수 있다.
⑤ 팬클럽제도, 회원제도, 고객등급화 등이 모두 고객고정화와 관련된다.

KEYWORD 고객확보

해설

고객고정화를 위해서는 시장점유율이 아니라 고객점유율을 극대화시켜야 한다.

정답 ③

742

21년 3회

"이미 판매한 제품이나 서비스와 관련이 있는 제품이나 서비스를 추가로 판매하는 것"을 의미하는 용어로 가장 옳은 것은?

① 교차판매
② 유사판매
③ 결합판매
④ 묶음판매
⑤ 상향판매

KEYWORD 교차판매

해설

교차판매(cross-selling)는 크로스셀링이라고도 하며 기존고객과의 지속적이고 장기적인 관계를 유지하고 나아가 확대시키는 마케팅활동으로서, 특정상품 구매 이외의 보완관계에 있는 관련상품도 구매하도록 유도하는 전략을 의미한다.

정답 ①

743

24년 3회

전략적 고객관리(Strategic Account Management)의 특징으로 옳지 않은 것은?

① 전략적 고객관리는 지속가능한 경쟁우위의 원천이다.
② 전략적 고객관리의 관점에서 모든 종업원의 활동과 팀워크가 정렬되는 경우, 종업원의 만족이 증가하고 기업의 생산성과 수익성이 높아질 수 있다.
③ 전략적 고객관리를 통해 일단 성공적으로 정렬된 조직구성원의 노력은 향후 고객의 욕구가 변화하더라도 적은 비용으로 변화시킬 수 있다.
④ 전략적 고객관리를 통해 고객충성도를 높이는 것은 매우 어렵다.
⑤ 전략적 고객관리를 통해 고객수익성을 높일 수 있다.

KEYWORD 전략적 고객관리

해설

전략적 고객관리는 고객과의 관계를 장기적으로 구축하고 유지관리하기 위한 것으로 이를 통해 고객충성도를 제고시킬 수 있다.

정답 ④

THEME 101 1차 자료와 2차 자료

744
18년 1회

유통마케팅조사에서 2차 자료를 사용하려면 먼저 품질을 평가해야 하는데, 그 품질평가기준으로서 가장 옳지 않은 것은?

① 회사 정보시스템에 포함된 내부성
② 조사문제 해결 시점 기준의 최신성
③ 수집 및 보고과정의 정확성
④ 수집 및 보고과정의 객관성
⑤ 조사 프로젝트와의 적합성

KEYWORD 자료의 수집

해설

① 2차 자료의 품질평가와 관련하여 평가기준은 객관성이 담보되어야 한다. 이를 위해서는 폐쇄적인 내부성은 배제되어야 한다.

정답 ①

745
18년 2회

어느 백화점의 경영 현황을 파악하기 위해 2차 자료를 수집하였다. 2차 자료에 해당하지 않는 것은?

① 제품계열별 판매액
② 지점별 주요 제품 재고
③ 직접 조사한 지점별 고객만족도
④ 고객별 지출액
⑤ 연간 성장률

KEYWORD 자료의 수집

해설

③ 2차 자료란 기존에 수집된 자료를 활용한 것으로 직접 조사한 지점별 고객만족도 자료는 1차 자료에 해당한다.

관련이론 1차 자료와 2차 자료

- 1차 자료(primary data): 1차 자료는 당해 사업 목적을 위해 직접적으로 수집되는 자료를 의미하며 2차 자료분석 후에 이루어지게 된다. 1차 자료의 수집 방법으로는 관찰조사, 설문조사, 실험조사가 있다.
- 2차 자료(secondary data): 마케팅조사를 위해 가장 먼저 시작하는 조사로서 예비적 타당성을 검토하기 위해서 기존에 존재하던 자료를 검색한다. 즉, 기업의 기존 유사자료, 통계청 자료, 신문·잡지·인터넷 등 미디어 자료를 2차 자료라고 한다.
  2차 자료는 다른 목적에 의해 수집된 자료이기 때문에 목적에 맞게 수정·보완이 필요하다.

정답 ③

746
16년 3회

다음 중 2차 자료 조사방법에 해당되는 것은?

① 백화점 고객 표적집단면접
② 홈쇼핑 고객 심층면접법
③ 대형마트 고객만족 전화조사법
④ 편의점 판촉효과 실험조사법
⑤ 유통업체 연감자료 조사법

KEYWORD 자료의 수집

해설

⑤ 유통업체 현황을 조사하여 만든 연감(yearbook)자료는 2차 자료이다.
2차 자료는 기존에 제3자에 의해 다른 목적으로 조사가 완료된 기존 자료로 문제를 해결하기엔 정확성은 떨어지나 비용 및 신뢰도 측면의 장점으로 1차 자료보다 먼저 조사하는 자료이다.

정답 ⑤

DAY 05

747

23년 3회

마케팅 조사에 대한 설명으로 가장 옳지 않은 것은?

① 기술조사는 표적모집단이나 시장의 특성에 관한 자료를 수집·분석하고 결과를 기술하는 조사이다.
② 2차 자료는 당면한 조사목적이 아닌 다른 목적을 위해 과거에 수집되어 이미 존재하는 자료이다.
③ 1차 자료는 당면한 조사목적을 달성하기 위하여 조사자가 직접 수집한 자료이다.
④ 마케팅조사에는 정성조사와 정량조사 모두 필수적으로 제시되어야 한다.
⑤ 탐색조사는 조사문제가 불명확할 때 기본적인 통찰과 아이디어를 얻기 위해 실시하는 조사이다.

KEYWORD **자료의 수집**

해설

마케팅조사에는 정성조사와 정량조사 모두 필수적으로 제시되어야 하는 것은 아니다. 다만 정량조사와 정성조사는 양자 간 상호보완적인 효과가 있으므로 조사의 신뢰성을 위해서는 함께 진행되는 것이 좋다.

정답 ④

THEME 102 마케팅 조사의 척도

748

19년 3회

아래 글상자에서 (㉠)~(㉣)에 해당하는 용어를 순서대로 올바르게 나열한 것은?

> (㉠) 척도는 대상을 규명하고 분류하는 숫자들을 의미하며, (㉡) 척도는 응답자가 질문의 대답들 간의 상대적 정도를 표시할 수 있게 해주는 척도이다. 한편 (㉢) 척도는 대상 간 격차를 비교할 수 있고, 이 때 0점은 임의적으로 사용할 수 있다. 마지막으로 (㉣) 척도는 절대영점(기준점)을 고정시켜 응답자 간의 절대적 격차를 규명하고, 원래 응답들을 비교할 수 있다.

① ㉠ 명목 – ㉡ 서열 – ㉢ 비율 – ㉣ 등간
② ㉠ 명목 – ㉡ 서열 – ㉢ 등간 – ㉣ 비율
③ ㉠ 명목 – ㉡ 비율 – ㉢ 등간 – ㉣ 서열
④ ㉠ 서열 – ㉡ 등간 – ㉢ 명목 – ㉣ 비율
⑤ ㉠ 서열 – ㉡ 명목 – ㉢ 비율 – ㉣ 등간

KEYWORD **척도**

해설

㉠ 명목척도(nominal scale): 현상의 속성이 어떠한 유형으로 구분되는지 만을 알려줌
㉡ 서열척도(ordinal scale): 사용되는 수가 유형의 구분은 물론 대상의 순위 정보까지 알려줌
㉢ 등간척도(interval scale): 사용되는 수가 집단, 순위 및 동등간격이라고 하는 3종류의 정보를 제공
㉣ 비율척도(ratio scale): 사용되는 수에 집단, 순서, 동일간격의 3종의 정보뿐만 아니라 절대 0점을 기준으로 한 가장 많은 정보를 제공하며, 사칙연산이 가능

정답 ②

749

17년 3회

(㉠), (㉡)안에 들어갈 용어로 옳은 것은?

> □□할인점은 고객의 만족도를 조사하기 위해 두가지 척도를 사용하기로 결정하였다. (㉠) 척도는 상대적인 순위를 구분하기 때문에 인근 5개 점포와 비교하여 몇 등인지를 알 수 있고, (㉡) 척도는 산술적 사칙연산이 가능하고 절대 영점을 포함하기 때문에 만족도를 구체적인 점수(예, 100점 만점 중 평균 82점)로 측정할 수 있다는 장점이 있다.

① ㉠ – 명목, ㉡ – 서열
② ㉠ – 명목, ㉡ – 등간
③ ㉠ – 서열, ㉡ – 비율
④ ㉠ – 서열, ㉡ – 등간
⑤ ㉠ – 등간, ㉡ – 비율

KEYWORD 척도

해설

㉠ 서열척도는 측정 대상의 특성이나 속성에 대한 정도의 순위를 측정하기 위한 척도이며 주로 정확하게 정량화하기 어려운 소비자의 태도, 선호도 등의 측정에 이용된다.
㉡ 비율척도는 등간척도가 갖는 특성에 추가적으로 측정값 사이의 비율 계산이 가능한 척도로서 키, 몸무게, 길이, 소득 등 사칙연산이 가능하고 정보의 수준이 가장 높은 척도이다.

관련이론 명목/등간척도

- 명목척도: 단순히 측정대상의 특성을 분류하거나 확인할 목적으로 숫자를 부여하는 경우로 정보의 제공량은 가장 적다.
  예컨대, 남자는 1, 여자는 2 또는 서울은 1, 인천은 2, 부산은 3과 같이 양적인 크기와는 무관하게 범주를 구분하는 데 이용된다.
- 등간척도: 속성에 대한 순위를 부여하되 순위 사이의 간격이 동일한 척도를 의미하며, 측정의 기본단위가 일정한 간격을 갖는 온도계 눈금, 학년, 각종 지수들이 그 예다.

정답 ③

750

23년 1회

아래 글상자의 조사 내용 중에서 비율척도로 측정해야 하는 요소만을 나열한 것으로 옳은 것은?

㉠ 구매자의 성별 및 직업	㉡ 상품 인기 순위
㉢ 타겟고객의 소득구간	㉣ 소비자의 구매확률
㉤ 충성고객의 구매액	㉥ 매장의 시장점유율

① ㉠, ㉡, ㉢
② ㉢, ㉣, ㉤
③ ㉣, ㉤, ㉥
④ ㉡, ㉣, ㉥
⑤ ㉢, ㉤, ㉥

KEYWORD 척도

해설

비율척도는 등간척도가 갖는 특성에 추가적으로 측정값 사이의 비율 계산이 가능한 척도로서, 절대 영점이 존재하며 사칙연산이 가능하고 정보의 수준이 가장 높은 척도이다. 일반적으로 구매확률, 매출액, 시장점유율, 소득 등의 측정에 활용된다.
㉠ 구매자의 성별 및 직업은 명목척도, ㉡ 상품 인기 순위는 서열척도, ㉢ 타겟고객의 소득구간은 등간척도(구간척도)를 통해 측정한다.

정답 ③

DAY 05

DAY 06

DAY 06 합격 GUIDE

4과목 유통정보의 일부 테마에서 생소한 개념이 등장하기 때문에 어려운 과목으로 인식되지만 2과목과 마찬가지로 반복출제되는 내용들만 잘 정리해두면 충분히 고득점에 접근할 수 있습니다.

DAY 06의 핵심 테마는 '103 마케팅 조사 방법', '105 유통업의 성과평가' ,'115 지식의 분류', '116 노나카의 SECI 모델', '121 바코드와 QR코드', '123 POS 시스템', '124 RFID'입니다.

8개년 기출문제를 집중분석하여 정리한 THEME

SUBJECT 03 유통마케팅

THEME 103 마케팅 조사 방법

THEME 104 유통마케팅 자료분석기법

THEME 105 유통업의 성과평가

THEME 106 디지털마케팅

THEME 107 마케팅 기타

SUBJECT 04 유통정보

THEME 108 자료와 정보, 지식

THEME 109 정보화 사회, 디지털 경제, 제4차 산업혁명

THEME 110 의사결정

THEME 111 정보시스템, 의사결정지원시스템(DSS)

THEME 112 데이터베이스(DB), 빅데이터

THEME 113 정보네트워크

THEME 114 지식경영의 의의와 지식경영의 효과

THEME 115 지식의 분류

THEME 116 노나카의 SECI 모델

THEME 117 지식경영과 학습조직

THEME 118 지식관리 시스템(KMS)

THEME 119 바코드의 이해

THEME 120 바코드 마킹의 분류, 마킹의 일반규정

THEME 121 바코드와 QR코드

THEME 122 공통상품코드(GTIN, SSCC, EPC)

THEME 123 POS 시스템

THEME 124 RFID

THEME 103 마케팅 조사 방법

751

21년 3회

응답자들이 제공하기 꺼리는 민감한 정보를 수집하는 조사 방법으로 가장 옳은 것은?

① 관찰조사
② 우편 설문조사
③ 온라인 서베이
④ 개인별 면접
⑤ 표적집단 면접

KEYWORD 자료조사방법

해설

관찰법은 응답자의 행동과 태도를 직접 조사자가 관찰하고 기록함으로써 정보를 수집하는 방법이다. 이는 많은 시간과 비용이 발생하지만 응답자가 마케팅조사 시 응답 의도에 신경을 쓸 필요가 없으며, 조사자와 응답자 사이의 의사소통 과정에서 발생할 수 있는 잠재적인 조사 오류도 제거할 수 있는 장점이 있다.

따라서 응답자들이 제공하기 꺼리는 민감한 정보를 수집하기 위해서는 응답자들을 직접 관찰하는 방법이 질문지법이나 면접법보다 효과적이다.

정답 ①

752

24년 3회

다음 중 탐색적 조사에 관한 설명으로 옳은 것은?

① 특정 이슈나 대상에 대한 사전 정보가 적을 때 전반적인 시장환경 및 문제점을 파악하기 위해 수행한다.
② 관심이 있는 특정 상황이나 응답자의 특정 행동에 대한 실태를 파악하고 예측하기 위한 조사이다.
③ 조사대상으로부터 수집한 자료를 분석하여 특정 대상 및 현상을 요약하고 묘사함으로써 드러나지 않은 특성을 구체화할 수 있다.
④ 예측하고자 하는 효과에 대한 가설을 세우고 검증하는 조사로 다양한 가설을 검증해 볼 수 있다.
⑤ 대부분 직접 자료를 수집하여 정량적 인과관계를 분석하기 때문에 상대적으로 시간과 비용을 단축할 수 있다.

KEYWORD 자료조사방법

해설

탐색조사는 조사하는 문제가 별로 알려지지 않은 경우, 조사자가 통찰과 아이디어를 얻거나 마케팅 의사결정과 관련된 가설설정을 위해 사용된다. 특정 조사설계를 확정하기 전에 예비적으로 수행되는 경향이 많으므로 탄력성이 있어야 하며, 문헌조사, 전문가 의견조사, 케이스 스터디 등을 활용한다.

정답 ①

753
24년 2회

마케팅 조사에 대한 설명으로 가장 옳지 않은 것은?

① 기술 조사(Descriptive Research)는 표적모집단이나 시장의 특성에 관한 자료를 수집·분석하고 결과를 기술하는 조사이다.
② 2차 자료(Secondary Data)는 당면한 조사목적이 아닌 다른 목적을 위해 과거에 수집되어 이미 존재하는 자료이다.
③ 1차 자료(Primary Data)는 당면한 조사목적을 달성하기 위하여 조사자가 직접 수집한 자료이다.
④ 모든 마케팅 조사에는 2차 자료(Secondary Data)가 필수적으로 제시되어야 한다.
⑤ 탐험 조사(Exploratory Research)는 조사문제가 불명확할 때 기본적인 통찰과 아이디어를 얻기 위해 실시되는 조사이다.

KEYWORD **자료조사기법**

해설
마케팅 조사에서 2차 자료(Secondary Data)는 간접적이고 예비적인 조사로, 반드시 실시되고 필수적으로 제시되어야 하는 것은 아니다.

정답 ④

754
21년 1회

유통마케팅 조사과정 순서로 가장 옳은 것은?

① 조사목적 정의 – 조사설계 – 조사실시 – 데이터분석 및 결과해석 – 전략수립 및 실행 – 실행결과 평가
② 조사목적 정의 – 조사실시 – 조사설계 – 데이터분석 및 결과해석 – 전략수립 및 실행 – 실행결과 평가
③ 조사목적 정의 – 조사설계 – 조사실시 – 전략수립 및 실행 – 데이터분석 및 결과해석 – 실행결과 평가
④ 조사목적 정의 – 실행결과 평가 – 전략수립 및 실행 – 조사실시 – 데이터분석 및 결과해석 – 대안선택 및 실행
⑤ 조사목적 정의 – 조사실시 – 데이터분석 및 결과해석 – 조사설계 – 전략수립 및 실행 – 실행결과 평가

KEYWORD **마케팅 조사절차**

해설
유통마케팅 조사절차는 마케팅문제의 정의로부터 시작되며 그 절차는 다음과 같다.
마케팅 조사목적 정의 – 조사설계 – 조사실시 – 데이터분석 및 결과해석 – 전략수립 및 실행 – 실행결과 평가

정답 ①

755
21년 1회

아래 글상자 ㉠과 ㉡에 해당되는 용어로 가장 옳은 것은?

> ㉠은(는) 미래 수요를 예측하는 질적예측방법의 하나이다. 불확실한 특정 문제(특정 기술의 개발 가능성, 새로운 소비 패턴의 출현 가능성 등)에 대해 여러 전문가의 의견을 되풀이해 모으고, 교환하고, 발전시켜 수요를 예측한다.
> ㉡은(는) 시간의 경과에 따라 일정한 간격을 두고 동일한 현상을 반복적으로 측정하여 각 기간에 일어난 변화에 대한 추세를 예측하는 방법이다.

① ㉠ 투사법 ㉡ 시계열분석
② ㉠ 패널조사법 ㉡ 사례유추법
③ ㉠ 투사법 ㉡ 수요확산모형분석
④ ㉠ 델파이법 ㉡ 시계열분석
⑤ ㉠ 사례유추법 ㉡ 수요확산모형분석

KEYWORD **자료조사기법**

해설
㉠ 매입을 위한 수요예측기법에는 질적예측기법으로 시장조사법, 경영자 판단법, 전문가에게 의견을 묻는 델파이법 등이 있다.
㉡ 과거의 어떤 현상을 계량적 자료와 시간의 흐름을 통해 미래를 예측하는 시계열분석법으로 이동평균법, 지수평활법 등이 있다.

정답 ④

756

22년 2회

아래 글상자에 설명하는 마케팅조사 기법으로 가장 옳은 것은?

> 다수의 대상(소비자, 제품 등)들을 그들이 소유하는 특성을 토대로 유사한 대상들끼리 집단으로 분류하는 통계 기법

① 분산분석
② 회귀분석
③ 군집분석
④ t-검증
⑤ 컨조인트분석

KEYWORD 자료조사기법

선지분석

① 분산분석(ANOVA; Analysis of Variance): 3 이상의 독립적인 집단들 간에 특정 변수의 평균값에 서로 차이가 있는지를 검정하는 통계기법
② 회귀분석: 하나(단순회귀분석) 또는 둘 이상(다중회귀분석)의 독립변수가 특정한 하나의 종속변수에 미치는 영향의 정도와 방향을 파악하기 위해서 사용되는 분석방법
④ t-검증: 두 집단 간의 평균비교를 위해 시행되는 통계분석기법
⑤ 컨조인트분석: 제품을 구매할 때 소비자가 중요시하는 제품 속성의 선호도를 측정하고 각 속성 수준에 대해 소비자들이 부여하는 효용(utility)을 파악하여 최상의 신제품을 개발하는 데 사용하는 방법

정답 ③

757

23년 1회

아래 글상자의 내용에 해당되는 마케팅조사 기법으로 가장 옳은 것은?

> 제품 서비스 등의 대안들에 대한 소비자의 선호 정도로부터, 소비자가 각 속성에 부여하는 상대적 중요도와 속성수준의 효용을 추정하는 분석방법

① t-검증
② 분산분석
③ 회귀분석
④ 컨조인트분석
⑤ 군집분석

KEYWORD 자료조사기법

해설

컨조인트분석은 어떤 제품이나 서비스에 대해서 여러 대안이 있을 경우, 그 대안들에 부여하는 소비자들의 선호도를 조사하고 소비자가 각 속성들에 부여하는 상대적 중요도와 각 속성수준의 효용을 추정하여 신제품 개발 시 활용하는 방법이다. 이는 제품 속성의 중요도 파악 및 시장세분화에 의한 고객 특성 파악을 통해 신제품 아이디어를 도출하고, 가장 선호도가 높은 제품을 결정하기 위한 목적으로 이용된다.

정답 ④

758

20년 추가

조사에서 해결해야 할 문제를 명확하게 정의하고 마케팅전략 및 믹스 변수의 효과 등에 관한 가설을 설정하기 위해, 본 조사 전에 사전정보를 수집할 목적으로 실시하는 조사로서 가장 옳은 것은?

① 관찰적 조사(observational research)
② 실험적 조사(experimental research)
③ 기술적 조사(descriptive research)
④ 탐색적 조사(exploratory research)
⑤ 인과적 조사(causal research)

KEYWORD 자료조사기법

해설

④ 본 조사 전에 사전정보를 수집하거나 예비적 타당성을 검토하기 위해 탐색적 조사를 실시한다. 탐색적 조사는 사례연구, 문헌조사, 전문가 의견조사, 면접법 등을 이용한다.

정답 ④

759

20년 3회

유통마케팅조사 방법 중 대규모 집단을 대상으로 체계화된 설문을 통해 자료를 수집하는 대표적인 서베이 기법으로 옳은 것은?

① HUT(Home Usage Test)
② CLT(Central Location Test)
③ A&U조사(Attitude and Usage research)
④ 패널조사(Panel Survey)
⑤ 참여관찰조사(Participant Observation)

KEYWORD 자료조사기법

해설
A&U조사(서베이조사)는 가장 널리 이용되는 마케팅조사의 하나로, 조사원들이 표본으로 선정된 응답자들로부터 설문지 등을 이용해 조사 목적과 관련된 정보를 수집·분석하는 것이다.

정답 ③

760

24년 2회

유통마케팅 조사방법 중 표적집단면접법(FGI)에 대한 설명으로 가장 옳지 않은 것은?

① 소수의 응답자를 대상으로 하나의 장소에서 진행한다.
② 특정 기준에 따라 주제에 관심이 있거나 관련 경험이 있는 소수의 참가자를 선정한다.
③ 응답자들끼리 편하게 대화를 진행하게 한다.
④ 대화가 주제를 벗어나는 경우만 사회자가 최소한 개입한다.
⑤ 조사자와 응답자가 자유롭고 심도있는 질의응답을 진행한다.

KEYWORD 자료조사기법

해설
조사자와 응답자가 자유롭고 심도있는 질의응답을 진행하는 것은 심층면접법(Depth Interview)에 해당한다.

관련이론 표적집단면접법(FGI)
보통 6~12명 정도의 면접 대상자들을 한자리에 모이도록 하고 주제에 숙련된 진행자를 중심으로 그 주제와 관련된 토론을 하도록 함으로써 자료를 수집하는 방법이다.

정답 ⑤

761

18년 1회

다음 글 상자의 ○○홈쇼핑이 실행한 마케팅조사기법은?

> ○○홈쇼핑은 지속적인 매출감소원인을 파악하고자, 우량고객 10명을 대상으로 조사를 실행하였다. 훈련받은 사회자의 진행을 통해 고객들은 자유롭게 여러 주제에 대하여 토론하였다. 자사와 경쟁사 홈쇼핑의 상품, 방송, 배송 등에 대해 전반적인 평가를 받았고 또한 고객들이 생각하는 매출 개선 방안도 제안받았다.

① 민속학적조사
② 서베이조사
③ 실험조사
④ 표적집단면접조사
⑤ 전문가조사

KEYWORD 자료조사기법

해설
표적집단면접법은 FGI(Focus–Group Interview)법이라 한다. 사회자의 진행 아래 6~12명의 참여 패널이 주어진 주제에 맞게 토론하는 방법이다.

정답 ④

DAY 06

THEME 104 유통마케팅 자료분석기법

762

21년 2회

아래 글상자의 상황에서 A사가 선택할 수 있는 분석 방법으로 가장 옳은 것은?

> 공기청정기를 판매하는 A사는 다양한 판매촉진을 통해 매출 부진에서 벗어나고자 한다.
> 가격인하와 할인쿠폰행사 그리고 경품행사가 매출향상에 효과적인가를 판단하기 위해 각 판촉 방법당 5개 지점의 자료를 표본으로 선정하여 판촉 유형이 매출에 미치는 효과 여부에 관한 조사를 실시하기로 했다.

① 요인분석(factor analysis)
② 회귀분석(regression analysis)
③ 다차원척도법(MDS, Multi-Dimensional Scaling)
④ 표적집단면접법(FGI, Focus Group Interview)
⑤ 분산분석(ANOVA, Analysis Of Variance)

KEYWORD **자료분석기법**

해설
분산분석(ANOVA)은 3 이상의 독립적인 집단들 간에 특정 변수의 평균값에 서로 차이가 있는지를 검정하는 통계기법에 해당한다.

선지분석
① 요인분석: 변수들 간의 상관관계를 고려하여 내재된 유사요인들을 추출해 내는 분석방법
② 회귀분석: 하나(단순 회귀분석) 또는 둘 이상(다중회귀분석)의 독립변수가 특정한 하나의 종속변수에 미치는 영향의 정도와 방향을 파악하기 위해서 사용되는 분석방법
③ 다차원척도법: 제품의 특성에 대하여 소비자들이 인지하고 있는 상태를 그래프상의 여러 차원으로 표시해 시각적으로 포지션을 파악하는 기법
④ 표적집단면접법은 고객의 구매행동에 대한 내면적 동기나 심리를 파악하기 위해 6~12명의 패널을 모아놓고 조사하는 방법

정답 ⑤

763

19년 2회

아래 글상자에서 설명하는 유통마케팅 자료분석기법으로 옳은 것은?

> • 경쟁 상품들의 포지셔닝 맵을 작성하는데 주로 사용된다.
> • 유통 서비스들에 대한 고객의 인지 구조를 지도화 하여 핵심 개념들의 차원을 규명하는데 사용된다.
> • 유사성 자료 또는 근접성 자료를 공간적 거리로 시각화 한다.

① 시계열 분석
② 다차원척도법
③ 컨조인트분석
④ 회귀분석
⑤ 군집분석

KEYWORD **자료분석기법**

해설
글상자에서 설명하는 내용은 ② 다차원척도법이다.

선지분석
③ 컨조인트분석: 어떤 제품이나 서비스에 대해서 여러 대안이 있을 경우, 그 대안들에 부여하는 소비자들의 선호도를 측정하여 소비자가 각 속성들에 부여하는 상대적 중요도와 각 속성수준의 효용을 측정하여 신제품 개발 시 활용하는 방법이다.
④ 회귀분석: 독립변수와 종속변수 사이의 관계를 회귀식을 이용하여 변수 간의 인과관계를 알아보는 분석이다.
⑤ 군집분석: 각 개체의 유사성을 측정하여 관련성이 높은 대상 집단을 분류하고 군집에 속한 개체들의 유사성과 서로 다른 군집에 속한 개체 간의 상이성을 규명하는 통계분석이다.

정답 ②

764
16년 1회

특정 소매점에서 A제품에 대하여 '가격할인'과 '프리미엄 제공'이라는 2개의 판촉전략을 한달간 실행하였다. 그 기간 동안 카드로 A제품을 구매한 고객을 20대, 30대, 40대, 50대로 분류하여 각 판촉활동의 연령대별 매출액 증감효과 차이를 분석하고자 할 경우, 가장 적합한 분석기법은?

① t-검증 ② 회귀분석
③ 군집분석 ④ 분산분석
⑤ 판별분석

KEYWORD 자료분석기법

해설

④ 분산분석(ANOVA)은 다수의 개별 집단들 간에 특정 변수의 평균값이 서로 차이가 있는지 검정하는 경우에 사용하는 통계기법으로 예컨대 남, 여 간에 선호하는 청바지의 가격대 등을 예로 할 수 있다.

정답 ④

765
20년 3회

아래 글상자에서 설명하고 있는 유통마케팅조사의 표본추출 유형으로 옳은 것은?

- 모집단이 상호 배타적인 집단으로 나누어진다.
- 조사자는 나누어진 배타적인 집단들 중 면접할 몇 개 집단을 표본으로 추출한다.
- 확률표본추출 중 한 유형이다.

① 단순무작위표본 ② 층화확률표본
③ 판단표본 ④ 군집표본
⑤ 할당표본

KEYWORD 표본추출

해설

확률표본추출 모형은 ①, ②, ④이고, 그 중 모집단을 배타적인 집단들로 나눈 뒤 그 중 면접할 집단을 선발하는 방식은 ④ 군집표본추출 방식이다.

정답 ④

766
18년 3회

표본추출 유형에 대한 설명으로 옳지 않은 것은?

① 단순무작위표본추출법에서는 모집단의 모든 원소가 알려져 있고 선택될 확률이 똑같다.
② 층화표본추출방법은 모집단이 상호 배타적인 집단으로 나누어지며, 각 집단에서 무작위표본이 도출되는 방식이다.
③ 편의표본추출방식은 조사자가 가장 얻기 쉬운 모집단 원소를 선정하는 방식이다.
④ 판단표본추출방식은 조사자가 모집단을 상호 배타적인 몇 개의 집단으로 나누고 그 중에서 무작위로 추출하는 방식이다.
⑤ 할당표본추출방식은 몇 개의 범주 각각에서 사전에 결정된 수만큼의 표본을 추출하는 방식이다.

KEYWORD 표본추출

해설

④ 층화표본추출방식에 대한 설명이다.

관련이론 표본추출방식

- 확률적표본추출

구분	내용
단순무작위 표본추출방식	각 표본이 동일하게 선택될 확률을 가지도록 선정된 표본 목록의 각 표본에 일련번호를 부여하고 난수표를 이용하여 무작위로 추출하는 방식
층화표본추출방식	모집단을 통제 변수에 의해 배타적이고 포괄적인 소그룹으로 구분한 다음 각 소그룹별로 단순 무작위로 추출하는 방식
군집표본추출방식	모집단을 동질적인 여러 소그룹으로 나눈 다음 그 중에서 무작위로 몇 개의 집단을 선택하여 전수조사를 하는 표본추출법

- 비확률표본추출

구분	내용
편의표본추출방식	조사자의 편의 또는 임의대로 표본을 선정하는 방법
판단표본추출방식	모집단에 대한 사전 지식을 기초로 조사 목적에 가장 적합하다고 판단되는 특정 집단을 표본으로 선정하는 방법
할당표본추출방식	분류기준에 의해 전체 표본을 소집단으로 분류하고 각 집단별로 필요한 대상을 추출하는 방법

정답 ④

DAY 06

767

19년 1회

소매점의 신제품 조사를 위해 표적시장을 잘 반영하리라 생각되는 집단을 대상으로 설문조사를 했다면 어떤 표본추출 방법에 해당하는가?

① 편의표본추출
② 판단표본추출
③ 확률비례추출
④ 집락표본추출
⑤ 층화표본추출

KEYWORD **표본추출**

관련이론 표본추출방법

편의표본추출	조사자의 편의 또는 임의대로 표본을 선정하는 방법
판단표본추출	표본의 조사목적에 가장 적합하다고 판단되는 특정집단을 표본으로 선정하는 방법
층화표본추출	모집단을 통제변수에 의해 배타적이고 포괄적인 소그룹으로 구분한 다음 각 소그룹별로 단순무작위로(random) 추출하는 방식
군집표본추출	모집단을 동질적인 여러 소그룹으로 나눈 다음 특정 소비 그룹을 표본으로 선택하고, 선택된 소그룹 전체를 조사하거나 일부를 표본추출하는 방식
집락표본추출	층화표본추출법과 유사하며 집단 내는 이질적이나, 집단 간에는 동질성이 있음

정답 ②

768

17년 3회

다음 글상자에서 설명하는 표본추출 방법은?

- 신제품 조사를 위해 표적시장을 잘 반영하리라고 생각되는 집단을 대상으로 설문조사를 함
- 모집단의 대표성보다는, 면접 과정에서 풍부한 정보를 수집하기 위해 제품이나 산업에 대해 많은 정보를 갖고 있는 표본을 선정하는 비확률 표본추출 방법임
- 향후 경제 전망에 대한 면접 조사를 위해, 일반인보다 경제 부분의 전문가들을 선별하여 면접에 참여하도록 함

① 편의표본추출(Convenience Sampling)
② 판단표본추출(Judgement Sampling)
③ 할당표본추출(Quota Sampling)
④ 집락표본추출(Cluster Sampling)
⑤ 층화표본추출(Stratified Sampling)

KEYWORD **표본추출**

해설

판단표본추출법은 마케팅조사자가 신제품 조사를 위해 본인이 스스로 판단하기에 가장 적합하다고 생각되는 집단을 대상으로 설문조사를 실시하는 방법을 의미한다.

정답 ②

769

16년 3회

확률표본 추출방법에 해당하지 않는 것은?

① 편의표본추출법
② 단순무작위표본추출법
③ 층화무작위표본추출법
④ 군집표본추출법
⑤ 체계적 무작위추출법

KEYWORD **표본추출**

해설

① 편의표본은 조사하는 사람 편의에 맞게 표본을 추출하는 방법으로 대표적인 '비확률표본추출'방법에 해당한다.

관련이론 확률표본추출방법

확률표본추출은 조사 대상자 본인이 조사의 대상이 될 확률을 알고 있는 상황에서 진행하는 표본추출방법으로 단순무작위표본추출, 층화무작위표본추출, 군집표본추출, 체계적무작위추출법이 있다.

정답 ①

770

16년 1회

표본추출방법 중 각 표본들이 동일하게 선택될 확률을 가지도록 선정된 표본프레임 안에서 각 표본단위들에 일련번호를 부여한 다음, 난수표를 이용해서 선정된 번호에 따라서 무작위로 추출하는 방법은?

① 층화표본추출
② 군집표본추출
③ 편의표본추출
④ 단순무작위표본추출
⑤ 판단표본추출

KEYWORD 표본추출

해설

④ 단순무작위표본추출은 각 표본이 동일하게 선택될 확률을 가지도록 선정된 표본목록에 각 표본에 일련번호를 부여하고 난수표를 이용하여 무작위로 추출하는 방식이다.

관련이론 표본추출방법

확률표본추출 방법	내용
단순무작위표본추출 방식	각 표본이 동일하게 선택될 확률을 가지도록 선정된 표본목록에 각 표본에 일련번호를 부여하고 난수표를 이용하여 무작위로 추출하는 방식
층화표본추출방식	모집단을 통제변수에 의해 배타적이고 포괄적인 소그룹으로 구분한 다음 각 소그룹별로 단순무작위로(random) 추출하는 방식
군집표본추출방식	모집단을 동질적인 여러 소그룹으로 나눈 다음 특정 소비 그룹을 표본으로 선택하고 그 소그룹 전체를 조사하거나 일부를 표본으로 추출하는 방식
판단표본추출방식	비확률적 표본추출방식으로 조사자의 판단에 따라 조사목적에 가장 적합하다고 판단되는 것을 표본으로 추출하는 방식

정답 ④

THEME 105 유통업의 성과평가

771

21년 3회

유통목표의 달성 성과를 평가하기 위한 방법으로 옳지 않은 것은?

① 소비자 기대치와 비교
② 경로구성원 간 갈등 비교
③ 업계 평균과 비교
④ 경쟁사와 비교
⑤ 사전 목표와 비교

KEYWORD 유통마케팅 성과평가

해설

② 경로구성원 간 갈등 비교는 목표달성 평가와는 거리가 멀다.
유통기업의 성과평가 도구는 크게 재무적 방법과 마케팅적 방법, 유통경로에 대한 평가 방법 등을 사용하고 있다. 여기에는 소비자 기대치와 비교, 업계 평균과 비교, 경쟁사와의 비교, 사전 목표 대비 성과와의 비교 등이 있다.

관련이론 유통마케팅 성과측정 방법

- 재무적 방법: 회계 자료를 기초로 한 평가 방법으로 재무제표를 이용하여 과거의 성과를 평가할 수 있는 기법이다.
- 마케팅적 방법: 고객들로부터 수집된 데이터를 토대로 과거의 성과를 보여주고 미래의 성과를 예측하는 기법이다. 고객만족도, 고객 획득률, 고객생애가치 등 측정하는 것으로 재무적 방법의 보완적 방법으로 활용된다.

정답 ②

772

23년 1회

소매업체 입장에서 특정 공급자의 개별품목 또는 재고관리 단위를 평가하는 방법으로 가장 옳은 것은?

① 직접 제품이익
② 경로 구성원 성과평가
③ 평당 총이익
④ 상시 종업원 당 총이익
⑤ 경로 구성원 총자산 수익률

KEYWORD 유통마케팅 성과평가

해설

제품별 직접이익 또는 직접 제품이익(DPP; Direct Product Profit)은 소매업체의 제품 성과를 평가하는 중요한 측정 도구 중의 하나이며, 경로구성원이 취급하는 개별 제품의 수익성을 평가하는 지표이다.

정답 ①

773

21년 2회

유통마케팅 성과평가에 대한 설명으로 가장 옳지 않은 것은?

① 유통마케팅 성과측정 방법은 크게 재무적 방법과 마케팅적 방법으로 나눌 수 있다.
② 재무적 방법은 회계 데이터를 기초로 성과를 측정한다.
③ 마케팅적 방법은 주로 고객들로부터 수집된 데이터를 이용하여 성과를 측정한다.
④ 마케팅적 방법은 과거의 성과를 보여주지 못하지만 미래를 예측할 수 있다는 장점이 있다.
⑤ 재무적 방법과 마케팅적 방법을 상호보완적으로 활용하여 측정하는 것이 효과적이다.

KEYWORD **유통마케팅 성과평가**

해설

④ 유통업의 성과평가 도구로는 크게 재무적 방법과 마케팅적 방법 등을 사용하고 있다. 재무적 방법과 마케팅적 방법을 병행하여 사용하여야 신뢰성 있는 평가 결과를 도출할 수 있다.

정답 ④

774

22년 1회

유통마케팅 목표달성을 위해 자금을 효율적으로 지출하는지를 확인할 수 있는 유통마케팅 성과평가 분석으로 가장 옳은 것은?

① 시장점유율 분석
② 자금유지율 분석
③ 고객만족도 분석
④ ROI 분석
⑤ 경로기여도 분석

KEYWORD **유통마케팅 성과평가**

해설

유통마케팅 목표달성을 위해 자금을 효율적으로 지출하는지를 확인할 수 있는 대표적인 재무적 지표는 투자수익률(ROI) 또는 재고총수익률(GMROI)이다.

정답 ④

775

21년 3회

유통마케팅 투자수익률에 대한 설명으로 가장 옳은 것은?

① 정성적으로 측정할 수 있는 마케팅효과만을 측정한다.
② 마케팅 투자에 대한 순이익과 총이익의 비율로써 측정한다.
③ 마케팅활동에 대한 투자에서 발생하는 이익을 측정한다.
④ 고객의 획득과 유지 등 마케팅의 고객 관련 효과를 고려하지 않는다.
⑤ 판매액, 시장점유율 등 마케팅 성과의 표준 측정치를 이용해 평가할 수는 없다.

KEYWORD **ROI**

선지분석

① 정성적 뿐만 아니라 정량적 측면도 고려해야 한다.
② 마케팅에 투자된 비용 대비 순이익 또는 총이익 비율로 측정한다.
④ 고객의 획득과 유지 등 마케팅의 고객 관련 효과를 고려해야 한다.
⑤ 판매액, 시장점유율 등 마케팅 성과의 표준 측정치를 이용해 평가할 수 있다.

정답 ③

776

17년 3회

재고와 판매공간에 대한 수익률을 분석하기 위해 활용하는 GMROI(Gross Margin Return On Inventory investment)와 GMROS(Gross Margin Return On Selling area)에 대한 설명으로 옳지 않은 것은?

① 유통경로상에서 추가 또는 제거해야 할 품목의 결정에 도움을 준다.
② 문제가 되는 상품계열의 수익성을 향상시키기 위한 머천다이징 전략을 강구할 수 있다.
③ 공급업자에게 더 많은 판매촉진과 배달개선을 요구할 수 있는 근거가 된다.
④ 두 가지 척도 모두 단기적 수익성보다는 장기적 수익성을 측정하는 척도이다.
⑤ 매출채권과 외상매입금 등은 재고투자의 계산에 포함되어 있지 않다.

KEYWORD **GMROI**

해설

④ GMROI(재고투자총수익률)와 GMROS(판매면적당 총수익률)는 모두 단기적인 수익성 평가도구에 해당한다. 재고자산은 회계목적상 유동자산에 해당한다.

정답 ④

777

17년 1회

재고투자수익률(GMROI)에 대한 설명으로 가장 옳지 않은 것은?

① Gross Margin Return On Inventory investment를 의미한다.
② 상품의 총이익을 그 상품의 평균재고금액으로 나눈 값이다.
③ 평균재고금액은 매입원가, 소매가격 또는 시장가격을 사용하여 계산한다.
④ 상품의 재고회전율보다 총마진율이 재고투자수익률에 미치는 영향이 항상 더 크다.
⑤ 상이한 품목, 상품계열, 부문(department)들의 성과를 비교하는데 사용할 수 있다.

KEYWORD **GMROI**

해설

재고투자수익률(GMROI) 계산 식은 아래와 같다.

$$GMROI = \frac{총이익}{재고투자액} = \frac{매출액}{재고투자액} \times \frac{총이익}{매출액}$$

$$= 재고회전율 \times 매출액총이익률(총마진율)$$

따라서 재고투자수익률(GMROI)에는 재고회전율과 총마진율이 함께 영향을 미침을 알 수 있다.

정답 ④

778

24년 3회

아래 글상자에서 설명하는 평가 기법으로 가장 옳은 것은?

> 구매자 입장에서 특정 공급자의 개별품목 혹은 재고관리단위(SKU: Stock Keeping Unit) 각각에 관해 평가를 하는 기법

① 상시종업원당 총이익
② 평당 총이익
③ 경로구성원 총자산 수익률
④ 경로구성원 성과평가
⑤ 직접제품이익

KEYWORD **성과평가**

해설

구매자 입장에서 특정 공급자의 개별품목 혹은 재고관리단위(SKU: Stock Keeping Unit) 각각에 관해 평가를 하는 기법을 직접제품이익(DPP)이라 한다.

정답 ⑤

779

21년 1회

회계데이터를 기초로 유통마케팅 성과를 측정하는 방법으로 옳은 것은?

① 고객만족도 조사
② 고객 획득률 및 유지율 측정
③ 매출액 분석
④ 브랜드 자산 측정
⑤ 고객생애가치 측정

KEYWORD **성과측정**

해설

③ 매출액 분석은 회계데이터를 기초로 한 재무적 방법이다.
유통마케팅의 성과평가를 하기 위해서는 크게 재무적 방법과 마케팅적 방법을 활용할 수 있다.
마케팅적 방법은 고객만족도, 고객획득률, 고객생애가치 등의 측정이 해당되며, 재무적 방법과 보완적으로 활용한다.

정답 ③

780

20년 3회

유통경로의 성과평가 방법 중 재무성과를 평가하기 위해 사용되는 지표로 가장 옳지 않은 것은?

① 순자본수익률 ② 자기자본이익률
③ 매출액증가율 ④ 부가가치자본생산성
⑤ 재고회전율

KEYWORD 성과평가

해설

유통경로의 성과평가 방법 중 재무성과를 평가하기 위해 사용되는 지표는 전략적 수익모형이라 하며, 이들은 ③ 성장성비율(매출액증가율 등), ② 수익성비율(자본이익률 등), ① 순자본수익율, 유동성비율, ⑤ 활동성비율(재고회전율 등), 레버리지비율(부채비율) 등 재무비율 분석과 관련된 비율을 의미한다.

정답 ④

781

19년 1회

재무적 성과평가를 위한 자료 중 손익계산서에 대한 설명으로 옳은 것은?

① 일정 회계 기간 동안의 경제적 사건과 그 기간 말의 경제적 상태를 나타내는 보고서
② 소매점의 자금이 어떻게 조달되었고 어디에 사용되고 있는지를 나타내주는 보고서
③ 일정 기간의 모든 수익과 비용을 대비시켜 당해 기간의 순이익을 계산한 보고서
④ 일정 기간 동안의 소매점의 현금의 유입과 유출 내용을 표시한 보고서
⑤ 한 기간의 매출액이 당해 기간의 총비용과 일치하는 점을 분석한 보고서

KEYWORD 재무적 성과평가

해설

①, ② 재무상태표, ④ 현금흐름표, ⑤ 손익분기점 분석표에 관한 내용이다.

정답 ③

782

20년 2회

도·소매업체들의 유통경로 수익성 평가에 활용되는 전략적 이익모형(Strategic Profit Model)의 주요 재무 지표에 해당하지 않는 것은?

① 순매출이익률
② 총자산회전율
③ 레버리지비율
④ 투자수익률
⑤ 총자본비용

KEYWORD 전략적 이익모형

해설

⑤ 총자본비용은 타인자본비용과 자기자본비용의 합을 뜻하는 것으로 전략적 수익모형에 해당하는 지표가 아니다.
유통경로의 성과평가 방법 중 재무성과를 평가하기 위해 사용되는 지표는 전략적 이익모형(전략적 수익모형)이라 한다. 이들은 수익성 비율(자본이익률 등), 유동성 비율, 활동성 비율(재고회전율 등), 레버리지 비율(부채 비율) 등 재무비율 분석과 관련된 비율을 의미한다.

정답 ⑤

783

19년 2회, 17년 2회

공급업체와 유통업체가 장기적 협력관계를 구축하려고 할 경우, 공급업체가 유통업체를 평가하는 기준을 모두 고르면?

> ㉠ 경제성: 유통업체의 판매액, 비용, 수익성 등
> ㉡ 통제성: 공급업체의 상품에 대한 유통업체의 마케팅전략을 조정할 수 있는 정도
> ㉢ 적응성: 환경변화에 적응하여 유통업체와의 관계를 유연하게 조정할 수 있는 정도

① ㉠
② ㉠, ㉡
③ ㉠, ㉢
④ ㉡, ㉢
⑤ ㉠, ㉡, ㉢

KEYWORD **유통업체 평가기준**

해설

㉠, ㉡, ㉢ 모두 유통업체를 평가하는 기준이 된다.

㉠ 경제성: 어느 경로에서 매출액이 가장 크게 발생하며 비용 발생이 가장 낮은지를 파악하는 기준이다.

㉡ 통제성: 간접 유통경로의 경우 중간상의 이익을 극대화하는 데 초점을 맞추며 고객의 관심에 많은 주의를 기울이므로 통제에 어려움이 있다. 반면 직접 유통경로의 경우 통제에 용이하다.

㉢ (환경)적응성: 변화와 새로운 환경에 유통경로를 바꾸는 것은 매우 어려우므로 장기적인 관계 구축 면에서 가장 중요한 평가기준이 된다.

정답 ⑤

784

24년 2회

유통경로의 성과평가를 위한 항목 중 유통경로의 효과성에 대한 평가항목으로 가장 옳지 않은 것은?

① 고객의 전반적인 만족도
② 신시장 개척 건수 및 비율
③ 중간상의 거래 전환 건수
④ 단위당 총 물류비용
⑤ 클레임(Claim) 건수

KEYWORD **성과평가**

해설

유통경로의 목적 달성 여부를 측정하는 효과성(Effectiveness)에 대한 평가항목은 정성적 측면에서 고객만족도가 가장 중요하고, 정량적인 측면에서는 클레임(Claim) 건수, 신시장 개척 건수 및 비율, 중간상의 거래 전환 건수 등이 중요한 지표에 해당한다.

단위당 총 물류비용은 효율성 또는 경제성 측면의 평가항목에 해당한다.

정답 ④

785

16년 3회

유통경로의 성과를 평가하기 위한 정량적 척도에 해당하지 않는 것은?

① 새로운 중간상들의 수와 비율
② 단위당 총 유통비용
③ 손상된 제품의 비율
④ 재고부족방지를 위한 관련 비용
⑤ 역할에 대한 의견 일치의 정도

KEYWORD **유통경로성과 정량척도**

해설

⑤ 역할에 대한 의견의 일치 정도는 계량화하기 어려운 질적인 부분으로 정성적 척도에 해당한다.
유통경로성과를 파악하기 위한 방법으로는 성과 정도를 수치화할 수 있는 정량적 척도와 질적인 부분과 평가자 개인의 주관이 포함되는 정성적 척도가 있다.

정답 ⑤

786

16년 2회

유통경로의 성과를 평가하기 위한 정성적 척도에 해당하지 않는 것은?

① 최상위 목표에 대한 인식
② 경로리더십의 개발정도
③ 기능적인 중복의 정도
④ 거래중단 중간상의 비율
⑤ 기능적 이전(functional spinoffs)의 유연성

KEYWORD **유통경로성과 정성척도**

해설

④ 거래중단 중간상의 비율은 수량화할 수 있는 정량적 척도에 해당한다.

관련이론 정성적/정량적 평가척도

정성적 평가척도	정량적 평가척도
경로조정 및 갈등의 정도	단위당 총유통비용
경로역할에 대한 의견의 차이 정도	단위당 총운송비용
경로리더십의 개발 정도	재고부족방지비용
경로에 대한 몰입의 정도	재고부족비율
신기술의 유입 정도	주문처리의 오류횟수
새로운 획득 정도	거래중단 유통업체의 수와 비율
정보의 획득 정도	부실채권비율
상표 간 경쟁의 정도	주문의 크기
기업과 고객집단과의 관계 정도	고객컴플레인 횟수

정답 ④

THEME 106 디지털마케팅

787

24년 3회

다음 중 온라인 판매 채널을 추가함으로써 얻을 수 있는 혜택으로 가장 옳지 않은 것은?

① 지역 상권에 제한되지 않고 시장을 확장할 수 있다.
② 더 깊고 넓은 상품구색을 제공할 수 있다.
③ 소비자의 구매 결정에 도움이 되는 더 많은 양의 정보를 제공할 수 있다.
④ 채널 간 갈등을 낮춰 고객에게 통합된 경험을 제공할 수 있다.
⑤ 소비자 구매에 대한 정보를 수집하여 개인 맞춤형 제품을 제공할 수 있다.

KEYWORD **온라인 마케팅**

해설

유통기업에서 온라인 판매 채널을 추가하는 경우 고객에게 다양한 경험을 제공할 수 있는 장점이 있는 반면 채널 간 갈등을 높이는 이유가 되기도 한다.

정답 ④

788

24년 3회

검색엔진 최적화(SEO: Search Engine Optimization)의 성과지표 중 하나로, 검색엔진을 통해 웹사이트에 유입된 방문자 수치를 의미하는 것으로 옳은 것은?

① 이탈률(Bounce Rate)
② 오가닉 트래픽(Organic Traffic)
③ 페이드 트래픽(Paid Traffic)
④ 평균 세션 시간(Average Session Duration)
⑤ 페이지 로드 시간(Page Load Time)

KEYWORD **검색엔진 최적화(SEO)**

선지분석

① 이탈률(Bounce Rate, BR): 웹사이트에서 고객이 웹사이트 방문 시 한 페이지만 보고 웹사이트를 이탈하는 비율
③ 페이드 트래픽(Paid Traffic): 검색결과의 가장 상단이나 하단에 노출되는 Google 검색 광고나 Facebook의 스폰서 포스트를 통해 웹사이트로 들어온 방문자를 말한다.
④ 평균 세션 시간(Average Session Duration): 웹사이트 방문자들이 사이트에서 보내는 평균적인 시간을 의미하며, 이는 웹사이트의 성과를 평가하는 데 중요한 지표이다.
⑤ 페이지 로드 시간(Page Load Time): 페이지를 로드하는 데 걸리는 시간으로, 탐색 시작부터 로드 이벤트 시작까지 측정한다.

관련이론 검색엔진 최적화(SEO; Search Engine Optimization)

검색엔진을 사용자 편의성에 맞추어 최적화하여 검색엔진 상단에 자사의 사이트를 노출시키는 것을 의미한다.
이를 통해 마케팅 효과를 극대화하고 매출액 제고를 꾀할 수 있다. '특정 키워드' 검색에 대한 필요성을 느끼는 사용자들이 대상이 된다는 점에서, 불특정 다수를 대상으로 하는 일반 검색과는 차이점을 가진다.

정답 ②

789

24년 2회

검색엔진 최적화를 위한 키워드 조사에 대한 설명으로 가장 옳지 않은 것은?

① 검색엔진 최적화는 소비자가 어떤 키워드로 검색하는지를 알아내는 것이 중요하다.
② 판매하려는 제품이나 서비스와 관련하여 검색하는 유관 키워드 또한 파악해야 한다.
③ 검색한 소비자가 궁극적으로 얻고자 하는게 무엇인지 고민해야 한다.
④ 키워드는 온라인마케팅 전반에 활용되므로 불특정 다수를 중심으로 조사해야 한다.
⑤ 경쟁기업이 어떤 메시지와 키워드를 사용하는지 경쟁사키워드 조사도 필요하다.

KEYWORD **검색엔진 최적화(SEO)**

해설

검색엔진 최적화(SEO: Search Engine Optimization)는 검색엔진을 사용자 편의성에 맞추어 최적화하여 검색엔진 상단에 자사의 사이트를 노출시키는 것을 의미하며, 이를 통해 마케팅 효과 및 매출액 제고를 꾀할 수 있다는 장점이 있다. SEO는 특정 키워드검색에 대한 필요성을 느끼는 사용자들이 대상이 된다는 점에서 불특정다수를 대상으로 하는 일반 검색과는 차이점이 있다.

정답 ④

790

24년 3회

다음 중 마케팅을 위한 소셜미디어의 장점에 대한 설명으로 가장 옳지 않은 것은?

① 소셜미디어는 표적화되고 개별화되어 있다는 장점이 있다.
② 소셜미디어는 상호작용적이어서 소비자의 의견 및 피드백을 얻는 데 이상적인 도구이다.
③ 소셜미디어는 브랜드의 근황 및 활동에 관한 마케팅 콘텐츠를 시의적절하게 제공할 수 있다.
④ 소셜미디어를 활용한 마케팅은 비용이 무료라는 장점이 있다.
⑤ 소셜미디어는 고객의 경험을 형성하고 공유하는 데 적합하다.

KEYWORD **소셜미디어 마케팅**

해설

소셜미디어 마케팅(SNS 마케팅)은 인스타그램, 유튜브, 페이스북과 같은 다양한 플랫폼에서 스폰서 게시물, 디스플레이광고, 캐러셀광고 등 유료 소셜광고를 제공하며, 광고주는 유기적인 콘텐츠를 강화하여 지속적으로 새로운 캠페인을 만들 필요 없이 도달 범위를 확장할 수 있는 장점이 있다.

정답 ④

791

24년 2회

소셜 커머스의 한 유형으로서 관심 지역의 서비스 혹은 온라인 상의 상품 및 서비스를 일정 인원 이상이 구입하면 상품가격 할인폭이 높아지는 형태의 비즈니스 모델로 옳은 것은?

① 플래시 세일(Flash Sale)
② 위치기반 소셜 앱(LBS Social Apps)
③ 공동구매(Group Buy)
④ 구매 공유(Purchase Sharing)
⑤ 소셜 큐레이션(Social Curation)

KEYWORD 소셜미디어 마케팅

해설

온라인 기반 비즈니스 모델 중 공동구매(Group Buy)는 소셜 커머스의 한 유형으로서 관심 지역의 서비스 혹은 온라인 상의 상품 및 서비스를 일정 인원 이상이 공동구입시 상품가격 할인 폭이 높아지는 형태의 모델이라 할 수 있다.

관련이론 플래시 세일(Flash Sale)

플래시 세일(Flash Sale)은 한정된 수량을 일정 시간 동안만 선착순 할인 판매하는 것으로 항상 세일을 하되 입고된 상품이 소진되면 자동적으로 세일이 종료되는 비즈니스 모델이다.

정답 ③

792

24년 2회

소셜미디어에서 광고가 1,000회 노출되는 데 소요되는 광고비용을 지칭하는 용어로 가장 옳은 것은?

① CTR(Click-Through Rate)
② CVR(Conversion Rate)
③ CPC(Cost Per Click)
④ CPM(Cost Per Mille)
⑤ CPA(Cost Per Action)

KEYWORD 소셜미디어 마케팅

선지분석

① CTR(Click-Through Rate): 클릭률, 광고가 발생한 클릭 수를 광고가 게재된 횟수로 나눈 값
② CVR(Conversion Rate): 전환율, 웹사이트 방문자 중에서 원하는 목표를 달성한 비율
③ CPC(Cost Per Click): 전환 건수당 비용으로, 총지급 가격을 전환 수로 나눈 값
④ CPM(Cost Per Mille): 1,000건당 노출비용으로, 광고를 1,000번 표시하기 위해 지급하는 가격을 말함
⑤ CPA(Cost Per Action): 행동 당 비용을 말하며, 사용자가 광고를 클릭한 후 특정 행동(구매, 회원가입 등)을 완료할 때 광고주가 지불하는 비용

정답 ④

793

24년 1회

디지털 마케팅에서 기업 웹사이트나 모바일 앱 등 다양한 고객과의 접점에서 직접적 상호작용을 통해 자체적으로 수집한 자사 데이터를 지칭하는 용어로 옳은 것은?

① 개인식별정보(Personally Identifiable Information)
② 사용자 특성 정보(Demographic Information)
③ 고객 프로파일링(Customer Profiling)
④ 서비스 로그 데이터(Service Log Data)
⑤ 제1자 데이터(First Party Data)

KEYWORD 자료수집방법

해설

제1자 데이터(First Party Data)는 보통 광고주가 직접 수집한 사용자(User) 및 오디언스 정보를 의미한다. 온라인 광고의 관점에서 제1자 데이터는 보통 쿠키 기반 데이터가 많으며, 웹사이트분석 플랫폼에 의해 수집된 정보, 비즈니스 분석도구에 의한 수집 데이터 또한 모두 제1자 데이터에 해당한다.

관련이론

- 제2자 데이터: 다른 기업이 보유한 데이터로써, 직접적인 경쟁관계가 아닌 경우 파트너십을 통해 고객데이터를 공유하는 경우를 뜻한다.
- 제3자 데이터: 고객 데이터를 수집 및 가공하여 대중에게 공개적으로 판매하는 데이터를 말하며 제3자 데이터의 장점은 제1자, 제2자 데이터에 비해 압도적으로 큰 규모의 고객 데이터에 접근할 수 있다는 것이다.

정답 ⑤

794

24년 1회

온라인상의 마케팅 퍼널 모델(Funnel Model)에 대한 설명으로 옳지 않은 것은?

① 온라인상의 마케팅 퍼널 모델은 고객이 웹이나 앱 서비스에 접속한 후 상품을 구매하기까지의 일련의 경로를 단계별로 나누어 시각화한 모델이다.
② 온라인상의 마케팅 퍼널이라는 용어는 상품을 인지하고 구매까지 나아가는 과정에서 단계별로 좁아지는 깔때기 같은 모양에서 비롯되었다.
③ 온라인상의 마케팅 퍼널 모델은 소비자 정보처리 이론을 바탕으로 형성되었다.
④ 온라인상의 마케팅 퍼널은 기존 소비자의 구매 여정을 새롭게 설계하여, 이탈고객을 대상으로 기업이 설계한 방향대로 구매 여정을 최적화하는 프로세스이다.
⑤ 온라인상에서 설계된 퍼널을 통해 기업은 각 단계마다 고객의 전환 및 이탈을 확인할 수 있기 때문에 해당 단계에 적합한 전략들을 수립하는 것이 가능하다.

KEYWORD 마케팅 퍼널 모델(Funnel Model)

해설

온라인상의 마케팅 퍼널은 기존 소비자의 구매 여정을 새롭게 설계하는 것이 아니라 신규 고객의 유입시점부터 구매, 재구매까지의 고객행동을 단계별로 세분화함으로써 어느 단계에서 이탈자가 많은지 파악하고, 그에 대한 개선방안을 피드백함에 있다.

관련이론 퍼널(Funnel)

'깔때기'를 뜻하며, 상품을 인지하고 구매까지 나아가는 과정에서 유입자의 수가 줄어드는 것이 깔때기 모양을 닮은 데서 기인한 용어이다. 1898년, Elmo Lewis라는 사람이 처음으로 마케팅 퍼널에 대한 개념을 제시했으며, 퍼널 분석은 상품 발견부터 구매, 재구매까지의 고객행동을 세분화해서 파악함으로써 어느 단계에서 이탈자가 많은지 파악하고, 그에 대한 개선방안을 피드백함에 있다.

정답 ④

795

24년 1회

플랫폼 비즈니스전략을 수립할 때 고려해야 할 사항으로 가장 옳지 않은 것은?

① 새로운 비즈니스 모델 및 양질의 콘텐츠가 성공의 핵심 요인이다.
② 규모의 경제로 인해 선두주자는 반드시 성공한다.
③ 초기에 충분한 사용자를 확보하기 위해 빠른 시간 내에 네트워크 효과가 나타나게 해야 한다.
④ 제공 서비스 및 콘텐츠의 품질은 지속적으로 유지되어야 한다.
⑤ 독점적 지위를 이용하여 사용자에게 과다한 부담을 강요하는 것은 장기적으로 해가 될 수 있다.

KEYWORD **플랫폼 비즈니스전략**

해설

플랫폼 비즈니스전략을 수립 시 규모의 경제로 인한 비용절감 부분도 중요요소이지만, 경쟁자들과의 관계에 있어 차별화된 새로운 비즈니스 형태 또는 차별화된 컨텐츠의 개발이 더욱 중요하다.

정답 ②

796

24년 2회

아래 글상자에서 설명하는 로그분석을 위한 측정단위로 가장 옳은 것은?

> 사이트 내에서 일정 시간 동안 있었던 지속적인 움직임을 하나의 단위로 정해 그 수를 측정한 것이다. 예를 들어, 이것은 사람들이 해당 사이트에 얼마나 자주, 그리고 얼마나 오래 머물렀는지를 나타내는 지표이다.

① 순방문자(Unique User)
② 히트(Hit)
③ 페이지뷰(Page View)
④ 방문자(Visitor)
⑤ 세션(Session)

KEYWORD **웹 로그분석**

해설

웹사이트 로그분석에 있어서 사이트 내에서 일정 시간동안 있었던 지속적인 움직임을 하나의 단위로 정해 그 수를 측정한 것을 세션(Session)이라 한다.

선지분석

② 히트(Hit): 웹서버로부터 어느 한 파일이 요청된 상태를 말하며. 예를 들어 메인 페이지 히트 수가 1,000번이라는 것은 방문자들이 메인 페이지에 접속함으로써 웹서버로부터 파일들이 1,000번 요청되었음을 나타낸다.
③ 페이지뷰(Page View): 방문자(Visitor)가 조회한 페이지의 수를 말한다.

관련이론 웹 로그분석

e-CRM은 단 한 명의 고객까지 세분화하여 고객의 개별화된 특성을 파악하고 이들 고객에게 맞춤 서비스를 제공하는 데 목적을 두고 구현한다. 이를 위해 다양한 정보를 수집하고 분석하여 활용하는데, 고객이 인터넷을 서핑하면서 만들어내는 고객의 웹 로그(Web Log)는 고객의 성향을 파악할 수 있는 훌륭한 정보가 된다.

웹 로그는 웹 사이트(Web Site)에 방문한 고객의 흔적(Log)인 누가, 언제, 무엇을, 어디서, 어떤 경로로, 어떤 페이지를 방문했는지 등을 말한다. 웹 로그를 통해 고객의 성향을 파악할 수 있다.

기업은 고객관계관리를 위해 e-CRM을 구축하고, 웹 로그 분석을 실시한다. 웹 로그 분석(Weblog Analysis)은 웹 사이트의 방문객이 남긴 자료를 근거로 웹의 운영 및 방문 행태에 대한 정보를 분석하는 것이다. 이를 웹 마이닝(Web Mining)이라고 한다.

방문객이 웹 사이트에 방문하게 되면 웹 서버에는 로그 파일 형태로 기록된다. 웹 서버를 통해 이루어지는 내용이나 활동 사항을 시간의 흐름에 따라 기록하는 파일을 웹 로그 파일이라 한다.

정답 ⑤

THEME 107 마케팅 기타

797

23년 3회

사람들은 신제품이나 혁신을 수용하고 구매하는 성향에서 큰 차이를 갖는다. 자신의 커뮤니티에서 여론주도자이며 신제품이나 혁신을 조기에 수용하지만 매우 신중하게 구매하는 집단으로 가장 옳은 것은?

① 혁신자(Innovator)
② 조기 수용자(Early Adopter)
③ 조기 다수자(Early Majority)
④ 후기 다수자(Late Majority)
⑤ 최후 수용자(Laggard)

KEYWORD **상품수명주기**

해설

조기 수용자(Early Adopter)는 자신의 커뮤니티에서 여론주도자이며 신제품이나 혁신을 조기에 수용하지만 매우 신중하게 구매하는 집단이다.

선지분석 로저스의(Rogers)의 혁신수용이론

① 혁신 수용자(혁신자): 교육 및 소득수준이 높고, 사회적 활동 활발
② 조기 수용자: 의견 선도자로서 유행에 민감하고 가치표현적 성격이 강하며 관여도 높음
③ 조기 다수자: 신중한 소비자들로 기술 자체에는 관심이 없고 실제적인 문제에 집중
④ 후기 다수자: 신제품 수용에 의심이 많은 집단으로 가격에 민감하고 위험회피형인 보수적 집단
⑤ 최후 수용자: 전통을 고수하는 성향의 소비자층으로 신제품이 완전히 소비자에 의해 수용되어야만 제품 구매

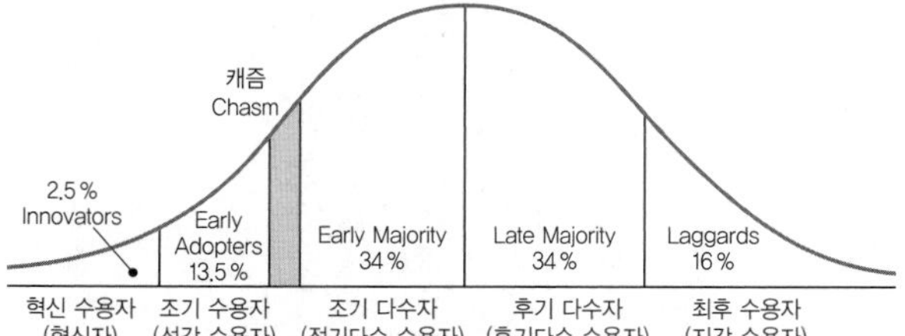

정답 ②

798

22년 1회

유통목표설정에 대한 설명으로 가장 옳지 않은 것은?

① 유통경로상에서 소비자들이 기대하는 서비스 수준에 근거하여 유통목표를 설정한다.
② 유통목표는 포괄적인 유통관리를 위해 개념적으로 서술되어야 한다.
③ 기업 전체의 장기목표를 반영하여 유통목표를 설정해야 한다.
④ 유통목표는 언제까지 달성하겠다는 시한을 구체적으로 명시해야 한다.
⑤ 유통목표는 목표달성도를 확인하기 위해 측정 가능해야 한다.

KEYWORD **유통목표설정**

해설

유통목표(goal)는 개념적 서술이 아니라 기업 전체의 목표와 연계하여 구체적이고 측정가능하며 계층화시켜 설정하여야 한다.

정답 ②

DAY 06

799

24년 3회

다음 중 가격경쟁을 최소화할 수 있다는 장점과 고객 측면을 전혀 고려하지 않는다는 단점을 동시에 가지고 있는 가격결정 방법으로 가장 옳은 것은?

① 원가기준법
② 목표수익률기준법
③ 경쟁기준법
④ 지각된 가치기준법
⑤ 수요기준법

KEYWORD **가격결정 방법**

해설

경쟁자 기준 가격결정은 원가와 상관없이 경쟁자의 경쟁 강도에 따라 가격이 결정되는 방식으로, 입찰(biding)가격방식, 모방가격 결정방식이 있다. 경쟁자 기준 가격결정은 원가기준 가격결정, 소비자 기준 가격결정에 비해 가격경쟁을 최소화할 수 있다는 장점과 고객 측면을 전혀 고려하지 않는다는 단점이 지적된다.

정답 ③

800

24년 3회

다단계 판매의 특징으로 옳지 않은 것은?

① 다단계 판매의 상품구색은 다양하지만, 일반적으로 양호한 품질의 중저가 소비재를 중심으로 구성된다.
② 다단계 판매에서 판매원의 수입은 자신 및 하위 판매원의 판매액을 기초로 책정된다.
③ 다단계 판매는 신규 판매원에게 가입비, 교육비, 상품구매비 등 과도한 가입비용을 요구한다.
④ 다단계 판매는 강제적인 재고부담이 없다.
⑤ 다단계 판매는 공제조합에 소비자피해보상보험 가입을 의무화하고 있다.

KEYWORD **가격결정 방법**

관련이론 다단계판매

다단계판매는 제조업자 → 도매업자 → 소매업자 → 소비자의 일반적인 유통경로를 거치지 아니하고, 여러 단계를 거쳐서 판매원이 거래에 참여하는 유통방식이다. 일반적으로 다단계판매는 「방문판매에 관한 법률」 상 적법한 판매방식이지만 신규 판매원에게 가입비, 교육비, 상품 구매비 등 과도한 가입비용을 요구하는 등 이를 악용한 폰지사기, 피라미드 판매 등은 불법적인 행태라 할 수 있다.

정답 ③

SUBJECT 04 유통정보

THEME 108 자료와 정보, 지식

801

19년 2회

아래 글상자의 (　　) 안에 들어갈 용어를 순서대로 짝지은 결과로 옳은 것은?

> • (㉠)은(는) 상황정보, 경험, 규칙, 가치가 포함되어 체계화된 결과로 인과, 원인관계를 형성하여 새로운 가치를 창출해 낸 또 다른 사실
> • 피터 드러커는 관련성과 목적성이 부여된 사실들을 (㉡)(이)라고 하였음
> • (㉢)은(는) "45개의 재고가 남아있다"와 같이 구체적이고 객관적인 사실 또는 관찰 결과

① ㉠ 데이터 ㉡ 정보 ㉢ 지식
② ㉠ 지혜 ㉡ 지식 ㉢ 데이터
③ ㉠ 정보 ㉡ 지식 ㉢ 사실
④ ㉠ 지식 ㉡ 정보 ㉢ 데이터
⑤ ㉠ 지식 ㉡ 데이터 ㉢ 사실

KEYWORD **자료와 정보 및 지식**

해설

체계화된 결과는 ㉠ 지식이고, 관련성과 목적성이 부여된 사실은 ㉡ 정보이다. 구체적이고 객관적인 사실 또는 관찰 결과는 ㉢ 데이터(자료)이다.

일반적으로, 수집한 데이터(자료)를 의사결정에 유용한 형태로 처리(분석, 가공)한 것을 정보(information)라고 하고, 이러한 정보가 체계화되어 축적되면 지식(knowledge)이 된다.

정답 ④

802

18년 3회

괄호 안에 들어갈 알맞은 단어를 가장 적절하게 나열한 것은?

> • 사용자가 특정한 목적을 달성하기 위해 수집하여 분석한 사실은 (가)라/이라 구분할 수 있다.
> • 사용자에게 특정한 목적이 부여되지 않은 사실이거나, 가공되지 않은 사실은 (나)라고/이라 구분할 수 있다.
> • (다)은/는 정황적이고 어떤 행위를 가능하게 하는 실천적인 (가)로/으로 주어진 상황에 대한 많은 경험과 깊은 사례에 기반을 두고 있다.

① 가: 자료 나: 정보 다: 시스템
② 가: 자료 나: 정보 다: 지식
③ 가: 정보 나: 자료 다: 지식
④ 가: 정보 나: 지식 다: 자료
⑤ 가: 지식 나: 자료 다: 정보

KEYWORD **자료와 정보 및 지식**

해설

사실(facts)을 수집하여 분석한 것은 (가) 정보(information)이고, 가공되지 않은 사실은 (나) 자료(data)이다. 주어진 상황에 대한 많은 경험과 깊은 사례에 기반을 두고 있는 것은 (다) 지식(knowledge)이다.

정답 ③

803

16년 2회

정보의 유용성을 판별하기 위한 판단기준에 대한 설명으로 가장 옳지 않은 것은?

① 적시성: 정보가 의사결정자에게 의미를 갖도록 적시에 제공될 수 있어야 한다.
② 적합성: 의사결정에 적합하지 않은 데이터가 데이터베이스에 있어서는 안된다.
③ 신뢰성: 데이터의 기밀성을 확인해야 한다.
④ 비용효율성: 데이터의 획득에 소요되는 비용과 그 가치에 대해 평가가 필요하다.
⑤ 비교가능성: 적합성이 확보된 다른 정보와 비교할 수 있어야 한다.

KEYWORD **정보의 유용성**

해설

③ 신뢰성(reliability)은 정보의 기초가 된 원천자료의 수집방법과 관련이 있는 것으로, 정보는 신뢰할 수 있어야 한다는 것이다. 정보의 신뢰성을 확인하기 위해서는 누가 만든 정보인가, 언제 만들어진 정보인가, 어떤 목적으로 만들어진 정보인가를 파악해야 한다.

정답 ③

804

21년 2회

아래 글상자의 (   ) 안에 들어갈 내용을 순서대로 나열한 것으로 가장 옳은 것은?

	자료	정보	지식
구조화	(㉠)	단위 필요	(㉡)
부가가치	(㉢)	중간	(㉣)
객관성	(㉤)	가공 필요	(㉥)
의사결정	관련 없음	객관적 사용	주관적 사용

① ㉠ 어려움 ㉡ 쉬움 ㉢ 적음 ㉣ 많음 ㉤ 객관적 ㉥ 주관적
② ㉠ 쉬움 ㉡ 어려움 ㉢ 적음 ㉣ 많음 ㉤ 객관적 ㉥ 주관적
③ ㉠ 어려움 ㉡ 쉬움 ㉢ 많음 ㉣ 적음 ㉤ 주관적 ㉥ 객관적
④ ㉠ 쉬움 ㉡ 어려움 ㉢ 많음 ㉣ 적음 ㉤ 주관적 ㉥ 객관적
⑤ ㉠ 어려움 ㉡ 쉬움 ㉢ 적음 ㉣ 많음 ㉤ 주관적 ㉥ 객관적

KEYWORD **자료와 정보**

해설

자료(data)는 사실(facts) 그 자체이므로 ㉠ 구조화가 쉽고, ㉢ 부가가치는 적으며, ㉤ 객관적이다. 의사결정에는 직접 활용할 수 없다. 한편 지식(knowledge)은 ㉡ 구조화가 어렵고, ㉣ 부가가치는 많으며, ㉥ 주관적이므로 의사결정에서도 주관적으로 사용된다.
일반적으로, 수집한 자료(data)를 의사결정에 유용한 형태로 처리한 것을 정보(information)라고 하고, 이러한 정보가 체계화되어 축적되면 지식(knowledge)이 된다.

정답 ②

805

16년 1회, 14년 2회

정보는 특별한 관련성과 목적을 가진 데이터이다. 다음 중 데이터를 정보로 전환하는 데 필요한 다섯 유형의 중요한 활동으로 가장 적합하지 않은 것은?

① 맥락화
② 분류
③ 정정
④ 대화
⑤ 축약

KEYWORD **자료와 정보**

해설

데이터를 정보로 전환하는 데는 다섯 유형의 중요한 활동(5C)이 일어난다. 즉 정보는 ① 맥락화(Contextualization), ② 분류(Categorization), 계산(Calculation), ③ 정정(Correction), ⑤ 축약(Condensation)을 통해 가치가 부가된 데이터이다.

관련이론 자료의 정보로의 전환(5C)

1. 데이터 수집의 목적이 알려진다.(맥락화)
2. 데이터와 관련한 주요 분석단위와 요소가 알려진다.(분류)
3. 데이터로 수학적 또는 통계적 분석을 한다.(계산)
4. 데이터의 에러를 정정하거나 줄인다.(정정)
5. 데이터가 요약되거나 정제된다.(축약)

정답 ④

THEME 109 정보화 사회, 디지털 경제, 제4차 산업혁명

806

21년 3회

아래 글상자의 ㉠, ㉡에 해당되는 각각의 용어로 가장 옳은 것은?

> 전통적인 경제학에서 기업의 생산활동은 ㉠이 주로 적용된다고 가정하고 있다. 정보화 사회에 들어서면서 컴퓨터 산업을 포함한 정보통신 산업분야에서는 이러한 현상이 적용되지 않는다. 오히려 ㉡이 적용되고 있다. 브라이언 아서 교수는 농업이나 자연자원을 많이 소모하는 대량생산 체제에서는 ㉠이 지배하고, 첨단기술의 개발과 지식중심의 생산 체제에서는 반대로 ㉡이 지배한다고 주장하였다.

① ㉠ 수확체증의 법칙
㉡ 수확불변의 법칙
② ㉠ 수확체증의 법칙
㉡ 수확체감의 법칙
③ ㉠ 수확체감의 법칙
㉡ 수확불변의 법칙
④ ㉠ 수확체감의 법칙
㉡ 수확체증의 법칙
⑤ ㉠ 수확불변의 법칙
㉡ 수확체감의 법칙

KEYWORD 디지털 경제의 특징

해설

㉠ 전통적인 경제학에서 기업의 생산활동을 지배하는 법칙은 수확체감의 법칙이다. ㉡ 그러나 오늘날 디지털 경제에서는 생산요소의 투입량을 증가시킬 때 그 생산요소의 추가적인 한 단위의 투입이 발생시키는 추가적인 산출량의 크기(한계생산)가 점점 증가하는 수확체증의 법칙(law of increasing returns)이 나타나고 있다.

정답 ④

807

19년 1회

디지털 경제하에서의 유통업 패러다임 변화로 가장 옳지 않은 것은?

① 생산요소를 투입하다 보면 어느 순간 투입 단위당 산출량이 감소하는 수확체감의 법칙이 적용된다.
② 자산의 의미도 유형자산(Tangible Assets)에 국한되지 않고 무형자산(Intangible Assets)으로까지 확대되고 있다.
③ "네트워크의 가치는 가입자 수에 비례해 증대하고 어떤 시점에서부터 그 가치는 비약적으로 높아진다."는 멧칼프(Metcalf)의 법칙이 적용된다.
④ 인터넷의 쌍방향성이라는 특성으로 인해 구매자는 복수의 판매자를 비교하고 가격협상까지 할 수 있는 구매자 주도 시장으로 변화하고 있다.
⑤ 생산자는 제품당 이윤이 줄어들 가능성이 있지만, 거래비용이 낮아져 소비자 수요가 확대되고, 제품의 판매량이 증가함으로써 오히려 전체적으로는 이윤이 늘어날 수 있다.

KEYWORD 디지털 경제의 특징

해설

① 전통적인 경제는 수확체감의 법칙이 지배했지만 디지털 경제하에서는 생산요소의 투입량을 증가시킬 때 그 생산요소의 추가적인 한 단위의 투입이 발생시키는 추가적인 산출량의 크기(한계생산)가 점점 증가하는 수확체증 현상이 나타나고 있다.

정답 ①

DAY 06

808

24년 1회, 23년 1회

아래 글상자에서 설명하는 용어로 가장 옳은 것은?

> 디지털 관련 모든 것(All Things about Digital)으로 인해 발생하는 다양한 변화를 동인으로 기업의 비즈니스모델, 전략, 프로세스, 시스템, 조직, 문화 등을 근본적으로 변화시키는 디지털 기반 경영전략 및 경영활동이다.

① 디지털 전환
② 4차 산업혁명
③ BPI(Business Process Innovation)
④ IoT(Internet of Things)
⑤ IoE(Internet of Everything)

KEYWORD 디지털 전환

해설

제시된 내용은 디지털 전환(Digital Transformation)에 대한 설명이다. 디지털 전환은 일반적으로 기업에서 사물 인터넷(IoT), 클라우드 컴퓨팅, 인공지능(AI), 빅데이터 솔루션 등 정보통신기술(ICT)을 플랫폼으로 구축·활용하여 기존 전통적인 운영 방식과 서비스 등을 혁신하는 것을 의미한다.
디지털 전환은 산업과 사회의 각 부문이 디지털화되는 현상으로, 인터넷, 정보화 등을 뛰어넘는 초연결(Hyper-Connectivity) 지능화가 경제·사회 전반에 이를 촉발시키고 있다.
IBM 기업가치연구소는 '기업이 디지털과 물리적인 요소들을 통합하여 비즈니스 모델을 변화시키고, 산업에 새로운 방향을 정립하는 전략'이라고 정의하고 있다.

정답 ①

809

21년 3회

디지털 시대의 경영환경 특징으로 가장 옳지 않은 것은?

① 무형의 자산보다 유형의 자산이 중시된다.
② 지식상품이 부상하고 개인의 창의력이 중시된다.
③ 정보의 전달 속도가 빨라 제품수명주기가 단축된다.
④ 기술발전 속도가 빠를 뿐만 아니라 사업 범위가 글로벌화 되어 경쟁이 심화된다.
⑤ 기업 간 경쟁이 심화되어 예측이 어려워짐으로써 복잡계시스템으로서의 경영이 요구된다.

KEYWORD 디지털 시대의 경영환경

해설

① 디지털 경제에서는 자산의 의미가 유형자산(tangible assets)에 국한되지 않고 지적재산권이나 지식자산 등의 무형자산(intangible assets)으로까지 확대되고 있다.

정답 ①

810

18년 2회

아래 글상자 (　　) 안에 공통적으로 들어갈 알맞은 용어는?

> e-커머스가 등장하게 된 주요 원인 중 하나인 (　　)비용은 거래를 위해 구매자·판매자 탐색, 제품정보 수집, 가격협상, 계약서 작성, 제품 운송 등을 하는데 소요되는 제반 비용을 지칭한다. 인터넷 기반 상거래는 인터넷기술의 이용을 통해 (　　)비용을 현저하게 감소시킨다.

① 거래　　② 협업
③ 분배　　④ 독립
⑤ 기회

KEYWORD 코스의 법칙

해설

글상자의 내용은 코스(R. H. Coase)의 법칙에 대한 것이다.
코스의 법칙은 디지털경제 시대에서는 인터넷의 활용으로 ① 거래비용이 감소하여 기업 내부의 기능이 통합 및 축소되어 조직의 복잡성이 감소하고, 기업의 규모가 감소한다는 것이다.

정답 ①

811

19년 2회

아래 글상자에서 설명하는 용어로 가장 옳은 것은?

> 오프라인에서 상품을 살펴본 뒤 실제 구매는 모바일이나 온라인을 통해 가격을 비교하고 구매를 하는 것

① 모루밍(Morooming)
② 쇼루밍(Showrooming)
③ 웹루밍(Webrooming)
④ 역모루밍(Reverse Morooming)
⑤ 역쇼루밍(Reverse Showrooming)

KEYWORD 디지털 경제

해설

② 쇼루밍(Showrooming)은 매장에서 제품을 살펴본 뒤 온라인과 같은 다른 유통경로를 사용해 제품을 구매하는 사람들의 행동을 말한다. 오프라인 매장이 온라인 쇼핑몰의 전시장(Showroom)으로 변했다 하여 쇼루밍이라 일컫는다. e커머스 시장이 활성화 되면서 등장한 개념이다.

정답 ②

812

23년 3회

웹 2.0을 가능하게 하고 지원하는 기술에 대한 설명으로 가장 옳지 않은 것은?

① 폭소노미(Folksonomy)란 자유롭게 선택된 일종의 태그인 키워드를 사용해 구성원들이 함께 정보를 체계화하는 방식이다.
② UCC(User Created Contents)는 사용자들이 웹 콘텐츠의 생산자인 동시에 소비자로서의 역할을 가능하게 하여 참여와 공유를 지원한다.
③ 매시업(Mash-Up)은 웹 콘텐츠를 소프트웨어가 자동적으로 이해하고 처리할 수 있도록 지원하여 정보와 지식의 공유 및 협력을 촉진한다.
④ API(Application Programming Interface)는 응용 프로그램에서 사용할 수 있도록 컴퓨터 운영체제나 프로그래밍 언어가 제공하는 기능을 제어할 수 있도록 만든 인터페이스이다.
⑤ RSS(Rich Site Summary)란 웹공간에서 콘텐츠 공유를 촉진하며, 특정 사이트에서 새로운 정보가 있을 때 자동적으로 받아볼 수 있는 콘텐츠 배급방식이다.

KEYWORD 디지털 경제

해설

매시업(Mash-Up)은 웹서비스 업체들이 제공하는 각종 콘텐츠와 서비스를 융합하여 새로운 웹서비스를 만들어내는 것을 의미한다.
매시업 서비스로 가장 유명한 것은 구글 지도와 부동산 정보사이트인 크레이그 리스트(www.craigslist.org)를 결합시킨 하우징맵(www.housingmaps.com)으로, 지도 정보에서 특정 지역을 선택하면 해당 지역의 부동산 매물정보를 보여주는 서비스를 제공하고 있다.

정답 ③

813

17년 2회

(　　) 안에 들어갈 용어로 가장 옳은 것은?

> 아마존의 경우, '흥행성이 없는 책들' 즉 마케팅 대상에서 거의 제외되었던 하위 80% 고객의 매출이 마케팅의 주요 대상이었던 상위 20% 고객의 매출을 추월하는 현상이 일어났다. 이와 같이 개별 매출액은 작지만 이들을 모두 합하면 인기상품 못지 않은 매출을 올릴 수 있는 틈새상품이 부각되는 현상을 일컬어 크리스 앤더슨은 (　　)라 하였다.

① 파레토 법칙
② 무어의 법칙
③ 멧칼프의 법칙
④ 롱테일 법칙
⑤ 파킨슨 법칙

KEYWORD **롱테일 법칙**

해설

제시된 내용은 2004년 크리스 앤더슨(Chris Anderson)이 주장한 ④ 롱테일(longtail) 법칙으로 오랜 동안 적용되어 왔던 파레토(Pareto) 법칙에 대해 하위 80%가 상위 20% 보다 더 큰 가치를 만든다는 것이다.

관련이론 파레토/롱테일 법칙

파레토 법칙은 20%의 상품이 총 매출의 80%를 창출하고 20%의 충성스러운 고객들이 총 매출의 80% 차지하며, 결과물의 80%는 조직의 20%에 의하여 생산된다는 이론이다.
롱테일 법칙은 파레토 법칙과는 반대로 80%의 사소한 다수가 20%의 핵심 소수보다 뛰어난 가치를 창출한다는 이론으로서, 역(逆) 파레토 법칙이라고도 한다.

정답 ④

814

20년 추가

아래 글상자의 괄호에 들어갈 용어를 순서대로 나열한 것으로 가장 옳은 것은?

> 전자상거래는 소비자와의 쇼핑을 위한 접점이 통합되는 추세이다. 오프라인의 연계형인 온–오프 통합추세로 모바일쇼핑, TV쇼핑, 콜센터 등이 모두 소비자의 욕구를 채집하는 채널로 사용된다. 인터넷이든 모바일이든 오프라인 매장이든 간에 소비자가 이용가능한 모든 채널을 쇼핑의 창구로 유기적으로 연결하여 쇼핑에 불편이 없도록 하는 것이다. 이러한 채널의 통합을 (㉠), 상거래 형태를 (㉡)(이)라 한다.

① ㉠ 옴니채널(Omni Channel)
　㉡ 비콘(Beacon)
② ㉠ O2O(Online to Offline)
　㉡ 비콘(Beacon)
③ ㉠ One채널(One Channel)
　㉡ ONO(Online and Offline)
④ ㉠ 옴니채널(Omni Channel)
　㉡ O2O(Online to Offline)
⑤ ㉠ One채널(One Channel)
　㉡ BYOD(Bring Your Own Device)

KEYWORD **전자상거래**

해설

④ O2O(Online to Offline) 커머스의 대표적인 사례는 옴니채널(Omni Channel)이다. 이는 소비자가 온라인과 오프라인, 모바일 등 다양한 채널을 넘나들며 상품을 검색하고 구매할 수 있도록 하는 것을 말한다. 즉, 각 유통채널의 특성을 결합해 어떤 채널에서든 같은 매장을 이용하는 것처럼 느낄 수 있도록 한 쇼핑환경을 말한다.

정답 ④

815

23년 1·3회, 22년 1·3회

오늘날을 제4차 산업혁명 시기로 구분한다. 제4차 산업혁명에 대한 설명으로 가장 옳지 않은 것은?

① 2016 세계경제포럼에서 4차 산업혁명을 3차 산업혁명을 기반으로 디지털, 바이오와 물리학 사이의 모든 경계를 허무는 융합 기술 혁명으로 정의함
② ICT를 기반으로 하는 사물인터넷 및 만물 인터넷의 진화를 통해 인간-인간, 인간-사물, 사물-사물을 대상으로 한 초연결성이 기하급수적으로 확대되는 초연결적 특성이 있음
③ 인공지능과 빅데이터의 결합과 연계를 통해 기술과 산업구조의 초지능화가 강화됨
④ 초연결성, 초지능화에 기반하여 기술간, 산업 간, 사물-인간 간의 경계가 사라지는 대융합의 시대라고 볼 수 있음
⑤ 4차 산업혁명 시대의 생산요소 토지, 노동, 자본 중 노동의 가치가 토지와 자본에 비해 중요도가 커지는 특징이 있음

KEYWORD **4차 산업혁명**

해설

⑤ 과거 1차 산업혁명 시대에는 토지와 노동의 가치가, 2차 산업혁명 시대에는 자본의 가치가 강조되었으나 3차 산업혁명(정보혁명)을 기반으로 한 4차 산업혁명 시대에는 노동의 가치는 낮아지고 기술과 정보 등 새로운 생산요소의 가치가 중요시되고 있다.

관련이론 4차 산업혁명

- 제4차 산업혁명은 세계경제포럼의 창시자 중 하나인 클라우스 슈바프(Klaus Schwab)가 2015년에 포린 어페어의 기고글을 통해 주장한 개념이다. 2016년 1월 20일 스위스 다보스에서 열린 세계경제포럼에서도 슈바프 스스로가 키워드로 또 제시하여 그 개념이 퍼져나갔다.
- 과학기술적 측면에서 '모바일 인터넷', '클라우드 기술', '빅데이터', '사물인터넷(IoT)' 및 '인공지능(AI)' 등이 주요 변화 동인으로 꼽히고 있다.
- '초연결성(Hyper-Connected)', '초지능화(Hyper-Intelligent)'라는 특성을 가진다.
- 과학기술적 측면에서는 이외에도 로봇, 양자암호, 3D 프린팅 등이 변화동인으로 제시되고 있다.

정답 ⑤

816

24년 1회, 20년 2·3회

아래 글상자의 괄호 안에 들어갈 용어로 가장 옳은 것은?

> • 온·오프라인에 관계없이 소비자가 이용 가능한 모든 채널을 쇼핑의 창구로, 유기적으로 연결하여 쇼핑에 불편이 없도록 채널을 통합하는 것을 (㉠), 상거래 형태를 온-오프 연계형이라고 한다.
> • 1인 가구 증가 등 개성 있는 소비자들의 다양한 요구에 맞춤형으로 서비스를 제공하는 (㉡) 서비스 수요가 증가하고 있다.

① ㉠ e-마켓플레이스 ㉡ 옴니채널
② ㉠ 오픈마켓 ㉡ 초연결화
③ ㉠ e-온디맨드 ㉡ 옴니채널
④ ㉠ 옴니채널 ㉡ 온디맨드
⑤ ㉠ 오픈마켓 ㉡ 온디맨드

KEYWORD **옴니채널, 온디맨드**

해설

옴니채널은 O2O(Online to Offline) 커머스의 대표적인 사례이다. 이는 소비자가 온라인과 오프라인, 모바일 등 다양한 채널을 넘나들며 상품을 검색하고 구매할 수 있도록 하는 것을 말한다. 즉, 각 유통채널의 특성을 결합해 어떤 채널에서든 같은 매장을 이용하는 것처럼 느낄 수 있도록 한 쇼핑환경을 말한다.

관련이론 온디맨드(On-demand)

온디맨드(On-demand)는 수요자가 원하는 상품이나 서비스를 바로 공급하는 비즈니스 모델이다. 초기에는 VOD(Video On Demand)와 같이 개인 소비자와 기업 공급자로 시작하였으나 최근에는 모바일의 확산과 O2O 환경의 조성에 따라, 개인 소비자와 개인 공급자 사이에서 새로운 경제 트렌드로 확장되었다. 우버(Uber)와 카카오택시 등이 대표적인 사례이다.

정답 ④

THEME 110 의사결정

817

20년 추가

아래 글상자의 내용을 근거로 경영과학 관점의 의사결정 과정을 순차적으로 나열한 것으로 가장 옳은 것은?

㉠ 실행	㉡ 문제의 인식
㉢ 모형의 구축	㉣ 자료의 수집
㉤ 실행 가능성 여부 평가	㉥ 변수의 통제 가능성 검토
㉦ 모형의 정확도 및 신뢰도 검정	

① ㉡ – ㉢ – ㉣ – ㉤ – ㉥ – ㉦ – ㉠
② ㉡ – ㉢ – ㉣ – ㉥ – ㉤ – ㉦ – ㉠
③ ㉡ – ㉣ – ㉥ – ㉢ – ㉦ – ㉤ – ㉠
④ ㉡ – ㉣ – ㉥ – ㉦ – ㉢ – ㉤ – ㉠
⑤ ㉡ – ㉣ – ㉦ – ㉤ – ㉢ – ㉥ – ㉠

KEYWORD **의사결정 과정**

해설
의사결정은 문제를 인식하고 대안을 제시하고, 각 대안을 평가한 후, 최선의 대안을 선택하고 실행에 옮기는 순으로 이루어진다.
경영과학 관점에서는 ㉡ 문제의 인식 → ㉣ 자료의 수집 → ㉥ 변수의 통제 가능성 검토 → ㉢ 모형의 구축 → ㉦ 모형의 정확도 및 신뢰도 검정 → ㉤ 실행 가능성 여부 평가 → ㉠ 실행의 순으로 이루어진다.

정답 ③

818

22년 3회

아래 글상자의 내용을 의사결정에 활용되는 시뮬레이션 절차대로 바르게 나열한 것으로 가장 옳은 것은?

㉠ 모델 설정	㉡ 문제 규정
㉢ 모형의 타당성 검토	㉣ 시뮬레이션 시행
㉤ 결과 분석 및 추론	

① ㉠ – ㉡ – ㉢ – ㉣ – ㉤
② ㉠ – ㉡ – ㉣ – ㉢ – ㉤
③ ㉠ – ㉢ – ㉡ – ㉣ – ㉤
④ ㉡ – ㉠ – ㉢ – ㉣ – ㉤
⑤ ㉡ – ㉠ – ㉣ – ㉢ – ㉤

KEYWORD **의사결정 과정**

해설
의사결정에 활용되는 시뮬레이션 절차에서 제일 먼저 할 일은 문제를 규명하는 것이다. 그 다음으로 문제를 해결할 수 있는 대안으로서 모델을 설정하고, 모델의 타당성을 검토한 후, 시뮬레이션을 시행한다. 마지막으로 결과를 분석하고 이를 기초로 추론한다.

정답 ④

819

22년 2회, 19년 2회

의사결정시스템에 대한 설명으로 옳지 않은 것은?

① 최고경영층은 주로 비구조적 의사결정에 대한 문제에 직면해 있고, 운영층은 주로 구조적 의사결정에 대한 문제에 직면해 있다.
② 운영층은 의사결정지원시스템을 이용해 마케팅 계획 설계, 예산 수립 계획 등과 같은 업무를 한다.
③ 의사결정지원시스템은 수요 예측 문제, 민감도 분석 등에 활용된다.
④ 의사결정지원시스템을 이용해 의사결정의 품질을 높이기 위해서는 의사결정지원시스템에서 활용하는 데이터의 품질을 개선해야 한다.
⑤ 의사결정지원시스템의 의사결정 품질 개선을 위해 딥러닝(Deep Learning)과 같은 고차원적 알고리즘(Algorithm)이 활용된다.

KEYWORD 의사결정시스템

해설

운영층은 일상적인 업무처리를 위해 거래처리시스템(TPS)을 활용한다. 의사결정지원시스템을 이용해 마케팅 계획 설계, 예산 수립 계획 등과 같은 업무를 수행하는 것은 최고경영층 또는 중간관리층이다.

정답 ②

820

23년 2회

아래 글상자의 비즈니스 애널리틱스에 대한 분석과 설명 중 옳은 것만을 고른 것은?

> ㉠ 기술분석(Descriptive Analytics): 과거에 발생한 일에 대한 소급 분석함
> ㉡ 예측분석(Predictive Analytics): 특정한 일이 발생한 이유를 이해하는 데 도움을 제공
> ㉢ 진단분석(Diagnostic Analytics): 애널리틱스를 이용해 미래에 발생할 가능성이 있는 일을 예측함
> ㉣ 처방분석(Prescriptive Analytics): 성능개선 조치에 대한 대응 방안을 제시함

① ㉠, ㉡
② ㉠, ㉢
③ ㉠, ㉣
④ ㉡, ㉢
⑤ ㉡, ㉣

KEYWORD 의사결정시스템

해설

예측분석(Predictive Analytics)은 애널리틱스를 이용해 미래에 발생할 가능성이 있는 일을 예측하는 것이다.
진단분석(Diagnostic Analytics)은 특정한 일이 발생한 이유를 이해하는 데 도움을 제공한다.

정답 ③

821

18년 1회

피라미드와 같은 전형적인 조직구조 형태에서는 조직수준별로 의사결정, 문제해결, 기회포착에 요구되는 정보유형이 각기 다르다. 조직 수준과 의사결정 유형, 특성에 대한 설명으로 가장 옳지 않은 것은?

① 전략적 수준은 대부분 비구조화된 의사결정 문제들이 대부분이다.
② 병가를 낸 직원이 몇 명인가는 운영적 수준에서 관리해야 할 정보이다.
③ 효과성에 초점을 둔 핵심성공요인은 운영적 수준에서 고려되어야 할 측정척도이다.
④ 관리적 수준의 대표적인 구성원 유형은 중간 경영자, 매니저, 감독 등이다.
⑤ 운영적 수준의 의사결정은 구조적, 반복적인 특성을 가진다.

KEYWORD 의사결정의 유형

해설

③ 목표의 달성 여부, 즉 효과성에 초점을 둔 핵심성공요인은 가장 상위의 전략적 수준에서 고려되어야 할 측정척도이다.

정답 ③

822

23년 1회

조직에서 의사결정을 할 때 활용되는 정보와 조직 수준과 의 관계에 대한 설명 중 가장 옳지 않은 것은?

① 전략적 수준 – 주로 비구조화된 의사결정이 이루어지며, 내부 정보 외에도 외부 환경과 관련된 정보 등 외부에서 수집된 정보도 다수 활용

② 관리적 수준 – 구조화된 의사결정이 이루어지며, 새로운 공장입지 선정 및 신기술 도입 등과 같은 사항과 관련된 내외부 정보를 주로 다룸

③ 전략적 수준 – 의사결정 시 활용되는 정보의 특성은 미래 지향적이며 상대적으로 추상적이고 포괄적인 정보를 주로 다룸

④ 운영적 수준 – 구조화된 의사결정이 이루어지며, 일일 거래 처리와 같이 구체적이고 상세하며 시간에 민감한 정보를 주로 다룸

⑤ 운영적 수준 – 반복적이고 재발성의 특성이 높은 의사결정들이 주로 이루어지며, 효율성에 초점을 두고 활동이 이루어짐

KEYWORD **의사결정의 유형**

해설

관리적 수준에서는 중간경영자가 수행하는 구조화된 또는 반구조화된 의사결정이 이루어진다. 새로운 공장입지 선정 및 신기술 도입 등과 같은 사항과 관련된 내외부 정보를 주로 다루는 것은 전략적 수준이다.

정답 ②

THEME 111 정보시스템, 의사결정지원시스템(DSS)

823

19년 3회

David and Olson이 제시한 정보시스템을 구성하는 요소에 대한 설명으로 가장 올바르지 않은 것은?

① 하드웨어 – 물리적인 컴퓨터 기기 및 관련된 기기

② 사람 – 시스템 분석가, 프로그래머, 컴퓨터 운용요원, 데이터 준비요원, 정보시스템 관리요원, 데이터 관리자 등

③ 비용 – 정보시스템을 운영·유지하는 데 소요되는 재무자원

④ 데이터베이스 – 응용 소프트웨어에 의하여 생성되고 활용되는 모든 데이터들의 집합체

⑤ 소프트웨어 – 하드웨어의 동작과 작업을 지시하는 명령어의 모음인 프로그램 및 절차

KEYWORD **정보시스템 구성요소**

해설

③ 비용은 정보시스템을 구성하는 요소에 포함되지 않는다.

관련이론 정보시스템 구성요소

정보시스템의 구성요소로는 하드웨어(hardware), 소프트웨어(software), 데이터베이스(database), 네트워크(network), 운영절차(procedure), 인적자원(people) 등을 들 수 있다. 또한 정보시스템의 자원을 하드웨어, 소프트웨어, 네트웨어 및 오그웨어로 구분하기도 한다.

정답 ③

824

20년 2회

아래 글상자의 내용을 근거로 유통정보시스템의 개발 절차를 순차적으로 나열한 것으로 가장 옳은 것은?

> ㉠ 필요정보에 대한 정의
> ㉡ 정보활용 목적에 대한 검토
> ㉢ 정보활용 주체에 대한 결정
> ㉣ 정보제공 주체 및 방법에 대한 결정

① ㉠ - ㉡ - ㉢ - ㉣
② ㉠ - ㉢ - ㉡ - ㉣
③ ㉠ - ㉣ - ㉡ - ㉢
④ ㉡ - ㉠ - ㉣ - ㉢
⑤ ㉡ - ㉢ - ㉠ - ㉣

KEYWORD **유통정보시스템의 개발 절차**

해설

유통정보시스템은 먼저 ㉡ 정보활용 목적을 명확히 하고, ㉢ 정보활용 주체를 결정한 후 ㉠ 필요정보를 정의한다. 그리고 ㉣ 정보의 제공주체 및 방법을 결정한 후 이에 맞는 적정한 수준의 시스템을 개발한다.

관련이론 유통정보시스템

1. 유통정보시스템은 기획단계 → 개발단계 → 기술적 구현단계 → 적용단계를 거쳐 구축된다.
2. 또한 유통정보시스템의 개발은 주요 유통기능 및 유통기능 수행자의 결정 → 각 유통기능 수행에 필요한 마케팅 정보의 결정 → 정보수집자, 사용자 및 전달방법의 결정 → 잡음요소의 규명 및 이의 제거방안 결정 순으로 이루어진다.
3. 유통경로의 정보시스템을 설계하는 과정은 다음의 5단계로 구분된다. 주요 의사결정 영역의 확인 → 의사결정 담당자의 결정 → 의사결정에 필요한 정보의 파악 → 정보수집자, 사용자, 정보제공 방식의 결정 → 경로 불확실성의 제거 및 정보 보충의 순서이다.

정답 ⑤

825

23년 3회

유통정보시스템의 개념에 대한 설명으로 가장 옳지 않은 것은?

① 물류비용과 재고비용을 감축하여 채널단계에 참여하는 모두가 이익을 얻을 수 있게 한다.
② 유통정보와 프로세스의 흐름을 확보해 시간차로 발생하는 가시성 문제를 최소화하여 시장수요와 공급을 조절해 주고 각 개인이 원하는 제품과 서비스 공급이 원활하도록 지원한다.
③ 유통정보시스템은 경영자가 유통과 관련된 기업의 목표를 달성하기 위한 효율적이고 효과적인 의사결정을 하는데 필요한 정보제공을 위해 설계되어야 한다.
④ 유통거래를 지원하는 정보시스템으로 관련된 기존 시스템의 정보를 추출, 변환, 저장하는 과정을 거쳐 업무담당자 목적에 맞는 정보만을 모아 관리할 수 있도록 지원해 준다.
⑤ 유통정보시스템은 기업의 유통활동 수행에 필요한 정보의 흐름을 통합하여 전사적 유통을 가능하게 하고 유통계획, 관리, 거래처리 등에 필요한 데이터를 처리하여 유통관련 의사결정에 필요한 정보를 적시에 제공하기 위한 절차, 설비, 인력을 뜻한다.

KEYWORD **유통정보시스템**

해설

유통정보시스템(channel information system)은 기업의 유통활동 수행에 필요한 정보의 흐름을 통합하는 기능을 통해 전사적 유통 또는 통합유통을 가능하게 하는 동시에 유통계획, 관리, 거래처리 등에 필요한 데이터를 처리하여 유통 관련 의사결정에 필요한 정보를 적시에 제공하는 정보시스템이다.

정답 ④

826

23년 2회

유통업체에서 고객의 데이터를 활용하여 마케팅에 활용하는 사례로 아래 글상자의 괄호 안에 공통적으로 들어갈 용어로 가장 옳은 것은?

> • (　　　)은(는) 국민이 자신의 데이터에 대한 통제권을 갖고 원하는 곳으로 데이터를 전송할 수 있는 서비스이다.
> • (　　　)이(가) 구현되면, 국민은 데이터를 적극적으로 관리·통제할 수 있게 되고, 스타트업 등 기업은 혁신적인 서비스를 창출해 새로운 데이터 산업 생태계가 조성된다.

① 데이터베이스
② 빅데이터 분석
③ 데이터 댐
④ 데이터마이닝
⑤ 마이데이터

KEYWORD **유통정보시스템**

해설

국민이 자신의 데이터에 대한 통제권을 갖고 원하는 곳으로 데이터를 전송할 수 있는 서비스는 마이데이터(mydata)이다. 개인이 자신의 정보를 적극적으로 관리·통제하는 것은 물론 이러한 정보를 신용이나 자산관리 등에 능동적으로 활용하는 일련의 과정을 말한다.

마이데이터를 이용하면 각종 기관과 기업 등에 분산되어 있는 자신의 정보를 한꺼번에 확인할 수 있으며, 업체에 자신의 정보를 제공해 맞춤 상품이나 서비스를 추천받을 수 있다. 국내에서는 시범 서비스를 거쳐 2022년 1월 5일부터 전면 시행되었다.

정답 ⑤

827

22년 3회, 19년 1회

아래 글상자의 내용에 부합되는 OLAP(Online Analytical Processing)의 기능으로 가장 옳은 것은?

> 이것은 데이터 분석 차원의 깊이를 마음대로 조정해 가며 분석할 수 있는 기능이다.

① 드릴링(drilling)
② 리포팅(reporting)
③ 분해(slice & dice)
④ 피보팅(pivoting)
⑤ 필터링(filtering)

KEYWORD **OLAP**

해설

① OLAP의 기능 중 데이터 분석 차원의 깊이를 마음대로 조정해 가며 분석할 수 있는 기능은 드릴링(drilling)이다.

선지분석

② 리포팅(reporting)은 현재 보고서의 정보를 간단한 대화식 조작을 통해 원하는 형태의 보고서로 나타낼 수 있다.
③ 분해(slicing & dicing)는 다차원 모델에서 한 차원을 잘라 보고 동시에 다른 차원을 자르면서 데이터 범위를 좁혀가는 작업 기능이다.
④ 피보팅(pivoting)은 데이터를 분석하는 차원(dimension)을 사용자의 니즈에 따라 다양한 기준으로 전환시켜 볼 수 있는 기능이다. 사용자가 원하면 최종적으로 보여지는 보고서의 축을 자유자재로 바꿀 수 있다.
⑤ 필터링(filtering)은 전체 데이터에서 원하는 기준만을 선정하여 그 기준에 해당되는 정보만을 보여주는 기능이다.

정답 ①

828

16년 1회

최고경영층의 의사결정을 지원하는 역할을 담당하는 EIS(중역정보시스템)의 특성으로 가장 옳지 않은 것은?

① EIS는 전략적인 문제를 해결하는 데 요구되는 정보를 제공하여야 한다.
② EIS는 정보를 보다 쉽게 이해할 수 있는 형태로 제공하여야 한다.
③ EIS는 사용자가 사용하기 쉬운 인터페이스가 필요하다.
④ EIS는 비교적 짧은 시간 내에 많은 양의 자료를 정확하고 구체적으로 처리할 수 있어야 한다.
⑤ EIS는 정보를 제공하는 데 있어 드릴다운(Drill-down) 기법이 반드시 필요하다.

KEYWORD 중역정보시스템(EIS)

해설

중역정보시스템은 ③ 사용하기 쉽고, ② 이해하기 쉬우며, 내용을 분석적으로 검토할 수 있는 기능을 제공할 수 있어야 한다.

또한 키보드보다는 마우스나 터치스크린을, 복잡한 명령문보다는 쉬운 메뉴방식을, 표보다는 그래프로, 단편적인 내용보다는 ① 문제점과 원인을 분석할 수 있는 정보제공체계를 갖추는 것이 요구된다.

주요 기능으로는 개괄정보 보기(Drill Up), ⑤ 상세정보 보기(Drill Down), 예외보고(Exception Reporting), 추세분석(Trend Analysis) 등이 있다.

관련이론 중역정보시스템

중역정보시스템(EIS: Executive Information System)이란 기업의 성과에 절대적인 기업 내·외부의 정보를 중역이 쉽게 접근하여 의사결정에 활용할 수 있도록 설계한 정보시스템을 의미한다.

정답 ④

829

16년 2회

경영자의 의사결정을 지원하는 역할을 담당하는 DSS(의사결정지원시스템)의 특성으로 가장 옳지 않은 것은?

① DSS는 의사결정과정을 비용중심의 효율적인 면보다 목표중심의 효과적인 측면에서 향상시킨다고 할 수 있다.
② DSS는 문제를 분석하고 여러 대안들을 제시해서 기준에 의한 최적의 대안을 선택하는 과정을 효과적으로 지원하는 것이다.
③ DSS는 의사결정자의 판단을 지원하는 도구이지 그들의 역할을 대체하기 위한 도구가 아니다.
④ DSS는 의사결정자가 정보기술을 활용하여 구조적인 의사결정유형의 문제를 해결하도록 지원하는 시스템이다.
⑤ DSS는 정보기술을 기반으로 한 의사결정과정을 지원하는 인간과 기계의 상호작용 시스템이다.

KEYWORD DSS

해설

④ DSS는 의사결정자가 정보기술을 활용하여 비구조적(unstructured)이고 비정형적(non-programmed)인 의사결정유형의 문제를 해결하도록 지원하는 시스템이다.

정답 ④

THEME 112 데이터베이스(DB), 빅데이터

830

19년 1회, 17년 2회

데이터베이스에 저장된 데이터가 갖추어야 할 특성으로 가장 옳지 않은 것은?

① 표준화 ② 논리성
③ 중복성 ④ 안정성
⑤ 일관성

KEYWORD 데이터베이스

해설

③ 데이터베이스에 저장된 데이터는 중복배제(non-redundancy)의 특성을 지녀야 한다. 즉 하나의 데이터베이스 내에 동일한 사실은 반드시 한 번만 기록되어야 한다.

관련이론 데이터베이스 데이터의 조건

데이터베이스에 저장된 데이터는 표준화, 중복배제, 논리성, 안정성 및 일관성 이외에도 완전성, 통합성의 조건도 충족되어야 한다. 완전성(completeness)은 업무에 필요로 하는 모든 데이터가 완비되어 있어야 한다는 것이고, 통합성(integration)은 동일한 데이터는 조직의 전체에서 한 번만 정의되고 이를 여러 다른 영역에서도 참조·활용할 수 있어야 한다는 것이다.

정답 ③

831

18년 1회

데이터베이스 구축과 관련된 용어에 대한 설명으로 가장 옳지 않은 것은?

① RDB – 관계형 데이터를 저장하거나, 수정하고 관리할 수 있게 해 주는 데이터베이스
② NoSQL – Not Only SQL의 약자이며, 비관계형 데이터 저장소로 기존의 전통적인 방식의 관계형 데이터베이스와는 다르게 설계된 데이터베이스
③ RDB – 테이블 스키마가 고정되어 있지 않아 테이블의 확장과 축소가 용이
④ NoSQL – 테이블간 조인(Join)연산을 지원하지 않음
⑤ NoSQL – key-value, Document Key-value, column 기반의 NoSQL이 주로 활용되고 있음

KEYWORD DB 구축

해설

③ 관계형 데이터베이스(RDB)는 테이블 스키마가 고정되어 있어 테이블의 확장과 축소가 용이하다는 장점이 있다. RDB는 테이블을 기반으로 하는 데이터 모델로 표현이 간단하며 구조를 이해하거나 사용하기 쉽다는 장점이 있다.

정답 ③

832

21년 3회

파일처리시스템과 비교하여 데이터베이스시스템의 특징을 설명한 것으로 가장 옳지 않은 것은?

① 특정 응용프로그램을 활용해 개별 데이터를 생성하고 저장하므로 데이터를 독립적으로 관리할 수 있다.
② 조직 내 데이터의 공유를 통해 정보자원의 효율적 활용이 가능하다.
③ 데이터베이스에 접근하기 위해 인증을 거쳐야 하기에 불법적인 접근을 차단하여 보안관리가 용이하다.
④ 프로그램에 대한 데이터 의존성이 감소하게 됨으로써 데이터의 형식이나 필드의 위치가 변화해도 응용프로그램을 새로 작성할 필요가 없다.
⑤ 표준화된 데이터 질의어(SQL)를 이용하여 필요한 데이터에 쉽게 접근하고 정보를 생성할 수 있다.

KEYWORD DB시스템

해설

특정 응용프로그램을 활용해 개별 데이터를 생성하고 저장하므로 데이터를 독립적으로 관리할 수 있는 것은 파일처리시스템의 특징이다.

정답 ①

833

17년 1회

데이터베이스 관리시스템(DBMS)의 장점으로 가장 옳지 않은 것은?

① 데이터의 중복을 실시간으로 방지해 주고, 운영비가 감소하게 된다.
② 다수의 사용자와 응용 프로그램들이 데이터를 공유하는 것이 가능하도록 지원한다.
③ 데이터 간의 불일치가 발생하지 않도록 하여 데이터의 일관성을 유지할 수 있다.
④ 데이터베이스의 접근 권한이 없는 사용자로부터 데이터베이스의 모든 데이터에 대한 보안을 보장한다.
⑤ 데이터베이스에 저장된 데이터 값과 실제 값이 일치하도록 함으로써 무결성을 유지한다.

KEYWORD DBMS의 장점

해설

① 데이터베이스 관리시스템(DBMS)은 데이터 중복의 실시간 방지와 운영비 감소의 역할은 하지 못한다.

관련이론 데이터베이스 관리시스템(DBMS)

데이터베이스 관리시스템(DBMS)은 다수의 컴퓨터 사용자들이 컴퓨터에 수록한 수많은 자료들을 쉽고 빠르게 추가·수정·삭제할 수 있도록 해주는 소프트웨어를 말한다.

DBMS의 기능은 아래와 같다.

- 축적된 자료구조의 정의
- 자료구조에 따른 자료의 축적
- 데이터베이스 언어에 의한 자료 검색 및 갱신
- 복수 사용자로부터 자료처리의 동시실행제어
- 갱신 중에 이상이 발생했을 때 갱신 이전의 상태로 복귀
- 정보의 기밀보호(Security)

정답 ①

834

22년 3회

NoSQL에 관련된 내용으로 가장 옳지 않은 것은?

① 화면과 개발로직을 고려한 데이터 셋을 구성하여 일반적인 데이터 모델링이라기보다는 파일구조 설계에 가깝다고 볼 수 있다.
② 데이터 항목을 클러스터 환경에 자동적으로 분할하여 적재한다.
③ 스키마 없이 데이터를 상대적으로 자유롭게 저장한다.
④ 대규모의 데이터를 유연하게 처리할 수 있는 전통적인 관계형 데이터베이스 시스템이다.
⑤ 간단한 API Call 또는 HTTP를 통한 단순한 접근 인터페이스를 제공한다.

KEYWORD NoSQL

해설

NoSQL은 Not Only SQL의 약자로, 빅데이터 처리를 위한 비관계형 데이터베이스 관리시스템(DBMS)이며, 기존의 전통적인 방식의 관계형 데이터베이스와는 다르게 설계된 데이터베이스이다. 또한 테이블 간 조인(Join)연산을 지원하지 않는다.

정답 ④

835

20년 2회

NoSQL의 특성으로 가장 옳지 않은 것은?

① 페타바이트 수준의 데이터 처리 수용이 가능한 느슨한 데이터 구조를 제공하므로서 대용량 데이터 처리 용이
② 데이터 항목을 클러스터 환경에 자동적으로 분할하여 적재
③ 정의된 스키마에 따라 데이터를 저장
④ 화면과 개발로직을 고려한 데이터 셋을 구성하여 일반적인 데이터 모델링이라기보다는 파일구조 설계에 가까움
⑤ 간단한 API Call 또는 HTTP를 통한 단순한 접근 인터페이스를 제공

KEYWORD NoSQL

해설

노에스큐엘(NoSQL)은 테이블–컬럼과 같은 스키마 없이 분산 환경에서 단순 검색 및 추가 작업을 위한 키 값을 최적화한다.

정답 ③

836

21년 2회

A사는 기업활동에 관련된 내외부자료를 관리 영역별로 각기 수집·저장관리하고 있다. 관리되고 있는 자료를 한 곳에 모아 활용하기 위해서, 자료를 목적에 맞게 적당한 형태로 변환하거나 통합하는 과정을 거쳐야 한다. 수집된 자료를 표준화시키거나 변환하여 목표 저장소에 저장할 수 있도록 도와주는 기술로 가장 옳은 것은?

① ETL(Extract, Transform, Load)
② OLAP(Online Analytical Processing)
③ OLTP(Online Transaction Processing)
④ 정규화(Normalization)
⑤ 플레이크(Flake)

KEYWORD 자료처리기법

해설

① 수집된 자료를 표준화시키거나 변환하여 목표 저장소에 저장할 수 있도록 도와주는 기술은 ETL(Extract, Transform, Load)이다. ETL은 자료의 추출, 변환, 적재의 약자이다.

정답 ①

837

17년 1회

(　　) 안에 들어갈 용어로 가장 옳은 것은?

> (　　)은(는) 디지털 환경에서 생성되는 방대한 규모의 정보량, 실시간성으로 인한 데이터 생성 및 이동 속도의 증가, 다양한 형태로 존재하는 데이터 등의 구성요소를 갖추고 있다. 따라서 이의 분석은 사람들의 행동양식이나 해당 사회의 성격을 정의하려는 학자들은 물론이고 생산성을 향상시키고 새로운 성장 동력을 발굴하려는 기업들도 널리 활용하고 있다. 이의 분석 사례들을 살펴보면, '한국의 직장인들이 가장 즐겨 먹는 점심은 뭘까?' 또는 '흰눈이 펑펑 내리는 한겨울, 사람들이 가장 많이 찾는 제품은 무엇일까' 등을 찾아 볼 수 있다.

① On–Demand
② Big Data
③ IoT(Internet of Things)
④ Mash–Up
⑤ Beacon

KEYWORD 빅데이터

해설

② 제시문의 내용은 빅데이터(Big Data)에 대한 설명이다. 빅데이터란 디지털 환경에서 생성되는 데이터로 그 규모가 방대하고, 생성 주기도 짧고, 형태도 수치 데이터뿐 아니라 문자와 영상 데이터를 포함하는 대규모 데이터를 말한다.

정답 ②

838
18년 3회

빅데이터 분석 특성에 대한 설명으로 가장 적합하지 않은 것은?

① 정보기술의 발전으로 실시간으로 다량의 데이터를 수집할 수 있다.
② 빅데이터 분석은 정형 데이터 분석은 가능하지만, 비정형 데이터에 대한 분석은 불가능하다.
③ 빅데이터는 거대한 규모의 디지털 정보량을 확보하고 있다.
④ 빅데이터 분석은 새로운 가치를 창출하기 위한 정보를 제공해 준다.
⑤ 시계열적 특성을 갖고 있는 빅테이터는 추세 분석이 가능하다.

KEYWORD **빅데이터**

해설

② 빅데이터 분석은 정형 데이터 분석은 물론 텍스트마이닝이나 웹마이닝을 통해 비정형 데이터 분석도 가능하다.
빅데이터의 중요한 특징은 3V로 Volumn(규모), Velocity(속도), Variety(다양성)이다.

정답 ②

839
16년 1회

빅데이터의 필요성에 대한 내용으로 가장 옳지 않은 것은?

① 빅데이터를 통해 고객과 장기적인 신뢰관계를 구축하여 충성고객을 확보하기 위함이다.
② 급변하는 시장환경에 적극적으로 대처하여 신속한 소비자의 니즈 파악과 대응방안을 마련하기 위함이다.
③ 시장의 환경변화와 제품의 트렌드를 빠르게 파악하여 마케팅 활동과 경영의사결정 과정에 접목하기 위함이다.
④ 경쟁력 강화를 위해 경쟁사와 대비되는 경쟁요소를 발굴하기 위함이다.
⑤ 최고경영자의 직관에 의한 의사결정을 올바르게 내리기 위함이다.

KEYWORD **빅데이터**

해설

⑤ 최고경영자의 의사결정은 대부분 비정형적(non-programmed)이고 비구조적이며 비반복적인 의사결정이다. 그리고 이러한 의사결정은 직관적이므로 정보시스템의 의존도가 매우 낮다.

정답 ⑤

840
18년 2회

빅데이터 솔루션에서 처리하는 다양한 데이터는 정형, 반정형, 비정형 데이터로 구별해 볼 수 있다. 이들에 대한 설명으로 가장 옳은 것은?

① 정형 데이터는 데이터 모델 또는 스키마를 따르며 주로 테이블 형식으로 저장된다.
② 비정형 데이터는 ERP, CRM 시스템과 같은 기업의 정보시스템에서 자주 생성된다.
③ 반정형 데이터는 구조가 정의되어 있지 않은, 일관성이 없는 데이터이다.
④ 비정형 데이터는 계층적이거나 그래프 기반이다.
⑤ 은행거래 송장 및 고객기록정보 등이 반정형 데이터의 유형이다.

KEYWORD **정형 데이터와 비정형 데이터**

해설

① 정형데이터는 DBMS와 같이 고정된 필드에 저장된 데이터, 반정형데이터는 XML, HTML, SGML과 같이 데이터의 구조를 표현한 스키마를 포함하는 데이터, 비정형데이터는 이미지, 동영상, 텍스트 등 데이터의 형이 정해져 있지 않은 데이터를 말한다.
② 정형 데이터, ③ 비정형 데이터, ⑤ 정형 데이터에 대한 내용이다.

정답 ①

DAY 06

THEME 113 정보네트워크

841

19년 2회, 16년 3회

아래 글상자의 (　　) 안에 들어갈 용어로 옳은 것은?

- (　　)은(는) 원래 봉화나 화톳불 등 위치와 정보를 수반한 전달 수단을 가리키는 말이었고, 사전적 의미로는 등대·경광등·무선 송신소 등이지만 21세기 초부터는 주로 '무선 표식'을 지칭하는 용어이다.
- 이는 본질적으로 위치를 알려주는 기준점 역할을 하며, 정보를 전달하기 위해서는 통신기술(단거리 전용 통신방식(DSRC), 초음파, 적외선, 블루투스, CDMA, LTE, WiFi, LiFi 등) 활용이 필요하다.
- 신호를 전송하는 방법에 따라 사운드 기반의 저주파 (　　), LED (　　), 와이파이 (　　), 블루투스 (　　) 등으로 구분한다.
- 이 서비스는 스마트폰 앱이 (　　) 신호를 수신해 전용서버에 질의하면 서버가 정보를 취득, 앱에 표시하는 방식으로 작동한다.
- 물류, 유통분야에서는 창고 내 재고·물류 관리, 센서를 이용한 온도 관리, 전용 AP를 복수로 설치해 어디에 무엇이 있는지 확인하는 등에 활용되고 있다.

① 드론(Drone)　② 무인자동체
③ 비콘(Beacon)　④ 딥러닝(Deep-Learning)
⑤ NFC(Near Field Communication)

KEYWORD **정보네트워크**

해설

③ 비콘(Beacon)은 블루투스 기반으로 근거리 내에 감지되는 스마트 기기에 각종 정보와 서비스를 제공할 수 있는 무선통신 장치이다. 좁은 의미에서는 IT 기술 기반의 위치 인식 및 통신 기술을 사용하여 다양한 정보와 데이터를 전송하는 근거리 무선통신 장치를 말한다.

정답 ③

842

17년 2회

다음 내용에 공통으로 적용되는 가장 적절한 기술은?

- 블루투스 기반으로 근거리 내에 감지되는 스마트 기기에 각종 정보와 서비스를 제공할 수 있는 무선통신 장치
- 예로, 스타벅스코리아가 지난 2014년에 이 기술을 응용한 모바일 주문 서비스 '사이렌오더'(Siren Order)를 시행

① 딥러닝　② 옴니채널
③ 핀테크　④ NFC
⑤ 비콘

KEYWORD **정보네트워크**

해설

문제에서 설명하는 기술은 ⑤ 비콘이다. 비콘(Beacon)은 봉화나 등대와 같이 위치정보를 전달하기 위해 어떤 신호를 주기적으로 전송하는 기기를 말한다.

정답 ⑤

843

22년 1회

사물인터넷 통신기술을 활용해 마케팅을 하고자 할 때, 아래 글상자의 설명에 해당하는 기술로 가장 옳은 것은?

- 선박, 기차 등에서 위치를 확인하는 데 신호를 보내는 기술이다.
- RFID, NFC 방식으로 작동하며 원거리 통신을 지원한다.
- 모바일 결제 서비스와 연동하여 간편 결제 및 포인트 적립에 활용된다.

① 비콘(Beacon)　② 와이파이(Wi-Fi)
③ 지웨이브(Z-Wave)　④ 지그비(ZigBee)
⑤ 울트라와이드밴드(Ultra Wide Band)

KEYWORD **정보네트워크**

해설

비콘(Beacon)은 블루투스 기반으로 근거리 내에 감지되는 스마트 기기에 각종 정보와 서비스를 제공할 수 있는 무선통신 장치이다. 좁은 의미에서는 IT 기술 기반의 위치 인식 및 통신기술을 사용하여 다양한 정보와 데이터를 전송하는 근거리 무선통신 장치를 말한다.

정답 ①

844

16년 1회

다음 중 (　　)안에 들어갈 용어로 가장 옳은 것은?

> 온·오프라인의 모든 채널이 유기적으로 통합된 (　　)이(가) 등장했다. 2000년대 이후 오프라인 매장 외에 PC와 스마트기기가 새로운 판매 채널로 추가되면서 멀티채널 환경이 조성됐고, 최근 각 채널들을 유기적으로 통합하는 (　　)이(가) 주목받는 상황이다. (　　)은(는) 다양한 채널이 서로의 단점을 보완하고 장점을 극대화하며 단일 채널로서 역할을 한다는 점에서 각 채널이 독립적으로 운영되며 서로 경쟁하는 멀티채널과 큰 차이를 보인다.

① 비콘
② 옴니채널
③ 무인자동체
④ 드론
⑤ e-채널

KEYWORD 정보네트워크

해설

위 글상자는 ② 옴니채널에 대한 설명이다.

관련이론 옴니채널

옴니채널은 O2O(Online to Offline) 커머스의 대표적인 사례이다. 이는 소비자가 온라인과 오프라인, 모바일 등 다양한 채널을 넘나들며 상품을 검색하고 구매할 수 있도록 하는 것을 말한다. 즉, 각 유통채널의 특성을 결합해 어떤 채널에서든 같은 매장을 이용하는 것처럼 느낄 수 있도록 한 쇼핑환경을 말한다.

정답 ②

THEME 114 지식경영의 의의와 지식경영의 효과

845

23년 3회

지식경영에 대한 설명으로 가장 옳지 않은 것은?

① 피터 드러커(Peter Drucker, 1954)는 재무 지식뿐만 아니라 비재무 지식을 활용해 경영성과를 측정하는 균형성과표를 제시하였다.
② 위그(Wigg, 1986)는 지식경영을 지식 및 지식관련 수익을 극대화시키는 경영활동이라고 정의하였다.
③ 노나카(Nonaka, 1991)는 지식경영을 형식지와 암묵지의 순환과정을 통해 경쟁력을 확보하는 경영활동이라고 정의하였다.
④ 베크만(Bechman, 1997)은 지식경영을 조직의 역량, 업무성과 및 고객가치를 제고하는 경영활동이라고 정의하였다.
⑤ 스베이비(Sveiby, 1998)는 지식경영을 무형자산을 통해 가치를 창출하는 경영활동이라고 정의하였다.

KEYWORD 지식경영

해설

재무 지식뿐만 아니라 비재무 지식을 활용해 경영성과를 측정하는 균형성과표(BSC; Balanced Score Card)는 카플란과 노튼(Robert Kaplan & David Norton)이 개발하였다.

균형성과표는 재무, 고객, 내부 프로세스, 학습·성장 등 4분야에 대해 측정지표를 선정해 평가한 뒤 각 지표별로 가중치를 적용해 산출한다.

정답 ①

846

19년 2회

지식경영이 중요한 경영기법의 하나로 자리 잡게 된 배경으로 가장 옳지 않은 것은?

① 지식경영은 프로젝트 지식을 재활용할 수 있도록 유지하는 기회를 제공하기 때문이다.
② 지식경영은 복잡하고 중요한 의사결정을 빠르고, 정확하고, 반복적으로 수행할 수 있도록 지원하기 때문이다.
③ 지식경영은 조직의 효율성과 효과성 향상을 위해 지식을 기반으로 혁신하여 경쟁할 수 있기 때문이다.
④ 지식경영은 대화와 토론을 장려하여 효과적 협력과 지식공유를 위한 단초를 제공하기 때문이다.
⑤ 지식경영은 조직이 지식경제에서 빠르게 변화하는 경쟁 환경에 효과적으로 대응하기 위해 지식노동자 개인의 암묵적 지식 축적을 장려하기 때문이다.

KEYWORD **지식경영**

해설

⑤ 지식노동자 개인의 암묵적 지식(암묵지)을 형식지로 변환시켜 조직의 구성원이 공유해야 빠르게 변화하는 경쟁 환경에 대응할 수 있기 때문이다.

관련이론 지식의 변환과정

암묵지는 사회화(Socialization)를 통해 구성원이 공유하게 되고 외재화(Externalization)을 통해 형식지가 된다. 이러한 형식지들이 결합(결합화)되면 지식은 누구나 이용할 수 있는 비경합재(Non-Rivalry)가 된다.

정답 ⑤

847

19년 1회

지식경영과 지식관리 시스템에 대한 설명으로 옳지 않은 것은?

① 지식관리 시스템은 지식의 저장과 검색을 위한 기능을 제공한다.
② 지식관리 시스템의 도입은 조직 운영의 효율성과 효과성 측면에서 업무 성과를 개선해 준다.
③ 기업에서는 지식관리 중요성이 대두됨에 따라 최고지식관리책임자(CKO: Chief Knowledge Officer)를 선임하고 있다.
④ 기업에서는 지식경영을 통한 경쟁력 확보를 위해서는 지식보안을 통해 철저하게 지식공유가 이루어지지 않도록 통제해야 한다.
⑤ 기업에서 이용하는 지식관리 시스템의 이용성을 높이기 위해서는 동기부여 측면에서 보상시스템을 구축해야 한다.

KEYWORD **지식경영**

해설

④ 기업에서 지식경영을 통한 경쟁력 확보를 위해서는 SECI 모델이 제시하는 것처럼 지식을 사회화하고 결합하여 공유해야 한다.
노나카 이쿠지로의 SECI 모델에서 지식변환 양식은 사회화(Socialization) → 외재화(Externalization) → 종합화(Combination) → 내재화(Internalization)의 과정을 거친다.

정답 ④

THEME 115 지식의 분류

848

21년 1회

지식관리에 대한 설명으로 옳지 않은 것은?

① 명시적 지식은 쉽게 체계화할 수 있는 특성이 있다.
② 암묵적 지식은 조직에서 명시적 지식보다 강력한 힘을 발휘하기도 한다.
③ 명시적 지식은 경쟁기업이 쉽게 모방하기 어려운 지식으로 경쟁우위 창출에 기반이 된다.
④ 암묵적 지식은 사람의 머릿속에 있는 지식으로 지적 자본(Intellectual Capital)이라고도 한다.
⑤ 기업에서는 구성원의 지식공유를 활성화하기 위하여 인센티브(Incentive)를 도입한다.

KEYWORD 명시적 지식과 암묵적 지식

해설

③ 경쟁기업이 쉽게 모방하기 어려운 지식으로 경쟁우위 창출에 기반이 되는 것은 암묵적 지식(Implicit Knowledge), 즉 암묵지이다.

관련이론 마이클 폴라니의 형식지와 암묵지

폴라니(Michael Polanyi)는 지식을 형식적 지식(Explicit Knowledge)과 암묵적 지식(Tacit Knowledge)으로 구분하였다.

형식적 지식(형식지)이란 말, 즉 언어로 표현할 수 있는 명시적·객관적·논리적인 지식을 의미한다. 반면 암묵적 지식(암묵지)은 개인적인 경험에 의해 얻어지는, 말로 표현하기 어려운 직감적인 지식을 말하는 것으로 노하우 등을 의미한다.

정답 ③

849

18년 2회

지식을 크게 암묵지와 형식지로 구분할 경우 이에 대한 설명으로 가장 옳지 않은 것은?

① 철학자 폴라니가 "우리는 우리가 말할 수 있는 것 이상의 것을 알 수 있다"라고 한 말은 암묵지와 더 관련이 깊다.
② 암묵지는 언어나 구조화된 체계를 가지고 존재한다.
③ 제품 사양, 문서, 데이터베이스, 매뉴얼, 화학식 등의 공식, 컴퓨터 프로그램 등의 형태로 표현되는 것은 형식지로 분류된다.
④ 암묵지는 개인, 집단, 조직의 각 차원에서 개인적 경험이나 이미지, 혹은 숙련된 기능, 조직 문화, 풍토 등의 형태로 나타난다.
⑤ 형식지는 서술하기 쉽고 객관적, 논리적인 디지털 지식 등이 포함된다.

KEYWORD 형식지와 암묵지

해설

언어나 구조화된 체계를 가지고 존재하는 것은 형식지이다.

정답 ②

DAY 06

850

22년 2회

노나카 이쿠지로 교수가 제시한 지식변환 프로세스에서 암묵적 형태로 존재하는 지식을 형식화하여 수집 가능한 데이터로 생성시켜 공유가 가능하도록 만드는 과정을 일컫는 용어로 옳은 것은?

① 공동화(Socialization)
② 지식화(Intellectualization)
③ 외부화(Externalization)
④ 내면화(Internalization)
⑤ 연결화(Combination)

KEYWORD 암묵지

해설

노나카 이쿠지로의 지식변환 프로세스(SECI 모델)에서 암묵적 형태로 존재하는 지식을 형식화하는 것은 외부화(Externalization)이다. 숙련된 기능공의 노하우를 문서화하는 것, 이전에 기록된 적이 없는 구체적 프로세스에 대한 매뉴얼을 작성하는 것 등이 외부화의 사례이다.

정답 ③

851

20년 3회

아래 글상자의 내용을 근거로 암묵지에 대한 설명만을 모두 고른 것으로 가장 옳은 것은?

> ㉠ 구조적이며 유출성 지식이다.
> ㉡ 비구조적이며 고착성 지식이다.
> ㉢ 보다 이성적이며 기술적인 지식이다.
> ㉣ 매우 개인적이며 형식화가 어렵다.
> ㉤ 주관적, 인지적, 경험적 학습에 관한 영역에 존재한다.

① ㉠, ㉢, ㉣
② ㉠, ㉢, ㉤
③ ㉡, ㉣, ㉤
④ ㉠, ㉢, ㉣, ㉤
⑤ ㉡, ㉢, ㉣, ㉤

KEYWORD **암묵지**

해설

㉠ 구조적이며 유출성 지식, ㉢ 보다 이성적이며 기술적인 지식 등은 형식지의 특성이다. 형식지는 제품 사양, 문서, 데이터베이스, 매뉴얼, 화학식 등의 공식, 컴퓨터 프로그램 등의 형태로 표현된다.
암묵지는 전수하기 어려운 지식, 경험을 통해 체화된 지식, 숙련된 기능 또는 노하우(know-how), 말 또는 언어로 표현할 수 없는 주관적인 지식 등의 특성을 지닌다.

정답 ③

852

18년 1회

지식의 분류체계를 사물지, 사실지 및 방법지로 구분할 때, 사실지에 해당하는 것은?

① 나는 컴퓨터를 안다.
② 나는 해킹 방법을 안다.
③ 나는 상품의 제조방법을 안다.
④ 나는 컴퓨터를 조립하는 방법을 안다.
⑤ 나는 지구가 자전하고 있다는 것을 안다.

KEYWORD **사물지, 사실지, 방법지**

해설

⑤ '나는 지구가 자전하고 있다는 것을 안다'는 사실지에 해당한다.

선지분석

지식은 그 내용에 따라 크게 사물지, 사실지 및 방법지로 나눌 수 있다.

- 사물지(knowledge about objects and concepts)란 인간이 인식할 수 있는 사물의 실체를 알고 있다는 것을 의미한다. 인간은 다른 동물들과 달리 처음에는 사물에 대한 감각, 관찰, 인상에 의한 지각 상태로 정보를 저장했다가 나중에는 개념화해서 말할 수 있는 사실지를 획득하게 된다.
- 사실지(knowledge about propositions)란 한 개인이 '~라는 것을 안다'고 할 때의 지식을 말한다. 즉, 사실지는 여러 가지 인지적 사실 또는 사실적 명제를 안다는 것이다.
- 방법지(knowledge about know-how)는 인간의 욕구나 문제를 해결하는 방법을 아는 것이다. 어떤 욕구나 문제를 해결하여 B라는 목표에 도달하기 위해서는 A처럼 하면 된다는 것을 아는 것을 의미한다.

따라서 ① 사물지, ②, ③, ④ 방법지, ⑤ 사실지이다.

정답 ⑤

853

16년 3회

Wiig의 지식경영모델에서 정의한, 지식의 유형에 대한 설명으로 가장 옳지 않게 짝지어진 것은?

① 사실지식: 데이터 및 인간관계, 측정치, 즉 전형적으로 직접관찰 가능하고 검증가능한 콘텐츠 등을 의미한다.
② 개념지식: 체계나 관점 등을 의미한다.
③ 일반지식: 일반적으로 명시적이라기 보다는 암묵적인 형태를 가지는 것으로 일상생활에서 무의식적으로 사용되는 지식을 의미한다.
④ 기대지식: 아는 자의 판단, 가정 등을 의미하는 것으로, 의사결정에 이용되는 직관, 예감, 선호도, 경험적 판단 등을 들 수 있다.
⑤ 방법지식: 추론, 전략, 의사결정 등에 관한 방법을 의미한다.

KEYWORD **위그(Wiig)의 지식분류**

해설

③ 칼 위그(K. Wiig)의 지식경영 모델에서 정의한 지식의 유형 중 일반지식은 일상생활에서 일반적으로 사용되는 지식으로 명시적인 지식이다.

정답 ③

THEME 116 노나카의 SECI 모델

854

19년 3회

노나카의 지식변환과정에 대한 설명으로 옳지 않은 것은?

① 지식변환은 지식획득, 공유, 표현, 결합, 전달하는 창조프로세스 매커니즘을 지칭한다.

② 지식변환은 암묵지와 형식지의 상호작용으로 원천이 되는 지와 변환되어 나온 결과물로서의 지의 축을 이루는 매트릭스로 표현된다.

③ 지식변환과정은 개인, 집단, 조직의 차원으로 나선형으로 회전하면서 공유되고 발전해 나가는 창조적 프로세스이다.

④ 사회화는 암묵지에서 암묵지로 변환하는 과정으로 주로 경험을 공유하면서 지식이 전수되고 창조가 일어난다.

⑤ 4가지 지식변환과정은 각기 독립적으로 진행되며 상호배타적으로 작용한다.

KEYWORD 노나카의 지식변환 프로세스

해설

⑤ 4가지 지식변환과정은 순차적으로 진행되며 밀접하게 연결되어 있다.

관련이론 노나카의 지식변환과정(SECI 모델)

노나카의 지식변환 양식은 사회화(Socialization) → 외재화(Externalization) → 종합화(Combination) → 내재화(Internalization)의 과정을 거치는데 암묵지와 형식지가 서로 변환되는 과정이다. 즉, 암묵지가 암묵지로 형식지가 형식지로, 그리고 암묵지가 형식지로, 형식지가 암묵지로 변화하는 과정이다.

정답 ⑤

855

24년 3회, 22년 2회, 21년 1·2회

노나카의 지식변환 4가지 유형과 그 설명이 가장 옳은 것은?

① 사회화(Socialization) – 생각이나 노하우를 언어나 그림 등의 형태로 표현한다.

② 외부화(Externalization) – 사제관계에서의 노하우(Know-how)를 전수 받는다.

③ 형식화(Normalization) – 고객분석 내용을 보고 고객행태 유형을 체득한다.

④ 내면화(Internalization) – 인턴을 하면서 체득한 조직에서의 바른 생활을 블로그에 올려 예비 인턴들에게 공유한다.

⑤ 종합화(Combination) – 형식지에서 형식지를 얻는다.

KEYWORD 노나카의 지식변환 유형

선지분석

노나카 이쿠지로의 지식변환 4가지 유형을 설명하는 SECI 모형에서

① 생각이나 노하우를 언어나 그림 등의 형태로 표현(암묵지 → 형식지)하는 것은 외재화(외부화, Externalization)이다.

② 사제관계에서의 노하우(Know-how)를 전수 받는 것은 사회화(Socialization)이다.

③ 고객분석 내용을 보고 고객행태 유형을 체득하는 것은 내면화(내부화, Internalization)이다.

④ 인턴을 하면서 체득한 조직에서의 바른 생활을 블로그에 올려 예비 인턴들에게 공유하는 것은 외재화이다.

정답 ⑤

856

18년 1회

지식변환이 일어나는 과정의 사례 중, 지식변환 형태가 다른 것은?

① 공급자와 고객이 함께 직접 체험함으로서 나름의 정보를 모으는 프로세스
② 판매현장이나 제조현장에서 대화나 관찰을 통해 정보를 모으는 프로세스
③ 스스로 쌓은 경험을 자기 머리 속에 체계적으로 저장하는 프로세스
④ 자기 생각이나 신념 지식을 말이나 글로 표현하지 않고, 행동하는 것으로 보여줌으로서 동료나 부하가 나름 체득화하여 공유하는 프로세스
⑤ 아직 말이나 글로 표현되지 않은 자기의 생각, 사고, 이미지, 노하우 등을 글이나 그림과 같은 형태로 변환하여 보여주는 프로세스

KEYWORD **노나카의 지식변환 프로세스**

해설

이쿠지로 노나카(Nonaka)는 지식은 사회화 → 외부화(외재화) → 종합화(결합화) → 내면화(내재화)의 순서로 전환된다고 주장한다. ⑤는 외부화(Externalization)로 암묵지가 형식지로 변환되는 과정이고, 나머지는 사회화(Socialization)로 암묵지가 암묵지로 변환되는 과정이다. 사회화는 경험을 통해 말로 설명하기 어려운 지식을 생각 속에 공유하는 과정이다.

정답 ⑤

857

20년 3회

노나카(Nonaka)의 지식변환 유형에 대한 설명으로 옳지 않은 것은?

① 사회화 – 최초의 유형으로 개인 혹은 집단이 주로 경험을 공유함으로써 지식을 전수하고 창조한다.
② 사회화 – 암묵지에서 암묵지를 얻는 과정이다.
③ 외부화 – 개인이나 집단의 암묵지가 공유되거나 통합되어 그 위에 새로운 지가 만들어지는 프로세스이다.
④ 종합화 – 개인이나 집단이 각각의 형식지를 조합시켜 새로운 지를 창조하는 프로세스이다.
⑤ 내면화 – 형식지에서 형식지를 얻는 과정이다.

KEYWORD **노나카의 지식변환 유형**

해설

⑤ 내면화(Internalization)는 형식지에 대한 학습을 통해 자신만의 암묵지를 생성하는 과정이다.

정답 ⑤

858

18년 3회

노나카의 지식전환 프로세스인 'SECI모델'에 대한 설명으로 가장 옳지 않은 것은?

① 사회화는 암묵지에서 암묵지를 얻는 과정이다.
② 외재화는 암묵지에서 형식지를 얻는 과정이다.
③ 공동화는 형식지에서 형식지를 얻는 과정이다.
④ 내재화는 형식지에서 암묵지를 얻는 과정이다.
⑤ 지식 변환과정은 직선적이 아닌 복합상승작용이 나타나는 나선형 프로세스로 진행된다.

KEYWORD **노나카의 SECI 모델**

해설

③ 개인과 집단이 각각의 형식지를 합쳐서 새로운 지식(형식지)을 창출하는 과정은 종합화(Combination)이다. 이 과정을 통해 창출되는 지식은 시스템지로, 제품사양서, 기술사양서, 매뉴얼, 시장동향 보고서 등이다.

정답 ③

THEME 117 지식경영과 학습조직

859

15년 2회

지식경영에 대한 설명으로 가장 적절하지 않은 것은?

① 보유된 지식의 활용이나 새로운 지식의 창출을 통해 수익을 올리거나 미래에 수익을 올릴 수 있는 역량을 구축하는 모든 활동들을 말한다.

② 지식사회라는 새로운 패러다임의 출현으로 기업의 관점에서 지식경영은 부가요소가 아닌 생존요소로 간주되고 있다.

③ 창조적 지식은 기업이 지속적으로 성장·발전하고 차별적인 경쟁우위를 확보하는 원천이 되고 있다.

④ 학습조직이 구체적인 방법론을 제시하지 못하고, 학습조직에 대한 이해부족과 가시적인 결과만을 기대했던 점이 오히려 부정적인 원인이 되었다.

⑤ 노나카의 SECI 모델은 암묵지를 제외한 직접적인 형식지의 축적 및 생산에 관련된 내용으로 사회화, 외부화, 종합화, 내면화로 구성되어 있다.

KEYWORD **지식경영**

해설

⑤ 노나카의 SECI 모델은 지식의 변환과정을 설명하는 것으로 암묵지가 암묵지로(사회화), 암묵지가 형식지로(외재화), 형식지가 형식지로(종합화), 형식지가 암묵지로(내면화) 변화하는 과정이다.

정답 ⑤

860

23년 2회

스튜어트(Stewart)의 지식 자산 특성에 대한 설명으로 가장 옳지 않은 것은?

① 지식 자산의 유형으로 고객 자산, 구조적 자산, 인적 자산 등이 있다.

② 대표적인 고객 자산에는 고객브랜드 가치, 기업이미지 등이 있다.

③ 대표적인 인적 자산에는 구성원의 지식, 경험 등이 있다.

④ 대표적인 구조적 자산에는 조직의 경영시스템, 프로세스 등이 있다.

⑤ 구조적 자산으로 외재적 존재 형태를 갖고 있는 암묵적 지식이 있다.

KEYWORD **지식경영**

해설

구조적 자산으로 외재적 존재 형태를 갖고 있는 것은 형식적 지식이다. 암묵적 지식(암묵지)은 개인적인 경험에 의해 얻어지는, 말로 표현하기 어려운 직감적인 지식을 말하는 것으로 노하우 등을 의미한다.

정답 ⑤

DAY 06

861

20년 3회

아래 글상자 괄호에 들어갈 용어로 가장 옳은 것은?

> 노나카(Nonaka)에 의하면, 조직의 케이퍼빌리티(Capability)와 핵심역량(Theme Competency)은 조직의 본질적 능력, 표면적으로 나타나는 경쟁력의 토대가 되는 무형의 지적 능력을 말한다고 한다.
> 기업의 능력을 확대해 나가기 위해서 최고경영자는 조직의 학습을 촉진시켜 나가야 한다. 이러한 개념을 (㉠)이라 하고, 이를 보급시키는데 힘쓴 피터 셍게(Peter M. Senge)는 (㉡) 사고를 전제로 하여 개인의 지적 숙련, 사고모형, 비전의 공유, 팀학습의 중요성을 주장하였다.

① ㉠ 학습조직 ㉡ 자율적
② ㉠ 시스템학습 ㉡ 자율적
③ ㉠ 학습조직 ㉡ 인과적
④ ㉠ 학습조직 ㉡ 시스템적
⑤ ㉠ 시스템학습 ㉡ 인과적

KEYWORD **셍게(Senge)의 학습조직**

해설

㉠ 학습조직(Learning Organization), ㉡ 시스템적 사고이다.

관련이론 셍게(Senge)의 학습조직

MIT대학의 피터 셍게(P. M. Senge, 또는 센지) 교수에 의해 처음으로 제시된 학습조직(Learning Organization : LO)은 급변하는 경영환경 속에서 승자로 살아남기 위해서는 조직원이 학습할 수 있도록 기업이 모든 기회와 자원을 제공하고 학습 결과에 따라 지속적 변화를 이루어야 한다는 것으로 요약된다.

셍게가 제시한 학습조직의 기본요소 자아완성(Personal Mastery), 집단학습(Group Learning), 사고모형(Mental Model), 공유비전(Shared Vision), 시스템 사고(System Thinking) 등이다.

정답 ④

THEME 118 지식관리 시스템(KMS)

862

23년 3회

지식관리 시스템에 대한 설명으로 가장 옳지 않은 것은?

① 기업은 고객에게 지속적이고 일관성 있는 정보를 제공하기 위해서 지식관리 시스템을 활용한다.
② 기업은 지식네트워킹을 통해서 새로운 제품을 출시할 수 있고 고객에게 양질의 서비스를 제공할 수 있다.
③ 지식을 보유·활용함으로써 제품 및 서비스 가치를 향상시키고 기업의 지속적인 성장에 기여할 수 있다.
④ 기업들은 동종 산업에 있는 조직들의 우수사례(best practice)를 그들 조직에 활용하여 많은 시간을 절약할 수 있다.
⑤ 지식관리 시스템은 지식관리 플랫폼으로 고객지원센터 등 기업 내부 지원을 위해 활용되고 있으며, 챗봇, 디지털 어시스트 등 고객서비스와는 거리가 멀다.

KEYWORD **지식관리 시스템(KMS)**

해설

지식관리 시스템(KMS)은 지식관리 플랫폼으로 고객지원센터 등 기업 내부 지원을 위해 활용되고 있을 뿐만 아니라, 고객서비스를 개선하기 위해 활용된다.

정답 ⑤

863

22년 3회

유통업체의 지식관리 시스템 구축 및 활용과 관련된 설명으로 가장 옳은 것은?

① 기업은 지식에 대한 유지관리를 위해 불필요한 지식도 철저하게 잘 보존해야 한다.
② 지식관리 시스템을 도입하면 조직 내부의 지식관리에 대한 모든 문제를 해결할 수 있다.
③ 지식관리 시스템 활용에 있어, 직원이 보유한 업무처리 지식에 대한 공유 방지를 위해 철저하게 통제한다.
④ 지식관리 시스템 구축은 단기적 관점에서 경쟁력을 강화하기 위한 프로젝트로 단기 매출 증대에 기여하도록 시스템을 구축해야 한다.
⑤ 성공적인 도입을 위해서 초기에는 소규모로 시스템을 도입하고, 성과가 나타나기 시작하면 전사적으로 지식관리 시스템을 확장하는 것이 유용하다.

KEYWORD **지식관리 시스템(KMS)**

해설

지식관리 시스템(KMS)의 성공적인 도입을 위해서 초기에는 소규모로 시스템을 도입하고, 성과가 나타나기 시작하면 전사적으로 지식관리 시스템을 확장하는 것이 유용하다.

관련이론 지식관리 시스템(KMS; Knowledge Management System)
지식관리 시스템은 조직 내의 인적자원들이 축적하고 있는 개별적인 지식을 체계화하여 공유함으로써 기업 경쟁력을 향상시키기 위한 기업정보 시스템을 말한다. 지식관리 시스템이 구축되면 기업과 기업 간 협업이 가속화되어 경쟁우위를 구축할 수 있다.

정답 ⑤

864

22년 1회

아래 글상자에서 제시하는 지식관리 시스템 구현 절차를 순서대로 바르게 나열한 것으로 가장 옳은 것은?

> ㉠ 지식관리 시스템 구현에 대한 목표를 설정한다. 예를 들면, 지식관리 시스템을 통해 해결해야 하는 문제를 명확하게 정의한다.
> ㉡ 지식기반을 창출한다. 예를 들면, 고객의 니즈를 만족시킬 수 있도록 베스트 프랙티스(best practice) 등을 끊임없이 개발해서 지식관리 시스템에 저장한다.
> ㉢ 프로세스 관리팀을 구성한다. 예를 들면, 최상의 지식관리 시스템에서 지식 활용이 이루어질 수 있도록 프로세스를 구축한다.
> ㉣ 지식 활용 증대를 위한 업무처리 프로세스를 구축한다. 예를 들면, 지식관리 시스템에서 고객과 상호작용을 활성화하기 위해 전자메일, 라이브채팅 등 다양한 커뮤니케이션 도구 활용이 가능하도록 구현한다.

① ㉠ – ㉡ – ㉢ – ㉣
② ㉣ – ㉢ – ㉡ – ㉠
③ ㉢ – ㉣ – ㉡ – ㉠
④ ㉠ – ㉡ – ㉣ – ㉢
⑤ ㉠ – ㉢ – ㉡ – ㉣

KEYWORD **지식관리 시스템(KMS)**

해설

지식관리 시스템을 구현하기 위해서는 먼저 문제를 정의(필요성을 인식)한 후 목표를 설정하고, 프로세스를 구축한다. 다음에는 지식기반을 창출·공유·저장한 후 지식활용을 위한 업무처리 프로세스를 구축한다.

정답 ⑤

DAY 06

865

21년 1회

유통업체에서 지식관리 시스템 활용을 통해 얻을 수 있는 효과로 옳지 않은 것은?

① 동종 업계의 다양한 우수 사례를 공유할 수 있다.
② 지식을 획득하고, 이를 보다 효과적으로 활용함으로써 기업 성장에 도움을 받을 수 있다.
③ 중요한 지식을 활용해 기업 운영에 있어 경쟁력을 확보할 수 있다.
④ 지식 네트워크를 구축할 수 있고, 이를 통해 새로운 지식을 얻을 수 있다.
⑤ 의사결정을 위한 정보를 제공해주는 시스템으로 의사결정권이 있는 사용자가 빠르게 판단할 수 있게 돕는다.

KEYWORD **지식관리 시스템(KMS)**

해설

⑤ 의사결정지원시스템(DSS)에 대한 설명이다.

정답 ⑤

866

20년 3회

지식관리 시스템은 지식이 시간의 흐름에 따라 역동적으로 개선되기 때문에 6단계의 사이클을 따르는데 이에 맞는 주기 단계가 가장 옳은 것은?

① 지식 생성–정제–포착–관리–저장–유포
② 지식 생성–정제–포착–저장–관리–유포
③ 지식 생성–정제–저장–관리–포착–유포
④ 지식 생성–포착–정제–저장–관리–유포
⑤ 지식 생성–포착–정제–관리–저장–유포

KEYWORD **지식관리 프로세스**

해설

지식관리 시스템(KMS)은 정보기술을 활용하여 암묵지를 형식지화하여 조직의 지식공유체계를 구축하려는 것이다. 지식관리 프로세스의 단계는 지식의 창출(생성) → 지식의 포착 → 지식의 정제 → 지식의 저장 → 지식의 관리 → 지식의 유포 등 6단계로 구분한다.

정답 ④

867

17년 2회

지식경영시스템의 역할로 가장 옳지 않은 것은?

① 조직 내 구성원들의 지식을 집약하고, 이를 바탕으로 새로운 지식 창출을 유도한다.
② 조직 내 구성원들을 지식화시켜 기업의 잠재적 경쟁력을 향상시킨다.
③ 지식을 XML 데이터 형태로 저장함으로써 비즈니스 간 데이터 교환비용을 절감해준다.
④ 구성원 간의 지식개인화를 강화하여 푸시(push) 솔루션을 통해 가장 빠른 지식유통망을 확보해준다.
⑤ 기존 시스템의 데이터, 이메일, 파일시스템, 웹 사이트 등 외부지식을 유기적으로 통합하여 기업지식의 기반을 확대해 준다.

KEYWORD **지식경영시스템(KMS)**

해설

④ 지식경영시스템(KMS)은 구성원 간 지식의 사회화(또는 공유화, Socialization)를 강화하여 풀(pull) 솔루션을 통해 가장 빠른 지식의 유통망을 확보해준다.
지식경영시스템을 통해 지식은 사회화(Socialization), 외재화(Externalization), 결합화(Combination), 내재화(Internalization)의 변환과정을 통해 기업이 경쟁우위를 확보할 수 있게 한다.

정답 ④

868

19년 2회

효율적인 지식베이스 시스템이 되기 위한 조건으로 가장 옳지 않은 것은?

① 대량의 지식의 고속 탐색 및 갱신이 요구된다.
② 추론 기능과 유연한 지식 조작 기능이 요구된다.
③ 지식의 표현은 이해하기 쉬운 표현법이 요구된다.
④ 고도의 인간-기계 인터페이스(Man-Machine Interface) 기능이 요구된다.
⑤ 취급 지식은 비구조화된 데이터 군을 단위로 하는 데이터가 요구된다.

KEYWORD **지식베이스 시스템**

해설

⑤ 효율적인 지식베이스 시스템이 되기 위해서는 분석과 결합, 통합을 위하여 정량적 데이터뿐만 아니라 정성적 데이터들 또한 구조화 하는 변환 과정을 거쳐 저장·유통되어야 한다.

정답 ⑤

869

17년 3회

지식경영의 효과로 가장 옳지 않은 것은?

① 기업은 지식경영을 통해 체계적인 지식기반을 구축할 수 있다.
② 기업은 효율적인 지식관리를 통해 급변하는 경영환경에 대한 대처능력을 배양할 수 있다.
③ 기업은 지식경영을 통해 내부역량을 향상시켜 고객만족도를 높임으로써 기업경쟁력을 강화시킬 수 있다.
④ 기업은 지식경영을 활용함으로써 고객과의 관계유지를 통한 새로운 비즈니스 환경에 적응할 수 있다.
⑤ 고객과의 관계증진을 위한 지식경영을 활용함으로써 매스마케팅을 실질적으로 구현시킬 수 있다.

KEYWORD **지식경영**

해설

⑤ 고객과의 관계증진을 위한 지식경영을 활용함으로써 구현할 수 있는 마케팅은 관계마케팅(relationship marketing) 또는 맞춤마케팅(일대일 마케팅)이다.

정답 ⑤

THEME 119 바코드의 이해

870

22년 2회

바코드에 대한 설명으로 가장 옳지 않은 것은?

① 유통업체의 재고관리와 판매관리에 도움을 제공한다.
② 국가표준기관에 의해 관리되고 있다.
③ 컬러 색상은 인식하지 못하고, 흑백 색상만 인식한다.
④ 스캐너 또는 리더기를 이용하여 상품 관련 정보를 간편하게 읽어들일 수 있다.
⑤ 바코드에는 국가코드, 제조업체코드, 상품품목코드 등에 대한 정보가 저장되어 있다.

KEYWORD **바코드**

해설

바코드를 인쇄할 때 흑백 색상뿐만 아니라 컬러 색상으로도 할 수 있다. 바코드 스캐너는 어두운 바와 밝은 스페이스(공간)의 색상을 대조하여 바코드를 판독하므로 검은색, 군청색, 진한 녹색, 진한 갈색의 바에 백색, 군청색, 녹색, 적색 바탕이 가능하다. 다만 바코드 스캐너는 적색계통의 색상을 모두 백색으로 감지하여 백색 바탕에 적색 바코드인 경우 판독이 불가능하다.

정답 ③

871

23년 3회

바코드와 관련된 용어에 대한 설명으로 가장 옳지 않은 것은?

① ITF-14 바코드는 GS1이 개발한 국제표준바코드로, 물류 단위에 부여된 식별코드를 기계가 읽을 수 있도록 막대 모양으로 표현한 것이다.
② GS1 DataMatrix는 우리나라 의약품 및 의료기기에 사용되는 유일한 의약품표준바코드로, 다양한 추가 정보를 입력하면서도 작은 크기로 인쇄가 가능하다.
③ GS1 응용식별자는 바코드에 입력되는 특수 식별자로 바로 다음에 나오는 데이터의 종류, 예를 들어 GTIN, 일련번호, 유통기한 등을 나타내는 지시자를 의미한다.
④ 내부관리자 코드는 GS1 식별코드 중 하나로 특정 목적을 위해 내부(국가, 기업, 산업)용으로 사용되는 코드로 주로 가변규격상품이나 쿠폰의 식별을 위해 사용된다.
⑤ 국제거래단품식별코드는 국제적으로 거래되는 단품을 식별하기 위해 GS1이 만든 코드로 여기서 거래단품(trade item)이란 공급망 상에서 가격이 매겨지거나 주문 단위가 되는 상품을 지칭한다.

KEYWORD **바코드**

해설

GS1 DataMatrix는 미국에서 개발된 흑백 격자무늬 패턴으로, 정보를 나타내는 매트릭스 형식의 2차원 심볼이다. 다른 GS1 심볼과는 달리 아주 좁은 공간에 많은 정보를 이력 할 수 있어 전세계적으로 의약품과 의료기기 분야에서 널리 활용되고 있다. 우리나라에서도 의약품표준바코드로서 GS1-13와 함께 활용되고 있다.

정답 ②

872

20년 추가

바코드(bar code)에 대한 설명으로 옳지 않은 것은?

① EAN-8(단축형 바코드)은 단축형 상품식별코드(GTIN-8)를 나타낼 때 사용하는 바코드이다.
② 기존 상품과 중량 또는 규격이 다른 경우 새로운 상품으로 간주하고 새로운 상품식별코드를 부여한다.
③ 바코드 스캐너는 적색계통의 색상을 모두 백색으로 감지하여 백색바탕에 적색 바코드인 경우 판독이 불가능하다.
④ 바코드 높이를 표준 규격보다 축소할 경우 인식이 불가능하다.
⑤ 해당 박스에 특정 상품 입수개수가 다르다면 새로운 표준물류식별코드를 부여한다.

KEYWORD **바코드**

해설

④ 바코드는 표준규격의 200%까지 확대, 80%까지 축소가 가능하며 높이를 축소해도 스캐너가 인식할 수 있다.

정답 ④

873

19년 1회

바코드의 설명으로 가장 옳지 않은 것은?

① 대형상품(중량 13kg 이상, 길이 45cm 이상)의 경우 앞면과 뒷면 2개의 바코드를 인쇄한다.
② 표준물류식별코드(GTIN-14)는 일반적으로 다수의 낱개상품이 포함된 박스 단위상품에 적용하는 코드이다.
③ UPC(Universal Product Code)는 주로 유럽과 아시아 지역에서 사용하는 바코드이다.
④ 바코드 스캐너는 적색계통의 색상을 모두 백색으로 감지하여 백색과 적색으로 이루어진 바코드는 판독이 불가능하다.
⑤ 일반적으로 소매상품의 경우 상품의 뒷면 우측 하단에 바코드를 인쇄한다.

KEYWORD 바코드

해설

③ UPC(Universal Product Code)는 미국의 식료품 관련협회인 Ad Hoc위원회가 식료품과 잡화 등 유통 제품에 부착하기 위하여 1973년 산업부문 표준심벌로 채택한 최초의 바코드이다.
현재는 GS1 코드가 국제표준으로 선정되어 북미지역에 수출하는 경우에도 사용할 수 있기 때문에 UPC 코드는 더 이상 사용하지 않는다.

정답 ③

874

17년 1회

2차원의 인식코드로 가장 거리가 먼 것은?

① Maxi코드
② QR 코드
③ Code 128
④ DataMatrix
⑤ PDF-417

KEYWORD 바코드

해설

③ Code 128은 1차원 바코드로 전체 ASCII 128 문자를 모두 표현할 수 있는 연속형 심볼로지이다.
2차원 심볼로지는 데이터를 구성하는 방법에 따라 크게 매트릭스형 코드(Matrix Bar Code)와 다층형 바코드(Stacked Bar Code)로 구분된다. 매트릭스 코드에는 ① Maxicode, ② QR Code, ④ DataMatrix 등이 있고, 다층형 바코드에는 ⑤ PDF-417, Code 49, Codablock 등이 있다.

정답 ③

875

22년 3회

식별코드와 바코드에 대한 설명으로 가장 옳지 않은 것은?

① GS1 표준 상품 식별코드는 전 세계적으로 널리 사용되는 '사실상의(de facto)' 국제 표준이다.
② 상품 식별코드 자체에는 상품명, 가격, 내용물 등에 대한 정보가 포함되어 있다.
③ 바코드는 식별코드를 기계가 읽을 수 있도록 막대 모양으로 표현한 것이다.
④ GTIN은 기업에서 자사의 거래단품을 고유하게 식별하는 데 사용하는 국제표준상품코드이다.
⑤ ITF-14는 GTIN-14코드체계(물류단위 박스)를 표시하는 데 사용되는 바코드 심벌이다.

KEYWORD 식별코드

해설

식별코드는 숫자나 문자(또는 둘의 조합)의 열로, 사람이나 사물을 식별하는 데 활용되나 식별코드 자체에 상품명, 가격, 내용물 등의 정보가 포함되어 있지는 않다.

정답 ②

876

21년 2회

GS1 표준 식별코드에 대한 설명으로 가장 옳지 않은 것은?

① 식별코드는 숫자나 문자(또는 둘의 조합)의 열로, 사람이나 사물을 식별하는데 활용
② 하나의 상품에 대한 GS1 표준 식별코드는 전 세계적으로 유일
③ A아이스크림(포도맛)에 오렌지맛을 신규상품으로 출시할 경우 고유 식별코드가 부여되어야 함
④ 상품의 체적정보 또는 총중량의 변화가 5% 이하인 경우 고유 식별코드를 부여하지 않음
⑤ 상품 홍보 또는 이벤트를 위해 특정기간을 정하여 판매하는 경우는 고유 식별코드를 부여하지 않음

KEYWORD 식별코드

해설

⑤ 상품 홍보 또는 이벤트를 위해 특정기간을 정하여 판매하는 경우에는 고유 식별코드를 부여해야 한다.

정답 ⑤

THEME 120 바코드 마킹의 분류, 마킹의 일반규정

877

20년 추가

바코드 마킹과 관련된 설명 중에서 가장 옳은 것은?

① 제조업체가 생산시점에 바코드를 인쇄하는 것은 인스토어 마킹이다.
② 소매상이 자신의 코드를 부여해 부착하는 것은 소스 마킹이다.
③ 소스 마킹은 생산시점에서 저렴한 비용으로 바코드 부착이 가능하다.
④ 인스토어 마킹은 업체 간 표준화가 되어 있다.
⑤ 인스토어 마킹은 동일상품에 동일코드가 지정될 수 있다.

KEYWORD **바코드 마킹**

선지분석

① 제조업체가 생산시점에 바코드를 인쇄하는 것은 소스 마킹이다.
② 소매상이 자신의 코드를 부여해 부착하는 것은 인스토어 마킹이다.
④ 업체 간 표준화 되어 있다는 것은 소스 마킹이다.
⑤ 동일상품에 동일코드가 지정될 수 있는 것은 소스 마킹이다.

정답 ③

878

18년 2회, 16년 2회

인스토어마킹(instore marking)에 대한 설명으로 가장 옳은 것은?

① 제품의 생산 및 포장단계에서 마킹된다.
② 각각의 소매업체에서 나름의 기준으로 자유롭게 설정한 별도의 표준 코드체계에 의해 표시된다.
③ 가공식품, 잡화 등 일반적으로 공장에서 제조되는 제품에 붙여진다.
④ 전세계적으로 공통으로 사용 가능하다.
⑤ 제조업체에서 포장지에 직접 인쇄하기 때문에 인쇄에 따른 추가비용이 거의 없다.

KEYWORD **인스토어마킹**

해설

인스토어마킹은 ② 각각의 소매업체에서 나름의 기준으로 자유롭게 설정된 표준코드체계에 의해 표시되므로 같은 품목이라도 소매업체마다 번호가 달라질 수 있다.
반면 소스마킹된 상품은 상품마다 고유식별번호를 가지고 있어 같은 품목에 대하여 전세계 어디서나 동일번호로 식별된다.

관련이론 인스토어마킹

인스토어마킹(instore marking)은 소매업체에서 상품 하나하나에 자체적으로 설정한 바코드 마킹을 의미한다. 이는 소스마킹을 실시할 수 없는 생선·정육·채소나 과일 등 청과물에 제한적으로 사용한다

정답 ②

879

16년 1회

바코드 색상 선택 시 주의할 사항으로 가장 옳지 않은 것은?

① 바코드의 바(bar) 부분은 반드시 어두운 계열의 색상이어야 한다.
② 바(bar)의 색상은 반드시 하나로 통일되어야 한다.
③ 바코드의 배경은 반드시 흰색과 같이 옅은 색상을 사용해야 한다.
④ 바코드 배경에 색상을 입힐 경우, 바의 색상은 반드시 확연히 구별되는 색상을 사용해야 한다.
⑤ 바코드의 최적 색상 조합은 흑색 바탕에 백색 바(bar)를 사용하는 것이다.

KEYWORD **바코드 표기방법**

해설

⑤ 바코드의 최적 색상 조합은 백색 바탕에 흑색 바(bar)를 사용하는 것이다.

정답 ⑤

880

19년 1회

바코드 인쇄 시 가이드라인에 대한 설명으로 가장 옳지 않은 것은?

① 일반적으로 소매상품의 경우 상품의 뒷면 좌측하단에 바코드를 인쇄한다.
② 바코드 위치는 일반적으로 상품의 가장자리에서 8mm~100mm의 거리를 유지한다.
③ 상품이 원통형인 경우 가능한 바코드를 세워서 인쇄한다.
④ 상품이 매우 얇은 경우 일반적으로 상품의 윗면에 바코드를 인쇄한다.
⑤ 대형상품(중량 13kg 이상, 길이 45cm 이상)의 경우 앞면과 뒷면 2개의 바코드를 인쇄한다.

KEYWORD **바코드 인쇄기준**

해설

① 일반적으로 소매상품의 경우 상품의 뒷면 우측하단에 바코드를 인쇄하는 것이 원칙이다.
대한상공회의소 한국유통물류진흥원(gs1kr.org)에서는 바코드를 부여하고 인쇄하는데 있어서 가이드 라인을 정해서 제시하고 있다.

정답 ①

THEME 121 바코드와 QR코드

881

21년 3회

QR 코드의 장점으로 가장 옳지 않은 것은?

① 작은 공간에도 인쇄할 수 있다.
② 방향에 관계없는 인식능력이 있다.
③ 바코드에 비해 많은 용량의 정보를 저장할 수 있다.
④ 훼손에 강하며 훼손 시 데이터 복원력이 매우 좋다.
⑤ 문자나 그림 등의 이미지가 중첩된 경우에도 인식률이 매우 높다.

KEYWORD **QR 코드**

해설

QR 코드는 네 모서리 중 세 곳에 위치한 위치 검출 패턴을 이용해서 360도 어떤 방향에서든지 데이터를 읽을 수 있다. 그러나 ⑤ 문자나 그림 등의 이미지가 중첩된 경우에는 인식률이 낮아지는 단점이 있다. QR 코드는 데이터와 오류 정정 키들이 네 모서리에 각기 분산된 형태로 포함되어 있어 오염되거나 훼손되었을 경우 바코드에 비해 데이터를 읽어 들이기 쉽다는 장점이 있다.

정답 ⑤

882

24년 2·3회, 23년 1회

QR 코드의 설명으로 가장 옳지 않은 것은?

① 바코드와 동일한 양의 자료를 표현하려면 사각형의 모양이라 크기가 더 커야한다.
② 일부분이 손상되어도 바코드에 비해 인식률이 높은 편이다.
③ 바코드에 비해 담고 있는 정보의 양이 크다.
④ 여러 QR 코드로 나뉘어 저장된 정보를 1개의 데이터로 연결하는 것이 가능하다.
⑤ 360° 어느 방향에서든지 인식이 가능하다.

KEYWORD **QR 코드**

해설

① QR 코드는 기존 바코드의 여러 가지 단점을 보완하며 등장한 것으로 작은 공간에 대용량의 정보 저장(표현)이 가능하다.

정답 ①

883

16년 3회

바코드의 단점을 보완하며 등장한 QR 코드에 대한 설명으로 가장 옳지 않은 것은?

① QR 코드 모델1과 모델2가 있으며, 현재 QR 코드라 하면 일반적으로 모델2를 가리킨다. 모델2 중 최대버전은 4.0(177×177셀)이고, 7,089자의 숫자까지 취급할 수 있다.

② Micro-QR 코드는 위치찾기 심벌이 하나이며, 보다 더 작은 공간에 인쇄를 가능하게 해 준다.

③ Frame QR은 코드안에 자유롭게 사용할 수 있는 캔버스 영역을 가진 QR 코드이다. 캔버스 부분에 문자나 화상을 넣을 수 있다.

④ iQR 코드는 데이터 인식 제한 기능을 가진 코드이다. 개인정보나 사내정보 관리 등에 활용할 수 있다. 겉모양은 보통 QR 코드와 같다.

⑤ QR 코드는 네 모서리 중 세 곳에 위치한 위치 검출 패턴을 이용해서 360도 어떤 방향에서든지 데이터를 읽을 수 있다.

KEYWORD QR 코드

해설

④ iQR 코드는 기존의 QR 코드보다 정보의 표현밀도가 향상되어 보다 많은 정보를 담을 수 있고, 반대로 동일한 양의 정보를 보다 적은 공간을 활용하여 코드생성이 가능하다는 장점이 있다. iQR 코드의 모양은 정사각형은 물론 직사각형의 형태로도 표현할 수 있다.

정답 ④

884

16년 1회

QR 코드에 대한 설명으로 가장 옳지 않은 것은?

① QR 코드(버전 40 기준)의 최대 표현 용량은 숫자 7,089자, 문자(ASCII) 4,296자, 한자 등 아시아 문자 1,817자 등이다.

② QR 코드는 네 모서리 중 세 곳에 위치한 검출 패턴을 이용해서 360도 어느 방향에서든지 데이터를 읽을 수 있다는 장점이 있다.

③ 유통, 물류 분야에서 기존 바코드를 대체하는 개념으로 출발한 QR 코드는 별도의 리더기 없이 휴대폰을 리더기로 활용할 수 있어, 명함과 같은 개인적인 서비스까지 그 범위가 급속도로 확대되고 있다.

④ QR 코드는 데이터와 오류 정정 키들이 네 모서리에 각기 분산된 형태로 포함되어 있어 오염되거나 훼손되었을 경우 바코드에 비해 데이터를 읽어 들이기 어렵다는 단점이 있다.

⑤ QR 코드를 사용하기 어려운 좁은 공간이나 소량의 데이터만 필요로 하는 경우를 위하여 마이크로 QR 코드를 Denso Wave에서 정의하고 있다.

KEYWORD QR코드

해설

④ QR 코드는 데이터와 오류 정정 키들이 네 모서리에 각기 분산된 형태로 포함되어 있어 오염되거나 훼손되었을 경우 바코드에 비해 데이터를 읽어 들이기 쉽다는 장점이 있다.

정답 ④

THEME 122 공통상품코드(GTIN, SSCC, EPC)

885
17년 3회, 15년 2회

GS1 식별코드 중에서 상품식별코드는?

① GLN ② GRAI
③ GSIN ④ GINC
⑤ GTIN

KEYWORD GS1 식별코드

해설

⑤ GTIN(Global Trade Item Number) 코드는 국제거래 단품 식별코드를 말한다. GTIN 코드는 백화점, 슈퍼마켓, 편의점 등 유통업체에서 최종 소비자에게 판매되는 상품에 사용되는 식별코드로 GS1 코드에 입력되어 상품 제조 단계에서 제조업체가 상품 포장에 직접 인쇄(소스마킹)하게 된다.

정답 ⑤

886
20년 추가

상품의 코드를 공통적으로 관리하는 표준상품분류 중 유럽상품코드(EAN) 대한 설명으로 가장 옳지 않은 것은?

① 소매점 POS시스템과 연동되어 판매시점관리가 가능하다.
② 첫 네자리가 국가코드로 대한민국의 경우 8800이다.
③ 두번째 네자리는 제조업체 코드로 한국유통물류진흥원에서 고유번호를 부여한다.
④ 국가, 제조업체, 품목, 체크숫자로 구성되어 있다.
⑤ 체크 숫자는 마지막 한자리로 판독 오류 방지를 위해 만들어진 코드이다.

KEYWORD EAN 코드

선지분석

② 유럽상품코드(EAN)는 13자리로 구성되며, 첫 세자리는 국가코드로 대한민국은 880으로 시작한다.

정답 ②

887
17년 2회

EPC에는 사용 목적에 따라 코드 유형이 정의되어 있는데, 다음 중 거래단품에 사용되는 EPC 관련 코드로 가장 옳은 것은?

① SSCC ② GSRN
③ GTIN ④ GDTI
⑤ GIAI

KEYWORD EPC

해설

③ GTIN(Global Trade Item Number) 코드는 국제거래 단품 식별코드를 말한다.
거래단품이란 공급체인(supply chain) 상에서 가격이 매겨지거나 주문 단위가 되는 상품을 말하며, 소비자에게 판매되는 모든 낱개 상품뿐만 아니라 묶음 상품, 기업 간 주문 단위로 이용되는 상자 단위도 거래단품의 범주에 포함된다.

선지분석

① SSCC(Serial Shipping Container Code), 즉 수용용기 일련번호는 최초 배송인과 최종 수령인 사이에 거래되는 물류단위 중에서 주로 파렛트와 컨테이너 같은 대형 물류단위를 식별하기 위해 개발한 18자리 식별코드이다.
② GSRN은 서비스 공급자가 공급하는 서비스를 식별하기 위해 부여하는 코드체계이다.
④ GDTI는 문서종류를 구별하기 위한 코드이다.
⑤ GIAI는 개별자산 식별코드로 조직이 소유하되 매매하지 않은 자산을 식별하는 데 사용되는 코드이다. 이외에도 GRAI는 재활용자산 식별코드, GINC는 국제선적 식별번호이다. GLN(Global Location Number)은 국제적으로 업체를 식별하기 위한 글로벌 로케이션 코드로, 물리적·기능적·법적 실체를 식별하는 데 사용된다.

관련이론 EPC 코드

EPC(Electronic Product Code) 코드는 EPC Global이 정의한 GS1 코드 체계를 기반으로 하여 GTIN, GLN, SSCC, GRAI, GIAI, GSRN, GDTI 등 총 7종류의 코드 체계를 가지고 있다. 용도에 따라 다양하게 사용되는 코드로서 유통/물류, 국방, 지리정보, 일반물품 식별 등의 분야에 사용되고 있다.

정답 ③

888

16년 1회

EPC(Electronic Product Code)의 특성에 대한 설명으로 가장 옳지 않은 것은?

① 위조품 방지기능이 있다.
② 유효기간을 관리할 수 있다.
③ 상품그룹별 품목단위 즉, 동일품목까지 식별할 수 있다.
④ 상품 추적기능이 있다.
⑤ 상품별 재고관리가 가능하다.

KEYWORD EPC

해설

③ EPC는 일련번호가 포함되므로 동일품목에 포함되는 모든 개별상품까지 식별할 수 있다.
EPC(Electronic Product Code)는 RFID 태그의 IC칩에 입력되어 사용되는 식별코드이다. EPC가 기존의 바코드 번호와 다른 점은 동일한 상품이라도 모든 개체를 개별적으로 식별할 수 있는 일련번호가 추가되었다는 점이다. EPC 코드는 광범위한 곳에서 사용되는 코드이기 때문에 RFID 기술과 함께 연동되어 사용이 가능하고, 모든 물품의 개별적 식별이 가능하다.

정답 ③

889

22년 1회

거래 단품을 중복 없이 식별하는 역할을 하는 GTIN(국제거래단품식별코드) 및 GTIN 관련 데이터는 대개 고정데이터이지만, 때로는 기본 식별 데이터 외에 더 세부적이고 상세한 상품 정보를 제공해야 할 때도 있다. 이 경우 사용되는 가변 데이터로 가장 옳지 않은 것은?

① 유통기한
② 일련번호
③ 로트(lot) 번호
④ 배치(batch) 번호
⑤ 성분 및 영양정보

KEYWORD GTIN

해설

GTIN에서 기본 식별 데이터(업체코드, 상품코드, 체크디지트) 외에 추가정보를 표시하기 위해 응용식별자(AI; Application Identifiers)를 사용하고 있다. 이를 통해 추가할 수 있는 데이터는 배치번호, 로트번호, 생산일자, 최적유통일자, 일련번호, 물류단위 입수, 상품수량 및 위탁화물번호 등이며 성분 및 영양정보는 해당하지 않는다.

정답 ⑤

THEME 123 POS 시스템

890

20년 추가

자기의 수요를 예측하여 해당하는 양을 주문하고자 할 때, 수요정보의 처리과정에서 왜곡현상이 나타날 수 있다. 소비자에게 판매될 시점의 데이터를 실시간으로 수집할 수 있도록 기능을 지원하는 정보기술로 가장 옳은 것은?

① POS(Point Of Sales) 시스템
② IoT(Internet of Things)
③ BYOD(Bring Your Own Device)
④ ONO(Online and Offline)
⑤ JRE(Java Runtime Environment)

KEYWORD POS 시스템

해설

① 소비자에게 판매되는 시점의 데이터를 실시간으로 수집할 수 있도록 기능을 지원하는 정보기술은 판매시점 정보관리시스템, 즉 POS 시스템이다.

선지분석

② IoT(Internet of Things)는 사물인터넷으로, 현실세계의 사물들과 가상세계를 네트워크로 상호 연결해 사람과 사물, 사물과 사물간 언제 어디서나 서로 소통할 수 있도록 하는 진보된 인터넷 기술이다.
③ BYOD(Bring Your Own Device)는 개인이 보유한 스마트기기를 회사 업무에 활용하는 것을 의미한다.

관련이론 POS 시스템

POS, 즉 판매시점(Point Of Sales) 정보관리 시스템은 주로 소매점포의 판매시점에서 수집한 POS 데이터를 통해 재고관리, 제품 생산관리, 판매관리를 효율적으로 하려는 정보 의사소통 방법을 말한다.

정답 ①

891

21년 3회

유통업체가 POS(Point Of Sales)시스템을 도입하여 얻을 수 있는 효과로 가장 옳지 않은 것은?

① 상품 계산을 위해 판매원이 상품정보를 등록하는 시간을 단축하여 고객대기시간 단축 가능

② 판매원의 수작업에 의한 입력 누락, 반복 입력 등과 같은 입력 오류 감소

③ 자동발주시스템(Electronic Order System: EOS)과 연계하여 주문관리, 재고관리, 판매관리의 정보를 통한 경영활동 효율성 확보

④ 신속한 고객 정보의 수집과 관리를 통해 합리적 판촉전략 수립 및 고객 만족도 개선

⑤ 경쟁 유통업체의 제품 구성 및 판매 동향 분석을 통한 경쟁력 제고

KEYWORD POS 시스템

해설

POS(Point Of Sales)시스템은 이를 도입한 소매점포에서 활용하는 것으로, ⑤ 경쟁 유통업체의 제품 구성 및 판매 동향은 알 수 없고 따라서 활용할 수 없다.

정답 ⑤

892

24년 2회

판매시점관리시스템에 대한 설명으로 가장 옳지 않은 것은?

① 판매시점의 정보를 실시간으로 취합해서 관리할 수 있도록 지원하는 시스템이다.

② 유통업체의 경우 인기제품, 비인기 제품의 신속한 파악이 가능하고, 실시간으로 재고 파악이 가능하다.

③ 판매시점에 시스템을 통한 정보 입력으로 처리 속도 증진, 오타 및 오류 방지 등의 효과를 얻을 수 있다.

④ 품목별 판매실적, 판매실적 구성비 등 판매시점관리 시스템에 누적된 판매 정보로 다양한 분석이 가능하다.

⑤ 상품 판매 정보만 관리하기 때문에 고객분석에는 활용되지 않는다.

KEYWORD 판매시점관리시스템(POS)

해설

⑤ 판매시점관리시스템(POS)는 상품의 판매 정보는 물론 고객정보의 수집과 관리를 통한 고객분석을 기초로 합리적 판촉 전략 수립 및 고객 만족도 개선에 활용된다.

관련이론 판매시점(Point Of Sales) 정보관리 시스템

POS 시스템은 주로 소매점포의 판매시점에서 수집한 POS 데이터를 통해 재고관리, 제품 생산관리, 판매관리를 효율적으로 하려는 정보 의사소통 방법을 말한다.

정답 ⑤

893

19년 1회

POS시스템 구성기기에 대한 설명으로 가장 옳지 않은 것은?

① 스캐너(Scanner)는 상품에 인쇄된 바코드를 판독하는 장치이다.

② 스토어 컨트롤러는 판매, 재고, 구매파일 등을 갱신하고 기록하는 기능을 담당한다.

③ 점포의 POS단말기는 금전등록, 출납, 영수증 발행, 신용카드 판독 등의 기능을 수행한다.

④ POS터미널에는 상품명, 가격, 구입처, 구입가격 등 상품에 관련된 모든 정보가 데이터베이스화되어 있는 상품마스터 파일이 저장되어 있다.

⑤ 스토어 컨트롤러는 점포가 체인본부나 제조업체와 연결되어 있는 경우 스토어 컨트롤러에 기록된 각종 정보를 본부 주컴퓨터와 송수신한다.

KEYWORD POS 시스템

해설

④ 상품명, 가격, 구입처, 구입가격 등 상품에 관련된 모든 정보가 데이터베이스화되어 있는 상품마스터 파일이 저장되어 있는 곳은 스토어 컨트롤러(store controller) 또는 체인본부의 주컴퓨터(host computer)이다.

정답 ④

894

21년 1회

POS(Point of Sale)시스템의 구성기기 중 상품명, 가격, 구입처, 구입가격 등 상품에 관련된 모든 정보가 데이터베이스화되어 있으며, 자동으로 판매파일, 재고파일, 구매파일 등을 갱신하고 기록하여, 추후 각종 통계자료 작성 시에 사용 가능케 하는 기기로 가장 옳은 것은?

① POS 터미널　② 바코드 리더기
③ 바코드 스캐너　④ 본부 주 컴퓨터
⑤ 스토어 컨트롤러

KEYWORD POS 시스템

해설

⑤ 스토어 컨트롤러(store controller)는 매장 내의 POS 터미널과 연결되어 모든 거래정보를 기록하는 컴퓨터이다.
스캐너에 의해 자동판독된 상품코드와 거래관련자료가 스토어 컨트롤러로 보내지면, 스토어 컨트롤러는 데이터베이스화 되어 있는 상품 마스터 파일을 검색하여 상품명, 가격 등을 POS 터미널로 다시 보내준다.

정답 ⑤

895

20년 2회

POS(Point of Sales) System 도입에 따른 제조업체의 효과에 대한 설명으로 가장 옳지 않은 것은?

① 경쟁상품과의 판매경향 비교
② 판매가격과 판매량의 상관관계
③ 기후변동에 따른 판매동향 분석
④ 신제품·판촉상품의 판매경향 파악
⑤ 상품구색의 적정화에 따른 매출증대

KEYWORD POS 시스템

해설

⑤ 상품구색의 적정화에 따른 매출증대는 POS 시스템 도입에 따라 소매업체가 얻는 효과이다.

정답 ⑤

THEME 124 RFID

896

19년 2회

아래 글상자의 내용에 공통적으로 관련된 정보기술로 옳은 것은?

> 매트로 그룹의 기반 정보시스템은 고객들이 혼자서 상품정보, 세일 등의 판매정보 등을 알 수 있어, 매장 내 상주 직원을 둘 필요가 없고, 고객들도 편하게 매장을 둘러볼 수 있어 고객만족도를 높였다. 월마트는 이 정보시스템 도입 3년 후에 결품률이 평균 16% 줄었으며, 소량판매제품의 경우 최대 38% 감소한 것으로 나타났다. 또한 신속한 재고파악, 도난방지, 계산시간 단축 등의 효과를 창출하였다.

① RFID
② BEACON
③ BYOD
④ FINTECH
⑤ TAG

KEYWORD RFID

해설

① 고객이 혼자서 상품정보 등을 알 수 있고 매장 내 상주직원을 둘 필요가 없으며 특히나 신속한 재고파악 및 도난방지, 계산시간의 단축 등의 효과를 동시에 충족시켜주는 정보기술은 RFID 인식기술이다.

정답 ①

897

21년 1회

바코드 기술과 RFID 기술에 대한 설명으로 옳지 않은 것은?

① 유통업체에서는 바코드 기술을 판매관리에 활용하고 있다.
② 바코드 기술은 핀테크 기술에 결합되어 다양한 모바일 앱에서 활용되고 있다.
③ 바코드 기술을 대체할 기술로는 RFID(Radio Frequency IDentification) 기술이 있다.
④ RFID 기술은 바코드에 비해 구축비용이 저렴하지만, 보안 취약성 때문에 활성화되고 있지 않다.
⑤ RFID 기술은 단품관리에 활용될 수 있다.

KEYWORD RFID

해설

④ RFID 기술은 바코드에 비해 많은 구축비용이 소요되지만, 보안성이 높아 사용범위가 크게 확대되고 있다. 또한 RFID를 도입하면 상품의 이동과정을 실시간으로 추적할 수 있고, 화물의 도난 및 손실을 예방할 수 있다.

정답 ④

898

22년 2회

RFID의 특징에 대한 설명으로 가장 옳지 않은 것은?

① 태그는 데이터를 저장하거나 읽어낼 수 있어야 한다.
② 태그는 인식 방향에 관계없이 ID 및 정보 인식이 가능해야 한다.
③ 태그는 직접 접촉을 하지 않아도 자료를 인식할 수 있어야 한다.
④ 태그는 많은 양의 데이터를 보내고, 받을 수 있어야 한다.
⑤ 수동형 태그는 능동형 태그에 비해 일반적으로 데이터를 보다 멀리까지 전송할 수 있다.

KEYWORD RFID

해설

능동형 태그는 자체 배터리에 의해 동력을 전달받으므로 수동형 태그에 비해 일반적으로 데이터를 보다 멀리까지 전송할 수 있다.

정답 ⑤

899

19년 1회

RFID 시스템 구성요소에 대한 설명으로 가장 옳지 않은 것은?

① Read/Write 태그는 몇 번이고 데이터의 입력 및 변경이 가능하다.
② Read Only 태그는 제조 시 입력된 데이터를 변경할 수 없다.
③ RFID 리더기는 태그의 정보를 활용하기 위해 태그와 송·수신하거나 태그에서 수집된 정보를 전송하는 장치이다.
④ 능동형 태그는 읽기/쓰기가 가능하고 태그 자체에 전원 공급 장치를 가지고 있기 때문에 수동형 태그에 비해 원거리에서도 인식이 가능하다.
⑤ 수동형 태그는 전원을 공급받아야 하기 때문에 낮은 출력의 리더기가 필요하고 인식거리도 짧아서 크기나 가격 측면에서 능동형 태그에 비해 경쟁력이 떨어진다.

KEYWORD RFID

해설

⑤ 수동형 태그(passive tag)는 리더기로부터 전원을 공급받아야 하기 때문에 높은 출력의 리더기가 필요하고 인식거리가 짧다. 최근 소형화, 저전력, 저비용의 추세에 부합하고 UHF 대역에서 사용함으로써 태그의 인식거리가 늘어날 수 있기 때문에 수요가 증가하고 있다.

정답 ⑤

900

21년 2회

RFID 도입에 따른 제조업자 측면에서의 이점으로 가장 옳지 않은 것은?

① 재고 가시성 ② 노동 효율성
③ 제품 추적성 ④ 주문 사이클 타임의 증가
⑤ 제조자원 이용률의 향상

KEYWORD RFID

해설

④ 주문 사이클 타임(OCT: Order Cycle Time)은 제조업자 측면에서 파악한 리드타임(Lead Time)이다. RFID가 도입되면 재고관리가 쉬워지므로 주문 사이클 타임은 감소한다.

정답 ④

DAY 07

DAY 07 합격 GUIDE

마지막 DAY 07의 핵심 테마는 '125 EDI의 구축 및 효과', '127 QR, ECR, CRP', '132 e-SCM을 위한 정보시스템'입니다.

'126 사물인터넷(IoT), 클라우드 컴퓨팅, 인공지능(AI), 메타버스' 테마에서는 매 시험 ICT와 관련된 새로운 내용이 출제됩니다. 그러나 모든 내용을 학습할 필요는 없으며 기출범위 내의 용어들만 잘 정리하고 학습하면 어렵지 않게 정답을 찾을 수 있습니다.

8개년 기출문제를 집중분석하여 정리한 THEME

SUBJECT 04 유통정보

THEME 125 EDI의 구축 및 효과

THEME 126 사물인터넷(IoT), 클라우드 컴퓨팅, 인공지능(AI), 메타버스

THEME 127 QR, ECR, CRP

THEME 128 데이터웨어하우징, 데이터베이스

THEME 129 데이터마이닝, 텍스트마이닝

THEME 130 웹마이닝

THEME 131 CRM, e-CRM

THEME 132 e-SCM을 위한 정보시스템

THEME 133 SCM의 성과측정(SCOR, BSC)

THEME 134 e-Marketplace, e-Procurement

THEME 135 제약이론(TOC), 물류정보기술

THEME 136 전자상거래 조직, 전자상거래 기대효과

THEME 137 전자상거래의 유형

THEME 138 전자상거래 비즈니스 모델

THEME 139 전자화폐의 유형과 전자화폐의 조건

THEME 140 전자상거래 안전과 개인정보 보호, 블록체인

THEME 141 암호화 방식, 블록체인

THEME 142 해킹, 전자상거래 보안요건, 전자서명

THEME 125 EDI의 구축 및 효과

901

22년 1회

아래 글상자의 내용이 설명하고 있는 ㉠에 들어갈 용어로 가장 옳은 것은?

> • 기업 간의 거래에 관한 데이터(각종 서류양식)를 표준화하여 컴퓨터통신망을 통해 거래 당사자의 컴퓨터 사이에서 직접 전송신호로 주고받도록 지원하는 기술로 최근 클라우드 컴퓨팅 (㉠) 서비스가 등장하였다.
> • 클라우드 기반의 (㉠) 서비스 업체인 A사는 코로나19로 인해 온라인 쇼핑몰을 통한 주문량이 폭주하면서 그동안 수작업으로 진행하던 주문 수발주 업무의 실수가 많이 발생하고, 업무 담당자들은 재택 근무를 하면서 업무가 지연되거나 공백이 발생하는 경우가 많아 이런 문제를 보완하기 위해서 본 사의 서비스 도입 문의가 늘어나고 있다고 밝혔다.

① Beacon
② XML
③ O2O
④ EDI
⑤ SaaS

KEYWORD EDI

해설

기업 간의 거래에 관한 데이터(각종 서류양식)를 표준화하여 컴퓨터통신망을 통해 거래 당사자의 컴퓨터 사이에서 직접 전송신호로 주고받도록 지원하는 기술은 EDI(전자문서교환)이다.

정답 ④

902

24년 3회, 21년 1회

전자서식교환(EDI)은 웹, 클라우드와 결합된 형태로 진화하고 있다. EDI에 관련된 내용으로 가장 옳지 않은 것은?

① 기업 간 전자상거래 서식 또는 공공 서식을 서로 합의된 표준에 따라 표준화된 메시지 형태로 변환해 거래 당사자끼리 통신망을 통해 교환하는 방식이다.
② 통신 링크를 통해 한 컴퓨터 애플리케이션에서 다른 컴퓨터 애플리케이션으로 사전 정의된 형식의 전자데이터를 전송하는 방법이다.
③ 웹 EDI 서비스는 전 세계 어디에서나 이용 가능하다는 장점에 비해 고가의 특별한 접속 프로그램이 필요하며 보안에 취약하다는 단점이 있다.
④ EDI는 문서 거래시간의 단축, 자료의 재입력 방지, 업무처리의 오류감소 등의 직접적 효과가 있다.
⑤ EDIFACT는 여러 행정, 상업 및 운송을 위한 전자 자료교환이라는 뜻이다.

KEYWORD 전자서식교환(EDI)의 개념과 장단점

해설

과거 전용선(VAN) 기반의 EDI가 최근에는 인터넷 기반의 웹 EDI로 개편되어 xEDI로 활용되고 있다. 인터넷 기반의 EDI의 통신비용은 VAN의 경우보다 매우 낮다. 인터넷 기반 EDI에서는 최신 EDI의 사용을 보완하거나 대체가 용이하다.
웹 EDI는 사용자가 특정 문서의 구조를 만들어 사용할 수 있기 때문에 타 업무 프로그램과의 연계가 용이하다.

정답 ③

903

21년 3회

EDI 시스템에 대한 설명으로 가장 옳지 않은 것은?

① EDI 시스템은 데이터를 효율적으로 교환하기 위해 전자문서표준을 이용해 데이터를 교류하는 시스템이다.
② EDI 시스템은 기존 서류 작업에 비해 문서의 입력오류를 줄여주는 장점이 있다.
③ EDI 시스템은 국제표준이 아닌, 기업간 상호 협의에 의해 만들어진 규칙을 따른다.
④ EDI 시스템은 종이 문서 없는 업무 환경을 구현해 주는 장점이 있다.
⑤ EDI 시스템은 응용프로그램, 네트워크 소프트웨어, 변환 소프트웨어 등으로 구성된다.

KEYWORD EDI 시스템

해설

③ EDI 시스템은 1986년 국제연합유럽경제위원회(UN/ECE) 주관으로 프로토콜 표준화 합의가 이루어졌고, 1988년 프로토콜의 명칭을 EDIFACT로 하였으며, 구문규칙을 국제표준(ISO 9735)으로 채택하였다.

정답 ③

904

23년 3회

EDI(Electronic Data Interchange)에 대한 설명으로 가장 옳지 않은 것은?

① EDI는 기업 간에 교환되는 거래서식을 컴퓨터로 작성하고 통신망을 이용하여 직접 전송하는 정보교환방식을 의미한다.
② EDI가 이루어지기 위해서는 거래업체들 간에 서로 교환할 데이터의 형태와 그 데이터를 어떻게 표현할 것인가에 대한 상호합의가 필요하다.
③ EDI를 이용하면 지금까지 종이형태의 문서에 기록하고 서명한 다음, 우편을 통해 전달되던 각종 주문서, 송장, 지불명세서 등이 데이터통신망을 통해 전자적으로 전송되고 처리된다.
④ EDI는 교환되는 거래문서에 대해 통용될 수 있는 표준양식이 정해져야 하며, 이를 통해 전달되는 데이터의 형식이 통일된 후, 이러한 데이터가 일정한 통신표준에 입각해서 상호 간에 교환될 수 있어야 한다.
⑤ 전자문서의 사설표준은 특정 산업분야에서 채택되어 사용되는 표준을 말하며, 사설표준의 대표적인 것에는 국제상품코드관리기관인 EAN(국내의 경우: KAN)이 개발·보급하고 있는 유통부문의 전자문서 국제표준인 EANCOM이 있다.

KEYWORD EDI 시스템

해설

EANCOM은 사설표준이 아닌 국제표준이다.
EDI 서비스는 1986년 국제연합유럽경제위원회(UN/ECE) 주관으로 프로토콜 표준화 합의가 이루어졌고, 1988년 프로토콜의 명칭을 EDIFACT로 하였으며, 구문규칙을 국제표준(ISO 9735)으로 채택하였다.

정답 ⑤

THEME 126 사물인터넷(IoT), 클라우드 컴퓨팅 인공지능(AI), 메타버스

905

22년 2회

고객관리를 최적화하기 위해 활용되는 비즈니스 인텔리전스(Business Intelligence: BI)에 대한 설명으로 가장 옳지 않은 것은?

① BI는 의사결정자에게 적절한 시간, 적절한 장소, 적절한 형식의 실행가능한 방식으로 정보를 제공한다.
② BI는 사물인터넷 기술을 이용해서 새로운 데이터를 수집하는 기능을 제공한다.
③ BI는 데이터 마이닝이나 OLAP 등의 다양한 분석도구를 사용하여 의사결정에 필요한 정보를 제공한다.
④ BI는 발생된 사건의 내부 데이터, 구조화된 데이터, 히스토리컬 데이터(historical data) 등에 대한 분석기능을 제공한다.
⑤ BI는 분석적 도구를 활용해 경영 의사결정에 필요한 경쟁력 있는 정보와 지식을 제공한다.

KEYWORD IoT

해설

비즈니스 인텔리전스(BI)는 새로운 데이터를 수집하는 것이 아니라 주로 기업 내 부서별로 소유하고 있는 데이터를 분석하는 데 중점을 둔다. 즉 기업 내부의 데이터를 통합·분석·접근할 수 있는 도구를 통칭한다. BI에는 DB 쿼리 및 리포팅을 위한 소프트웨어, 제품군별 판매예측과 같은 요약, 다차원분석, 패턴 등을 파악하는 데이터 마이닝(Data Mining) 등이 있다.

정답 ②

906

19년 2회

유통 및 물류 부분에서 사물인터넷(Internet of Things) 기술 활용에 대한 설명으로 옳지 않은 것은?

① 아마존(Amazon)은 유통현장에서 사물인터넷 기술을 이용해 무인매장에서 활용할 수 있는 시스템인 아마존고(Amazon Go)를 개발하였다.
② 유통업체에서는 전자상거래 규모 증대에 따라 다양한 유통채널(예, 온라인, 모바일) 통합을 위해 IT 부분에 많은 투자를 하고 있다.
③ 유통업체에서는 공급사슬에서의 정보공유가 기업의 경쟁력을 약화시키기 때문에 정보공유에 부정적인 견해를 가지고 있다.
④ 최근 유통업체들은 고객 빅데이터 분석을 통해 고객의 특성을 파악하고, 이에 기반해 다양한 고객관계관리 전략을 수립해 활용하고 있다.
⑤ 최근 물류업체들은 물류 효율성을 높이기 위해 자율주행 기술을 연구하고 있다.

KEYWORD IoT

해설

③ 유통업체는 공급사슬(Supply Chain)의 한 구성원이므로 파트너십 관계를 구축하고 실시간으로 정보를 공유하며 협업을 하는 것은 기업의 경쟁력을 강화시키는 필수적인 요인이다.

정답 ③

907
19년 1회

XML에 대한 설명으로 옳지 않은 것은?

① 마크업 언어 중 가장 사용하기 어렵고 불편한 언어로 꼽힌다.
② 사용자가 사용할 태그를 정의하여 사용할 수 있다.
③ 데이터를 저장하고 전달할 목적이 주요 기능이다.
④ 서로 다른 시스템간 다양한 종류의 데이터를 쉽게 교환할 수 있도록 한다.
⑤ 표준 SGML과 HTML의 장점을 취한 언어이다.

KEYWORD XML

해설

① XML은 표준 SGML과 HTML의 장점을 취하여 사용하기 쉽고 편리하게 만든 마크업 언어이다.

관련이론 XML과 SGML

XML(eXtensible Markup Language)은 SGML에서 파생된 언어이다. XML은 SGML의 특수한 부분집합으로 SGML에 비해 해석과 처리를 단순화하기 위해 설계되었다.

SGML(Standard Generalized Markup Language)은 문서용 마크업 언어를 정의하기 위한 메타 언어이다. IBM에서 1960년대에 개발한 GML(Generalized Markup Language)의 후속이며, ISO 표준이다.

정답 ①

908
23년 3회

아래 글상자의 괄호 안에 들어갈 용어를 순서대로 바르게 나열한 것으로 가장 옳은 것은?

> 알파고 리(기존 버전 알파고)는 프로 바둑기사들의 기보 데이터를 대량으로 입력받아 학습하는 (㉠)이 필요했다. 반면 알파고 제로는 바둑 규칙 이외에 아무런 사전 지식이 없는 상태에서 인공신경망 기술을 활용하여 스스로 대국하며 바둑 이치를 터득해서 이기기 위한 수를 스스로 생성해낸다. 이렇듯 수많은 시행착오를 통해 최적의 행동을 찾아내는 방식을 (㉡)이라 한다.

① ㉠ 지도학습, ㉡ 비지도학습
② ㉠ 지도학습, ㉡ 준지도학습
③ ㉠ 지도학습, ㉡ 강화학습
④ ㉠ 강화학습, ㉡ 지도학습
⑤ ㉠ 강화학습, ㉡ 준지도학습

KEYWORD 머신러닝

해설

기계학습(머신러닝, machine learning)의 알고리즘 유형 중 프로 바둑기사들의 기보 데이터를 대량으로 입력받아 학습하는 것은 지도학습(supervised learning)이고, 수많은 시행착오를 통해 최적의 행동을 찾아내는 방식은 강화학습(reinforcement learning)이다.

관련이론 머신러닝(machine learning)의 유형

머신러닝 알고리즘은 학습 시스템에 정보 및 데이터를 입력하는 형태에 따라 크게 세 가지로 나뉜다.

- 지도학습(supervised learning): 입력과 이에 대응하는 미리 알려진 출력(인간 전문가가 제공)을 매핑(mapping)하는 함수를 학습하는 과정이다.
- 비지도학습(unsupervised learning): 출력 없이 입력만으로 모델을 구축하여 학습한다. 일반적으로 데이터마이닝의 대부분의 기법이 이에 해당한다.
- 강화학습(reinforcement learning): 학습자가 행동을 선택하여 행동으로 환경에 영향을 미치고, 이에 대한 피드백으로 보상치를 얻어 학습 알고리즘의 가이드로 사용한다.

정답 ③

909
20년 추가

웹언어에 대한 설명으로 옳지 않은 것은?

① CGI는 서버와 외부 데이터, 응용 프로그램 간의 인터페이스 정의
② XML은 HTML과 달리 규정된 태그만 사용하는 것이 아닌 사용자가 원하는 태그를 만들어 응용 프로그램에 적용 가능
③ XML은 다른 목적의 마크업 언어를 만드는데 사용되는 다목적 마크업 언어
④ HTML, XML 순으로 발전하고 SGML은 HTML, XML 단점을 보완하여 등장
⑤ 마크업언어는 웹 서버에 저장된 문자, 그림, 표, 음성, 동영상 등을 모두 포함한 문서를 클라이언트가 다운로드받아 웹 브라우저에서 표현

KEYWORD 웹언어

해설

④ XML(eXtensible Markup Language)은 표준 SGML과 HTML의 장점을 취하여 사용하기 쉽고 편리하게 만든 마크업 언어이다. XML은 데이터를 저장하고 전달할 목적으로 고안된 것으로, 사용자가 사용할 태그를 정의하여 사용할 수 있다. 또한 서로 다른 시스템 간 다양한 종류의 데이터를 쉽게 교환할 수 있도록 한다.

정답 ④

910

24년 2·3회, 23년 1회, 22년 1회

클라우드 컴퓨팅 서비스 지원 수준에 따라 구분된 유형으로 가장 옳은 것은?

① 개인용 컴퓨팅 환경, 클라이언트–서버 환경, 클라우드 컴퓨팅 환경
② IaaS(Infrastructure as a Service), PaaS(Platform as a Service), SaaS(Software as a Service)
③ 플랫폼, 운영체계, 디바이스
④ 운영체계, 응용 소프트웨어, 클라이언트
⑤ 클라우드, 엣지, 디바이스

KEYWORD 클라우드 컴퓨팅 유형 분류

해설

클라우드 컴퓨팅을 서비스 지원 수준에 따라 구분하면 클라우드를 통해 하드웨어 네트워크 능력을 제공하는 Platform as a Service(PaaS), 클라우드에 애플리케이션들을 제공하는 Software as a Service(SaaS), 하드웨어, 네트워킹, 애플리케이션을 제공하는 Infrastructure as a Service(IaaS)로 구분된다.

정답 ②

911

18년 3회

아래 글상자의 괄호 안에 공통적으로 들어갈 알맞은 단어는?

> A몰은 PB제품을 가진 대형 유통업체이다. 발주 및 재고정보를 제조업체들과 공유함으로써 적절한 재고 관리를 가능하게 해 주는 (   )을 구축하였다.
> (   )(으)로 구축된 A몰의 시스템은 재고정보 등 일부 비즈니스 정보들을 승인된 제조업체, 공급업체, 협력업체, 고객 또는 다른 비즈니스 업체들과 안전하게 정보를 공유할 수 있도록 지원한다.

① 인트라넷
② 인터넷
③ 통합프로토콜
④ 엑스트라넷
⑤ 이더넷

KEYWORD 엑스트라넷

해설

④ 엑스트라넷(extranet)은 납품업체나 협력업체 등, 자기 회사와 관련 있는 기업체들과 원활한 의사소통을 위해 인트라넷(intranet)의 이용범위를 그들과 관련된 기업체들 사이로 확대한 것이다.
협력업체들과 엑스트라넷이 구축되면 비용이 절감되고 생산성이 향상된다. 또한 정보전달이 가능하므로 의사전달이 향상된다.

정답 ④

912

24년 3회

메타버스를 구현하는 주요 기반 기술과 그 설명이 가장 옳지 않은 것은?

① XR(eXtended Reality) 기술 – 현실과 가상 세계를 연결하는 인터페이스로, 현실과 가상세계의 공존을 촉진하고 몰입감 높은 가상융합 공간과 디지털 휴먼 등을 구현하는 데 활용된다.

② 디지털트윈 기술 – 가상세계에 현실 세계를 3D로 복제하고 동기화한 뒤 시뮬레이션·가상훈련 등을 통해 지식의 확장과 효과적 의사결정을 지원하는 데 활용된다.

③ 블록체인 기술 – 메타버스 창작물에 대한 저작권 관리, 사용자 신원 확인 및 데이터 프라이버시 보호, 콘텐츠 이용 내역 모니터링 및 저작권료 정산 등을 지원하는 데 활용된다.

④ 인공지능 기술 – 이용자 요구나 수요 변화에 따라 컴퓨팅 자원을 유연하게 배분하여 활용된다.

⑤ 데이터 분석기술 – 실세계 데이터 취득 및 유효성 검증, 데이터 저장·처리·관리 등에 활용된다.

KEYWORD 메타버스 구현 기반기술

해설

이용자 요구나 수요 변화에 따라 컴퓨팅 자원을 유연하게 배분하여 활용되는 것은 메타버스의 기반 기술 중 클라우드 컴퓨팅(Cloud Computing) 기술이다. 클라우드 컴퓨팅은 대규모 데이터를 저장하고 처리할 수 있는 인프라를 제공하여 메타버스의 복잡한 연산 작업을 지원한다.

정답 ④

913

24년 3회

아래 글상자의 (　　) 안에 들어갈 용어로 가장 옳은 것은?

> (　　)는 클라우드상의 GenAI가 사용자 디바이스 안으로 이동한다는 것 이상의 의미를 가진다. 단기적으로는 사용자의 일상 언어를 잘 이해하는 음성 UI(User Interface), 실시간 통역과 같은 기능 관점에서 GenAI를 활용할 것으로 예상되나, 중장기적으로는 개인화·맞춤화된 GenAI Agent로 진화할 것으로 전망되기 때문이다.

① 온디바이스(On–Device) GenAI

② 규칙 기반(Rule based) AI

③ 생성형(Generative) AI

④ 딥러닝 기반 AI

⑤ 영상 지원 AI

KEYWORD AI의 유형분류

해설

온디바이스(On–Device) GenAI는 외부 서버나 클라우드에 연결되어 데이터와 연산을 지원받았던 기존의 클라우드 기반 AI에서 벗어나, 기기 자체에 탑재되어 직접 AI 서비스를 제공하는 기술을 말한다. 이는 통신 상태의 제약을 받지 않으며, 보안성이 높고 정보 처리 속도가 빠르다는 장점이 있다.

On–Device AI는 스마트폰, 자율주행 자동차, 드론 등의 다양한 기기에 탑재되어 실시간 통화 통역, 위치 인식, 작동 제어 등 여러 기능을 수행할 수 있다.

정답 ①

THEME 127 QR, ECR, CRP

914

16년 2회

글상자가 설명하고 있는 효율적인 공급사슬을 구축하기 위한 전략적 제휴 방법은 무엇인가?

> 1980년대 미국의 섬유산업에서 공급사슬의 상품흐름을 개선하기 위하여 소매업자와 제조업자의 정보공유를 통해 효과적으로 원재료를 충원하고, 제품을 제조하고, 유통함으로써 효율적인 생산과 공급체인의 재고량을 최소화하려는 전략으로, 보다 정확하고 신속한 고객정보를 획득하여 고객대응속도를 높이고자 개발되었다.

① QR(Quick Response)
② CMI(Co–Managed Inventory)
③ CPFR(Collaborative Planning Forecasting & Replenishment)
④ CD(Cross Docking)
⑤ CRP(Continuous Replenishment Program)

KEYWORD SCM과 QR 시스템

해설

① QR(Quick Response) 시스템은 고객이 원하는 시간과 장소에 필요한 제품을 공급하기 위한 물류정보 시스템으로, 미국의 패션의류업계가 수입의류상품의 급속한 시장잠식에 대한 방어 목적으로 1980년대말에 개발하였다.
QR 시스템이 원자재 조달 → 생산 → 배송이라는 공급망 전체에 걸쳐 채택되면 처리시간의 단축을 통해 누적리드타임이 단축되고 재고의 감소로 이어지며 그 결과 고객에 대한 반응시간 감축 등의 효과를 얻을 수 있다.

정답 ①

915

21년 1회

QR(Quick Response) 도입으로 얻는 효과로 가장 옳지 않은 것은?

① 기업의 원자재 조달에서부터 상품이 소매점에 진열되기까지 총 리드타임 단축
② 낮은 수준의 재고와 대응시간의 감소가 서로 상충되어 프로세싱 시간 증가
③ 정확한 생산계획에 의한 생산관리로 낮은 수준의 재고 유지 가능
④ 전표 등을 EDI로 처리하여 정확성 및 신속성 향상
⑤ 기업 간 정보공유를 바탕으로 소비동향을 분석, 고객요구를 신속하게 반영하는 것이 가능

KEYWORD QR 시스템

해설

QR을 도입하면 재고수준을 낮추면서도 소비자의 욕구변화에 대한 대응시간도 감소시킬 수 있으며 ② 프로세싱 시간도 단축된다.

정답 ②

916

17년 1회, 14년 1회

QR(Quick Response)시스템에서 점포에 그대로 진열할 수 있도록 행거(hanger) 설치와 가격 태그(tag)가 부착된 상품이 물류센터를 경유하지 않고 공장으로부터 소매점포로 직접 보내는 것을 지칭하는 용어는?

① ECR(Efficient Consumer Response)
② EDI(Electronic Data Interchange)
③ FRM(Floor Ready Merchandise)
④ ASN(Advanced Shipping Notice)
⑤ ABC(Activity Based Cost)

KEYWORD QR 시스템

해설

③ QR 시스템에서 점포에 그대로 진열될 수 있도록 가격 태그(tag)가 부착된 상품이 행거(hanger)에 걸려 물류센터를 경유하지 않고 공장으로부터 소매점포에 직접 보내진다. 이것을 FRM(Floor Ready Merchandise)이라고 부른다.

정답 ③

917

22년 2회

QR(Quick Response)에 대한 설명으로 가장 옳지 않은 것은?

① QR은 1980년대 중반 미국의 의류업계와 유통업체가 상호 협력하면서 시작되었다.
② QR의 도입으로 기업은 리드타임의 증가, 재고비용의 감소, 판매의 증진 등의 획기적인 성과를 거둘 수 있다.
③ QR이 업계 전반에 걸쳐 확산되기 위해서는 유통업체마다 각각 다르게 운영되고 있는 의류상품에 대한 상품분류체계를 표준화하여야 한다.
④ 미국의 식품업계는 QR에 대한 벤치마킹을 통해 식품업계에 적용할 수 있는 SCM 시스템인 ECR을 개발하였다.
⑤ QR의 핵심은 유통업체가 제조업체에게 판매된 의류에 대한 정보를 매일 정기적으로 제공함으로써 제조업체로 하여금 판매가 부진한 상품에 대해서는 생산을 감축하고 잘 팔리는 상품의 생산에 주력할 수 있도록 하는 데 있다.

KEYWORD QR 시스템

해설

QR의 도입으로 기업은 소비자 욕구 변화에 빠르게 대응함으로써 리드타임의 감소, 재고비용의 감소, 판매의 증진 등의 획기적인 성과를 거둘 수 있다.

관련이론 QR(Quick Response)

QR(신속 대응)은 1980년대 중반 미국의 섬유산업에서 등장한 SCM의 최초형태로, 정보기술을 이용하여 제품의 납기를 단축시키고 상품을 적시에 적량만큼 공급하기 위한 시스템이다.

정답 ②

918

19년 1회

아래 글상자 내용 중 ㉠, ㉡, ㉢에 들어갈 용어로 옳은 것은?

> 정보의 네트워크화를 축으로 하여 유통업자와 제조업자가 파트너십을 확립하는 ㉠, 최종소비자의 만족도를 증대시키기 위해 공급자와 소매업자가 공동으로 협력하는 ㉡, 공급사슬관리 기업의 협업을 통한 제품의 공동계획과 보충을 강조하는 ㉢ 등 주도하는 주체와 강조하는 바에 따라 여러 유형이 있다.

① ㉠ QR ㉡ EDI ㉢ CRP
② ㉠ QR ㉡ ECR ㉢ CRP
③ ㉠ CAO ㉡ EDI ㉢ CRP
④ ㉠ EDI ㉡ CAO ㉢ CRP
⑤ ㉠ QR ㉡ CAO ㉢ CRP

KEYWORD SCM의 운영전략

해설

정보의 네트워크화를 축으로 하여 유통업자와 제조업자가 파트너십을 확립하는 것은 ㉠ QR(신속대응), 최종소비자의 만족도를 증대시키기 위해 공급자와 소매업자가 공동으로 협력하는 것은 ㉡ ECR(효율적 소비자 대응), 공급사슬관리 기업의 협업을 통한 제품의 공동계획과 보충을 강조하는 ㉢ CRP(지속적 상품보충)이다.

정답 ②

919

15년 2회

공급-유통 채널상 주요 가치창출과정을 반영하는 ECR(Efficient Consumer Response)의 구현전략으로 가장 적절하지 않은 것은?

① 효율적인 재고보충(Efficient Replenishment)
② 효율적인 매장구색(Efficient Assortment)
③ 효율적인 프로젝트 관리(Efficient Project Management)
④ 효율적인 판매촉진(Efficient Promotions)
⑤ 효율적인 신제품 도입(Efficient Product introductions)

KEYWORD ECR

해설

ECR의 활용분야는 ① 제품보충(재고보충), ② 제품구색(또는 매장구색), ④ 판매촉진, ⑤ 신제품 도입의 4분야(4E)이다.
ECR(Efficient Consumer Response), 즉 효율적 소비자대응은 최종소비자의 만족도를 증대시키기 위해 공급자와 소매업자가 공동으로 협력하는 전략적 제휴의 일종이다.

정답 ③

DAY 07

920

15년 1회

e-SCM 추구전략 중, 고객이 상품을 주문한 후 상품을 받을 수 있기를 기대하는 도착시간인 고객허용 리드타임이 실제로 공급업체로부터 유통경로를 거쳐 고객에게 배달되는 총시간인 공급 리드타임 보다 짧은 경우에 활용할 수 있는 전략으로 가장 옳은 것은?

① 연속 재고보충 계획 전략
② 대량 개별화 전략
③ 구매자 주도 재고관리 전략
④ 제3자 물류전략
⑤ 동시 계획 전략

KEYWORD CRP

해설

e-SCM을 위한 정보시스템으로 대표적인 것은 지속적 상품보충(CRP), 자동발주시스템(CAO), 크로스 도킹(cross docking), 전사적 자원관리(ERP) 등이다. 이 중 고객허용 리드타임이 공급 리드타임보다 짧은 경우에 활용할 수 있는 전략은 ① 연속 재고보충 계획(CRP) 전략이다.

CRP(Continuous Replenishment Programs), 즉 지속적인 상품보충 또는 연속적 재고보충은 유통공급망 내의 주문량에 근거한 상품의 판매 데이터를 근거로 하여 적절한 양을 항시 보충해주는 시스템이다.

정답 ①

921

18년 2회

아래 글상자 (　　) 안에 들어갈 알맞은 용어는?

> 월마트는 점포가 위치한 해당지역의 고객정보를 많이 가지고 있고, 모기약 공급사인 워너램버트사는 자사의 제품정보에 강점을 가지고 있다. 따라서 이들을 이용한 (　　)(으)로 알려진 새로운 프로그램을 도입하여, 월마트의 수요예측 정확성이 크게 향상되었다.

① CPFR　　② RossettaNet
③ QR　　④ ECR
⑤ CAO

KEYWORD CPFR

해설

CPFR(Collaborative Planning, Forecasting and Replenishment), 즉 협력적 계획, 예측 및 보충 시스템은 판매·재고 데이터를 소비자 수요예측과 주문관리에 이용하고, 제조업체와 공동으로 생산계획에 반영하는 등 제조와 유통업체가 예측·계획·상품보충을 공동으로 운영(협업)하고자 하는 업무 프로세스로 최근 각광받고 있는 SCM 공급측면 응용기술의 하나이다.

정답 ①

922

18년 3회, 17년 1회

(　　) 안에 들어갈 가장 적절한 용어는?

> 위치정보 시스템(GPS)과 (　　)기술 기반으로 개발된 '포켓몬 고'는 출시와 동시에 가장 핫한 게임으로 주목받고 있다. (　　)은(는) 우리 주변에 포켓몬이 진짜로 있는 것 같이 합성하여 보여준다.
> 어도비 디지털 인덱스(Adobe Digital Index)에 따르면, 소셜미디어에서 포켓몬이 언급되는 횟수가 매일 50만 건에 달하며, 애플 및 구글 스토어의 인기 및 매출 순위를 장악하고 있다고 한다.

① 증강현실　　② 사이버실증
③ 모션임팩트　　④ 인공지능
⑤ 딥러닝

KEYWORD 정보과학

해설

문제에서 설명하고 있는 내용은 ① 증강현실이다.

관련이론 증강현실

증강현실(AR: Augmented Reality)은 실세계에 3차원 가상물체를 겹쳐 보여주는 기술을 말한다. 즉 사용자가 눈으로 보는 현실세계에 가상 물체를 겹쳐 보여주는 기술이다. 현실세계에 실시간으로 부가정보를 갖는 가상세계를 합쳐 하나의 영상으로 보여주므로 혼합현실(MR: Mixed Reality)이라고도 한다.

정답 ①

923

17년 3회

다음 글상자의 ㉠, ㉡을 뜻하는 용어로 옳은 것은?

> ㉠ 인간과 유사하게 사고하는 컴퓨터 지능을 일컫는 포괄적 개념이다. 최근 알파고(AlphaGo), 왓슨(Watson) 등이 등장하여 이슈가 되었다.
> ㉡ 분류를 통한 예측이 핵심이다. 인공신경망이론 기반으로 인간의 뉴런과 유사한 입출력 계층 및 복수의 은닉 계층을 활용하는 학습방식을 택하고 있으며, 복잡한 비선형 문제를 非지도방식학습으로 해결하는데 효과적이다. 딥페이스와 같은 얼굴인식 알고리즘이 대표적인 예이다.

① ㉠-머신러닝, ㉡-인공지능
② ㉠-셀프러닝, ㉡-엑스퍼트러닝
③ ㉠-딥러닝, ㉡-시각화
④ ㉠-인공지능, ㉡-딥러닝
⑤ ㉠-머신러닝, ㉡-엑스퍼트러닝

KEYWORD 정보과학

해설

㉠ 인공지능(AI: Artificial Intelligence)에 대한 설명이다. 이는 컴퓨터 시스템이 인간의 언어나 지능을 모델링해주는 기술을 의미한다.
㉡ 딥러닝(deep learning)이다. 딥러닝은 컴퓨터가 여러 데이터를 이용해 마치 사람처럼 스스로 학습할 수 있게 하기 위해 인공 신경망(ANN: Artificial Neural Network)을 기반으로 구축한 기계 학습 기술이다. 딥러닝은 인간의 두뇌가 수많은 데이터 속에서 패턴을 발견한 뒤 사물을 구분하는 정보처리 방식을 모방해 컴퓨터가 사물을 분별하도록 기계를 학습시킨다.

정답 ④

THEME 128 데이터웨어하우징, 데이터베이스

924

19년 1회

아래 글상자의 ㉠, ㉡, ㉢에 들어갈 용어로 옳은 것은?

> ㉡와(과) ㉢의 역할은 흔히 유통업에 비유된다.
> ㉠이(가) 데이터라는 상품을 생산하는 곳이라면, ㉡은(는) 이를 소비자들에게 판매하기 위해 체계적으로 분류해서 저장하고 분배하는 기능을 수행하는 도매상으로, ㉢은(는) 도매상과 소비자 사이에 위치하는 소매상으로 비유할 수 있다. 소비자들은 일상적으로 필요한 대부분의 물품들을 소매상으로부터 쉽고 빠르고 간편하게 구매할 수 있다.

① ㉠ 거래처리시스템 ㉡ 데이터웨어하우스 ㉢ 빅데이터
② ㉠ 거래처리시스템 ㉡ 데이터웨어하우스 ㉢ 데이터마트
③ ㉠ 의사결정시스템 ㉡ 그룹의사결정시스템 ㉢ 데이터웨어하우스
④ ㉠ 거래처리시스템 ㉡ 의사결정시스템 ㉢ 그룹의사결정시스템
⑤ ㉠ 데이터마트 ㉡ 데이터웨어하우스 ㉢ 빅데이터

KEYWORD 데이터하우스와 데이터마트

해설

데이터라는 상품을 생산하는 곳은 ㉠ 거래처리시스템(TPS), 체계적으로 분류해서 저장하고 분배하는 기능을 수행하는 곳은 ㉡ 데이터웨어하우스(Data Warehouse)이다. 또한 데이터의 한 부분으로서 특정 사용자가 관심을 갖는 데이터들을 담은 비교적 작은 규모의 데이터웨어하우스는 ㉢ 데이터마트이다.

정답 ②

925

20년 3회

아래 글상자의 내용은 인먼(W. H. Inmon)이 정의한 데이터 웨어하우징에 대한 개념이다. 괄호에 들어갈 수 있는 단어로 옳지 않은 것은?

> 경영자의 의사결정을 지원하는 (　　)이고, (　　)이고, (　　)이며, (　　)인 데이터의 집합

① 통합적(integrated)
② 비휘발성(nonvolatile)
③ 주제 중심적(subject-oriented)
④ 일괄 분석처리(batch-analytical processing)
⑤ 시간에 따라 변화적(time-variant)

KEYWORD 데이터웨어하우스

해설

인먼(W. H. Inmon)은 데이터웨어하우스(Data Warehouse)를 경영자의 의사결정을 지원하는 ① 통합적(integrated)이고, ② 비휘발성(nonvolatile)이며, ③ 주제 중심적(subject-oriented)이고 ⑤ 시간에 따라 변화(time-variant)하는 데이터의 집합이라고 정의하였다.

관련이론 데이터웨어하우스

데이터웨어하우스는 수년간 기업활동을 통해 발생된 기업 내부 데이터와 기업활동을 위해 축적된 외부 데이터를 의사결정에 필요한 주제 영역별로 통합하여 다양한 방법으로 데이터를 분석·활용하기 위한 통합정보시스템이다.

정답 ④

926

18년 1회

데이터웨어하우스의 특징으로 가장 옳지 않은 것은?

① 주제별로 정리된 데이터베이스
② 다양한 데이터 원천으로부터의 데이터 통합
③ 과거부터 현재에 이르기까지 시계열 데이터
④ 필요에 따라 특정 시점을 기준으로 처리해 놓은 데이터
⑤ 실시간 거래처리가 반영된 최신 데이터

KEYWORD 데이터웨어하우스

해설

⑤ 데이터웨어하우스는 초기 데이터의 적재 이후에는 데이터 갱신이 발생하지 않고 검색만 실행하게 된다. 따라서 실시간 거래처리는 반영되지 않는다.

정답 ⑤

927

20년 추가

데이터웨어하우스(Data Warehouse)의 특성으로 옳지 않은 것은?

① 데이터웨어하우스 내의 데이터는 주제지향적으로 구성되어 있다.
② 데이터웨어하우스 내의 데이터는 시간의 흐름에 따라 시계열적으로 저장된다.
③ 데이터웨어하우스 내의 데이터는 거래 및 사건의 흐름에 따라 체계적으로 저장된다.
④ 데이터웨어하우스는 다양한 정보시스템의 데이터의 통합관리를 지원해준다.
⑤ 데이터웨어하우스는 데이터 마트(Data Mart)의 하위시스템으로 특정 이용자를 위해 디자인된 특화된 데이터베이스이다.

KEYWORD 데이터웨어하우스

해설

⑤ 데이터마트(Data Mart)는 데이터웨어하우스의 하위시스템(또는 부분집합)으로 특정 이용자를 위해 디자인된 특화된 데이터베이스이다. 즉 데이터마트는 제품관리자가 항시 확인해야 하는 데이터를 요약하거나 매우 집중화시켜 제품관리자 집단을 위한 개별적인 데이터베이스를 제공한다.
데이터마트는 데이터웨어하우스에 비해 낮은 비용으로 구축할 수 있으며, 주로 전략적 사업단위나 부서를 위해 설계된 작은 규모의 데이터웨어하우스이다.

정답 ⑤

928

16년 1회

Data Warehouse, Data Warehousing, Data Mining, Data Mart에 대한 설명으로 가장 잘못된 것은?

① Data Warehouse는 사용자의 의사결정을 지원하기 위해 기업이 축적한 많은 데이터를 사용자 관점에서 주제별로 통합하여 별도의 장소에 저장해 놓은 데이터베이스로 이해할 수 있다.

② Data Warehousing은 데이터웨어하우스에 있는 데이터들로부터 적합한 의사결정을 위한 데이터를 구축하고 활용하는 일련의 과정으로, 전사적인 아키텍처상에서 의사결정을 지원하기 위한 환경을 구축하는 것이다.

③ Data Mining은 데이터 속에 숨어 있는 정보를 추출하여 연관 규칙(Association Rule), 신경망(Neural network) 등을 이용하여 분석하며, 유통정보 분석에 많이 이용된다. 대량의 실제 데이터로부터 잠재되어 드러나지 않은 유용한 정보를 찾아내는 것이다.

④ Data Mart는 데이터웨어하우스 구축의 높은 비용 대비 낮은 비용으로 창출할 수 있으며, 주로 전략적 사업 단위나 부서를 위해 설계된 작은 규모의 데이터웨어하우스이다.

⑤ Data Warehouse 내의 데이터는 일단 적재가 완료되면 일괄처리 작업에 의한 갱신 이외에는 DB에 삽입이나 삭제 등의 변경이 수행되지 않는다는 주제 지향성(Subject–Oriented)이 있다.

KEYWORD 데이터웨어하우스와 데이터마이닝

해설

⑤ Data Warehouse 내의 데이터는 일단 적재가 완료되면 일괄처리 작업에 의한 갱신 이외에는 DB에 삽입이나 삭제 등의 변경이 수행되지 않는다는 비휘발성(non–volatile)이 있다.

정답 ⑤

THEME 129 데이터마이닝, 텍스트마이닝

929

16년 1회

CRM(Customer Relationship Management)에 사용되는 대표적인 요소 기술에 대한 설명이다. 무엇에 대한 설명인가?

> 데이터웨어하우스 등 대용량의 데이터베이스로부터 패턴이나 관계, 규칙 등을 발견하여 유용한 지식 및 정보를 찾아내는 과정이나 기술로, 데이터 분석을 통한 판매량 예측, 원인과 결과 분석, 특성에 따른 고객분류 또는 집단화하는데 사용된다.

① 데이터마이닝(Data Mining)
② 데이터마트(Data Mart)
③ OLAP(Online Analytical Processing)
④ 데이터큐브(Data Cube)
⑤ 데이터무결성(Data Integrity)

KEYWORD 데이터마이닝

해설

지문의 내용은 데이터마이닝(Data Mining)에 대한 설명이다.
데이터마이닝은 광산에서 광물을 캐내는 것처럼 대용량의 데이터베이스로부터, 과거에는 알지 못했던 데이터 모델을 새로이 발견하여 실행 가능한 유용한 지식을 추출해 내는 과정을 의미한다.

정답 ①

930

21년 3회

데이터마이닝에서 사용하는 기법과 그에 대한 설명으로 가장 옳지 않은 것은?

① 추정 – 연속형이나 수치형으로 그 결과를 규정, 알려지지 않은 변수들의 값을 추측하여 결정하는 기법
② 분류 – 범주형 자료이거나 이산형 자료일 때 주로 사용하며, 이미 정의된 집단으로 구분하여 분석하는 기법
③ 군집화 – 기존의 정의된 집단을 기준으로 구분하고 이와 유사한 자료를 모으고, 분석하는 기법
④ 유사통합 – 데이터로부터 규칙을 만들어내는 것으로 어떠한 것들이 함께 발생하는지에 대해 결정하는 기법
⑤ 예측 – 미래의 행동이나 미래 추정치의 예측에 따라 구분되는 것으로 분류나 추정과 유사 기법

KEYWORD 데이터마이닝 분석기법

해설

③ '기존의 정의된 집단을 기준으로 구분하고 이와 유사한 자료를 모으고, 분석하는 기법'은 분류에 포함되는 내용이다.

관련이론 군집화

군집화(Clustering)는 데이터 중에서 유사한 특성을 가진 것들을 몇 개의 집단으로 그룹화하여, 각 집단의 성격을 파악함으로써 데이터 전체의 구조에 대해 이해할 수 있다. 이 때문에 다른 데이터마이닝 기법을 사용하기 전의 선행작업으로 사용되기도 한다.

정답 ③

931

17년 1회

대용량의 데이터베이스로부터 데이터를 분석하는 기법인 데이터마이닝 과정을 예를 들어 설명한 것으로 가장 옳지 않은 것은?

① 연관성 – 시리얼을 구입한 고객의 70%가 우유를 구입한다.
② 군집 – 배낭을 구입한 고객은 얼마 후 코펠을 구입한다.
③ 분류 – 부도가 나는 고객의 특징은 수입에 비하여 카드 사용금액이 많다.
④ 상관관계 – 날씨가 더울수록 에어컨의 판매량이 많다.
⑤ 추세 – 새로운 특정상품 판매량의 시계열 경향이 있다.

KEYWORD 데이터마이닝 분석기법

해설

② 배낭을 구입한 고객이 얼마 후 코펠을 구입하는 것은 연관성이다.
군집은 예컨대 N개의 개체들을 대상으로 P개의 변수를 측정하였을 때 관측한 P개의 변수값을 이용하여 N개 개체들 사이의 유사성 또는 비유사성의 정도를 측정하여 개체들을 가까운 순서대로 군집화하는 통계적 분석방법이다.

정답 ②

932

20년 2회

유통정보 분석을 위해 활용되는 데이터 분석기법으로 성격이 다른 것은?

① 협업적 필터링(Collaborative Filtering)
② 딥러닝(Deep Learning)
③ 의사결정나무(Decision Tree)
④ 머신러닝(Machine Learning)
⑤ 군집분석(Clustering Analysis)

KEYWORD 데이터마이닝 분석기법

해설

⑤ 데이터마이닝의 분석기법 중 군집분석은 데이터 중에서 유사한 특성을 가진 것들을 몇 개의 집단으로 그룹화하여, 각 집단의 성격을 파악함으로써 데이터 전체의 구조에 대해 이해하려는 것이다.
나머지는 분류와 예측을 통해 데이터를 분석하는 기법이다.

정답 ⑤

933

18년 2회

데이터마이닝의 분석기법 중 아래의 글상자가 설명하고 있는 기법은?

> n개의 개체들을 대상으로 p개의 변수를 측정하였을 때, 관측한 p개의 변수 값을 이용하여 n개 개체들 사이의 유사성 또는 비유사성의 정도를 측정하여 개체들을 유사성의 정도에 따라 그룹화하는 기법

① OEM분석
② 교차분석
③ RFM 모형
④ 군집분석
⑤ 연관성분석

KEYWORD 데이터마이닝 분석기법

해설

제시된 내용은 ④ 군집분석에 대한 설명이다. 데이터마이닝의 분석기법 중 군집화(clustering)는 데이터 중에서 유사한 특성을 가진 것들을 몇 개의 집단으로 그룹화하여, 각 집단의 성격을 파악함으로써 데이터 전체의 구조에 대해 이해할 수 있으며, 이 때문에 다른 데이터마이닝 기법을 사용하기 전의 선행작업으로 사용되기도 한다.

정답 ④

934

17년 2회

(　　) 안에 들어갈 용어로 가장 옳은 것은?

> (　　　　)은(는) 반/비정형적이고 비구조적인 대량의 텍스트 데이터에서 특징을 추출하고 추출된 특징으로부터 유용한 정보를 발견해 내도록 하는 기술을 말한다.

① 데이터마트(Data Mart)
② 데이터마이닝(Data Mining)
③ 텍스트마이닝(Text Mining)
④ 오피니언마이닝(Opinion Mining)
⑤ 데이터웨어하우스(Data Warehouse)

KEYWORD 텍스트마이닝

해설

제시된 내용은 ③ 텍스트마이닝(Text Mining)으로 빅데이터의 분석방법 중 하나이다.
이는 비정형 텍스트 데이터(신문·잡지기사, 여론조사, 논문, 보고서 등)에서 가치와 의미가 있는 정보를 찾아내는 기법이다. 예를 들면, 인터넷 등에 올라온 글에서 특정 주제와 관련된 부분을 뽑아 의미를 분석하고 필요한 정보를 추출하는 기법을 말한다.
데이터마이닝이 구조화되고 사실적인 방대한 데이터베이스에서 관심있는 패턴을 찾아내는 기술 분야라면, 텍스트마이닝은 구조화되지 않은 텍스트에서 의미를 찾아내는 기술 분야이다.

정답 ③

935

23년 3회

빅데이터는 다양한 유형으로 존재하는 모든 데이터가 대상이 된다. 데이터 유형과 데이터 종류, 그에 따른 수집 기술의 연결이 가장 옳지 않은 것은?

① 정형데이터 – RDB – ETL
② 정형데이터 – RDB – Open API
③ 반정형데이터 – 비디오 – Open API
④ 비정형데이터 – 이미지 – Crawling
⑤ 비정형데이터 – 소셜데이터 – Crawling

KEYWORD 빅데이터의 유형

해설

반정형데이터(semi-structured data)의 종류에는 HTML, XML, JSON 및 IoT에서 제공하는 센서데이터 등이 있다. 수집기술로는 Open API, Apache Flume, Chukaw 등이 있다. 반정형데이터는 값과 형식이 다소 일관성이 없다.

선지분석

①, ② 정형데이터(structured data)는 관계형 데이터베이스 관리 시스템(RDBMS)의 고정된 필드에 저장되는 데이터들을 말하는 것으로 데이터의 길이와 형식이 정해져 있어 그에 맞추어 데이터를 저장하게 된다. 정형데이터에는 관계형데이터베이스(RDB), 스프레드시트, CSV 데이터 등이 있다. 수집기술로는 ETL, FTP(file transfer protocol), API 등이 있다.

④, ⑤ 비정형데이터(unstructured data)는 형태와 구조가 복잡한 이미지, 동영상, 사운드, 텍스트 문서 등 데이터의 형태가 정해져 있지 않은 데이터이다. 수집기술로는 Crawling, RSS, Open API 등이 있다.

정답 ③

THEME 130 웹마이닝

936

21년 2회

아래 글상자의 ( ) 안에 들어갈 용어로 가장 옳은 것은?

> e-CRM은 단 한 명의 고객까지 세분화하여 고객의 개별화된 특성을 파악하고 이들 고객에게 맞춤 서비스를 제공하는 데 목적을 두고 구현한다. 이를 위해 다양한 정보를 수집하고 분석하여 활용하는데, 고객이 인터넷을 서핑하면서 만들어 내는 고객의 ( )는 고객의 성향을 파악할 수 있는 훌륭한 정보가 된다.

① 웹 로그(Web log)
② 웹 서버(Web Server)
③ 웹 사이트(Web Site)
④ 웹 서비스(Web Service)
⑤ 웹 콘텐츠(Web Contents)

KEYWORD 웹마이닝

해설

① 웹 로그(Web log)는 웹 사이트(Web Site)에 방문한 고객의 흔적(log), 즉 누가, 언제, 무엇을, 어디서, 어떤 경로로, 어떤 페이지를 방문했는지 등을 말한다. 웹 로그는 고객의 성향을 파악할 수 있다. 웹 로그 분석(Web log analysis)은 웹 사이트의 방문객이 남긴 자료를 근거로 웹의 운영 및 방문 행태에 대한 정보를 분석하는 것이다. 이를 웹마이닝이라고 한다.

정답 ①

937

19년 2회

웹마이닝 분석기법에 대한 설명으로 옳지 않은 것은?

① 웹콘텐츠마이닝 – 웹 사이트를 구성하는 페이지 내용 중 유용한 정보를 추출하기 위한 기법
② 웹구조마이닝 – 웹상에 존재하는 하이퍼텍스트로 구성된 문서들의 구조에 대하여 마이닝하는 기법
③ 웹사용마이닝 – 방문자들의 웹페이지 사용패턴을 분석하는 기법
④ 웹사용마이닝 – 웹로그파일분석은 웹사용마이닝의 한 부분
⑤ 웹콘텐츠마이닝 – 텍스트 중심으로 분석을 수행하는 데이터마이닝 기법

KEYWORD 웹마이닝 분석기법

해설

⑤ 웹콘텐츠마이닝은 텍스트뿐만 아니라 이미지, 오디오, 비디오, 메타데이터, 유용한 정보들의 추출과 연결들도 그 대상이 된다.

정답 ⑤

938

17년 3회

웹 로그 파일 중, “웹 사이트 방문자가 웹 브라우저를 통해 사이트 방문 시, 브라우저가 웹 서버에 파일을 요청한 기록과 시간, IP에 관련된 정보 등의 기록을 남기는 것”을 뜻하는 용어로 가장 옳은 것은?

① Signal log ② Error log
③ Referrer log ④ Tip log
⑤ Access log

KEYWORD 웹 로그 유형

해설

웹 사이트 방문자가 웹 브라우저를 통해 사이트 방문 시, 브라우저가 웹 서버에 파일을 요청한 기록과 시간, IP에 관련된 정보 등에 관한 기록을 남기는 것은 ⑤ 액세스 로그(Access log)이다.

정답 ⑤

939

16년 2회

기업이 고객관계관리를 위해 e-CRM을 구축하고, 웹로그 분석을 실시하고자 한다. 웹로그 파일에 대한 설명으로 가장 옳지 않은 것은?

① 웹서버를 통해 이루어지는 내용이나 활동사항을 시간의 흐름에 따라 기록하는 파일을 웹로그 파일이라 한다.
② Access log는 웹사이트 방문자가 웹브라우저를 통해 사이트 방문 시, 브라우저가 웹서버에 파일을 요청한 기록과 시간, IP에 관련된 정보에 대한 기록이다.
③ Refferer log는 웹서버를 소개해 준 사이트와 소개받은 페이지를 기록함으로써 해당 웹사이트를 보기 위해서 어떤 페이지를 거쳐왔는지에 대한 기록이다.
④ Transfer log는 사이트 방문자의 웹브라우저 버전, 운영체제의 종류, 화면해상도, 프로그램의 종류 등에 관한 정보로 최적화된 웹사이트를 구성할 수 있는 단서를 제공한다.
⑤ Error log는 웹서버에서 발생하는 모든 에러와 접속실패에 대한 시간과 에러 내용을 모두 기록한다.

KEYWORD 웹 로그 유형

해설

④ 사이트 방문자의 웹브라우저 버전, 운영체제의 종류, 화면해상도, 프로그램의 종류 등에 관한 정보로 최적화된 웹사이트를 구성할 수 있는 단서를 제공하는 것은 에이전트 로그(Agent log)이다.
웹 로그 분석(Web log analysis)은 웹 사이트의 방문객이 남긴 자료를 근거로 웹의 운영 및 방문 행태에 대한 정보를 분석하는 것이다. 방문객이 웹 사이트에 방문하게 되면 웹 서버에는 액세스 로그, 에러 로그, 리퍼럴 로그, 에이전트 로그 등의 자료가 파일 형태로 기록된다.

정답 ④

940

21년 3회

고객관리를 위해 인터넷 쇼핑몰을 운영하는 A사는 웹로그 분석을 실시하고 있다. 아래 글상자의 (　　) 안에 들어갈 용어로 가장 옳은 것은?

> 방문자가 웹 브라우저를 통해 웹사이트에 방문할 때 브라우저가 웹 서버에 파일을 요청한 기록을 시간과 IP 등의 정보와 함께 남기는데 이것을 (　　　　)라고 한다. 이 로그는 웹사이트의 트래픽에 대한 가장 기초적인 정보를 제공하며 서버로부터 브라우저에 파일이 전송된 기록이므로 Transfer Log 라고도 한다.

① 리퍼럴 로그(referrer log)
② 에이전트 로그(agent log)
③ 액세스 로그(access log)
④ 에러 로그(error log)
⑤ 호스트 로그(host log)

KEYWORD 웹 로그의 분류

해설

③ 액세스 로그(access log)는 방문자가 특정 사이트에 접속할 때부터 나갈 때까지 사용자의 아이디, 웹사이트 방문 경로 및 방문 시간, 웹사이트에서 수행한 작업 내용 등 모든 행적을 기록하고 있다.
방문객이 웹 사이트에 방문하게 되면 웹 서버에는 액세스 로그, 에러 로그, 리퍼럴 로그, 에이전트 로그 등의 자료가 파일 형태로 기록된다.
액세스 로그는 누가 어떤 것을 읽었는지를, 에러 로그는 오류가 있었는지를, 리퍼럴 로그는 경유지 사이트와 검색 엔진 키워드 등의 단서를, 에이전트 로그는 웹 브라우저의 이름, 버전, 운영 체계(OS), 화면 해상도 등의 정보를 제공한다.

정답 ③

THEME 131 CRM, e-CRM

941

20년 2회

CRM 활동을 고객관계의 진화과정으로 보면, 신규고객의 창출, 기존고객의 유지, 기존고객의 활성화 등으로 구분되는데, 다음 중 기존고객 유지활동의 내용으로 가장 옳지 않은 것은?

① 직접반응광고　② 이탈방지 캠페인
③ 맞춤 서비스의 제공　④ 해지방어전담팀의 운영
⑤ 마일리지프로그램의 운용

KEYWORD CRM 활동

해설

① 직접반응광고는 신규고객의 창출을 위한 활동이다.
직접반응광고(direct response advertising)는 반응수단과 반응경로를 통해 소비자의 행동을 즉각 유인하려 하는 광고다. 따라서 광고의 목적은 즉각적이고 직접적인 소비자의 반응행동이 된다.

정답 ①

942

20년 2회

고객관계관리를 위한 성과지표에 대한 설명으로 가장 옳지 않은 것은?

① 신규 캠페인 빈도는 마케팅 성과를 측정하기 위한 지표이다.
② 고객 불만 처리 시간은 서비스 성과를 측정하기 위한 지표이다.
③ 고객유지율은 판매 성과를 위한 성과지표이다.
④ 신규 판매자 수는 판매 성과를 측정하기 위한 지표이다.
⑤ 캠페인으로 창출된 수익은 마케팅 성과를 측정하기 위한 지표이다.

KEYWORD CRM 성과지표

해설

③ 기업이 CRM의 성과를 추적하고 관리하기 위해 사용할 수 있는 지표를 크게 판매지표, 고객 서비스지표, 마케팅 지표로 구분할 때 신규 고객 유치율, 기존 고객 유지율, 고객만족도 수준 등은 마케팅 지표에 해당된다.

정답 ③

943

23년 1회

CRM을 통해 성공적으로 고객을 관리하고 있음을 추적하기 위해 사용할 수 있는 지표로 가장 옳지 않은 것은?

① 신규 고객 유치율
② 마케팅 캠페인 당 구매 건수
③ 마케팅 캠페인 당 반응 건수
④ 제품 당 신규 판매 기회 건수
⑤ 시스템 다운타임

KEYWORD CRM 성과지표

해설
시스템 다운타임, 즉 시스템을 이용할 수 없는 시간은 CRM의 평가지표와는 아무 관계가 없다.

관련이론 고객관계관리(CRM; Customer Relationship Management)
고객관계관리(CRM)는 개별고객에 대한 상세한 정보를 토대로 그들과의 장기적인 관계를 구축하고 충성도를 높여 고객 생애가치(CLV)를 극대화하려는 것이다. 장기적인 고객관계 형성을 위해 도입하고 있다. CRM은 신규고객의 확보보다 기존고객의 유지관리가 비용면에서 효율적이라는 것을 알게 되면서 등장하였다. CRM은 다양해지는 고객의 욕구에 유연하게 대처함으로써 수익의 극대화를 추구하려는 것이다.

정답 ⑤

944

24년 3회, 19년 2회

가망고객 발굴을 위해 기존 고객에 대한 CRM 분석 전략에 대한 설명으로 옳지 않은 것은?

① 고객프로필 분석 – 연령, 직업, 취미, 학력 등 전체 고객층 분석
② 하우스–홀딩 분석 – 현 고객의 가족상황, 프로필, 성향 등 분석
③ 인바운드 분석 – 담당영업사원, A/S사원의 피드백이나 불만접수 대응 분석
④ 현고객 구성원 분석 – 고객의 성격, 사용실태, 충성도 분석
⑤ 외부데이터 분석 – 제휴업체의 고객데이터 분석

KEYWORD CRM 분석전략

해설
③ 인바운드 분석은 기존고객의 피드백이나 불만제기 내용 등을 분석하는 것이다.
기존 고객(개인)의 프로파일, 행동 정보, 수익유지 등의 정보분석에 의해 가망고객층을 발굴하는 것은 매우 중요한 고객관계관리 활동이다. 세대정보 분석을 통해 기존고객의 가족 중 향후 잠재성이 높은 고객을 발굴한다거나, 기존고객의 구성원을 분석하여 세분화된 기존고객군 중 잠재성이 높은 고객을 발굴할 수 있다.

정답 ③

945

16년 1회

CRM의 기능을 운영, 분석, 협업적으로 나누어 볼 때, 협업적 CRM 기능에 해당되는 것은?

① 다양한 고객 접점에서 생성된 정보를 통합하고 분류하는 기능을 수행한다.
② 분석적 CRM에서 산출된 분석결과를 관리하는 기능을 수행한다.
③ 교차판매와 상승판매 기능을 수행한다.
④ In-bound call 및 Out-bound call 기능을 수행한다.
⑤ 데이터 웨어하우스 내의 자료를 추출하여 분석한 것을 기반으로 마케팅 모델을 만든다.

KEYWORD CRM 기능의 분류와 특징

해설

③ 협업적 CRM은 상품의 교차판매(Cross-Selling), 상승판매(Up-Selling) 기회를 활용한다.

관련이론 CRM의 분류

CRM은 크게 CRM 전략과 CRM 시스템 프로젝트로 나눌 수 있다. 그리고 CRM 시스템은 분석 CRM과 운영 CRM, 협업 CRM으로 나누어진다.

협업(collaborative) CRM은 분석 CRM과 운영 CRM을 통합한 의미이면서, 인터넷과 콜센터, 모바일 등 고객과의 다양한 접점을 지원하는 CRM이다. 협업 CRM에서는 개인화서비스의 제공, 다양한 채널의 제시, 고객접촉 업무프로세스의 효율성 제고, 다수 채널의 통합관리 등이 필요하다.

정답 ③

946

16년 1회

CRM 구축과정으로 가장 옳은 것은?

① 고객이해 → 현황파악 → 기반구축 → 검토 → 설계 → 개발 → 실행
② 현황파악 → 기반구축 → 고객이해 → 검토 → 설계 → 개발 → 실행
③ 현황파악 → 기반구축 → 고객이해 → 설계 → 개발 → 실행 → 검토
④ 고객이해 → 현황파악 → 기반구축 → 설계 → 개발 → 실행 → 검토
⑤ 현황파악 → 고객이해 → 기반구축 → 검토 → 설계 → 개발 → 실행

KEYWORD CRM의 구축과정

해설

CRM을 구축하기 위해서는 먼저 현황을 파악한 후 CRM의 기반을 구축해야 한다. 그런 다음 고객을 이해하고 이를 기초로 CRM의 설계, 개발, 실행 및 검토가 이루어진다

정답 ③

947

20년 2회

고객충성도 프로그램에 대한 설명으로 가장 옳지 않은 것은?

① 충성도 프로그램으로는 마일리지 프로그램과 우수고객 우대 프로그램 등이 있다.
② 충성도에는 행동적 충성도와 태도적 충성도가 있다.
③ 충성도 프로그램은 단기적 측면보다는 장기적 측면에서 운영되어야 유통업체가 고객경쟁력을 확보할 수 있다.
④ 충성도 프로그램을 운영하는데 있어, 우수고객을 우대하는 것이 바람직하다.
⑤ 충성도 프로그램 운영에 있어 비금전적 혜택보다는 금전적 혜택을 제공하는 것이 유통업체측면에서 보다 효율적이다.

KEYWORD **고객충성도 프로그램**

해설

⑤ 충성도 프로그램 운영에 있어 금전적 혜택보다는 판매원서비스, 신용서비스, 판매서비스 등 비금전적 혜택을 제공하는 것이 보다 효율적이다.

관련이론 판매서비스

판매서비스는 소비자가 자사점포에서 상품을 구매할 때 가장 편리하도록 하기 위해 필요한 것이 무엇인가 조사한 후 제공하는 서비스를 말한다.

레위손 교수 등은 판매서비스에는 대금적립구매서비스, 포장서비스, 쇼핑보조, 신속한 계산 등을 판매서비스의 대표적인 사례로 제시하고 있다.

정답 ⑤

948

18년 1회

고객로열티(customer loyalty)가 형성된 소비자들의 행동패턴으로 가장 옳지 않은 것은?

① 로열티가 있는 고객들은 교차 구매 또는 상승 구매제안에 대해 긍정적인 반응을 보인다.
② 충성스러운 고객들은 해당 기업이나 브랜드에 갖는 가격 민감도가 증가하는 경향을 보인다.
③ 로열티가 있는 고객들은 해당 기업의 제품이나 서비스에 대한 반복 구매의 행동을 보이기 시작한다.
④ 충성스러운 고객들은 해당 기업과의 관계를 더욱 폭넓게 확대하고자 하는 잠재적인 의지를 가지고 있다.
⑤ 로열티가 있는 고객들은 칭찬이나 제안과 같은 긍정적인 고객의 소리는 물론이고, 강한 불만의 소리도 제기한다.

KEYWORD **고객충성도 프로그램**

해설

② 고객로열티(customer loyalty)가 형성된 충성스러운 고객들은 해당 기업이나 브랜드에 갖는 가격 민감도가 매우 낮고 재구매율이 높은 경향을 보인다.

정답 ②

THEME 132 e-SCM을 위한 정보시스템

949

21년 2회

아래 글상자에서 설명하는 유통정보시스템으로 가장 옳은 것은?

> 미국의 패션 어패럴 산업에서 공급망에서의 상품 흐름을 개선하기 위하여 판매업체와 제조업체 사이에서 제품에 대한 정보를 공유함으로써, 제조업체는 보다 효과적으로 원재료를 충원하여 제조하고, 유통함으로써 효율적인 생산과 공급체인 재고량을 최소화시키려는 시스템이다.

① QR(Quick Response)
② ECR(Efficient Consumer Response)
③ VMI(Vendor Management Inventory)
④ CPFR(Collaborative Planning, Forecasting and Replenishment)
⑤ e-프로큐어먼트(e-Procurement)

KEYWORD QR

해설

문제에 제시된 설명은 1980년대에 등장한 ① QR(Quick Response)로 SCM의 최초 형태로 평가된다.

관련이론 QR

QR은 SCM의 최초형태로 1980년대 미국의 패션의류산업에서 공급사슬의 상품흐름을 개선하기 위해 개발되었다. 소매업자와 제조업자의 정보공유를 통해 효과적으로 원재료를 충원하고, 제품을 제조하고, 유통함으로써 효율적인 생산과 공급체인의 재고량을 최소화시키려는 전략으로, 보다 정확하고 신속한 고객정보를 획득하여 고객대응속도를 높이는 것을 목표로 한다.

정답 ①

950

21년 1회

e-SCM을 위해 도입해야 할 주요 정보기술로 가장 옳지 않은 것은?

① 의사결정을 지원해주기 위한 자료 탐색(data mining) 기술
② 내부 기능부서 간의 업무통합을 위한 전사적 자원관리(ERP) 시스템
③ 기업 내부의 한정된 일반적인 업무활동에서 발생하는 거래자료를 처리하기 위한 거래처리시스템
④ 수집된 고객 및 거래데이터를 저장하기 위한 데이터웨어하우스(data warehouse)
⑤ 고객, 공급자 등의 거래 상대방과의 거래 처리 및 의사소통을 위한 인터넷 기반의 전자상거래(e-Commerce) 시스템

KEYWORD e-SCM의 정보기술

해설

③ e-SCM은 공급사슬상의 기업들과 긴밀한 협업을 해야 하므로 거래처리시스템(TPS)과 직접적인 관련은 없다.
e-SCM을 위해 도입해야 할 정보시스템으로 대표적인 것은 데이터마이닝(data mining) 기술, 지속적 상품보충(CRP), 자동발주시스템(CAO), 크로스 도킹(cross docking), 전사적 자원관리(ERP) 등이다.

정답 ③

951

20년 추가

유통업체의 QR 물류시스템(Quick Response Logistics Systems) 도입효과로 가장 옳지 않은 것은?

① 공급사슬에서 효과적인 재고관리를 가능하게 해준다.
② 공급사슬에서 상품의 흐름을 개선한다.
③ 공급사슬에서 정보공유를 통해 제조업체의 효과적인 제품 생산 활동을 지원한다.
④ 공급사슬에서 정보공유를 통해 유통업체의 효과적인 상품 판매를 지원한다.
⑤ 공급사슬에서 제조업의 원재료 공급방식이 풀(pull) 방식에서 푸시(push) 방식으로 개선되었다.

KEYWORD QR 물류시스템의 도입효과

해설

⑤ QR 물류시스템(Quick Response Logistics Systems)은 고객욕구 변화에 신속하게 대응하는 방식으로 풀(pull) 방식에 해당한다.

정답 ⑤

952

17년 1회

(가), (나)에 들어갈 가장 적절한 SCM 전략은?

구분	(가)	(나)
주체	제조업체	유통업체, 소매업체
요구사항	신속한 대응	효율적인 고객 대응
출현	1985년 섬유 및 의류업계 중심	1993년 식품, 잡화, 슈퍼마켓 중심
핵심	생산자 사이에 걸쳐 있는 유통경로상의 제약조건 및 재고를 줄임으로써 제품 공급체인의 효율성 극대화	제조업체 및 유통업체가 공급체인의 문제점을 개선하도록 협력관계 구축을 통하여 상호이익 추구

① (가) QR, (나) ECR
② (가) QR, (나) CRP
③ (가) QR, (나) CAO
④ (가) ECR, (나) CAO
⑤ (가) CAO, (나) ECR

KEYWORD QR과 ECR

해설

(가) 1985년 신속한 대응을 위해 섬유 및 의류업계 중심으로 도입된 최초의 SCM은 QR이고, (나) 1993년 식품, 잡화, 슈퍼마켓을 중심으로 효율적인 고객 대응을 위해 도입한 것은 ECR이다.

정답 ①

953

16년 3회

다음에서 설명하는 SCM의 추진유형으로 가장 옳게 짝지어진 것은?

> (가) 1985년 미국의 패션 어패럴 산업에서 공급체인의 상품흐름을 개선하기 위하여 소매업자와 제조업자의 정보공유를 통해 효과적으로 원재료를 충원하고, 제품을 제조하고, 유통함으로써 효율적인 생산과 공급체인 재고량을 소화시키려는 전략
> (나) 제조업자로부터 유통업자에 이르는 상품의 물류체계를 신속하게 유지되도록 하기 위해 EDI, 바코드, 스캐닝 기술을 통하여 자동화된 창고관리 및 재고관리를 지원하여 물류 및 조달체계의 합리화를 도모하는 전략

① (가) 효율적 소비자 반응(ECR)
 (나) 신속한 보충(QR)
② (가) 신속한 보충(QR)
 (나) 크로스도킹(CD)
③ (가) 공급자 주도 재고관리(VMI)
 (나) 크로스도킹(CD)
④ (가) 효율적 소비자 반응(ECR)
 (나) 공급자 주도 재고관리(VMI)
⑤ (가) 공급자 주도 재고관리(VMI)
 (나) 신속한 보충(QR)

KEYWORD SCM 운영전략

해설

(가)는 신속한 보충(QR), (나)는 크로스도킹(CD)에 대한 설명이다.
크로스도킹(Cross Docking)은 창고나 물류센터로 입고되는 상품을 보관하지 않고, 곧바로 소매점포에 배송하는 물류시스템이다. 보관 및 피킹(storage & picking)작업 등을 제거함으로써 물류비용을 상당히 절감할 수 있다.

정답 ②

954

15년 1회

SCM 기법의 성공적인 도입을 위한 고려사항으로 가장 옳지 않은 것은?

① 최고경영자의 확실한 이해와 의지가 필요하다.
② 기업 내부의 정보화가 확고히 구축되어 있어야 한다.
③ 공급사슬에 연계되는 기업간에 신뢰를 바탕에 둔 업무 협조체제가 구축되어야 한다.
④ 데이터의 올바른 수집과 교환을 위해 기업간 데이터 포맷을 표준화해야 한다.
⑤ 기업 내부와 다른 기업간의 연계를 고려해 현행 프로세스를 중시해야 한다.

KEYWORD SCM 도입

해설

⑤ SCM 기법의 성공적인 도입을 위해 기업과 다른 기업간의 연계를 고려한 새로운 프로세스를 구축해야 한다.

정답 ⑤

955

21년 3회

오늘날 공급사슬관리는 IT의 지원 없이 작동할 수 없다. 공급사슬관리에 일어난 주요 변화로 옳지 않은 것은?

① 공급자 중심에서 고객중심으로 – 비용보다는 유연한 대응력 즉 민첩성이 핵심요인
② 풀(pull)관행에서 푸시(push)관행으로 – 생산 풀로부터 소비자 주문 또는 구매를 근거로 하는 푸시관행으로 이동
③ 재고에서 정보로 – 실질 수요에 대한 더 나은 가시성 확보가 중요
④ 운송과 창고관리에서 엔드투엔드 파이프라인관리가 강조 – 가시성과 시간단축 중요
⑤ 기능에서 프로세스로 – 급변하는 환경에 다기능적이고 시장지향적인 프로세스에 초점

KEYWORD SCM의 특징

해설

② 공급사슬관리(SCM)는 과거의 생산 푸시(push)방식 관리에서 소비자 주문 또는 구매를 근거로 하는 풀(pull)방식 관리로 이행하였다. 또한 SCM의 운영전략인 CRP, CFPR 등은 모두 풀전략이다.

정답 ②

956

21년 1회

유통업체들은 정보시스템 운영을 효율화하기 위해 ERP 시스템을 도입하고 있는데 ERP 시스템의 발전순서를 나열한 것으로 옳은 것은?

㉠ ERP	㉡ Extended ERP
㉢ MRP	㉣ MRP II

① ㉢ – ㉣ – ㉠ – ㉡
② ㉢ – ㉠ – ㉣ – ㉡
③ ㉢ – ㉡ – ㉠ – ㉣
④ ㉠ – ㉣ – ㉢ – ㉡
⑤ ㉠ – ㉡ – ㉢ – ㉣

KEYWORD ERP 시스템의 전개과정

해설

1960년대의 ㉢ 자재소요계획(MRP: Material Requirements Planning)이 1980년대의 ㉣ 제조자원계획(MRP II: Manufacturing Resources Planning)으로 확장되었다.

MRP II는 ㉠ 전사적 자원계획(ERP: Enterprise Resource Planning)으로 확대되었으며 이후 전사적 자원계획은 ㉡ Extended ERP로 확장/발전하였다.

ERP 시스템은 기업 내의 제조·물류·회계·인사·재무·판매 등 모든 업무 프로세스를 실시간 정보공유를 바탕으로 통합적으로 지원하여, 효율화와 의사결정의 신속화를 도모한다.

정답 ①

957

22년 3회

베스트 오브 브리드(best of breed)전략을 통해 ERP 시스템을 구축할 경우에 대한 설명으로 가장 옳지 않은 것은?

① 상대적으로 낮은 비용으로 시스템을 구축할 수 있다.
② 특정 기능 구현에 있어서 고도의 탁월한 기능성을 발휘함으로써 보다 많은 경쟁우위를 창출하도록 해준다.
③ 별도의 미들웨어 개발 없이 모듈 간 통합을 할 수 있다.
④ 소프트웨어 선택, 프로젝트 관리 및 업그레이드에 더 많은 시간과 자원이 소요된다.
⑤ 고도의 전문성을 지닌 IT자원이 요구된다.

KEYWORD ERP 시스템 구축

해설

베스트 오브 브리드(best of breed)전략은 동급에서 최고의 전략을 선택하는 것이다. 이 전략을 통해 ERP 시스템을 구축하기 위해서는 별도의 미들웨어를 개발해야 모듈 간 통합이 가능하다. 별도의 미들웨어를 개발해야 하므로 시스템 구축에는 높은 비용이 소요된다.
미들웨어(middleware)는 여러 운영체제(유닉스, 윈도우, z/OS 등)에서 응용 프로그램들 사이에 위치한 소프트웨어를 말한다. 미들웨어는 양 쪽을 연결하여 데이터를 주고받을 수 있도록 중간에서 매개 역할을 한다.

정답 ①, ③

THEME 133 SCM의 성과측정(SCOR, BSC)

958

18년 2회

SCOR 모델의 성과측정요소에 대한 설명으로 가장 옳지 않은 것은?

① 성과측정 항목 중 대표적인 비용은 공급사슬관리비용, 상품판매비용 등이다.
② 내부적 관점은 고객의 측면, 외부적 관점은 기업측면에서의 성과측정 항목을 지칭한다.
③ 외부적 관점의 성과측정 항목으로는 유연성, 반응성, 신뢰성 등이 있다.
④ 공급사슬의 반응시간, 생산 유연성 등은 외부적 관점 중 유연성 측정항목의 요소이다.
⑤ 공급재고 일수, 현금순환 사이클 타임, 자산 회전 등은 자산에 대한 성과측정 항목의 요소이다.

KEYWORD SCOR의 성과측정요소

해설

② SCOR은 내부적 관점(기업측면)에서는 비용과 자산측면을, 외부적 관점(고객측면)에서는 유연성, 반응성, 신뢰성을 통하여 SCM의 추진성과를 측정하는 방법이다.
SCOR(Supply Chain Operation Reference) 모델은 SCM의 성과측정을 위한 대표적인 도구이다.

정답 ②

959

20년 3회

공급사슬관리 성과측정을 위한 SCOR(supply chain operation reference) 모델은 아래 글상자의 내용과 같이 5가지의 기본관리 프로세스로 구성되어 지는데 이 중 ㉠에 해당되는 내용으로 가장 옳은 것은?

계획 – 조달 – (㉠) – 인도 – 반환

① 제품 반송과 관련된 프로세스
② 재화 및 용역을 조달하는 프로세스
③ 완성된 재화나 용역을 제공하는 프로세스
④ 조달된 재화 및 용역을 완성 단계로 변환하는 프로세스
⑤ 비즈니스 목표 달성을 위한 수요와 공급의 균형을 맞추는 프로세스

KEYWORD SCOR 프로세스

해설

④ 세 번째 단계는 제조(make)로 조달된 재화 및 용역을 완성 단계로 변환하는 프로세스이다.

관련이론 SCOR 모델

SCOR(Supply Chain Operation Reference) 모델은 SCM의 성과측정을 위한 대표적인 도구이다. SCOR은 내부적 관점(기업측면)에서는 비용과 자산측면을, 외부적 관점(고객측면)에서는 유연성, 반응성, 신뢰성을 통하여 SCM의 추진성과를 측정하는 방법이다.

SCOR 모델의 표준화를 위한 관리 프로세스는 공급사슬을 계획(plan), 조달(source), 제조(make), 배송(deliver), 반품(return)의 다섯 가지 관리 프로세스로 구분하여 주요 성과지표들을 공급사슬 전체의 목적에 부합하도록 하는 것이다.

정답 ④

960

19년 3회

균형성과지표(BSC)와 관련된 내용으로 옳지 않은 것은?

① 캐플란과 노턴에 의해 정립된 이론이다.
② 재무적 관점은 정량화된 수치로 표현하는데 재무적 측정지표들을 이용한다.
③ 조직의 장기적인 성장과 발전을 도모하고 지속적인 개선을 이루어내기 위해 외부프로세스 관점을 제시한다.
④ 시장점유율, 고객확보율, 고객수익성 등은 대표적인 고객관점에서 목표와 측정지표를 제시한다.
⑤ 지식경영과 가장 밀접한 관점은 학습 및 성장관점으로 다른 관점에서 설정한 목표치를 달성할 수 있도록 중요한 기반을 제공한다.

KEYWORD BSC

해설

③ BSC는 재무, 고객, 내부 프로세스, 학습·성장 등 4분야에 대해 측정지표를 선정해 평가한 뒤 각 지표별로 가중치를 적용해 산출하는 것이다. 조직의 장기적인 성장과 발전을 도모하고 지속적인 개선을 이루어내기 위해 내부프로세스 관점을 제시한다.

관련이론 균형성과표

균형성과표(BSC: Balanced Score Card)는 조직의 비전과 경영목표를 각 사업 부문과 개인의 성과측정지표로 전환해 전략적 실행을 최적화하는 경영관리기법이다. 하버드 비즈니스 스쿨의 로버트 캐플란 교수와 경영 컨설턴트인 데이비드 노턴이 공동으로 개발하여 1992년에 최초로 제시했다.

정답 ③

961

18년 3회

캐플란(Kaplan)과 노턴(Norton)이 제시한 균형성과표(BSC)에 의한 성과측정 요소로 가장 거리가 먼 것은?

① 학습과 성장 관점
② 내부 비즈니스 프로세스 관점
③ 전사적 자원관리 관점
④ 재무적 관점
⑤ 고객 관점

KEYWORD BSC의 성과측정요소

해설

BSC는 ① 학습·성장, ② 내부 프로세스, ④ 재무, ⑤ 고객 등 네 가지 분야에 대해 측정지표를 선정해 평가한 뒤 각 지표별로 가중치를 적용해 산출한다.

정답 ③

962

15년 2회

캐플란과 노턴의 BSC는 재무적 지표 뿐만 아니라 성과측정에 다양한 비재무적 지표를 활용하여 과거, 현재, 미래의 성과 및 가치를 평가한다. 각 관점에 해당하는 측정지표의 예로 가장 옳지 않은 것은?

① 학습과 성장 관점 – 정보시스템 역량, 조직 역량
② 고객 관점 – 고객수익성, 재구매 비율
③ 내부 프로세스 관점 – 고객응대시간, 평균 리드타임, 총제품 대비 신제품 비율
④ 학습과 성장 관점 – 직원 생산성, 노하우, 저작권
⑤ 내부 프로세스 관점 – 경제적 부가가치, 내부관리 능력

KEYWORD BSC의 성과측정요소

해설

⑤ 경제적 부가가치(EVA)는 재무적 관점의 측정지표이다.
균형성과표(BSC: Balanced Score Card)는 조직의 비전과 경영목표를 각 사업 부문과 개인의 성과측정지표로 전환해 전략적 실행을 최적화하는 경영관리기법이다.

정답 ⑤

THEME 134 e–Marketplace, e–Procurement

963

15년 2회

제조업체는 e–마켓플레이스(e–Marketplace) 모델을 구축할 경우 제품의 표준화와 기업간의 협력관계를 고려해야 한다. 다음 중 제품 표준화 정도는 높지만, 기업간 협력 수준을 요구하는 정도가 낮은 제품을 대상으로 대량생산과 판매가 가능한 특징을 갖는 e–마켓플레이스 모델은 무엇인가?

① 연합 거래형 e–Marketplace
② 직접 거래형 e–Marketplace
③ 중개 거래형 e–Marketplace
④ 공동 구매형 e–Marketplace
⑤ 커뮤니티형 e–Marketplace

KEYWORD e–Marketplace 모델

해설

제품 표준화 정도는 높지만, 기업간 협력 수준을 요구하는 정도가 낮은 제품을 대상으로 대량생산과 판매가 가능한 특징을 갖는 e–마켓플레이스 모델은 ③ 중개 거래형 e–Marketplace이다.
e–Marketplace란 인터넷상에서 다수의 판매자와 구매자들이 거래를 이룰 수 있도록 해주는 가상시장을 말한다. e–Marketplace는 시장창출 방식에 따라 카탈로그(catalog)형, 경매(auction)형, 역경매(reverse auction)형, 교환(exchange)형 등으로 구분하기도 하고, 제품의 표준화와 기업간의 협력관계를 고려하려 구분하기도 한다.

정답 ③

964

16년 2회

제품 표준화 정도가 낮은 업종의 제조업체가 사업수행을 위하여 여러 협력업체들과 긴밀한 관계를 유지해야 하며, 가격보다는 서비스 품질을 강조해야 하는 경우에 가장 효과적인 e-Marketplace 모델은 무엇인가?

① 직접거래형 ② 커뮤니티형
③ 연합거래형 ④ 중개거래형
⑤ 공동구매형

KEYWORD e-Marketplace

해설

e-Marketplace 모델 중 제품 표준화 정도가 낮은 업종의 제조업체가 사업수행을 위하여 여러 협력업체들과 긴밀한 관계를 유지해야 하며, 가격보다는 서비스 품질을 강조해야 하는 경우에 가장 효과적인 것은 ② 커뮤니티형이다.
e-마케팅에서 커뮤니티(community)는 방문자들이 다양한 관심사를 토론할 수 있는 가상공동체를 의미한다.

정답 ②

965

17년 1회

e-Procurement의 장점으로 가장 옳지 않은 것은?

① 구매처리비용을 절감할 수 있다.
② 조달업무 프로세스가 복잡화되지만 자동화시킬 수 있다.
③ 구매업무 프로세스의 투명성을 확보할 수 있다.
④ 구매·조달업무의 효율성을 제고시킬 수 있다.
⑤ 기업은 공급관리 차원에서 실시간 거래, 오류감소, 인력절감 등의 효과를 누릴 수 있다.

KEYWORD e-Procurement

해설

② e-Procurement를 도입하면 구매·조달 프로세스가 간소화되고, 구매와 배송 과정에서의 불필요한 행정절차와 오류를 줄일 수 있는 장점이 있다.
e-Procurement, 즉 전자조달(전자구매)는 인터넷 환경을 이용하여 구매 요청·승인·주문·운반·결재 및 인도에 이르는 일련의 프로세스를 전략적으로 관리하는 것을 의미한다.

정답 ②

966

23년 2회

라이브 커머스(live commerce)에 대한 설명으로 가장 옳지 않은 것은?

① 라이브 스트리밍(live streaming)과 커머스(commerce)의 합성어이다.
② 온라인 상에서 실시간으로 쇼호스트가 상품을 설명하고 판매하는 비즈니스 프로세스이다.
③ 온라인 상에서 소비자와 쇼호스트는 실시간으로 소통이 가능하지만 소비자 간의 대화는 불가능하다.
④ 기존 이커머스(e-commerce)보다 소통과 재미를 더한 진화된 커머스 형태이다.
⑤ 최근 소비자들에게 인기를 얻으면서 급성장하고 있다.

KEYWORD e-Business

해설

온라인 상의 라이브 커머스에서는 소비자와 쇼호스트 간의 소통 및 대화는 물론 소비자 간의 대화도 실시간으로 자유롭게 이루어진다.

정답 ③

967

18년 3회

e-비즈니스의 특징으로 가장 적합하지 않은 것은?

① 생산자 파워의 증대를 들 수 있다.
② e-비즈니스는 인터넷을 기반으로 한다.
③ 정보 공개를 통한 오픈 경영이 실시된다.
④ 고객 데이터베이스를 기반으로 한 고객 맞춤 서비스가 가능해 진다.
⑤ 모든 업무환경이 인터넷을 통해 이루어지므로 업무 통합현상이 나타난다.

KEYWORD e-Business

해설

① e-비즈니스가 확대되면 유통경로 상에서 생산자의 파워는 줄어들고 소비자의 파워가 증대된다.

정답 ①

968

18년 3회

e-비즈니스와 관련된 내용으로 가장 옳지 않은 것은?

① e-Procurement: 인터넷을 활용한 단일 통합채널을 통해 고객과 접촉하며, 지역적·시간적 한계를 극복할 수 있는 고객 관리방법으로서 음성, 동영상, FAQ 등 다양한 기술로 고객응대를 할 수 있다.
② e-SCM: e-Business 환경에서의 디지털 기술을 활용하여 공급자, 제조업자, 유통업자, 고객 등과 관련된 물자, 정보, 자금 등의 흐름을 신속하고 효율적으로 관리한다.
③ e-Logistics: 정보통신기술을 기반으로 물류서비스 제공업체가 다양한 부가가치 물류서비스를 온라인상에서 구현하여 화주기업의 물류 프로세스를 효율적으로 지원하는 활동이다.
④ e-Auction: 구매의 편리성, 접근성, 가격 결정에 고객 참여가 가능한 능동성, 시·공간의 비제약성, 소액·저가 상품에 대한 경매 등으로 인해 고객들의 관심을 끌어 모으는 계기가 된다.
⑤ e-CRM: 인터넷을 통해 획득한 고객에 대한 정보와 지식을 기반으로, 고객개인이 필요로 하는 맞춤서비스를 제공할 수 있기 때문에 고객만족도 향상을 기대할 수 있다.

KEYWORD e-Business

해설

① e-Procurement, 즉 전자조달은 주문에서 인도에 이르는 전체 구매 프로세스를 인터넷 환경 하에서 유기적으로 연계하고, 구매자와 판매자 간에 공조를 이루어 구매 업무의 최적화를 도모하려는 전략적 기법이라고 할 수 있다.

정답 ①

THEME 135 제약이론(TOC), 물류정보기술

969

18년 1회

글상자의 ( ) 안에 들어갈 용어로 옳은 것은?

> 제약조건이론(TOC) 중, ( )은/는 전체 공정의 종속성과 변동성을 관리하는 기법으로 전체 공정 중 가장 약한 것을 찾아 능력제약자원으로 두고, 이 부분이 최대한 100% 가동할 수 있도록 공정 속도를 조절하여 흐름을 관리하는 기법이다.

① DBR
② JIT
③ QR
④ 6sigma
⑤ ECR

KEYWORD TOC

해설

① 제약조건이론에서 DBR(Drum–Buffer–Rope)은 이 이론을 생산시스템에 적용하기 위한 생산계획 및 통제 기법이다.
또한 DBR은 원자재 투입시점을 조정하여 공정내 종속성과 변동성을 관리하는 기법이며 능력제약자원이 존재하는 부분이 최대한 100% 가동을 할 수 있도록 공정속도를 조절하여 관리하는 기법이다.

관련이론 DBR

DBR의 Drum은 시스템의 제약을 고려해서 전체 시스템의 진행속도를 결정하고, Buffer는 시스템에서 발생할 수 있는 지연 등의 혼란 요소로부터 시스템을 보호하며, Rope는 시스템의 모든 자원을 드럼(기준생산일정)에 동기화하기 위한 장치이다.
Drum은 생산능력이 가장 적어 공정의 생산속도를 결정하는 능력제약자원(CCR: Capacity Constraints Resource)이며 모든 공정은 CCR을 고려해서 전체시스템의 보조를 결정한다.
제약조건이론에서 DBR의 목표는 재고와 운영비용을 효율적으로 관리하면서 쓰루풋(Throughput)에 대한 기대를 만족시키는 것이다.

정답 ①

DAY 07

970

16년 1회

제약조건이론(TOC)에 대한 설명으로 가장 옳지 않은 것은?

① 재고를 '0'으로 실현시키고자 하는 재고관리 기법으로 CRT(Current Reality Tree)를 제시한다.
② 원자재 투입시점을 조정하여 공정내 종속성과 변동성을 관리하는 기법인 DBR(Drum-Buffer-Rope)을 제시한다.
③ 능력제약자원이 존재하는 부분이 최대한 100% 가동을 할 수 있도록 공정속도를 조절하여 관리하는 기법인 DBR(Drum-Buffer-Rope)을 제시한다.
④ 기업의 업무에 대한 소통도구로서 사고프로세스를 정의하고, 5가지 논리나무 다이어그램을 제시한다.
⑤ 현금흐름을 투명하게 보여줄 수 있도록 쓰루풋(Throughput) 회계기법을 제시한다.

KEYWORD TOC

해설

① CRT는 드러난 문제증상들로부터 인과관계를 통해 원인이 되는 핵심 딜레마를 찾아내고 이로부터 유발되는 문제들을 확인하는 도구이다.

관련이론 논리나무 다이어그램

사고프로세스의 5가지 도구는 Current Reality Tree(현재상황나무, 현상분석체계도), Evaporating Cloud(구름, 대립해소도, 갈등해소를 위한 해결책 주입), Future Reality Tree(미래상황나무, 미래모습체계도), PreRequisite Tree(전제조건나무, 전제조건체계도), Transition Tree(실행계획나무, 실행체계도)이다.

정답 ①

971

18년 1회

아래 글상자가 뜻하는 SCM 전략으로 가장 옳은 것은?

> 제조 및 유통업체 사이에서 판매 및 재고데이터 공유를 통하여 수요예측과 주문관리에 이용하고, 효과적인 상품 보충과 재고관리를 지원하는 공급망관리를 위한 비즈니스 모델이다.

① QR(Quick Response)
② CMI(Co-Managed Inventory)
③ ECR(Efficient Consumer Response)
④ CRP(Continuous Replenishment Program)
⑤ CPFR(Continuous Planning & Forecasting Replenishment)

KEYWORD 물류정보기술

해설

제시된 비즈니스 모델은 ⑤ CPFR(Continuous Planning & Forecasting Replenishment), 즉 협력적 계획·예측 및 보충시스템이다.
이는 판매·재고 데이터를 소비자 수요예측과 주문관리에 이용하고, 제조업체와 공동으로 생산계획에 반영하는 등 제조와 유통업체가 예측·계획·상품보충을 공동으로 운영(협업)하고자 하는 업무 프로세스로 SCM 공급측면 응용기술의 하나이다.

정답 ⑤

972

22년 1회

효과적인 공급사슬관리를 위해 활용할 수 있는 정보기술로 가장 옳지 않은 것은?

① EDI
② POS
③ PBES(Private Branch Exchange Systems)
④ CDS(Cross Docking Systems)
⑤ RFID(Radio-Frequency IDentification)

KEYWORD 물류정보기술

해설

PBES(Private Branch Exchange Systems), 즉 구내전화교환망은 엑스트라넷(extranet)을 기반으로 하는 SCM과는 관련이 없는 과거의 전화교환 시스템이다.

SCM이 효율적으로 활용되기 위해서는 EDI에 기반을 둔 POS가 구축되어야 한다. SCM을 위한 정보시스템으로는 지속적 상품보충(CRP), 자동발주시스템(CAO), 크로스 도킹(Cross Docking), 전사적 자원관리(ERP) 등이 있다.

정답 ③

973

15년 1회

신 물류정보시스템(New logistics information system)에 대한 설명으로 가장 옳지 않은 것은?

① CRP는 유통업체 입장에서 소비자의 수요에 따라 결품이 발생하기 전에 자동적으로 상품을 공급받는 풀(pull) 방식의 상품보충 프로그램이다.
② CAO는 POS를 통해 얻은 상품흐름 정보와 계절적인 요인에 의해 소비자 수요에 영향을 미치는 외부정보를 컴퓨터로 통합·분석하여 주문서를 작성하는 시스템이다.
③ CPFR에서 계획을 수립하기 위해서는 공급사슬상의 파트너들이 주문정보에 대한 실시간 접근이 가능해야 한다.
④ ECR은 공급자인 제조업자나 도매업자가 소매업자를 대신해서 소매재고를 관리하는 것이며, 소매업체는 유통업체나 제조업체에 판매 및 재고정보를 제공하고 치밀한 자동보충발주를 해야만 한다.
⑤ APS(Advanced Planning System)는 생산, 마케팅, 구매 부서간의 전자적 정보교환으로 수요 및 공급의 변화에 대한 대응과 생산계획 및 재고를 체계적으로 관리할 수 있다.

KEYWORD 물류정보기술

해설

④ ECR(Efficient Consumer Response)은 최종 소비자의 만족도를 증대시키기 위해 공급자와 소매업자가 공동으로 협력하는 전략적 제휴의 일종이다. 주로 효율적인 상품구색 및 재고보충에 중점을 둔다.

정답 ④

THEME 136 전자상거래 조직, 전자상거래 기대효과

974

21년 2회

전자상거래 용어에 대한 해설로 가장 옳은 것은?

① 온라인 쇼핑몰 - 컴퓨터 등과 정보통신 설비를 이용하여 재화와 서비스를 거래할 수 있도록 설정된 가상의 영업장

② 모바일 앱 - 모바일 기기의 인터넷 기능을 통해 접속하는 각종 웹사이트 중 모바일 환경을 고려하여 설계된 모바일 전용 웹사이트

③ 모바일 웹 - 스마트폰, 스마트 패드 등 스마트 기기에 설치하여 사용할 수 있는 응용 프로그램

④ 종합몰 - 하나 혹은 주된 특정 카테고리의 상품군만을 구성하여 운영하는 온라인쇼핑몰

⑤ 전문몰 - 각종 상품군 카테고리를 다양하게 구성하여 여러 종류의 상품을 구매할 수 있는 온라인쇼핑몰

KEYWORD 전자상거래

선지분석

② 모바일 웹(mobile web), ③ 모바일 앱(mobile app), ④ 전문몰, ⑤ 종합몰에 대한 설명이다.

정답 ①

975

20년 2회

전자상거래 판매시스템에 대한 설명으로 가장 옳은 것은?

① 상향판매(up selling)는 고객들이 구매하고자 하는 제품에 대해, 보다 저렴한 상품을 고객들에게 제시해주는 마케팅 기법이다.

② 역쇼루밍(reverse-showrooming)은 고객들이 특정 제품을 구매하고자 할 때, 보다 다양한 마케팅 정보를 제공해주는 마케팅 기법이다.

③ 교차판매(cross selling)는 고객들이 저렴한 제품을 구매하는데 도움을 제공한다.

④ 옴니채널(omni-channel)은 온라인과 오프라인 채널을 통합함으로써 보다 개선된 쇼핑환경을 고객들에게 제공해준다.

⑤ 프로슈머(prosumer)는 전문적인 쇼핑을 하는 소비자를 의미한다.

KEYWORD 전자상거래 시스템 관련 용어

선지분석

① 업셀링(Up-Selling)은 상향판매 또는 추가 판매라고도 하며 특정한 상품범주 내에서 상품 구매액을 늘리기 위해 업그레이드된 단가가 높은 상품의 구매를 유도하는 판매활동의 하나이다.

② 쇼루밍(Showrooming)은 매장에서 제품을 살펴본 뒤 온라인과 같은 다른 유통경로를 사용해 제품을 구매하는 사람들의 행동을 말한다. 역쇼루밍(Reverse Showrooming)은 온라인에서 상품의 각종 정보를 검색하고 비교한 후 오프라인 매장을 직접 방문해 구매하는 방식을 말한다. 최근 쇼루밍과 역쇼루밍의 확대에 따라 온·오프라인을 통합해 소비자와의 접점을 확대하는 O2O(Online to Offline) 옴니채널 방식의 마케팅전략이 중요시되고 있다.

③ 교차판매(Cross Selling)는 한 기업이 여러 제품을 생산하는 경우, 고객의 데이터베이스를 이용하여 기업이 제공하는 다른 제품의 구매를 유도하는 전략이다. 교차판매비율을 증가시키는 방법으로는 관련이 있는 제품을 패키지로 묶어 싸게 판매하는 전략(묶음가격)을 사용한다.

⑤ 프로슈머(Prosumer)는 소비자인 동시 생산자로 미래 정보화 사회의 소비자를 토플러(A. Toffler)가 지칭한 것이다. 정보기술의 발전으로 소비자의 목소리가 커져서 프로슈머가 등장하였다.

정답 ④

976

18년 3회

e-비즈니스의 특징으로 가장 적합하지 않은 것은?

① 생산자 파워의 증대를 들 수 있다.
② e-비즈니스는 인터넷을 기반으로 한다.
③ 정보 공개를 통한 오픈 경영이 실시된다.
④ 고객 데이터베이스를 기반으로 한 고객 맞춤 서비스가 가능해 진다.
⑤ 모든 업무환경이 인터넷을 통해 이루어지므로 업무 통합현상이 나타난다.

KEYWORD e-비즈니스

해설

① e-비즈니스가 확대되면 유통경로상에서 생산자 파워는 줄어들고 소비자 파워가 증대된다.

정답 ①

977

16년 3회

전통적 상거래와 비교하였을 때, e-비즈니스 시대에서의 구매-제조-유통-판매-서비스로 이어지는 비즈니스의 전 과정에서 나타나는 특징으로 가장 옳지 않은 것은?

① 기존의 상거래에 비해 단축된 혹은 확장된 유통채널을 통해 소비자들에게 보다 저렴한 가격으로 상품을 공급할 수 있다.
② 시공간의 벽이 사라지게 되어 인터넷 기반으로 언제 어디에서든지 정보를 수집하고 상품거래를 할 수 있다.
③ 기업의 직접적인 시장조사를 통하여 얻은 고객의 수요정보를 바탕으로 하여 기업은 일방향적인 마케팅 활동을 추진할 수 있다.
④ 네트워크를 통한 가상적인 판매활동의 증가로 실물 세계의 판매거점의 필요성이 점점 감소하고 있다.
⑤ 글로벌시장으로 구매범위가 확대됨에 따라 소비자의 제품 선택의 폭이 확대되고 있다.

KEYWORD e-비즈니스

해설

③ 인터넷상의 다양한 경로와 방법을 통해 얻은 고객의 수요정보를 바탕으로 하여 기업은 양방향적인 마케팅 활동을 추진할 수 있다.

정답 ③

THEME 137 전자상거래의 유형

978

20년 3회

소비자가 개인 또는 단체를 구성하여 상품의 공급자나 생산자에게 가격, 수량, 부대 서비스 조건을 제시하고 구매하는 역경매의 형태가 일어나는 전자상거래 형태로 가장 옳은 것은?

① B2B　② P2P
③ B2C　④ C2C
⑤ C2B

KEYWORD 전자상거래 유형

해설

소비자가 개인 또는 단체를 구성하여 상품의 공급자나 생산자를 대상으로 하여 역경매(reverse auction) 형태로 이루어지는 전자상거래의 형태는 ⑤ C2B(Consumer to Business)이다.

정답 ⑤

979

16년 3회

미국 국방성은 민간으로부터 필요한 군수 물자를 조달받기 위해 만든 전자입찰시스템인 CALS를 구축하여 활용하고 있다. 전자상거래를 거래 경제주체에 따라 유형을 분류해 볼 때 이와 같은 사례에 가장 적합한 전자상거래 유형은?

① B2B　② B2G
③ B2C　④ G2C
⑤ C2C

KEYWORD 전자상거래 유형

해설

공공구매, 즉 정부와 기업 간 거래에 이용하는 전자상거래 유형은 ② B2G이다. 우리나라의 사례로는 조달청이 운영하는 나라장터(국가종합전자조달시스템, g2b.go.kr)가 있다.
④ G2C는 행정전산망으로, 전자정부 프로젝트의 하나로 민원 업무를 전자서류로 처리하는 EDI를 예로 들 수 있다.

정답 ②

DAY 07

980

17년 3회

B2C 전자상거래 성공요인으로 가장 옳지 않은 것은?

① 컴퓨터 및 통신기술을 통해 시장요구 사항에 신속하게 대응할 수 있는 능력을 갖춰야 한다.
② 주문된 제품 혹은 서비스를 신속하게 고객에게 전달할 수 있는 효율적인 배송프로세스를 갖춰야 한다.
③ 시스템의 페이지 로딩속도가 빠르며, 언제나 접속가능하고 중간에 끊김이 없어야 한다.
④ 보안위협으로부터 거래데이터를 보호하기 위한 암호화 및 인증기술이 적용된 지불시스템을 갖춰야 한다.
⑤ 신속한 과잉 사업 확장을 위해 재무적인 측면에서 비용 대비 수익 비율을 최소화시켜야 한다.

KEYWORD B2C 전자상거래

해설

⑤ 사업 확장을 위해서는 재무적인 측면에서 비용 대비 수익 비율을 최대화해야 한다.

정답 ⑤

981

15년 3회

코리안넷의 주요 기능으로 가장 옳지 않은 것은?

① 상품정보 및 등록관리 ② 유통업체 상품정보 전송
③ 국내 유통상품 조회 ④ 유통업체 매대관리
⑤ 자사 상품 홍보

KEYWORD 코리안넷

해설

코리안넷의 주요기능은 ① 상품정보 및 등록관리, ② 유통업체 상품정보 전송, ③ 국내 유통상품 조회, ⑤ 자사 상품 홍보 등 4가지가 있다.

관련이론 코리안넷

대한상공회의소 한국유통물류진흥원이 운영하는 코리안넷(koreannet.or.kr)은 표준바코드가 부착된 상품의 상세정보를 표준화시켜 데이터베이스에 등록하고, 이를 제조업체, 물류업체, 유통업체가 인터넷 및 EDI를 통해 실시간으로 활용할 수 있도록 지원하는 전자카탈로그(e-Catalog) 서비스이다.

정답 ④

THEME 138 전자상거래 비즈니스 모델

982

20년 추가, 18년 3회

아래 글상자에서 설명하는 e-비즈니스 간접 수익창출 방식으로 가장 옳은 것은?

> 네트워크에 의한 수확체증 효과를 얻을 수 있는 가장 빠른 방법으로, 멀티미디어 기술을 이용해 밀접한 관련이 있거나 인지도가 높은 웹사이트에 자사의 광고를 끼워 넣은 형태이다.

① 프로그램 무상배포 ② 스폰서십
③ 무료메일 제공 ④ 제휴프로그램
⑤ 배너광고

KEYWORD e-비즈니스 수익

해설

⑤ 멀티미디어 기술을 이용해 밀접한 관련이 있거나 인지도가 높은 웹사이트에 자사의 광고를 끼워 넣은 형태는 배너광고이다.
배너광고(banner advertising)는 인터넷 사이트에서 볼 수 있는 막대 모양의 광고를 말한다. 인터넷 사용자가 배너광고를 클릭하면 관련 사이트로 자동적으로 이동하게 되어 있으며, 광고료는 일반적으로 사이트 방문자수, 회원 수, 배너광고 클릭 수 등을 기준으로 결정된다.

정답 ⑤

983

20년 2회

e-비즈니스 유형과 주요 수익원천이 옳지 않은 것은?

① 온라인 판매 – 판매수익
② 검색서비스 – 광고료와 스폰서십
③ 커뮤니티 운영 – 거래수수료
④ 온라인광고서비스 – 광고수입
⑤ 전자출판 · 구독료

KEYWORD e-비즈니스 수익

해설

③ 커뮤니티 운영의 수익원천은 구독료, 판매수익, 거래비용, 제휴수수료, 광고비 등으로 하이브리드 수익모델에 의존하고 있다.
커뮤니티(페이스북, 트위터, 링크드인, 핀터레스트 등) 운영은 유사한 관심사를 가진 사람들이 거래하고(판매 및 구매), 관심사, 사진, 비디오 등을 공유하고, 관심사에 대한 관련 정보를 교환한다.

정답 ③

984

19년 3회

전자상거래의 다양한 수익모델에 관한 설명 중 가장 올바르지 않은 것은?

① 광고를 노출시켜 광고주들로부터 광고료를 거둬들이는 광고수익모델
② 콘텐츠나 서비스를 제공하여 구독료를 거둬들이는 구독수익모델
③ 거래를 가능하게 해주거나, 대행해주는 대가로 수수료를 받는 거래수수료 수익모델
④ 제품이나 정보 서비스를 고객에게 직접 판매하여 수익을 얻는 판매수익모델
⑤ 비즈니스 소개에 대한 수수료를 기반으로 하는 유통수익모델

KEYWORD **전자상거래 수익모델**

해설

⑤ 비즈니스 소개에 대한 수수료를 기반으로 하는 수익모델은 거래수수료 수익모델이다.

정답 ⑤

985

18년 2회

전자상거래를 위한 웹사이트 시스템을 개발하는 순서로 가장 옳게 나열된 것은?

가. 시스템 구축	나. 실행 / 서비스 제공
다. 시스템 설계	라. 시스템 분석
마. 테스트	

① 가 – 나 – 다 – 라 – 마　② 다 – 라 – 가 – 나 – 마
③ 라 – 다 – 가 – 마 – 나　④ 다 – 라 – 마 – 가 – 나
⑤ 나 – 마 – 라 – 다 – 가

KEYWORD **전자상거래 시스템**

해설

웹사이트 시스템 개발은 시스템 분석 → 시스템 설계 → 시스템 구축 → 테스트 → 실행 및 서비스 제공의 순으로 이루어진다.

정답 ③

THEME 139 전자화폐의 유형과 전자화폐의 조건

986

24년 3회

아래 글상자에서 설명하는 전자지갑형 전자화폐로 가장 옳은 것은?

> • 결제 방식은 메인서버 구동 전자지갑, 재충전 가능함
> • 특징으로는 다운로드하지 않는 전자지갑으로 각 사이트의 포인트를 적립하여 현금으로 사용함

① 앤 캐시
② 뱅크타운
③ 아이캐시
④ 애니카드
⑤ 사이버패스

KEYWORD **전자화폐의 종류**

해설

앤 캐시(N-cash)의 전자화폐 지불 솔루션은 회원들의 모든 전자화폐 계정을 중앙서버에서 일괄 관리하는 형태로 개개인의 지갑을 중앙서버에 맡기는 방식이다. 즉, 회원이 앤 캐시 가맹 인터넷 사이트를 통해 물건을 구입하거나 게임, 영화 등 유료 콘텐츠를 이용할 때 클릭 한 번으로 중앙서버에서 이용료 등이 자신의 전자지갑에서 판매자의 전자지갑으로 이체되는 방식이다.

관련이론 전자화폐의 유형

1. 전자화폐는 화폐적 가치가 어떻게 저장되었는가에 따라서 IC카드형과 네트워크형으로 나뉜다. IC카드형(오프라인) 전자화폐로는 최초의 전자화폐인 몬덱스(Mondex)와 프로톤(Proton), 그리고 애틀랜타 올림픽에서 선보인 비자캐시(VisaCash)와 K-cash, Mybe 등이 있다.
2. 전자상거래에서 주로 이용되는 지급결제수단을 결제형태에 따라 구분하면 액세스(Access)형, 가치저장(Stored value)형으로 구분한다. 액세스형은 계좌이체형, 신용카드형, 전자수표형 등으로 구분하고, 가치저장형은 IC카드형과 네트워크형으로 구분한다.

정답 ①

DAY 07

987

17년 3회

전자지불시스템이 성공적으로 활용되기 위해 충족되어야 할 요건으로 가장 옳지 않은 것은?

① 결제시스템이 의도하였던 제 기능을 수행하고, 사용자들이 안전하다고 믿을 수 있도록 사기거래를 방지할 수 있어야 한다.
② 범죄 공격의 타겟이 될 수 있으므로, 인터넷을 통해 전송되는 지불관련 정보의 불법적 노출, 변조 혹은 파괴를 예방할 수 있어야 한다.
③ 신용카드 정보와 신원정보 등 사용자 정보에 대한 실명성이 보장되어야 한다.
④ 거래당 비용이 거의 무시할 정도로 적어야 한다.
⑤ 누구나 전자상거래의 대금결제를 위해 쉽게 사용할 수 있도록 사용자 인터페이스를 설계하여야 한다.

KEYWORD **전자지불시스템**

해설

③ 신용카드 정보와 신원정보 등 사용자 정보에 대한 익명성이 보장되어야 한다.
전자결제에 이용되는 전자화폐는 실물화폐의 특성인 익명성, 양도성, 이동성, 즉시결제성은 물론 디지털화에 따른 부가기능인 원거리 양도성과 분할성 등의 특성도 갖추고 있다.
전자화폐가 갖추어야 할 조건은 휴대가 간편해야 하고, 누가 어떤 상점에서 무엇을 샀는지를 제3자가 알 수 없어야 하며, 위조가 어려워야 한다는 것이다.

정답 ③

THEME 140 전자상거래 안전과 개인정보 보호, 블록체인

988

24년 3회, 23년 2회

아래 글상자의 OECD 프라이버시 8대 원칙에 대한 설명 중 옳지 않은 것만을 나열한 것은?

> ㉠ 안전성 확보의 원칙(Security Safeguards Principle): 개인정보의 수집은 합법적이고 공정한 절차에 의하여 가능한 한 정보 주체에게 알리거나 동의를 얻은 후에 수집되어야 한다.
> ㉡ 정보 정확성의 원칙(Data Quality Principle): 개인정보는 그 이용 목적에 부합하는 것이어야 하고, 이용목적에 필요한 범위 내에서 정확하고 완전하며 최신의 상태로 유지해야 한다.
> ㉢ 목적의 명확화 원칙(Purpose Specification Principle): 개인정보는 수집 시 목적이 명확해야 하며, 이를 이용할 경우에도 수집 목적의 실현 또는 수집목적과 양립되어야 하고, 목적이 변경될 때마다 명확히 해야 한다.
> ㉣ 이용 제한의 원칙(Use Limitation Principle): 개인정보는 정보 주체의 동의가 있는 경우나 법률의 규정에 의한 경우를 제외하고는 명확한 목적 이외의 용도로 공개되거나 이용되어서는 안 된다.
> ㉤ 수집 제한의 원칙(Collection Limitation Principle): 개인정보의 분실, 불법적인 접근, 훼손, 사용, 변조, 공개 등의 위험에 대비하여 합리적인 보호 장치를 마련해야 한다.

① ㉠, ㉡
② ㉠, ㉢
③ ㉠, ㉤
④ ㉢, ㉣
⑤ ㉣, ㉤

KEYWORD **OECD의 프라이버시 보호원칙**

해설

㉠ 개인정보의 수집은 합법적이고 공정한 절차에 의하여 가능한 한 정보주체에게 알리거나 동의를 얻은 후에 수집되어야 한다는 것은 수집 제한의 원칙(Collection Limitation Principle)이다.
㉤ 개인정보의 분실, 불법적인 접근, 훼손, 사용, 변조, 공개 등의 위험에 대비하여 합리적인 보호 장치를 마련해야 한다는 것은 안전성 확보의 원칙(Security Safeguards Principle)이다.

정답 ③

989

24년 1·3회

우리나라는 데이터 이용에 관한 규제 혁신과 개인정보 보호 협치체계 정비의 문제를 해결하기 위해 관련 법을 개정하였다. 아래 글상자에서 데이터 3법에 해당하는 법률들을 모두 나열한 것으로 옳은 것은?

> ㉠ 산업재산 정보의 관리 및 활용 촉진에 관한 법률
> ㉡ 개인정보 보호법
> ㉢ 정보통신망 이용촉진 및 정보보호 등에 관한 법률
> ㉣ 신용정보의 이용 및 보호에 관한 법률
> ㉤ 전자금융거래법

① ㉠, ㉡, ㉢
② ㉠, ㉡, ㉣
③ ㉠, ㉢, ㉣
④ ㉡, ㉢, ㉣
⑤ ㉡, ㉣, ㉤

KEYWORD **데이터 3법**

해설

데이터 3법은 「개인정보 보호법」, 「정보통신망 이용촉진 및 정보보호 등에 관한 법률」(정보통신망법), 「신용정보의 이용 및 보호에 관한 법률」(신용정보법)을 말하며, 특정 개인을 식별할 수 없게 한 정보(가명정보)를 개인의 동의 없이 금융·연구 분야에서 활용할 수 있게 하는 내용을 담고 있다.

정답 ④

990

22년 2회

유통정보시스템 이용에 있어서 정보보안의 주요 목표에 대한 내용으로 가장 옳은 것은?

① 허락받지 않은 사용자가 정보를 변경해서는 안되는 것은 기밀성이다.
② 정보의 소유자가 원치 않으면 정보를 공개할 수 없는 것은 무결성이다.
③ 보낸 이메일을 상대가 읽었는지 알 수 있는 수신 확인 기능은 부인방지 원칙을 잘 반영한 것이다.
④ 웹사이트에 접속하려고 할 때 에러 등 서비스 장애가 일어나는 것은 무결성이 떨어진다고 볼 수 있다.
⑤ 인터넷 거래에 필요한 공인인증서에 기록된 내용은 타인이 조작할 수 없도록 만들어 가용성을 유지해야 한다.

KEYWORD **정보보안**

해설

보낸 이메일을 상대가 읽었는지 알 수 있는 수신 확인 기능은 부인방지 원칙을 잘 반영한 것이다. 부인방지(non-repudiation)는 송수신 당사자가 각각 전송된 송수신 사실을 추후 부인하는 것을 방지하는 서비스다.

선지분석

① 기밀성(confidentiality)은 비인가자가 부당한 방법으로 정보를 입수한 경우에도 정보의 내용을 알 수 없도록 하는 서비스다.
② 무결성(integrity)은 데이터가 전송 도중 또는 데이터 베이스에 저장되어 있는 동안 악의의 목적으로 위·변조되지 않았음을 보장하는 것이다.
⑤ 무결성에 해당하는 내용이다.

정답 ③

THEME 141 암호화 방식, 블록체인

991

21년 3회, 16년 2회

공개키(비대칭형) 암호화 방식에 해당하는 것은?

① RC4
② RSA(Rivest Shamir Adleman)
③ SEED
④ DES(Data Encryption Standard)
⑤ IDEA(International Data Encryption Algorithm)

KEYWORD 암호화 방식

해설

공개키 방식의 암호 알고리즘은 그 창안자 세 사람 이름을 연결하여 ② RSA(Rivest Shamir Adleman)라고 한다.
암호화 방식에는 공개키 암호화 방식(비대칭키 암호화 방식)과 대칭키 암호화 방식이 있다. RSA 방식은 암호화 및 복호화를 할 때 다른 키를 사용하기 때문에 비대칭이라고 한다.

정답 ②

992

18년 2회

공개키 암호화 방식의 과정을 가장 옳게 나열한 것은?

가. 송신자가 디지털 메시지를 만든다.
나. 송신자가 공용디렉토리에서 수신자의 공개키를 얻은 후 메시지에 적용한다.
다. 암호화된 메시지가 인터넷상으로 전송된다.
라. 수신자 키 적용 후 암호화된 암호문이 생성된다.
마. 수신자가 개인키를 사용해 메시지를 복호화한다.

① 가 – 다 – 마 – 라 – 나
② 마 – 라 – 다 – 가 – 나
③ 다 – 마 – 라 – 나 – 가
④ 가 – 나 – 라 – 다 – 마
⑤ 가 – 나 – 다 – 라 – 마

KEYWORD 암호화 방식

해설

공개키 암호화 방식은 (가) 송신자가 디지털 메시지를 만든 후 (나) 송신자가 공용디렉토리에서 수신자의 공개키를 얻은 후 메시지에 적용하면 (라) 암호화된 암호문이 생성된다. (다) 암호화된 메시지가 인터넷상으로 전송되면 (마) 수신자가 개인키를 사용해 메시지를 복호화한다.

관련이론 공개키 암호화 방식

공개키(비대칭키) 암호화 방식은 암호화할 때에는 상대방의 공개키로 암호화하며, 복호화할 때에는 자신만 알고 있는 개인키를 이용하여 복호화를 실행하므로 복호화를 위해 키를 전송할 필요가 없어 대칭키에 비해 상대적으로 안전한 시스템이다.
공개키 암호화 방식은 암호화에 사용되는 키와 복호화에 사용되는 키가 달라 어느 한쪽이 가진 키를 이용하여 다른 쪽의 키를 쉽게 계산해 낼 수 없기 때문에 한쪽의 키를 공개할 수 있다.

정답 ④

993

16년 3회

비밀키 암호화 기술에 대한 설명으로 가장 옳은 것은?

① 비밀키 암호화 방식은 암호화할 때에는 상대방의 공개키로 암호화하며, 복호화할 때에는 자신만 알고 있는 개인키를 이용하여 복호화를 실행한다.
② 비밀키 암호화 방식은 암호화에 사용되는 키와 복호화에 사용되는 키가 달라 어느 한쪽이 가진 키를 이용하여 다른 쪽의 키를 쉽게 계산해 낼 수 없기 때문에 한쪽의 키를 공개할 수 있다.
③ 비밀키 암호화 방식은 암호화되는 키의 크기가 공개키 암호화 방식보다 상대적으로 작아 암호화의 속도가 빠르다.
④ 비밀키 암호화 방식은 암호화에 사용되는 키와 복호화에 사용되는 키가 일치하지 않아 비대칭키 암호화 방식이라 한다.
⑤ 비밀키 암호화 방식은 복호화를 위해 키를 전송할 필요가 없어 대칭키에 비해 상대적으로 안전한 시스템이다.

KEYWORD 암호화 방식

해설

③ 암호화 및 복호화 속도가 빠르지만 어떤 방법으로 자신의 비밀키를 수신자에게 정확히 전달할 것인가 하는 문제가 있다.
나머지 문항은 공개키(비대칭키) 암호화 방식에 대한 설명이다.

관련이론 비밀키 암호화 방식

비밀키 암호화 방식(대칭키 암호화 방식)은 평문을 가진 자가 자신이 소유한 비밀키로 평문을 암호화시키면 그 암호문을 수신한 사람은 암호화 시킬 때 사용한 동일한 키를 사용하여 복호화 시킨 뒤 원래의 평문 내용을 볼 수 있도록 하는 방식이다.
비밀키 암호화 방식은 암호화 및 복호화 속도가 빠르지만 어떤 방법으로 자신의 비밀키를 수신자에게 정확히 전달할 것인가 하는 문제가 있다.

정답 ③

994

18년 2회

아래 글상자가 설명하고 있는 용어는?

> 최근 많은 이슈가 되고 있는 비트코인의 기반 기술로, 원장을 금융기관 등 특정 기관의 중앙서버가 아닌 P2P(Peer to Peer · 개인간) 네트워크에 분산해 참가자가 공동으로 기록하고 관리하는 기술이다.

① 핀테크
② 비콘
③ O2O
④ 블록체인
⑤ IDS

KEYWORD 블록체인

해설

블록체인은 블록(Block)을 잇따라 연결(Chain)한 모음을 말한다.
블록체인 기술이 쓰인 가장 유명한 사례는 가상화폐인 비트코인(Bitcoin)이다. 즉 비트코인의 기반 기술이 블록체인이다.

관련이론 블록체인

블록체인 기술에서 블록에는 일정 시간 동안 확정된 거래 내역이 담긴다. 온라인에서 거래 내용이 담긴 블록이 형성되는 것이다. 거래 내역을 결정하는 주체는 사용자다. 이 블록은 네트워크에 있는 모든 참여자에게 전송된다. 참여자들은 해당 거래의 타당성 여부를 확인한다. 승인된 블록만이 기존 블록체인에 연결되면서 송금이 이루어진다.
신용 기반이 아니라 시스템으로 네트워크를 구성하므로 제3자가 거래를 보증하지 않고도 거래 당사자끼리 가치를 교환할 수 있다는 것이 블록체인 구상이다.

정답 ④

995

22년 2회

아래 글상자의 괄호 안에 들어갈 용어를 순서대로 나열한 것으로 가장 옳은 것은?

- 디지털 뉴딜의 일환으로 (㉠)을 이용한 '유통/물류 이력관리시스템'은 위·변조가 불가하고 정보 공유가 용이하여 입고부터 가공, 포장, 판매에 이르는 과정을 소비자와 공유하는 것이 가능해짐
- (㉡)는 개인이 자신의 정보에 대한 완전한 통제권을 가지는 비대면 시대에 가장 적합한 기술로 분산원장의 암호학적 특성을 기반으로 한 신뢰된 ID 저장소를 이용하여 제3기관의 통제 없이 분산원장에 참여한 누구나 신원정보의 위조 및 변조 여부를 검증할 수 있도록 지원함

① ㉠ 블록체인, ㉡ DID(Decentralized Identity)
② ㉠ 금융권 공동인증, ㉡ OID(Open Identity)
③ ㉠ 블록체인, ㉡ PID(Personality Identity)
④ ㉠ 블록체인, ㉡ OID(Open Identity)
⑤ ㉠ 공인인증, ㉡ DID(Decentralized Identity)

KEYWORD 블록체인

해설

㉠ 블록체인(Blockchain)은 분산원장 또는 공공거래장부라고 불리며, 암호화폐로 거래할 때 발생할 수 있는 해킹을 막는 기술에서 출발했다. 다수의 상대방과 거래를 할 때 데이터를 개인 사용자들의 디지털 장비에 저장하여 공동으로 관리하는 분산형 정보기술이다.

㉡ DID(Decentralized Identity), 즉 분산 식별자는 블록체인 기술 기반으로 구축한 전자신분증 시스템을 말한다. 분산 식별자(DID)는 개인정보를 제3기관 중앙 서버가 아니라 개인 스마트폰, 태블릿 등 개인 기기에 분산시켜서 관리한다. 위·변조가 불가능한 블록체인 상에는 해당 정보의 진위 여부만 기록하며 정보를 매개하는 중개자 없이 본인 스스로 신분을 증명할 수 있다.

정답 ①

996

20년 추가, 18년 2회

아래 글상자의 괄호에 들어갈 용어로 가장 옳은 것은?

(　　)은(는) 공공거래 장부로 불리는 데이터 분산처리 기술로서 네트워크에 참여하는 모든 사용자가 모든 거래내역 등의 데이터를 분산·저장하는 기술을 지칭한다. DHL은 물류 분야의 (　　)의 역할을 ⅰ) 신속, 간결한 국제무역 물류, ⅱ) 공급사슬 내에서의 투명성과 추적가능성, ⅲ) 스마트 계약으로 인한 물류업의 프로세스 자동화로 규정하고 있다. Unilever, Wal-Mart가 도입하여 제품추적성, 안전성 확보를 도모한 사례가 있다.

① 드론(drone)
② 블록체인(blockchain)
③ 핀테크(FinTech)
④ EDI(Electronic Data Interchange)
⑤ 비트코인(bitcoin)

KEYWORD 블록체인(blockchain)

해설

② 블록체인(blockchain)은 분산원장 또는 공공거래장부라고 불리며, 암호화폐로 거래할 때 발생할 수 있는 해킹을 막는 기술에서 출발했다. 다수의 상대방과 거래를 할 때 데이터를 개인 사용자들의 디지털 장비에 저장하여 공동으로 관리하는 분산형 정보기술이다.

정답 ②

THEME 142 해킹, 전자상거래 보안요건, 전자서명

997

16년 2회

해킹의 공격유형과 그 설명으로 가장 옳지 않은 것은?

① Unix나 기타 시스템의 암호를 해독하는 행위를 패스워드 크래킹이라 한다.
② 네트워크상의 데이터를 도청하는 행위를 스니핑이라 하고, 도청하는 해킹도구를 스니퍼라 한다.
③ 신뢰할 수 있는 클라이언트인 것처럼 속여 공격하는 기법을 스푸핑이라 한다.
④ 네트워크에 연결된 여러 대의 컴퓨터를 이용하여 분산된 공격거점을 이용하여 특정 서버나 네트워크에 대해 적법한 사용자의 서비스 이용을 방해하고자 시도하는 행위를 DDos 공격이라 한다.
⑤ 개인정보를 탈취하기 위해 금융관련 사이트나 구매 사이트 등과 동일하거나 유사한 형태의 웹사이트를 만들고 이를 사칭하여 중요정보를 남기도록 유도하는 형태의 공격기법을 클릭스트림이라 한다.

KEYWORD 해킹

해설

⑤ 개인정보를 탈취하기 위해 금융관련 사이트나 구매 사이트 등과 동일하거나 유사한 형태의 웹사이트를 만들고 이를 사칭하여 중요정보를 남기도록 유도하는 형태의 공격기법은 피싱(phishing)이다.

정답 ⑤

998

20년 2회

보안에 대한 위협요소별 사례를 설명한 것으로 가장 옳지 않은 것은?

① 기밀성 – 인가되지 않은 사람의 비밀정보 획득, 복사 등
② 무결성 – 정보를 가로채어 변조하여 원래의 목적지로 전송하는 것
③ 무결성 – 정보의 일부 또는 전부를 교체, 삭제 및 데이터 순서의 재구성
④ 기밀성 – 부당한 환경에서 정당한 메시지의 재생, 지불요구서의 이중제출 등
⑤ 부인방지 – 인가되지 않은 자가 인가된 사람처럼 가장하여 비밀번호를 취득하여 사용하는 것

KEYWORD 전자상거래 보안요건

해설

⑤ 부인방지(non–repudiation)는 송수신 당사자가 각각 전송된 송수신 사실을 추후 부인하는 것을 방지하는 서비스다.

관련이론 전자상거래 보안요건

전자결제시스템이 전자상거래에 이용되기 위해서는 상호인증(authentication), 기밀성(confidentiality), 무결성(integrity) 및 부인방지(non–repudiation) 등의 조건이 갖추어져야 한다.
인증은 사용자 혹은 프로세스에 대한 확인을 의미한다. 통신시스템에서 서명이나 편지의 내용이 실제로 정확한 곳에서 전송되어 오는지 확인하는 것이다. 부인방지는 송수신 당사자가 각각 전송된 송수신 사실을 추후 부인하는 것을 방지하는 서비스다.

정답 ⑤

DAY 07

999

19년 3회

전자상거래 보안과 관련된 주요관점에 대한 설명이다. 글상자의 (가), (나)에 들어갈 용어로 가장 올바른 것은?

> • (가)은/는 인터넷을 이용해 전송되거나 수신되어, 웹에 표시된 정보가 승인되지 않은 다른 사람에 의해 변형이 없음을 보장하는 것이다.
> • (나)은/는 메시지나 정보가 볼 수 있는 권한이 있는 사람에게만 보이게 하는 것이다.

① 가: 인증
　나: 프라이버시
② 가: 가용성
　나: 기밀성
③ 가: 부인방지
　나: 인증
④ 가: 무결성
　나: 기밀성
⑤ 가: 가용성
　나: 프라이버시

KEYWORD 전자상거래 보안요건

해설

가. 무결성(integrity)은 데이터가 전송 도중 또는 데이터베이스에 저장되어 있는 동안 악의의 목적으로 위·변조되지 않았음을 보장하는 것이다.

나. 기밀성(confidentiality)은 비인가자가 부당한 방법으로 정보를 입수한 경우에도 정보의 내용을 알 수 없도록 하는 서비스다.

정답 ④

1000

23년 3회

스미스, 밀버그, 버크(Smith, Milberg, Burke)는 '개인정보 활용에 따른 프라이버시 침해 우려에 대한 연구'를 통해 개인의 프라이버시 침해 우려 프레임워크를 제시하였다. 이 경우 유통업체의 개인정보 활용 증대에 따라 소비자들에게 발생할 수 있는 프라이버시 침해 우려에 대한 설명으로 가장 옳지 않은 것은?

① 유통업체가 지나치게 많은 개인정보를 수집하는 것에 대한 우려가 나타날 수 있다.
② 유통업체의 정보시스템에 저장된 개인정보에 권한이 없는 부적절한 접근에 대한 우려가 나타날 수 있다.
③ 유통업체에서의 인가받지 못한 개인정보에 대한 이차적 이용에 따른 우려가 나타날 수 있다.
④ 유통업체가 보유하고 있는 개인정보의 의도적 또는 사고적인 오류에 대해 적절하게 보호되고 있는지에 대한 우려가 나타날 수 있다.
⑤ 유통업체가 데이터 3법을 적용하여 개인정보를 활용함에 따라 개인이 자신의 정보에 대한 접근 권한을 차단당하는 상황이 발생할 수 있다는 우려가 나타날 수 있다.

KEYWORD 전자상거래 보안요건

해설

데이터 3법이 시행되어도 개인이 자신의 정보에 대한 접근 권한을 차단당하는 상황이 발생할 수 있는 것은 아니다.

데이터 3법은 「개인정보 보호법」, 「정보통신망 이용촉진 및 정보보호 등에 관한 법률」(정보통신망법), 「신용정보의 이용 및 보호에 관한 법률」(신용정보법)을 말하며, 특정 개인을 식별할 수 없게 한 정보(가명정보)를 개인의 동의 없이 금융·연구 분야에서 활용할 수 있게 하는 내용을 담고 있다.

정답 ⑤

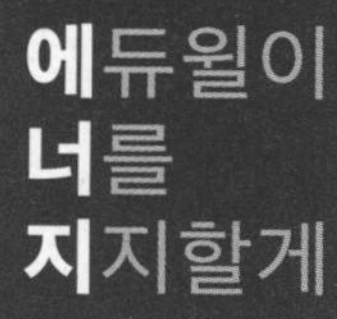

ENERGY

우리의 인생은 우리가 노력한 만큼 가치가 있다.

– 프랑수아 모리아크(Francois Mauriac)

여러분의 작은 소리
에듀윌은 크게 듣겠습니다.

본 교재에 대한 여러분의 목소리를 들려주세요.
공부하시면서 어려웠던 점, 궁금한 점,
칭찬하고 싶은 점, 개선할 점, 어떤 것이라도 좋습니다.

에듀윌은 여러분께서 나누어 주신 의견을
통해 끊임없이 발전하고 있습니다.

에듀윌 도서몰 book.eduwill.net
- 부가학습자료 및 정오표: 에듀윌 도서몰 → 도서자료실
- 교재 문의: 에듀윌 도서몰 → 문의하기 → 교재(내용, 출간) / 주문 및 배송

2025 에듀윌 유통관리사 2급 1주끝장

발 행 일	2025년 3월 20일 초판
저 자	황사빈, 전표훈
펴 낸 이	양형남
개발책임	목진재
개 발	윤세은
펴 낸 곳	(주)에듀윌
I S B N	979-11-360-3704-6
등록번호	제25100-2002-000052호
주 소	08378 서울특별시 구로구 디지털로34길 55 코오롱싸이언스밸리 2차 3층

www.eduwill.net

대표전화 1600-6700